补土心法发微
——名家补土访谈录

主　　编｜卢传坚　刘　奇

副主编｜陈　延　黄智斌　郭　洁

编　委｜陈　延　郭　洁　黄智斌　老膺荣

　　　　刘　奇　卢传坚　吴新明

学术顾问
（按姓氏拼音排序）

崔公让	董明国	付汝霖	高建忠	高天旭
顾植山	黄穗平	黄艳辉	姜德友	李长俊
李乾构	李赛美	李郑生	梁　江	刘　敏
刘惠武	刘建和	刘启泉	刘尚义	刘沈林
刘志龙	吕永慧	毛德西	孟庆云	欧江琴
史欣德	孙晓生	田合禄	王小娟	王小云
卫　蓉	吴晓勇	吴正石	席建元	夏苏英
谢春光	徐经世	禤国维	杨殿兴	杨家耀
叶河江	余绍源	余瀛鳌	张　磊	张大铮
张培宇	郑　齐	郑卫东	周福生	朱清静

人民卫生出版社
·北京·

图书在版编目（CIP）数据

补土心法发微：名家补土访谈录 / 卢传坚，刘奇
主编. -- 北京：人民卫生出版社，2025. 1. -- ISBN 978-
7-117-37124-7

Ⅰ. K826.2

中国国家版本馆 CIP 数据核字第 2024UU7230 号

人卫智网	www.ipmph.com	医学教育、学术、考试、健康， 购书智慧智能综合服务平台
人卫官网	www.pmph.com	人卫官方资讯发布平台

补土心法发微
——名家补土访谈录
Butu Xinfa Fawei
——Mingjia Butu Fangtanlu

主　　编：卢传坚　刘　奇
出版发行：人民卫生出版社（中继线 010-59780011）
地　　址：北京市朝阳区潘家园南里 19 号
邮　　编：100021
E - mail：pmph @ pmph.com
购书热线：010-59787592　010-59787584　010-65264830
印　　刷：北京华联印刷有限公司
经　　销：新华书店
开　　本：787 × 1092　1/16　印张：28
字　　数：612 千字
版　　次：2025 年 1 月第 1 版
印　　次：2025 年 2 月第 1 次印刷
标准书号：ISBN 978-7-117-37124-7
定　　价：119.00 元

打击盗版举报电话：**010-59787491**　E-mail：**WQ @ pmph.com**
质量问题联系电话：**010-59787234**　E-mail：**zhiliang @ pmph.com**
数字融合服务电话：**4001118166**　E-mail：**zengzhi @ pmph.com**

卢传坚

医学博士，二级教授、博士研究生导师，广州中医药大学教授，澳大利亚墨尔本皇家理工大学荣誉教授。享受国务院政府特殊津贴专家，国家卫生计生突出贡献中青年专家，国家首批岐黄学者，中医药治疗难治性自身免疫病国家传承创新团队负责人，广东省名中医。现任广东省中医院（广州中医药大学第二附属医院、广东省中医药科学院）副院长，省部共建中医湿证国家重点实验室副主任，粤港澳中医药与免疫疾病研究联合实验室主任。兼任中华中医药学会免疫学分会名誉主任委员、世界中医药学会联合会国际中医药临床标准工作委员会会长等职务。

先后主持国家"十一五""十二五"科技支撑计划、国家自然科学基金区域创新发展联合基金集成项目和重点项目、广东省重点研发计划等国家和省部级课题 30 余项。

主编出版《当代名老中医养生宝鉴》《慢性病养生指导》《补土理论临床启玄——古代医家补土医案诠释》等专著 45 部（含英文专著 27 部）；发表学术论文 256 篇（SCI 收录 126 篇），2022—2024 年连续 3 年入选全球前 2% 顶尖科学家"终身科学影响力排行榜"，2023 年入选"中国高被引学者"；获广东省科学技术奖一等奖等省部级科研、教学成果奖共 18 项；曾荣获全国首届杰出女中医师、全国优秀科技工作者、广东省丁颖科技奖和最美科技工作者、"广东特支计划"教学名师等称号。

主编简介

刘 奇

　　辽宁省盘锦市人，中医学博士，博士后，副主任中医师。现任广东省中医院补土流派工作室副主任医师。参编专著 10 部，以第一作者发表论文 12 篇，参与省部级课题研究 3 项。临证针药并用，善用经方，曾荣获全国第二届"学伤寒、背伤寒"基本功大赛医院团体组第二名、个人组优胜奖。

序

中医药学是中华文明的瑰宝，为中华民族的繁荣昌盛作出了不可磨灭的贡献。其发展的内在原因与理论根基源头牢固、理论内涵不断充实、理论与临床紧密结合、代代相传呈现螺旋式发展等密切相关。"传承精华，守正创新"是习近平总书记为新时期中医药事业发展指明的方向。中医学术流派在中医药发展的历史长河中起到了非常重要的作用，传承中医学术流派的学术思想并在临床应用中发扬光大，就是"传承精华，守正创新"的重要举措。

补土流派是中医学术流派的重要学术分支。金元四大家之一的李东垣是中医脾胃学说的创始人，他十分强调脾胃在人身的重要作用。在五行中，脾胃属于中央土，因此他的学术流派也被称作补土派。李东垣作为补土派代表人物，其补脾胃、升阳气、泻阴火的学术思想被历代中医工作者接受，有效指导了临床实践。时至今日，补土学术流派顾护中土的思想具有更加重要的意义。当今社会，人们工作压力大，疏于锻炼，贪凉饮冷，熬夜，恣食无节，这些不健康的生活方式均会导致脾胃中土损伤，以致变证丛生，众多消化系统疾病、皮肤病、代谢相关疾病、免疫相关疾病乃至心脑血管疾病的发生发展皆与脾胃中土损伤密切相关，正如李东垣所言"内伤脾胃，百病由生"。因此，研究补土流派的学术思想，在当今社会显得至关重要，将为实施健康中国战略发挥重要作用。广东省中医院补土流派工作室所开展的学术工作，具有重要的现实意义。

岭南地区具有热带、亚热带季风海洋性气候特点，与北方寒冷干燥的气候形成鲜明对比。中医学历来强调因人、因时、因地的三因制宜，岭南地区补土学术思想的阐发和临床应用，自然与其他地域是有差异的。因此，对我国其他地区的补土学术思想进行全面系统地挖掘整理就显得尤为重要。广东省中医院补土流派工作室在学术带头人卢传坚教授的带领下，在全国范围内对补土学术思想有独到见解的代表医家进行专门访谈，对各个专家的学术理念进行梳理，对其优势病种进行探索，最终形成了这部专著。可以说，本书不但凝聚了广东省中医院补土流派工作室的汗水与心血，更是对 50 名当代代表性补土学术思想传承人补土临证经验的系统总结，是一部既有实用价值又有理论研究价值的学术专著。当然，本书的付梓仅为万里长征第一步，以后的工作还应继续细致、有序地开展。

当今中医界，由于分科过细，导致中医师多致力于专科病种研究，而中医思维是整体性的，患者也不可能只得一种病。因此，有了流派的学术思想，就可以从整体思考，而不是追求某一方治疗某一病，这便打破了专科壁垒，回归中医的整体理念。

学术流派枝繁叶茂，为中医药的理论传承发展添砖加瓦，但各有侧重，难免有所偏颇。因此，我们在强调补土流派重要性的同时，也不能忽视其他流派的理念和诊法。要融会贯通，取各个流派之长，为临床所用，才能应对临床错综复杂的问题，这才是流派研究的最终目的。

本书中 50 位名家的学术思想，诚为宝贵，相信此书定能为中医同仁带来帮助。

吾欣然为序！

国医大师

广州中医药大学首席教授

禤国维

2023 年于穗

前言

《四库全书总目提要》有"儒之门户分于宋，医之门户分于金元"之说。中医学从古代哲学的孕育，到《黄帝内经》理论体系的形成；从医圣张仲景《伤寒杂病论》开中医学理法方药之先河，到盛唐、宋代时的辉煌……自金元以降，金元四大家的学术思想丰富了中医学的内涵，中医学在历史长河中不断发展而日臻完善，源于相同理论渊源的学术争鸣孕育了不同学术流派，及至今日，不同学术流派的思想仍然在临床实践中不断发扬光大，成为中医学术传承的重要组成部分。

补土学术流派是最具代表性的中医学术流派之一，从古至今都被各个医家所重视，金元四大家之一的李东垣被尊为补土派的学术代表。在 1957 年出版的由陈邦贤编著的《中国医学史》一书中，首次出现了"补土派"一词："李东垣是张洁古的门徒……著有《脾胃论》，发明补中益气及升阳益胃的方法，所以东垣成为补土派。"纵观古今医学大家，无不重视顾护中土的思想。

广东省中医院于 2013 年正式成立"补土流派工作室"，以岐黄学者卢传坚教授为学术带头人，建立了专门的学术流派研究队伍，汇聚了消化科、皮肤科、妇科、肾内科、肿瘤科、内分泌科、儿科、耳鼻喉科、眼科、风湿科、呼吸科、乳腺科、肝病科等多学科专家团队，以理论传承创新为目标，以临床价值为导向，以学术研究带动人才培养，从补土理论源流探究、学术思想体系构建、代表方药系统研究、古今医案整理、诊疗方案临床研究、有效方药开发转化等方向开展系统研究，始终注重理论与临床的有机结合，着力发挥理论指导临床实践的作用，并通过科学研究使其理论得到升华。从 2016 年至今，工作室先后出版了一系列补土学术专著和科普图书，包括《补土理论临床启玄——古代医家补土医案诠释》《中医补土理论菁华临床阐发丛书》(共 10 个分册)、《善用本草养脾胃》《妙用食材养脾胃》等，随着一部部补土专著的陆续面世，为补土理论指导临床实践得以发扬光大发挥了重要作用。

正是因为以临床价值为导向，我们的研究需要汇聚当代名家的实践和体会，所以，我们从临床实战的角度，对当代具有补土思想的 50 位名家进行深度访谈，又翻录访谈音频为文字，原汁原味地呈现这 50 位名家的学术思想概貌。整个访谈的过程，是我们收获的过程，也是提高的过程，我们将 50 位医家独到的经验、鲜活的个案呈现给大家，这是我们补土流派工作室献给各位同道的又一学术力作。

50 位名家，分布范围贯穿南北，由东到西，体现了不同地域、风俗的补土学术特点。他们的诊疗病种、治疗方法不尽相同，涵盖了内科杂症、妇科病、皮肤病、骨伤科疾病等领域。既有人精于方药，也有人擅长针法；他们的学术理念弥足珍贵，有对于文献理论的考据，也有对于临床诊疗的独特见解，还有几代家传的学术思想；有对于一类病证的诊疗阐述，也有对于某个病或某个症的独到分析。名家的学术亮点、思想体系、思辨风格在此书均一一呈现。

这本书应该怎么读？

由于访谈的时间有限，此书难以展现各位专家的学术全貌，不过读者可以从书稿的细微处扩展阅读——专家提到的验方、书籍，可以找来仔细研习；专家的学术传承脉络及其专著，可以找来认真阅读；专家的相关论文，可以用心揣摩。如此，就会把这本书籍读成"百科全书"。如此阅读，相信对树立读者的中土思想，是裨益无穷的。

当然，每个专家都有自己独到的学术观点与用药风格，也许会出现有别于传统学术观点之处，希望大家能够结合自身的学术背景和知识体系辩证地看待这一问题，而不是全部照搬、照录。

最后，衷心感谢本书的 50 位学术顾问，正因为你们能接受访谈，且一次次修改访谈稿，才使得我们的专著能够顺利出版。也感恩你们毫无保留地分享各自的学术经验，而这些都是书本上学不到的"绝招"。

如果这部专著能够给您临床带来指导启迪作用，那将是我们最开心的事情。

卢传坚　刘　奇

2023 年 9 月

目录

崔公让教授谈中药与脾胃
——崔公让教授访谈实录

【专家简介】

    崔公让，男，1938年生，河南省漯河市人。教授，硕士研究生导师，河南中医药大学第一附属医院主任医师。首届全国名中医，第二、四、七批全国老中医药专家继承工作指导老师，享受国务院政府特殊津贴专家。全国著名中西医结合学家，中医外科专家，周围血管疾病专家，获得"中国中西医结合终身成就奖""河南省中医事业终身成就奖""河南省中医外科终身成就奖"等荣誉。

刘 奇：崔教授，您能否谈下中土理论的内涵？

崔公让：这是关于中土理论的访谈，大家都知道，在《黄帝内经》中，中土代指脾胃，脾胃同居中焦，脾升胃降，脾主运，胃主纳，脾胃为气血生化之源，人体的生理功能不可以离开脾胃的运化、疏调、滋养、濡润。

这是中医基础理论的内容。但是，我今天想从道的层面，谈谈有关中土的理念。

什么是道？老子在两千余年前就已提出"有物混成，先天地生，寂兮廖兮，独立而不改，周行而不殆，可以为天下母""道可道，非常道"。孔子在《中庸》中说："天命之谓道，率性之为道，修道之为教。"而孟子则认为道就是一种至大至刚之气——"其为气也，至大至刚，以直养而无害，则塞于天地之间。"什么是至大至刚之气？其实就是老子所说的"一"。老子言："道生一，一生二，二生三，三生万物。"古代的圣人已经非常清楚地认识到，生命中赖以生存的原动力，以及人性中的忠、实、信、恕等最为珍贵的东西，将其命名，就是一，就是气。再回到中医学上来，其实这就是我们人体先天的本源之气，一生二，这本源之气就化生了阴阳，阴阳相合，即二生三，终至无穷……即所谓三生万物。

可见人体的本源就是这和合一气，有些医家把这和合一气，称为精，或者天癸，或者其他的什么名称，它主要是由父精母血构筑的，所以每个人生下来体质就有差异，有些人从小就体弱多病，有些人从小几乎不得病。这个和合一气，它的信息是刻在每个人的DNA中的，是无法改变的。那我们作为医者，能改变的是什么？只有他的后天之气。

这个先天之气，从我们出生之后，就在不断地耗损，这就是为什么人都有生、长、壮、老、已，这是自然规律。那么，使我们强健、生长的动力是什么？是我们的后天之气，也就是脾胃。从刚才我讲的道的层面，我们就不难理解，脾胃的后天之气和先天之气是一脉相承的，具体来说，它可以温煦机体，可以濡养肌肤，可以化生血液，可以升提，可以固摄……很多疾病，都与脾胃的运化失常相关。

刘　奇： 您能从临床实战的角度谈一下您有关中土的一些经验吗？

崔公让： 我是治疗周围血管疾病的，但其实临床上我不分科，内科、外科、妇科、骨伤科、皮肤科，各个科的病我都看。你的访谈提纲提到湿邪与中土的关系。周围血管疾病中很常见的丹毒，一般分为湿热毒盛型和湿热型，临床中常见皮肤发红、发烫、肿痛等表现，治疗上多采用清热、凉血、解毒的方法，但是不管用什么方法，一定要兼顾脾胃，用健脾化湿药。李东垣说："脾胃虚则百病生，调理中州，其首务也。"为什么？脾胃虚弱，脾运化水湿的能力下降，湿自内生，日久湿邪积聚，化生热邪，湿热相搏，就出现了以上的症状表现。如果这时候一味地清热，或者西医用抗生素，这样表面上看好像肿胀消了，灼热减轻了，实则伤了脾阳，患者往往会出现胃胀、胃痛的表现，所以像茯苓、泽泻、陈皮、薏苡仁这些健脾化湿的药，我多会用到，再结合清热药，不仅可以改善症状，还可以从根本上解决问题——祛除湿邪，强健脾胃。

用凉药容易伤脾胃，这就涉及另外一个问题，重阳气！补土不仅仅要顾护脾胃气血，更重要的是要顾护阳气，这就是我们刚才谈到的，先天之气、后天之气，本就是一体两面。我曾经跟温阳派的代表周连三先生学习过1个月，像我们所熟知的名医高体三、国医大师唐祖宣，都是周连三先生的弟子。周连三先生的学术来源是清代医家黄元御。周老曾经治疗一个肝炎的患者，患者还有黄疸，他附子开多少量？9两半！一两是30g，相当于285g，干姜500g。凌晨1点钟开始煎药，用大锅煎，第二天早晨叫患者喝，一天分数次服完。

我跟周连三先生学习治疗周围血管疾病。有一次我发热，后来一查是附睾炎。下乡时我坐在自行车上，下车都困难，疼得厉害。当时周老师给我开了生姜500g，羊肉500g，生姜洗干净，包在布兜里，捶碎，跟羊肉同煮，煮烂羊肉，去掉姜，把羊肉剁碎，同汤煮面条吃，就是一碗面条，500g生羊肉，最后煮出200~250g熟肉，吃了以后通身出汗，我连续吃了5天，全好了！最近，一个在重庆上学的郑州籍学生，也是附睾炎，用抗生素十余天，仍然不好，我就用这个方法，吃了几碗，好了！

后来我和上海名医奚九一交换意见时，发现奚老也受温阳学术思想的影响。奚老的学术思想发生过"三级跳"：第一阶段，邪克致瘀学说，这是最原始的；第二阶段，血瘀学说；第三阶段，阳虚学说。他说任何疾病发病原因都是阳虚。奚老说他第三阶段的学术思想受黄元御的影响。后来奚老得了脑瘤，做了伽马刀，不太成功。他是西学中的，他之后不再用西药了，就用温阳药物——附子、干姜、肉桂，结果治疗了两三个月，肿瘤好转！坚持了三四年，又因为脑出血住院。到了 98 岁，老先生去世了。

温阳派有它的道理。

有时我受周连三先生的影响，喜欢用温阳的药物，但是药量我没有周老开得那么大，附子 9 两半（285g），我没那个胆。

刘　奇：刚才您说用汤、肉一起煮面，最后连汤带肉一起吃了？

崔公让：对。通身大汗，这说明血液循环明显加快，我后来也这样治疗了几例，效果很好。

刘　奇：这有点像当归生姜羊肉汤，健脾胃，除湿化瘀。

崔公让：对，但是没有当归，你们在这方面整理挖掘提高，单项提高是非常有意义的。

刘　奇：您用脾胃理论指导临床，还有哪些经验体会？

崔公让：我原来不是搞脾胃的，我是搞周围血管疾病的。这个病的核心是什么？通则不痛，痛则不通。那就是以活血化瘀为主，像奚老师的第二阶段一样。但是我 60 岁退休以后坐门诊，啥患者都有，这使我围绕脾胃进行探索。我发现脾胃不好的人，女性多于男性，而且中年女性居多。结合脾胃理论，我想了四句话：脾喜升胃喜降，胃喜温而恶寒，脾恶湿而喜燥，脾喜舒畅而恶抑郁。根据这样的情况，我设计了一个处方，很简单——广藿香、佩兰、茵陈、草果、枳壳、大黄、甘草。这几样药，把这四句话全部体现了。广藿香、佩兰都是温药，温阳疏散而不燥，这就符合了脾喜燥而恶湿，胃喜温而恶寒；再加上茵陈，茵陈疏肝解郁；胃不好的患者多半有脾气抑郁现象，所以加上草果，草果理气化痰，温阳散中；脾喜升，我们照顾到了。胃喜降，我们用枳壳、大黄，一定要掌握好大黄的用量，一般用 2g、3g、5g、10g。脾胃有热的，大黄用得多，而一般情况下，大黄用 2~3g。

刘　奇：大黄后下吗？

崔公让：不用后下。如果是湿热腹泻的患者，要用大黄炭。灵活用这个方，效果很好。我举个例子，3年前，我接了个电话，叫我去国外会诊：患者26岁，女性，很消瘦，面发黑，骑马时，从马上摔下来，两腿髌骨骨折，在法国、德国治疗了一年，还是不能走路。胃口不好。我得到的信息就是这么多。关于腿痛，我没做准备。但是消化不好，我要带点药去。带的有生山楂、焦山楂、草果，这三样都是食品。到了以后，治疗腿后，我跟她的菲律宾女仆讲，用矿泉水，2 000ml，加生山楂、焦山楂各30g，草果5g，一个切四瓣且挖掉核的面苹果，一勺红糖，再加一小撮红茶，一起煮。

刘　奇：挺好喝的。

崔公让：比饮料都好喝。我每拿一样药，我都先尝尝，确保这药无毒无害。等我离开时，她喝了一碗，她说："爷爷，真好喝！"第二天早上，她的保健医生给我打了电话，说患者的饭量比以往多了三倍。患者在阿布扎比，我在那里待了5天，进到她家就3天。3天，她已经吃饭正常了。

有一次我到幼儿园讲课，幼儿园阿姨讲，一到周末，孩子爷爷奶奶、姥爷姥姥都给孩子好的吃，一到周一上学，孩子厌食，最后我就给她们讲这个方法，她们煮了一大锅，每个孩子发一杯这样的"饮料"，一喝，胃肠功能很好。现在这个方已经成了这个幼儿园孩子的保健茶。这里面就涉及了脾胃理论，醒脾的就是草果，消食健胃的就是山楂。最好的是苹果，面苹果吃了胃舒服，不要脆苹果。再加上红糖，为什么不用白糖？把红糖的残渣去掉，再漂白就变成白糖，去掉的残渣，红色的东西是锰或铁，不少孩子都有贫血，缺铁性贫血，给点红糖没问题！为什么加红茶？因为吃吃喝喝容易拉肚子，红茶有治拉肚子的作用。又酸又甜又好喝。后来我们见到小孩胃肠不好的，就用这个处方。

刘　奇：便秘的也加红茶？

崔公让：也加，有苹果，苹果可以解决便秘问题。这里有双向调节作用。今天上午来了一个患者，成年女性，面色萎黄，精神不振，她就是抑郁，就用第一个处方（广藿香、佩兰、茵陈、草果、枳壳、大黄、甘草），效果很好。

脾恶湿，怎么祛湿？有一次我问我老师怎么祛湿。老师说，去吧，把我的工作服搭到外面出风口晾晾。我搭了，回来后老师问，那个地方啥样啊？我说有太阳晒，还刮风。老师说是不是微风一吹，阳光一照，就行了。哦！老师这是在告诉我一个道理，祛湿最好的方法是微风一吹，阳光一照。广藿香、佩兰、茵陈、草果，这四种药，就是这个作用。这就是祛脾胃湿寒的中心药物。

刘　奇：这几样药的常规用量是多少？

崔公让：成年人，广藿香、佩兰、茵陈各20g，草果6g。为什么用20g？这些都是蔬菜，无毒无害，不要说 20g，量再多一点用大锅熬都没问题，少了不起作用。但是大黄不能多，大黄取其往下走的作用，但是不能让患者拉肚子，2g、3g 就可以了。生枳壳 10g，枳壳也是下行的，如果患者脾胃差，我们不用枳壳，换成陈皮、佛手。今天上午开了至少 5 张这样的处方。我们感觉这个方法很好。因为好喝，凡是喝了的患者都说好。

慢性萎缩性胃炎，你们治得多吧？

刘　奇：这种病在广东非常多。

崔公让：嗯。全国都很多。慢性萎缩性胃炎，病理上有胃黏膜变薄，固有腺体萎缩或伴有肠上皮化生、不典型增生，具有反复发作、不易治愈的特点，甚至引起癌变。但在中医的治疗上，仍然离不开我刚才说的那四句话。因为胃以降为顺，这是胃的生理特点，受纳、腐熟水谷，泌别清浊，传化精华，将糟粕排出体外。治疗上，仍是以我说的方子为抓手，稍作变化，我给起了个名字叫作醒脾降胃汤——广藿香 20g、佩兰 20g、茵陈 20g、陈皮 20g、草果 6g、木香 6g、大黄 6g、甘草 10g、吴茱萸 3g。为啥要加吴茱萸？我们知道，湿为阴邪，非温不化，刚刚我讲到老师叫我晾衣服的故事，慢性萎缩性胃炎，湿邪贯穿其中，那么我们除了芳香化湿、健脾祛湿外，还要注重温中祛湿，所以要加上吴茱萸，但是吴茱萸味道很苦，量不要大，3g 就可以。如果临床上患者湿热症状非常明显，出现了烦躁、口苦、反酸的情况，就要合上黄连，这就有了左金丸的意思。

掌握好我谈到的这四句话，应用好这个基本方，临证中很多脾胃相关的疾病都能得以治疗。

刘　奇：真是学到不少，感谢您！

从肝脾胃入手，重视扶阳化湿治脾胃病
——董明国教授访谈实录

【专家简介】

董明国，男，1966 年生，湖北省浠水县人。主任医师，广州中医药大学教授，博士研究生导师。广东省名中医，国家重点专科脾胃病科学术带头人。研究脾胃病诊治 30 余年，是当代岭南脾胃学说践行者，发表相关论文 60 余篇。年诊治患者超过 15 000 人次。

陈　　延：感谢董主任接受我们工作室的采访，董主任是临床高手，门诊量大，疗效好，对岭南名家何炎燊的学术思想研究很深，并且注重运用五运六气思想解决临床问题，临床善治各科疾病，尤其对脾胃病着力深厚。董主任，您对补土学术流派的印象是什么呢？

董明国：谢谢你们的邀请。我最近总是在思考您刚才提出的这个问题，我国从 20 世纪 50 年代到现在做的最有成就的中医理论探源之一就是脾胃学说，但是现在中医脏腑学说有个问题，就是某一个脏腑的研究完全受西医思维影响，将中医脏腑简单化。回归到《黄帝内经》中，脾胃学说实际上属于五脏六腑中的土运。"补土"这个名词中，土是一个系统，不仅仅是脏腑，还包括了五脏之间相互关系的病因、病理、外象、证候等内容。补土理论对于我而言并不陌生，我 30 年前在中医学院跟我的导师学习的时候，研究脾胃实热问题，其实这个实热是一种脾虚胃热的表现。我的导师认为脾虚与胃热临床很少单独存在，一定是以脾虚胃热组合出现，所以他推崇《伤寒论》中五个泻心汤，后来我 1993 年来南方的时候跟着何老（何炎燊老先生），整理他的书籍，我就感觉到何老对补土的处理有其独特之处，就是他一定以中医五行中的土为出发点。

陈　延：就是说何老不是单纯从脏腑辨证中的脾胃出发，而是类似从运气角度出发去运用补土？

董明国：对，他认为土的含义不是我们所说的脾胃这一脏一腑，在各系统里面他均强调土的作用，他的这种认识是涉猎很多书籍而总结出来的。

陈　延：哦，由于他涉猎比较广泛，从而形成了这种认识。

董明国：但是对于补土的理论他有自己的看法，他觉得历朝历代伪劣的中医比较多，形成的对于补土的认识，不少是与临床脱节的。同时他认为《脾胃论》最伟大的成就就是提出了脾胃的升降理论，但是他不赞成在岭南运用《脾胃论》里面的方。

陈　延：也就是说他认同东垣的理与法，但是对于其方与药在岭南的运用有一定的顾虑？

董明国：是的。何老最尊崇的一个医家是明朝的缪希雍，他提出了脾阴虚这个概念。后来叶天士也是学习了缪希雍的理论，只不过把他的理论更加具体化。这就是陈主任你在做主题报告时所说的，补土是 3 个脏器之间的关系。土，不仅仅是脾胃两脏，一定还有另外一个系统。我后来就总结何老的经验，在脏腑层面，他觉得研究脾胃离不开研究肝，一定是肝、脾、胃 3 个脏器并重。他提出健脾不忘利湿，健脾不忘养胃阴，健脾不忘疏肝。他最推崇的一个方就是资生丸，他用资生丸治疗了很多疾病，特别是治疗人到了 60 岁以后得的慢性病，就是以这个方为主。他有自己的用药特点，邓老（邓铁涛）提出用五指毛桃代黄芪，但是他觉得五指毛桃补气的力量很弱，要想健脾就用党参、太子参、糯稻根等，他觉得糯稻根吸取天地之灵气，具有补而不燥的效果，所以他用了一生的糯稻根。特别是小孩脾虚食滞诸症均用之。

陈　延：糯稻根适用于什么状态呢？

董明国：他认为糯稻根是补而不燥，兼有养阴作用的，适合气阴两虚有热的患者。

陈　延：这跟他的脾阴理论是吻合的，他是非常关注脾阴理论的。

董明国：脾胃阴虚论是脾胃学说的基础，并不只是脾气虚，在我们南方脾阴虚是最重要的，需要优先解决的，这个跟叶天士的观点有点接近。

陈　延：因为社会发展速度较快，30 年前人们体质状态跟目前的体质状态也有很大的变化，譬如现在熬夜和心理问题会多一些，何老行医的时间跨度是非常长的，他是怎么看待这个情况的呢？

董明国：这种变化的确很明显，何老治疗脾胃病的思路是有 3 次改变的。他在 1978 年以前认为肠道疾病是以湿热为主，湿热太重就成毒，所以他当时用甘露消毒丹进行加减处理，他觉得半夏泻心汤药效不够，生石膏他也用得很多。

陈　延：其实跟我们现在很多的岭南大家是很相似的，比如余老（余绍源），对于湿热证，余老也常用一些甘寒药，如蒲公英、白花蛇舌草。

董明国：但何老在什么时候改变的？ 20 世纪 90 年代中后期他就开始改了。怎么改的？ 就是他在治疗脾胃病上，基本不用纯粹的苦寒药，开始选用甘寒药，他首选的 2 味药就是蒲公英和墨旱莲。到了 21 世纪之后，蒲公英又很少用，墨旱莲成为他的首选药。此外，这个时候在他心目中还有另外一个药，我们叫小环钗，就是石斛，这就是他后几十年的变化。最后这 20 年又变了，他开始接触扶阳理论，这个时候他也用炙黄芪、桂枝，这个时期的主要方从资生丸转到黄芪建中汤，他用山药代饴糖。

陈　延：我现在也比较喜欢用山药代饴糖。

董明国：另外他认为养脾阴最好的是西洋参，养胃阴最好的是麦冬，到后期他又喜欢用黄精养脾阴。为什么？ 黄精归脾、肾、肝经。清朝后期脾阴虚证候已广泛被医家重视了。因为我们 20 世纪 50 年代的教材没把它们分开，常笼统称为胃阴虚，这样造成了后世对脾阴虚的遗忘。脾阴虚与胃阴虚实际上是有原则性差异的，何老认为养脾胃之阴比补气还重要，存一分阴气就有一分活路，他觉得现在脾胃病专家喜欢用四君子汤加减治疗，他不太赞成这样的处理方式，他认为首先是养阴，这个理论来自于叶天士的思想。此外，他使用理气药分为两个层次。他喜欢在小柴胡汤里合用我们刚才说的养胃阴的思想，他在里面加了两个药，石斛和麦冬，这是他的养胃阴思想。他为什么在这段时间形成这种理念呢？ 因为这段时间是我们的经济转型期，情志方面的问题已经超过了原来的自然环境、饮食等因素对人体的损伤，所以他认为肝是一个主要问题，他用逍遥散加味来处理。

除湿是治疗脾胃病的主题，何老提出补脾土不忘利湿。怎么不忘利湿呢？ 何老觉得加减正气散是不错的选择。但是后来我们发现，现在人开始喝冷水、吹空调，尽管舌苔很厚腻，但脉象都没有湿热之象，都是寒湿之象，所以我们认为十个人里面九个有寒，还是可以用温的方法，就是不要用清热利湿，应该用健脾化湿，淡渗利湿。实际上可以用扶阳的方法，这是我们团队在何老的基础上引申出来的体会，所以我们觉得火神医家的扶阳理论深入人心是有一定时代背景的。

升降出入是人体的根本，脾胃则是气机升降出入的中枢，"出入废则神机化灭，升降息则气立孤危"，升降出入是我们治病的基础。我们所说的四君子汤、六君子汤，这些方都是在调节气机的升降出入，而不是说补气就只用补气的药。其实四君子汤中只有一味药在补气，其他的都是在调气机。六味地黄丸也是调整气机的升降出入。升降出入实际上就是开阖枢，枢就是枢纽。我们理解脾胃病的枢纽就是要行气，开就是开阳明而通大便，阖就是补肾、补气。我认为任何一个药物都是有它的走向的，就像木香，木香能促进全身气机的运转，它是散的，散而不收，当疾病的后期欲解时，就是要缓解了，就可以用它了。若遇到阳气还不够，阴气太盛的患者是不能用它的。纵观中药中的行气药，里面降气作用最好的还是沉香，所以降气的秘诀在沉香。沉香现在有点贵，质量又有偏差，所以次选是大腹皮与槟榔，最次一等是枳实。真正往下焦走的行气药不多，芳香化湿药都是往外走的。我们医院的另外一位老中医，他认为甘松是往下走的，此药降的时候又不影响脾胃的运转，但甘松气味很难闻，但喝起来香，喝起来味道跟檀香差不多。甘松属于润脾胃药，它的降气作用比大腹皮强。

陈　延：但是甘松好像还是偏温一些。

董明国：甘松还具有芳香醒脾的功效。何老对于脾气还有一种认识是脾气涣散不收状态，它不是我们传统所说的中气下陷，而是脾气的固摄作用不够，呈现一种向外涣散不收的状态。他会选择加味缩脾饮（煨葛根、炒扁豆、炙甘草、草果、砂仁、乌梅肉、炒白术、炒车前子）。他觉得有些所谓的脾虚就是脾气涣散了，不是我们讲的脾虚，往往脾虚又不明显。

陈　延：就等于说大了、散开了，并不是说没了、少了。

董明国：举个例子，一个人大便溏泻，又找不出明显的脾虚症状，也找不出湿的症状，就可以用加味缩脾饮。加味缩脾饮是何老对脾胃的理解，我们也遵循它的规律。我觉得补土派是对的，五运六气实际上是五运，是金、木、水、火、土，现在是把五运六气最核心的土抓住了，突破那种脏腑的概念了，建立补土派这个思想是对的。

陈　延：其实我们确实遇到这样的问题，在常规认识中中土与脾胃是画了等号的，就像您说的从中华人民共和国成立后我们能够看到的文献，大多数把它叫作脾胃学说，而不是叫补土学说，那么我想原因有几个：第一个，因为补土派的影响力没有那么大；第二个，脾胃学说的提出确实是因为需要跟西医学结合，脾胃学说听起来比补土学说好理解，说到补土学说好多人不理解；第三个，其实不管是脾胃学说，还是补土学说，实际上是在中华人民共和国成立后，研究这些的人大多数是消化科的医生，别的科室的比较少，所以脾胃学说的提法容易产生一种共鸣。但是如果说我们把它固化在脏腑辨证里面，去理解伤寒、温病或者其他辨证体系就存在一定的困难，因为脏腑具有很强的界限性，如果说我们把土的概念放在运气系统中，温病、伤寒的一些内容就可以跟土对接，充实和加深了对于土的理解，这就打破了用脏腑辨证来解释土的局限性，使它能够运用于所有的辨证体系，而各种辨证体系都可以切进去，也打破了学科的限制，不仅是消化科，妇科、乳腺科、眼科、肾科等专科均能从中找到立足点及研究方向。

董明国：所以建立补土派是非常有必要的。由于历史原因，我们忽略了运气学说，把土跟脾胃等同是不对的，因为我们只是从脏腑的脾胃范畴去寻根溯源存在明显的局限性，运气学说是《黄帝内经》最核心的部分之一，但是我们的教材中把这部分知识丢掉了，里面涉及很多补土相关理论，所以我们现在要跳出脏腑辨证的局限，就可以自然地把其他系统融入补土的研究当中，更能突破目前一说补土就是党参、黄芪这样的偏见，扩大了补土的运用和研究范畴，符合临床实际情况。

陈　延：所以说土系统不一定就只有脾和胃，这个土系统，只要是跟脾和胃相关的，都可以放进来，最常见的跟土系统相关的是木，里面包括了肝与胆。

董明国：是的，肝具有疏泄作用，但是它是疏泄什么呢？我认为肝就是疏泄土的，是疏泄人的情志，疏泄人的消化功能，这实际上就是补土的内容。中医跟西医其实是两回事，实际上补土派定位也很明确——人体整个腹部都属于土，腹部中的肾也是属于土的范畴，很多人认为许多水液代谢的问题、生殖系统的问题，都从肾论治，其实有一部分还是脾胃的问题，也就是补土的学术问题，这就是"土系统"涉及整个腹部的原因。所以我们治疗肾病、尿毒症，大多也是从调脾胃的角度入手。现在我们医院脾胃病科也治很多不孕症的患者，不孕症往往是脾胃虚寒导致的。

陈　延：这是个很新的观点，先不管这个观点的公认度，但这种分类方式确实很有意思，理论研究有不同方向。

董明国：最近我们团队在研究五运六气的一些知识，我认为五运六气实际上是解决了中医源流问题，近代中医受脏腑辨证思想的影响，把五运六气那些东西丢掉了，五运六气是时间医学与运动医学的结合，是中医的本源。而且五运六气更能体现中医的整体观念，它不仅仅重视脏腑，它更宏观，是脏腑辨证进一步深化的重要部分。

陈　延：您讲得非常好，关于土的问题，补土理论与脾胃学说的区别在哪里？我觉得您把这个问题解析得非常透彻。除了土的问题，另外一个就是补的问题，很多专家提出不应该叫补土派，而是应该叫"调土派"或者"滋土派"，他们觉得"补"比较局限，但是学术流派的名字不是随便起的，对吧？不是说我想叫什么派就叫什么派，因此我们需要去重新认识补的内涵，就好像重新认识土的内涵，要突破一些常规的认识。

董明国：中医讲补是"虚则补之"。虚是什么意思？虚是空隙的意思，实际上补土派是补土的空隙，肯定是补土这个名词更加合适，其他称呼有点不伦不类。大自然恩赐的土地，它一定是有间隙的，没有间隙万事万物生长不了，间隙有些是致密的，但有些是疏松的，而补土就是调整土的间隙，目的是去载万物，对应人体就是养其他脏腑。这样去理解后就发现补的范围很广，疏肝也是补土，化湿也是为了调补土的间隙，土地里面有太多水时肯定是放掉它，利湿也是调补，这样才符合临床实际，这样用补土才有临床价值。比如说寒湿困脾也可以用补土法，土的间隙里面充满了寒湿，把寒湿去掉，然后调节土地的温度，这也是补土法的一种，因为补土法的核心是恢复土地正常的间隙。

陈　延：土是有间隙的，不管这个间隙是变大了还是变小了，都可以让它恢复到正常的间隙，那就属于补土。

董明国：中医里的补土本来就是这种理论，那我们补土派理论也可以包括疏肝、化湿等内容。补土派理论中的虚证可以补，实证怎么补呢？要从土润万物、土生万物的角度出发，实证就是通过调整土的枢纽作用，让气机恢复开阖枢运动过程，从而把实证消除。譬如阳明三急下，通过通泄阳明，让气机恢复正常开阖枢的作用，也属于补土的一种。

陈　延：或者可以这样说，我们之所以对补土有一些误解，是因为我们是把补土建立在脾胃学说或者脏腑辨证的基础上，我们就会觉得补土运用没有那么广泛。但如果我们把补土上升一个层次，回归《黄帝内经》或者《周易》层面，包括开阖枢的学说，我们就不一定局限在脾胃里面，那么对于"补"就会有新的认识了。

董明国：对，实际上五运六气的理论从侧面反映了《黄帝内经》的五脏理论，五行不是静止的，是运动的整体，天人相应观就在里面。《黄帝内经》认为太阴湿土，它绝对不是孤立的，土是五运中的重要环节，它一定要跟君火和相火连在一起。它们是通过什么联系起来的呢？是通过气的开阖枢进行联系，每一个经络、脏腑均有开阖枢，从而形成五运六气的运行规律。这个规律通过我们人体本身的阳气和大自然的阳气联合来维系，就像宇宙有运行规律一样，人体自身也有运行规律，中医理论也需要这样去理解。

陈　延：刚才您也讲到升降的问题，当今中医对气机升降重视得不够，而李东垣确实比较关注升降的问题。

董明国：对。第一，李东垣确定了脾胃学说的基本内涵；第二，他最重视的就是升降理论。对吧？他说得很清楚，补中益气汤组方完全是升降理论的体现。

陈　延：何老是特别推崇升降理论的，他本身对升降理论的理解又不同于李东垣。二者有何区别？

董明国：李东垣的所有思想都在贯彻他的升降理论，他所有的思想都是以升为主的，为后世医家留下了发挥的空间，而何老是以降为主，重视通。后世很多医家，特别是叶天士也很重视降的理论，那是因为人们的营养好了；李东垣所处的时代是物质比较匮乏的时候，那个时代的人就是气机升发不足，没办法生存，存在生存问题，到后世经济条件发展了，食物种类丰富了，首先要降，不能再升，所以何老的通降理论是这样来的。

陈　延：董建华教授好像也是运用通降理论的。

董明国：董老直接提出通降，我学过他的理论，但是董老真正的通降理论来源于哪里？来源于孟河医派，孟河医派的医家都是通降理论。你仔细看看现在江苏省中医院的单兆伟、徐景藩等著名医家，他们就是孟河医派的代表人物，黄文东也是他们的师兄弟，真正影响我们南方中医的还是可以归根到孟河医派。孟河这个地方在哪里？就是常州的孟河镇，孟河镇的医学在北方中医传承南移之后，成为了当时的主要医学流派。伤寒医学体系或者北方的一些医学体系到了南方，受到了地域与体质因素的限制，需要做出改变，因此，孟河医学思想到了南方开始变了，变成我们现在看到的样子。孟河镇是大运河和长江交汇的地方，就是孟河医学的发祥地。其实江阴是环太湖区域，环太湖区域跟孟河医派有一点点差异，它的差异在哪里？就是环太湖的地方渔民多，水深阴寒重，所以扶阳思想是他们非常重视的，真正的滋补膏方就是他们开始吃的。叶天士是苏州的，他的学术思想受到孟河医派的影响。但是这个追根溯源是一家之言，也不一定对。我们岭南医派也受到了孟河医派的影响，而且岭南医家将孟河学术思想发扬光大。1937 年日本人侵略广州的时候，东莞的注册中医师就有 400 多个。1956 年亚洲流感大流行的时候，当时北京出的方案非常不适合广东。后来李翼农老中医（何老的师父），东莞四大名医之一，他就很不认可蒲辅周的方案。当时《中医杂志》还做过一个专栏，就让他们来争论观点，最后李翼农就很敢跟蒲辅周他们争论，这是很不错的，李翼农当时用的那些治疗温病的方法，完全是叶天士传过来的。

陈　延：所以接着问题就来了，南方的医生和北方的医生，不管是从用药特点、思路，包括它的流派的源头或者传播来看，都是不一样的。您刚才讲到的何老也是这样，他在某一个历史时期或者某一个阶段，就会特别喜欢用某一类的药物。当然我想可能一方面是因为人的体质出现了变化，另一方面就是您讲的运气出现了变化。实际上这应该是流派产生的一个原因或者基础，那么我们要怎么去认识这个流派？我想它有一定的地域、有一定的环境、有一定的认识基础，其实流派在某一个区域内应该是更好才对，就是说它比通识教育更有针对性，因为教材是全国性的，对吧？比如我在教材中写的方可能在河南用就比较好，但是到东北它就不一定好用。

董明国：流派实际上跟我们的通识教育是不违背的，通识教育是面面俱到，你看我们脾胃病辨证基本证型十来个，流派可能会涉及一些其他的基本因素。

陈　延：它不离中医的基础，但是可能在某一个环节、某一个阶段或者某一个区域更有针对性了。

董明国：那是肯定的，我们没有人去怀疑中医的脏象理论，没有人怀疑脾运化、脾升阳、脾统血，这谁都不怀疑，这是在我们的生活环境、气候特点下产生的。补土派要与时俱进，因为我们是改革开放先行地，生活方式最先受到影响，所以补土学术思想在我们南方地区最先进行临床运用的革新。比如南方治疗脾胃病，方药组成看起来和北方差不多，实际上南方地区药物用量比较轻，中药的味道似有似无，这种药物用量在南方地区往往可以解决临床中的大问题，药少治大病，这是我们南方轻可去实的思路。我举个简单例子，温胆汤，简单得不得了，是不是？你看温胆汤中，生姜、竹茹等药材都是很普通的东西，清清淡淡的，又很好喝。还有桂枝汤。所以这就是我们岭南的特点了。我再举个例子，也是影响我最深的患者，一个老年患者，患胃黏膜重度不典型增生，面色很差，很晦暗，舌底静脉有那么一点点曲张，有一点瘀血的症状，舌苔比较干，当地中医开的方里面有24味药，有补气的、有清胃热的、有活血化瘀的、有虫类药，还有一点点解毒的药，反正是一大堆药。他吃了几个月后就到我这来看病了。我现在受岭南医学的影响，觉得没必要这么用药啊，我就用最简单的养胃阴的办法，用甘平的方法，重用一些理气的药，他胃口慢慢恢复，其他问题也迎刃而解了，药方口感好，他喝得很舒服。他之前的方里又有乌梢蛇，又有九香虫，又有大量活血的药，又有西医的三联方案……是很难吃的。这实际上就是同样一个疾病，我们不同流派的治疗方法不同，这种方法不同在哪里？就像你说的，有的是抓住病理产物的标，而我们补土派重视补，把脾胃调好再说。这个人有阴虚的症状，先把胃阴补回来再说，阴虚补了说不定他就好了，他就不需要后面的治疗了。在南方中医为什么这么流行？就像刚才陈主任说了，我们用药很清淡，哪有很难吃的方呢？患者吃得很舒服。像感冒一样，风寒感冒的时候，你突然吃治疗风寒感冒的药，闻薄荷、苏叶的味道，幸福感就油然而生。如果你非要用清热解毒的方，那肯定难受，本来胃黏膜就充血水肿，你不去疏导它，怎么可以？治疗脾胃病，我觉得土要疏，以补为疏，这是最基本的治疗方法，这点抓不到，其他都是没用的。还有一个观点，现在中医把甘草叫国老，还有党参，有人认为可有可无，实际上是必不可少的。甘草、党参，甘平，又能补气，又能健脾，看似平淡，实则尤其适合岭南地域土虚湿蕴的疾病特点。

陈　延：这个确实也是这样，为什么要讲这个问题，就是对于流派有几种观点：第一种观点认为流派是没有必要的，因为中医学发展了这么多年了，流派都是过去的一些产物，它已经被一些我们叫作标准化的东西取代了。第二种观点认为流派很好，您刚才也说了，有些人是坚守，就是他就只用这样的方子，绝不用其他的方子。第三种观点，我觉得您刚才说得没错，不管怎么样，中医肯定有一些基本认识，基本认识是不因流派而改变的，就好像打拳一样，不管是少林还是武当，起码拳要打出去吧？我们应该怎样认识流派存在的价值和意义？我们虽然说是补土学术流派，但是也不是所有的病都一定要用补土学术流派的方法来治，我们希望能够给读者或者后学者一个参考范围，哪些情况比较适合用补土，哪些情况不适合用补土。其实您刚才也说了一部分，比如您说腹部的病用补土的思维可能会更好一点，能不能以您的观点更具体地说一下。第一，怎样正确地评价学术流派？第二，具体到补土，在今后的运用过程中，能不能设定一定的范围，在这个范围内我们可以做更多的研究，另外我们也可以告诉其他人，补土不是万能的，要注意界限。

董明国：对，中医第一个讲整体观念，第二个讲辨证论治或者防治，现在做流派研究，以前的那些经验我们要吸取。第一，我们补土派不能只治疗某种疾病或只治疗哪一个证型，譬如南方湿邪多，如果我们南方补土派只是去治疗湿邪，这样研究就没有价值，这就像还没开始做，别人就知道你想说什么。补土派有哪几个出发点？一个还是要回到中医最核心的东西，中医的特点是整体观念，我们看病的整体观。什么叫整体？主要是天人相应，因人、因时、因地制宜，这就是我们的整体观念，对不对？不仅仅是个人，也和自然是一个整体，这是基础理论，但是这个整体在不断地变化，这就是我们的整体观念了。证是什么？证是在疾病表现过程中某一个特征性的病理征象，证有时是抓不住的，是不是？人在变化的嘛。你们做补土派研究，我建议就不要落俗套，不要受西医的影响，不是就治疗某一个病，也不是说我们岭南就是多湿、阳气不足，不要有很多地域性的别人不理解的东西。我们要正本清源，理论上我觉得就是刚才说的理论，补土派的研究范围，包括生理、病理等，腹部都可以包括在内。现代对于脾胃的认识实际上是受西医解剖学的影响，中医从来不是这样认为的。第二，我们不要违背《黄帝内经》的一些基本观念。第三，怎么样去看待历代脾胃学说的一些成就？你不能批驳它，这是中医的特点，是那个时代能形成的一种理论，一定有实践的基础存在，但是现在怎么样看呢？学者研究五运六气后提示我们，他们找到了说理工具，我们可以借用这种理论来研究历代脾胃学说的演变规律。实际上我们现在越走越偏、越做越偏，回不了头。为什么回不了头？因为我们受西医学的思想影响。所以我们说补土，实际上要回到本源那里去，要搞清楚补土理论有什么样的理论源泉，历代是怎么样变化的，哪些疾病是跟我们补土理论密切相关的。实际上就是刚才我们讲的两个方面：第一个，整个腹部都跟补土有关；第二个，从卫气营血的层面来看是偏气分的，而不是在血分，血分我不用研究它，血分包括心、肺，有其他流派去研究。我们也可以用到活血的药，但那不是我们的研究范畴。脾胃的运化规律，实际上是两个层次——卫和气，卫气理论来了之后，我又想起藿香正气散了，藿香正气散实际上就治脾胃病。我们有一个很典型的案例，溃疡性结肠炎急性发作，用了一个星期的藿香正气散原方，脓血便就除了，患者就是一个寒湿困脾的表现。把这个问题搞好了，后面就向良好的方向发展了。何老治疗溃疡性结肠炎的一系列方法，我觉得真的是国内最高水平，他完全跳出圈子之外来研究这个病。

陈　延：这个非常重要，这种研究的精细化，它的好处就是可控，可理解，研究精细化必然有一个理论基础，但是目前我们的很多理论基础，可能就像您说的还是在一定程度上受到西医学的影响。

董明国：起码是受西医药效学理论的影响。

陈　延：所以就会比较局限，那么一旦现行方法无效的时候，就很难找到一个新的突破点，对吧？要掉回头，就像我们今天早上讲脾阴虚，看到脾虚，就在脾阴虚这个圈圈里面转，是转不出来的，必须跳出来，能够有一个更高层次的认识，就是高于目前脾胃学说的常规认识，可能会有一些新的出路。

董明国：你看五运六气学者常用的乌梅丸，乌梅丸是治疗厥阴病的方，它的理论基础是什么？它治疗很多疾病都有神奇的疗效。这真是打开了我们的思路。我印象中治疗厥阴病有四个方：乌梅丸、柴胡桂枝干姜汤、当归四逆汤、温经汤。这四个方就是促进跨经络运转的方，温经汤治疗不孕症，就用原方。乌梅丸我们用得多，但是我们没有五运六气学者用的指征那么明显——治疗疾病在什么时间，出现什么样的症状，什么是欲解时，怎样服用，五运六气学者有他们的理论体系，所以补土派也可能要再进一步，你能做到这样就可以了。

陈　延：如果我们想去做理论的回顾性研究，除了李东垣之外，我们还可以去研究哪些专家或者哪些著作？

董明国：我比较认可江苏省中医院徐景藩的著作，徐老较好地传承了叶天士的脾胃学说思想。

陈　延：他好像有本经验集？

董明国：他出版过好几本书，有的是专门记录他的一些临床医案的，我读了以后有收获。他写孟河医派是怎么成为主流学派的。你去看叶天士的临床医案，很难看出什么东西来。你们的补土思想是怎么样的呢？是想在理论层面创新一下？还是又要回归《黄帝内经》层面呢？

陈　延：我们的重点可能还不在于创新，我们的重点在于先把它梳理清楚，因为现在是缺少共识的，每个人都说自己是补脾胃的，但是到底怎么补脾胃或者怎么补土，用哪些方、用哪些药、适合哪些人，都没有一个共性的说法。脾胃病专业委员会里面省名中医是最多的，其实中医还真的是有很多人研究脾胃，也有很多人因此而成名、成家。

董明国：中医治疗脾胃病的疗效好，我在我们科有三个目标：第一个奋斗目标是不用促进胃动力药，现在我们没有用胃动力药了；第二个是不用抗生素，我们也做到了；第三个是不用 PPI（质子泵抑制剂），我们什么时候能做到那就厉害了。不用 PPI 治疗溃疡病，那就需要用治未病的思想来调了，有时候在疾病早期、在溃疡病比较表浅的时候，可以不使用 PPI。在出血期尝试以中药为主，也取得了一点体会。

陈　延：但要是出血恐怕还是有点麻烦。

董明国：对，介入治疗谁敢不用呢？那也没办法，取消不了。

我每天有 60~70 个患者，能用到西药的真的很少，患者基本上不需要用什么西药了。现在西医遇到焦虑症等病会用抗焦虑药，中医基本上可以不用，只要这个患者对你有信心，经过足够疗程的治疗，大多数情况下都可以把病情纠正过来。但是肯定没有西药速度那么快，药开回去，吃了就能睡觉了，但是后面会产生依赖性，药量越用越大，难以停药。我们就通过中医的方法慢慢调理，之后患者的症状就会慢慢好转，而且不会反弹，这就是老百姓信中医、服中药的原因。

陈　延：最后一个问题是关于流派的研究和发展，我们医院还是很重视的。您刚才也说了，您也是研究院的一个副主任，其实相当于管事的。

董明国：那可以写几本书出来。

陈　延：但是我觉得光出书不是我们的目标，其实我们医院成立补土流派工作室的目的很简单，是希望通过这种研究找到解决临床问题的方法。

董明国：这个好，反过来研究真的好。我举一个简单的例子，当出现了一些精神方面的症状，比如焦虑症状，或者肝胃不和证，我们自然而然想到很简单的治疗方法，就是疏肝、清肝、健脾等，实际上作为一个医生，我们经常用的经典方剂，像柴胡疏肝散、四逆散、逍遥散，当真正发生了焦虑症，躯体障碍很明显了，这些方子是没有用的。这时候心理暗示比药有用，心理暗示怎么去深化呢？当然，除了医生给患者建立信心，方剂还要深挖。不用这些方用什么方啊？如果有你的理论探讨，我们再回去深究，就明白了。我们可以辨别这个人的焦虑症，它不是我们平时中医理论学习时遇到的只是一个肝气不疏、肝火的问题，也有可能涉及五脏其他的情况，所以我后面就延伸，延伸到柴胡加龙骨牡蛎汤，这完全是六经辨证的思想。后来最严重的患者症状会反复发作，那些人的气分证已经完全入血分了，我就用血府逐瘀汤，我用血府逐瘀汤治疗了好多焦虑症患者，觉得有时候很有效。

我治疗焦虑症在气的层次，用柴胡疏肝散、逍遥散调气就可以，入了血分或者肝火很旺的时候，或者心火太旺的时候，一定要用桂枝甘草龙骨牡蛎汤。还有一种焦虑症，合并更年期综合征，可以使用甘麦大枣汤。甘麦大枣汤是最简单的方子，它比柴胡疏肝散有效多了，这是养阴疏肝健脾最古老的方剂之一。再说胃炎，何老认为，对于萎缩性胃炎，养胃阴的药物尽量避免选择甘寒药，甘平药物更适合南方人的体质。何老治疗萎缩性胃炎与慢性肝炎基本上也是通过养胃阴或者养脾阴的方法来逐步达到治疗目标。这为好多疾病打开了一条治疗思路。

陈　延：对。你们是否在做这种学术流派研究，或者在做中医药的基础理论研究，在临床研究方面你们有什么经验？你们也有工作室，你们的工作室做不做这些？

董明国：做的，当时工作室成立的主要目的是整理何老的经验，再抽提出一些学术思想，再把这些学术思想拿来印证临床效果。不印证不行啊，没有文字，没有现代语言来解释很悬啊，对不对？最好是推广到一些很特殊的疾病的治疗。王三虎是研究肿瘤的，现在去了柳州市中医医院，他在肿瘤界的地位很高。他有深厚的西医基础，他提出一个观点，他说治疗肿瘤的方法，古人已经告诉我们了——诸如大黄牡丹汤、薏苡附子败酱散，这是治疗什么病的？古人所说的肠痈，其实就是中晚期热毒型大肠癌。这就为其辨证治疗提供了用药思路。李可就打破了常规附子用量，大量地用生附子、生半夏，我是比较赞成扶阳理论的，因为有的时候真的要突破剂量，但是要科学地去突破。如果说所有疾病都要扶阳，那我又不赞成。还是要实事求是，还是要溯本求源，所以你们进行脾胃学说的研究，最终还是要落实到一些疑难病的治疗。整个腹部的疾病都跟补土有关系，都可以从补土理论出发。

陈　延：广东还是跟湿有一些关联的，对于祛湿您有哪方面的经验？

董明国：中医治疗风寒暑湿燥火，祛湿是中医的千年话题，没有哪一个人避得开湿，不管南方还是北方。湿邪产生的原因太复杂，有外湿和内湿，脾胃理论是与湿邪相关的，人体实际上是湿的精华部分组成的，它必然受到湿邪的困扰，人的肌肉组织从某种意义上来说都是水。讲到除湿的方法，可以用扶阳法，扶阳除湿去化掉它，但是在南方，我们很忌讳，为什么我们不敢用那些化湿的药？因为我们太燥热了，南方接近赤道，所以我们喜欢用另一种方法——淡渗利湿法。但是湿邪缠绵难愈，是很难祛除的，从湿邪致病的特点来讲，有一些免疫性疾病，一些慢性病也是很难治愈。广东民间有一句话：湿乃面中油。如油裹面，怎么除掉它？我年轻的时候清热解毒用得多，后来对外湿的治法，我用淡渗利湿多，五苓散用得多。湿邪为患，它是一个缓慢的致病过程，它是可以给我们医生时间的，就是说你可以慢慢来，那就只有健脾才是根本。健脾化湿的理论来源有两个，一个就是《伤寒论》里面的苓甘五味姜辛汤，还有一个就是宋代的参苓白术散，到了明清的时候，才有三仁汤等。但是无论怎么样，湿邪的问题还是难以解决，我觉得有几个思路可以参考。陈无择的《三因极一病证方论》中的木瓜汤（酒浸牛膝、木瓜、芍药、姜制杜仲、枸杞子、黄松节、酒浸菟丝子、天麻、炙甘草、生姜、大枣），用大剂量木瓜来化湿。换个角度解读这个方则是祛湿先养阴，何老也是祛湿先养阴的，当选择使用大剂量祛湿邪的药物，一定要加一个反佐的养阴药物。我认为除湿的方法还不止这么多，湿邪跟其他几个病邪是有交叉的，化湿的时候不要忘掉化痰和除饮，它们是有交叉的，有时候湿邪停留的时间长了，产生寒邪，寒邪产生的时间长了，它从热化就变痰，从寒化就变饮，这确实不是一个单纯的过程，何老也是这样认为的。所以除湿最好的方还是《温病条辨》五加减正气散，五加减正气散实际上是从不同的方面除湿——一加减正气散除内湿，四加减正气散除内湿和气分湿阻，并且还加入了消食的药——这五个加减正气散的治疗方向都不同的。但是回到现实，很多医生解决湿邪还不能令患者满意。

陈　延：对，就是好多患者都是治了几年了，舌苔还是那么厚。药物方面，就岭南的这些独特的草药来说，除了您刚才讲的那些药，还有什么利于除湿的药？

董明国：岭南除湿的药物多了，岭南是除湿药的主要产地，我们用得比较多的像崩大碗、绵茵陈、土茯苓、白茅根都是岭南产的，整个长江以南都是白茅根的产地。其实除湿药最基本的一个药物茯苓是南方产的，薏苡仁也是南方产的。用扶阳理论除湿，我觉得也是有道理的。

陈　延：就是用大量的热，水湿自然就化了，水就是遇热则化。

董明国：对，他们那个理论是对的。我觉得扶阳理论最好的一个方，是我们主流医学很少见的，你们可能也用过——潜阳封髓丹。慢性咽喉炎的虚火上炎，我们如果不用这个理论，很难解决虚火上炎的问题。流派的特点不一样，潜阳的理论应用到极致了，就是潜阳封髓丹，这是火神大家郑钦安的秘方。

刘　奇：今天的访谈就到这里，感谢董教授！

运中土理念，谈血症治疗
——付汝霖教授访谈实录

【专家简介】

付汝霖，男，1945年生，贵州省贵阳市人。贵州中医药大学第一附属医院主任医师，教授。第三、五批全国老中医药专家学术经验继承工作指导老师，全国优秀中医临床人才。从事中医临床工作50余年，师从贵州省名中医陈慈煦教授、许玉鸣教授。擅长中西医结合诊治血液病及内科杂病。

刘　奇：很高兴我们今天有幸能够采访付汝霖教授！付老师，您好！感谢您接受我们的采访。您对土、脾胃还有中焦的认识是怎样的？

付汝霖：我一直都是从事血液病相关工作，脾土与血液的关系非常密切，脾胃为气血生化之源，后天之本。血液科的恶性肿瘤如白血病、骨髓瘤、淋巴瘤等，西医化疗是不能排斥的，白血病患者化疗后常常出现胃口差、恶心呕吐等脾胃功能受损的表现，在化疗过程中，中医可以发挥重要作用，这时中医治疗以健脾和胃为主。顾护脾胃，我通常会用健脾益气的中药，比如党参、白术、黄芪、茯苓，再加上帮助消化的药，如神曲、谷麦芽等。往往经过一段时间的治疗，脾胃功能恢复了，患者胃口开了，能进食了，对病情恢复很有好处。另外，恰当地运用一些中药，可以减少化疗的毒副作用，如疲劳、头痛、脱发等。比如炒山楂，用到30g以上，患者也不会觉得很酸，这是我老师许玉鸣教授的经验，重用山楂可以减轻化疗的毒副作用，至于山楂为什么会有这样的作用，其作用机制是什么，我没有去深入研究，有待进一步从实验到临床进行研究。中药抗癌方面，可以用鳖甲、莪术、白花蛇舌草、半枝莲、冬凌草等，同时一定合用健脾化湿的药物，比如薏苡仁、党参、白术、茯苓、陈皮、甘草等。现代研究表明，很多中药有抗癌的作用，如用薏苡仁提取物制成的康莱特注射液。这样用下来，往往患者恢复得好，恢复得快。

刘　奇：放疗之后口干、胃口差，是不是放疗损伤了脾胃？

付汝霖：对，脾胃受损，所以要健脾。其实不管是白血病，还是其他肿瘤，我都喜欢在抗癌中药的基础上，加健脾药。我的处方里面经常用到炒白术、山药、薏苡仁、茯苓，疗效明显好于单纯用抗癌中药治疗，单纯用白花蛇舌草、半枝莲、冬凌草这些药，抗癌效果反倒不理想。再讲一个病——白细胞减少症，也是放化疗常见的毒副作用，即骨髓抑制引起的。这个病的典型表现就是头晕、乏力、出汗等气虚症状，这时候应用健脾益气的方法特别好。临床常用的补中益气汤，其中的人参我喜欢换成太子参，以前有文献报道说党参会降低白细胞数量，实际上我临床观察后发现不会。如果是特别虚弱的患者，可以太子参、党参同用，但一般只用太子参即可。在黄芪的基础上加太子参，还有升提作用的药物，比如葛根、升麻等升清阳，白细胞数量很快就升上来了。临床上也经常遇到一些患者，使用鲨肝醇等升白药物，但是白细胞数量始终升不上来，我们就重用黄芪 30g，加上太子参、鸡血藤，再加上升清阳的药物，经过一个星期左右的治疗，患者的白细胞数量很快就恢复正常了，中药的效果比西药来得快，而且疗效确切。白细胞减少症患者不一定非要打升白针，通过临床观察，无论是化疗导致的白细胞减少，还是原因不明的白细胞减少，都可以用健脾益气的方法。所以说调理脾胃在血液病的治疗当中是有很重要的意义的。

当然，我发现不仅是白血病、再生障碍性贫血等血液病，还有很多其他的非血液科疾病，使用健运脾胃的药物对疾病的恢复都有好处。所以，接诊患者时我都会详细询问患者饮食的情况，食欲不好的患者，我会特别注重益气健脾。比如儿科患者常常有食欲不佳，考虑他有湿热内蕴的情况，在清热的基础上我往往加上健脾药物，比如苍术、白术、山药、党参等，苍术和白术是一个很好的药对，苍术重于运化，白术重于健脾，两药合用，健运脾胃的作用很好。通过中药的调理，小孩子脾胃功能恢复了，食欲自然好转。所以说，调理脾胃在治疗疾病当中是有很大作用的。

刘　奇：付老师，您是怎么理解脾的生理功能的？

付汝霖：我举个例子，像儿童经常容易感冒、发热，得病后我们怎么给他治疗呢？中医古籍里有个治疗虚人感冒的方子叫玉屏风散，刚开始的时候我也是使用这个方子来治疗，因为有中成药，使用起来方便，但是疗效不理想。后来我从《蒲辅周医案》和《岳美中医案集》得到启示，这两本书都提到治疗虚人感冒使用玉屏风散要把中药打成粉，小剂量分次长期服用才有效果。后来我就按照他们的经验使用玉屏风散，治疗效果就出来了。中药现在有颗粒剂，但是没有散剂效果好，汤剂效果也欠佳，一定要把中药打粉成散剂，而且要小剂量长期服用，用开水像泡茶一样冲服，须去渣，这个药方味道很甜，所以也不难喝。小剂量坚持服用 3 个月左右，虚人感冒一般都会好。平时不容易出汗的虚人感冒也都可以用。通过这样用药益气健脾，患者饮食增加，体力增加，体质好转，自然就不容易感冒了。我曾经看过一个小孩子，他几乎每个星期都出现感冒，到医院检查提示免疫功能低下，我就是通过这个益气健脾的方法，给他使用玉屏风散治疗，经过3个月的调理后，小孩子体质转好了，后来几乎就不怎么容易感冒了，吃这个药六七个月后再复查，免疫力低下也得到了纠正，免疫功能全部恢复正常，所以说古方用得好，效果会很好。后来我也把这个经验介绍给了我们医院儿科的医生，他们使用后也反馈说治疗虚人感冒效果明显提高了。

玉屏风散由黄芪、白术、防风组成，其中白术我一般使用生白术，临床应用时我的方子配伍比例是这样的：黄芪500g、生白术300g、防风100g，总共900g，药物全部混在一起打成粉，每天用10g左右，坚持服用3个月，感冒基本就不太会发生。这个方子用多了以后，我发现它的剂量还可以调整，气虚汗多的患者黄芪的用量重一点，可以用600g；脾胃差的患者白术的用量重一点，可以用300g、400g、500g；防风是使药，用100g就够了。这个方配伍非常好，为什么叫玉屏风散呢？方中用黄芪益气固表为君，臣以白术健脾，合君药以资气血之源，佐以防风走表而祛风邪，合黄芪、白术以益气散邪，三药合用，托里固表，使玄府闭合有度，故能治疗虚人感冒。这犹如一道屏风护卫于肌表，所以叫玉屏风散。

另外，需要指出的是玉屏风散有成药，但是使用后效果不好，很多患者不能坚持服用成药。然而治病吃药是必须要坚持的，没有1个月根本不用讲疗效，很少有效果的。必须1个月以上，甚至3个月以上，我的患者能坚持吃3个月的效果都非常好。而且这个药不仅仅是针对小儿，对于成人也有效，我家里90岁的母亲也在用，她过去容易感冒，给她用药治疗后现在几乎都不感冒。玉屏风散通过益气健脾，对于那些体虚感冒、反复感冒的患者，效果特别好。

刘　奇：付教授，我还想请教一下，儿童过敏性紫癜在临床上非常多，西医治疗主要是靠激素，我们都知道激素治疗是有效的，疾病肯定会慢慢好，但是其治疗难点就在于激素的减量很难，很多人的激素使用量就减不下来，关于这方面您有没有经验？

付汝霖：过敏性紫癜的发病率挺高的，每次我看门诊起码有10个以上的患者是过敏性紫癜。中医治疗方面，治疗紫癜要掌握好四个原则：滋阴、清热、凉血、止血。我跟我的学生讲，只要掌握好四个原则，紫癜自然会治疗好。不管是皮肤单纯性紫癜、关节型紫癜、腹痛型紫癜、肾型紫癜还是混合型紫癜，掌握好这四个用药法则，疾病都会治疗好。具体到药物方面，养阴的药物一般用生地黄、墨旱莲、女贞子，这三味药是主药，成人用30g，儿童用15~20g；如果阴虚症状很重，还可以加玄参、麦冬，这是第一个法则。第二个法则是清热凉血，药用牡丹皮、车前草、紫草。第三个法则是凉血止血，重用白茅根、地榆炭。第四个法则是止血，有一个药叫大叶紫珠，这个药是草药，我为什么会用这个药呢？30多年前有一个全国性的血液病会议，当时成都、广州、杭州、武汉、湖北，有 5 家医院专门研究血液病，我们的任务就是研究血小板减少，广州的任务就是研究消化道出血，他们用的就是大叶紫珠草，他们有个院内制剂叫紫地合剂，就是由大叶紫珠和地檢组成。当时我还带研究生去参观过他们的药圃，大叶紫珠很便宜，他们还把它做成针剂静脉输注，使用很方便。他们做过研究，拿它和西药对照，它的止血效果很好。后来我就把大叶紫珠借用来治疗血小板减少，效果也很好。大叶紫珠用到 30 g 以后，很多患者的出血就止得住。用仙鹤草、白茅根止不住时，用大叶紫珠后血就能止得住。大叶紫珠是个民间药，药性偏寒凉一点，但止血效果很好。我们血液科很多患者都有出血，像血小板减少症出血、白血病出血，在辨证的基础上加上大叶紫珠，血很快就止住了。对于女性的崩漏，在辨证的基础上加用止血药大叶紫珠，效果也很好。

滋阴、清热、凉血、止血，掌握这四个法则，然后适当顾护脾胃，这样治疗紫癜效果都还可以。特别是针对腹痛型紫癜的儿童，在后期要注意恢复脾胃运化功能，要用一些健脾的药物。因为凉血止血药药性偏于寒凉，很多儿童因为长期吃药导致食欲受到影响，出现不爱吃饭、大便稀溏等症状，这时候我们要加健脾的药物，像山药、白术、薏苡仁等，用药后他们的食欲很快就恢复过来了。临床上像黄连、黄芩、黄柏这类苦寒的药物我一般都很少用，要注意顾护脾胃。除非患者确实内热很重，舌苔很红、很黄腻，可以用一点黄柏、黄连，知母也可以用。还有像十灰散这些单纯凉血止血的药物使用得也不多，因为单纯应用止血药，血是止不住的，止血只是治疗过敏性紫癜用药的一个方面，还要滋阴、清热、凉血，在这三个原则的基础上止血。

刘　奇：是否考虑使用活血化瘀药呢？

付汝霖：一般不考虑，因为儿童这个时候还没到瘀血的疾病阶段，活血化瘀药一般都不敢用。像这一类疾病，血瘀还是比较少的。因为来我们科就诊的患者有血瘀的少，出血的反而多，像白血病出血、血小板减少症出血，所以临床上很少能用到化瘀的药物。哪一类疾病用到化瘀的药物呢？比如红细胞增多症、血小板增多症，血液太黏稠，这个时候能用到桃仁、红花、水蛭、虻虫等活血化瘀药。

刘　奇：整体而言，血液病患者的体质还是偏虚偏弱的，那您会不会用到温阳的方法呢？

付汝霖：血液病患者，虽然说有时可见一派热象的表现，但总体上还是有怕冷、疲劳、肢软、精神萎靡、食欲不振、气虚乏力，这些都是脾虚的表现，临床上侧重于补益脾胃，反而是温阳的方法不常用，几乎不用温阳的药物。过去我们老师讲过，白血病属于温病的范畴，用大热温阳的药物，比如附片、桂枝等会加重病情。像白血病、癌肿患者，使用黄芪都要慎重考虑，因为黄芪性偏温容易生火。临床上我反而喜欢用沙参、麦冬、玉竹等养阴的药物，再加上健脾的药物，比如党参、白术、茯苓、山药，除湿的药物也可以用，比如薏苡仁。

刘　奇：再生障碍性贫血或缺铁性贫血，您临床上是怎么考虑的？

付汝霖：我们做过科研，缺铁性贫血患者必须要补足铁剂，过去的说明书说硫酸亚铁叶酸片每片 50mg，1 天 3 次，一次 4 片，这种药对患者胃肠的影响较大，吃了个个喊胃痛，根本就坚持不了长期服药。那么怎么解决这个问题呢？后来我们发现益气健脾的中药可以促进铁的吸收；另外，健脾的中药可能含有一些微量元素，在改善贫血方面起到了作用，从而帮助患者的血象更快恢复。

所以说，缺铁性贫血的患者，我跟他们讲铁剂每次吃 2 片，一天 3 次，如果觉得胃还是不舒服就改成一次 1 片，一天 3 次，但是必须把中药加上。半个月后复查血常规基本能恢复正常。但是，如果还有失血，像月经过多、痔出血，可能效果就不好。如果把月经问题解决了，痔的问题解决了，治疗半个月以后血象可能会恢复正常，血红蛋白升到 120g/L、130g/L 是有可能的。益气健脾药能够促进铁的吸收，帮助血红蛋白的恢复，速度相当快。过去我们专门做过研究，一组患者（50 例）单纯服用铁剂，另一组患者（50 例）服用健脾和胃中药加铁剂，结果不到 20 天服用健脾和胃中药加铁剂的 50 例患者，血红蛋白含量全部恢复正常，单纯服用铁剂的患者 1 个月以后，甚至 40 天以后才慢慢恢复正常，而且还有副作用，胃不舒服。吃健脾和胃中药组的患者就没有副作用。总的来说，配合使用健脾的中药，减少了铁剂的服用量，缩短了治疗时间，并且还提高疗效。

刘　奇：付老师，刚才您也提到了腹型紫癜，对于这种类型的紫癜，以腹痛、胃疼为表现，您觉得临床上还有什么需要特别注意的吗？

付汝霖：对于腹型紫癜，必要时我们还是要加一点激素，因为腹型紫癜很容易出现消化道出血，而一旦出现消化道出血后往往治疗比较困难，因此我们还是要适当应用激素及时缓解患者病情，但是患者一旦腹痛减轻，消化道出血风险降低后，就要及时把激素的用量慢慢减下来、撤掉，然后坚持用中药控制病情。中医用药处方法则还是那四个法则：滋阴、清热、凉血、止血。

刘　奇：付教授，我还想请教一下，风湿科中有一个病叫噬血细胞综合征，有些时候一个严重的感染，甚至不明原因的感染，就可以造成全血的三系（红细胞、白细胞和血小板）降低，病情发展很迅速，很可怕。对这个疾病，付老师您能不能分享一下中医治疗经验？

付汝霖：关于噬血细胞综合征这个病，我也有碰到过专门来找我开中药的，虽然例数不是很多，但也有。除了常规的益气养血以外，我还喜欢加用清热解毒的药物，如金银花、连翘，再加一些抗癌的药物，如白花蛇舌草，这样会提高疗效，其他的辨证方法和治疗再生障碍性贫血差不多，在它的基础上加用解毒的药物。病例不是很多，还需要进一步观察。

刘　奇：付老师，您刚才跟我们分享了白细胞减少、血小板减少、贫血的治疗，如果患者白蛋白含量特别低呢？我们都知道很多血液科、肿瘤科患者都存在营养不良的问题。

付汝霖：这个我没有专门观察过，但是我想，通过健脾使得患者饮食增加，疾病恢复，白蛋白含量可能会增加。很多白血病患者来就诊的时候吃不下饭，一吃饭就恶心、呕吐。不吃饭，营养跟不上，白蛋白含量自然就会低。通过益气健脾的方法治疗后，很多患者食欲恢复得很好，白蛋白等指标也会有所提升。

刘　奇：您刚才也已经讲到了，抗肿瘤治疗时使用中药可以减轻化疗药物的毒副作用；此外，中药对化疗药物有增敏的作用。在中药对化疗药物增敏方面，您有什么体会可以跟我们分享？

付汝霖：在这个方面，北京中医药大学陈信义教授做过相关的课题研究，是关于中医药如何治疗白血病耐药的课题。我们都知道，如果不是耐药问题，很多疾病像白血病等都已经被攻克。我们也一直在探索如何使用中医药治疗化疗药物耐药，临床上我们发现化疗患者适当配合使用射干、乌梅、焦山楂等中药，出现化疗药物耐药的时间似乎是要比不吃中药的患者来得更晚，不过我们还需要做进一步的研究。

刘　奇：付老师，临床上您是怎么看待消化道出血的？

付汝霖：不管是消化道出血，还是其他出血，健脾都是很重要的。止血是治疗的重要方面，但是单纯止血临床效果往往不好。我们在止血的基础上加用益气健脾的药物，这样才能有很好的疗效。因为脾统血，通过益气健脾的方法，使得脾气健旺，脾统摄血液的功能恢复，自然有利于人体止血功能的正常发挥；脾为后天之本，气血生化之源，脾气健旺，气血生化来源充足，自然也有利于出血性疾病的治疗。

刘　奇：现在有种说法叫中医微辨证，比如说哪一个实验室指标有异常就用哪个药，或者说是出现哪个症状就用哪个药。您怎么看待这个事情？

付汝霖：我一般都更强调治则、治法，比如肿瘤患者，我喜欢使用养阴清热解毒的方法，尤其是化疗后阴伤得很厉害的患者，我喜欢用沙参，如南沙参、北沙参等养阴药物。又比如治疗多发性骨髓瘤、淋巴瘤，在益气养阴的基础上再加清热解毒的药；治疗白血病，在这个基础上加用白花蛇舌草、半枝莲、冬凌草；治疗淋巴瘤，在这个基础上加夏枯草、猫爪草。

以前中医治疗实体瘤的宗旨是活血化瘀，但我在临床上治疗实体瘤活血化瘀用得少，而是以软坚化痰为主。程钟龄的《医学心悟》里有一个方子叫三物消瘰丸，组成药物是玄参、贝母、牡蛎，我的老师就经常应用这个方子来治疗淋巴结肿大、单纯甲状腺肿大等实体瘤。因为这个方子力量偏弱，在这个方子的基础上再加上一些软坚化痰药，像黄药子、夏枯草、猫爪草以增强软坚化痰之力。需要注意黄药子这个药，它是有毒的，但是掌握好剂量就不碍事，一般来说用量不大于 12g 就没问题；猫爪草在广西生长得多，对于淋巴结肿大效果好，对结核效果也好；重用夏枯草会明显提高治疗效果。另外，必要时也可以加上一些活血的药物，像赤芍、丹参，但是用量不要太大。这样处方用药以后效果很好，像单纯甲状腺肿大、淋巴瘤都可以慢慢地缩小。

刘　奇：付老师，您从医很长时间了，血液、肿瘤这两个学科的发展都是比较快的，最近不断推出生物靶向药，有部电影《我不是药神》也提到这类药物，您是怎么看待这些生物制剂的？

付汝霖：生物靶向药，我个人对它熟悉。我看过很多患者使用生物靶向药，我也有很多亲戚、朋友，他们家里人得了病使用生物靶向药，效果并不是很理想，并不像宣传得那么好，短期内有疗效，但是长期效果不好。我的很多患者，即使经济能够支持，但是远期疗效并不见得好。因为我不是专门搞这个的，我不敢过多评价，但是我观察的那部分用生物靶向药的患者，例数虽然不是很多，但效果都不是很理想。治疗慢性粒细胞性白血病用的格列卫（甲磺酸伊马替尼片）效果还可以，其他像治疗肺癌、小细胞癌的生物靶向药效果都不行。我觉得单一针对某一个病因、一个靶点，并不见得比传统的中药多靶点、多途径干预的效果更好、更可靠。不过，我还要进一步观察。

刘　奇：付老师，您怎么评价陈竺团队在三氧化二砷治疗白血病这方面的贡献的？

付汝霖：三氧化二砷对白血病的一种类型——急性早幼粒细胞白血病（APL）治疗有效，过去得这个病的患者很快就会发生弥散性血管内凝血（DIC），很多患者不是死于白血病而是死于 DIC。早期，我院许玉鸣教授根据祖传的经验用雄黄来治疗白血病，他应用雄黄、青黛相配，其中青黛用 8g，雄黄用 1g，两个药配在一起，水煎服用。很多白血病患者用药后，病情就控制住了，这是我院最早应用雄黄来治疗白血病的。急性白血病分为急性髓性白血病（AML）和急性淋巴细胞白血病（ALL）两大类型，其中 AML 分为 8 种亚型。雄黄对 M3 型 AML（APL）的治疗效果非常好，很多患者用药后病情缓解，甚至还有很多治愈的病例。后来张亭栋、王振义、陈竺团队发现三氧化二砷（砒霜）有相同的作用，并且还把它做成注射剂，药物效果好，患者病情缓解得非常好。使用三氧化二砷再加上化疗药治疗，使得 M3 的患者存活期相当长。所以说，这个药是有历史渊源的，是从中医的传统当中悟到的。

三氧化二砷目前对 M3 型白血病疗效好，对其他类型如 M1、M2、M4 至 M7 型白血病治疗效果不好。要注意的是，这个砒霜制剂的剂量要掌握得非常好才不会出现问题，才能促进 M3 型白血病细胞的裂解、破坏，患者不发生 DIC。

刘　奇：有毒药物在使用过程中如果出现一些不良反应，比如说砷剂中毒导致的中毒出血，您在平时的中药治疗当中怎么去应对呢？

付汝霖：我们科慢性粒细胞白血病（CML）的患者也有用雄黄、青黛的，雄黄用 1g，因为我的老师用 1g 的剂量，我们也传承使用 1g，青黛用 8g。青黛包煎，与雄黄一起水煎服用，研究表明，雄黄可以裂解恶性细胞，破坏细胞的生成。1g 雄黄用水慢慢煎煮一般都不会出问题，过去我们的患者用雄黄，1 剂可以用到 20~30g，患者没出现过不良反应。但是长期用的话可能还是有隐患，雄黄主要含有硫化砷，长期使用会引起砷中毒。

刘　奇：血液病患者可能出现发热、高热，您是怎么使用中药退热的呢？

付汝霖：发热需要看是不是感染，如果是感染的话还是要积极控制感染，感染控制了就不发热了。如果不是感染，像白血病高热，白血病经过治疗以后，很多患者体温会恢复正常。中医在临床上也不能排斥西医，要以一种包容的心态面对西医，西医有西医的强项，中医有中医的强项。临床上我们要以患者为中心，哪种治疗手段对患者有利就用哪种手段。

刘　奇：想请教一个问题，风湿科也常常会用一些免疫抑制剂，在你们血液科这边怎么评价环孢素这个药？

付汝霖：环孢素是个免疫抑制剂，现在很多病都在用，比如再生障碍性贫血（AA）、原发免疫性血小板减少症都在用。它的副作用主要是会造成肝肾功能损伤，使用一段时间后要查一下肝肾功能，这是第一个问题。第二个问题，环孢素的血药浓度要达到一定范围，成人达到 100~200μg/L 效果才好。对于慢性 AA，在用环孢素、雄激素的基础上加用益气健脾、补肾填精、补肾为主的中药以后，很多患者几乎都能恢复正常，治疗半年以后几乎都可以不输血和血小板，病情基本稳定，血象也恢复正常。免疫抑制剂加雄激素再加上中药，是治疗 AA 公认的最好的办法，90% 以上的患者都会好转。但对于重型 AA 或极重型 AA，仍以免疫抑制剂或造血干细胞移植治疗为主。加上中药后，用相对较低剂量的环孢素，也可以达到非常好的效果。

刘　奇：还有一个问题，风湿科常用的免疫抑制剂有环磷酰胺、甲氨蝶呤、硫唑嘌吟。但是医生有时候使用起来也感到困惑，比如红斑狼疮，有些患者血小板数量偏低，要用药效强一点的免疫抑制剂，但是免疫抑制剂本身就容易引起三系降低。

付汝霖：我在血液科也用过这些药，使用起来一定要很好地掌握剂量。治疗原发免疫性血小板减少症，在用激素效果不好的情况下，我们也用环磷酰胺等免疫抑制剂。但是我们使用这些免疫抑制剂都必须要配合使用中药以起到减毒增效的作用。我发现配合使用中药以后，免疫抑制剂可以减少剂量，缩短用药时间。我在治疗再生障碍性贫血患者的时候，环孢素的剂量很快就开始减，毕竟剂量越小，药物副作用越小。当患者血红蛋白、血小板数量恢复正常，或逐渐恢复正常的时候，我在配合应用中药的同时就开始减少环孢素的剂量，直到减到最小剂量维持治疗。

具体用药方面，大的原则还是以健脾益气养血、补肾填精为主，像由女贞子、墨旱莲组成的二至丸，再加上壮阳的药物如仙茅、淫羊藿等。淫羊藿有类似性激素的作用，我们观察到大剂量淫羊藿有时候还可以代替睾丸素，我们不用雄激素，用淫羊藿，用到30g、50g以后，可以代替睾丸素的作用。需要注意的是，治疗上单单补阳也不行，也要适当补阴，像山萸肉、熟地黄、墨旱莲、女贞子等补阴的药物也都要用上，还要用些血肉有情之品，如阿胶、龟甲胶、鹿角胶。过去贵州有一个很有名的老中医，凡是治疗再生障碍性贫血患者都用三胶：阿胶、龟甲胶、鹿角胶。补血的、补阳的、补阴的、补督脉的、补任脉的，三胶都要用，治疗效果好。现在我给再生障碍性贫血患者用药，常常也是一剂药里面三胶都有，三个药一样的比例，都是10g，三样胶合在一起烊化，把药熬好以后，用这个药冲服，患者血象就能较快得到恢复。

刘　奇：付老师，民间还有种说法，花生衣有升血小板作用，是真的吗？

付汝霖：民间有用花生衣来治疗血小板减少的，根据我的观察，有点作用，但是效果不是很确切。花生衣实际上含有一些凝血因子，患者用后出血的情况可能会减轻一点，所以就怀疑花生衣是不是可以升血小板，因此民间有用花生衣的说法。花生衣升血红蛋白的效果就更不好了。治疗贫血最重要还是要找病因，是什么原因引起的贫血，病因不清楚治疗效果自然不好。

刘　奇：付老师，刚才您提到了弥散性血管内凝血（DIC），关于这个临床危象，您有没有一些中药辅助治疗的心得？

付汝霖：DIC，西医一般都是用肝素，效果可以，肝素用起来也比较安全，按安全剂量用就行了。中药主要还是遵循辨证论治的原则。比如说，中药水蛭因含有水蛭素，其活血化瘀的作用很好，我治疗红细胞增多症、血液黏度很高的患者，用水蛭的效果很好。当然我们也要注意它的副作用，水蛭用量大时胃会不舒服，这时候配合健脾胃的药物就很重要。

刘　奇：在中医的文献资料中有时候有很多似乎矛盾的地方，比如说化瘀止血药，既活血又止血，这似乎很矛盾，您是怎么看待这个问题的呢?

付汝霖：中医药博大精深，一定要反复研读、反复临床应用实践才能慢慢理解其中的奥妙之处，像你说的化瘀止血，如何掌握其中的用药比例就涉及很多问题。又比如说真正有瘀血的情况下用活血药物效果才好，那什么情况才辨证为瘀血证呢? 除了常规的舌苔紫暗有瘀斑、舌下脉络粗大、疼痛固定、面色黧黑等，血常规提示血黏度比较高、血细胞数比较多如红细胞、血小板增多等，也可以看作是瘀血的表现，可以用一点活血化瘀药。多思考、多临床、多实践才能加深对中医理论的理解。

刘　奇：今天的访谈就到这里，很感谢付教授!

东垣长于治内伤
——高建忠教授访谈实录

【专家简介】

　　高建忠，男，1972 年生，山西省兴县人。山西省中西医结合医院主任医师，长期从事经典方剂治疗疑难杂病的临床研究和东垣学说的临床研究，著有《高建忠读方与用方》《读〈内外伤辨惑论〉》《高建忠读〈脾胃论〉》等著作。

　　陈　　延：高教授您好，很高兴您能接受我们的采访。能否谈一下您对补土学术流派的理解？

　　高建忠：昨天下午我看到您的邮件后，我就一直在思考这样一个问题：补土派这个名词从何而来，这是谁提出来的？好像李东垣的著作中没有吧！罗天益、薛立斋的著作中好像也没有……但是我们科班出身的中医在教材中肯定接触过这个名词，它的出现应该是在现代？

　　陈　　延：对，是在现代，1957 年出版的由陈邦贤编著的《中国医学史》中首次出现了"补土派"一词，后来"补土派"一词出现在各家学说的教材上，才逐渐被学术界所公认。

　　高建忠：嗯，我坐在飞机上就在思考：补土派的核心人物是谁呢？李东垣的学术思想确实立足于土，但后世医家却曲解了补字的含义，众所周知，李东垣的代表方剂为补中益气汤，但是李东垣还有一首代表方剂——枳术丸。枳术丸的作用就不是以补为主，如果只是把以补益为主的学术思想归入补土派，那么势必会把东垣的学术思想片面地割裂开来，不能审视东垣思想的全貌。但如果说东垣是补土派也没错，只是我们应该进行立体思维，而不仅仅是平面思维。李东垣最大的学术成就其实是创立了内伤学说，而不是脾胃学说，脾胃学说只是他学术思想的一部分，我们通常将两者结合起来，称为内伤脾胃学说。很多人称之为脾胃内伤学说，这个说法是不确切的，因为两者不在同一层面上。脾胃学说使得内伤学说的体系更为完善，如果没有内伤学说，那脾胃学说就无从谈起了，只是李东垣在创立内伤学说的基础上，有意无意地形成了脾胃学说。既然是内伤学说，其理论肯定是基于内伤的，而内伤主要是以正虚为主，当然也有邪实的因素，不一定完全是正虚。东垣治疗的着眼点是立足于脾胃，其目的是使脾土恢复原来正常的状态，把不足的土补足，所以从这个角度来说，李东垣作为补土派的代表应该没有争议。

具体说来，恢复脾土正常功能的手段并不一定用补法，也包括泻法，如果只是从补益脾土的角度来解读补土派，就会很狭隘了。

陈　延：目前对于学术流派的研究，流派命名不是我们定的，这个命名已经形成了共识，可以说补土派是以李东垣为代表人物，也肯定有着它的核心理论及方法。但是目前人们谈到补土派，往往就会联想到补中益气汤、四君子汤……如果这样理解，显然很难读懂《脾胃论》。其实东垣最早的著作是《内外伤辨惑论》，《脾胃论》是他后来的著作，旨在告诉世人除了外感致病，还有内伤致病。后世医家也有从肾入手进行温补，而李东垣为何将内伤、脾胃放在一起，以脾胃作为其临床切入点呢？东垣的理法方药是很有效的，也具有划时代的意义，但是后世医家往往理解得很狭隘，明清以来，多以肾为载体，而且也很受欢迎，为什么后世医家就以温补的思路为主？这与东垣的学说有何异同？目前关于补土派的概念，大家对于土还是比较公认的，包括脾土的定义、生理功能、规律，但是何谓补？就像刚才您所讲到的，最终目的就是使脾土的功能恢复正常，那么可否认为所有法均可看成补土法？很多人认为东垣详于治脾，而略于治胃，其实李东垣在其著作的开篇就讲到他最擅长应用的五张方子，其中就有平胃散，东垣并不是不治胃，他是用降胃气的方法使得胃的生理功能恢复正常，而叶天士则是以胃的生理功能为切入点，从养胃阴的角度进行治疗。东垣的升阳益胃汤中也用到黄连，黄芪人参汤中也用到黄柏……他的治疗思想重在升降补泻，而后世的左归丸、右归丸则是明显偏于补法。如果只是将应用补脾药、升提法来治疗的方法称为补土法，恐怕不但东垣自己不认同，就是现代的医家也不会同意吧？所以想听听高教授您的看法。

高建忠：中医学在传承发展的过程中，也许治疗手段、诊疗技术会越来越丰富，但是其理论高度却未必会随着时代的发展而提高。就好像我们的传统文化一样，先人所达到的高度是后人难以超越的。比如《金匮要略》的虚劳病篇，张仲景治虚劳病和明清时期的医家是截然不同的，当然各有各的成功，但是明清医家的治疗手段却低于张仲景。尽管他们也形成了学术流派，其传承、发展对后世也产生了巨大的影响，但是境界却低了。同样，明清医家虽然传承了李东垣的学术思想，但是却没有达到东垣的高度，他们往往见虚便补，见实便泻，忽略了虚实之间内在的关系。在东垣之前还有华佗的《中藏经》，钱乙的

《小儿药证直诀》，再对比东垣的《内外伤辨惑论》《脾胃论》，可以看出东垣在钱乙的基础上又跨出了一大步。但是现在的内科学教材，则绝大部分传承了《小儿药证直诀》的思想体系，重视脏腑辨证，而东垣的学术思想涉及很少。

东垣在《脾胃论》中说："予平昔调理脾胃虚弱，于此五药中加减，如五脏中互显一二证，各对证加药无不验。然终不能使人完复，后或有因而再至者……"意思是说他以前常用的五张方子——四君子汤、平胃散、五苓散、黄芪建中汤、四物汤，疗效非常好，但是却不能十全，总是有那么一两个患者治不好，或者说远期疗效不明显。他就重新读《素问》，当他读到《素问·脏气法时论》时，他顿悟了，一下明白了，便创立了内伤学说，立足点就在脾胃。当然李东垣对于《黄帝内经》是有很深入的研究的，只是触发他灵感的内容是《素问·脏气法时论》。"内伤学说"的核心内涵就是在脏腑辨证的基础上，加了升降的思想。我们读《小儿药证直诀》，可以发现典型的脏腑辨证思路，比如心火用导赤散，肺热用泻白散，脾火用泻黄散，肝火用泻青丸。现在的教材也是，清肝火，清心火，清肺热……血虚补血，气虚补气，脾虚补脾，肾虚补肾……如果一个临床医生能够自如地运用脏腑辨证，明确哪一脏、哪一腑的虚实情况，从而选取相应的方剂，这应该是一个非常好的医生。其实东垣早就达到了这个层次，只是他觉得还是不够，因为这忽略了五行之间的内在联系，生克乘侮，如果只知道这个脏的病，就治这个脏，知道那个腑的病，就治那个腑，那么是不可能使患者完全健康的。可能你开出的方子会有疗效，但是患者长期的健康水平却是下降的。

陈　　延：只是处理了局部的问题，而忽略了大局。

高建忠：对。比如东垣对淡渗药物的应用是非常慎重的，比如茯苓，我们大家都知道茯苓健脾、利湿、安神，不寒也不热，不伤脾胃，是一味很好的药，但是东垣却认为脾主升清，茯苓淡渗下降，会影响到脾的升清功能，虽然暂时可以把水湿利下，可使患者短期好转，但是从长远角度来看，脾的升清功能会更差，水湿会更多。东垣的长处并不是治病，而是治人，使得身体健康，而不是针对局部的病变。这就是东垣的伟大之处。这也是中医的治疗高度领先于西医所在。再比如补中益气汤，其实是从四君子汤化裁而来的，当然学术界会有其他不同的声音。因为患者存在脾土虚的前提，所以首先选用四君子汤，但是除了补气外，还要恢复脾胃的升降功能，才衍化出补中益气汤。

许多医家认为东垣的学术思想是以升为主，以降为辅，后世医家诟病东垣以脾主升为学术思想的缺陷，但随着我思考的深入，越来越发现东垣的思想更趋于中和，没有那么多偏激的东西，而是我们后人把它读偏了。我们一般人读脏气法时论篇的思想是天人相应，人要顺应四季，人的生理、病理状态都与四季的升浮降沉有关。但李东垣则进行了更为深入的思考，他想人体内也有春夏秋冬，人体内的气机同样符合升浮降沉的规律啊！就是我们经常说的气机的升降浮沉，是一回事。自然界中春夏秋冬会出问题，就会导致风不调、雨不顺，那么人体内的春夏秋冬也会出现问题的。东垣的内伤学说指的是人体正常的"四季"不能更替，相对应的是我们的肝、心、肺、肾。李东垣是用五脏来对应四季的，所以在他的著作中，一会儿出现五脏，一会儿又出现四季，总是穿插着出现，东垣自己是非常明白的，但是他没想到我们后世的人就搞糊涂了，现在很多人确实读李东垣的书很糊涂啊！这就是因为我们的思维还没有达到李东垣的高度，还没有办法与东垣"沟通"。

李东垣为什么以脾胃为立足点？自然界的春升、夏浮、秋降、冬沉就发生在大地上，而机体内的大地就是脾土，肝、心、肺、肾功能的正常就相当于四季的更迭。我们将人身体置于四季之中，对于天人合一的理解又跨了一大步。东垣其实就是在调四季，把五脏当成四季，那么临床怎样治疗四季——就是升浮降沉，我们看易水学派的药物学，《汤液本草》中药物就是升浮降沉加上四气五味，药物的作用就出来了。我用一个方子举例来谈东垣的学术思想，比如普济消毒饮，大家都认为治疗面部热毒的火证，无论是实火还是虚火都应该用下降的药啊，而东垣怎么偏偏用升发的药呢？其实这就是没有深刻理解东垣用方的用意，就是要恢复体内四季的升浮降沉。

陈　延：前一段时间我们也写了关于补土理论核心思想方面的文章，我们主要针对"土化四象"来展开探讨，肝、心、肺、肾所展现的生理功能，有点类似于您所说的"四季"。

高建忠：对，治疗上并不一定靠药物，只是使得机体气机运行顺畅。人生病了，其实就是气机的升降出入出了问题。

陈　延：就是说人体内气候变化未达到正常的状态就生病了。

高建忠：对于五运六气，刘河间（刘完素）、张元素都有研究，也都应用于临床，但是东垣是将五运六气完全内化到他的学说里面，所以我们似乎看不到五运六气的东西，其实已经被东垣兼收并蓄了。为什么会以土来作为切入点？东垣是以内伤立论的，整体是从虚入手，针对的是四季更替不足，而不是四季更替太过，如果更替太过，那就是实证了。

陈　延：您认为东垣面对的疾病都是由于四季更替不足引起的，即使是火，也是由于更替不及？

高建忠：对，本应是春天，结果已经到了夏天，这种情况不关注，关注的只是不足。

陈　延：也就是东垣都是从虚的角度出发，而不是实的角度。

高建忠：我们说虚、实，不如说不足、太过吧！因为脾土的功能不够，四季的更替就会不足，其理论来源见于《黄帝内经·太阴阳明论》："脾者土也，治中央，常以四时长四脏，各十八日寄治，不得独主于时也。"所以说四季的更替要靠土主的十八天来斡旋，如果土不足，就跨不过去，所以我们用药使它跨过去，所以东垣会立足于脾土。

陈　延：东垣的肝、心、肺、肾，对应四季中的春、夏、秋、冬，我们可否用更加通俗易懂方式来解释，就是人体内的升、降、浮、沉不足，导致体内气机的变化，使得脏腑功能产生了变化，从而进行对治的方法，可能更加有利于现代人的理解。

高建忠：我们循着东垣的思想在读李东垣的过程中，好像明白很多，但是如果用脏腑辨证来解读，很多人就不明白。比如东垣以四君子汤为底方进行理论体系构建时，补中益气汤、清暑益气汤就不用茯苓，而秋冬季应用的升阳益胃汤、沉香温胃丸又把茯苓加上，他认为春夏应该升，不能用茯苓，而秋冬应该降，就把茯苓加上，茯苓不利于升而利于降。他书中的这条脉络还是比较明确的。从东垣的行文来看，后人觉得很杂乱，我也在思考这个问题：李东垣是儒生，是有一定的文笔功底的，还不至于特别差吧！其实我们觉得乱，认为东垣没说明白，也许是我们自己的功底不够，而不是东垣写得乱七八糟。

陈　延：我们读东垣的著作，他写了好多本书……

高建忠：其实东垣生前定稿的著作只有《内外伤辨惑论》，《脾胃论》等书都是罗天益整理的。罗天益是李东垣的学生，但是他经常把自己的学术观点放进去，变成他老师的观点。比如王好古写《此事难知》，还要批注"东垣先生此事难知"，其实是王好古写的。罗天益也是，所以我们在读李东垣的过程中，就要辨别到底有多少东西是东垣自己的，多少东西是他的弟子加进去的。如果把《脾胃论》和《内外伤辨惑论》进行对比，似乎《脾胃论》是《内外伤辨惑论》的扩写本。所以研究东垣学说，最好的方法还是从《内外伤辨惑论》入手，而现在很多医生研究东垣，往往从《脾胃论》入手。

陈　延：因为名字取得好嘛！消化科的医生都要读《脾胃论》。

高建忠：如果单读《脾胃论》可能还欠缺一点。

陈　延：可不可以这样理解，因为李东垣是文人，他觉得他懂的东西读者应该懂，一些很简单的理论读者应该知道。以前中医是以《黄帝内经》作为入门基础的，而我们现在是学习教材，以八纲辨证来诊病的，这就造成了偏差。而东垣恰恰只把他认为比较新的内容写进去，至于一些旧的、约定俗成的内容就没有写，结果造成了后世理解的困难。

高建忠：古代文人写作都有这个通病，他们认为读者都是高水平的，如果水平不够，就不配读我的书，或者干脆不要读了。

陈　延：我们的认识论、思维方式和古人不同，所以读古书就会出现偏差，读东垣就有很多不能理解的地方。我们说东垣非常关注升降，很多方法也是通过升降来体现的，也就是您所说的东垣对"调四季"的处理。在临床上，一些重症患者，我觉得用扶阳的方法更好，东垣的劣势是否在治疗气机运转不起来的情况呢？

高建忠：我们中医临床有两个着眼点：一个是治病，一个是治人，这对于每个医生来说都至关重要。我们现在不是单纯用中医中药服务患者，而是中西医同用。西医对于局部病变的处理要强于中医，我们必须承认，也是无法回避的。而中医对于人的干预，对于恢复整体的健康状态，西医则是比不上的。但我们中医临床善于治疗局部病变的多，善治人的少，或者说与人们的需求还有很大的距离。从中医的传承和发展的角度来看，我们需要培养一部分从整体入手治病的医生，这样中医才能更加强大。

我在临床上经常碰到一些问题，对于一些局部的病变，从整体的角度去调理，或者在治人的基础上加入治疗局部病变的药，整体效果也是很好的，但是对于另一些局部的病变，如果单纯治人可能效果就会不理想。尤其是临床上的一些疑难病症，从整体治疗有的时候见效，有的时候就不见效，这就涉及对病情的把握。比如对于甲状腺功能亢进的患者，如果按照普通的方法治人，或者关注病比较少，那么很有可能不会取效；还有对于吉兰-巴雷综合征的治疗，中医归为痿证，如果单纯从治人的角度出发，不关注局部病变，效果就不会太好。这都需要我们思考。

我们再回到东垣，东垣其实也治局部。有一次我收到一个医生给我写来的信，他提到用东垣《兰室秘藏》中的方子治疗肿瘤效果非常好，《兰室秘藏》中确实有很多方子是针对疾病的，东垣创立的内伤学说固然与其他中医学术思想有所不同，但是东垣也在传承中医学其他方面的思想。东垣是以《黄帝内经》为基础，但是他对《伤寒论》也有着深入的研究，易水学派也不是自创理论，也是尊崇仲景的。温病学派说"羽翼伤寒"，东垣和仲景的理论体系也是一脉相承的。我们谈到对补土派的界定，其实扶阳学派同样也需要界定。补法效东垣，扶阳则宗仲景，仲景立论以邪气为主，而东垣立论以正气为要，这就是他们的根本区别。仲景在三阳篇就是祛邪，即使到了三阴篇，还是不忘转邪外出，比如由少阴出太阳（麻黄附子细辛汤证），如果病由阴转阳，这是疾病好转的象征。这些针对的不是正气，仲景始终盯着邪气，因为只要邪气去，病就会好。我们看《金匮要略》中每篇的用药都是针对祛邪，包括虚劳篇，虚劳篇里有黄芪建中汤，虽然黄芪是补药，但方底为小建中汤，小建中汤中桂枝不是补药，芍药也不是补药；肾气丸中干地黄也不是补药，附子、茯苓、丹皮、泽泻更不是补药啊！如果从后世温补学派的角度来看，这些方子都不是温补的方子，与左归丸、右归丸的组方思路完全不同。而对于扶正的理解，易水学派已见端倪，钱乙的思想也有所体现，但真正成形则是在李东垣。其实补土、扶阳思想是可以互补的，比如李可老中医的破格救心汤（生附子、干姜、炙甘草、龙骨、牡蛎、山萸肉、红参、磁石、麝香），附子的用量很大，100g、200g、250g……但这不是主要问题，最主要的是他同时用到炙甘草60g，红参30g，这2味药是必不可少的，就是用来补正气。大剂量的附子只是用来祛邪，剂量越大，正气就越要顾护。在病情稳定后往往李可老还要加用肾四味（补骨脂、菟丝子、淫羊藿、枸杞子）各30g，一共120g，力度也很大，如果不用肾四味、红参、炙甘草，相信任何一个医生都不敢用那么大剂量的附子。如果用量按照附子、干姜、炙甘草递减的话，即使是小剂量的四逆汤力度同样也会够。很多时候在临床上，当方药剂量用得小，药味少，往往起效很快，或者很快就会有反应；但如果方子大，剂量大，往往起效会很慢。汉代攻打匈奴有两员大将，一个是卫青，一个是霍去病，卫青都是率领大部队，阵势严谨，但是却很难灭得了匈奴；而霍去病就是率一队骑兵，往往取得奇效。用药也是，量越多，可能取效就越慢。

很多学生都认为附子是补药，这是错误的认识，这就需要系统地梳理。学生经常说，"如果患者不行了，为什么用大剂量附子就可以活过来？"患者阳气少，阴邪盛，就像两军对垒，我方只剩下三五人，而敌军有大部队，可能我们给多少援兵都是失败，但如果我们再出一支部队攻打他，那就可能把这小股部队保住。治病也是这样，大剂量的附子是用来祛阴邪的，并不是补阳，目的是使体内阳气恢复，客观上讲起到回阳的作用。说到补药，对于肾阳虚，鹿茸是一味补药，补肾阳立竿见影，但如果患者阳气欲绝，拿鹿茸补肾阳的话，就要出大问题！

所以说仲景、东垣的学术思想没有矛盾，临床上该用谁就用谁，他们的立足点不同。如果患者少气无力，这是气虚，那就用李东垣的方法，用人参、黄芪；如果又出现手足冷，有寒，那么单纯补气就不够了，还要祛寒，这时候就得加附子。像独参汤、参附汤、四逆汤都有不同的适应证。在仲景的年代没有西医急救，而我们可以在西医抢救、监护的前提下，中西医互参，西医已经给我们留下了足够的时间和余地，我们也就没有必要大刀阔斧了。包括我在ICU会诊，开出的处方也都是特别平淡，现在的医疗条件已经改变了，所以我们有重新进行理论梳理的必要性。

陈　延：太阴不升，阳明就不降，如果阳明不降，就会影响到脾的升清功能，那是否可以理解为如果胃气和，脾的升清功能就会好转?

高建忠：仲景的学说，很多情况下都是针对急性病的，而东垣的理论则多用在慢性病中。仲景用承气汤，邪气阻滞，胃气不降，但未必就代表脾气不升，病家脾气可能未受到损害，但是东垣研究的前提是病者脾气受到了损害，所以与伤寒的升降是两个不同的概念。我们要把面对的问题铺开，应该会比合在一块好，如果将伤寒、温病统一，将外感、内伤统一，有可能，但是需要非常有智慧的人才行，这样的人才不是我们想培养就能培养出来的，是可遇而不可求的，在这样高智慧的人还没有出现前，我们还是越细化越好，这样才便于临床应用。当我们还未搞清楚区别时，便生硬地合起来，就会导致思路很混乱。在临床上，我们面对患者，要明确是伤寒还是温病，是外感还是内伤，如果我们能够明确这些问题，处理起疾病来就会更加顺手。

陈　延：找出相应的切合点，不同的切合点就用不同流派的思想。

高建忠：但是不要混淆，我在临床上就经常仲景和东垣的方子合用，但是背后的道理要理清，不要把背后的理论也混淆在一起。

陈　延：您一直强调东垣思想的重要组成部分——升浮降沉，现在学术界非常热门的圆运动也强调升降浮沉，以土为中轴，一气周流，那么可否认为东垣是圆运动理念最早的提出者，把东垣理论套在圆运动中解读会更加清晰？

高建忠：关于圆运动的理论，清代黄元御阐述得比较多，黄元御是临床大家，他是清代人，也许他读过东垣、周慎斋这些医家的书，应该也有汲取过易水学派的营养。黄元御的书不好懂，他的方药也不是那么容易解读，他是将圆运动的思想推崇到了极致。圆运动的思维模式就是动态的，而东垣的立足点就是中土，他是"站在"土上不动，理解了东垣的理论体系，他的方药体系也自然就会用了。我们已经学了很多知识了，如果我们扔掉以往的知识，重新再建立起圆运动的体系，就有点得不偿失了。你根据圆运动组出来的方子，未必能够超过古人。比如四君子汤是一首补气的方子，我认为古人创立这个方子实在是太伟大了，治疗脾气虚，用人参大家都会想到，但是又加了甘草作为佐药，按说方子已经很完美了，但是仍停留在补维生素、补钙的层次，我们的水平应该再高些。我们不但补，还要让脾运化起来，于是就加了一味白术，脾运起来了，按说已经很完善了，可是考虑到脾虚生湿，如果湿邪不化掉，脾照样会壅塞，所以又用了一味茯苓，四味药，境界越来越高！我们自己组出来的方子能达到这个境界吗？古人的每一张方都可能是耗费了一生的心血，并不是我们两三年就能想明白的。接下来，再继续思考，光补气还不够，还没有顾护脾的升清功能，如果脾不升清，那就要去掉茯苓加升麻；如果汗多，那一味人参不够，就要加黄芪；中土是气机升降的枢纽，如果气机无法运行，所有的用药都无济于事，所以还要加陈皮、白术，这样就可以弥补去掉茯苓的缺陷，我想这大概就是李东垣创立补中益气汤的思路吧！

陈　延：圆运动之所以被广大中医接受，就是因为它有一个很好的模型，那我们能否也建立一个模型，直观地展现给大家？

高建忠：古人是非常善于建立模型的，阴阳、五行就是很好的模型。其实中医的模型是立体的，很多人理解为平面的模型，这是不全面的。比如说阴阳中复有阴阳，五行中还有五行，这是一种思维模式。我试图努力接近古人的思维模式，比如古人躺在山坡上，观察天地万物，四季更迭，为什么会有四季转换，为什么会热极生寒、寒极生热？冥冥之中有什么力量使其运转？就是气机的升浮降沉，它确保了四季的更换。而气机的运转是来源于大地的，地气归于人体，就相当于归于脾胃之气。我们可以将四季的转换、气机的运转作为契合点，来建立立体模型。

陈　延：补土派的名称来源于后人，罗天益、王好古都是李东垣的学生，接下来就没有明确的传承脉络了，那么历史上哪些医家可以归于补土派呢？

高建忠：李东垣、罗天益肯定算，王好古虽然是李东垣的学生，其实他研究得更多的是伤寒，后世的周慎斋、薛立斋算，李中梓算半个，张景岳未必算，但是他是很推崇补土思想的。还有很多医家都非常推崇李东垣，比如叶天士、吴鞠通、孙一奎，他们未必都归入补土派，但却丰富了补土派的理论内涵。岳美中老中医曾经说过他在年轻的时候喜欢用仲景的理论，到年老的时候发现东垣的思想也非常好，能意识到这一点，证明他读懂了李东垣。目前整个中医界对金元四大家的研究都是很欠缺的。

陈　延：您能否给补土派下个定义？

高建忠：补土派治疗的着眼点在于恢复中土升降的功能，治疗手段未必用补，在恢复自身功能的同时，注重与其他脏腑之间的联系，治疗的方法主要是补中土、调升降、泻阴火。当然前提是针对内伤、土不足的情况而言。

陈　延：即使是谈到所谓的实证，也是以虚为前提，因虚致实。

高建忠：其实东垣对后世医家的影响非常大，很多人都没有意识到。温病大家吴鞠通就曾说过："治外感如将，治内伤如相。"如果他没有读懂李东垣，他是说不出这样的话的。包括朱丹溪对外感、内伤的论述，这些医学大家认识的高度，都说明他们理解了李东垣。我想，将，那是冲锋杀敌的，就好像关羽、张飞一样；而相呢，则是负责治理的，比如诸葛亮，如果把诸葛亮和张飞的角色互换，那肯定乱套了。所以这些名言不是随便说出来的。我以前读金元四大家比较多，接下来读仲景比较多，对温病涉猎较少，后来我读温病，发现这些温病大家也是推崇东垣的，只是有了自己的创新而已。可以说，每一位留在医学史上的医家都不简单。

陈　延：能否给临床读不懂李东垣的医生一点指导意见，如何读懂李东垣？

高建忠：其实何止是东垣的书难读啊！金元四大家的书都不容易读啊！你会发现越读越乱，我们应该走近他，站在他的角度去理解这些文字。《黄帝内经》《伤寒论》更难读，我们一定要明白它所传递的信息。我当时读金元四大家也是读不懂，没关系，多翻多看，其义自见。其实学中医是非常难的，不要以为学中医容易，尤其是对于初学者，如果你告诉他中医特别容易学，他学上个三五年，会发现不是那么回事，这个时候他是会动摇的，所以一开始就要告诉他们中医难学，这样才能知难而进！

陈　延：非常感谢您接受我们的采访！

调中土不离肝肾，起沉疴重在三阴
——高天旭教授访谈实录

【专家简介】

高天旭，男，1964年生，河南省南阳市人。教授，主任中医师，硕士研究生导师。第二批全国老中医药专家学术经验继承工作指导老师高体三教授学术思想继承人。他将家传学术特色凝练为"水暖，土和，木达"，临证重经方而不废时方，重扶阳而不避寒凉，常以桂枝、附子、干姜与石膏、黄芩、黄连寒热并用，善于治疗胃肠疾病、咳喘、失眠、口疮、脱发、痤疮等各种疑难杂病。

刘　奇：很高兴今天采访高天旭教授。高教授，您作为名老中医高体三教授学术传承人，请您谈一下高老的学术特点。

高天旭：非常高兴接受本次访谈。高老是我们河南中医药大学方剂学科的奠基人，他又是第二批全国老中医药专家学术经验继承工作指导老师。高老一生潜心于中医经典的研究，临证以六经辨证为纲，以脏腑辨证为核心，擅长疑难杂病的研究和治疗。他在临证中有一个特点，喜欢用温热药，最常用的是附子、干姜、桂枝。

刘　奇：是不是与河南当地气候、人群体质有一定的关系？

高天旭：中原地区基本代表了全国各个地域气候特点，因为它在中央嘛！刚好中原地域和我们的题目比较吻合——中土。所以高老善用温热药，临床上对于多种疑难杂症，有特别好的疗效。高老在业内影响是比较大的，他是火神派。高老家是南阳的，是张仲景的同乡，传承了仲景的精髓，又结合他数十年的理论、实践和经验，逐渐形成了自己特色鲜明的学术思想，用六个字概括这个学术思想——水暖、土和、木达，这就是高老一辈子的学术精髓。

刘　奇：谈到中土，就离不开湿，您能否谈一下湿邪与中土的关系，在临床上如何祛湿？

高天旭：如果说风为百病之长，那么可以说湿为万病之源。就连普通老百姓都会说，"湿气大"，说明湿已经被广泛认识了。湿可以导致人体很多疾病，从中医理论来说，湿为阴邪，易伤阳气，病理性质是重浊黏腻的，最易阻碍人体气机。湿邪发病，缠绵难愈。现在临床上很多患者舌苔厚，而且身困倦怠乏力，消化功能差。湿气在临床出现的概率不说100%吧，但多数患者都存在这种情况。湿邪有重浊黏腻的特点，所以临床上很难祛除。但不管多么难祛除，它有一个核心点——湿在脏腑里是归脾管的，这就体现了健脾的重要性。怎样祛湿？健脾就能祛湿。

湿分外湿、内湿，不管哪种湿，都与脾有关。我们要围绕脾来治病。每个药都有性味归经，入哪条经，就针对哪个脏来进行调理……脏腑功能恢复正常了，好多症状就消失了。比如身困倦乏力，这就是湿气表现出来的症状，这就与脾土有关，我们临床常用的人参、白术、茯苓、山药等都是健脾药，脾土健运，湿气自然就祛除了。所以治湿的核心点就是调脾胃，想尽一切办法把脾胃的功能恢复正常，湿自然而然就祛除了。

从药性理论来讲，苦能燥湿，甘淡能渗利水湿，芳香能化湿，这都是临床常用的祛湿方法。实际上有两个祛湿方法往往被人们忽略，一是辛能散湿，比如水湿比较重的患者，我们可以采取疏散的方法把水散出去。举个例子，就像洗衣机一样，最后一道程序不是脱水吗？通过散的作用，把水湿散出去，把衣服稍微晾一晾，就可以穿了，这就是辛能散湿的作用。李东垣在治脾胃病时，往往加一些风药，像防风这类辛散药，体现的就是辛能散湿，用辛温的药散湿，我们以后在临床上，可以在这方面进一步开发，要引起重视。二是温能胜湿，温热性的药物就能祛湿。再举个例子，冬天衣服湿了，那是很难干的，怎么办？放在火上烤一烤，干了！这就是采取温热的方法来祛湿，这个方法非常厉害，像张仲景的理中丸——人参，健脾祛湿；白术，燥湿健脾；甘草，健脾燥湿；而干姜具备两个特性，一个是辛，一个是热，辛能散湿，温热能胜湿，所以仲景的理中丸祛湿是非常厉害的。

在四川，湿气比较大，人家怎么办？吃辣椒啊！四川人用黑顺片煮肉喝汤，他们把花椒、辣椒、附片作为食物，用这些方法来祛湿。在常规的治疗方法上，祛湿突出两个方面——辛能散湿，温能胜湿。

刘　奇：在临床上，有些患者，不光有湿邪，还有阴血不足，又有湿邪，又有阴伤，您怎么看？

高天旭：阴血亏虚是吧？

刘　奇：是。

高天旭：这个问题说起来就复杂了，因为每一种病，每一种邪气，都不是孤立的，都是相互关联的。阴虚，它属于什么？一般是肝肾阴虚，您刚才问我的就是，有湿，怎么还有阴伤，是吧？

刘　奇：治起来也麻烦，如果滋阴又恋湿……

高天旭：应该这样理解，湿，脾虚生湿，脾功能失调了；阴虚，是肝肾阴虚，它们是两个概念，不能混为一谈。湿，不能跟阴虚搅到一起，湿，我们要健脾祛湿；阴虚，大补肝肾就可以了，不矛盾的。如六味地黄丸，仲景的桂附地黄丸，那里面有治湿的山药、泽泻、茯苓、对吧？健脾祛湿。里面的山萸肉干什么的？就是滋补肝肾阴血呀！不能说它们抵消了，这样就走入误区了。我们治病，就是调理脏腑，不管什么病，一定要落实到哪个脏腑有病，我们就治哪个脏腑。

再比如，寒邪侵入人体，体内有虚寒，还有热象，临床上寒热错杂，既有寒又有热，那我怎么选药？张仲景怎么配方的？半夏泻心汤，这个方子我们治脾胃病经常使用，黄芩、黄连是解决肝经的热，是调肝的；再配辛热的干姜温中健脾，所以不矛盾啊！热是在肝，高老一直给我们灌输这个概念，全身不管哪里出现的热，火源就在肝。因为肝的特点是木郁容易化火，所以高老认为，只要是热，准是肝的事。清肝就可以了。寒在哪？寒在脾肾，脾肾阳虚，所以好多方剂仲景都是寒热并用，乌梅丸也是典型的方剂，里面有黄连、黄柏，大苦大寒，还有附子、干姜、桂枝，你说凉药热药互相抵消了？不可能抵消！热在肝，我们清肝热；寒在脾肾，我们温肾健脾。

刘　奇：各行其道。

高天旭：我们在中医辨证上面，一些概念上的东西要搞清楚，这样指导临床，就会有更好的疗效。

刘　奇：您能否谈一下对脾胃病的认识。

高天旭：谈到脾胃病，那就是补土了。补土派的古代医家代表就是李东垣了，《脾胃论》对后世影响非常大。我有很多患者，都是其他中医治了一圈，效果不好，最后跑到我这里来了。我看患者之前的药，都是西药配中药，患者感觉就是以西药为主，搭配了中药。患者是很有意见的，他们说我找你中医治疗，你开一大堆西药干什么？从患者的反馈中，我得知患者对治疗脾胃病的中医是不满意的，很多中医都跟着西医跑了，这要引起重视。比如来了一个胃病患者，中医首先问，病多少年了？患者说自己是十几年的老胃病了，那好，做个检查吧——胃镜。做胃镜，看有没有溃疡，看长没长息肉，最后也没看出什么特别的异常现象，那就做个病理吧，最后结果出来就是有炎症，所以诊断也就出来了——慢性浅表性胃炎。这个结果不能说错，但只能作为一个参考。然后大夫看见炎症，就开点健脾和胃的药——陈皮、半夏、焦三仙、木香、砂仁……吃了感觉怎么样？好一点。再吃，感觉又不行了，患者找你两次，第三次就另请高明了，换其他主任了。

另一个医生一看检查报告单，接着问，做过B超没有？再做个B超吧！B超一做——胆囊壁粗糙，胆囊息肉，胆囊收缩功能不好。好，诊断结果出来了——胆囊息肉，或者慢性胆囊炎。这个大夫比第一个大夫聪明，长期胃不舒服，他考虑到肝胆的问题，当然也要开健脾和胃的药，在这基础上，再加疏肝的药——柴胡、枳壳、木香、川楝子……患者一吃，效果好！比那个大夫水平高。所以这个大夫知道脾胃病，与肝胆有关系，因为肝胆是帮助消化的。李东垣在补中益气汤中，除了黄芪、人参，还加了调肝的药，柴胡、当归、升麻，这是核心，如果你看不出补中益气汤高明在哪个地方，你这个中医就没有学成功。比如当归就是补肝血的，补肝、疏肝、调肝，肝一疏泄，有助于脾的运化，"见肝之病，知肝传脾，当先实脾"，临床治病，必须把握住中医的特点——整体观念，辨证论治！西医是微观的，中医是宏观的，可不能跟着西医结果跑，离开了整体观念，就不能达到满意的临床疗效。

清代医家黄元御，他有一句话很经典："甲木克戊土，疼在心胸；乙木克己土，疼在脐腹。"甲木是胆，戊土指的是胃，胆病影响到胃，疼在心胸；乙木是肝，己土是脾，肝病克脾，疼在肚脐、小肚子。古代医家非常聪明，这不就是提前把B超都给说出来了嘛！现在用B超看是胆囊炎还是胆囊息肉，古医家都说了，长期胃里面不得劲，那是"甲木克戊土"。

刘　奇：这个"心"也包括心脏，很多胃因性心律失常，也是把胃调好就好了。

高天旭：对，肝经布胸胁，影响整个心胸。

高老治疗疑难杂病，效果非常好。高老一生重视三阴病，他认为所有疑难病，全在三阴，说具体一点，就是足三阴——足厥阴肝、足太阴脾、足少阴肾，最后落实到脏腑，就是肝、脾、肾，这三脏是紧密联系在一起，生理上相互联系，病理上相互影响。这三者的关系好理解——树木相当于肝；脾就是土地；肾就是水。自然界中，树木是在地里生长的，需要有水浇灌，不可或缺。如果水不够了，或者水太多了，树木就不能正常生长了。土地不肥沃了，没有养分了，树还能正常生长吗？我说这么多，就是想说治脾胃病，不要单纯着眼于脾胃，肝肾一定要考虑进去。如果医生整天只知道健脾和胃，永远停留在这个水平，就治不好病，必须肝、脾、肾共同调理，最后才能达到满意的治疗效果，这就是治疗脾胃病应该考虑的。

刘　奇：如果患者检查显示幽门螺杆菌阳性，数值还挺高，而且确实有症状，您是纯中药解决，还是加上现代抗菌药物？

高天旭：幽门螺杆菌阳性的患者，我看得非常多。首先给大家普及一个常识，幽门螺杆菌，在正常人群中，感染率在60%以上，有的有症状，有的没有症状，为什么会发现？很多人体检时，做了 ^{13}C 幽门螺杆菌检测，只需吹一下，也不费劲，最后发现幽门螺杆菌阳性，患者一"百度"，幽门螺杆菌阳性，会致癌啊，紧张得不得了。首先我们不要给患者带来紧张情绪，因为免疫力差的人，就容易出现幽门螺杆菌阳性，如果免疫力增强，它就转阴了。西医一看幽门螺杆菌阳性，就用四联疗法，吃半个月，或者二十天，最后是否全部杀掉了？不一定吧！不是绝对都转阴了。

我在临床上都不开西药，我就纯中医，这又回到刚才的话题，怎样处理脾胃病。健脾和胃的同时，疏利肝胆，温肾壮阳，肝、脾、肾同调，就可以把脾胃病治好。比如针对幽门螺杆菌，现代药理研究证实，黄芩、黄连、柴胡都能杀菌，人参、茯苓、白术，健脾和胃，使脾胃功能恢复正常，幽门螺杆菌不就转阴了嘛！我在临床上长期治疗胃病，幽门螺杆菌阳性的患者，经过治疗，基本上都转阴了，所以中药治疗幽门螺杆菌是绝对没问题的，这是非常自信的。

刘　奇：您临证中经验方、常用方与擅长病种的经验体会，能否谈一下？

高天旭：我们是传承高老的学术思想——水暖、土和、木达。水就是肾，水暖，就是保持肾阳充沛；土和就是脾胃健运；木达，就是肝木条达。如果能达到水暖、土和、木达的状态，那人体所有疾病都能康复，我们就是以高老的学术思想为指导来治病，很多疑难杂病都能达到很好的效果。只要把这六个字灵活运用于每一个患者，都能达到很好的效果。

你问我擅长治疗什么病，我在临床上接触的都是疑难杂症。

刘　奇：不分科？

高天旭：中医实际上就是不分科，你看扁鹊，到了一个地方，重小儿，他就变成儿科大夫了；到了另一个地方，重妇人，就变成妇科大夫了。要说哪些疾病我在临床上擅长一点，像肠胃病，如果用西医的术语表达，那就多了——慢性浅表性胃炎、慢性萎缩性胃炎、糜烂性胃炎、胃溃疡、胃扩张、胃下垂、慢性结肠炎……我们根据高老的学术思想开发了一个专利方剂——清胆和胃汤。

刘　奇：就是对应黄元御的那句话——甲木、戊土。

高天旭：对，治什么病？治西医所说的一切脾胃病。所以我在临床上主方就是清胆和胃汤。患者复诊，我们问他感觉怎么样？非常好！临床就能达到这样的效果，里面融入了水暖、土和、木达的学术思想。

还有咳嗽、失眠、复发性口疮。复发性口疮也是疑难杂症啊，非常难搞。此外，还有脱发、痤疮，我有很多痤疮的患者，有的患者严重到都"毁容"了，经过调理，最后都漂漂亮亮的了。

刘　奇：您能否说下清胆和胃汤的组成。

高天旭：柴胡、黄芩、桂枝、白芍、炙甘草、茯苓、鳖甲、煅牡蛎、白术、干姜、制附子、生地炭、阿胶珠、党参。这是我的清胆和胃汤。

刘　奇：您加鳖甲的目的是什么？

高天旭：这也是我学生经常会问到的。鳖甲这味药，重点是调肝，能够滋补肝阴、肝血，从而使肝疏畅条达。肝木条达了，消化功能就好了。另外从现代药理研究来看，鳖甲能够制酸止痛。这个方子配起来实际上就是肝、脾、肾的组合。人参太贵，我用党参。党参、白术、炙甘草入脾胃；柴胡、黄芩、桂枝、白芍都是调肝的。

刘　奇：柴胡桂枝汤。

高天旭：对，关于桂枝汤，我们以后再探讨，桂枝汤这里面学问可大了，高老说桂枝汤是调肝的基本方，这是一般人认识不到的，以后我们有时间再进一步交流。

刘　奇：当归四逆汤也是桂枝汤衍化过来的。

高天旭：对啊！当归四逆汤，就是调肝的，柴胡桂枝汤也是调肝的。清胆和胃汤里面还有生地炭、阿胶珠，这也是调肝的，里面的附子是温肾壮阳的。整个方子组起来就是温肾、健脾、疏肝，从而达到"水暖、土和、木达"的效果。

刘　奇：这个方子还有黄土汤啊。

高天旭：非常聪明！你马上就听出来，这里面是几个方子的组合——黄元御的柴胡桂枝鳖甲汤，再分解那就多了——小柴胡汤、桂枝汤、理中丸、四逆汤、黄土汤。

刘　奇：都是经方。

高天旭：这就是我平常用的方子，用的都是经方，用方思路清晰，像足太阴脾，肯定是理中丸、小建中汤；足少阴肾，四逆汤、真武汤，真武汤是个好方；足厥阴肝，我们常用的是桂枝汤、小柴胡汤，还有你刚才说的当归四逆汤，温经散寒、养血通脉，它是一个标准的养肝血、补肝血、疏肝条达，使血脉通畅的方。这些方剂结合起来使用，临床效果都非常好。高老曾跟我们说，什么是疑难杂症？你到农村，那电线杆上贴的小广告，都是疑难杂症——胃病、哮喘、白癜风、中风偏瘫、高血压、糖尿病……

我再说一个病——咳嗽。我们在临床上治咳嗽，效果非常好。我刚治了一个肺间质纤维化的患者，那是濮阳的一个患者，病房不让他住了，叫他回家，已经告诉他了，生命还剩 3 个月的时间。患者原来都是晚上没法睡，后背靠着枕头，呼噜呼噜地喘，整个肺功能都废掉了。经过治疗，现在正常活动没问题，就是一活动还是有点咳嗽，吐白痰。现在精神状态非常好。他一次就拿半个月的药，昨天我又给他开了 12 剂药，他回去了。前段时间还给我送了一面锦旗。

虽然说很多病西医说是没办法治的，但是中医呢，滴水穿石，把不可能变成可能，这就是中医的魅力。只要你坚持，大部分疾病都能取得满意的疗效。对于咳喘这类病，真是不好治。有一句话叫"大夫见了嗽，眉头也发皱"，还有"内不治喘，外不治癣"。不要说间质性肺炎，就是一般的感冒咳嗽，都不好治。有些人感冒好了，留个咳嗽底，留了多长时间？几个月。

我治过一个阜外医院的大夫，他是西医，做手术的，咳得上不了手术台，非常痛苦。后来他朋友找到我，带着他到我办公室，我建议他吃 20 天中药，可能就差不多好了，结果他吃了 2 周，还不到 20 天呢，就没事了，只是还稍微有点咳嗽，但是不影响他上手术台了。

刘　奇：您能否讲一下咳嗽的辨治思路？这个题有点大。

高天旭：这样说吧，掌握两个核心点：第一，一定要跳出宣肺化痰止咳这个思路，就像刚才讲的脾胃病，只知道健脾和胃，那你水平永远就不行。第二，必须把高老的水暖、土和、木达这个学术思想融进去，才能把咳嗽治好。

我举个例子，古代有一种典型的咳嗽，人人皆知，就是《红楼梦》里的林黛玉得的病——肺痨，林黛玉的咳嗽，肯定是肺虚啊。她痨病啥时候得的？她从小就有。她一进贾府就咳，老太太问她病了多长时间了，没吃药吗？她从小就吃药。

刘　奇：熙凤问：现吃什么药？

高天旭：她当然吃药了，林黛玉也是大家闺秀，生活水平比咱们高。林黛玉从小到大，虽然咳嗽，但没要命，没死。为什么？因为林黛玉从小是吃药长大的，吃什么药？我没考证，但我估计是参汤泡出来的。林黛玉最后怎么死的？她有两个致命点：第一，她得了相思病，久思伤脾；第二，她听完宝玉、宝钗完婚，气死了。

她从小就有肺病，她可能一直喝着参汤，人参补脾，就是咱们说的补土，土能生金，一直培土生金，肺还能维持宣发肃降功能。林黛玉是个"小心眼儿"，喜欢"吃醋"，整天相思病，其中有葬花一幕，你想她心境到了什么程度。忧思伤脾，脾土越来越虚，肺金也越来越虚，又听到宝玉完婚，气啊，气在肝上了，最后又木火刑金，大口鲜血一吐，生命彻底结束。所以两个致命因素：第一，土不生金；第二，木火刑金。她咳血，用西医的理论解释是毛细血管破了，用中医理论分析，谁管血？肝藏血，脾统血。肝、脾，两个关键性脏腑。讲到这里，你就清楚了，哦！原来土生金重要啊，还有肝对肺的影响，如果树木和土地都有问题了，那还能管住水吗？肾水最后出问题了，所以慢性肺病，如果医生视野不开阔，不能辨证分析透彻，根本就不可能把咳嗽治好。如果仅停留在宣肺化痰止咳的层面，那就是太一般的水平了，必须把理论认识透彻，才能把肺的问题解决。所以我在临床上治咳嗽，不管急性还是慢性，全部都是肝、脾、肾同调，从三阴论治。

刘　奇：林黛玉在危急关头，如果您救治，应出什么方？

高天旭：咱们给林黛玉开个方啊！哈哈……生脉散，人参、麦冬、五味子，这是主方，这里应该用红参，用生脉散作基础，培土生金；木火刑金，要按病机来开方啊！还得用黄土汤，黄土汤本身就是肝、脾、肾的综合方，有白术，这是补脾的；有生地、阿胶，这是补肝血的；附子，温肾壮阳。所以黄土汤就是三阴肝、脾、肾的方，我们用黄土汤，把肝、脾、肾固住了，再加点化痰止咳药，当然可以啊！但是林黛玉那个脾气，她喝药也喝不进去了。

咳血，是由于脾不统血，肝不藏血。所以中医非常有意思，只要把中医理论搞透彻，临床治病非常简单。别看患者描述的——从头到脚，全身不舒服，其实所有症状均是脏腑功能失调表现出来的外在现象，把脏腑功能调理正常了，症状不就消失了嘛！原来有专家说中医是调理的，我还不认可，我说西医治病，中医也治病啊，怎么中医是调理呢？后来我才知道，这个专家水平真高，中医就是调理，通过调理，使症状消失，中医是这样治病的，非常有意思。

刘　奇：您刚才讲的肺间质纤维化患者，用的也是经方？

高天旭：核心方是生脉饮、理中丸、四逆汤、苓甘五味姜辛汤、麻杏石甘汤。多个经方组合在一起。但是他虚得太厉害，我不得不配了一些贵重药物，鹿角片、龟甲胶。对于一些免疫系统疾病，光用草药有效，但是针对一些核心问题还必须用一些血肉有情之品。

刘　奇：那是打成粉还是入煎剂？

高天旭：打粉，因为太贵了。鹿角片入煎剂。鹿角胶、龟甲胶、全蝎、蜈蚣、穿山甲，打粉，每天吃一点。加虫类药，这是从根本上使他的肺纤维化软化，让他慢慢改善，尽管不能全部恢复，但是就像皮筋一样，让它慢慢恢复一些弹性吧！患者非常高兴，本来"判死刑"了，生命还剩 3 个月，现在活 9 个月了，活蹦乱跳的，非常好。下一步我准备给他做成丸药，叫他长期吃，就像吃饭一样，药食同源嘛！古人不都经常吃"长生不老丹"嘛。

刘　奇：刚刚您提到失眠，有些人失眠不是一两年了，而是二三十年了，安眠药、抗焦虑药，一直吃着，这种失眠各个医生都看了，效果欠佳。对于顽固性失眠，您怎么认识？

高天旭：治疗顽固性失眠还得打破常规。一般临床上养心安神，那还真的不行。就说张仲景的方吧，最有代表性的是什么方？

刘　奇：酸枣仁汤。

高天旭：酸枣仁汤，你感觉效果怎么样？

刘　奇：这种失眠，酸枣仁汤是拿不下来的。

高天旭：看来你很有经验，其实张仲景酸枣仁汤是非常好的，书本上对它病机的解释太浅薄了。我上大学时，高老治疗失眠就用酸枣仁汤原方，效果非常好。但是现在用在临床上，好像喝着没什么感觉，我们不看书本上写得有多好，就用临床实际说话。我们现在用效果一般，这就逼着我们进行深入思考，为什么不行了？那就是理论没吃透，如果把病机摸透彻，把关键点把握住，临床还是能够取得很好疗效的。

这个我们以后作为专题谈，重点还是要落实在肝、脾、肾，然后治心，才能取得突破。我也思考为什么高老那个年代用效果好，我们用效果不好呢？第一，药材质量，原来野生，现在种植；第二，社会环境发生变化，医学模式转变为社会-心理-生物模式，疾病与社会因素、心理因素等有关。现在年轻人熬夜，吃垃圾食品。环境在变，食物在变，作息、工作都在发生变化；现在人复杂了，考虑得多了，生物体也发生了变化。我们作为中医人，要传承精华，守正创新，必须得创新！在原来基础上，把古代医家、老一辈的宝贵经验，在继承的基础上发扬光大，我们责无旁贷，我们必须把中医传承这块做好，让我们的中医药服务于社会，服务于人类，服务于全球。

刘　奇：非常感谢您接受我们的采访！

从五运六气角度看补土流派
——顾植山教授访谈实录

【专家简介】

　　顾植山，男，1946 年生，江苏省江阴市人。安徽中医药大学教授。国家中医药管理局龙砂医学流派代表性传承人，全国第六、七批老中医药专家学术经验继承工作指导老师。中华中医药学会五运六气研究专家协作组组长，世界中医药学会联合会五运六气专业委员会会长。

　　老膺荣：顾老师，您对学术流派的研究造诣很深，我们医院也正在做补土派的学术研究，纵观中医发展史，学术界对补土派始终没有一个明确的概念。据您的了解，补土派的定义是什么？

　　顾植山：所谓的补土派，从约定俗成的概念上说，是针对李东垣的脾胃学说来讲的，补土派的名称是后人加上去的。在金元时期，李东垣所归属的学术流派叫易水学派，据古代文献记载，河间和易水是同一时期两个不同的学术流派。后人称"内伤法东垣"，这是因为东垣的著作——《脾胃论》中强调了内伤病机，大家根据《脾胃论》的学术理念，引出补土这个名称。我们首先要讨论的是李东垣的学术思想产生的时代背景，金元四大家学术思想的产生是跟五运六气有着密切关系的，原上海中医学院首任教务长章巨膺先生就提出了这个观点，章先生也是引用了很多古代医家的学术观点，像王肯堂、陆九芝都讲过这个观点。我们从东垣所著《内外伤辨惑论》《脾胃论》的时代背景来讲，当时是发生了一次大疫。许多古代的重要学术理论，都是在大疫期间产生的，东汉末年的大疫产生了张仲景的学术思想，金元之交的壬辰大疫产生了李东垣的学术思想，明末的辛巳大疫产生了吴有性的学术思想，清代中期的大疫产生了余师愚的学术思想……因为每次大疫都会死很多人，这是因为新的疫病的产生，往往用老的方法效果不好，假如用原来的方法治疗效果好的话，那又何必去创新呢？大家推广用老的、传统的学术思想就行了！正是这是新的疫病，促使很多医家去动脑筋，张仲景的《伤寒杂病论》是针对当时的疫病的，从当时的时代来看，正处于中国历史上的一个小冰河期，是史料记载中温度最低的时期，那个时候就应该特别重视寒邪的影响，所以就有了《伤寒论》。到了后世，出现温病蔓延的情况，为什么用伤寒的方法效果不好？现在有些学者说张仲景的学术思想有局限性，认为《伤寒论》只能用来治疗一般的外感病，而不是用来治疫病的，其实这个讲法是有问题的。因为后来又有一些疫病，用张仲景的方法效果又非常好。这是因为每次大疫的病性不一样，所以用的治法自然不一样。2003 年的 SARS 就是一个典型的例子，SARS 出来的时候，用吴有性重用大黄攻下的办法，效果不好；用余师愚重用石膏的办法效果也不好，并不是吴有性错了，也不是余师愚错了，他们的办法在当时都是很好的。吴有性的书上讲，他那时的疫病，医家用伤寒的办法，十有九死，效果不好；余师愚也讲了，他那时候的疫病，医者用伤寒的办法，用吴有性的办法，效果都不好。这就给我们一个重大的启示，就是每一个时代产生的疫病不是同一个病，不能用同一个方法来对付它。那么，我们就要看李东垣所处的时代背景了。李东垣遇到的大疫是在壬辰年，据文献记载，当时死了几十万人，那肯定是个大疫，不是一般的疾病。那时盛行刘河间的火热病机学说，如果按照学术界的有些观点来看，刘河间的学术思想代表了金元医家对疫病的最高理论水平，李东垣和刘河间只差几十年，他完全可以按照刘河间的思想来对付疫病，他为什么没有用刘河间的办法？说明当时肯定有医家用刘河间的办法效果不好，如果效果好了大家都会用的。李东垣是一个高明的、会动脑子的医家，而且从实际出发，他没有墨守成规，不是说用这种方法效果不好就束手无策了，他有很深的中医理论的功底。他的老师张元素是易水学派的创始人，张元素对《黄帝内经》《伤寒论》的研究都很深入，李东垣把这些思想运用于临床，就发现当时出现的疫病的病机是内伤脾胃，所以他就从调理脾胃这个角度来治疗疫病，效果就好了。大家就跟他学，最后形成流派。

为什么那时的疫病用调理脾胃的方法效果就好？从五运六气的角度可以看得比较清楚。李东垣遇到大疫是在 1232 年——壬辰年，这本身就是个寒湿年，辰年，寒水司天，湿土在泉。这个时代的大司天，又是寒水司天，湿土在泉，整个时段都是偏寒湿的，这就是寒湿中的寒湿，两个寒湿因素叠加。再往前推三年，是己丑年，按照《黄帝内经》"三年化疫"的理论，"甲己失守，后三年化为土疫"。我们可以反推此前三年的己丑年很可能出现了刚柔失守，到 1232 年化为大疫，这个大疫就是土疫。壬辰年的运气是寒湿，当时的大司天是寒湿，"三年化疫"所化的大疫又应是土疫，所以为什么李东垣遇到的疫病病机多属脾胃内伤，就不难理解了。李东垣根据这个运气特点，抓住脾胃病机来治疗当时的疫病，就起到了比较好的效果。

老膺荣："外感法仲景，内伤法东垣"，可不可理解为病机是内伤或是外感，我们指的是病机而言，而不是说这种病是内伤和外感？

顾植山：什么叫内伤？李东垣是看到了这个病机跟一般的外感病不一样，患者都是先有了脾胃内伤的这个病机，为什么会先有脾胃内伤这个病机？就是因为这个"三年化疫"，这是伏邪，伏邪是先伤了人的正气，伤了内脏的正气，又因为它是伏湿，甲己化土，伏的是湿邪，湿邪最容易伤脾胃，所以先看到了脾胃受伤。所以用"三年化疫"的理论才能够理解李东垣所治疫病的内伤因素。

其实 SARS 也是内伤呀！我们不能说所有的内伤都去法东垣，都是从脾胃入手，还要分清它的不同病机。SARS 是 2000 年的伏燥和伏热伤了肺，就是邪伏在肺；假如是伏寒的话，柳宝怡先生《温热逢源》总结的经验是"伏邪发于少阴"。"冬伤于寒，春必病温"，也是内伤啊，它先伤了少阴的功能，少阴气化功能。

老膺荣：少阴是肾吧？

顾植山：三阴三阳六气，如果我们把它翻译成脏腑的话呢，就有点简单化了。当然，少阴跟肾的关系密切，讲少阴必然要联系到肾，但少阴的气化功能亦可联系到心。内伤脾胃影响的是整个机体的气化。所以李东垣从调气化的角度入手，才有升阳的方法，抓住脾胃升降枢纽这个功能，要调整它的气化功能，所以他的补中益气汤，他的升阳方法，都是从气化的角度来的。

五运六气的学术思想真正被医家重视是在北宋时期。北宋以前，五运六气几乎失传，只在民间秘传，到了北宋，五运六气才成为显学，并成为每个医生规定要学的内容，那时太医院考试要考五运六气，所以每个医生都要学。加上北宋的理学把太极、河图、洛书这些思想阐发出来以后，到了李东垣所处的金元时期，对于理解人体内的气化就有了一个新的层次，比如关于阴火的问题，相火的问题，这就涉及整个人体内的太极开阖枢运动。现在有些人在研究的圆运动的问题，其实就属于太极运动。

老膺荣：之前我们在对补土派作梳理的时候，也检索过很多文献，参考过一些教材，听过一些专家的意见。有一种相对比较主流的观点，说李东垣那个时代恰逢战乱，军队围困都城，老百姓肚子饿了很久，然后就内伤了脾胃，导致了多种疾病的发生。

顾植山：这种观点是经不起举一反三的。只要一类比，你就知道这个观点是站不住脚的。假如这个观点成立，那么每到战争、每到饥荒年代，都吃不饱饭，那么碰到疫病不都要用这个理论了吗？吴有性遇到的辛巳大疫，也是在战争年代，人们流离失所，国家已经很动乱了，而且连年的灾荒，这个灾荒在历史上是很著名的，老百姓也是吃不饱饭，那么吴有性治疗疫病为什么就不用《脾胃论》的方法，而要用大黄寒下的方法呢？所以这个理论讲出来要经得起推敲。如果按照这种观点推论，现在人民都吃饱饭了，不闹饥荒了，李东垣的理论不就过时了，还有什么用啊！

老膺荣：有些专家认为补土就等于脾胃学说。

顾植山：李东垣并没有特别讲补土，补土的提法是后人给他的。李东垣的重点是调理土的气化功能，包括升清阳、除阴火等，不是一个简单的补脾概念。补土的提法可能会引起误解。

老膺荣：土不仅是脾胃，也不仅仅是脾胃对水谷的运化功能。

顾植山：这要从五运六气土的整个气化功能来考虑。李东垣讲了"内伤脾胃，百病由生"，这是他看到伤了脾胃气化以后，会引起各种各样的病证。比如发热，按照刘河间的火热病机论，发热就会用清热的方法去处理，但是李东垣抓住了当时的运气特点，知道从火热病机处理效果是不好的。必须要从调理脾胃的角度，调理土的气化功能，所以治发热的时候，他用甘温除热法，甘温除热也不是补脾的概念。他的升清降浊思想已经超越了现代人讲的脾胃消化系统的概念。所以有些有发热症状的疾病，特别是伏邪伤脾以后引起的发热，要抓住脾土的气化特点来调整。土在中央，是升降的枢纽。

老膺荣：李东垣升阳的思想跟火神派、扶阳派有什么关系？

顾植山：李东垣所处的运气环境是寒湿，它不仅是跟湿土的关系，还有寒的因素在里面，所以李东垣必定要注重扶阳。如果用苦寒为主的话，就不符合运气的原则。所以补土这个名称容易引起局限。李东垣的脾胃学说很重视扶阳，升阳补土，这个补是调理的意思，不能从物质的角度去补脾。李东垣思想受到张元素很大影响，张元素是受《中藏经》影响，张元素的《医学启源》里引用了《中藏经》中的许多东西。《中藏经》强调扶阳的思想，里面讲了很多强调阳气重要性的话，例如"阳者生之本，阴者死之基""得其阳者生，得其阴者死；阳中之阳为高真，阴中之阴为幽鬼"等。张元素跟刘完素后来产生分歧，因为刘完素看到的都是火热病机，所以他就强调了火热的方面；张元素所处的时期在刘河间之后，李东垣之前，正好处在运气大司天的转换期。刘河间时期的大司天运气是燥火，后期以火为主，到张元素时已由少阴君火转向太阳寒水，张元素已经看到了过分强调火热的偏颇，所以他就重视扶阳，以纠刘河间之偏。刘河间到晚年，他自己的病看不好了，是张元素给他看好的，原因就在于那时候运气已经变了。张元素说："运气不齐，古今异轨，古方今病不相能也。"他是很注重运气变化的。他重视阳气的思想影响了李东垣，所以李东垣已经有了这个思想基础，又恰恰被他碰到了寒湿运气引起的疫病。东垣是受到张元素思想的影响，又结合自身的临床体会提出了自己的学术思想。假如当时没有张元素的学术思想影响他，假如他是刘河间的学生，那他应付这个疫病就可能是另外一种状况了。正因为运气的大环境，再加上东垣的学术传承背景，成就了李东垣的学术思想，这就是时势造英雄。所以大司天对金元各家学说产生的影响还是非常明显的。北宋从1004年到1063年期间，大司天是太阴湿土和太阳寒水，所以在那个时期的医家用药多香燥，苏东坡用偏于香燥的圣散子方治疫效果就非常好。刘河间所处的时期，阳明燥金司天，少阴君火在泉，后期更以火为主，所以他特别强调火。李东垣所处的时期以寒湿为主，后期壬辰大疫更处于太阴湿土主令，又碰上了"甲己刚柔失守"所化的土疫，那么他扶土的理论就出来了。到朱丹溪的时候，朱丹溪中年才学医，到了晚年时候的大司天，恰恰就是阳明燥金，这就造成了他的滋阴思想的产生。

老膺荣：从运气的角度来解释，别人也很容易理解医学史上著名的医学事件。刘河间搞了一个火热的病机，又在《素问·至真要大论》中的"病机十九条"中补了一条有关燥的论述："诸涩枯涸，干劲皴揭，皆属于燥。"因为燥跟火相关，所以用这样的理论来解释就非常合理了。

顾植山：所以古人都是根据自己所处时代疾病的特点来构建他的医学理论的。不能将不同时代产生的不同医学理论用同一标准来判断其是否正确。

老膺荣：后世有些医家可能没有五运六气的系统知识，所以会不认可前人的学术理论，出现隔代争鸣的现象。

顾植山：有些医家确实没有看到五运六气的影响，只是根据个人经验来强调某一治则治法，就去批评前人的东西。

老膺荣：朱丹溪批评《局方》(《太平惠民和剂局方》的简称)，然后到了景岳又批评丹溪……

顾植山：丹溪批评《局方》，其实是批评元代的医家还在用宋代《局方》的方法来治疗时病。朱丹溪不会去批评历史上的医家，他批评的是当时的医家墨守《局方》的成规，因为已经到阳明燥金的运气了，你还在用北宋温燥祛寒湿的那套办法肯定效果不好嘛！但是我们现在写医学史的人，拿丹溪批评元代医家用《局方》的话去批评北宋医家，这就搞错了。所以懂得五运六气的人都会客观地看这个问题，像刘河间在《素问病机气宜保命集》里所说："故此一时，彼一时，奈五运六气有所更，世态居民有所变。"张元素讲得很客观，包括王肯堂、陆九芝，他们都是从历史发展动态变化的角度来看问题。

刚才问到扶阳派跟补土派关系的问题，其实每个流派都重点抓住了一个方面，完全可以综合起来的。扶阳这个观点本来也是李东垣的理论基础之一，张元素、《中藏经》都重视扶阳，这也是李东垣理论产生的依据之一。现在一些扶阳派的人，不管什么病，都要用到附子、干姜，这样就变成了一种用药风格上的流派，这种流派必定是带有片面性的，但是它们为什么会形成流派？也有它们产生的理由。清代的温病学派，主要强调温邪，以清热滋阴为主，从温病出发，对于临床医家用辛热药持批评态度，这就造成了一些温病派医家不敢用辛热药，临床畏附子、干姜等辛热药如虎狼，那么扶阳学派恰恰就是因温病学派不敢用辛热药造成的一种偏颇，在临床上把辛热药的应用范围再重新挖掘出来，从这个角度来说扶阳派是有贡献的。挖掘出来之后，就应该重新审视其理论源流。在张仲景时代气候寒冷，重视寒邪，那个时候是重视扶阳的；北宋医家也是重视扶阳的。要把历史上这些运气特点重新发掘出来，使中医的理论不被片面化，要尽量完整地、全面地传承，不要过分地强调一点，不要走极端。国家扶持流派的发展，每个流派都有它独到的知识点，才能形成流派。如果这些知识点没有丢掉，并且已被大家认可，为现代医学主流所包含，那么这就不应该是流派。目前的现状是有些流派的临床特色，没有被教科书吸纳进去，这些是在有关教科书中学不到的东西。为了防止临床特色丢失，所以国家要扶持流派，使得这些知识或技艺不会失传，进而发扬光大，最终目的还是要让流派完成它的历史使命——融入主流学术中去。我们扶持流派传承，但不要硬去制造流派，也不是说现有的流派要让它永远存在下去，它们最后都要汇入到主流学术中去的。当然，以后还会不断有新的流派产生，因为一个新的知识点产生的时候，不可能马上得到普遍的认可，早期往往是以一家之说、以流派的形式出现，等得到大家认可和掌握的时候，就不成为流派了。我认为，只要这个流派的知识点是确有价值的，时间长了一定会被大家接受。扶持流派就是要让流派的知识尽快得到普及。

老膺荣：按您的理解，能够称为补土派的古代医家都有哪些？

顾植山：首先这个提法就有点问题。李东垣不是讲什么病都补土，中医的理论特点，从五脏六腑的角度来说，哪个脏腑不重要。难道说光是脾胃重要，光是土重要吗？木、火、土、金、水都重要。只是碰到土出问题的时候，就要去扶土。比如像 SARS 这样的病，重点是扶金治肺，不能将针对 SARS 产生的观点定为补金派。所以将李东垣的学术定性为补土是后人只看到了补土的一面，没有全面地分析研究继承他的学说。真正领会这些流派理论的内涵，是要看他在什么情况下针对什么疾病提出的学术观点。比如扶阳，在临床需要的时候，可以借助扶阳派的理论和经验，充分发挥扶阳法的优势，但如果把扶阳变成一种教条，不管什么病，不管什么运气条件都去扶阳，若碰到寒性病流行时还好，如果碰到吴有性时期的病，那就糟糕了！碰到余师愚时期的疫病，大剂量地应用附子、干姜肯定不行，只有大剂量的石膏效果才好。1954 年石家庄郭可民老中医用白虎汤治疗流行性乙型脑炎（简称乙脑）效果好，若用大剂量的附子效果能好吗？恐怕不行。1956 年北京乙脑暴发，仍用白虎汤效果就不好了，蒲辅周根据运气变化结合通阳化湿效果就又好了。所以每个学说和每种方法都有它的适用范围，超过了这个范围就不适用了。

我们搞流派的传承与发展，我主张流派之间要多交流，多沟通，促进流派间的融合。对于流派传承要有一个定位目标。假如你这个流派的内容都是教科书上已经写进去的那些东西，这就没有意义了。原则上是这个流派的学术或技艺还没有被大家很好地认识，许多内容教科书中没有讲到，一般人不知道，这就有发掘和传承的价值了。发掘出来的目的是使大家了解，最后这个流派传承要达到什么目标？一定是要让它的思想融合到主流学术思想中去，要大家了解它的价值所在，大家都了解了，掌握了，这个流派也就完成它作为流派的历史使命了。

老膺荣：像您刚才讲的，如果从补土派角度切入，像对"内伤脾胃，百病由生"或者阴火这种理论内涵的认识，可能业界或大多数学者都不是理解得很深刻，尤其是从运气的角度去理解李东垣学术思想的形成过程，目前业界的认识还是比较局限的。

顾植山："内伤脾胃，百病由生"刚才已经提到了，不要误读，不要把它讲成什么病都是由脾胃产生的，李东垣看到了内伤脾胃以后，可以产生各种各样的疾病，不是讲百病都是由脾胃产生的，不能倒过来讲。

老膺荣：我们现在的解读等于是说脾胃功能异常是百病之源，就有点片面了。

顾植山：古代医家不是就有"补脾不如补肾"和"补肾不如补脾"之争吗？补肾派认为肾为先天之本，什么病都可以由肾产生，所以要补肾，这也很武断。"心为君主之官"，什么脏器的重要性还能超过心呢？调心是不是最重要？还有观点认为什么病都和情志因素有关，那不是可以把肝作为重点，可以提出"情志伤肝，百病由生"了？搞活血化瘀研究的人提出什么病都是络病，难道什么病都可以活血化瘀了？每个人都可以强调他自己观点，但这不符合《黄帝内经》的整体思想，还是应该综合起来考虑问题，否则就会形成简单化的、片面的观点。

老膺荣：您在临床中怎样用李东垣的扶土观点？

顾植山：碰到土虚的情况就要用扶土，把它作为必须掌握的重要招式之一就好，其他如扶阳、滋阴、调肝、补肾、活血化瘀等每一招都很重要，不要局限在某一招，就像十八般武艺，不需要去分哪个高哪个低，能掌握得越多越好，掌握得多，针对不同的情况就能应付自如了。

老膺荣：您在临床中对于扶土的病机把握和调治方面有什么心得？

顾植山：李东垣碰到的疫病是伏湿和伏寒伤脾，他在这方面的经验就比其他人丰富一些，他的认识也相对深刻一点，所用的方药就相对合理、有效。尤其是他把太极、河图洛书里面重视阳气的思想结合进去以后，给后人很大的启示，比如升阳益气的补中益气汤和升阳益胃汤已经成为千古名方；还有夏天祛暑用的清暑益气汤，传统清暑多用寒凉药，而李东垣在清暑中引入了升阳的思想，对于脾土运化失常的病机，李东垣总结的这些理法方药还是具有普遍的指导意义的。但李东垣碰到的壬辰土疫，发生的概率太低，是可遇而不可求的。

老膺荣：不是说每个壬辰年都会这样。

顾植山：是的，因为大司天是寒湿，当年的司天在泉又是寒湿，再加上三年化大疫所化为土疫，三大因素重叠在一起，这种概率太低了。2012年就是壬辰年，三大因素只具备一条，所以就没有发生大的疫情。

老膺荣：但是湿气流行的时候，可以用苓术汤。

顾植山：对，苓术汤，跟李东垣的思路不太一样，因为病也不一样。

老膺荣：但是他的方里面也有温阳的，也有化湿运脾的，这里面也有补土的概念在里面。

顾植山：李东垣的学术思想里面确实是比较重视阳气，在升降中间，他是重视升的。

老膺荣：不一定拘泥于我们的访谈提纲，您觉得研究李东垣、研究扶土的理论还要注意些什么？

顾植山：刚才讨论的是补土派的流派传承问题。假如仅仅是讲重视脾胃，重视补中益气，重视脾胃的升降枢纽，我觉得李东垣的这些思想教科书没有丢，这些知识已经成为大家的共识了。如果硬要把这些已有共识的东西割裂出来变成一个流派，强调不管什么病都从脾胃入手，反而是从整体走到片面去了，并不好。但是，五运六气是李东垣学术思想产生的基础和源头，这是许多人不了解的。那么从这个源头入手的话，对于李东垣的学说，应用的深度和高度就不一样了。假如能从运气方面把它阐发好，在临床应用好，这样定位的流派内涵中就有它的知识创新点。不是说我会用李东垣的几首代表方剂就是补土派，那太局限了。

老膺荣：听了您的讲授，我们对东垣的理论体系思想也有了初步的理解，我们可不可以去构建一个补土思想的理论体系模型，使得补土思想更加直观呢？

顾植山：我觉得把李东垣扶土、升阳的这些学术思想阐述清楚，把它跟《黄帝内经》思想的源流关系，跟现代中医理论之间的关系讲清楚，实际上就是完善了我们整个中医学的理论模型，而不是自己去构建一个独立的模型。如果我们现在每一个流派都要构建自己的理论模型的话，就会出现成百上千个模型了，中医的整体理论模式就支离破碎了。

老膺荣：反倒是破坏了理论的完整性。非常感谢您接受我们的采访！

辨证论治，从五行生克关系研究脾胃
——黄穗平教授访谈实录

【专家简介】

黄穗平，男，1959年生，广东省河源市人。教授，博士研究生导师，主任医师。广东省名中医，中华中医药学会脾胃病分会副主任委员。在治疗脾胃病方面重视从肝脾论治，善于从虚、滞、瘀、毒论治慢性胃炎及癌前病变，运用健脾理气法治疗脾虚气滞型功能性消化不良，提出"三位一体"，从预防、治疗、康复全程模式防治脾胃病，曾获中华中医药学会科学技术奖进步奖。

陈　延：黄教授您好，您是消化疾病方面的大家，也是我们广东省中医脾胃界的领军人物，所以我们想请教您。我们在做补土学术流派的研究，补土这个词出自各家学说，李东垣没有说他是补土的。我们现在用得比较多的是脾胃学说。我们也发现李东垣的书里面治疗了很多系统的疾病，但是现在研究脾胃学说的医生大多是消化科的医生。从中医的理论体系上来讲，一种体系应该可以有比较广的适用范围，请您谈一下怎样认识补土和脾胃学说？

黄穗平：其实补土应该说就是一个流派，它只是一个流派或者是一种治疗的方法，所谓治疗的方法就是这个流派的人喜欢用补土的方法，临床上比较重视和多用，在临床上应用和治疗一些疾病，所以说它是一个流派、一种方法，它还不是一种学说。后世人研究脾胃病，从《黄帝内经》《伤寒论》慢慢过来，一直到明清时期，这些医家、这些著作，对脾胃的生理、病理和临床方面，用一整套理论去研究，形成了脾胃学说，所以它们是有区别的——补土只是很局限的一个范围，脾胃学说是一个很大的范围。广州中医药大学研究脾胃学说，在脾虚证方面做了很多工作，而且取得了国家科学技术进步奖二等奖。中医学有虚、实证，脾虚也分阴阳气血，它不是局限在气虚或者是阳虚，也有阴虚等，这是后世研究形成的一种理论，是一种学说，所以它跟补土是不一样的。

陈　延：我们想要对补土做一些理论的挖掘，或者做传承创新方面的工作，这需要有一个载体，您觉得补土的土指的是什么呢？哪些是我们要研究的对象？

黄穗平：中医学中的土是跟脾胃有直接关系的，补土其实指的就是补脾胃。

陈　延：也就是说我们研究对象的靶点应该是中医脾胃相关的内容。

黄穗平：对，当然这个脾胃不是西医的消化系统，脾胃的范围很广，它是以消化系统为主，但是还涉及其他系统，包括免疫系统、内分泌系统等，这些都是和脾胃有关的，尤其跟中医的脾胃有关。所以补土学说的补土，不是指补胃肠这么简单，它是中医学中的一个概念，是一个功能的概念，不光是一个解剖的概念，不是说补脾就是西医学的脾，西医学的脾只是有免疫功能，没有消化系统的功能，所以我们要知道这个概念——土指的是中医的脾胃，中医脾胃的功能所涉及的一些异常疾病都跟土有关，这些疾病除了消化系统以外，还跟内分泌系统、免疫系统等有关。

陈　延：那补土又指的是什么呢？您认为这个补，指的是什么概念？

黄穗平：中医的八法，其中的这个补，就是补其不足。

陈　延：您认为这个补是汗、吐、下、和、温、清、消、补中的一法？

黄穗平：对，就是这个补。当然，温里面也包含补的概念，但是清就不算了。所谓补，就是不足才要补，已经充足了还去补不是更糟糕，使虚更虚，实更实。所以是虚证，主要是虚证。

陈　延：补其不足，大原则是没有问题的，但是我们有时候看李东垣的书也觉得有些疑惑。他有一个方叫升阳补气汤，方名里有一个补字，但是这个方的组成里面没有我们常规使用的补益药，比如黄芪、人参，反而是用了升麻、柴胡、防风这一类的药物。他给的方名是叫升阳补气汤，您怎样看待这个问题？

黄穗平：因为在虚的过程中会导致实的产生，比如说我们中医讲的脾主运化，其中的运化水湿，如果水湿不运化，水湿内生泛滥，那就是在虚的基础上产生了实，就是虚中有实。比如你刚刚说有防风的方剂，升阳补气汤，它适用于什么疾病？在阳气不足的情况下，导致运化不足而生湿，湿中带有一些时邪，比如风，这时候光补是不行的，就要加点祛邪的药，所以李东垣就用这种方，在补的基础上加强祛风祛湿，对于脾虚导致的湿证，又有风束在外表，出现经络不通的情况，可以起到治疗作用，所以补中兼有祛湿，也算是补。

陈　延：那就是说，我们去研究一些类方或者治法，不能孤立研究具有补益效果的类方（比如四君子汤、补中益气汤），还要去研究如何治疗在虚的基础上所衍生出来的湿、痰、瘀等实邪。

黄穗平：当然需要把实邪方面的问题纳入研究当中。如果只指补土，那没有多少方，没有多少疾病，现在临床上纯虚的患者不是很多，纯虚是什么呢？指的是一种病前状态，也就是未病，那是纯虚的，可以用养生保健来解决。但是当它导致了疾病，它肯定是在虚的基础上产生了病理产物，在虚的基础上有一些实的病机。比如说肿瘤，中医讲它也是因为虚，气虚则邪凑，所以在虚的基础上才有邪，一个人如果没有虚，他就不容易受邪，所以如果出现疾病肯定有实。因此在研究补益类药物的基础上结合研究一些补虚泻实的方，也就是攻补兼施的方也是可以的。现在的方不光是补虚的——没有一个方是单纯补虚的，一个药可以单纯补虚，但是一个方纯补虚是很少的，比如四君子汤，这么小的一个方，只有四味药——人参、茯苓、白术、甘草，人参、甘草是补的，但是白术是燥湿的，茯苓是利湿、祛邪的，这样才能把湿祛除，脾胃才能够健运，因为脾是恶湿的。四君子汤是补气健脾的基本方，但是它里面也有祛湿的药，很少有纯补的方，独参汤是个例。

陈　延：中医是有学术流派传承的，从学术流派传承的角度上来讲，您是梁老（梁乃津）的研究生，又是他的传人，我们也看过很多梁老的医案，发现他的涉猎还是比较广泛的，他是岭南的医家，岭南有很多湿热的病证。但是我跟师学习的时候，您非常喜欢用香砂六君子汤、补中益气汤之类的方，您跟梁老的异同点在哪里？是什么原因造成这样的情况出现呢？您特别喜欢用这一类的方，而梁老不一定喜欢用这样的方，您是怎样思考这个问题的呢？

黄穗平：那有很多原因了。我对补土的认识比较深，更重要的是和我从事的专业有关。我从事的专业是脾胃病，治疗脾胃病肯定是以脾胃用药为主，而绝大多数脾胃病是慢性病。我们脾胃病门诊看的是脾胃病，急诊也看脾胃病，比如急性腹泻、呕吐等，就是以邪为主，急性病是以外邪为主，就很少用补了。我从事的是慢性脾胃病，绝大多数是以虚为主，反反复复，久病必虚，所以我用的方是以补为主。我遇到的 80%~90% 的患者都是慢性胃病，慢性胃病用的方就是走上的。而肠道疾病，比如便秘，要用补气的黄芪汤、补中益气汤……腹泻用参苓白术散……我关注的病是以上腹为主（如慢性胃炎），用的方是以四君子汤、香砂六君子汤这一类为主。因为上腹部这一类病，绝大多数是脾虚运化不好导致的水湿、痰湿内停，阻滞气机。中医讲脾胃是后天之本，更重要的是，它是气机升降的枢纽，脾胃虚则气机升降紊乱，该升不升，该降不降，会导致中焦气滞而引起上腹饱胀、气机不通的疼痛等，那就要用以香砂六君子汤为主的方药，既健脾，又祛痰湿，还有升降气机的药，比如半夏、陈皮是降胃气的，很好用。如果有中阳下陷的，比如患者有胃下垂，或胃下坠感，头晕，疲乏，肯定要用黄芪把它升上去，脾升胃降，脾升有利于胃的和降，胃的和降也有利于脾气的升发，这是相辅相成。所以我最常用的就是在香砂六君子汤的基础上加黄芪，里面有行气的药，又健脾、祛湿，调整气机，患者的慢性胃炎、消化性溃疡，都会有好转。患者有胃部饱胀、嗳气、恶心以及疼痛，疼痛要用木香，这是行气止痛的，不行就加元胡（延胡索的别名），这样就切合了目前慢性胃炎、消化性溃疡的病机，所以用这个方是最多的。而且补中益气汤对上消化道、下消化道都有用，特别是气虚便秘的患者，所以说跟我遇到的病种有关。当然，慢性胃炎不单是脾虚气滞湿阻，还有其他的证型，但是在我们广东地区，这一类患者还是比较多。广东人现在湿热实证很少，慢性胃炎还有湿热中阻证、脾胃湿热证，但是我觉得还是相对比较少，不像以前，所以说为什么这个方使用频率那么高？是跟我从事的专业、接触的病种、患者群体密切相关的。

陈　延：您的意思就是您的用方习惯受到环境因素影响？

黄穗平：对啊！比如说你从事克罗恩病或者是溃疡性结肠炎的研究，就不可能用这个方了，用的更多的是针对下消化道疾病的一些方。我治疗下消化道疾病，像溃疡性结肠炎，就不一定用这些方了。

陈　延：所以说是有病种趋向性。

黄穗平：没错，我就是靠治疗胃病出名，人家说治胃病就找我，我不会用其他方去治疗胃病。

陈　延：您早在读研究生的时候，就研究肝脾的相关性，可能消化科医生关注更多的是脾胃，但研究土、研究脾胃不能够只盯着脾胃，要根据相生相克的关系去处理。您觉得肝脾之间的关系跟补土或者是脾胃学说有什么相关性，我们在临床上怎样去应用它？

黄穗平：研究这些脏腑的时候，一定要学习它的相生相克关系，这是很重要的，像研究国际关系一样，研究这个国家和邻近国家或地区之间的关系，研究用什么方式才能保持自身的稳定。脾胃也是，研究脾胃学说，也要研究与脾胃相关的脏腑。比如说你刚才说到的肝，肝属木，脾胃是土，木和土的关系是非常密切的，特别是相克的关系，因为木克土，脾胃不强，肝木会侵犯中土，当然如果中土很强，肝木是无法侵犯中土的。有的人脾胃很好，所以他遇到什么情绪刺激都没事；有的人脾胃不好，稍微不注意，别人说两句话或者是遇到考试、应激，肚子就不舒服、腹泻，甚至胃胀、嗳气等马上就来了，说明他的脾胃本身就是不好的，脾胃不好要补，但是如果是肝木克土导致脾胃不好，那么就要去研究土和木的关系了。土木关系是以土为主，一定要抓住土，比如说我在上研究生的时候，研究的是从肝论治肠易激综合征，肠易激综合征的主要表现之一就是大便异常，大便异常肯定与脾胃有关，在这个基础上去研究。肝主疏泄，它的疏泄功能好不好直接影响脾胃的运化，所以肝太强也不行，肝不够也不行，是相辅相成的，不是说木就是克土，木不足也会影响脾胃，所以我是从肝论治肠易激综合征，取得了很好的效果。肝的方面，我最喜欢用柴胡疏肝、白芍柔肝，一疏一柔使肝的疏泄功能正常，则脾胃的运化就会正常。我除了用香砂六君子汤治疗上消化道疾病外，小柴胡汤和柴芍六君子汤这些方子，是从肝脾去论治脾胃病，效果也很好，特别是肝郁久而化热的。小柴胡汤是运用和法去治疗，所谓和法就是和解少阳，和法是调和肝脾的方法。

陈　延：我是您的学生，我也跟师了余老（余绍源），我发现余老认为岭南是以湿热为主的，他选择清热祛湿的方法多一点，但是我跟您门诊会发现在相似的情况下，您更多的是从健脾祛湿的角度去切入。也有人提出现在的广东不像以前，以前天气炎热，可能湿热多一点，现在人们整天在空调房里待着，脾虚的就会多一些。我们的治未病中心以前也专门做过一个体质调查，调查了 5 000 人，脾虚的占了 70% 以上。您怎么看？

黄穗平：岭南沿海，确实是湿，湿的体质是不少的。湿是阴邪，易伤阳气，这就是湿邪的特点，这是其一；其二，广东土气比较薄，大环境早就造就了这种（湿相关）体质。因为土薄，不像中原地带土那么厚，中医讲天、地、人是合一的，生活在这种环境中的人，自然要受地理环境的影响。以前没有空调，现在人们长期开空调，空调吹出来的气其实就是寒邪，是凉的，凉的肯定不可能是热邪，是寒邪，寒也是容易伤阳气的；其三，饮食，比如夏天喝冷饮、凉茶，用冰冻的东西来解热解暑，也是伤脾胃伤阳气的。别说是 5 000 人，就算再扩大调查范围，一样都是以虚为主。李可来广州，患者把脉看舌头都是淡淡的，所以他觉得广州的患者都是有阳虚的，阳虚不光是气虚脾虚，所以火神派、扶阳派都是补的，但我觉得他们不是真的补气，是补阳祛寒，是以祛寒为主，没用什么补药，真正补阳的药像鹿茸、人参，是以温通为主，对这种情况确实是有效，但是我觉得这两派温阳类药用量偏大，而且费用又很高。广东人是以脾虚、气虚夹有湿的体质为主，我所看的病多数都是慢性病，就更是这样。慢性病不能长期吃清热祛湿的药，长期吃清热药患者身体肯定受不了，急性病和慢性病活动期、发作期可以，见好就收，不能够长期吃的。我总结梁老（梁乃津）的经验，治疗胃病就要清热祛湿，但是要随时变化，行气、疏肝、理气、行气止痛、消胀都是基本的方法，根据病程特点有所变通，余老喜欢清热祛湿，但他也不是所有的患者都清热祛湿，他也有用理中汤、香砂六君子汤，但是他是比较重视清热的，看舌苔有点黄，就会用像芦根、蒲公英、竹茹这一类的药，黄连用得不多。

陈　延：黄连用得不多，他一般用甘寒的药物多一点。

黄穗平：对，所以他用一些甘寒的药，患者有热就可以用，但是不能长期吃，余老治疗萎缩性胃炎的方偏凉，很多人吃不下去，所以我觉得还是尝试先吃补脾益气的药，不光能治病，还可以养生保健。

陈　延：我们都是属于正规医学院校毕业的，所以接受的是科班的教育体系，与古时候的跟师不一样，当然我们也有跟师学习。医生分为两类，一类叫作通才，就是什么都看、什么都懂、什么都治；一类叫作专才，更多的是在某一个领域有他非常独特的优势。余老曾这样举例，张仲景就是通才，李东垣就是专才，专门研究脾胃病的。那您是怎么给自己定位的？您是更倾向于是通才还是专才呢？

黄穗平：我应该是通才吧。我觉得中医不能去走偏才路线，为什么呢？因为时代在发展，前人的经验很多，都要掌握，比如说中医的辨证方法，不能光是用六经辨证，六经辨证是东汉末年张仲景开创的，那是几千年之前了。中医在不断发展，尤其是金元时期的金元四大家，还有明清时期，各种理论也在一直发展，到了现代，需要与时俱进，所以我们所有的辨证方法都要懂。当然如果你喜欢伤寒，在诊断方面需要做到病证结合，这里的病是包括了西医与中医两个范畴，西医知识我们肯定要掌握，现代的中医不能够只有三个指头、一个脉诊包了。西医首先要诊断它是什么病，接着是诊断对应的中医的病。中医有很多流派，比如说我们是学院派出身，还是按照中医内科学疾病分类，比如胃痛、痞满、腹痛、泄泻，这些在临床诊断时都是需要的，否则怎么形成现在以疾病为中心的统一诊疗方案呢？这些诊疗方案包括国家的指南、行业指南、临床路径等，都是用中医的病名，而不是用伤寒的病名进行诊断。如果你对伤寒重视，在中医病名后面，再加一个伤寒的病名，这两者是可以共存的，并不矛盾。比如说脾胃病泄泻，中医病名是泄泻，西医诊断是溃疡性结肠炎也好，肠易激综合征也好，中医下了泄泻诊断，你喜欢用伤寒辨证，那就加一个太阴病，同一个病可以下三个诊断（西医病名+中医病名+伤寒病名），但是我们一般是不需要这样表述，下两个诊断就可以了，国家的政策、导向肯定都是在绝大多数专家的认同、公认的前提下实施的。名中医医案下的太阴病、少阴病、少阳病那些诊断很少吧？

陈　延：这个有，但是下得比较少。住院病案系统里面是有选项，但是选择的比较少。

黄穗平：是啊，所以中医诊断还是要以国家标准或行业规范为主，另外辨证方法也不要太偏。你就懂得一个伤寒六经辨证，脏腑辨证你不懂吗？八纲辨证你不懂吗？所有的辨证方法你都要懂！外感病，特别是发热性疾病要从卫气营血去辨证，现在也很少有人单纯从六经去辨证，所以我觉得一个中医应该什么辨证方法都要懂，只是具体运用时可能以哪个为主。所以我认为我是通才，不光是通中医的所有，西医的我也通，我不是一个偏才，但是着重补土。

陈　延：在所有的这些理论体系里面，您可能相对来说更重视脾胃学说。

黄穗平：对，这是我从事的专业决定的，跟我的专业方向有关，因为我接触其他的病比较少。

陈　延：这是相互影响的，您从事的专业就要您做这方面的研究，因为您做了这方面的研究以后，您又有收获，所以就互相促进。您这么多年来都看过哪些书，或者说您觉得有哪些医家对您建立理论体系有很大帮助？

黄穗平：看书看得最多的还是《中医内科学》了，必须要读透、读懂，中医常见的脾胃病要读懂，这是最基本的了，你要治疗脾胃病，首先《中医内科学》的脾胃病部分要牢记，连这个都不记，而去钻研别的书，那是不行的。其次就是《方剂学》《中药学》，这些要掌握得非常好，这个方是什么组成和功效，这个药的性味、归经、功效，这些必须要懂，用药如用兵，这些基本的东西没学好是不行的。再次，《中医基础理论》也是非常重要的，在这个基础上，再去研究经典文献。《黄帝内经》肯定要懂的，因为你是研究脾胃的，《黄帝内经》里面讲的脾胃相关的学说就要非常重视。最早的就是《灵枢》讲了有关脾胃的一段话："胃者，五脏六腑之海也，水谷皆入于胃，五脏六腑，皆禀气于胃。"胃是后天之本，气血生化之源，所以在临床上看的一些虚损病都跟胃有关。到了《伤寒论》，要研究脾胃病，特别是上消化道疾病，那几个泻心汤你必须读透，泻心汤治疗脾胃病是非常好用的。当然还有一些治疗下消化道疾病的方剂，比如说理中汤，还有调和肝脾的小柴胡汤，这些都是经方，都是《伤寒论》里面提到的，所以《伤寒论》要读，《黄帝内经》要读。除此之外，明代《景岳全书》也重视脾胃，书中讲"有胃气则生，无胃气则死"等，都是以脾胃养生为先。最后还要读李东垣的《脾胃论》。当然，他还有一本《内外伤辨惑论》，这些都是要读的。我的老师经常要我读《临证指南医案》，他说叶天士虽然是温病学派，但是他的医案中用药都是很重视脾胃的，党参与茯苓较为常用，而且他提出了胃阴学说——李东垣重视脾阳、脾气的升发，在养阴方面还是有点不足——叶天士提出脾和胃要分开来看，他认为脾和胃是两回事，而且也讲了胃也有胃阳，有胃阳虚、胃阴虚。他特别重视胃阴虚，因为在他所处的时代温病很多是热邪伤阴，提出用沙参、麦冬、石斛。所以他说要重视养阴。确实有胃阴虚的人，有的人就是阴虚体质，所以他吃点补的就受不了，虚不受补，但是在我遇到的患者中相对比较少。叶天士说这样的人补是不行的，后来我就用养阴的方法，效果是真的来了。叶天士这个养阴的方子，叫作叶氏养胃汤（麦冬、扁豆、玉竹、甘草、沙参、桑叶），你们查过了吧？就是以养胃阴为主的。当然，脾也是有脾阴的，资生丸是养脾阴的。要研究补土、脾胃，你就要看这些书，就是《脾胃论》《内外伤辨惑论》，还有叶天士的《临证指南医案》。

陈　　延：梁老比较推崇《临证指南医案》。

黄穗平：对啊，他经常叫我多看这本书，多看点医案。

陈　　延：这本书比较难看哦，因为这本书没有写药物用量。广东属于岭南，岭南在用药方面是有一些特色的，而且岭南的药物资源也比较丰富，尤其是草药，您平时这些药用得多不多？

黄穗平：岭南的药肯定经常用，比如砂仁、陈皮都是广东的道地药材。

陈　　延：还有广藿香。

黄穗平：对啊，这些都是道地药材。广藿香，遇到急性腹泻、呕吐可以用，在急性胃肠炎中比较常用。砂仁、木香在急性胃肠炎和腹泻中也较为常用。

陈　　延：有一些草药是教材里面没有提到的，比如布渣叶、火炭母、鸡骨草，这一类药您用得多不多？

黄穗平：在肝病中用得多，鸡骨草、溪黄草有清热祛湿退黄的功效，特别是护肝作用很好，但是我接触的患者不多，如果遇到急性肝炎的患者，肝功能受损，我常用鸡骨草。火炭母也常用，多用于急性腹泻，清热祛湿止泻。布渣叶是消滞的，余老喜欢用消滞的药，比如麦芽、神曲、山楂，余老用山楂可能比较少，是不是？

陈　　延：余老山楂的确用得比较少。他喜欢用六神曲，尤其是谷麦芽，大量地用。有些药在教材里面出现得比较少，或者是老师不太会讲，您是通过什么方式了解到这些药的？

黄穗平：就是通过老师传下来的，也没有去专门学这些中药，都是传下来的地方草药。但我用得还不是很多，还是以常用药为主。

陈　　延：就是以常用药为主，偏的药少一些。

黄穗平：对，但这些是广东的特色药材，不知道你跟过梁老没有，跟过梁老都知道他开的每一味药都写明炮制方法和产地，比如说陈皮，他不写陈皮，写新会皮，木香就写广木香，元胡是醋元胡，梁老对于所用药物的炮制及产地均有标明。

陈　　延：这可能与他的用药习惯有关吧，梁老可能更传统一些。而且可能也跟价钱有关系，像同仁堂出售的药物，不同产地的药材价格是不一样的，新会陈皮和别的地方产的陈皮价格是不一样的。

黄穗平：是的，产地与炮制方法都需要标明。

陈　延：岭南有很多脾虚的患者，也有湿的情况，我们也经常遇到这样的患者，比如说这个人湿热比较重，但是又有脾虚，补脾的话可能会又上火，清热的话可能又会伤脾，可能会出现纳差的情况，您在临床如果遇到这样的疾病会怎么样处理？

黄穗平：当然要辨证对啊，辨证对了，补脾是不会上火的，有火的人补了可能会上火，就不能补了，譬如脾虚湿浊化热，患者有脾虚，舌质淡，苔黄厚，这时候就不能用黄芪，用补药的时候不要用一些比较容易动火的药。

陈　延：您的意思是主要还是以辨证论治为主，然后再加上自己的一些经验？

黄穗平：对，比如说患者有热，在虚的基础上黄芪不能用得太猛，除非是一派热象，面红，口苦、有口臭，舌很红，苔很黄，那可以放心用清热药，不要用补药。但是一旦在脾虚的基础上见到舌苔黄厚，舌质很淡，脉很沉，那就要辛开苦降，在补的基础上再用清热药，比如上消化道疾病用得最多的半夏泻心汤这一类的方子，半夏泻心汤有的时候也不一定要用干姜，有补的意思就行了，寒热并用就可以了。

陈　延：您自己喜不喜欢用川椒、干姜、细辛这些辛温走窜的药？

黄穗平：干姜我是常用的，但是细辛治疗脾胃疾病很少用，如果是呼吸系统疾病可以用，像咳嗽。附子也会用，但是我觉得没什么必要。姜用下去，如果作用不够，再加附子、肉桂。我是经常用肉桂的，也用桂枝，但是用姜有效，就不用附子了，因为我觉得还是以安全为主，我们当医生，要考虑药物的有效性和安全性，而且安全性比有效性更重要。

陈　延：就是说首先要保证安全。

黄穗平：安全性放在第一，安全的基础上再获得疗效。有些病不是非用它不可，姜都可以搞定，何必还要用附子那些有毒的药呢？而且半夏已经很温了，我基本上每张处方都有半夏，即使是一些治疗热证的。半夏是反附子、乌头的，如果再加附子下去，到时候出了问题，人家肯定说你这个违反了"十八反"原则。下消化道疾病，比如腹泻患者，可以用附子理中汤止泻。

陈　延：我看到中医经典科也用过附子配半夏，包括我自己有时候也用，暂时没有出现问题，但这可能跟每个人的用药经验有关。

黄穗平：不怕一万，只怕万一。我永远把医疗安全放在第一位，不用附子不一定没效果。当然我也用附子，但是需要对证，那些阳很虚的患者我看得很准的，舌质很淡，非它不可的时候我就会用。但是总体而言，我治疗上消化道疾病还是比较少用附子的，治疗下消化道疾病就要用。上消化道疾病我觉得半夏很好，余老不喜欢用半夏，你们有没有查过？

陈　延：相对来说少一些，但是他有时候也用半夏泻心汤。

黄穗平：他是不是也考虑它有毒。

陈　延：那倒不是，他可能觉得半夏很燥，温燥。

您是梁老的学术流派传承团队的负责人，我们想请教您关于学术流派的问题。学术流派传承是中医理论体系中的一个方面，我们在临床教学或基础教学中怎样去调和好这种关系？梁老的很多东西有他自己的一些印记，他的学术思想和经验不一定和教材上讲得完全一样，您怎么看待这种关系或者怎么处理这种关系呢？

黄穗平：我们这个流派叫作岭南梁氏脾胃病流派，脾胃病流派的重点工作肯定是研究脾胃病，虽然脾胃跟其他脏腑相关，但是我们还是主要研究消化系统。脾的功能第一就是主运化，以运化水谷为主，当然还包括运化水湿，其他功能还有脾主肌肉、脾统血等，但是我们主要还是研究它的运化失常而导致的脾胃病，像重症肌无力、血液病等可以从脾胃论治，还有运化水湿功能失常而导致的痰湿，从而产生的血脂异常、脂肪肝、高尿酸血症、高血糖等，但主要还是研究它运化水谷失常导致的疾病，当然水湿泄泻也算。所以流派的研究肯定要重点关注研究对象，把握好这个方向，就是各自流派的特色。怎么去研究？不外乎是对疾病的认识、治法、方药等。更重要的是人才的培养，当然在这个过程中要有创新，流派研究的目的不只是传承这么简单，传承只是基础，在这个基础上要创新，创新就是产生一些不同的理念，没有新的理念出来是没有发展的，只有在创新的基础上才能够发展、壮大，所以流派的共性就是要在传承的基础上做好发展，做好创新。

陈　延：我们现在遇到了学术流派研究一个共性问题，梁老已经去世了，虽然他有些东西您当时跟师的时候记录了，但是如何确保他的理论体系在传承过程中不会出现偏移问题？比如说我们在研究《脾胃论》，我们说《脾胃论》中某个理论应该是这样阐述的，但是可能另外一个人说你是错的，那我们怎么样在流派创立者不在的情况下，通过研读他的著作，得到相对确定的理论认识呢？

黄穗平：那就从他的著作，从他开发的药物来甄别，举个例子，梁老研制的最有名的药是胃乃安胶囊和金佛止痛丸，治疗胃炎、胃溃疡、胃痛等疾病。胃乃安胶囊健脾益气，治疗脾胃气虚，它以黄芪、红参为主药，他说这是很重要的，还有祛瘀的药，像三七。

陈　延：里面好像有一个清热的药物。

黄穗平：有人工牛黄，但用量很少，他的方里也开的，味道很苦，每个患者用 1~2g，冲服。金佛止痛丸由延胡索、郁金、木香、姜黄等行气药组成，他原来是把行气的药物放在一起的，但是到了开发新药的时候，这些药太多了不行，他就把健脾补气药与活血药搭配在一起。其实这个方还可以治疗心脏病，它原来的名字叫心胃痛胶囊，就是可以治疗冠心病，冠心病基本证型是气虚痰瘀，气虚就用黄芪、人参，瘀就用三七。这个药原来是治气虚痰瘀型心脏病的，主要是解决疼痛，补气行气活血。

陈　延：李东垣有那么多方，能不能通过经验整理的方式，发掘出一两个类似胃乃安胶囊、金佛止痛丸的方出来呢？在梁老的文稿中有没有一些还可以挖掘的方呢？我们通过什么方式能够在这些资料中挖掘名医的学术思想和临证经验呢？

黄穗平：方肯定是有的，不管是谁的方，都不能脱离辨证论治。要开发的这些药或者这类方，我们需要去分析适合哪一类人群，这类人群在这个病种里面是占比最大的，就有开发的意义。梁老没有真正意义上的秘方，一个秘方包打天下是不可能的。余老说久泻的患者绝大多数是虚，他的久泻抚肠丸（党参、干姜、炙甘草、白术、苍术、乌梅、山楂炭、肉豆蔻、石榴皮等），就是一个补脾、补肾的方子，是从病机特点切入的，也不能脱离辨证论治，如果是对寒热错杂的久泻，它不一定有效。当然已经去世的老中医，他们的很多东西失传了。

陈　延：对，这是比较麻烦的。老先生在世就比较好办，我们可以问，他说的肯定是他自己的想法。

黄穗平：梁老的东西现在只能从他以前的文章、遗留下来的记录、讲稿等资料中进行挖掘。如果你没跟过师，文字上很多东西比较难看懂。以前跟师的时候都是要抄方的，方子抄熟了，后来患者找他看病，都不用他出声了，我自己一下子就把方开出来了。

陈　延：非常感谢黄主任接受本次采访。

传承精华，守正创新
——黄艳辉教授访谈实录

【专家简介】

黄艳辉，女，1971年生，江西省樟树市人。主任医师。入选第五批全国中医临床优秀人才研修项目，武汉市中青年名中医、武汉市中青年医学骨干人才，获评武汉市第五届"我心目中的好医生"。擅长中西医结合诊治子宫内膜异位症、月经病、不孕症、卵巢早衰、盆腔炎等疾病。临证重视冲任、脾肾在妇科生殖中的作用，特别强调中气的作用，认为"中气乃元气所生，中气如轴，四维如轮，土能生万物，无土不成世界"。

刘　奇：很高兴来到武汉市中医院拜访妇科主任黄艳辉教授，黄老师您好！

黄艳辉：刘老师您好！

刘　奇：黄老师，您对脾胃、土、中焦的认识是怎么样的？

黄艳辉：我们说五行，金、木、水、火、土是古人在日常生活中根据五种物质性质变化的规律总结的特性，其实五行是一种哲学思想，运用到中医上就是中医五行学说，用来阐述人体生理病理的关系。我们将生长、化生、承载、受纳的性质归纳为土，在中医脏腑里相当于脾土、胃土，脾己土，胃戊土。从中医脏腑学说来说是脾胃，十二经脉也有足太阴脾经、足阳明胃经。我们说脾属于五脏，胃属于六腑，它们互为表里，合称为脾胃。中医认为脾主要有三个功能：第一，主运化。运化水谷，运化水液，食物必须经过脾的运化才能成为水谷精微，依赖脾的转输功能才能将水谷精微散布到全身。第二，主升清。我认为升清是运化功能的延伸，脾化生气血，推动气血运行，起到升清的作用。第三，主统血。这也是化生气血功能的延伸，气血足了，气的固摄作用就可以统血。胃主受纳、腐熟水谷。脾胃的功能主要还是消化功能，化生水谷精微，腐熟水谷精微，所以我们说脾胃为气血之源。中焦作为三焦之一，是人体的一个部位，在膈以下、脐以上，包括脾、胃、肝、胆，但也有人认为肝胆属于下焦，温病的三焦辨证把肝胆归于下焦。但从《黄帝内经》的描述来看，肝胆属于中焦。所以脾胃、土、三焦三者之间还是有一定的联系与相似之处。

刘　奇：那么湿邪与中土的关系您怎么看？

黄艳辉：湿邪可以分为外湿和内湿，内湿的产生很多是因为中土的因素，中土基本上就相当于脾胃，跟脾胃运化水湿功能有关。脾不能运化水湿，则湿气内生，由此形成湿邪，产生内湿。冒雨淋湿这种外感的湿邪反过来也会阻碍中焦中土的运化。

刘　奇：您认为补土派的古代代表医家有哪些？

黄艳辉：最出名的就是写《脾胃论》的李东垣，其实薛己也是推崇补土的，强调补脾胃。其实别看温病学派的医家用的都是凉药，但是叶天士也是重视脾胃的，他擅于滋养脾阴、胃阴，用药轻柔，他有一个特别的学说——胃阴学说，所以在脾胃理论里，他是有创新的。还有一个我觉得是张锡纯，他写的《医学衷中参西录》中特别强调扶脾阳和益胃阴药要有机结合，他发展了脾胃学说，提倡淡以养脾，认为脾是太阴，为三阴之长，故治疗阴虚当以滋养脾阴为主，脾阴足自然可以滋养其他脏腑，所以他在用药方面强调用淡味药，如山药之属。在药物的煎煮方面，我们一般认为头煎的药比较好，但是他对脾阴虚有燥的患者，喜欢用第二次煎煮的药，药味淡，淡以养脾。

刘　奇：这种方法给小孩子用会不会好一些呢？

黄艳辉：可能是的，小孩子是稚阴稚阳之体，第二遍煎煮的药没有那么峻烈。他重用山药、黄芪等调补脾胃。《四圣心源》的作者黄元御，其实也很强调补中土、健脾胃。还有火神派的郑钦安，强调补先天的肾阳，他其实很强调补中土，纯正的补火，火无土就无法潜藏。郑钦安提倡用土伏火，如果脾土太弱，就不能伏火，火不能潜藏，真阳就很容易外越，所以火神派补脾土是围绕扶阳来起辅助作用的，其实也就是通过补土来扶阳，我认为可以这样说。脾为后天之本，肾为先天之本，肾中真阳是人之真阳，脾阳根于肾阳，但是肾阳又依赖脾阳的温煦，它们在生理上和病理上是相互影响的，固守脾阳，温补脾阳，从而通过温补脾阳达到补肾阳的作用，土伏火。

刘　奇：您如何看待中医诸多流派的学术思想？

黄艳辉：每一个学术流派都有它的特点，应该提倡多个流派，百家争鸣，百花齐放。就像五行一样，金、木、水、火、土都有相生相克，其实看病的时候从这个方向可以治，从那个方向也可以治，"条条大路通罗马"，当一个医生就该广纳众家之说，为自己所用。就像中医和西医一样，只要能治好病，黑猫白猫，抓到老鼠就是好猫，各个学术流派也一样，能形成学术流派一定是有它的特色。对于某些病种、某些患者来说它肯定是有效的，还比一般的方法疗效好。所以我们应该去学习、接纳各种学术流派。

刘　奇：您的主攻病种是哪些？

黄艳辉：我现在主要是研究妇科疾病，在门诊，妇科的各种病我都看，当然主要还是月经病、不孕症、子宫内膜异位症等，因为我读博士研究生的时候就是研究子宫内膜异位症的，还有围绝经期综合征。从中医角度来看，月经病包括很多疾病，有月经过多、崩漏、月经过少、闭经、月经先后不定期等，另外还有经行泄泻、经行水肿。女性的病理特点是经、带、胎、产、杂。临床上带下病也很多，如盆腔炎、阴道炎，当然看得最多还是子宫内膜异位症，我的患者当中应该有三分之一是这个病。

刘　奇：您治疗子宫内膜异位症时有没有用到补中土的思想？

黄艳辉：在临床上，多数专家认为子宫内膜异位症的病因病机是少腹血瘀。在正常情况下子宫内膜本来应该在宫腔，因为某种原因它出现在卵巢、子宫的肌层，或者身体其他地方，生根发芽，但是它也会像正常的子宫内膜一样出现周期性剥落出血，这些血不像普通的经血有出路，它会蓄积起来，导致不通则痛，从中医的角度来看它就是离经之血，少腹血瘀是基本病机。但是血瘀产生的原因有很多，有气虚血瘀、寒凝血瘀、气滞血瘀、湿热瘀结等，但我在临床上主要见到的就是气虚血瘀、寒凝血瘀。为什么这两个证型多呢，因为现在女性容易贪凉，爱吃冰激凌，易损伤阳气。

刘　奇：这个在广东非常常见，广东人喝凉茶多，而且到处都是空调。

黄艳辉：是的，湖北也一样。一些先天禀赋不足的也有。

刘　奇：冰激凌是不是比我们中药的石膏还要厉害？

黄艳辉：我觉得是。有些患者本来经期是不疼的，吃了一个冰激凌后当月行经非常疼痛，这就是典型的寒凝血瘀。我观察患者属于寒凝血瘀证的人很多，所以医嘱里我会叮嘱患者以后不要再吃冰激凌了，春、夏、秋、冬都不能吃，她就不适合吃。还有经期要注意保暖，不能穿露脐装，碰到这样的患者我都会多说一句话："衣服多穿一点，不要穿露脐装，穿上袜子。起码要保护一下踝关节以上、膝关节以下。"临床上也是多用一些补气温阳的化瘀药，我比较喜欢用当归四逆汤。

刘　奇：您用的是原方吗？

黄艳辉：会加减，我会在培土的基础上加补气血的药，要加一些黄芪达到土伏火的作用，黄芪的量我会用得很大，气有推动的作用。

刘　奇：这里面就有当归补血汤了？

黄艳辉：对。

刘　奇：黄芪用多少？

黄艳辉：一般会用到 30g 以上。因为气足则血行，通则不痛。有时候也会加白术、茯苓之类，有苓桂术甘汤的意思，来达到温阳化饮的作用。有个子宫内膜异位症患者比较特殊，她总是咳嗽，咳了很长时间，但咳嗽不频繁，只是一直不好。有一次痛得很厉害，咳出泡沫样痰，我当时就觉得这个患者不单有阳虚，可能还有寒饮。后来用了当归四逆汤合小青龙汤，加茯苓、白术，有苓桂术甘汤的意思在里面。服药后这个患者咳嗽和痛经都好了。所以我认为脾肾、先后天之本之间是有很大关系的，补肾的同时不要忘记补脾。

刘　奇：您用了多少麻黄？

黄艳辉：不多，3g。她吃药的时候痰比之前多，但吃了一段时间泡沫痰就少了。还有一些痛经的人更多的是表现出脾虚，就大量用健脾益气的药，我临证的时候八珍汤和四君子汤是基础方，都会在这个基础上去变化。

刘　奇：是针对子宫内膜异位症还是所有的妇科疾病都这样？

黄艳辉：所有的妇科疾病都这样。

刘　奇：用的是熟地黄吗？

黄艳辉：这个要看情况，有时候用熟地黄，有时候用生地黄。阴虚有内热可能就会用生地黄。它是一个基础方，为什么要这样用呢？我们妇女生理特点是经、孕、产、乳，要经历月经、妊娠、生产、哺乳四个特殊时期，女性以血为用，所以容易肝血不足。女性以肝为先天，肝藏血，所以用四君子汤、八珍汤补气血，效果还是蛮好的。

刘　奇：您用党参吗？

黄艳辉：对。我还喜欢用黄芪，四君子汤里面我也会加黄芪。我看了吕英教授写的书，她认为黄芪是补土第一要药，以前我用得少，担心黄芪会燥，但是我发现黄芪用的剂量大了，反而不会燥，土伏火。

刘　奇：有些女性用点当归也会燥？

黄艳辉：那应该是没有配伍的原因，配伍好的话是不会的。我整个方是偏温补一些的，但是遇到急性盆腔炎这种特殊的情况就不会去补。女性以血为用，多数女性都会手脚怕冷，这些都是气血亏虚的表现。妇科临床还有一个常见病——崩漏，崩漏其实就是月经非时而下，如注为崩，淋漓不尽为漏，崩漏患者在我门诊是非常常见的，中医治疗也很有特色和疗效。根据我的临床观察，崩漏一般有三个病机，一是气虚，气不固摄；二是瘀，瘀血阻滞，血不归经，容易导致出血；三是热，但这个热大多时候是虚热，迫血妄行。在临床上每个崩漏患者这三个病机多少都会有一点，是兼夹的，但是不同的患者其侧重点不同。崩多数是以气虚为主，气虚不能固摄，失血过多，血虚反过来也会造成气虚，有崩漏的患者血红蛋白能下降到 30~50g/L，这时候放心大胆地用补气血的药，益气固摄，效果挺好。黄芪我经常用到 30g，还有熟地黄 30g，白术 30g，党参 30g，这样做是帮助患者快速止血，根据瘀、热的程度会辅助一点化瘀止血、清热凉血止血的药。我经常用黄芩、荆芥，有时候会用荆芥炭，但如果患者脾胃不好就用荆芥，效果也挺好。血瘀会用血余炭、蒲黄炭。大量用的还是补气血的药，一方面是能够止血，另一方面是能够补气血以纠正贫血。《傅青主女科》里面有一个固本止崩汤，书中有一句话："有形之血，恐不能遽生，而无形之气，必且至尽散，此所以不先补血而先补气也。"我就是从这句话得到启发，运用这个方，临床效果也蛮好。有瘀热的话我也会这样用，因为崩漏患者，气随血耗，气血肯定都会亏虚，固本止崩汤升血红蛋白的效果非常好。如果患者有一点瘀热，我就会加一点当归炭，效果不比输血慢，四五天或者一个星期能升 10g/L 左右，西药最多加一点铁剂。

刘　奇：漏也是这么治吗？

黄艳辉：漏就复杂一些，崩的证型基本是以气血亏虚为主，漏就要分析，还是根据气虚、瘀、热这三方面来调。

刘　奇：张锡纯的固冲汤的运用指征是什么？

黄艳辉：他这个方就是固冲任，从脾肾方面来讲，我觉得万变不离其宗，所以《景岳全书·妇人规》曰："调经之要，贵在补脾胃以资血之源，养肾气以安血之室，知斯二者，则尽善矣。"调经之要是从脾肾、先后天两个方面着手。

刘　奇：您刚说了有以热为主或者以瘀为主，那您也是用这个方变化一下吗？

黄艳辉：有热就要加清热的药物，比如侧柏叶，四草汤——即仙鹤草、马鞭草、墨旱莲、鹿衔草，这些都是清热的，甚至贯众炭、棕榈炭。

刘　奇：鹿衔草可以清热？

黄艳辉：它不清热，味甘、苦，性温，能补虚益肾、收涩止血，可反制马鞭草之凉。

刘　奇：生地黄和熟地黄怎么使用？

黄艳辉：如果有热，熟地黄就会改成生地黄。

刘　奇：黄煌老师治疗崩漏重症，血止不住时会用到生地黄200g。我有一次用他的原方治愈了一个患者。您治疗血瘀的用什么基本方？

黄艳辉：血瘀用生化汤为基本方，有一些人工流产不全、出血淋漓不尽，就用生化汤加减，祛瘀生新。其实不只是产后要祛瘀生新，月经后也需要。月经就是内膜剥脱，之后就是一个新周期的内膜修复，它也存在新陈代谢的过程，所以可以用生化汤来祛瘀生新，把瘀血排出了，内膜生长修复正常了，就达到了止血作用。

刘　奇：那您用酒和童子尿吗？

黄艳辉：有时候会让患者加一些黄酒，但童子尿没有用过。

刘　奇：有一些痛经，比如由子宫腺肌病引起的痛经，会痛得很厉害，您有什么经验？

黄艳辉：虽然从西医学角度来看，子宫腺肌病和子宫内膜异位症发病机制不一样，但中医病因病机其实差不多。子宫内膜异位症是内膜出现在子宫以外的地方引起的疾病，子宫腺肌病是指内膜侵入子宫肌层引起的疾病，我认为两者的中医病因病机基本上是一样的——气滞血瘀，不通则痛。当然血瘀会有气虚、阳虚、气滞等不同的原因，治疗用当归四逆汤加减，有时候会用少腹逐瘀汤，效果也蛮好。有瘀热的话就用血府逐瘀汤。

刘　奇：血府逐瘀汤不是治疗上焦瘀热的吗？

黄艳辉：也可以用，取其活血化瘀、行气止痛之功效，方中桃仁、生地黄、赤芍清热活血。当然这个方清热的作用不是很强。主要是达到化瘀止痛的作用。通过推动气血的运行，通则不痛。

刘　奇：刚才您还提到更年期的病证，更年期的临床表现很多，有一种就是出汗很多，突然间一身汗，头热汗出很厉害，这些症状您在临床上有什么治疗经验？

黄艳辉：汗出有盗汗和自汗，围绝经期综合征的病因病机主要是肾阴、肾阳亏虚，多数表现为肾阴虚，当然也有肾阳虚的，治疗上我们一般是通过补后天来补先天，在补肾阴的同时我还是会补脾，特别是自汗患者，在补肾阴的时候在左归丸和六味地黄丸的基础上加一些健脾胃的药，如果自汗明显会加黄芪。黄芪、党参都可以用，以前我觉得黄芪燥，现在觉得黄芪真的不燥，如果用"土伏火"这个原理来解释，它应该不会燥，它跟浮小麦、防风搭配在一起就有玉屏风散的意思，止汗效果还不错。肾阳虚就用右归丸，那就更可以加这些药了。盗汗还是肾阴虚多一些，有几味药会用得多，比如黄柏、知母养肾阴清热。"女子五七，阳明脉衰，面始焦，发始堕。"身体功能下降是从五七（35岁）开始的，七七（49岁）就是"天癸竭，地道不通，形坏而无子"，但其实转折点是五七"阳明脉衰"，所以我觉得围绝经期综合征的调理可以从后天之本着手，以后天来补先天。

刘　奇：我以前认为更年期症状发作有时是从肝论治，业界也是以补肾为主，而您提出来是以补脾胃为主。

黄艳辉：对，单独补肾太滋腻了，肠胃吸收不了，胃口不好，加几味补脾胃的药增加胃肠的吸收，以后天补先天，先后天本身就是互补的。

刘　奇：您还治过更年期的其他症状吗？

黄艳辉：有一些更年期患者失眠很严重，失眠也是需要辨证的，比如说阳不入阴，阴虚不能覆阳，还是从平衡阴阳的角度上来调的，常规用的还是酸枣仁等养血安神药，有时候会用调和营卫的桂枝汤。

刘　奇：您刚刚还提到不孕症的治疗，您有什么心得呢？

黄艳辉：不孕症要根据其病因来治，首先不孕有女方的原因，也有男方的原因。单从女方原因来看，有排卵功能异常导致的不孕、输卵管阻塞导致的不孕，还有子宫因素导致的不孕等，这些是临床上最主要的不孕症病因，当然还有免疫方面的。来看中医的更多的是排卵障碍患者，当然还有慢性炎症、输卵管阻塞患者。排卵障碍，中医治疗还是以补肾为主，因为肾主生殖，当然补肾的同时还要运脾，补肾的药比较滋腻，要加一些补脾胃的药来促进吸收，有后天补先天的意思在里面，一般都是脾肾双补。多数还是以八珍汤为基础，比如毓麟珠、毓麟丸、左归丸、右归丸。中医治疗不孕症有个特色，要根据女性月经的周期调整用药，比如经后期多纯补，以补肾阴为主，健脾补肾，加一点疏肝的药。现在的女性求孕，受到各方面的压力比较大，加一点疏肝的药，以达到肝、脾、肾三脏协调的用药效果，所以有时候会以八珍汤加小柴胡汤为底来用药。到了排卵期的时候就会加一些疏肝活血的药，帮助顺利排卵。排完卵后偏重补肾阳，加菟丝子、淫羊藿等补肾阳的药，并加上补脾胃的药，我还喜欢在这里用黄芪，还有补肾的紫河车，因为比较贵，不敢用太多，5~6g 同煎。现在颗粒剂也用得多了，因为很多患者没有时间煎煮。紫河车的气味很难闻，我就会让患者买一些空胶囊把紫河车颗粒装在里面吞服。我觉得紫河车对于子宫内膜薄的患者有特别好的作用。现在有很多不孕症患者是因为人工流产做得多，子宫内膜刮伤了，造成宫腔粘连，内膜就长不起来了，做了宫腔镜分离手术后，有些人的内膜还是长不出，西医用大量的雌激素，效果还是不太好。这种患者有时候用辅助生殖技术都是很难成功的，因为之后还是要将胚胎放回子宫，需要患者的子宫内膜环境很好才能着床。宫腔粘连以后，子宫内膜环境被破坏掉了，种子很难着床，生根发芽。但是中医有一些方法，通过健脾胃补脾土促进子宫内膜生长，如加一些紫河车，用大剂量黄芪、党参、白术。《周易》说："地势坤，君子以厚德载物。"坤土肥沃了，种子自然能够生根发芽。另外还要加一些活血的药。其实西医也是有这种思想的，比如西医对于子宫内膜长得不好的患者，会加阿司匹林来改善血栓前状态。其实我们中医有很多养血活血的药物，如当归、三七、川芎等，临床上这些药加进去一样可以改善血供，用药后子宫内膜真的可以长。我有几个患者就是这样的，在外面医院没有办法，子宫内膜长不起来，就慢慢地吃中药，温补气血，加一点紫河车就起效果了，当然了，要慢慢地补，它就长起来了，土地肥沃了种子种下去就能生根发芽。

刘　奇：吃药后多久要做一次检查？

黄艳辉：这种患者我一般是要先基础调理，先调一两个月，到了第三或第四个月监测排卵，测排卵的时候就看子宫内膜的生长情况，到了排卵期，子宫内膜厚度一般要达到8mm 左右，这样受精卵才容易着床，但宫腔粘连的患者子宫内膜很难达到这个厚度，有的只有 3~5mm。临床上有些患者使用中药综合调理后，子宫内膜真的可以慢慢长起来了，效果真的蛮好，中医有它的优势。

输卵管阻塞的病因多数是由炎症、盆腔湿热导致，治疗上主要是清热利湿通络，清热利湿的时候我们多用土茯苓、败酱草、忍冬藤等药，当然不能全部用清热利湿药，还要顾护脾胃，因苦寒败胃，所以我会加一点白术、茯苓这类健脾利湿之药。其实如果输卵管不是完全阻塞，用中药的效果也是蛮好。除了口服之外，还会用一些清热解毒活血的中药制成灌肠剂进行保留灌肠治疗，通过肠道吸收药物来改善盆腔环境。有时还会用一些温通的中药加上活血的药做成一个敷包来外敷，也可以达到疏通和改善盆腔环境的作用。我有两个患者是姐妹，她们喜欢吃辛辣的食物，都是偏湿热的体质，反复发生盆腔炎，输卵管阻塞，开始是姐姐来看病，姐姐通过以上说的那些方法怀孕了，当时她的输卵管都有积水了，所以我本来建议她先行腹腔镜手术来治疗，但她不想做手术，我就让她试吃几个月中药，后来她就成功怀孕了。之后妹妹也是不孕，也是这种体质，也是通过上面的方法，清热利湿加上健脾胃的药，也成功怀孕了。

刘　奇：您治疗这个病的周期是多久？

黄艳辉：3~6个月，这个是属于效果好的。还有我们手术室麻醉师介绍的一个患者，开始是输卵管阻塞，然后做了腹腔镜下行输卵管整形术、造口，还有逆行插管，术后她也怀孕了，但是宫外孕。所以腹腔镜手术虽然可以让输卵管通畅，但是输卵管的蠕动、输卵管内纤毛摆动的功能还没有恢复，可以受精但是受精卵到不了宫腔，容易造成宫外孕。这个患者宫外孕之后就找到了我，中医认为此病与湿邪还是有很大的关系，临床多用一些清热利湿的药，我喜欢用土茯苓、路路通这些药，也是用这样的治疗方法，后来这个患者也怀孕了。其实对于盆腔炎引起输卵管阻塞都是采用综合治疗。

刘　奇：患这类疾病的人一般湿热的多，寒湿的比较少？

黄艳辉：对，我觉得武汉湿热的多，寒湿的比较少，特别年轻女性湿热的多，可能与她们吃麻辣烫、烧烤有关。

刘　奇：还有多囊卵巢综合征的患者减肥很困难，月经也不正常，您怎么看？

黄艳辉：多囊卵巢综合征是最难治的。

刘　奇：如果这样的患者来找您看病，您会告诉她疗程需要多长时间吗？

黄艳辉：我会告诉她这个病需要长期治疗，多囊卵巢综合征跟脾胃有关系，多数患者有痰湿，我喜欢用的方一个是苍附导痰汤，另一个是二陈汤。这些患者要用健脾祛湿化痰的方法来治，还要经常督促她们运动减肥，控制饮食。有些人单纯吃中药就有效果，多囊卵巢综合征属于代谢紊乱综合征，与脾胃相关，这类患者一般胃口都特别好，临床上我会做穴位埋线，有一些患者做了之后可以控制食欲。

刘　奇：如果这些多囊卵巢综合征的患者找到您治疗，您就会针药并用吗？

黄艳辉：遇到特别胖的患者我肯定是要做穴位埋线，针药并用，叮嘱她们控制饮食、多运动。如果患者不是那么着急要来月经，我就不会用西药，会解释清楚没有必要每个月都来月经，要慢慢调，因为用黄体酮也只是催生月经，作用是暂时的，还是要从根本上把体质调整过来。很多多囊卵巢综合征患者合并胰岛素抵抗，肝功能也不好，所以很多西药也不敢用，调整生活方式是很重要的。

刘　奇：对于这些病，您怎么选用针灸穴位？

黄艳辉：选穴位还是要辨证。妇科疾病有个特点，冲脉、任脉、督脉与妇科的生理病理关系很密切。西医有下丘脑-垂体-卵巢-子宫轴，中医有肾-天癸-冲任-胞宫轴，所以我选穴一般都在冲脉、任脉和肾经上选。我们这边还有一个卵巢早衰工作室，我们科有个同事向中国中医科学院针灸研究所的房繄恭教授学习，他有"调经促孕十三针"，我们也学过来用，主要穴位是百会、神庭、天枢、关元、气海、中极、大赫、太冲、血海、足三里、三阴交等，确实有一定的效果。

刘　奇：针刺的手法、角度、深度有没有规范？

黄艳辉：有规范，一般还是用补法，留针 20 分钟，针尖朝下，子宫穴向子宫的方向扎，我自己喜欢加太冲，因为刚刚讲的这个病和肝、脾、肾都有一些关系，会影响到木、土、水，现在不是很多人说土壅木郁吗？所以我会加上太冲来调节患者情志。

刘　奇：针的长度您一般怎么选择？

黄艳辉：0.25mm × 40mm。

刘　奇：一般要来针灸多少次，一次不行吧？

黄艳辉：一次是不行的，一两天来一次，真的有效果。治疗卵巢早衰，调月经都有效果，但一定要通过辨证来找穴位，针药结合效果好。我之前有个患者，38 岁，月经几个月没来，一般患者第一次来找我看病，我都会很耐心地跟她聊，找出疾病发生的原因。这个患者就是每天在给她女儿辅导作业的时候跟女儿吵架，已经到了水火不容的地步，这个患者有子宫内膜异位症病史，性激素检查提示卵巢早衰。治疗上我首先要跟她谈心，让她不要再操心她的女儿，服用一些健脾补肾的中药，再加上针灸，效果非常好，治了 2 个月患者月经就来了，情绪平和了，慢慢地就不再操心她女儿的学习了。

刘　奇：您把她的脾土健运起来了她就没那么躁了。

黄艳辉：对。把土健运起来伏火了，她就没那么躁。更有趣的是前段时间她跟我说她月经又没了，一查原来是怀孕了，所以说中医真的很神奇。辨证对了，效果就有啦！临床上不仅要会开中药处方，还要会调情志，效果就好。

刘　奇：您有没有一些专症专方专药的经验。

黄艳辉：刚刚说子宫内膜薄加紫河车算不算？

刘　奇：算。

黄艳辉：我用当归四逆汤为主治疗痛经，再加吴茱萸、炮姜等药。炮姜用 6~10g，细辛用 3g；有时候会加三棱、莪术，参考《医学衷中参西录》，用量不超过 10g，破瘀散结，司徒仪老师也喜欢用，这里借了一些司徒仪老师的经验。

刘　奇：您用木通吗？

黄艳辉：我用通草。经过多年临床验证这个效果是很肯定的。

刘　奇：感谢黄老师！

谙熟经典，博采创新
——姜德友教授访谈实录

【专家简介】

  姜德友，男，1960年生，黑龙江省东宁市人。二级教授，龙江学者特聘教授，博士研究生导师。姜德友全国名老中医药专家传承工作室导师，国家中医药管理局重点学科金匮要略学科带头人。兼任世界中医药学会联合会中医临床思维专业委员会会长，中华中医药学会民间特色诊疗技术研究分会主任委员，黑龙江省龙江医派研究会会长。

  陈　延：姜教授您好！目前全国范围内64家学术流派建设已开展，我们对于补土流派的研究已经有一段时间了，还想深入挖掘一下补土的概念。我们有以下几个问题想向您请教。第一，什么是土？什么是补土？很多消化科医生都认为自己是搞补土的，但是其实补土概念的外延、内涵不是那么简单。第二，与其他流派建设不同，补土流派没有明晰的传承脉络，从李东垣之后就断掉了，应该怎样梳理补土流派的传承脉络？您觉得怎样研究才更加规范、系统？

  姜德友：先说一下流派的问题，中医学术流派，这六个字里面最核心的就是学术，流派是以学术为指导应用在临床上的，如果没有学术，临床实践肯定是非常零散的，就像中药一样，我们不能随便抓住一样东西就叫中药，可能它是药，但未必是中药。中药是有理论基础的，它是有灵魂的，我们流派也是这样，如果流派脱离了学术，起码不是一个完整的学术流派。就像在流派建设任务书里面提到优势病种、特色技能，国家中医药管理局开展全国名老中医药专家传承工作室、名医传承基地建设，就是为了把老中医的学术思想传承下去。

  中医也是这样，最高层次还是理论，理论下面才是方法、技能、丸散膏丹这些层面的东西。所以一部《黄帝内经》历经几千年还是这么有生命力，不仅学术界重视，而且普通百姓也越来越感兴趣，实际上它就是很多理论经过几千年沉淀下来的。再如《伤寒杂病论》，《伤寒论》有 113 方，《金匮要略》有 262 方，如果没有理论，没有六经辨证，没有脏腑经络辨证，那它的生命力就不强，也达不到备受推崇的高度。所以补土也好，培土也好，生土也好，理论内涵才是最重要的。

至于补土流派概念的外延定义，包括很多流派的概念，本身搞得也不是很清楚，实际上流派有以下几种分类：第一是学派类，是指学说理论被业内公认、推广、应用，经过传承发展而逐渐形成的学术体系，具有成熟度高、影响力大、传承面广的特点。中医学派侧重于学术上自成系统的主张与风格，并且有众多实践者和追随者。如医经学派、伤寒学派、温病学派等，均属学派范畴。第二是流派类，是指中医学中某一专科的学术思想和诊疗技术等，经过传承发展而形成的派别。中医流派侧重于学术的分流，强调观点的特色，2012 年国家中医药管理局在全国遴选的 64 家中医学术流派传承工作室大多属于流派范畴，如罗氏妇科流派等。第三是医派类，即以地域划分，指在某一地域的自然地理、气候、历史、文化、经济等诸多因素作用下，因病机及治法有一定倾向性，而形成具有鲜明地域学术特色和诊疗经验的医家群体。医派具有自然气候特征与历史文化特征双重属性；如岭南医派、龙江医派等，均属医派范畴。地域不是说一个省就是一个地域流派，肯定不是这个概念，一定要有鲜明的地域特色，比如广东和广西离得很近，文化、气候、历史非常相近，实际上都属于岭南，这才构成一个地域性学派。我从东北来的时候穿的是棉衣棉裤，那里是零下几度，还结冰呢！我到这里就穿短袖，你说差别有多大！ 2012 年年末国家中医药管理局重点学科检查，广东的专家到我校（黑龙江中医药大学）去，在谈到我校学科的一个研究方向——龙江医派学术研究时，我说："您看看我们这里跟广东的气候差异多明显，现在广州还是繁花似锦，但是哈尔滨已经是白雪皑皑。"岭南医派地处亚热带，黑龙江这里是寒地，地域、民风民俗差异特别明显。因为黑龙江是寒燥，又冷又干燥，所以我们在室内吃肉、喝酒，要不然抵不住寒冷。冬季南方屋里可以没有供暖，但是北方肯定不行。气候的差异决定了人们饮食、生活方式的不同，体质自然也不一样，包括性格也会存在一定的差异，因此疾病的特点就存在差异。东北人感冒多数都是外面寒，怕冷，而体内是热的，叫寒包火，外寒内热，这样的外感证候非常多，所以治疗时我经常用麻杏石甘汤。

补土也是，李东垣补土学说是在当时的历史条件下形成的，李东垣处于战乱的金元时期，流离失所的人比较多，没吃、没喝、没住，当时脾虚的人特别多，比如说水肿，营养不良性水肿患者很多，就是脾虚不能制水，所以他就提出了补土的学术观点。古方今病不相能，现在不同了，由于时代的变迁、环境的改变、生活水平和生活方式的不同，古人脾土和今人的脾土是有一定程度差异的。北方患者一伸舌头，舌苔很多都是黄厚腻，他们夏天喝啤酒，冬天喝白酒、红酒，大口吃肉，活动又少，所以湿热、痰热体质比较多，时间长了湿热困脾，造成脾胃湿热体质人群比较多。包括一些狐惑病的患者，《金匮要略》教材上提出，狐惑病的病机为肝胆湿热，其实从这个提法来看，用龙胆泻肝汤也可以，临床表现为前后二阴溃疡，眼睛红……这些部位都位于肝经的循行路线，责之于肝胆湿热没错，但是形成湿热的核心还是在脾胃。2006 年，我主编《金匮要略》案例版教材时，就提出了狐惑病的主要病机为脾胃湿热，因为甘草泻心汤主要就是针对脾胃湿热的，里面有黄芩、黄连、干姜、半夏，所以不同时期人体土的生理病理状态也是不一样的。现在土的问题有土虚，还有土郁，有虚有实，有本气自虚，有本气失调，还有外因造成的。我们补土的同时，还要兼顾中土与其他脏腑的联系，土居中焦而治四方，所以我们治病，在治土的同时也对其他脏腑功能的恢复有益。

举个例子，心脏病，心火和脾土的关系是母子的关系。10 年前我治了一个患者，是大庆的，当时我出诊，一对夫妇带着个孩子，孩子面黄肌瘦，在其他医院诊断为心肌炎，频发室性期前收缩，二联律、三联律，我一摸脉，果然是参伍不调，再看形体，骨瘦如柴，面色萎黄无华，孩子平时就喜欢吃零食，不喜欢吃主食，这是不良的生活习惯，也是因父母溺爱造成的。他在其他医院输液都是能量合剂、氨基酸，口服 ATP（三磷酸腺苷），主要就是营养心肌，治疗很长时间效果不理想，仍然是期前收缩，我想他面色无华，气血不足，我给他补气补血吧！黄芪、人参、菟丝子、龙眼肉……但很多补药都很滋腻碍脾，所以补的时候有可能不吸收，反倒增加脾胃负担。对于疾病的把握，这就有一个理念问题，我们对于脏腑的生理功能要熟——脾为后天之本，气血生化之源，主升清，运化水湿……西医讲心肌损伤，心肌代谢有问题，是功能问题，中医讲火生土，心有问题了，子能令母实，小孩子火虚了，没有力气，一动一身汗，我就想这个小孩子心病要从土论治，我就开了个方子，结果学生们都乐了，因为这个方子大家都会开——四君子汤，在四君子汤基础上加了枸杞子。此外，给小孩子开方，还要不难喝才行，我又加了焦三仙，大致就是这么几味药，看起来组方很简单。两周之后，父母又把小孩领来了，这回一看，小孩子脸上有血色了。一摸脉，期前收缩明显减少。又过了两周，这就是四周，再来复诊时孩子有力气了，也愿意吃饭了，再摸脉，期前收缩没有了。这就是中医临床思维的问题，如果你没有这个理念，碰到心肌炎患者，你可能会想，这炎症是不是得用大青叶、板蓝根，用清热解毒的方法？东北天气冷，病毒性感染比较多，临床常用双黄连注射液抗病毒。实际上这是西医思维在作怪，静脉滴注了这么多苦寒药，病毒没有被清除反倒伤了脾胃，所以用双黄连也必须辨证，不能眼睛光盯在病毒两个字上。不少的黑龙江人生活习惯不科学，好不容易捱过寒冷的冬天，到了夏天，扎啤就一杯接着一杯喝，很多人一开始到夏天还穿短袖，后来就穿长袖了，这是把作为后天之本的脾阳给伤了。

土不仅有其本身的问题，还有其他脏器的问题，这就要三因制宜——因时、因地、因人，要具体辨证，不能一提到脾就是虚，就一定要补脾。因为脾为生痰之源，脾虚就会生湿，湿邪郁久就会化热，这时候就不单纯是虚证，它还有实证病机存在，所以脾的问题不仅仅是虚证，还有虚实夹杂的问题，它可以影响其他脏腑，其他脏腑也可以影响它，就像咳嗽一样，《黄帝内经》讲"五脏六腑皆令人咳，非独肺也"。脾虚也得这样考虑。在黑龙江，尤其是冬天，漫长而寒冷，娱乐活动比较受限，这与广州有很大的不同，这就是气候引起两地人生活方式的差异。另外黑龙江人经常坐在家里上网、看手机和电视，吃得多，活动少，往往会形成湿热体质，反过来湿热又困脾。同时由于久居室内，易气机不畅，导致肝气郁滞的人群较多，肝郁克脾的情况就经常出现，我在临床上治疗脾胃疾病时，经常问患者心情怎样，还有就是腹胀的特点，如果饭前腹胀，这往往是气机郁结，与肝郁有关。我就会加一味药——佛手，佛手这味药很平和，理气、解郁又不伤正，所以佛手是我非常喜欢用的一味药。凡是肝郁脾虚的患者，我都会加佛手 10~20g，方也不要太大，免得增加脾胃运化的负担，大方、小方要视病情而定。《金匮要略》也说"见肝之病，知肝传脾，当先实脾"，所以除脾胃本身以外，还要考虑其他因素，当然脾虚要健脾，最适合的方剂就是四君子汤。健脾的方很多，我想最经典的就是四君子汤，而不是偏要伐功矜能，用一些不常用的方子，其实完全没有必要。当医生就是患者最需要什么方就用什么方。补脾方我就常开四君子汤。临床上怎样辨别脾虚呢？一般望诊是面色萎黄无华，脾主四肢肌肉，所以常见四肢瘦削，还有饭后肚子胀，这肯定是脾胃有问题。饭前胀我从肝论治，饭后胀基本是从脾论治，当然还要结合其他问题来看，像指甲上的气轮很少，这就考虑气虚，这些人往往没有力气，或者耐力不够。还有听语声有没有力气，包括走路姿势，有些人走路时脚拖着地，这往往是有湿邪，这跟脾胃都有关系。所以仲景有句话叫"四肢才觉重滞"，你看走路脚都抬不起来了，那大多体内有痰湿在作祟，时间长了容易得心脑血管疾病或者糖尿病。

我们要理清脾和心的关系，脾和肝的关系，脾和肾的关系，脾和肺的关系。像我的老师国医大师张琪教授，他治疗肾功能衰竭的一个重要思想就是从脾肾论治，这就是土和水的关系——培土制水，这个理念现在也成了共识，确实有效。还有一些小孩子经常咳嗽，一感冒就咳嗽，一照胸片——肺部感染，用抗生素也没用，对于这种经常感冒的患者，就是从脾胃论治——培土生金。其实这些理论在张仲景的著作中都可以找到，像《金匮要略·肺痿肺痈咳嗽上气病脉证治》里面的甘草干姜汤就是运用了培土生金的方法，所以肺有毛病，从脾胃论治，远期疗效也是比较好的。

陈　延：学术流派虽然有很多的技巧、方药、治法，但最关键的还是理论，这些特色都是建立在理论基础上的。对于脾土的诊治方法还是非常多的，我们补土派是以李东垣为代表，脾胃学说大家都比较清楚，但跟李东垣的补土还是略有不同的，您觉得补土流派的核心思想是什么？

姜德友：你看李东垣的升阳益胃汤，这首方子就体现了他的学术思想，补气的同时还加了风药——羌活、独活、防风，风药胜湿，湿从哪里来，还是从脾胃来的。方里还有柴胡、白芍，这就不仅考虑升发的问题，还考虑肝与脾关系的问题，所以李东垣的方子体现了整体观念。一个好的中医不应该就会治一种病，即使作为一个专科医生，也应该有整体观念，李东垣是讲脾胃，但是他思维里始终是有整体观念的。包括朱丹溪，我们看他的医案，实际上30%是滋阴的，其他方面还是该怎么治就怎么治。李东垣治脾胃时也不是单纯就针对脾土，如果只是一味地补，疗效肯定也上不去，我们当医生都知道这个道理。所以李东垣也绝不是持有很偏执的学术观点，对于脾虚的人他还是考虑一些综合因素。如果用一句话概括出来，那就是李东垣以脾胃为核心，兼顾其他脏腑。这个方子本身就有综合的考量在里面，任何一个大家，他考虑问题都是从整体出发的。

陈　延：从《黄帝内经》到《伤寒论》《金匮要略》，以及之后的医家也在治脾胃，您觉得李东垣与其他医家相比，有哪些特色？

姜德友：李东垣的阴火理论实际上也挺不好理解的，我个人体会阴火就是脾经积热，比如小儿手足心热，往往跟脾经积热联系紧密。

陈　延：脾经积的热是湿热、实热还是虚热？

姜德友：实热指的应该是胃家实，指胃腑层面多一些。像有些人能吃，但是吃完难消化，这就是胃强脾弱，如果细分，脾为阴土，胃为阳土。李东垣时期人们生活匮乏，饿了没有东西吃，脾本身需要滋养，因为没有那么多食物，脾本身就虚，一旦有了食物，又吃得很多，饥饱不调，这时反倒伤脾；又因为吃多了，消化不了，产生食积，食积就化热，这个热流向四肢，就是实热，但本身又是虚的，就是虚实夹杂。现在很多小孩也是，总是吃零食，不喜欢吃主食，造成脾胃功能失调。

陈　延：就像您说的，学术流派有按地域划分的，还有按传统划分的，像岭南流派大家都比较公认，有着独特的用药特点，从中华人民共和国成立后，大家都公认脾胃学说，就比较少提补土这样的说法，但是脾胃学说多数都是消化科医生在研究，其他科医生相对研究得少一些，您觉得脾胃学说和补土学说有什么区别和联系呢？

姜德友：就概念来讲，我想这是一回事，就像经络一样，有阴络、阳络，土也有阴土、阳土，阴土是脾，阳土是胃，这就是一个概念的不同提法，就好像过去一个人既有字又有号。

陈　延：是否我们可以把研究脾胃学说的方法、理论应用到补土流派建设上去？

姜德友：可以。

陈　延：我们要做补土流派学术研究，大概分三个方面来做，第一就是文献溯源；第二就是整理文献，梳理理论；第三就是把流派的理论应用于临床。虽然有补土流派这个提法，到李东垣、罗天益、王好古，再后来就没有什么人了，如果我们想去做这个研究，您觉得金元以后有哪些医家也可以纳入？

姜德友：叶天士也应该算进来，叶天士《温热论》中的医案，对于杂病的治疗，还是很重视脾胃的。南方研究补土非常有意义，南方气候炎热，脾胃比较呆滞，一些患者不想吃饭，脾胃功能就相对弱一些，吃得不多，长得也相对瘦小，这都跟脾胃运化有密切的关系。很多脏腑都有阴阳，我们很多时候都忽略了，比如不提肺阳、脾阴，而叶天士就提出了脾阴的问题，这是比较明确的，叶天士是南方人，跟这边也比较接近，具有普遍性，所以叶天士可以纳入。

在 20 世纪 80 年代，很多名老中医撰文，都非常重视脾胃，那时我读研究生，经常写文章"某某老中医重视脾胃学术思想"，比如张琪教授。

陈　延：任何学术流派都有局限性，一方面这是它的缺点，它不能涵盖所有问题；另一方面又是它的优点，它可以把这个理论研究得更加完善、系统。您觉得补土派的内涵和外延是什么？

姜德友：脾胃的提法，我们首先应该重视概念本身提法的问题，进行概念梳理，接下来是脾胃功能的梳理，哪些是它的生理状态，哪些是它的病理状态，一旦生理状态出现变化，对其他脏腑有什么影响。还有就是他脏出现病变时对脾胃的影响，这是内环境导致的，还是外环境包括五运六气、生活方式等导致的。

陈　延：中医很重要的理念就是建立模型，比如阴阳五行，在医学不发达的时代，说明问题时往往需要借助模型来阐释，如果我们试图建立补土派理论模型，您有什么建议？

姜德友：主要还是建立理论模型，中医学术分为研究中医和中医研究两方面，进行学术流派研究，我个人认为还是要重视中医研究模式。从事中医学术流派研究一定要有自身特点，但是需要有依据，30 年前我在攻读硕士的时候，我的恩师吴惟康先生常说，中医治学一定要持之有故，言之成理。比如扶阳流派对阳气的认识就很好，在《黄帝内经》里面就有"阳气者，若天与日，失其所则折寿而不彰"的论述，张景岳也认为"阳主阴从"，如"天之大宝，只此一丸红日；人之大宝，只此一息真阳"，扶阳就是在这些理论的基础上进行升华，其实这也是对中医理论的发展。如果把中医形容为一棵大树，树根就是中医的经典理论，而枝干就是流派，所以中医的根就在经典。一些人批判中医没有大的发展，事实上几千年来中医的理论和认识都是在不断完善的，无论哪个朝代，都有新理论新认识的提出，而近代流派对于某一观点的强调和突出，对于某一认识的挖掘和深化都是中医理论的创新。所以说中医的创新不仅仅是原始的创新，挖掘和诠释也是一种创新。就补土而言，如果能够挖掘不同地域补土的特点，系统梳理补土理论，这本身就是中医的创新和发展。不是说只有新思想新理论才能够研究，对已有认识的细化、挖掘和升华同样有很重要的意义。

陈　延：补土实际上是概念层面上的研究，很多时候都是用脾胃学说来代替的，如果突然提出补土这个说法，不知大家是否认可，这也是我们进行采访的原因。

姜德友：为什么顾护脾胃大家都认可呢？因为西医也好，老百姓也好，都知道脾胃很重要，所以认知达成了共识，至于是补土还是脾胃学说，讨论这个意义不大，只是叫法不同而已。总之反映中医特色就好，如果单纯用实验来研究中医，反倒不妙，对中医的研究宜多元化。至于补脾治疗，很多人觉得应该改为理脾，这就包括补的问题，也包括泻的问题，比如泻黄散，这就是泻脾的方子。肾也是一样，钱乙在《小儿药证直诀》中说"肾主虚，无实也"，后世都跟着说肾无实证，但是钱乙在后面还说"惟疮疹，肾实则变黑陷"，肾也有实证啊！脾也是，它有虚证，也有实证，补土主要是针对虚证而言的。补土也反映了中医与传统文化联系紧密的特点。中国是农业社会，离不开土，土为万物之母，非常重要，所以叫土能够体现中国传统文化的内涵，叫脾胃就没有这层文化内涵在里面。我们研讨学术流派不是要造声势，叫全国各地同仁聚一下，不是这个意思，研究中医本身就是研读文化，中医的根有文化基质在里面，这才是中医产生的前提，所以外国产生不了中医。搞学术流派一定不能离开文化，否则生命力有限，是走不远的。只有和文化联系起来才有内涵。我经常说西医处在冷兵器时代，看患者冷冰冰的，心脏病药都不用了，直接放支架，一个不够，还要两个、三个……我们的理念、文化跟西医有很大的不同，文化差异很大，如果人类离开文化，那么跟其他动物也差不多。所以搞学术流派的顶层设计，要把文化植根进去，这样效果才会好。

陈　延：您在临床怎样运用补土思想？

姜德友：我最喜欢用的是升阳益胃汤，还有补中益气汤、升阳散火汤……

陈　延：在我们医院芳村分院外科，每个月都有补土、扶阳两个学术流派医生查同一个患者，用不同学术理论给这个患者开方，看效果，我们在交流的过程中也发现这样一个问题，一些患者用补土效果好，一些患者用扶阳、用大剂量附子效果好，您觉得补土学术思想在哪方面会更有优势？

姜德友：还是针对虚证，教材讲八纲辨证，我又加了上下辨证，《金匮要略》讲"五邪中人，各有法度"，还有人讲十纲辨证，把气血也加进去，气血从哪里来，脾胃生化的嘛！男子阳气虚，女子阴血虚，都离不开气和血的问题。气和血的源头就在脾胃，气血虚就相当于脾胃虚，讲补土，肯定是虚证居多，脾胃功能受损居多，至于虚中夹实、本虚标实也离不开虚的问题。

陈　延：圆运动思想也注重调理升降，与脾胃学说是否也有关联？

姜德友：脾胃为气机升降枢纽，中医认为肝左升而肺右降，否定中医的人士肯定又会攻击你，明明肝在右边，怎么在左边呢？这不是伪科学嘛！其实中医讲的心、肝、脾、肺、肾是指系统功能的概念，并不是具体的器官，并不仅仅是西医学的解剖学认识。脾主升清，胃主降浊，脾胃居中焦，为气血生化之源，临床上的痞证、心下痞，这是脾胃气机升降失常，所以治疗上肯定离不开脾胃。临床上对于胸闷的患者，《金匮要略》有个方子："胸痹，胸中气塞，短气，茯苓杏仁甘草汤主之，橘枳姜汤亦主之。"还有枳术汤，都是调气机的。中焦气机很重要，从脾胃功能衍生的气机升降是补土的一个特点。

陈　延：您创建了龙江医派，对我们补土流派的建设有什么建议？

姜德友：龙江医派并非是我个人所创建的，而是一代代的龙江前辈前赴后继、筚路蓝缕的结果，正是他们的努力为今天的龙江医派奠定了雄厚的基础。首先要做好文献资料的挖掘整理，尤其是历史上的名医，包括现在的名家，要把他们的东西挖掘出来。民国时期至抗战时期，这个阶段的学术研究非常少，以前的学术资料有就有了，没有的也不可能再有了，也许考古又发现了新文物，那就是另一回事了。到个人家去搜集，也很困难。我研究龙江医派近一百年的历史，确实有很多名医，他们的学术思想很值得研究，这是具有普遍意义的，他们治病的方式方法更接近于现代，而古时候治病，经常起一些奇怪的病名，我们现在很难去一一对应，这就离我们较远。所以我想抢救民国时期的学术思想是非常有意义的，但是很难开展，很多名老中医的后人不愿提供书稿、医案，当然有些是真的没有了，有些是太少，无法研究。所以总结起来很困难。我们总结高仲山老先生的学术经验，就很有收获。我们还研究了华廷芳老先生的学术思想，华廷芳老先生当时在马来西亚都很有名气，他非常善于用中药治疗红斑狼疮，效果很好。至今我们已抢救挖掘整理研究了几十位过去老中医的学术经验，填补了我省这方面的空白。

我们那里干燥综合征患者较多，临床表现为怕冷、鼻干、口干，致病的邪气就是寒燥，燥就滋阴嘛，这肯定没错，但是光滋阴不行，有一首歌的歌词"万物生长靠太阳"给我很大启发，如果没有太阳那怎么生长啊！所以还得用补阳药。包括一些消化性溃疡的患者，溃疡总是不愈合，这是脾的问题，得用温药。这就说到用附子的问题，像上海这一带，人们在夏天大量出汗，冬天没有暖气，一年四季都在消耗阳气，我倒是主张用量大一点。但我在黑龙江用量就很少，有些患者服用中成药附子理中丸都会有嘴麻的感觉——同样是阳虚的问题，不同地域，附子用量也不相同。我省有一医生在深圳坐诊，他在黑龙江用方药味较多、药量也较大，疗效不错，但到了深圳开同样的方子患者吃了就不舒服，这就是因为地域不同。土的问题也是一样，我治脾胃病和慢性病，都是叫患者饭后服用。古人都是日出而作，日落而息，现代人不是，很多人都是半夜不睡觉，早上不起来，如果刚起床就喝汤药，那多伤脾胃啊！尤其是患者长期用药，我都要交代他们："早饭后 1 小时，晚饭后 1 小时！"还有就是药不能凉服，需要温服，寒凉伤脾胃，这在服药方法上、护理上都体现出了补土的精髓，这些在仲景的书里都有体现，只不过我们给它拓展了，这本身也是对学术思想的发挥。我到广州食量就减少，不是饮食不好，而是天气太热，吃不了太多，我要是回到哈尔滨，吃少了都不行，顶不住寒冷啊！中医研究还要从整体、客观的角度去考量一件事情，这样才能做得更实在，否则就没有生命力了。国家中医药管理局投入大量经费建设学术流派，这就需要我们大家共同努力，把这件事做好，如果每个流派都能有所发扬、进步，64 家流派汇合，如涓涓水流汇入大海，这也是中医学发展史上的大成就。

广东这边中医群众基础好，学术氛围浓厚，做中医的事很有激情，我想你们肯定能做得好！做学术流派这个举措非常好，大家一起切磋、交流，互相争鸣，在这个过程中才能碰撞出智慧的火花。

临床补土感悟
——李长俊教授访谈实录

【专家简介】

李长俊，男，1962年生，甘肃省榆中县人。出身于中医世家，师承近代甘肃名医李少波、郑魁山、马相群教授。广东省中医院特聘专家。创立"无极针法"，阐释《黄帝内经》针刺治神的应用；揭秘了道家绝学周天针法，以促进精气神，治病养生；完善了经脉辨证及治疗方法，传承"烧山火""透天凉"治神心法。

刘　奇：李老师您好，感谢您能够接受我们的采访。

李长俊：很高兴，很荣幸能够跟你们一起来交流这些学术问题。

刘　奇：那我们就开门见山？

李长俊：好吧，直接来吧！

刘　奇：好，您对于土、脾胃、中焦的认识是怎么样的？

李长俊：土的认识是吧？土，从孩童时期我们就认识，我们当地老百姓有句话："金木水火土，破了用土补。"我们农村人看世间万物都由土生，大地那么神奇，供应了我们无数的物质资料。

至于说医学上的认识，我就从两个方子开始——阴寒方和补中益气汤。我既是家传中医又是学院派，我家传最著名的一个方子就叫阴寒方，治疗阴寒证的。火神派始源于北方，盛行于南方，为什么最早起源于北方呢？因为在空调、冰箱、冷饮没有大量盛行的时候，南方寒凉的病很少，而北方，特别是我家那边，兰州的周边，包括庆阳等城市的北方农村里，水质本身就偏寒，加上北方天气偏冷，所以我们得阴寒病更多。那时候我还不知道李可老先生的阴寒方，但我家传的也是阴寒方，阴寒方这个词我在上大学的时候没有找到，后来我就有意识地搜寻，发现王好古写的《阴证略例》有相关记载。我家的阴寒方治愈了大量的阴寒患者，这个方子就是重视温中土，以温中土为主——白术、党参、甘草、肉桂、附子、桂枝、细辛，是以这些药为主的。我用这个方子（阴寒方）治愈了大量的患者。患者的脉整体上比较迟缓，左手寸脉沉弱，右手尺脉沉弱，舌质淡青，整天瞌睡、乏力、关节酸痛，几年不好，凡是有这个脉、这个证的患者，就用这个方。在我家农村有大量这种患者，西医检查不出什么病，有些人后来吃这个方就好了。我记得在深圳行医时，平湖镇的一个镇长也是这种病，到医院检查说是垂体功能减退，他用阴寒方后症状得到很大的改善。由于这个方子治疗了大量的患者，把我引入了温中土的思路中，也开始对《伤寒论》三阴证的思考。

另外一个方子——补中益气汤。我有一个堂哥，我记得很清楚，在我们农村的堂屋里，八仙桌旁边的凳子上懒洋洋地坐在那不动，他说大便完了后还会便出鲜血，血柱像筷子那么粗。

刘　奇： 先便后血吗？

李长俊： 便后出血，出很多血，说已经有几年了，没办法，治不好。那时候我刚学了《方剂学》，我就观察——他坐在那里，懒洋洋地，一动不动，说话有气无力，我一看整体就是中气下陷的症状，再一看舌苔，跟《方剂学》书本上并不一样，《方剂学》上说舌淡，他舌苔光滑，这之间的矛盾我不明白，我就慢慢地想，我想来想去，终于想明白了。我认为是中气下陷以后水谷之气下注，日久化为湿热伤及血络，出血多了，伤了营血的时候就出现光滑舌苔。我当时就用补中益气汤加炒大黄3g、炒地榆6g，那时候还不敢大量地用药，很谨慎，就用《方剂学》上原方的量，1剂药就把他给治好了。他们以后就把这个方子当神方了，我记得很清楚，他当时买药花了四角三分钱。这就让我对李东垣的学术思想产生了很大的兴趣，以后我就朝着这个方向形成了一定的认识，所以土和脾胃的关系，土旺盛脾胃就旺盛，这是临床对我的启发。

对于中焦脾胃的认识，我认为中焦不仅仅是指脾胃，中焦包括脾胃、肝胆，脾胃属土，为什么说属土呢？因为我们说天食人以五气，地食人以五味，大地就是土，在易学里面就是坤卦。大地是土，我们刚生下来的时候，就那么一点点大的时候，是喝着母亲的乳汁长大，母亲的乳汁还是五谷精微所化，五谷精微都是哪里来的？都是从大地而生。孩子生下来后，再慢慢接纳大地供养我们的五谷精微，五谷精微都要靠脾胃的运化才能变成气血津液，阳化气，阴成形，内有五脏，外至皮肉筋骨，在这个过程中，土——脾胃为后天之本，很重要。再加上足太阴脾经、足阳明胃经，这两者从十二经脉来说，是开阖枢，少阳为枢，少阴为枢，厥阴为阖，只有脾和胃，太阴脾主开，阳明胃主阖，这两个脏腑自成开阖体系，所以一升一降，升则开，降则阖，形成了中土斡旋之力。人的一生成也由它，败也由它。成也由它，皮肉筋骨、气血精华的形成，后天元气的补充，皆由它；败也由它，不懂得饮食有节，会造成我们吃进去的很多东西不能运化，很多病理产物——痰、湿都是由它来的。所以脾胃很重要，不仅仅在临床治疗上比较重要，在养生上也很重要，中焦除了脾胃升降之外，还有肝胆，肝胆与脾胃原本是一体。在河图中三八同宫，到了洛书三八分开，三为震木，八为艮土。胆气降则胃气降，肝气升则脾气升，相互协同，所以中土斡旋就包括这两方面，这是我对中医土的一些初步认识。

刘　奇：您刚才也提到了湿的产生与中土是有联系的，那您在临证中对祛湿这方面有什么体会？

李长俊：体会有，因为我就是一个湿性体质之人。湿是很难祛除的，湿包括湿热和寒湿，湿热和寒湿都由脾胃产生，中医说"动摇则谷气得消"，所以运动变化是基本。湿的祛除我有这么一个体悟，比方说我的舌苔很厚腻，我原来也吃很多药，我有时候吃药吃不下去，闲了没事就去干活，那个时候正好赶上修房，有时候拼命干了一天活，出了几身汗，第二天一看，自然而然舌苔退了，我就体会到了"动摇则谷气得消"，这个方法化湿很重要。脾主四肢，也与这个有关系，那么吃药呢，化湿的药就太多了，比如健胃除湿的胃苓汤等。湿由脾生，除化湿、动摇四肢外，节制饮食很重要，要食饮有节。现在的人享口福之欲，饮食肥甘厚腻，男士们喜欢喝酒，酒是最容易生湿的。饮食一定要适量，现在老百姓说饭吃七分饱，就包含了这种道理。脾胃运化空间有限，脾胃的负担过重，运化不了，就积郁其中。另外，生冷的饮料也特别伤中土而生寒湿，美女们都认为吃水果能补充维生素、能够美容，但吃多了就会生湿。美女们要想美容就要温养中土，脾胃运化正常，气血足，阳明脉盛，就不容易衰老。《黄帝内经》说："五七阳明脉衰，面始焦，发始堕。"可见温养中土很重要。湿、食、水、痰都是同一类，这是我们说的内湿。外湿就更容易理解了，南方桑拿天——潮湿，阴冷的地方也潮湿，还有大雾、雾露、下雨、淋雨，这都是外湿。《素问·上古天真论》说："夫上古圣人之教下也，皆谓之虚邪贼风，避之有时。"对外在的邪气要做好预防，对外湿也要做好预防。当然这里面还有五运六气的内容，这是中医气象学的内容，避之有时，还是要适当注意。此外，起居有常也很重要。这就是湿和中土的关系，内湿和外湿的关系。

湿与木也有关系，这是我们说的木疏土。有一个方子我觉得很有意思，我记得我一个大学同学，他上大学时有一次拉肚子，肚子疼、水泻，后来他说吃了九味羌活丸，早上吃，下午泻就止住了，觉得很奇怪。他来与我分析这个原理，分析来分析去，这就是李东垣风药胜湿的理论。九味羌活丸原本是治风寒湿侵犯肌表，头痛、一身尽痛，用风药可以化外湿，也可以化内湿。身体阳气足也能化内湿，李东垣的方子有升阳益胃汤，有升阳除湿汤。这就是关于湿和土的关系。土里面本身就含有水，这才生万物，谁能让烧焦了的土来生万物？所以土与湿本来是密不可分的，这有它的好处，但是有土的地方也有湿，身体里面有土的地方也有湿，中土脾胃本身就是化水谷的，水谷饮食化不开了，流不动了，就是水湿。

刘　奇：如果从针刺的角度上讲，这个湿怎么化？

李长俊：我的无极针法虽然是以治神为主，但是里面有个最重要的基础方，就是基于中土的理论设计的。无极针法的五气朝元（陷谷、足三里、地机、外关、公孙）是怎么回事呢？当时我看了河图洛书，河图成数都是生数加五，中土也是五，土生万物，土生四行，这在《素问·太阴阳明论》就已有记载。

刘　奇："脾者，土也。治中央，常以四时长四藏，各十八日寄治，不得独主于时也。"

李长俊：这个小伙子不错，随口能够准确地背出来。我的针法受到太阴阳明论篇的影响，就重视脾胃，太阴主开，阳明主阖，阳明主三阳，太阴主三阴，也就是说阳明降则三阳降，对不对？太阴开则三阴升，肝气也升，肾气、肾水随脾土而上升，才能上潮，在这个基础上我创立了五气朝元的针法，就是在阳明、太阴经上做的文章，一针陷谷透涌泉，一针足三里，把气降下去，针刺时患者会感觉有明显的气感往下传。针刺涌泉发热，为什么呢？阳明主合——合于少阴，当涌泉发热的时候，阳明之气降下去才能阖于肾。

刘　奇：针刺左侧还是右侧？

李长俊：我一般是针刺左侧，左右不一样，有时候左侧的陷谷透涌泉的时候，刚开始左脚心发热，继续行手法，当左脚心一热右脚心也热了，有同步启动的效果，这样针数可以少一点对不对？当你针刺足三里，有些敏感的人对侧也有感觉，有同步启动的效果。

刘　奇：在足三里的针刺方向是……？

李长俊：直刺，直刺用补法的话气就降下去了，补则气降；当然如果我针尖稍稍向上烧山火就会引起胃热，如果想要让胃热起来，针尖就要稍稍向上。这里面还有一个问题，脚心不发热的，很多都是胃气不降，胃气不降的人很多都有失眠的情况，或者连续熬夜，这叫阳不入阴，阳不入阴则不寐也，对不对？还有一个问题，胃不和则卧不安，胃不和则阳明胃经之气不降，阳明胃经之气不降，阳气不能入于阴，当然不寐，这些理论也就融会贯通了，对不对？临床上很多睡眠不好的，如果能把阳明经的胃气降下去，睡眠也会有很大的改善，这就是我们采取的方法。

刘　奇：足三里针刺的深度呢？

李长俊：深度也不是固定的，只要感觉气能够行到脚上就行，有些皮实的患者，我们用的针长一点、粗一点没关系，对于敏感一点的、比较瘦弱一点的患者，我就用一寸的针，运针时气感也很强。针刺，针是道具，也是媒介，重在借针以针御神，以神调气，还有手法操作其实也可以变化，甚至有时候针不刺进去，没有接触到皮肤，穴位也有针感，贵在治神。那针的粗细有没有关系？有关系！对初学者来说，选粗一点的针，进针会容易，针感强，做手法也容易，太细的针就不容易操作。还有一些人针感传不下去，足三里穴的针感传不到脚底，那就找一个 0.35mm 以上的针，慢慢刺下去，针感就会传到脚心，脚心很快就热，针粗就容易操作。我 20 世纪 80 年代在针灸系的时候，用的针都是很粗的，都在 0.35mm、0.4mm 以上，现在的针太细了。针细一些也有好处，就是痛感少，但是手法操作的时候初学者就不容易掌握，不容易得气。

刘　奇：刚才您还讲到用意念？

李长俊：那是无极针法的治神，就是《黄帝内经》里面的"贵在治神"。我们再谈右侧脾经，脾经取地机，地机是脾经的郄穴，郄穴多气多血，泻则脾气升，往往我们在做泻法的时候，大部分人针感先是沿着脾经传到足大趾，但是有一部分人小腿肚有感觉，但是针感下不去，我也不过分强求，免得很痛，再继续泻针感就往上传了，传到大腿根上，明显脾气就升起来了——这样做的目的就是让胃气降、脾气升，脾气升则肝气升，肾水才能带上来，肾气要靠脾气的升发才能上升，才能上潮；那么随后再刺三焦经的络穴——外关，外关既是三焦的络穴又是八脉交会穴（通于阳维脉），本身就通阳气，助阳气，气机的升降离不开三焦的通畅，三焦是气机升降出入的通道，所以取了这个穴。

刘　奇：刺左侧还是右侧呢？

李长俊：刺右侧！其实我觉得，这个不是绝对的，我们操作者可以灵活操作，有时候我们两边同时都操作，效果也很好。

刘　奇：我觉得这个穴位大家都学过，但精华就是您的意念和手法。

李长俊：是啊，我准备 4 月初专门给我现在的学生讲解，我主要给他们传授的就是传统手法（包括烧山火和透天凉）和治神的理念。脾气升起来以后，还要用到脾经的络穴——公孙，络足阳明胃经，两边的脾胃之经都通了——这是一个层面的意思。另外一个层面，公孙本来就通冲脉，冲脉起源于胞中。我用公孙一穴烧山火能让患者自身治神守丹田发热。目前我看到的所有的研究奇经八脉的医家，还没有一个人这么提过。我觉得如果说一个穴位能治病，那首选的就是公孙穴。公孙烧山火能让丹田发热，让机体自身治神养丹田，丹田元气足了，再行青龙摆尾的手法，针气就沿着督脉上升。腰痛患者，当骶尾部上到腰部发热的时候，让患者治神，意念集中到腰部，真气就能够强肾壮骨。脾胃病患者，真气感上升到十二、十一胸椎时，让患者治神，意念集中在胃俞、脾俞的附近，就能够治脾胃病。当真气运行到夹脊部位，让患者意念集中在肺俞、心俞部位，就能够治疗心肺疾病。当真气运行到前额，意念守印堂就能治疗头面和五官的疾病。当真气沿任脉下行到天突、膻中的时候，治神于膻中，多治心肺病。当真气降到中脘的时候，治神于中脘，就能治中焦病。真气降到下丹田，治神于关元或中极，就能治疗下焦的生殖系统和肾脏疾病。一个穴位就能治这么多的病。这需要功夫练得深，手法要娴熟。督脉旁边是太阳经，太阳主表，督脉的阳气上升，督脉两边太阳经的阳气就升起来了，任脉旁边是少阴肾经，肾主收藏，肾与任脉之间的关系密切，太阳与督脉之间的关系也密切，而且太阳经两旁分布着五脏六腑的腧穴。为什么《伤寒论》中的太阳病传变最多、变化最多，因为它就好像是身体内部变化的外部表现的窗口。太阳主表，当哪一个脏腑虚的时候那个窗口也是最薄弱的，邪气就随着这个窗口进入深处，乘虚而入。所以太阳经很重要，督脉也很重要。这就是五气朝元最后的一个穴位，公孙穴。我把我的五气朝元针法大致说了一下，就是这么个原理，让胃气降，脾气升，中土斡旋，后天生先天，丹田元气充盈，然后用飞龙针法通任督，一气周流，就能治疗全身疾病，调整人体的阴阳，这就是无极针法与土的关系。

刘　奇：那您能再谈一谈中医、易学对于中土的哲学认识吗？

李长俊：我刚才说了易学，易学与《易经》不一样，易学是在《易经》的基础上产生的一大学派，内容包括军事、天文、堪舆……民间常说的风水，就是堪舆学的内容。易学有四大支柱，即理、术、象、占，理就是哲学的哲理，术就是术数，象就是外在的易象，占就是预测，在这里面，河图明显重视中土。易学里面的术数总是离不开河图与洛书，包括针灸里面的灵龟八法也离不开它。土能生四行，它的哲学内涵，我们就从《易经》上来找，《易经》说土是坤卦，乾卦是天，坤卦是地，艮卦也是土。"天行健，君子以自强不息"，这是乾卦；坤卦就是"地势坤，君子以厚德载物"，也就是道与德的关系。土主要是生万物，土是阴。拿人体来说，乾为纯阳，坤为纯阴，事实上我们身体内凡是阴性的东西都是由中土产生的，针灸滋阴，常选太溪、复溜。如果把中土脾胃的功能增强了，运化足了，阴就自然产生了。生阴有两个方法：一个是静则生阴，飞龙针法通任督后，应当意守丹田，育阴潜阳，通任督气化反应少动少转，注意意守，静则生阴；另一个是补土则生阴。这就是我对土与易学关系的看法。再结合临床，我刚说土生四行，教科书里说水生木，但除了沿海地区红树林长在海边以外，有多少树长在水里面的？我是第一次见了海以后，才知道有个红木林长在水里，在内地我从来没见过木长在水里面，都长在土里面。土生木，这话怎么说呢？土生木有个前提，即是水土合德，土里面有滋润的水，水还不能多，土还要温暖，在土受到滋润的前提下，温暖就能生木。这个问题我们非常明了，现在的抑郁症我就这么治，李可老先生直接用四逆汤和理中汤治疗抑郁症，他刚开始附子用量不会大，逐步把附子用量加大了以后，吃到后面，患者慢慢地适应了，加大了量以后，患者身上出几身汗，抑郁症就好了。我们小时候背过的书："大兴安岭冰雪连天，长江两岸柳树发芽，海南岛上鲜花盛开……"说的是什么呢？春天，春暖则花开。春暖则万木条达，大地温暖，肝木才能条达，所以我们就联想到逍遥散。逍遥散里面柴胡、薄荷疏肝，当归、白芍滋阴补肝血，白术、茯苓、甘草补中土，加炮姜温中土，这样肝脾才能调和，肝气才能条达。我的徒弟曾跟我说："有位老师是伤寒大家，跟他们说到治抑郁症的方子，讲小柴胡汤加温胆汤治疗抑郁症，有一个得抑郁症 5 年的患者，他用了好长时间小柴胡加温胆汤没作用。"我跟我徒弟说，我们西北的农村，你看哪个地方的树发芽最早？向阳的山坡的树最早发芽，暖则肝木条达，我一讲，他恍然大悟，回去就是逍遥散合理中汤，适当加点疏肝的，回去以后吃了 5 剂药就把病治好了。我这么治也是受到陈士铎《石室秘录》里的救呆至神汤的启发。呆是什么？不就是抑郁症嘛！这个方子里面有当归、白芍、柴胡、茯苓、甘草、人参、半夏、酸枣仁、天南星、附子、菖蒲、神曲、郁金。用这个方子我治好了很严重的抑郁症。一个女孩子大学毕业后分到我们当地的农牧局上班，不知道受了什么刺激，回家以后就睡在床上不起来，眼睛闭着睡在床上就一直不动，吃饭的时候就起来把饭吃了，上厕所的时候就跑去厕所了，回来以后就进屋睡，叫也不肯起来，很严重，她的家人没办法，来找我，我正好看到了救呆至神汤，为了验证一下这张方子的疗效，就直接用了这个方，附子我用的量大，没按原方的小量，我用了 10g，人参用了 10g。有一天她高高兴兴地跑到我诊室来跟我汇报，说就吃了几剂药后就有很好的效果，现在又上班了。当时治好以后我就考虑救呆至神汤的作用机制，就是土生四行。

再说治寒，就用到土克水理论。我们谈的第一个方——阴寒方，水就是湿气，就是阴性的水，就叫太阳寒水，寒和水在一起，要靠温中土来除寒效果才好。治水的方剂就是真武汤。寒气太重，水气凌心，伤了脾阳，所以真武汤里就有白术、生姜、附子、茯苓。就是温中土而利水，就这个思路。补土还能治什么？土能生金，补土生金是很重要的。土还能伏火，补土就能伏火。我们人体有个太白穴，太白穴就是土穴，可以伏住虚火。土与五脏六腑的关系很密切，所以土非常重要。《黄帝内经》里面的理论讲到土旺四季，土怎么旺四季？这与易学也有关系。四季是什么？ 12 个月分为四季，12 个月与十二地支相配，这也是易学的基本内容，冬天是亥、子、丑 3 个月，就是十月、十一月、腊月，这里说的是阴历，冬三月中的丑月就是土月；春三月，寅、卯、辰，辰月就是土月；夏三月，巳、午、未，未月就是土月，正是湿气最重的时候；秋三月，申、酉、戌，戌月就是土月。所以我们学中医要把这些基本的术数内容掌握，这是十二地支与五行的关系，丑、辰、未、戌，这 4 个月就是土月，所以土旺于四季，那么四季的金、木、水、火之气都要靠土月来承担。那么从针灸方面去理解，就是脾胃自身的升降开阖，阳明经降的是阳气，升的是什么？是阴中之阳，是阴气。我们说地气升，天气自大地而生，地气上为云，天气下为雨，土气调节天地之气，这是土旺四季的另一个说法。

在伤寒理论中，应该说自始至终离不开护胃气，我对伤寒的认识就是有关营卫学说的理论，这个方面清代喻嘉言讲过，还有些医家就从营卫学说来注解《伤寒论》。"虚邪贼风避之有时"，是外邪侵入人体以后，传递、传变、变化的过程，这是学术问题。有人说《伤寒论》是热病专著，我说这个是错的，写得清清楚楚就是伤寒嘛，伤于寒以后的传变。就太阳病来说，分为三大部分：太阳中风、太阳伤寒和温病。把温病当伤寒治，就逆治了，产生了很多问题；把太阳伤寒正治就好了，反治了也出现问题；太阳中风按太阳伤寒治也会出现问题。受了风寒，寒邪伤的是什么呢？寒邪伤的是阳，最后的转归到三阴证，三阴证全是阳气虚的，那么温病呢？《伤寒论》里面没有专门的篇章，但是它提到了温病误治的一些问题，温病误治以后直接传入阳明，这就出现了阳明腑实证。温邪为阳邪，伤的是阴，转归是肝肾阴虚，最后是阴虚动风。所以从整体上来看，《伤寒论》不是温病、热病的专著。那么我们谈到与温病的关系，温病伤阴，《伤寒论》里有没有原则？有，就是顾胃气、存津液，存津液很重要。当年我学温病的时候就比较捣蛋，老师说温病初起的治法是辛凉解表，我就问老师，为什么不能辛凉发汗？我就偏偏答一个辛凉发汗，而且我的理论根据就是浮萍是辛凉发汗的药，不能用吗？我说："出一身汗热不就退了吗？"我期中考试就没及格。老师对我特别好，他也不说什么，后来期末考试的时候他就说："长俊，你期中考试没及格，怎么办？"我说："不是按着你教的答就及格了嘛！"期末考试我考九十几分，但是我一直不理解。后面我学了《伤寒论》，仔细琢磨后，我才明白，发汗则伤阴津，温病本身就伤津液了，一发汗就更伤津液，发汗伤津液，病邪就传变很快，所以不主张发汗，解表就可以了。金银花、连翘、桑叶、薄荷都是辛凉解表的，不是发汗的。温病的治疗原则就是存津液，存的就是后天津液，就是我们胃中之津液，所以我们有增液汤，玄参、生地、麦冬，清营汤也有增液的理念在，所谓滋津液，滋的是胃液。现在大家养生也用铁皮石斛养胃阴，铁皮石斛很贵，但都说很好。我再说到临床我自己的经验，就是"有胃气则生，无胃气则死"。中土很重要。真气运行与中焦的问题，据我临床观察，凡是寿命长的老人家都是能吃的。人老以后，先天元气亏了，全靠后天脾胃维持着生命能量，后天之本更重要。

这就衍生出我的两个思路，一个是治小孩病，另一个是治老人病，我都从脾胃着手。儿科大部分就是两大系统的病，呼吸系统和消化系统的病，只要用参苓白术散把脾肺保护好，肺气足，小孩呼吸系统疾病就少，抵抗力强，脾胃足，消化系统就比较好，小孩子长得机灵壮实，所以小孩子2~5岁，我主张多吃参苓白术散，刚开始有的小孩不愿意吃，吃着吃着就越吃越好了，我的孙子我也让他吃。对于小儿黄疸，我不主张有些医院的治疗方法。中医有个茵陈蒿汤，治疗黄疸，医院制成茵栀黄口服液，给黄疸的孩子吃，大量地灌，灌得孩子拉肚子，把脾土都伤了，黄疸消下去了，最后留下的就是孩子肚子胀，脾胃受伤，所以这个我非常反对。我用的什么方子呢？以白术为主，白术、甘草加茵陈，茵陈量大，不伤脾胃。茵陈很平和，对心血管也好，利胆非常好，如果大便干，大黄、栀子少放一点，大便一通，胎毒清理了，孩子以后皮肤很好，不容易生皮肤病。很多小孩子生下来以后家里人就急忙给奶吃，胎毒不清理，后来就出现皮肤病，适当清理完了胎毒，就把大黄、栀子去掉，把白术用上，加一点僵蚕、蝉蜕。

刘　奇：刚才您说栀子？

李长俊：栀子伤胃的力量不大，它能够清三焦之火，适当用一点没关系，大黄就要少用点。茵栀黄口服液，源自茵陈蒿汤。小孩子大量地吃，黄疸是没了，但是对脾胃的伤害就大了。

刘　奇：刚才说的方子里面甘草用生的还是用炙的？

李长俊：我用生甘草，生甘草有解毒和补脾土的作用。以前孩子生下后，很多老人就直接用生甘草煮水给孩子喝，把胎粪一清，非常好。

刘　奇：不用通过母乳，就直接给小孩子喝药？

李长俊：直接给孩子喝，而且这个药呢，也没有太大的味道，淡淡的，也不苦。后期再好一点，我就给他吃参苓白术散。孩子的病从这儿入手。老人的病也从这儿入手。就像我刚才说的，很多长寿的老人，就是能吃的才能长寿，靠中土、后天脾胃来补充能量，来维持生命，毕竟先天已经没有了。现在满大街的都是八十几岁的老人，早就"天地之精气皆竭矣"。

有一个实例就是我一个弟子的奶奶，他奶奶 99 岁，春节前感冒高热，在老家处于嗜睡状态，精神很差，吊水也好不了，这个弟子发短信给我，就让我治。我远在天津，怎么治？反正是嗜睡，我就是以中土理论，我不便开方子，就问她家里人相信我吗？他们说相信。发热了就打一点退热针，我觉得这也可以，暂时能解决问题，但是嗜睡状态吊水也不起作用，后来我的弟子就说水再也不要吊了，要吃我的方子。我说先把小柴胡颗粒冲上 3 包给患者喝上，小柴胡颗粒枢转阴阳，它的作用很好，如果再发热了，用一点退热药。主要的问题是患者昏昏沉沉，嗜睡。我就想："有胃气则生，无胃气则死。"小米粥加一点生姜片，再加一点萝卜丝，煮完了把生姜去掉，萝卜丝一煮就化了，用这个来护胃气，生姜温中散寒，也有透表的作用。萝卜消食化痰，通胃。从营养学的角度来说，萝卜里面含有大量维生素 C，维生素 C 就是滋胃阴的，我们不仅仅是温中土还要存津液，我就让患者喝这个粥，慢慢喝了 2 天后，患者能吃一点饭了，我说再吃点看看，后来患者一天能多吃一点，慢慢能感觉到身上有疼的地方了，原来是不知道疼的。再继续大量喝小柴胡颗粒，发热有了很大的好转，但有时候发热，有时候不发热，这时候我就给她开方子，吃了之后，他奶奶热退了，但是脑子不清醒了，前两天能吃一点了，还能认得人。怎么热退了以后，不认识人了？我就说脾胃和心相互影响。参苓白术散和生脉饮，大量地喝，喝了 3 天后，他说他奶奶好了，也能下床走了，现在一切正常。他就问我现在好了，那参苓白术散、生脉饮还能不能吃？我说继续吃，就是这么如抽丝一般一点一点从顾胃气、补中土获效，"有胃气则生，无胃气则死"，没输液就这么一点一点把99岁的老奶奶救过来了，稍稍坚持，她明年就一百岁了。临床中有很多类似案例，都反映了补中土的重要性。

最后再补充一点，关于湿的问题。湿常规分为寒湿与湿热，其实从临床观察有时候这两者难以绝对分开，特别是慢性病，寒湿日久可化热，但并没有完全化热，寒湿与湿热互杂，特别是中焦的寒湿与湿热互杂，《伤寒论》中称为水热互结，泻心汤中的辛开苦降法对这种证候非常有用，只要舌苔白腻少津，或舌尖红就可以用。若苔黄腻，辛开的药剂量就少一点，苦降的药就量大些。还有一种情况是苔粉白而厚，舌质红，就用甘露消毒饮。有一天陕西渭南一弟子打电话求助，说他接诊一个八九岁大的男孩，高热40℃不退，输液打针都没用，通过微信发来舌象照片，就是舌苔粉白而厚，舌质红，我就开了甘露消毒饮，一剂热退，舌苔也退了。病邪中湿与土的关系最密切，也最难治。记得大学时，一同班同学的姐姐，双膝肿痛，久治不愈，在放假时，让我带他和他的姐姐找我的恩师马相群教授去治疗，恩师观察后，仔细切脉，说本是湿热，但过用了清热利湿药，伤了肝肾之阴，致使缠绵难愈。就开了补肝肾之阴的方子肾元汤加味，二诊时，膝关节更肿了，恩师仔细切脉后，说还得补，三诊时膝关节愈发肿了，小腿也有点肿了，但他仔细切脉后说真阴还不足，继续补阴，我们心里嘀咕，但不敢说，到了四诊，他切脉说可以了，大概记得是开了活血、利水渗湿、清热之类的药，3剂，肿消。这件事经常萦绕在我脑中，经常思考什么是中医的辨证论治。四十多年过去了，我在针灸方面有了很大的提高，也有心得。

刘　奇：非常感谢李教授，今天的访谈就到这里。

勤求古训，博采众方，传承创新
——李乾构教授访谈实录

【专家简介】

李乾构，男，1937 年生，江西省吉安县人。北京中医医院脾胃病科主任医师，教授，博士研究生导师。首都国医名师，第二届全国名中医，第三至六批全国老中医药专家学术经验继承工作指导老师。从医 60 余年，积累了丰富的临床实践经验，尤为擅长肝胆疾病、胃肠疾病的治疗。

黄智斌：今天我们很有幸邀请到了李乾构教授作为我们的特约嘉宾来跟我们谈一谈补土理论。李教授您好。

李乾构：你好。

黄智斌：我们对于补土理论以及脾胃学说存在一些疑问，恳请您多多指点。

李乾构：不敢当。我一直都在从事临床工作，所以对于脾胃学说的史料研究得不多。现在只能大概地说一下我对脾胃学说的一些看法。

黄智斌：好的。

李乾构：我们中医有脏腑学说，就是从五脏六腑的角度阐述中医理论的学说。这个学说经过多年的发展演变，从里面就分出脾胃学说。脾胃学说的形成过程基本上可以分为三个阶段。首先是《黄帝内经》奠定了脾胃学说的理论基础，《黄帝内经》对脾胃的解剖、生理、病理以及治疗原则等内容已有了初步的认识。比如《经脉别论》有言："饮入于胃，游溢精气，上输于脾，脾气散精，上归于肺，通调水道，下输膀胱，水精四布，五经并行。"这段话说明了胃主受纳以及脾主运化的生理功能，并且概述了饮食消化和营养吸收的全过程。到了隋代、唐代和宋代，脾胃学说又有发展。比如说巢元方在《诸病源候论》中对脾胃病从病因、病机、证候、发病时间、脉象、预后等方面都有比较全面的阐述。如《诸病源候论》卷二十一《脾胃病诸候·呕哕病诸候》曰："呕吐者，皆由脾胃虚弱，受于风邪所为也。"这是说人的脾胃受了风邪侵袭，就可能会出现呕吐的症状。唐代孙思邈在《备急千金要方》中认为要把临床疾病按五脏归类，如归属脾疾病的脾虚实、脾劳、肉极、肉虚实、秘涩、热痢、冷痢、疳湿痢。他还特别强调食物疗法调理脾胃的作用，为我们现在用药膳调理脾胃奠定了基础。到了宋代，钱乙主张五脏分证来对脾胃病进行辨证论治，他在《小儿药证直诀》中把五脏疾病按照所主、本病、辨证、治疗四个方面加以论述。到了金元时期，医家对脾胃病的认识发展到达了一个顶峰，这个时候就形成了系统的脾胃学说。张元素在《医学启源》中说："胃者，脾之腑也，又名水谷之海，与脾为表里；胃者人之根本，胃气壮，则五脏六腑皆壮也。"这句话说明了脾胃在人体脏腑功能、生理中的重要性。刘完素突出的学术观点是火热论，他强调六气皆从火化，五志过极皆为热病。李东垣所著的《脾胃论》是脾胃学说形成的标志。综观上述，可知脾胃学说在金元时期基本形成。后世又得到不断的发展，所以脾胃学说在各个临床科室都很受重视，包括肿瘤科也重视调理脾胃。

我平时治疗脾胃病，是以四君子汤为基础方的。中医认为"邪之所凑，其气必虚"。患者会得脾胃病是因为脾胃虚弱了，治疗脾胃虚弱要补脾胃，要用四君子汤。四君子汤是由人参、茯苓、白术和甘草组成的，出自《太平惠民和剂局方》。方中人参价格较高，在临床中我用功效相近的党参来代替人参。白术是健脾药，产于浙江于潜的白术质量最好，为"浙八味"之一。说到茯苓，我们现在分为赤茯苓和白茯苓，古代是不分的，就叫茯苓。它是多孔菌科真菌茯苓的干燥菌核，寄生在松树树根上。现在把茯苓挖出来以后，切掉的茯苓白色部分，叫白茯苓，较深处深红色的称为赤茯苓，茯苓菌核中间天然抱有松根（即茯神木）的白色部分叫作茯神。茯苓能健脾渗湿，茯神则有安神的作用。四君子汤中的甘草在一般的方中都是作为调和诸药的使药，但在四君子汤中甘草既起到调和的作用，又有补气健脾的作用。在补脾药中还有一味药值得一提，就是山药。在古代，一些名方都离不开山药，像六味地黄丸里面就有山药。产在河南的山药被认为质量最好，称怀山药，是"四大怀药"之一。除了河南，山西、陕西等地也有出产。中医治病讲究辨证论治，我在临床上是辨证地、灵活地使用四君子汤来健脾。怎么用叫辨证呢？比如来了一个儿童患者，在不能彻底辨清楚其病情的寒热偏向时，我就用太子参，太子参性质平和，没有党参那么温。如果患者有口干舌燥的情况，那么还要考虑他有阴虚，我就用北沙参益气养阴。如果患者兼有大便干燥，中医有增液行舟、滋阴润燥通便的治法，所以我就会用玄参，玄参能滋阴润肠。所以虽然都是四君子汤，临床用起来比较灵活，要辨证。同样，白术、茯苓和甘草也一样要灵活地运用。这是我对临床如何使用四君子汤的一些看法。

根据多年的临床经验，我总结出了治脾十五法和治胃十五法。比方说对于脾气亏虚证或脾不运化证，就要补气健脾。我看病辨证时一般会从患者的诸多症状之中找出一个主症来定其病之证型，比如说患者出现胃胀、便溏，就考虑他是脾不运化证，就要用补气健脾法。补气健脾法就用四君子汤加陈皮、砂仁、黄芪和焦三仙。治胃十五法是根据胃痛的不同证候进行施治的，根据胃痛的临床表现共分为 15 种证型，比如主症是胃脘胀痛，考虑是肝气犯胃，用疏肝和胃法治疗；主症是胃凉隐痛，考虑是脾虚内寒，用温中暖胃法治疗；主症是胃刺割痛，则考虑是瘀血阻滞，用化瘀活胃法治疗。为了节省时间，我曾经写过治脾十五法和治胃十五法，在《中医杂志》上发表过，在此我就不赘述了，你们可以参考我的这份资料。除了我跟你讲的内容之外，你还有什么问题要问我的或者需要我补充说明的吗？

黄智斌：我记得李教授也曾在广东地区生活过，广东地区湿气比较明显，我们来到北京发现，这边的湿好像就没这么明显了。脾胃与湿邪之间的关系是怎样的呢？另外，脾可以有湿邪，胃也可以有湿邪，您刚才提到脾胃是分而论治，泾渭分明的，能否跟我们阐述一下脾湿和胃湿的临床表现是怎样的，我们又如何去处理呢？

李乾构：风、寒、暑、湿、燥、火称为六淫，湿邪是六淫之一。北方因为气候干燥，相对的湿气比较少，南方比较潮湿，湿邪就比较多。按照中医理论，湿邪有内湿和外湿之分，比如说如果我们长期生活在潮湿的环境，或者在南方作业要经常在水里泡着，这个时候的湿就是外湿；如果我们的脾胃虚弱，不运化，水湿内停，这个湿就是内湿。我在临床上辨湿，主要是看舌苔。舌苔白厚腻的，就是有湿邪。当然患者自己会觉得身体沉重，好像背着个包袱，这就是有湿气的表现。这种湿，一般是由脾虚不运化造成的，不管是外湿内湿，根源在脾虚，所以必须在健脾的基础上再加一些化湿药。比如说四君子汤里面的白术，白术是健脾的，如果患者的大便稀溏，但是排便的次数就一次或者两次，这时我会把白术改成苍术，健脾燥湿止泻。这个治湿的方法是燥湿。可是南方因为天气热，湿往往和热合在一起，就是湿热，国医大师杨春波教授对湿热研究得很透彻，他认为对湿热要清热化湿，不能燥。在常用的药里面，比如说甘草，平时用作调和药，假如患者舌苔白厚腻、有湿，我就把方剂中的甘草改成六一散（滑石和甘草 6：1 的比例），可以分利湿邪。在南方，除了用六一散化湿之外，还能用一些芳香化湿的药，比如广藿香、佩兰等。还可以用分利的方法，比如车前草，让患者小便多一点，让湿邪从尿走，把湿化掉。单纯的湿，相对好治一点，如果湿邪和其他邪气混合在一起，比如说和热邪合在一起，治疗就比较难，因为这两个治法完全相反：对于湿，无论燥湿也好，化湿也好，一般用到的药都不是苦寒的；但是对于热邪，要清热，又要用凉药，会阻碍祛湿。所以说湿邪侵犯人体，治疗起来时间比较长。

黄智斌：我的另一个问题是后世医家比如叶天士，有人评论他是详于治胃而略于治脾，李东垣则是详于治脾而略于治胃。他们为什么会有这种不同的观点呢？其实李东垣也有治胃的方法，比如平胃散、保和丸都是针对胃的功能治疗的。叶天士增加了胃阴虚和胃阳虚这两种证型以指导选择临床治疗方案。我们在临床工作中应该怎样明确辨证，分清楚什么时候是要治脾，什么时候是要治胃呢？

李乾构：我个人认为脾胃为后天之本，无论诊治什么病，任何情况下都要健脾，要在健脾的基础上再配合其他治法。没有脾胃，脾功能不全，不能运化，讲什么都是空话。如果患者有胃阴虚，要养胃阴，脾不运化就养不了胃阴。所以治脾和治胃不能绝对地分开。我们中医有很多不同的学派，有温病派，有伤寒派，各个派系有自己强调的观点。我没有归属于任何派系，我主张按照中医的理论辨证论治，我认为脾胃论治不能分家，要健脾也要和胃。只治脾不治胃或者只治胃不治脾治疗效果都不会好。

黄智斌：我还有一个问题，李东垣经常使用黄芪、柴胡、升麻这类药物，那么给南方患者和北方患者用这类药物，临床效果会不会不一样？比如南方患者吃了黄芪很容易出现所谓的上火的表现，如果遇到南方患者有脾气大虚或者脾气下陷，不得不用黄芪，这个时候使用黄芪有哪些注意事项？怎么避免患者可能出现的不良反应呢？

李乾构：黄芪补气的效果是很好的，我跟着我的师父关幼波教授出诊抄方，我看他治疗肝硬化腹水时，一剂中药里面黄芪最多用到了120g，用量非常大。现在北方的医生特别是肿瘤科的医生黄芪最少用30g。第一，我认为黄芪是比较平和的，从性味的角度来讲是偏温的，南方高温天气多的地方，要用生黄芪，可以从小量——10g开始，然后用到15g、20g——慢慢地增加用量。第二，要叮嘱患者尽量不要吃上火的食物。因为很多南方人爱吃上火的食物，比如油炸食品、瓜子、花生，瓜子和花生是经火炒的，容易上火。所以容易上火的人要尽量少吃这些使人上火的食物，对治疗也有帮助。第三，可以吃一点水果来辅助，比如苹果和鸭梨，不要吃一个，一次吃半个。这些水果一般是凉性的，不吃太多的话有助于平衡上火。第四，要少量多次喝水，一次不要喝水太多，一会儿喝两口，一会儿喝三口，这样也可以减少患者上火的概率。

黄智斌：溃疡性结肠炎是目前中西医均较为难治的一种疾病，属于中医痢疾、久痢范畴，痢疾、久痢以往是中医治疗的优势，但是目前我们使用中药治疗溃疡性结肠炎疗效不稳定性，很容易复发，有些患者病情稳定的时候，会不时出现脓血便。我尝试过从脾胃的角度进行治疗，觉得这种病情反复是因为土虚而无法适应环境的变化，我看到李东垣的著作里面也有一些治疗痢疾的方子，比如益智和中汤，给患者用上去之后，血暂时止住了，但是之后又慢慢地开始出血。李教授您是怎么治疗溃疡性结肠炎的？

李乾构：溃疡性结肠炎是一个多发病，也是一个难治病，它的发病机制至今不清楚。西医治疗目前也只能控制症状，无法根治，而且不能停药。中医治疗溃疡性结肠炎不要局限于某一个方或某一个药，还是要辨证。比如说在它的活动期，会出现脓血便、里急后重的症状，相当于急性痢疾，我们无论是用葛根芩连汤，还是白头翁汤，还要加一些药，我主张辨证、抓主证，另外还有一个多见的症状——主要是出血，那就适当地用点止血药，比如说地榆炭、槐花、三七粉，或者是仙鹤草，辨证的同时加这些药。必要时整体治疗或局部灌肠相结合治疗。如果脓血便好了，肚子不怎么疼了，不能马上停药，我主张这时候还要用药巩固疗效。本病活动期我让患者一天喝一剂药，分 3 次喝，每次喝 100ml。等患者情况稳定了之后，1 剂药煎 2 次，煎成 400ml，喝 2 天，一次喝 100ml，一天喝 2 次。大便正常，无自觉症状时，再往后让患者 1 剂药喝 3 天，为的是巩固疗效，患者 3 个月之内都不犯病了，就行了，就用这种办法。不能看到患者一下好了，大便没有脓血了，肚子也不疼了，也不发热了，就停药。一定要巩固 3 个月，阶梯性服药巩固。当然注意饮食也很重要，还要调整好情绪，不过劳。

黄智斌：最后一个问题，人体气机有升降出入，脾胃在人体内起到了一个枢纽的作用，您是怎么看待脾胃和气机的升降出入之间的联系呢？

李乾构：我个人的观点，脾胃的升降出入这个概念是写文章要用的，我们在临床上治疗疾病不会去考虑那么多，主要是健脾和胃，假如病情是受情绪影响的，就加点疏肝和胃的药。脾胃功能正常了，人体气机的升降出入自然也恢复正常。因为脾主升，胃主降，虽然和胃降逆的药有很多，但是具体地说并没有哪味药能升脾气，所以只要脾胃的功能正常了，胃能受纳，脾能运化，其他功能自然就恢复正常。但是要注意的是现在 70% 左右的病都跟情绪有关，所以治疗时要照顾到患者的情绪，要用疏肝解郁药。比如说我在临床上遇到肝脾不和的患者，我就用四君子汤合四逆散，柴胡、白芍、枳实、甘草。如果是爱生气的女同志，就用点合欢花、玫瑰花或者郁金这类疏肝解郁药，调理她们的情绪，也跟治病的效果有关系。真正在临床上开方的时候不会仔细去考虑要脾气升用哪味药，要胃气降用哪味药。这是一家之言，仅供参考。

黄智斌：好的，谢谢李教授。本次采访到此结束。

《伤寒论》是补土派之源头活水
——李赛美教授访谈实录

【专家简介】

  李赛美，女，1960 年生，湖南省长沙市人。医学博士，二级教授，主任医师，博士研究生导师。享受国务院政府特殊津贴专家，第六、七批全国老中医药专家学术经验继承工作指导老师，全国名老中医药专家传承工作室建设项目专家，广东省名中医，广东省教学名师，"广东特支计划"教学名师，教育部高等学校中医学类专业教学指导委员会《伤寒论》课程联盟理事长。获评全国模范教师，全国教育系统巾帼建功标兵，全国三八红旗手，全国首届杰出女中医师，是海内外著名的伤寒学家、糖尿病专家。

  刘 奇：很高兴今天来到广州中医药大学，有幸采访李赛美教授。李老师您好，我们想请您谈一谈补土理论在中医经典，尤其是《伤寒论》中的有关论述。

  李赛美：好的，感谢刘奇博士的邀请。大家觉得《伤寒论》是我们中医临床经典著作的 NO.1，说明《伤寒论》的影响非常深远，对于中医临床理论的构建和中医临床的指导，尤其是在辨证论治方面具有非常重要的指导价值，也是我们大学中医人才培养的主干课、必修课，而且在我们广中医也是一个招牌课程，这个课程也入选了国家级精品资源共享课程。从《伤寒论》里面来挖掘、整理关于补土派方面相关的渊源是很有价值的。我先谈谈我对于《伤寒论》的理解，我个人认为补土派的概念，要弄清楚什么是"补"。补主要是两个概念，一个是直接的补，第二个是间接的补，以攻为补，最终目的还是顾护脾胃，所以这个补应该是广义的概念。脾胃学说是张仲景的重要理论之一，《伤寒论》就是补脾胃，扶阳气，存津液，保胃气，这是仲景学说的四大支柱。关于补脾胃，我是这样理解的，从临床来看，我们要治病以胃，真正有病要治胃；未病治胃，没有胃的直接问题，通过调胃来治理全身；康复以胃，调脾胃对于康复来说是非常重要的；养生以胃，这是一个新的理念。严格来说，脾胃学说贯穿整个养生防病、治病、愈后。

《伤寒论》重点强调的是六经辨证体系，关于脾胃学说最核心的两个篇章，一个是太阴病篇，一个是阳明病篇。一个在三阴，一个在三阳。太阴病位在脾土，当然太阴也有关于肺，那是针灸学的说法，《伤寒论》中的太阴独指脾，特别强调脾的运化功能失常，脾阳失常，寒湿内阻的病变。手太阴肺的功能应该是体现在太阳病篇。阳明病篇"阳明之为病，胃家实是也"，仲景讲胃家的概念包括胃、大肠、小肠，所以这里的阳明胃实际上包括胃和大小肠。太阴病篇主要强调的是温，太阴病本证仲景提出"当温之，宜服四逆辈"，阳明病篇主要以清下法为主体，包括白虎汤系列的清以及承气汤的下，这是它的核心部分。

其他篇章是旁枝，就像是树木的主干和枝节。第一个方面，就是少阳和厥阴的问题。少阳病篇与厥阴病篇没有直接论述脾胃，但是与脾胃有关，比如少阳病篇的代表方证——小柴胡汤证，小柴胡汤里有人参、大枣、甘草，人参的作用第一是扶正祛邪，少阳就是"往来寒热，休作有时"，代表了正邪交争，正气相对不足，正气虚了，这时候仲景是用人参的，所以人参这味药非常重要。第二个是防止疾病传到三阴，按照六经的传变，从太阳到阳明到少阳，三阴是从太阴到少阴到厥阴，病在少阳再进一步就是太阴，所以人参在这里的作用是阻止疾病由阳转阴、向内传。其实厥阴和少阳是表里关系，讲到少阳，其实还有一个柴胡桂枝干姜汤证，用到干姜、甘草，算是半个理中汤，刘渡舟老概括柴胡桂枝干姜汤证的病机是胆热脾寒，这就关乎太阴，是少阳兼太阴的合并病。从厥阴病的方证来看，少阳、厥阴是肝胆相照的关系，特别讲到肝的问题，《金匮要略》有句名言："见肝之病，知肝传脾，当先实脾。"所以讲到厥阴肝要特别关注脾胃的问题。在厥阴病篇，仲景讲到呕吐哕下利证，这个呕吐哕下利真正的病机就是脾胃的升降功能失调。厥阴病的主要病机是寒热错杂，虚实夹杂，代表方证最突出的有三个：乌梅丸证、干姜黄芩黄连人参汤证、麻黄升麻汤证。从这三个方来分析，乌梅丸是厥阴病的一个代表方，里面特别用到了人参、干姜、粳米，这些都是调脾胃的药，尤其人参加干姜算是半个理中汤，粳米是补脾胃的。干姜黄芩黄连人参汤治疗寒格证，腹中痛，欲呕吐，所以治这个证是寒温并用的，里面也用到了干姜和人参。麻黄升麻汤证是邪气内陷有表郁，这个方比较复杂，是《伤寒论》里比较大的方，有十四味药，方里面有方元，就是苓桂术甘汤加干姜，或者说理中汤加桂枝；肺胃有热，所以方里用到了石膏、知母，相当于白虎汤，调理阳明也是与脾胃有关；黄芩是清肺热的；加上麻黄、升麻升阳解表；再加上当归、芍药、玉竹、天冬这些养血活血排脓的药物，是个寒温并用的方。这三个方都是寒温并用，麻黄升麻汤偏于开表，升麻在这里有解毒的作用；干姜黄芩黄连人参汤偏于中焦，调脾胃；乌梅丸偏于酸收，用于蛔厥证，又主久痢，所以这三个方分别偏向上、中、下焦。厥阴主打的方证里面也有关于太阴与阳明。从宏观来看，整个《伤寒论》的六经辨证里面关于脾胃的，少阳和厥阴是一个重要的部分，都关乎太阴、阳明。

第二个方面是太阳和少阴的问题。太阳病的中风表虚证用的是桂枝汤，桂枝汤里有三个组成部分：芍药、甘草，酸甘化阴；桂枝、甘草，辛甘化阳；生姜、大枣、甘草，调脾胃，这就关乎我们的脾胃。太阳中风由于感受外邪后腠理是疏松的，营阴外泄，所以患者会出汗。桂枝汤本身是不发汗的，是止汗剂，《伤寒论》原文53条、54条讲的是营卫不和的自汗证，发汗的必备条件是啜热粥，温覆取汗。热粥也是养胃的，热能够补胃阳，粥能够养胃阴，阴阳皆补，所以说是非常奥妙的。桂枝汤通过补脾增加胃阳，卫气源于下焦，滋养于中焦，开发于上焦，通过生姜、大枣、甘草补脾胃来加强胃阳的功能，再用粥以制汗液，达到扶正祛邪的效果。桂枝汤作为《伤寒论》太阳病打头的方，可以看出它与脾胃有关，仲景是重视养胃气的。太阳病的变证仲景称之为坏病，治坏了。由于失治、误治导致的疾病，那就很多了，我们说三阴热化、三阳寒化、气津两伤、阴阳两虚，以及按照部位分有结胸、脏结、痞证、上热下寒证等。这些病证应该属于杂病的范畴，但杂病按脏腑辨证来看，比如偏于脾不足的有两个层面。其中一个是脾的津液、气血不足而导致的疾病，这里张仲景分了三个方证：厚朴生姜半夏甘草人参汤、桂枝人参汤、小建中汤。有气虚气滞腹胀，有太阴本证皆有中风，有脾胃虚但患者出现"伤寒二三日，心中悸而烦"，气血不足，邪气内扰，与外感有关系，所以可以看出这三个方都是以扶正为主的。我们发现临床上单纯的虚证很少，这三个方证都是因虚而感邪，气虚气滞也好，太阴脾阳不足感受外邪也好，气血不足感受外邪也罢，这三个方虽然说是攻补兼施，但从方子来看都侧重于扶正，这是脾虚、气血津液不足的一方面。第二个层面是脾的运化功能不足，出现脾虚水湿内停，用苓桂系列的方，有苓桂术甘汤治疗脾虚水停，茯苓甘草汤治胃虚停水，还有苓桂甘枣汤，治疗欲作奔豚，心阳不足，下焦寒水蠢蠢欲动，但仲景治在中焦脾胃，培土制水。还有痞证系列，特别是三泻心汤——半夏泻心汤、生姜泻心汤、甘草泻心汤，就是调中焦脾胃的。脾胃的升降功能失常，就会出现中焦气机的壅滞，患者出现心下痞的症状，同时吐、泄、下利，脾虚脾气不升，胃气不降，整个脾胃功能运化失常，甚至气机紊乱，就出现呕、利，三泻心汤体现了寒温并用、攻补兼施，是治疗升降相逆非常有用的方，也是临床在脾胃和消化系统的病证上常用的方子。还有一个就是治上热下寒证的黄连汤，黄连汤其实是半夏泻心汤的变方，即半夏泻心汤去黄芩加桂枝，也体现了寒温并用，患者也有腹痛、呕吐的症状，实际上也是通过调理中焦脾胃来达到治疗目的。所以我们讲的太阳病关乎脾胃的一些方证主证和案例，从中风表虚证的主打方，到太阳病的变证关乎脾胃的有脾虚气血不足、水饮内停、痞证。严格来说，痞证是古代的一个病，它不是证的概念。痞证除了经典的三泻心汤证，还有热痞证——大黄黄连泻心汤证，热痞兼表阳虚证——附子泻心汤证，类证有水痞证——五苓散证，旋覆代赭汤证等，这些方子都是以痞证为主要表现，作为鉴别诊断提出来的。接下来讲少阴病，少阴与太阳相表里，少阴病一般是疾病的危重期，《伤寒论》中少阴病本证有寒化和热化，但重点还是以寒化为主。在仲景的时代，伤寒是一个主导的疾病，他在序中讲到"伤寒十居之七"。少阴病的寒化证是重点，我们讲四逆汤类证，包括通脉四逆汤证、白通汤证、白通加猪胆汁汤证、附子汤证、真武汤证。四逆汤是少阴病寒化证的主打方，从药物来讲，四逆汤由干姜、附子、甘草组成，这个方与其说是补肾，不如说是脾肾双补，因为拆开来看有附子配甘草的组合，有干姜配甘草的组合，仲景的理念就是脾和肾的功能是非常密切的。"自利不渴者，属太阴，以其脏有寒故也，当温之，宜服四逆辈。"我们都觉得太阴病用理中汤比较恰当，但偏偏太阴病主打方是四逆辈，当然这是超前思维，见微知著，这个方里脾肾双补，一举两得，补火生土，相得益彰。还有真武汤、附子汤，有茯苓、白术之类，也是经典的补脾之方。真武汤主治阳虚水泛，除了肾主水，脾主运化，水液的代谢是离不开脾土的运化功能的，所以脾很重要，仲景会加上人参、白术这类药，相当于四君子汤里的主要成分。六经辨证的主干关乎脾胃的是太阴、阳明，旁枝一个是少阳和厥阴，一个是太阳和少阴，整个六经完整地结合在一起，有主有次。

还有一个需要重点关注的是阴阳易差后劳复。仲景在里面讲到"损谷则愈"，损谷按我们现在的观念来讲就是减少饮食，节食这个理念可以说是源自《伤寒论》，不用药物，通过减少进食量也可以达到调理脾胃的效果。霍乱病篇的主证表现也是呕吐、下泄，猝然发病，病情非常严重，很容易耗伤气阴，甚至损伤阳气，病因与伤寒有关，但也有区别。疾病开始的时候有表证的表现，所以张仲景把它与表证鉴别，从辨证角度来讲，这个证型也关乎脾胃。"热多欲饮水者，五苓散主之；寒多不用水者，理中丸主之。"就是用理中丸来治疗霍乱。从内科学角度来讲，理中丸是脾阳虚的代表方，但在《伤寒论》中它并不在太阴病篇，而在霍乱病篇，这是有寓意的。《伤寒论》除了六经辨证以外，还包括阴阳易差后劳复和霍乱病篇，这些篇章里我们都看到了张仲景对脾胃的重视。

此外，还有一个非常重要的方法——粥疗法，为什么桂枝汤中写要啜热粥，因为粥是养胃的；五苓散写"白饮和服"，白饮就是粥水或者面汤，五谷杂粮都是养脾胃的；三物白散中也用到粥来调节，三物白散是治疗寒实结胸非常峻猛的攻下剂，泄泻多时喝凉粥，下少时喝热粥。第一，喝粥是养胃的；第二，通过粥的温度来调节药物吸收的量，抑制或增强药物的作用，这是非常科学、人性化的方法，很值得学习。还有白虎汤中用到粳米，这也是养脾胃的。粥作为食材，同时也是药，体现了仲景学说特别重视调养脾胃的观点，广东人喜欢煲汤加中药，也算是药膳，这与仲景学说是一脉相承的。总结来说就是养生以胃，治病以胃，康复以胃，临床上的一些重症患者在抢救过后可能相关指标都明显改善，但患者的精神和食欲还是很差，其实也就是脾胃功能差。仲景对疾病预后的判断也是要看胃气，特别是少阴病的危重阶段可出现除中，胃气衰败则预后不良，这也体现了仲景对脾胃学说的深度把握。在临床上对病情的预后转归的把握是非常重要的，要提早准备、干预，以及跟家属交流。危重症在临床上通过西医的抢救，患者遗留胃气衰败的情况，中医的治疗就是重视脾胃，剂量要小，药味也要少，我常常要患者拿粥来煮药，喝了粥水患者的体质也就慢慢增强了，这是有很多案例可以证明的。以上就是我对《伤寒论》中仲景有关脾胃学说的理解。

刘　奇：《伤寒论》桂枝汤条文53条、54条讲营卫不和的出汗，这时候还要不要喝粥呢？

李赛美：不要喝粥，这时候主要是通过桂枝汤来调营卫，而不是用于发汗，所以这时候不要喝粥。

刘　奇：刚才您很系统地总结了《伤寒论》脾胃中土理论，调脾胃、存津液的思想，让我们进一步认识了《伤寒论》脾胃理论以及补土思想在《伤寒论》中的重要体现，接下来我们希望您从临床应用和脾胃学说的角度给我们进行详细的介绍。

李赛美：刚才是结合《伤寒论》的原文和框架来讲，整个《伤寒论》都关乎脾胃，在临床上调脾胃的学说也是很重要的。我个人理解，脾胃学说是根于《黄帝内经》以及仲景学说，《素问·太阴阳明论》专门讲太阴阳明的功能、生理病理与其为何能够主宰全身，治疗痿证为何通过调脾胃有效果。脾胃学说应该是源自《黄帝内经》的理论层面，到仲景学说已经是达到临床应用的层面，由理论到临床形成了一个完整的体系。发展到李东垣时期，李东垣的专著《脾胃论》促进了脾胃学说的形成以及后世补土派的诞生，有人认为李东垣是补土派的祖师，我认为张仲景是李东垣的老师。关于脾胃学说，我认为补字是广义的补，不是一定要用理中汤、四君子汤才叫补脾胃，这种补是一个狭义的概念，结合大家最熟悉的汗、吐、下、和、温、清、补、消八法来分析一下，汗法、吐法不属于调脾胃范畴，下法、和法、温法、清法、补法、消法，以及我再补充的调法、化法就与调脾胃相关。下法有代表方三承气汤、桃核承气汤；和法中桂枝汤应该属于和法范畴，和营卫，营卫实际上也与脾胃有关系；温法理中汤类；清法白虎汤、白虎加人参汤系列；补法是以建中汤为代表，有归芪建中汤、黄芪建中汤等；消法包括"损谷则愈"的思想，减少饮食，这也是一个大法。对于差后劳复的患者，夹有食积的情况下，仲景喜欢用大黄，如枳实栀子豉汤方后加大黄，"内大黄如博棋子五六枚"，就是量很小，小量的大黄是健胃的，它也有轻度消导的作用，不会导致泄泻，这也是仲景常用的一个思路。还有我补充的调法。调，包括了调阴阳，调气血，调寒热，调升降，比如三泻心汤，就是寒温并用，辛开苦降甘调；还有干姜黄芩黄连人参汤，它也是调，寒温并用的方。还有调的概念——张仲景在《金匮要略》里面提到的"见肝之病，知肝传脾，当先实脾"，讲到少阳和太阴合病的治疗方案，也是调和。临床上对于肝胆脾胃的病变，在治疗上常常是联系在一起的，如肝脾不调，胆胃不和。肝脾不调就泻，胆胃不和就吐，这些情况在内科杂病上见得比较多，这些治法也有助于恢复脾胃功能，单纯调脾胃还不行，还要调肝胆，这些都属于调法的范畴。化法，指温化、气化，脾虚往往产生水饮，像苓桂系列的方——苓桂术甘汤、茯苓甘草汤、苓桂甘枣汤，以及桂枝去桂加白术茯苓汤，这些方有气化功能，包括消水，部分也有利水的功效，这是源于我们中医理论，即脾为生痰之源，肺为储痰之器，所以《金匮要略》说"病痰饮者，当以温药和之"，大家都会想到苓桂术甘汤，有痰饮要调脾胃，通过调脾胃，帮助气化蒸腾津液以后，痰饮化了，咳喘、吐痰这些都会随之而解，这是化的体现。这个化当然也包括痰饮咳喘，小便不利，还有中焦的气郁、气滞，出现腹胀满，像厚朴生姜半夏甘草人参汤证，消之于内。上面的化，下面的利，包括中焦的化，整个就是三焦的气化，起到调理的作用。从治法上来看，《伤寒论》八法里面，它占了六法。加上我刚刚也提出了两个概念，一个调，一个化，也是八法。

李东垣对脾胃学说的贡献还有阴火学说。阴火学说讲的就是中焦脾虚气赢的时候，不能运化就产生食积、痰湿，它往往容易郁而化热，所以这种火不能靠清，而是要增强脾的升清、胃的降浊功能，痰饮、湿浊就都能消除，当然病就好了。就像《伤寒论》里面讲到乌梅丸，乌梅丸也是一个寒温并用的方，它里面温药特别多，国医大师李士懋就提出乌梅丸证有一个方面就是肝阳虚馁，所以要用大量的温药，特别是里面用到了蜀椒，这些都是温肝阳的，增强它的气化功能，气机条达，热就随之而散，所以这个火还是由于阳虚气虚导致的。脾胃学说提出阴火对临床是非常有价值的，强调了从源头上治疗的理论证据。李东垣是补土派的祖师爷，他最大的贡献是传承了《黄帝内经》《伤寒论》的学术见解，然后结合临床，创立了他的学说，最大的亮点、最有创新的地方，是提出阴火学说。从《黄帝内经》到《伤寒论》，再到李东垣，以及到后世脾胃学说的发展，除了大家熟悉的李东垣，特别不要忘记《黄帝内经》和《伤寒论》是奠基，把这些学说融合在一起再结合《脾胃论》，结合各家学术见解、经验，补土派也好，脾胃派也好，在传承方面，这样才能做得更完整、系统。

刘　奇：当今代谢类的疾病很多，比如说糖尿病，您在诊疗糖尿病方面有无有关中土方面的学术思想？

李赛美：是的，我在临床上主要治疗内分泌代谢病，以糖尿病为主体，糖尿病的西医治疗发展得挺快，很多新药物不断地呈现。很多人会问中医能够干什么？中医内分泌科有什么样的担当？无非就是把西药拿来用，再加几剂中药，是这样吗？我在前辈的引领下，在临床上已经有二十余年的探索，我们有担当，有所作为，对于早期糖尿病患者用纯中医治疗，用最严格的西医诊疗标准，比如葡萄糖耐量试验、胰岛素释放试验、糖化血红蛋白这些金标准来作为诊断的依据，也作为疗效评估的证据，通过临床实践发现，中药不单单可以使指标完全恢复正常，甚至可以达到西药停药，现在很多患者慕名而来。我的这些案例在广东卫视也播放过——《悬壶岭南》纪录片的第七集《岐黄异彩》，有四个故事。大家有兴趣可以去看一下，第二个故事就是讲我用中医药辨治糖尿病。关于糖尿病，从中医角度上来看还是要独立思考的。1型糖尿病在中国比较少，我们现在面对的患者群体里面最多见的还是2型糖尿病，大概占了90%以上，2型糖尿病有年轻化趋势——本来它是一个老年病，随着年龄的增长，身体各器官的功能会减退，包括胰岛功能，本应该是老年患者多，但是现在三四十岁的患者特别多，还有二十几岁的糖尿病患者。西医也有部分专家认为它的发病和遗传有关，但是专家解读跟遗传相关的患者不超过20%，那意味着

80% 是后天形成的，与环境有很大关系。糖尿病发病率高与现代人们不健康的生活方式有关系，最主要的有两个方面，一个是饮食，一个是运动。先不说吃的东西健不健康，最主要的是分量的问题，一些人不知节制，吃得太多了，消耗得比较少，不运动，尤其现在工作环境基本都是封闭的，有空调，也不出汗，喝水少，人体代谢发生问题。当然也和心理压力有关，现代社会竞争很激烈，糖尿病患者不仅仅有高血糖，很多都伴有高血脂、高尿酸、高血压、体重增加。我们讲的代谢综合征，就是代谢紊乱引发的系列表现，当然它的病机与胰岛素抵抗、胰岛功能减退有关系。中医学认为内分泌与肾有关，代谢与脾有关。脾主四肢，懒得动，四肢没有彰显它的活力，适度的运动是可以健脾，帮助脾胃运化，但过逸或者过劳会伤脾胃。脾主运化就是代谢的过程，吃得多，消耗得少，这就增加了脾胃的负担，脾胃功能减弱，体内就会产生很多垃圾，血脂、尿酸、尿糖这些指标都会增高。关于治疗 2 型糖尿病调理脾胃的理论很早就提出来了，而且是共识，无论是早期、中期、晚期，肯定关乎脾胃，发病关乎脾胃，治疗关乎脾胃，预后转归关乎脾胃，包括患者的养生。注重脾胃贯穿糖尿病治疗的全程，要干预和重视。当然糖尿病不同阶段的临床表现是有差别的，比如早期，不是说患者第一次发现血糖高就是早期。昨天我看了一个患者，66 岁，小脑脑梗死，他之前从来没有进过医院，没有打过针、吃过药，能吃能睡，他觉得自己很健康，从来不看病，结果一发病就是脑梗死，到医院抢救的时候才发现血糖高，糖化血红蛋白超过了 12%。他是有糖尿病在先，脑梗死是糖尿病的并发症，不能说他第一次发现血糖高就是糖尿病早期，最关键的是要查他的胰岛功能。真正的早期患者往往有高胰岛素血症，体形肥胖，符合我们中医所讲的痰湿体质，或者是湿热体质，这种患者根本没有"三多一少"，没有多饮、多食、多尿、消瘦，还长胖了。其实我们讲的糖尿病是西医的概念，西医强调以血糖作为诊断依据，中医讲的消渴病是一个症候群，它是以症状为主，两者之间有交叉，但是不能画等号，出现了消渴病又确诊糖尿病的话，已经是糖尿病中晚期，糖尿病早期是没有消渴的，千万不要被误导了。我们还是强调患者要定期体检，尤其是有家族史的，包括一些肥胖的，血脂、尿酸高的，要高度怀疑血糖有问题，即使空腹血糖正常，有可能餐后血糖高，再查胰岛素是高胰岛素血症，这个阶段就应该是早期，所以说早期都是痰湿、湿热体质，邪气比较盛。到了中期，邪在但正气不足，寒热错杂的比较多，治疗就比较复杂了。到了晚期那就更不一样了，五脏都虚损了，按西医讲就是多种慢性并发症都出现了，但又不是单纯的虚证，往往因虚而生实，因虚而遭邪。比如容易得感冒、肺部感染、肺炎、糖尿病肾病，甚至糖尿病心脏病，出现全身水肿、舌质紫暗、四肢麻木……因虚生实，气虚、气滞、血虚、血瘀、阳虚水泛，这些都可相互转化，这里讲的是糖尿病的全程。无论哪个阶段，都要重视脾胃。治疗方面，我提出的观点，第一个是降糖不远寒。糖尿病患者还是有一定的火在里面，所以要清火，我常常碰到那些胃口特别好的患者，容易饥饿，我用白虎汤、白虎加人参汤，这就是清法，清阳明；如果是大便秘结，手足麻痹的，我用桃核承气汤，治疗瘀热互结，这是下法。还有部分患者，肠道湿热重，大便黏臭，腹胀，舌苔厚腻，我就用葛根芩连汤……这些都是调脾胃的方，或者有时候配合干姜黄芩黄连人参汤，寒温并用。现在也有观点认为 2 型糖尿病患者的肠道菌群是失调的，通过中药干预后慢慢地肠道菌群恢复正常了，这也是个佐证，证明调理脾胃很重要。第二个观点是强调扶正、重脾肾。糖尿病作为内分泌代谢疾病，内分泌与肾有关，代谢与脾有关。所以要扶正固本，脾和肾是最核心的。无论降糖还是攻邪，一定要注意保护胃气和肾。第三个观点就是气血贵流通。调气血虽然不直接关乎脾胃，但是脾胃是气血生化之源，水谷之海，是中土，后天之本。我的三个观点都关乎脾胃，都有实质的内容。我在糖尿病的调护方面也是强调除了药物治疗外，还要患者忌口，要运动，要多出少进，减少饮食的量，特别是淀粉的量，通过饮食控制减少脾胃的负担，通过运动增强脾胃的功能，所以说脾胃学说是贯穿糖尿病治疗的全过程。每一个阶段有每一个阶段的切入点，重心也不一样，但是核心思想是不变的。在中医理念里，治病、康复，还有前期的干预，养生，都离不开脾胃。"有胃气则生，无胃气则死"，因此脾胃学说是中医在治疗方面最重要的学说之一。

刘　奇：糖尿病有很多并发症，糖尿病患者经常周身瘙痒，导致睡眠不好，人也很烦躁，您怎么辨证？

李赛美：糖尿病患者的瘙痒应该与微血管的并发症有关，所以皮肤有异样的感觉。治疗方面，第一个是祛风，我经常用桂枝汤，或者葛根汤，再加荆芥、防风，这是祛外风；祛内风就要养血祛风，加当归、川芎，其实是在调微血管。主要是从肺、从脾论治，从太阳论治，如果有湿，特别是广东人，里有湿、外有寒，可以用麻黄连翘赤小豆汤，这是一个非常好的方。昨天有个患者来，他有甲状腺功能亢进，甲状腺肿大是我见过最严重的，肾脏有问题，血压也很高，他跟我讲他的脖子肿没怎么消，但是他原来尿蛋白+++，现在尿蛋白+，原来收缩压 180~190mmHg，舒张压 110~120mmHg，现在血压基本正常。这个方通过利湿可以降压，通过祛风可以调节免疫，也可以减轻蛋白尿，所以我临床上也经常这样用。

刘　奇：还有一种并发症，比如说手足麻，就不是痛那么简单，这种症状您有什么好的辨证思路？

李赛美：其实麻、痛、痒都是皮肤感觉异常的表现。气虚则木，血虚则麻，与血脉不通有关，调理血脉瘀阻，如果有大便干结就用桃核承气汤，有虚就用黄芪桂枝五物汤，有寒就用当归四逆汤。我也会经常用到桂枝加葛根汤来调营卫，营卫调了，气血也就和了，再加上葛根的升清、通络。我经常用到这个方，根据辨证，有时候会用到黄芪，有时候加附子。比如有些肾病患者有肾性贫血，痒和麻都有，就要用到当归补血汤，我不会特别去攻，很少用虫类药，我强调养血活血，补气活血，温阳活血，这样的患者出现并发症一般都是病程比较久了，而且虫类药气味很臭，口感特别差，再加上有些患者会过敏，所以我很少用，我植物药用得比较多。

刘　奇：您不仅用伤寒方，温病方也用，比如蚕沙是温病比较常用的，您能不能讲一下用蚕沙的经验？

李赛美：这味药我用得不是很多，但是有用，像尿酸、肌酐很高的，蚕沙是有一定效果的。我也是最近向一位肾病专家请教，他说尿毒症肌酐、蛋白这些指标很难降，能稳定就不错了，从西医角度来讲激素是不能停的。有人说可以把激素全部停掉，就用纯中药治疗，这位专家说这些人太狂妄了，激素的使用有它的基本原则，不能随便停药，突然停药患者肾上腺功能会突然下降，甚至有生命危险。这位专家所言对我们也是一个警示，我们有时候很豪言壮语，告诉患者你要来找我看病，西药要全部撤掉，这是不太合适的，因为很多情况下能保持肌酐平稳不升就很不错了。我也有这样的患者，一两年肌酐基本上不升的，我就让患者继续用激素。只是将激素减至最小量，但不会随便停。

刘　奇：蚕沙您一般用到多少量？

李赛美：一般用到 20g，因为它是蚕的粪便，比较臭，粪便类的药目前认为还是好药，但口感特别不好，除非做成颗粒剂或者胶囊，这个方面中医药还需要改进。

刘　奇：糖尿病患者有眼部并发症——视网膜病变，这些疾病主要还是从瘀来论治吗？

李赛美：有瘀是肯定的，但是要关注患者的用药情况，我发现我们在用药的过程中常常不去了解别人做了什么，要特别关注患者目前的用药情况，有些患者西药用了一大把，你再用中药是锦上添花还是添乱呢？有可能增加出血风险。我的观点是，如果患者已经用了西药，那我们就要谨慎，中药量不能太大。中西药联合用药过程中就是要相互去了解，为什么我们一定要具备西医知识就是这个道理！用药不要重复。之前有个眼底病变患者，他的心脏放了六个支架，然后就服用波立维、阿司匹林，有次突然出现皮下出血，我对患者讲，药吃得太多了，皮下出血的斑就是压之褪色，所以他减了药就好了很多。这次又出现了大面积的出血斑，他很谨慎，问了我，也去问了西医，后来西医的观点跟我一样，两种药停掉一个或者都减半量。像这种情况，是有瘀，那我就给他活血化瘀吗？不用，我会从中西医两个角度去评估他前面的治疗方案，然后作为我用药的依据，西医已经用了这方面的药，那我就不轻易动，而是发挥中医的优势。眼底病变是很难治的，西医用激光疗法，新生血管太多了，容易引起出血，糖尿病眼底病变是微血管病变，跟肾病是"姊妹关系"，往往一有俱有，病程比较长，而且容易致盲。在临床上我还是要强调补脾肾，我们医院有一个中成药滋肾健脾化瘀片——滋肾、健脾、化瘀，你看，又强调了脾。

刘　奇：如果患者的尿酸很高，可能在辨证的基础上还加一些专药，像决明子、山楂……您会加用这些药吗？

李赛美：要的。大家都很关注中医的辨证论治，这个是对的，但是有一些特色的药，有一些现代研究的成果，在某一个方面，某一个药，是它的组分或者是单体有明显疗效，是可以拿来用的。我们中医也强调辨病论治，《伤寒论》就是辨某某病脉证并治，所以中医是辨病与辨证相结合。当然中医走到今天，也要考虑西医诊断、指标，要通盘考虑，整体布局，有时候患者虽然症状改善很多，但是他也会关注化验单，如果相关异常指标没有改善，那么他就会找别的医生治疗。所以要针对性地治疗，如果微观指标有所改善，患者的整体状况也好转，中医就更有说服力了。不仅仅是辨证论治，我们也经常会用特色药，比如你刚刚说的山楂、决明子。若尿酸高，可以用百合，百合里面含有秋水仙碱，降尿酸效果很好，我一般用 20~30g，它煮出来就像稀饭一样。

刘　奇：红曲您用多少?

李赛美：10g。效果不错。

刘　奇：今天李老师高屋建瓴，从《伤寒论》的脾胃思想，以及《黄帝内经》中土思想的临床应用给我们释疑解惑，更有宝贵且独到的临床经验，使我们受益颇丰，很感谢李老师今天的指导。

李赛美：不客气!

国医大师李振华教授治疗脾胃病的学术思想与临床经验
——李郑生教授访谈实录

【专家简介】

　　李郑生，男，1958 年生，河南省洛宁县人，国医大师李振华教授之子。教授，主任医师，硕士研究生导师。第六批全国老中医药专家学术经验继承工作指导老师，河南省名中医，河南中医药大学李振华学术思想研究所所长。

李郑生：非常欢迎刘奇博士来到河南，来到我的家乡，我作为李振华教授的学术继承人，跟师数十年，今天应邀介绍国医大师李振华教授治疗脾胃病的学术思想与临床经验，期望能对大家有所启发。

　　李老经常跟我们说学医要做到五个字——精、勤、博、恒、悟。精，就是精益求精；勤，就是勤奋好学；博，就是博览群书，学众家之长；恒，就是持之以恒，要热爱中医，相信中医，才能学好中医；悟，就是要有悟性。他经常说，学好中医，要文理通，医理通，哲理通。

　　我今天主要分四个部分来介绍：第一部分是李振华教授的简介；第二部分是李振华教授治疗脾胃病的学术思想；第三部分是李振华教授治疗脾胃病的用药特点；第四部分是李振华教授学术思想的运用。

　　首先，对李振华教授作一简单介绍。

　　李振华教授是我国著名中医学家、中医教育家，第七届全国人大代表，原河南中医学院院长，终身教授，主任医师，享受国务院政府特殊津贴专家。1991 年被评为首批全国老中医药专家学术经验继承工作指导老师，2009 年 4 月被评为首届国医大师。

李老在治疗传染病方面积累了很丰富的临床经验，1956年流行性脑脊髓膜炎（简称流脑）流行，李老当时在洛阳，用中医药治疗流脑，很快控制了疫情。后来原卫生部在洛阳开现场会推广他的经验，在疫情得到控制以后，他编著了《中医对流行性脑脊髓膜炎的治疗》这本书。他治疗疫情积累了经验以后，1970年河南省禹州又发生了流行性乙型脑炎（简称乙脑）疫情，当时西药治疗效果欠佳，每天都有人去世，以李老为组长的治疗组深入病区治疗以后，很快就控制了疫情。后来他总结了治疗乙脑的经验，他从事的"中医对流行性乙型脑炎的治疗"研究课题，获得河南省重大科技成果奖和科技进步奖三等奖。

接下来重点介绍一下李老治疗脾胃病的学术思想。

先简单地回顾一下古代医家对脾胃的认识。汉代医家张仲景通过临床实践，在《黄帝内经》的基础上丰富发展了脾胃学说，提出了"四季脾旺不受邪"。金元医家李东垣对脾胃的生理、病理、病因、治疗等方面均有独特的见解，提出了"内伤脾胃，百病由生"的论断，成为了脾胃学说的创始人。清代医家叶桂补充了李东垣《脾胃论》中"详于脾而略于胃"的不足，提出了"太阴湿土，得阳始运""阳明燥土，得阴则安"的学术观点。总之，脾胃学说是中医学的重要组成部分，历代医家都非常重视脾胃。

李老在总结前人经验的基础上认为：人是有机的整体，脾胃与其他脏腑相互依存，相互制约，形成有机的平衡以维持生生之机。尤其五脏六腑，四肢百骸皆禀受脾胃之营养运化，而发挥其生理作用。因而脾胃的病变必然影响其他脏腑，其他脏腑阴阳之失调也必然影响脾胃。正如李东垣所说："脾胃虚则五脏六腑、十二经、十五络、四肢皆不得营运之气而百病生焉。"邓老（邓铁涛）在李老编写的《中医脾胃病学》一书中题的字就是"脾安则四脏安"。李老在研究国家"七五"重点科技攻关项目"慢性萎缩性胃炎脾虚证的临床及实验研究"时，基于五脏一体观、脾胃病的生理病理特点以及多年治疗脾胃病的临床经验，将脾胃病的生理病理特点概括为："脾本虚证无实证，胃有实证""脾虚无阴虚，是气虚甚则阳虚，胃有阴虚证""脾易虚，肝易郁，胃易滞"。在脾胃病的治疗方面提出："脾宜健，肝宜疏，胃宜和""脾胃病不可单治一方""治脾胃病必须紧密联系于肝"等学术观点，进而提炼出治疗脾胃病及脾胃相关性疾病的脾、胃、肝动态辨治方法。

《素问·太阴阳明论》言："阳道实，阴道虚。"《灵枢·本神》言："脾气虚，则四肢不用，五脏不安。"李老认为，前贤提出的"脾实证"，为本虚标实之证，虚为脾虚，实为脾虚后失于运化，饮食停胃，或脾虚后水湿内生，阻滞气机，肝气郁滞等。故创新性地提出"脾本虚证无实证""脾虚无阴虚，是气虚甚则阳虚，胃有阴虚证"。概括来讲，他认为脾只有虚证，我们在承担河南省"六五"攻关课题"脾胃气虚本质的研究"期间，做流行病学研究时，走访了2000多个不同职业的人，有教师、学生、军人、工人、农民、科技工作者……由于工作环境、饮食、情志、居住环境等因素的影响，其中脾虚证占75%以上。我们作出的脾胃气虚本质的研究结论，现在很多人还在引用。李老认为脾只有虚证，没有实证，所谓的一些实证也是因虚致实的。脾虚是什么虚呢？是气虚和阳虚，气虚为阳虚之渐，阳虚为气虚之甚。

脾胃之间的关系：在生理情况下，胃主受纳、腐熟水谷；胃气以降为和，胃腑以通为用，通降有常，则糟粕下行，胃肠得以盈虚更替。脾主运化、转输水谷精微；脾宜升则健，脾气上升则精气乃能转输上承，化为气血，充养周身。脾胃的纳与化、升与降共同作用以保证饮食物的消化、吸收、排泄正常。在病理情况下，若脾失运化、升清失常，则妨碍胃之受纳、降浊；而胃不腐熟、和降，亦碍脾之运化、升清。治疗慢性脾胃病，李老提出"治脾需兼治胃，治胃亦必兼以治脾，脾胃病不可单治一方"的观点。

脾胃与肝的关系：在生理情况下，脾胃得肝之疏泄条达，则纳运健旺，清升浊降，而肝得脾胃所化生的气血以荣养，疏泄才能正常。在病理情况下，脾胃气虚，气血化生不足，使肝体失养，则可影响肝之疏泄，以致土虚木郁；或由中虚，脾胃升降纳化失司，以致痰、湿、食、瘀等壅滞中焦，气机不畅，阻遏肝之疏达，则使土壅木郁；而肝气郁滞，疏泄不利，又可横犯脾胃，使脾胃功能失司，又称木郁克土。

李老还提出"治疗脾胃病必须紧密联系于肝"的学术观点。临床上，对于慢性胃病，李老常以脾、胃、肝动态辨治的方法而取良效。人体是一个有机的整体，各个脏腑、组织与器官之间在生理上是相互协调、相互为用、紧密联系的，发病时亦必然会相互影响。李老认为，脾胃病以及脾胃相关性疾病在疾病的发展阶段，如慢性胃炎发展至慢性萎缩性胃炎，必然会出现脾、胃、肝三脏腑的功能失调，在治疗时，也必当以脾、胃、肝三脏腑动态辨治。因为脾、胃、肝的失调，并不是各占1/3，而是会根据情志、饮食甚至气候因素而有所偏重，所以一定要在动态的情况下进行辨治。其具体表现在病因病机及证候治疗主次的动态变化，辨治过程中病机的动态变化及药随证转。这样我们就能随时调整用药。

病因病机的变化——过食生冷、油腻，嗜食辛辣，饮食过饱等，首先伤胃，食滞于胃，胃气滞塞，失于和降，若及时治疗，且避免上述病因反复伤胃，则胃病既已；如治疗不及时且累伤于胃，则胃病反复发作，久之则影响到脾的运化、升清，以致脾胃同病。

脾胃为气血生化之源，脾胃虚弱，气血化源不足，肝失所养，则土虚木郁；或因脾胃升降失司，中焦气机不畅，影响肝之疏达，则土壅木郁。饥饱、劳逸失度、泄泻日久等因素，常先伤脾，使脾虚失运，升清失职，经久不愈，必然影响到胃的受纳、和降，致使脾胃俱病，如上所言，依然出现土虚木郁或土壅木郁。因情志因素如郁怒者，则伤及于肝，使肝气不疏或肝气横逆，导致木不疏土或肝木乘土，以致脾胃纳化升降失常。终至脾、胃、肝三脏腑俱病。

证候治疗主次的动态变化——如因饮食过多，以致宿食积滞，停滞于胃，影响脾之健运，肝之疏达，出现脘胁满闷，痞塞不适，嗳腐吞酸等症者，治疗应以消食导滞为重，合以健脾疏肝。如因肝气郁结，肝失疏泄，致木不疏土，使脾失健运，胃失受纳，症见神情抑郁，或急躁易怒，两胁胀痛，不思饮食，腹胀或便溏等症者，此时肝郁为主要病机，治疗当偏重疏肝解郁，同时治疗脾胃。如因劳役或思虑过度，或过用寒凉克伐之剂，重伤中阳，而使脾虚益甚，脾运无力，以致胃之受纳呆滞，肝之疏泄失利，出现腹胀乏力，胃脘痞塞，满闷不舒，胁肋胀痛等症者，治疗又当以健脾补虚为重，同时合以疏肝和胃。脾、胃、肝三者发病的程度不是相等的，治疗用药时也当有所侧重，明辨主次，因证而施。若因一时饮食不慎致脘腹胀满拒按、呃逆、嗳气等胃腑积滞、胃气上逆之症突出者，治当急者治标，以消食化滞、和胃降逆为临时治疗的侧重点，辅以健脾益气、疏肝理气；如寒凉伤脾，致脾虚失运，泄泻较重，治疗自当以温中健脾止泻为主，和胃疏肝为辅；如因情志郁怒，致使胁肋胀痛，嗳气频作者，治疗暂以疏肝解郁，和胃降逆为主，健脾益气为辅。灵活调整药物的组成与剂量，使脾、胃、肝三脏腑同治。

第三部分是李老治疗脾胃病的用药。

李老认为治疗脾胃病，药量均不宜过大，药量大则不易吸收。李东垣说："善治病者，唯在调理脾胃。"不管治疗什么病，内服药都是进到胃里面，所以一般药量都不大，且脾胃病多为本虚标实、寒热错杂之证，其用药多以清轻、灵动为特点，如果本虚标实，出现了脾虚肝旺的情况，需用苦寒之品时，多用炒制后的药品，以祛其苦寒之弊，存其清热之性；同时其他药品炒制后，可增加健脾化湿之力。从整个方剂来看，是消补兼施，而达补而不滞的效果。

第四部分是李老学术思想的应用。

从"七五"到"十二五"，我们做了大量萎缩性胃炎的研究，取得了一些成绩，也使得萎缩性胃炎的临床疗效有了进一步提升。"十二五"时期，我们治疗萎缩性胃炎的治愈率达到了74%，下面我就简要介绍一下萎缩性胃炎的治疗方法。

慢性萎缩性胃炎是一种以胃黏膜固有腺体数量减少或消失为病理特点的消化系统常见疾病。由于本病病程较长，往往有慢性胃炎→胃黏膜萎缩→肠上皮化生→异型增生→胃癌的发展趋势。因此，慢性萎缩性胃炎被认为是胃癌的癌前状态。西医对慢性萎缩性胃炎的药物治疗主要是针对其病因进行，常用的治疗方法有根除幽门螺杆菌（HP）感染，改善胃动力，保护胃黏膜，补充叶酸、B族维生素等。临床上，李老将萎缩性胃炎分为两大证候，即脾胃气（阳）虚证、胃阴不足证。据多年观察，李老认为脾胃气虚证占97%左右，胃阴不足证临床较为少见。我们在临床上看到，胃阴不足者，脉弦细或沉细，舌体瘦小，舌质红或嫩红，舌红无苔或少苔，这种情况比较少见。很多胃阴虚证其实是脾胃气阴亏虚证，由于脾胃气虚以后，导致了脾不能为胃行其津液，出现了气阴亏虚证。这种患者的舌体是胖大的，舌红或少苔，或者舌红苔有裂纹，单纯按胃阴亏虚证治疗，很多患者就会出现腹胀、纳差，甚至腹泻，但是在健脾益气的基础上加一些滋养胃阴的药，就会获得很好的疗效。有时候我们会把这个作为脾胃气虚病机变化的一个兼证来治疗。

李老自拟了一个方子——香砂温中汤，药物组成：土炒白术10g、茯苓15g、陈皮10g、姜半夏8g、炒枳壳10g、煨木香6g、砂仁8g、姜厚朴10g、醋香附10g、醋郁金

10g、桂枝 5g、炒白芍 10g、乌药 10g、甘草 3g。这是一个基本方。李老认为慢性萎缩性胃炎的病位在胃，但由于本病是在长期胃病反复不愈的基础上转化而来，久病多虚，故其基本病机多为脾胃气虚或者阳虚，肝郁胃滞。基于脾、胃、肝的生理病理特点及相互间的特殊关系，李老提出脾易虚、胃易滞、肝易郁的发病特点及脾宜健、胃宜和、肝宜疏的治疗特色。他还认为在这三脏腑之中的任何一者罹病，必然或多或少地波及其余两者，在临床所见慢性萎缩性胃炎患者中尤其如此，这种观点在李老创制的香砂温中汤中有充分体现。

香砂温中汤方中土炒白术、茯苓补中益气，健脾养胃，立足补虚促运，以培其本；陈皮、姜半夏、炒枳壳、姜厚朴助胃之降，行胃之滞；煨木香、砂仁助脾之运，醒脾之气；醋香附、醋郁金、乌药、炒白芍疏肝之郁，柔肝之体；桂枝温中通阳，以助生机；甘草温中健脾，调和诸药；诸药合用，脾、胃、肝三脏腑并治，共奏补中健脾，和胃降气，疏肝养肝之功。但在临床中，还需依据脾虚、胃滞、肝郁的孰轻孰重而灵活调整药物的组成与剂量。

以脾虚为主者，常用药物及剂量为：党参 10~15g、黄芪 15~20g、土炒白术 8~10g、茯苓 10~15g、甘草 3g。李老特别强调要用土炒白术，而且还要用浙江产的白术，临床效果更好。甘能令人中满，腹胀的时候甘草用量要小一些，一般为 3~4g；没有腹胀时可以用炙甘草 5~6g，量不宜大，量大易致中满。脾虚泄泻者加猪苓 12g，泽泻 15~20g，以取利湿健脾之效。方中有桂枝，那就是五苓散的方义，胃脘部畏寒者加桂枝 5~8g 或干姜 5~10g。李老常说急则治其标，缓则治其本，当腹胀好转，饮食增加，这个时候我们就可以用黄芪来补中益气，一般用 20g，气虚重者可用至 30g。

李老在临床上常根据患者的年龄及体质来辨别脾虚的轻重。在治疗脾虚胃胀时，如正值胃胀症状突出时，暂不急于选用党参、黄芪，以防补而壅滞，而是偏重疏通气血，待胃胀消除（李老认为此时脾可升清，胃可降浊，肝已疏达）后，再加补气的党参、黄芪等药，以从本治。即使腹胀消失，脾虚也需一定时间恢复，故嘱患者仍需忌食不易消化及生凉硬物。

以肝郁为主者，常用药物如醋香附、盐小茴香、乌药、醋郁金、青皮、炒枳壳、佛手等药物，可用 7~10g，一般为 10g，不超过 15g，因患者后期症状减轻或逐渐消失，同时，该病又需长期治疗，非短时可愈，理气药物量大，则易耗气伤正，故一般使用 10g 即可。脘胁疼痛者加川楝子、醋延胡索以理气止痛。李老认为其胀主要由肝郁引起，肝气郁滞，导致脾不能升清，胃不能和降，故治疗上强调治胀先理气，同时，必以脾、胃、肝三脏腑同治。

以胃滞为主者，常用药物及剂量为：陈皮 10g、姜半夏 8g、醋香附 10g、砂仁 8g、炒枳壳 10g、炒山楂 12g、炒神曲 12g、炒麦芽 12g。轻度腹胀者用太子参以健脾，无腹胀者则用党参；舌苔表面薄黄腻者，当诊断为湿热，此时不宜选用连翘、蒲公英、金银花等清热解毒之品，应选用苦寒之药，因苦可燥湿，寒可清火；肝胃郁热者，用姜黄连、炒黄芩；肝郁化火者，用炒栀子；有痰者用姜半夏，无痰者用清半夏以宽胸理气，健脾燥湿。

胃阴亏虚证治疗以沙参养胃汤加减，具体药物组成：北沙参 15g、麦冬 15g、石斛 10g、盐知母 12g、天花粉 12g、醋郁金 10g、乌药 10g、炒鸡内金 12g、陈皮 10g、焦三仙各 12g、炒莱菔子 10g、甘草 3g。

李老对于梅核气的治疗，也形成了独到的理念。梅核气是临床上常见的一种疾病，多发于中青年妇女，患者自觉咽中有异物感，如梅核梗阻，并因生气而加重，故名。《金匮要略》说："妇人咽中如有炙脔，半夏厚朴汤主之。"李老认为，梅核气的发病部位虽在咽喉，但与脾、胃、肝三脏腑密切相关。发病的病机为肝脾失调、痰凝气滞，脾虚乃发病之本。故治疗从调理肝、脾、胃入手，标本兼顾，以健脾疏肝、理气化痰为主要治法，佐以清利咽喉之品，故在半夏厚朴汤的基础上加减变化为理气消梅汤：土炒白术 10g、茯苓 15g、陈皮 10g、姜半夏 8g、醋香附 10g、厚朴 10g、紫苏叶 10g、炒牛蒡子 10g、桔梗 10g、山豆根 6g、射干 10g、煨木香 6g、麦冬 12g、甘草 3g。在治疗过程中，应根据脾虚、肝郁的偏重，灵活调整药物的组成及剂量。梅核气的病机无论偏于脾虚或是肝郁，待症状缓解后，需用香砂六君子汤加减以巩固疗效。梅核气属于中医"郁证"的范畴，故除选用药物治疗外，情绪疏导也尤为重要，同时需忌烟酒及辛辣刺激等食物。

李老对于脏躁的治疗，继承并发展了医圣张仲景的学术思想。中医对于脏躁的描述，最早出现于张仲景的《金匮要略·妇人杂病脉证并治》："妇人脏躁，喜悲伤欲哭，象如神灵所作，数欠伸，甘麦大枣汤主之。"脏躁属情志异常病，好发于平素情绪不稳、多思善忧之人。临床多以精神异常、无故悲伤欲哭、频作欠伸、神疲乏力等症为表现，或兼心烦失眠、心悸易怒、多疑易惊等症。李老早年治疗脏躁，多用甘麦大枣汤加味，后根据多年临床观察，认识到其病机多与心、肝、脾三脏密切相关，脾虚肝旺、肝火扰心为其发病之本，治疗上根据其病机自拟清心豁痰汤加减（土炒白术 10g、茯苓 15g、化橘红 10g、姜半夏 8g、醋香附 10g、麸炒枳壳 10g、盐小茴香 10g、乌药 10g、醋郁金 10g、九节菖蒲 10g、炒栀子 10g、莲子心 5g、胆南星 6g、甘草 3g、琥珀粉^{冲服} 3g）治疗。

刘 奇：李老治疗梅核气喜欢加上山豆根、射干、牛蒡子，他说如果不加这些清利咽喉的药物，药效会慢，我想问下您的体会，您在什么时候开始加这些药，什么时候撤掉呢？

李郑生：李老在治疗这个病的时候，也用医圣的半夏厚朴汤治疗，但是患者的咽喉症状不能很快控制。这个方是豫西一个名老中医的经验。我的奶奶有梅核气，我的爷爷李景唐也是豫西名医，他成立了广济堂。他就去跟这个老中医学习，这里面还有个故事。过去有一技之长，养家糊口，一般是不外传的。我爷爷就和这个老中医交朋友，这位老先生喜欢下棋，我爷爷经常陪他下棋，有一次下棋，在老先生快要赢的时候，我爷爷就突然站起来，说有事情要走，家里人有病了，梅核气，吃药不见好，得回去照顾。这位老先生就拉住我爷爷不让走，说你用的什么方子？我爷爷说用的半夏厚朴汤。老先生就说那得加一些清利咽喉的药，如有咽喉痛加炒牛蒡子、射干、山豆根，有痰加桔梗、炒杏仁、浙贝母，声音嘶哑可以加木蝴蝶，咽喉干可以加天花粉、麦冬，就把这个经验传授给我爷爷。我爷爷在他的指导下，进一步观察治疗，我奶奶的梅核气很快就治愈了。我爷爷把这个经验传给了我父亲，他在临证中治愈了大量的这类患者。这些苦寒药，一定是在咽喉异物感明显时用，吐之不出，咽之不下，咽喉有拘急感时，才加这些。但是一定中病即止，咽喉症状改善之后，马上停下来，否则过用苦寒，使脾气更虚，肝郁更甚，痰凝气滞，又结于咽喉，那就更反复了。山豆根，一定要掌握用量，一般用 6g。

刘　奇：方子里面如果有山豆根，您怎样嘱咐患者？

李郑生：如果患者病情确实需要使用山豆根，我一般开七剂药，及时复诊。如果是外地患者，会嘱咐他症状改善了要及时和我们联系，现在网络很方便。但是需要面诊时，一定叫他面诊。

刘　奇：刚才您提到李老认为没有脾阴虚，他觉得这些都是胃阴虚。脾只有气虚、阳虚，不存在阴虚。还有一派医家认为有脾阴虚，您怎么看这个问题？

李郑生：实则阳明，虚则太阴。脾阴虚这个学术争论，百家争鸣。李老在数十年的临床实践中，没有观察到脾阴虚，也没有形成治疗体系。所谓脾阴虚的治疗，都是以脾胃的气阴亏虚为主——舌体胖大，舌边尖红，舌红少苔，或者舌红无苔或有裂纹时，我们把这个列为气阴亏虚证，有些人把这个当成了脾阴虚。所以治疗都是以这种指导思想来治疗。如果单纯应用甘寒养阴的药物来治疗，往往患者会有腹胀，食欲减退，甚至腹泻。脾安则四脏安，脾不安则四脏均不安，脾不为胃行其津液，胃阴也逐渐亏虚。所以一定要在健脾益气的基础上，加以滋养胃阴的药，而不是纯用甘寒养阴的药。

刘　奇：临床上有顽固性耳鸣的患者，多年来看了很多医生，各种方法都用了，效果欠佳，想请教您这方面的诊疗思路。

李郑生：神经性耳鸣是难治病之一。我们通过临床观察发现，常见的有这么几个证——痰湿阻滞、脾虚肝旺、肝肾阴虚。根据不同病机，选择不同治疗方法。像痰湿阻滞，用健脾祛湿、化痰通窍的药，比如半夏白术天麻汤合五苓散，或者香砂六君子汤，但一定要加通窍药。我就简单说个方子吧，比如舌体胖大，边有齿痕，舌苔白腻，头晕，就用炒白术、茯苓、猪苓、泽泻、桂枝、陈皮、姜半夏、醋香附、砂仁、醋郁金、九节菖蒲、白芷、细辛、天麻、川芎、蝉蜕等。如果脾虚肝旺，这些药就不行了，脾虚以后，土壅木郁，气有余便是火，火热炎上，老百姓都知道"上火"，都说"上火"了，没有说"下火"的。再有转归就是气滞和血瘀，有头晕、头痛、失眠、多梦、口干口苦、心悸烦躁，这种情况下，一定在健脾疏肝、理气通窍中，佐以清热，我也说个方子：土炒白术、茯苓、陈皮、姜半夏、醋香附、砂仁、醋郁金、九节菖蒲、白芷、细辛、菊花、天麻、川芎、蝉蜕、煅磁石、柴胡、炒黄芩等。还有肝肾阴虚导致的神经性耳鸣，也非常难治，我们多用杞菊地黄丸加味，但也要配上通窍的药物，我也简单说个方子：枸杞子、菊花、熟地黄、炒山药、制山萸肉、牡丹皮、茯苓、泽泻、醋香附、醋郁金、九节菖蒲、白芷、细辛、菊花、天麻、蝉蜕、煅磁石、制黄精等，主要是滋补肝肾，滋水涵木，同时通窍。耳鸣一定是在其他症状基础上有的症状，只是有所突出，不会单纯只有耳鸣。

刘　奇：您治疗耳鸣，一般要吃多久药可以见效？

李郑生：一定要根据患者年龄、病情轻重，能否配合治疗来判断，多方面因素共同促成了疗效。有些患者不坚持吃药，心理压力大，多疑善虑，不忌口，喝酒，大鱼大肉，还有熬夜等不良的生活习惯，这都会影响疗效。所以一定要患者紧密配合，做到坚持治疗，合理饮食，情志调畅，这样才能出现好的疗效。如果配合得好，年轻人效果相对快些。突发性耳聋，中医称"暴聋"，李老治疗这个病，给我们留下了宝贵的经验——前人栽树，后人乘凉。

刘　奇：刚才您也讲到萎缩性胃炎的理化指标，那您在临床上会不会根据化验指标，来指导您的临床用药？

李郑生：我们不反对使用现代的仪器设备，这可以更明确地做出病种诊断，我们可以对病情的预后做大体的判断，同时有利于治疗前后的疗效对比。但是，用西医诊断的病作为我们用药的指导是绝对不行的，我们一定要坚持用中医的整体观和辨证论治指导用药，否则会约束我们思维，那就走偏了。习近平总书记讲"守正创新"，一定强调守正，不守正就不能创新，我们现在一定要把老中医专家的学术经验传承好，指导我们用药，特别是一些疑难病。在SARS时期，邓老就做出了很大的贡献，在抗击新型冠状病毒感染（简称新冠）疫情中，中医药发挥了很大的作用。能够这么快把新冠疫情控制住，就得益于我国有中西医两种医疗体系，相互取长补短。

刘　奇：比如说一位患者有7mm×8mm大小的肺结节，没有其他明显症状，碰到这种患者，我们怎么去考虑用药？

李郑生：肺结节目前发病率比较高，中医和西医都很关注。患者都怕发生癌变。我们要根据这个病的病机，分析它形成的原因，它是如何形成的？这种有形的、占位的东西，就是中医的"积"证，固定不移，病在血分，那就是血瘀。跟痰有没有关系？肯定有啊，脾为生痰之源，肺为贮痰之器。痰湿阻滞气机，气滞才血瘀，才有痰瘀互结。所以我们在治疗的时候，就是根据这个病机来指导用药。而不是根据结节大小来指导用药，小的用什么药，大的用什么药，那肯定不行。但一定要嘱咐患者，密切观察结节的变化，不能说中医一定很快就能把结节消掉，一定要实事求是。

刘　奇：感谢李教授。

说文解字漫谈补土
——梁江教授访谈实录

【专家简介】

梁江，男，1982年生，四川省泸州市人。博士，主任医师，教授，博士研究生导师。贵州省高层次创新型人才"千"层次人才，长期从事中医药治疗风湿病医、教、研工作。

刘　奇：很高兴今天能够采访贵州中医药大学第一附属医院风湿血液科的学术带头人梁江教授。梁老师，您能否谈一下对于土、脾胃和中焦的认识？

梁　江：好的，以经解经我不擅长，不过我可以结合个人多地求学和长期风湿科临床实践谈一点拙见。

你的第一个问题：对土的理解是什么？这实际上要从中国古人视角中天地的由来讲起。元气初分的时候，轻清阳者，升为天；重浊阴者，降为地。重浊沉降而成的大地有什么功能？《说文解字》上说是"万物所成也"，意思是指它是存放、承载万物的基础。《说文解字》一书对土的解释是"地之吐生万物者也"，即是说从大地里面孕育出来的相对表层的部分。中国汉字是根据所代表的这个事物、本源的一些东西做出来的，这个意义更朴素一些。我们看这个"土"字的构造，其实很有中医底蕴，两横一竖，《说文解字》解释说："二象地之上，地之中。"即是说土两层，有一个表层的土，叫作浮土，另外深一层的就比较厚一点，有孕育功能，那根竖线就是代表土中生长的植物了，即土生木。当然再往下还有一些名为地壳的岩石结构，那个部分是没办法滋生植物的，所以概括起来就是这么一个概念，能够孕育植物的地层，就是土。草木均由土壤孕育滋生才能破土面世。同样，金是由土中的其他元素结晶而形成的，土生金就是这么来的。你看这个"金"的字形结构，在人字下边，其实暗含土，两边的点，左右两点就是象征金沙隐藏在土层当中的样子。

刘　奇：这个解释很特别。

梁　江：这就是汉字"土"的构造的由来和意义，我们就可以提炼概括出它的两个功能——第一个是受纳、承载，所谓皇天厚土，功在厚德载物。乘稼、受纳、保持、固涩，这些功能的共同点是属阴的。正常的土壤中必然含水，所以土是可以收纳承载水的，这是滋养功能的前提。第二个，土有滋生的作用，它使万物生长或转变成其他物质，比如古生物遗骸变成化石，这个滋生转化的能力就是属于阳的。而且土地在下接受阳光的普照，那它必然也吸收了太阳之力，或蕴含了这个温度，有火的温煦能力。至此，按照古人观察到的实际情况，从朴素的唯物主义世界观来看，土中富含了水，也收纳了阳光、具备火的能量，木和金是从土中滋生转变出来的。

刘　奇：一个土，其实五行皆备。

梁　江：所以土就是在中间，承载了这些能量、物质，这就是土抽象的能量和它蕴含的内容。我们按照阴阳属性来论土，可以分为阴土和阳土。在日常生活中，我们可以按照水分、营养的多少来分。含水最多的是什么呢？泥，这个"泥"字本来指河川，即河流经过的河床里面的那些土，那必然湿度大，所谓"烂泥扶不上墙"，就是说土含水分比较多有坏处嘛。这个"泥"字左边有三点水，说明水分多；右边这个"尼"是一个声旁，它代表的是水冲刷的声音。进一步说泥浆的"浆"字，那就是指汁液了，即比较黏稠、有滋养作用的汁液。按古典文学著作或一些中医基础理论书籍记载，阴土，实际上就是含营养多的土。《吕氏春秋·任地》说："其深殖之度，阴土必得，谓殖稼之深浅必使之至润泽之土也。"这句话什么意思？"阴土必得"是倒装句，必得阴土。意思是说，庄稼插入的深度要良好，正好是位于表层土壤和肥沃的滋养层之间，能够使植物润泽滋养的距离，是最好的。如果过头了，插到下面的石土层、沙砾层，那就没营养了，那就是浅显的补充意义。阴土就是这么一个作用，它是涵水多的物质。再说一个，既然要涵水，那么土的颗粒之间，就要有一些空隙，不能板结为一块，虽然承重能力强了，都可以做墙了，但在土砖上播种，发芽也很难，是吧？要有能够使气流通的地方，要有间隙才能涵得住水。全部榨干了，它就是一个很实在的硬块，没有滋养的功能了。在自然界含水少的土有哪些呢？第一个是沙，"沙"这个字，左边是三点水，右边是少，水少则沙见。沙的质地就是柔而细，含水少，干燥的时候，风一吹扬尘了，起来了，那它就可以跟着风四处游弋，风为阳邪，风善行数变，它可以裹着沙，这就是一个能力。一些中药，做成散剂或者通过水飞的炮制方式，实际上也是想借助清扬、可以均匀散布的这种能力。滑石水飞过后，还可以扑粉，吸汗，祛湿。当一个药物做成了微米、纳米级别的颗粒以后，它的性质就会发生飞跃式的改变，具备了一些更强的能力，它的吸收性更好，甚至可以进到细胞的间隙里面去。实际就是让它具有土含水少的、这种阳土的作用。第二个是尘。它的繁体字是"塵"，上面是鹿，下面是土，那现在简化了，是尘土的尘，是小土，那就是颗粒比较小，它是什么意思呢？鹿在奔跑以后扬起的尘土，那这个土必然是比较小的，颗粒状的，比沙可能要稍微大一点点，你看得见。它的性质也是清扬的。还有一个，最干最细的沙尘土是什么？是灰。在小篆中，它是上面一个手的意思，代指的是人的手，下面是一个火字，就是火燃尽了剩下的那些东西，你可以用手持握住，这就是灰，是火焰熄灭后继续自燃的余烬，那火已经灭了，能够拿手握住的就只剩下灰了。它含水量很少，是吧？那滋养的能力，就是保持水土润泽的能力也就没有了。但是它就可以燥湿，就蕴含了火的力量。

刘　奇：您看的干燥综合征的患者，是不是就相当于灰的这个层面？

梁　江：还没到这个层面，我后面会讲。那阳土呢，就是向阳，记载阳土的著作里面，对阳土的解释是向阳的土，阳光能够照到的土，它是有温度的，有泥土的芳香，具有火性的土。那么，中医里面最明显的具有火性的土，就是灶心土、伏龙肝。它蕴含了这个温度的能力。灶心土现在很难买到了，农村还能挖到一点。偏干偏燥，易成形，但是它是松散的，干燥的，那是一个易于变化的状态，我说的易于变化就是可以随风而起。而致密板结的呢，它是可以负重的。由此土既然分了阴阳，阴的功能是承载、受纳，阳的功能是升腾、滋养。这两个功能不一样，土就可以分阴阳。我们话说回来，回到今天的主题。

补土，我们肯定也要补土之阴，土之阳。可能李东垣太著名了，他的学问太大，临床实践的效果太好，所以大家一提到补土，都是振脾阳，大多数都是补气升阳，往上升举，阳土的作用比较重要。但是阴，是后世叶天士注重的。我们在补土的时候，实际上物质是要补的，水分、阴液不够的时候，我们要去补。养阴派，实际上补的是土中之水，它会滋肾水，但是要孕育万物的话，还是要补中土。我们也要调节它的功能，当滋养能力、化生能力不足的时候，要增强这个功能。那就是补土的阳，不仅仅是补物质，还要调节、助长它的功能，从而达到平衡。所以补土实际上是阳土、阴土两者的功能和物质同时要去考虑，还要考虑它们之间的平衡。你看肥沃的土壤应该是什么样子的？有颗粒感，不能太过于细腻，中间要有一些空隙，有一点湿度，又是成形的，不会太散，颜色又黑，这种土才是最肥沃的。在临床上，补土的关键是调节阴阳二土的平衡，对不足者进行补充扶持，并加强滋生、转化输布的能力，使之具有健脾、升提的能力，同时要加强承载、固守的能力，那就要滋阴固摄养血，让它能够正常地通降。要起这个作用的话，就要通便、行气，也就是改善它的功能。比如说干燥综合征，它是燥证，从西医学角度来说，它是外分泌腺体的萎缩，液体的分泌不足，我们确实要提供津液。西医的治疗中也有这个观点，不足的东西要补够，用人工泪液、人工唾液，对于干燥性阴道炎，也会用润滑剂。皮肤干燥，涂润肤露就是补物质上的不足。这个补的是土之阴分。但是光这样补是不行的，只要还有一些腺体的细胞在，还有这个物质基础，还是要辅助它产生功能。否则光靠补，患者会出现什么症状？2个小时就要点一次眼药水，因为它没办法自己产生。我们要想办法让它产生这种液体，能够把吸收的营养转化为液体布散出去，布于眼球，或者是口腔。要减少耗散，加强固摄的功能，就是阴土的这部分能力——沉降，固摄，然后滋生阴液，转化能力要体现出来。怎样使产生的这么一点点精微物质、水分布散到上焦，让它润泽口腔、身体？还是要用一些风药，像升麻就比较合适。然后呢，要适当地泻火，避免火热灼伤津液，针对阳土这方面，要制约一下火之力，控制土的阳的功能。口腔唾液腺不能分泌了，现在治疗干燥综合征最先进的办法是植入一个芯片，然后用电流去刺激唾液腺分泌。就是说我们有限的唾液腺——这个工厂不能再分泌了，用电流刺激，这部分功能属阴还是属阳？它是属阳的。属于滋长、转化的功能。可能这个比喻未必恰当，但按照现代医学的解释，是提高了制造的能力。当然这个技术比较先进，价格也比较昂贵，国内用得比较少，我们用的药物，像西维美林，就是促进腺体分泌，把液体给排出来，这就是鞭策的能力，那就提高了转化能力，补土的阳的功能——滋长，转化。

再谈脾胃。在脾胃承载送达的功能中，如果土壤板结，是不利于潜藏化生的，要疏土，借助木的力量，植物长出来之后，它要消耗土壤的肥力。它还有一个作用，就是疏土调肝，助木疏土，让土壤疏松，更容易让植物长出来。所以我们以后补土的话，要注意疏肝助木、养木来疏土，增加土壤的疏松度，能够跟外界发生些物质交换。这是以后补土的一个新观点，其实也不算新，现代人情志不够条达，也会影响到脾胃，疏肝可以让土壤疏松一些，更好地滋养。

在中医五行配属当中，脾属太阴之脏，为阴土，这是按照位置来论的，它位置偏下一些。但是它主要的功能是偏阳的——运化输布、统摄血液，主四肢肌肉，它有滋生的功能。它的位置在阴位，才能顺应脏腑的宣散，灌注，滋养。我们讲脾阳，升阳散火，是指它的功能是阳性的。胃属于阳土，它在上，但是它的功能是承载这些食物，把它往下传导，是属阴的，也有腐熟的作用。脾胃具消化功能，"消化"，这两个字用得很妙——"消"，是指把大的变成小的，是一个物理过程，让它变得易吸收；"化"，就是把液体成分变成自己的成分了——化生精血。脾主化，胃主消。有些人只能消，不能化，那这个人就容易长胖。正常人体重应该是比较平稳的状态，如果只能消——能吃，但是化不出去，加之懒于运动，那体重就增加了——痰湿这些东西都有了。脾的功能是升的，胃是降的，两者就形成了一个循环。有一部书，讲中医学圆运动，云南彭子益写的。

刘　奇：《圆运动的古中医学》。

梁　江：是。就形成了宛若太极、周而复始的圆运动，自成循环，生生不息，周而复始。脾胃的位置属于人体的中段，所谓中土，实际上就是中间的脾和胃这两个脏腑。中焦的作用主要就是这两个脏腑正常运转的功能体现，用现在流行的语言讲，就是双核处理器，各负责一部分，能够协同。脾胃的功能是腐熟、消化、吸收食物，使得水谷精微输布到其他脏腑，这种功能就像酿酒一样，所以说"中焦如沤"。我是研究免疫学的，从承载运输角度来说，土也可以抗打击，这个过程就像免疫学当中的免疫耐受。有点小矛盾，土可以把它平稳下来，固守住。中土滋生、滋养这部分的阳的功能呢？就像免疫器官遇到外界的刺激，可以把它转化为对自己有利的东西，化生一些抗体。我只是思考了它们之间的一些衔接点，有些相似之处，还要经过更多的临床实践，结合古人的理念，建立起免疫和脾土相关的联系。呼吸科治疗过敏性哮喘，用来缓和过激的免疫反应用的大都是补脾的药物，白术、茯苓……看起来似乎很奇怪，其实就是固守中土，不让免疫反应那么活跃。感冒后的咳嗽——气道高反应性，这就是呼吸道上皮细胞受到了伤害，就像被划了一道伤口以后，对温度、气流的变化就特别敏感，就要促进它修复。这就是要恢复化生能力，就是补脾，扶土之阳性的那部分功能，当然还需要补充一些阴液的东西，要有物质。因为即使是干咳，咳出的气里面还是含有水分的，这部分阴液要滋养一下。一些抗过敏的药物，像马来酸氯苯那敏，实际上就是让气道的感知不那么剧烈，实际上就限制了土之阳性。

前面讲土中含水，有滋养功能，但水太多了，它就是湿，湿的本意就是水分过多。土的成型、固守、化生的能力因为湿的存在而减弱。小尘土沾了水以后，飞不起来了，跟风一起走的这个能力就弱，化生能力就减弱了，阳土的功能减弱，它运化的速度自然也就慢了。现在的很多代谢性疾病就是这样，说到解决办法，首先就是扶土之阳，增加它的火性，把水分减少一点，芳香化湿，然后要借助风木之力，我刚刚说的扶木、养木以疏土，让它疏松一点，升散、疏通，直接排水湿、减少水湿的堆积。湿邪致病，影响了脾胃正常的运化、土之阳性的功能，我们通过扶助阳性的功能去减少水湿从而求得平衡。湿邪对中焦、脾土的影响很典型的例子，就是临床上不必要的、过多的静脉输液。辩证地来看，以前大出血的患者，低血容量的患者，有些过度吐泻的，像以前霍乱真的很难治，因为有了输液技术，这一部分患者能够维持住生命，如果用中药去化生这些精血阴液，比如人参、麦冬、五味子……很难马上补回来。因为化生需要时间，而直接输液，先把整个局面稳定住，保持良好的灌注，那就可以赢得更多的抢救时间，这就是它最重要的作用。但是现在输液被滥用，静脉输液，水液直入血分，直接进入脉道，甚至直接入心，输液一般都低于体温——36.8℃，输入的液体就是寒湿。它灌注全身，也可以进入肠胃。我在临床上发现，阳明四大证（即大渴、大热、大汗、脉洪大）的患者过来输液三天，多半舌头还是红的，但舌苔已经白了，舌质是淡胖的，纳差，又躺在床上不想动，我们用输液，要把阳热的黄脓痰变成清稀的、白色的痰容易，但接下来就麻烦了，怎么把这些痰解决掉？大量输液的患者可能出现精神萎靡不振，胃口不好，精神也会受到影响。这种情况下，在生命体征平稳的前提下，应该加强土之阳性这方面的功能。振奋脾阳，升散，运化，藿朴夏苓汤就很有市场。像芳香醒脾的药物要用得多一点，这样患者胃肠道的反应也就小一些。

补土学术思想已经深入众多医家心目中，他们可能不再刻意强调，但在适当的时候就会用到这种思想，这是一种间接的传承，所谓"大道不孤，泯然众人"。可以说在某时某刻、某一个患者的治疗当中，大家都成了补土派的传人，我想这也是仲景、东垣他们所希望看到的。只要这种有益于治疗的思想得到传承，也不必刻意强调补土，我们就是中医，当我们用这种思想挽救生命的时候，这就是最好的，是道的传承。我所希望的就是有一天，中医不仅仅是把各家学派融合在一起，还应该融入其他的一些思想。

明清时期有个医家叫姜天叙，他写了一本书——《风劳臌膈四大证治》，提到了"四肢不举，皆属脾土，然有虚实之分。若膏粱太过，积热内蕴者，为脾土实热，宜泻以开其瘀（三化汤之类）。食少体羸，怠惰嗜卧者，脾土虚衰，宜补以健其运，加味六君子汤"。在这一小段话里面，他对李东垣的理论体会是很深的，受纳不足，转化能力差，当"健其运"，健运脾土，这是补其阳的功能。"膏粱太过，积热内蕴者"，宜开泻药，助长通降功能助其胃。让我们再来看一个——治痨三本，辨东垣、丹溪、立斋论："绮石公曰：肺为五脏之天，脾为百骸之母，水为万物之源，治肺治脾治肾，治痨之道毕矣。夫东垣一生，千言万语，止透发得一篇脾胃论，便为四大家之首。丹溪一生，千言万语，只明滋阴补肾一招，便为治痨之宗。以致薛立斋究明补火一着，谓太阳一照，阴火自弥。"东垣注重补土之阳性，朱丹溪补阴、滋肾阴，但是他用药里面有没有滋养胃阴的？有啊，丹溪也用了通降这种方法，只是说他偏重滋肾水。滋肾水以后，也可以养脾土之阴分，他也有注重这方面。汪绮石强调补命门之火，实际上在补命门火的时候肯定也会考虑到脾土。既然前人说过了，我不再赘述，我就针对现在一些人的误解，把这部分言明就可以了。还是强调那句话——承载、通降是阴土的能力，升散、滋养、化生是阳土的能力。

　　广州中医药大学有位脾胃科老前辈叫刘友章，他的个性也很鲜明，用补脾胃的理论去治疗重症肌无力。重症肌无力属于自身免疫性疾病，按照现代医院分科来说，不会到脾胃科来治，但是他那边有大量的这样的患者，而且收到了很好的效果。他有一个观点和现代细胞生物学结合比较紧密，脾和细胞中线粒体的功能是相似的，线粒体转化功能相当于脾的运化；线粒体失去功能，则细胞的生机断绝，这是一个可参考的思路。不是说中医就应该保守，有新的学科，我们就要进行探索，可能会存在一定的误区，但我们先拿过来对比看一下，建立一个中医和新学科互通的桥梁。中医从来都是开放的，正如我们今天的主题——土是什么？厚德载物，是开放的、受纳的、承载的，可以吸收，然后化生出自己新的内容。比如乳香、没药是舶来品，原产于印度，把这些本来不是原产于中国的药物，应用于临床，并赋予它们中医的内涵，将它们归到中医的药用体系里面，就成为了中药，它们能够发挥中医的治疗作用，甚至是丰富中医的思想，这是很重要的中医创新来源。西医从物质角度去分析中药的功能。我们同样可以用中医的思维去看待新药，用中药的药性理论，如四气五味、升降浮沉，还有中医的辨证论治的思想去解决西药或者中西药联合应用所产生的问题。张锡纯是第一代中西医结合大师，他说："石膏之性，又最宜与西药阿司匹林并用。盖石膏清热之力虽大，而发表之力稍轻；阿司匹林味酸性凉，最善达表，使内郁之热由表解散，与石膏相助为理，实有相得益彰之妙。"意思是说，石膏配上阿司匹林，解表的力量就更强了。这就是把西药按照中医药的理论去统筹管理，比如患者吃了西药以后出现了诸多症状，我们怎么去考虑？中西医结合治疗的时候，中药怎样不跟西药发生冲突，共同为患者谋福利……有人分析以后得出——阿司匹林用于解热，四气定位于寒凉，味酸微苦，苦酸咸寒，味之厚者。我们可以用中药药性理论来分析阿司匹林这味西药——它的作用是解热；性味是味酸、微苦、咸，寒，味之厚者，味厚则泄。升降浮沉方面，阿司匹林四气属寒凉，气寒为气之薄，法象天之阴；五味乃味酸微苦，味酸为味之厚，法象地之阴，两者具有下降的趋势。所以有些人觉得阿司匹林用久了以后，血管有点微缩，这是其酸收之性所致。小剂量阿司匹林抗炎、抗血小板聚集凝聚，侧重了它性味的气薄、宣散、发汗——清宣灵动之性；用于急性的风湿热，用量骤增，则侧重味厚、苦寒。我们要发挥它解热镇痛的作用，要大剂量用，但它过于寒凉，会导致患者胃肠道不适，原因就在这里。小剂量阿司匹林可改善血液的黏稠度，具有活血的功能，如果大剂量用，则过于动血、耗血，会出现什么问题？血瘀脉外，出血。我们就要用砂仁之类的中药去扶助脾土之阳。我仅提供一些思路，按照这个思路去理解药物，其实在民族药当中也有些发展。刚刚我们谈到了要兼容并蓄，学习土的特性，把西药也纳入进去。另外在临床方面，我们既然按土的功能分为阴土、阳土，用土之阴性、阳性去调节，其实这也是补土的一种。比如说痛风（gout），古代的西医学里面也有"gout"的记载，实际上是滴、注的意思。痛风，嘌呤代谢异常、尿酸排不出去引起的晶体沉积，可以由很多原因引发，比如饮酒以后，那些"坏"的液体积于关节、皮肉，久而久之就会形成聚集物，引发疼痛。《黄帝内经》记载："膏粱之变，足生大丁。"这是说摄入过多的油腻湿热之品，会引发病变，诸如痛风。《格致余论·痛风论》中言："大率因血受热，已自沸腾，其后或涉冷水，或立湿地，或扇风取凉，或卧地当风，寒凉外搏，热血得寒，污浊凝涩所以作痛，夜则痛甚，行于阴也。"我查过很多的资料，均提示痛风热证居多，湿热下注，用四妙散——黄柏、牛膝、苍术、薏苡仁。其中黄柏清热祛湿，牛膝渗湿，利尿，引火下行，具通降功能——土之阴性；苍术、薏苡仁健脾运化水湿，它也扶助了土之阳性。实际上土之阴性阳性，四妙散都兼顾到了。临床上加减，我用茯苓皮、冬瓜皮治疗肿胀，皮肤红热加牡丹皮、忍冬藤、丝瓜络，入血入络。促进补足从而加强运化功能，这是补的体现。还有以泻代清，以通为补。我刚刚说过一个观点，就是扶木去疏土，增强土的功能，传统中药我就说到这里。我现在说一个少数民族药——维吾尔族的药物——通滞苏润江胶囊，用于治疗痛风这一类疾病的，针对湿热型的关节肿痛，他们也按痛风来处理。这个药物组方中的有些药，你可能都没听过——秋水仙、司卡摩尼亚脂、西红花、番泻叶、诃子肉、盒果藤、巴旦仁。西红花、巴坦仁活血化瘀；诃子肉清热解毒，收敛养血，补足阴分，补足土之阴；盒果藤化痰；司卡摩尼亚脂，实际上是菟丝子类植物的渗出物，它有开窍、通痹、攻下的功能，在维吾尔医学中是可以清除异常的体液，通便利尿；秋水仙、番泻叶均有增强通降、排出湿热的功能，以通为补，增加了阴土的功能。少数民族的医生，也不认识李东垣，他们没有接受过这样的教育，但是，大家都在这块土地上生长，所以和我们不谋而合，大家都认识到了重视脾土的重要性，当然他们未必叫"脾土"，当身体里面邪气积聚的时候，就要增加土的通降、沉降的功能。我们可以把民族医学当中的一些观点揉进中医中来，中华民族本来就是一个包容共通的民族。

你的提纲还有一个问题，如何看待学术流派的问题，其实我先前也提到了，总有一批我们说的先知聪慧之士，发现了当时治疗当中的主要问题，告诫强调这种致病因素和解决办法，由此提炼了有浓郁特色的学术观点，但并不代表他们忽略了当时的其他因素，忽略了前人发现的致病因素、脏腑重要的属性。尤瓦尔·赫拉利的《人类简史》也谈到，古代人类食物来源有限，进化的历史选择了能够快速吸收糖脂营养而代谢消耗较慢的基因存留，意思就是说遇到一顿好吃的，我就把它受纳下来，然后慢慢地转化，或者马上就变为脂肪先储存起来，而不会把它立即代谢掉，也就是说通降的功能要弱一点点，这样才能挨过饥荒的年份。但是现代社会，食物来源丰富，反而是代谢比较快、吸收比较慢的人，有易瘦体质的人，发生代谢性疾病的风险小。这就是我们现代人应该注意的地方。对于易胖体质人群，就应该扶助脾阳，把脂肪转化为能量，增强功能，让它代谢出去，求得一个平衡。对于易瘦体质人群，如果要追求肌肉丰满的话，转化能力也要加强，通降的能力可以减弱。这样可以让不同人群都达到一个理想的体重范围。选药的时候，注意通降，补而不滞，损之有余，促进转化功能，健运脾土。

至于说作用于中土的特色药材，传统的白术、人参、茯苓、甘草、厚朴……这些我不谈了，有很多老师谈得比我好，我就说一下当地的草药，特别是少数民族药，有独特的功效，其实也可以纳入到中焦脾土当中去，这些功能相近的药物，给我们多一个选择，何乐而不为。很多少数民族药物看起来出身平凡，但是无名之辈起了很大的作用，历史是由民众创造的。有些奇效也是由这些偏方的单味药物产生的。举个例子，木通科藤本植物木通、三叶木通、白木通的干燥近成熟果实，叫预知子，在贵州、四川、广西、成都出产比较多，又叫八月札，我们这边又叫八月瓜，味道香甜，切片有点像柠檬。性平，有疏肝理气的功效，又是水果，又是中药，药食同源。现代社会，情志不畅，影响脾土，土虚木郁的人很多。这个药是归于中土很好的药，还能养肝。另外还有一个苗族药物就霸道一些，名字叫作隔山消，又叫牛皮消，块根入药，能够解毒消肿、健胃消积，这是阳土之功，是用通降功能加强阴土的作用，能用于食积腹痛，胃痛，作用比较强——隔着山都能把它消掉。在当时的情况下，这些民族药确实创造了很多奇迹。我手里这本《贵阳民间草药》，是1959年出版的，当然，我这本是翻印的，原版找不到了。在那个年代，很多民间的医生以及学院派的老师站出来，把贵阳的草药资源做了总结，当时这些图都是手绘的，有些药物我们现在已经很少见了。它们有很多独特的作用，这些药作用比较强，比较独特，我们后人没听过，不去掌握，那就会消失在历史的进程中，这很可惜。比如说在广东湿热比较重，需要能够补气但是又不太温燥的药物——五指毛桃，广东人煲汤的时候经常用，补气的力量可能弱一点，分量用多一点就可以了。扶助土之阳性，升腾；还可祛湿，兼顾了阴土的作用。沉降，祛湿，这样的药物就很好，所以我希望我们的药房能够多进一些这样的药物，在广东这些草药本来也是拿来煲汤的，毒性是很低的，可以适当地引过来。而我们这边的隔山消、预知子，包括我自己做类风湿研究的药物，像黑骨藤这种走经络的药物，也能够到广东去。但现在很多学生连《中药学》教材的附药都不愿意掌握，因为考试不作要求，那可用的"武器"就很少了，思路也就窄了，更别说去了解这些民族药了。希望你这次来贵阳采访，能够把像吴正石老先生这种既对医和药都有深刻理解又有家学传承的人的经验总结、传播出去。我希望大道泯然众人，真正地深入到群众当中去——个个都是中医的传人，有中医的思想。当然，我们不拒绝西医学的新观点，中国的医学事业可以得到更好的发展。当然，以上全部都是我个人的一些观点，可能有些观点会有人批驳，我愿意去接受，因为你告诉我错误在哪里，那么我离正道就更近一些。

　　刘　奇：您从一个全新的角度阐释了补土的思想，非常感谢梁教授。

辨证论治谈补土
——刘惠武教授访谈实录

【专家简介】

　　刘惠武，男，1962年生，浙江省江山市人。教授，硕士研究生导师，主任医师。武汉市中医名师，2020年获全国第四届"白求恩式好医生"称号，湖北省省级非物质文化遗产保护项目"章真如诊疗技术"代表性传承人。现任武汉市中医医院脾胃肝胆病科科主任，长期从事中医、中西医结合治疗脾胃病、肝胆病的研究，尤其擅长运用滋阴法治疗内科疑难杂症。

　　刘　奇：很高兴今天来到武汉市中医医院，采访脾胃肝胆病科主任刘惠武。刘教授您好！您对土、脾胃、中焦有怎样的认识呢？

　　刘惠武：五行学说是中国传统哲学思想，其主要内容是世界是由金、木、水、火、土五种物质所构成的，它通过取象比类的方法，把世界上相类似的东西分类归入这五种形态之中，从土的特性来讲，无非就是受纳、生化，从人体脾胃特点来讲，也就是受纳、化生精血。所以从这方面立论，就可以把脾胃的基本功能归入到土的范围，这是关于脾胃和土的一点基本认识。

　　而就湿邪与土的关系而言，一方面，脾主运化，当运化功能失调的时候，就会导致水湿的积聚和湿邪的产生；另一方面，由于外部的湿邪过盛，也会导致脾胃运化功能的失调。两者之间的关系无非就是主观和客观的问题。主观，即脾胃功能强大，即使有一定的湿邪侵犯也能运化，湿邪便不会产生；若脾胃虚弱，外邪会导致脾胃功能受到更大的遏制，这就是湿邪与脾土之间的相互关系。

　　补土派的古代医家最典型的当属李东垣，从中医基础理论来讲，关于脾胃理论的起源还是《黄帝内经》，《黄帝内经》里有很多关于脾胃的构造、生理功能的论述，李东垣在脾胃方面作了系统的整理和发扬，使他成为后世补土派的代表。虽然他的弟子和很多其他医家也在研究脾胃理论，但是最突出的就是李东垣。他主要提出了几个观点：一是人体的元气、营气、卫气，都需要脾胃的滋养；二是脾胃的运化功能位于中焦，有承上启下的作用；三是脾胃功能失调会导致很多疾病。而后来的几位医家并没有提出太多的观点，到了清朝吴鞠通时，才有了"胃阴"的概念。所以从古代医家来讲，无非就是《黄帝内经》的经典思想，然后是李东垣的脾胃学说，再到"胃阴"的思想，这就是比较核心的理论体系的形成脉络。

再谈谈对诸多学术流派的看法。在中医学发展的历史长河中，产生了很多流派。一个流派是在特定的历史条件下产生的，这个特定的历史条件包括两个方面，一是时期，二是地域。例如温病学派，其所处年代温病发生率特别高，用过去传统的诊疗手段、辨证方法不能达到特定的疗效，在这种条件下，温病学派形成了自己的理论，有自己的辨证思路，能达到比较好的治疗效果，对临床起到一定的指导作用，于是温病学派就应运而生。因此，学术流派是在特定的条件下，在解决临床问题中形成的，诸多学术流派产生丰富了中医学内容，促进了医学的发展。我们现在所处的时代跟过去有很大的不同，过去会受到很多地域条件的限制，人员的流动性小，现在则没有这方面的限制，人们的生活、工作环境也有了很大的改变。作为现代的医家，各个流派的学术思想我们都应该了解、掌握，包括扶阳、滋阴、补土……当然你可以有自己的研究方向，但要客观对待学术流派。中医的特色就是辨证论治，不要有门户之见，一切的落脚点应建立在如何解决病情上，遣方用药的依据还是应该从临床实际出发，不要偏执。我的导师章真如教授的学术观点偏重滋阴派，但他也不是所有的病都滋阴，还是要建立在中医的基础理论、患者的临床表现及辨证上，采取相应的治疗手段。你可以有自己的主体研究方向，但开方子还是要遵照中医的基础理论，根据辨证采取相应的措施，这样会更客观。

下面谈一下临床运用。了解了你们工作室的基本情况，我比较赞同一句话，什么是补土？不仅仅只是补中益气汤温中扶阳那么简单，只要有助于脾胃功能的运行，这就是补土。有很多相关的例子，《伤寒论》中大承气汤，是补土的吗？若运用大承气汤得当，可使痞、满、胀的症状消失，使脾胃的功能得到恢复，这也叫补土。从临床上来说，脾胃疾病与很多因素相关，而与之关系最密切的脏器就是肝脏，现代社会人们生活压力大，在这种情况下，在脾胃病的治疗中疏肝、保持肝的条达对脾胃的影响是很大的，所以临床上用疏肝理气、疏肝和胃、疏肝行气的治法相对要多一些。除了疏肝，还要治疗本脏的疾病——也就是健脾胃，如何减轻脾胃的负担？消食导滞，还有就是处理湿邪和脾胃之间的关系。所有这些手段对恢复脾胃功能运行都起到很大的作用。具体到临床运用，不同地域有不同的特点。如在武汉市，湿热病发病率比较高，所以在具体应用里，除了疏肝药以外，清热化湿药用得比较多一点。我在临床上治疗脾胃病，除了应用疏肝健脾的药，还会用一些苦寒药，比如黄芩、黄连，一般用 3~6g，再加上消食导滞的药。事实上脾胃出现问题，大多都是因为食积、湿积，或是气滞，这些病理因素时间长了都会化热，反过来影响脾胃的功能，所以根据病情，适当运用清热药对脾胃功能的恢复会有很大的帮助。我的老师章真如老先生在治疗脾胃病方面，有个经验方香砂益胃汤，就是在沙参麦冬汤的基础上加木香、砂仁，因为胃阴不足，就要用养阴药恢复脾胃的功能，在养阴时需要注意的就是防止滋腻碍胃，故在养胃阴药里加入小剂量的木香和砂仁，以达到醒脾的作用，防止滋腻碍胃。

刘　奇：这个方子主要是治疗什么病呢？

刘惠武：这不与病直接相对应，而是针对胃阴不足这个证型。我们主要以辨证为主，不管是慢性胃炎，还是其他慢性胃病，都有可能出现胃阴不足的表现，如口干喜饮、大便干结，以及饥不欲食等，有些人也会出现口苦，这个方子针对脾胃病中胃阴不足证有较好疗效。

刘　奇：四逆散中您用白芍还是赤芍呢？

刘惠武：这需要根据患者情况而进行选择，养阴柔肝用白芍，有瘀的可用赤芍，这不是绝对的。

刘　奇：您用白芍时最大剂量是多少？

刘惠武：这跟师承有关系，我用量不会很大，一般是 10~15g，除了某些特殊的药物，像石膏、茵陈可用到 30g，一般药物剂量用 6~12g 比较多，方子比较轻灵。茵陈这味药可用到 50g，比较安全。在武汉，20 世纪 60 年代，就有"大黄先生""石膏先生""附子先生"之说……大黄、石膏、附子用的量非常大。但我不主张大剂量用药，不是剂量越大效果越好，应用最小的剂量达到最好的效果是我们所追求的。用量大需要有依据，前人总结、专家的经验可以借鉴参考，但还是要靠自己在临床上体会。前提条件还是要合乎药典规定用药，这样会更有利于往后的行医，一旦有医疗纠纷，就有依据去支撑自己的医疗行为，是否规范、符合法律的要求。作为医生应该要有这种法制的思维，在这基础之上规范自己的医疗行为。比如医院内有些药属于已经上市的药，超过说明书的使用范围就要报备，且要有依据，否则出现问题就得负责。所以作为中医人，在现代医疗环境下，要提高规范用药意识，国家不断在强调，不断推出各种指南和共识，就是为了规范医生的医疗行为，这样对于行业有序发展有好处。

刘　奇：关于"胀"，分部位吗？在肚脐上还是肚脐下，辨证有什么不同？

刘惠武：分，上腹部胀多为胃的问题，下腹部胀多为肠的问题，在用药的时候，和胃气、行肠气还是不同的。很多患者的临床表现不是很典型，胃胀的同时又有腹胀，分辨得不是很清楚。若是单纯胃胀，使用木香、砂仁的情况较多见；单纯腹胀，可用行肠气的药，如莱菔子、大腹皮等。两者会有所侧重，但区分得并不严格。人的胃肠关联度比较高，所以在处方中会有所侧重，两种药都会用，就是以哪种药为主的问题。

刘　奇：若患者不是普通便秘，不是每日都排便，且大便偏稀，排便无力，这种情况如何处理？

刘惠武：虚秘。最终要辨属于哪种虚。若是脾虚，大便溏，则要在健脾的基础上加通降的药物，如补中益气汤，加行气导滞的药物，要根据患者的具体表现来选择药物。总体来讲，通降的药物是需要的，在通的基础之上辨脾虚、血虚、肾虚，根据辨证进行药物的选择：血虚则在四物汤基础上加行气润肠通便的药；脾虚则在补中益气汤或者四君子汤、香砂六君子汤的基础上加润肠药；肾虚则辨阳虚还是阴虚，可在六味地黄丸、桂附地黄丸的基础上加大黄、肉苁蓉等。我在临床上不是特别喜欢用大黄，只有实证比较明显的，才会短期运用，可在短时间内解决便秘。若是虚证，则不是短期内能解决的，要跟患者做好沟通，要培养患者良好的排便习惯和排便能力，对患者做好宣教，使患者对医生产生信任感，坚持调整排便习惯，而不是一味追求短期的疗效，在这种情况下使用大黄这种强烈泻下作用的药物比较少。

刘　奇：若患者觉得有痰不上不下，您多用哪类方？

刘惠武：疏肝、行气、和胃。过去使用半夏厚朴汤，这个方比较简单，现在临床上单纯使用这个方是不够的，要将几个汤头如半夏厚朴汤、逍遥散、玄麦甘桔汤合起来，根据患者的临床表现进行加减。有些病是功能性的，有些是慢性咽炎、反流性食管炎，表现也一样，中医就要辨病与辨证相结合，根据患者的表现进行选择。

刘　奇：肝病比较复杂，常常不能只用一个方子解决问题，那么如何解决呢？

刘惠武：肝病有几个常见证型，一为肝郁脾虚，最常见，疏肝理脾是最常用的治法，相应的药物也使用最多。二为疏肝化瘀，肝郁时间长——瘀结，气郁、血瘀都会出现，因此疏肝养血活血，时间再长就会肝阴不足，则用加味一贯煎，到中后期出现癥瘕、鼓胀，则行气、化瘀、利水，对于鼓胀用得比较多的是宽中达郁汤。

刘　奇：很多萎缩性胃炎患者苔黄、浊、厚腻，如何化掉，需要多久呢？

刘惠武：胃病患者出现舌苔黄腻的概率非常高，不只是萎缩性胃炎，只要是胃肠疾病都容易出现湿热的表现。无非就是考虑属于哪种湿热，是内源性——脾胃运化失调湿热内蕴导致的，还是外源性——吃坏了东西导致的，无外乎这两个方面。如果是外源性的，一般偏急性，治疗起来相对较易，患者恢复得比较快；若是内源性的，脾胃运化功能失调，则处理起来相对较难。

刘　奇：您治疗消化系统疾病除了辨证之外还有一部分是辨病，针对这个病会用到相应的道地药材或特效药吗？

刘惠武：以方为主，很特殊的药，像秘方、偏方、小单方这种不是很多。

刘　奇：针对反酸这个症状，有特定的加减药物吗？

刘惠武：反酸加乌贝散、浙贝母、海螵蛸，然后根据患者反酸有无热象加清热药。蒲公英也是常用的药，民间用得比较多，大家都比较推崇，可以直接泡水喝，用量10~30g。关于蒲公英是否杀幽门螺杆菌，这个不确定，毕竟杀菌不是中医的强项。现在也在做临床研究，中西医结合抗幽门螺杆菌，希望能够提高疗效。单纯靠中药去杀菌没有发挥中医的长处，这是中医的短板，从西医进入中国以来，在急性病治疗方面，疗效确实比中医显著。中医和西医各有自己的长处，在应用中，怎样最大程度地发挥中医的长处，这是我们应该思考的问题。

刘　奇：对于感冒咳嗽，患者有黄痰、烦躁、口干口苦、咽喉肿痛充血、大便干燥，解表和泻下的先后顺序如何？先表后里还是先里后表？

刘惠武：一般来说原则上是先表后里，临床上应该根据患者的表现，采取先表后里，或表里同治。

刘　奇：关于表里先后的问题，比如亚急性甲状腺炎患者，恶寒，但又是一派火象，大便干，或者化脓性扁桃体炎，确实具备泻下的适应证，这时该同时解表和泻下吗？

刘惠武：在我看来是同时使用的。解表、化痰、泻下同时使用是没有问题的。

刘　奇：如果患者是胃肠型感冒，也有恶寒，发热，大便溏，腹冷痛，这种情况下温里和解表同时用吗？

刘惠武：也可以的。半夏泻心汤就是治疗寒热错杂的方，但解表的力量不足，若有表证就可以加解表的药物，还是根据患者的临床表现进行用药。中医的治疗，主要是针对病机的治疗，不是针对单一症状的治疗，咳嗽不只是止咳，腹泻不只是止泻，是针对病理机制，咳嗽、大便溏稀，辨为何证，若辨证为寒湿，可以温中、化湿、宣肺，比如用藿香正气散，化湿药和解表药都具备，然后根据临床表现侧重于某个方面加强治疗。

刘　奇：《伤寒论》有说到解表宜桂枝汤，攻里宜四逆汤，或者解表宜桂枝汤，攻里宜大黄黄连泻心汤，分两步走，能合方使用吗？

刘惠武：根据病理机制使用，就没有问题，因为《伤寒论》中药方都很精炼，都是小方，但现在临床上开小方的概率非常小，因为临床表现比较复杂，所以还是根据辨证使用药物。

刘　奇：再比如汗证，有上半身出汗，有头汗，有手脚心汗，这些症状与脾胃有关吗？您有什么关于这方面的经验吗？

刘惠武：汗证除了传统的气虚、阴虚、气阴两虚，局部出汗还是要根据具体情况进行分析，不是单纯止汗，而是结合这方面的病机治疗，如有些人头汗多，是阳气上越、肝阳上亢的表现；有些局部出汗不是气虚和阴虚，而是气滞血瘀，用血府逐瘀汤治疗。

刘　奇：好，感谢刘老师！

固本守正，治中求和
——刘建和教授访谈实录

【专家简介】

刘建和，男，1964年生，湖南省长沙市人。医学博士，主任医师，教授，博士研究生导师。全国优秀中医临床人才，全国老中医药专家学术经验继承工作优秀继承人，师从国医大师张学文、全国名中医王行宽以及第五批全国老中医药专家学术经验继承工作指导老师程丑夫。主持"重大新药创制"科技重大专项课题等。

刘　　奇：很高兴今天来到湖南中医药大学第一附属医院心血管病科采访刘建和教授。刘教授您好！

刘建和：欢迎刘博士。

刘　　奇：您是从事心血管病研究的，我们想请您谈一下如何运用中土思想指导心血管疾病的诊疗。

刘建和：中医学的两个特点是整体观念和辨证论治，在治疗心血管病的时候也讲究整体观念，五脏都是相关的，有从肝治心，有心肝同治。从中土学派角度来说，就讲心脾相关的理论在临床上是怎么运用的。中土脾胃为后天之本，今天就谈谈如何"固本守正，治中求和"。

心脾相关是有理论基础的。第一，心与脾是母子关系，因为心在五行中属火，脾在五行中属土，心脾两脏是存在母子关系的，所以会出现母病及子，或者子病犯母这些病理情况。它们不仅在生理上是相生的，在病理上也可以相互影响。第二，它们是气血的关系，心主血脉，脾为后天之本，为气血生化之源，所以说心脾两虚经常出现，就是所谓的心血虚和脾气虚。因为脾功能虚弱的时候，气血生化乏源，就会出现心血不足，心失所养，导致心血管病中的胸痹、心悸、失眠等，所以它们是气血相通的关系。第三，它们在经络上是相互联系的，因为脾的支脉，或者说脾之大络，通过膈肌与心相连。第四，它们在病理上相互影响，因为它们有母子、气血的关系，经络上有贯通，所以在病理上，心脾会相互影响。若脾虚失于健运，化源不足，或统血无权，慢性失血，均可导致血虚，心失所养，出现心血管系统的疾病。同样，心系的疾病也可以影响脾胃功能，也可以出现一些病理上的相关联系。从理论上来说，心脾是相关的。心脾相关的理论是很有渊源的，我们讲几个例子。第一个讲从脾论治冠心病。汉代张仲景《金匮要略·胸痹心痛短气病脉证治》说："胸痹心中痞，留气结在胸，胸满，胁下逆抢心，枳实薤白桂枝汤主之，人参汤亦主之。"人参汤、枳实薤白桂枝汤都是与中土相关、调理脾胃的方剂。

刘　奇：您人参汤用的是什么参？

刘建和：人参汤里的人参，根据不同的情况，可以用不同的参。比如说患者偏阳虚，可以用红参，如果是偏阴虚的，就可以用太子参，可以益气养阴。

刘　奇：您一般用多少量？

刘建和：10g 左右。如果是实证，就用枳实薤白桂枝汤，如果是虚证，就用人参汤。这个是古代从脾论治胸痹心痛的例子。从现代的医学角度来说，也是这么回事。我的博士研究生导师程丑夫教授，他对冠心病的认识很独到，别人说冠心病的病位就是在心，其实这个病位是很笼统的，到底是心的哪个部位呢？他认为冠心病的定位在心包络，因为冠状动脉是在心包膜的下面，心包络包括两种——第一个叫作气络，第二个叫作脉络。气络相当于传导系统，心脏的整个传导环节，通过窦房结到房室结、希氏束、左右束支，再到浦肯野纤维，这个在中医上属于气络。脉络，或者说血络，相当于冠状动脉。冠状动脉是供应心脏血液的血管。因此临床上，它就是两个系统，一个是传导系统，另一个就是血液供应系统。在中医学中，就是气络和脉络。冠心病就是冠状动脉大于 50% 的狭窄，那么狭窄是由什么引起的呢？一个是由于斑块，中医学认为，斑块应属有形之邪，那么有形之邪到底是什么呢？痰瘀互结，形成斑块，就会导致冠状动脉狭窄，出现心肌缺血。痰和瘀的产生，与脾的关系很密切，因为脾主运化，包括运化水谷和运化水湿，如果脾不能运化水湿，则积聚成痰，痰阻血脉，就可以成为有形之邪。另外，脾气亏虚也可以导致心气亏虚，不能推动血脉的运行，也可以导致血脉瘀阻，就可以形成痰瘀互结，沉积在血管壁上面，就形成了冠状动脉的斑块。所以在治疗的时候，我们也可以从脾论治。比如说湿证，可以运脾化湿，如果是痰浊证，可以健脾化痰，这些都可以达到祛痰的目的，从而消除斑块，达到治疗冠心病的目的。国医大师邓铁涛是从心脾相关的理论和痰瘀相关的理论来治疗冠心病。还有一些国医大师，都是喜欢从脾胃论治。治疗胸痹心痛最重要的方叫瓜蒌薤白白酒汤或者瓜蒌薤白半夏汤，是从痰论治的，其实痰产生的原因是脾失健运，因为脾为生痰之源，所以从脾胃论治，可以达到很好的效果。

第二个，就是从脾论治慢性心力衰竭。《素问·经脉别论》载："饮入于胃，游溢精气，上输于脾，脾气散精，上归于肺，通调水道，下输膀胱，水精四布，五经并行。"所以说脾是运化水湿的，水液代谢与脾的关系更为密切。如果脾胃功能不好，就产生痰饮，特别是饮邪，如果水饮凌心，就会出现胸痹，心痛，或者心悸。另外，饮邪可以犯肺，会导致慢性心力衰竭的咳嗽咳痰、呼吸困难，喉中痰鸣等表现。如果饮溢于四肢，可以导致下肢水肿。所以慢性心力衰竭到后期，大部分都合并水钠潴留。脾在三焦里面属于中焦，中焦很重要，因为中焦是枢纽。慢性心力衰竭，在上焦的表现，就是肺部的表现，咳嗽咳痰，喉中痰鸣，呼吸困难，甚至不能平卧；在中焦的表现，就是湿邪困脾，导致胃肠道瘀血，腹胀，恶心呕吐；在下焦的表现，就是水钠潴留，导致下肢水肿。所以，从三焦论治慢性心力衰竭的方剂很多。我们讲几个方子，我在临床上最喜欢用三仁汤来治疗慢性心力衰竭，因为心力衰竭的表现就是上中下三焦的表现。这种治疗方法叫作分消走泄，可以通过宣肺来治上焦，通过畅中来治中焦，渗下来治下焦，不过它的关键点还是在中焦，因为中焦是三焦气机升降出入的枢纽，升降出入无处不在。这就是所谓的从三焦特别是从中焦论治心力衰竭。

我举个例子，有一个慢性心力衰竭的患者，他的主治医生跟我说，刘教授，请你去看一下我的一个患者。我问什么病呀？他说是慢性心力衰竭。我去看这个患者的时候，这个患者跟我说，他不想吃饭，我当时以为他得了慢性心力衰竭这么久，反复发作，是不是有轻生的念头？我还跟管床的医生说，一定要注意。后来我才知道，他一吃完饭心力衰竭就会发作，主要表现是气促、呼吸困难，喉中哮鸣有声，不能平卧。在中医学中，属于哮病范畴。哮病的产生，朱丹溪说"哮喘专主于痰"。痰的产生可因肺不布津，津凝成痰，可因脾不能运化水液，水湿凝聚成痰，也可因肾阳虚水泛，水聚成痰。所以哮喘的发生，与肺、脾、肾都有关系。为什么从中焦论治？我们就看诱因是什么。如果是外感，受凉以后，心力衰竭发作，那就是以肺论治为主；如果是劳累以后发作，因为劳欲伤肾，就从肾论治；如果是饮食为诱因，肯定是与脾的关系最为密切。这个患者就是吃饭以后引起心力衰竭发作，所以诱因就是饮食，应该从脾论治。哮病有发作期和缓解期，在缓解期，由饮食导致的发作，最适合的方子就是香砂六君子汤。为什么用香砂六君子汤？因为四君子汤是健脾胃的，陈皮、法半夏可以化痰去饮，加木香、砂仁可以行气醒脾。患者吃了3~4剂药后，心力衰竭就不发作了。他脾胃好了，吃饭就不会导致脾胃亏虚，也就不产生痰饮，痰饮不凌心射肺，心力衰竭就不发作了，哮病就好了。这里还有培土生金的意思。从脾胃论治心力衰竭，我还是有体会的。慢性心力衰竭是一个很危重的病，有时候我们从另外一个角度来治疗的时候，会取得很好的效果。

刘　　奇：那您有没有加减，还是直接用这个方子？

刘建和：平时有加减，但是这个患者，我就是用原方。我们首次治疗他的时候，从另外一个角度来治疗心脏病，我也不知道有没有效。这个患者拖的时间很长，用了扩张血管、利尿、强心药，以及一些新药，例如新活素，效果都不好。而我们用调理中土脾胃的方法来治疗，效果却挺好。还有一个患者也是冠心病，他是因为急性心肌梗死收治的，病情很严重，又并发了心力衰竭，不能平卧，所以没办法做冠脉造影，或者植入支架，因为他躺不下去，没办法做手术。我看这个患者的时候，发现他老出汗。一出汗，他就要把汗擦干后换衣服，擦汗的时候又劳累，心力衰竭又加重，反反复复，以至于没有办法躺下去。我当时也没有按心力衰竭治，我跟他的主治医生说，你要把他的汗止住。西医止汗没有什么好办法，中医是有方法的。我认为这个患者是气阴两虚，用了很简单的一个方——玉屏风散合当归六黄汤合生脉饮加减，用了之后汗就止住了。他就不用擦汗了，也不会劳累了，心力衰竭也就好了。所以，我们有时候可以从汗论治心力衰竭，因为汗为心之液，汗在心血管病中是很重要的。一般来说，在心血管病治疗中很少用发汗的方法，因为汗出可以亡阳、亡阴，对心血管病是不利的。反过来我们可以从止汗的角度治疗心力衰竭。再说一个患者，他一吃饭就出汗，特别是吃了辛辣刺激的食物，这个是汗证。他是哪里出汗呢？鼻头出汗，这个地方是属脾胃啊！而且他老是发热汗出，我认为他是有胃热的，就从清胃热的角度把汗止住了。所以我们治病要另辟蹊径，有时候会有奇效。

我们讲另外一个病，血脂异常或者高脂血症，因为中医没有相对应的病名，后来就取了一个病名叫作血浊。如果胆固醇、甘油三酯水平高，特别是低密度脂蛋白胆固醇水平增高，我们就叫作高脂血症；如果还包括高密度脂蛋白胆固醇水平降低等，就叫作血脂异常。血脂异常与脾胃的关系很大。《黄帝内经》里面说："食气入胃，浊气归心，淫精于脉。"为什么会产生血浊？中焦脾胃有升清降浊的作用，如果脾胃功能失调，不能升清降浊，就产生痰浊。所以血脂异常主要是痰湿，而且大部分人都肥胖，因为肥人多痰。我们在治疗上可以从健脾祛痰化浊入手。我老师就从升清降浊的方法创造了一个方剂，叫作血脂安胶囊，现在已经是医院院内制剂，治疗高脂血症效果挺好，主要是由一些升清降浊的药物组成的。从脾胃论治心血管病的一些体会，我就讲这么多。

刘　　奇：您刚开始讲了胸痹心痛，关于胸痹心痛的病因病机，肯定是有阳微阴弦的，有些人认为瘀血也会导致胸痹心痛，您怎么看？

刘建和：胸痹心痛的病机，阳微阴弦，是《金匮要略》里面说的，阳微其实就是上焦的阳气不足，就导致下焦阴邪上乘。这个阴邪包括什么呢？寒凝、痰浊、血瘀、气滞，这就是阴邪。所以从临床上来说，胸痹心痛的病机都是本虚标实。阴寒、痰浊、血瘀，可以兼夹，相互影响。比方说斑块，它是个有形之邪，是痰瘀互结，也包含气滞，气不能布散津液可以成痰，气不能行血可以导致血瘀，所以我们在治疗的时候都是从标本同治的角度来进行。

刘　奇：您会加酒吗？

刘建和：我在治疗冠心病的时候，不一定加酒，但是在治疗心律失常的时候，我肯定会加酒。对酒我还是有研究的，之前中国中西医结合学会诊断学专业委员会请我去讲课，因为他们的学术交流是在茅台酒厂举行的，所以让我讲中医药与酒文化。从这个"醫"字来说，它就蕴含酒文化，你看左上方是一个框，这个框就是说医学是要讲究规矩的。右边这个字呢，就像一个手在按摩，就包括我们说的针灸按摩。下面是一个酉字表示古代盛酒的坛子，这是个象形字。以前人们受伤以后都用酒来冲洗伤口，后来也用酒来泡药。中医的治疗方法包括针灸、推拿，还有中药汤剂，有各种各样的方法。后来这个"醫"字下半部分改为"巫"而成"毉"字，"巫"是什么意思呢，就是祝由疗法，相当于我们现在说的心理疗法。

我先讲瓜蒌薤白白酒汤。瓜蒌薤白白酒汤不仅治疗胸痹心痛，其实胸部的疾病都可以治疗，有时候心阳不振的肺癌患者也用这个方。瓜蒌抗癌的一些有效组分是不溶于水的，只溶于乙醇，古人认识到瓜蒌、薤白一定要跟白酒在一起。冠心病用酒有两种含义：第一，酒本身就是药物，因为胸痹心痛的病机是阳微阴弦，阳微要用一些通阳的药物。第二，酒能引药上行，起引经药的作用。因为无论是胸痹心痛，还是肺部的疾病，都要引药上行，所以要用白酒。但是汉代白酒的度数不高，是低度酒。我查过一些资料，当时的白酒是粮食酿造的，度数不高。如果说这个患者不能喝酒的话，也可以用醋，因为酒在醋酸菌的参与下，经过长时间的陈化作用可变为醋，但是醋有收敛的作用。为什么我用酒治疗冠心病比较少，大多数用来治疗心律失常，也就是说在中医的心悸中用得多一些呢？治疗心律失常最有名的一个方剂是炙甘草汤。"伤寒脉结代，心动悸，炙甘草汤主之。"炙甘草汤的主药并不是炙甘草——只用了四两，方子里面用量最大的是生地黄，一斤，而且要用清酒七升、水八升来煎煮，煎成三升以后分三次服。为什么要用清酒加水来煎煮，因为生地黄有效成分是不溶于水的。这里用酒也有两种含义：第一，酒就是药物；第二，酒是溶媒，能够把这些方中药物的有效成分溶解在里面。中医学认为心律失常属心悸、奔豚范畴。汗法施用不当，伤及心阳，发为心悸，所以我们用的第一个方叫作桂枝甘草汤，后来又发展为桂枝甘草龙骨牡蛎汤。奔豚，"从少腹起，上冲咽喉，发作欲死，复还止"。欲发奔豚的时候，可以用苓桂甘枣汤，发作的时候，就用奔豚汤。所以治疗心律失常，用温阳的方法治疗多一些。

刘　奇：苓桂甘枣汤组方有什么特点？

刘建和：这个方子是从脾论治，其实苓桂甘枣汤里有苓桂剂，就是桂枝和茯苓，在里面是平冲降逆的，阴邪上乘，所以用桂枝和茯苓平冲降逆。还有一个有名的方剂——柴胡加龙骨牡蛎汤，就是在小柴胡汤的基础上，加了一些镇静安神的药，比如龙骨、牡蛎、铅丹。因为铅丹有毒，现在改成磁石，里面还有桂枝、茯苓、大黄。为什么加桂枝、茯苓？

在这里面主要是平冲降逆。我们之前说的心律失常，大部分是饮邪所致，水饮凌心，用苓桂剂就是这个意思。如果从现在的角度来说，这个方子也是从中焦脾胃论治的，茯苓可以健脾化湿去饮。

刘　奇：您说的奔豚汤是《金匮要略》的方子吧！

刘建和：对！

刘　奇：据我所知甘李根白皮这个药好像不是很常见，可以用什么代替吗？

刘建和：如果没有甘李根白皮，就用桑白皮，因为我看到一些资料上是这么说，所以我们临床上也喜欢用桑白皮。

刘　奇：用多大量？

刘建和：一般都是常规量。

刘　奇：如果用酒，您是同煎还是后下？用多少量？用哪种酒？

刘建和：都是同煎，一般都是用黄酒，因为相对来说度数低一些，可以用绍兴的黄酒，不管患者喝不喝酒，都耐受得了。如果按照炙甘草汤原方的量就大了，清酒七升，水八升。一般放二两左右，因为乙醇挥发以后，气味也没那么大，大部分人都可以吃。现代的剂量都应该说是用小了。我每次讲课的时候，都会讲到这个，比如说小柴胡汤柴胡用的是八两，那就是半斤，半斤到底是多少，按照现在的剂量换算，一两就是15.625g，八两就是125g。为什么说现在的剂量都偏小？瓜蒌薤白白酒汤、瓜蒌薤白半夏汤，用了瓜蒌一枚，我们现在拿一枚瓜蒌称一下，至少是40g，而我们一般用10g，汉代使用的应该是生瓜蒌、鲜瓜蒌，按照现在人工培植的话，至少可以达到200多克。为什么古代的药味很少，因为药量大，要不然起不了这么大的作用。现在我们用药的时候都加减，比如说，你认为一味瓜蒌祛痰剂量少了，可以加其他化痰的药物，就协同了它的作用。药味相对多了，但剂量较古代偏小。

刘　奇：您用的是全瓜蒌吗？

刘建和：我一般都是用瓜蒌皮、瓜蒌子各半，不用大剂量，瓜蒌皮10g，瓜蒌子10g，那加起来就有20g，至少都有古代一半的量。

刘　奇：还有刚才您说的血脂异常，很多血脂异常的人，晚上会出现口干、口苦，白天反倒是不明显，这种情况您怎么看？

刘建和：晚上口干口苦，我也没去思考过。如果他老是晚上口干口苦，我就喜欢用小柴胡汤。为什么呢？中医就是"和"医学。讲到"和"，应该是广义的和，不单只是和解少阳，还有调和气血、调和阴阳、调和脏腑等，都属于和的范畴。小柴胡汤的条文里面最重要一条，我最喜欢这条条文，讲什么呢？"但见一证便是，不必悉具"，就是说看到有小柴胡汤证的几个证，不一定都要具备，就可以用这个方。少阳病的提纲中，口苦，咽干，目眩，还有其他的记述——往来寒热，嘿嘿不欲饮食，心烦喜呕……这是我们说的必然证，还有七个或然证，或渴，或腹中痛，或胁下痞硬，或心下悸，小便不利，或不渴，身有微热，或咳，所有的这些症状加起来，它其实涉及西医讲的六大系统，如循环系统、消化系统、呼吸系统等，所以它是一个涉及面最广的方子，我是最喜欢用小柴胡汤的。

刘　奇：我发现一些心血管病的患者，都有膝盖痛，不知道您怎么看这个问题？

刘建和：我倒没有去研究或者思考这个问题，但是有膝盖痛的人，为什么心血管病多？心血管病的治疗除了药物治疗，生活方式的改变最为重要。说到生活方式，讲到的就是这几个，要低盐、低脂，或者是控制饮食，这个就是饮食的调理。另外就是运动，运动有"一三五七"的原则："一"——每天锻炼一次，"三"——每次30分钟，"五"——一周5天，"七"——运动的时候要达到效果，30分钟之内心率要达到的数值为"170-年龄"。比如说，50岁的人，他的心率应该达到120次才有锻炼的效果，但是我们要求这些患者去锻炼的时候，大部分都达不到，为什么呢？很多心血管病患者都有肥胖，肥胖患者因为体重过大，膝关节大部分都有疼痛，根本锻炼不了，缺乏锻炼体重就增加，恶性循环。我是从这个角度去思考这个问题的。

刘　奇：还有很多胃源性心律失常，治疗这种患者时您是不是更注重脾胃？

刘建和：我原来是从事过消化科疾病诊疗工作的。很多咽喉炎患者都有胃痛，为什么呢？咽喉的黏膜和胃黏膜，都是从同一个内胚层发育来的，人体是一个整体，脏腑器官之间相互影响，相互联系，现在很多研究表明胃和心关系相当密切。患者有心痛不一定就是冠心病，但是冠脉造影显示冠脉狭窄，那就肯定是冠心病。但也不一定患者只有冠心病，可能还有其他表现，比如颈椎问题导致的胸部不适，叫"颈心综合征"。如果是由胆囊炎、胆结石导致的心绞痛，叫"胆心综合征"，如果是由慢性胃炎，或者是消化性溃疡导致的胸部不适，叫"胃心综合征"。所以胃和心的关系很密切，我给学生讲课的时候，讲到泻心汤，有人问泻心汤不是泻心火的？其实泻心汤是泻胃火的，那心和胃到底有什么样的关系？《医学正传》言："古方九种心痛……详其所由，皆在胃脘，而实不在于心。"也就是说，古代医学所讲的九种心痛，详细研究它的来由，大部分都在胃脘，而不在于心。所以泻心汤是泻胃火，胃和心的关系肯定是很密切。很多老年人，特别是湖南乡下的一些老年人，他老说心痛，其实可能是胃炎。胃痛，心窝痛，还伴有嗳气反酸，就应该从胃论治，把胃治好了，心也不痛。所以这也是从中焦脾胃来论治心痛，或者说脘部不适，但这就不是心血管病，患者不一定有心血管病，这也可以扩展我们的思路。

刘　奇：那今天就到这里，感谢刘老师。

刘建和：谢谢你的采访。

补土思想在健康管理中的运用
——刘敏教授访谈实录

【专家简介】

　　刘敏，女，1983年生，四川省成都市人。主任医师，教授，硕士研究生导师。青城医学研究院、都江堰市中医药博士后工作室成员。

　　刘　奇：很高兴今天能够采访到电子科技大学附属成都市妇女儿童中心医院耳鼻咽喉头颈外科主任刘敏教授。刘老师您好！

　　刘　敏：你好。

　　刘　奇：您能不能简要地说一下湿邪与中土的关系？

　　刘　敏：我们现在认为中土主要与脾胃相关。但在古代，大多认为与整个中焦相关联，与肝胆有部分联系。临床上，湿邪与中土的关系主要还是从湿邪与脾胃之间的关系来看。关于土，中国最早的哲学体系中已经提到。在八卦中，坤卦属土。《黄帝外经》有《脾土》篇，《黄帝内经》中专门论证了脾与土的关系。再接下来，金元时期张元素的弟子——李东垣，开始创立了补土派，代表方剂为"补中益气汤"。明清两代以后，补土理论并没有在李东垣的基础上有更深入的发展。明清是一个特殊的历史时期，由于历史原因大家关注的重点转移到温病、瘟疫方面。虽说没有过多提及补土，但是顾护脾胃的思想是贯穿在整个中医学理论发展史中的。从伤寒角度来讲，顾护脾胃贯穿了六经病。如太阳病中的桂枝汤用生姜、大枣、喝桂枝汤，需啜热稀粥，就是顾护脾胃。阳明病，常用的几个承气汤，多用到了甘草，是要顾护脾胃。少阳病，小柴胡汤里有生姜、大枣、人参，也是顾护脾胃的体现。

补土思想从中国哲学发源伊始，到李东垣创立了补土派，已经发展得比较完善。到了明清以后，医家很少再提及这个词。有人认为到了明清补土思想的发展就中断了。我不这么认为，其实这种思想是贯穿了整个中医理论和中医辨证论治中，也贯穿到了我们后世的理论发展和临床实践中。现当代的很多医家，其实也是把补土或者说顾护脾胃的思想贯穿在整个辨证论治里的。

"湿"一般有两种表现，一是从寒化——寒湿，一是从热化——湿热。湿从寒化，易损脾阳；湿从热化，易耗胃阴。但湿为阴邪，湿胜则阳微，故寒化多于热化。这也是湿邪致病的主要趋势。根据中国地域的不同，北方和南方对祛邪补土的理解有一定程度的差异。比如说四川，多属于阴润环境，寒湿常见，我们主要还是运用燥湿运脾的方法。

以过敏性鼻炎为例。岭南或者是四川地区，过敏性鼻炎的中医病因病机中我们要关注湿邪。湿在过敏性鼻炎症状中的表现为涕多，脾土运化失常，湿聚为涕；喷嚏，可理解为湿邪困脾后，邪气需要通过肺来宣发，喷嚏是祛邪外出的表现，从而达到醒脾的作用。在临床上，我们用得比较多的是参苓白术散加减。

刘　奇：您刚才也解释了补土思想的历史变迁。

刘　敏：我国地域宽广，南方和北方因为地域不同，湿邪与脾胃的关系略有侧重，用药方面有一些区别。就四川来说，多用芳香化湿、淡渗利湿、燥湿、化湿之法。但在北方，热、燥比较多，多会用清热利湿之法，同时兼顾滋阴，比如益胃汤，偏重补阴。

刘　奇：请您再谈一下伤寒、内伤与中土的关系。

刘　敏：刚刚我已经谈到伤寒了，六经病里面，很多的经典方里面，甘草用得很多，其实是顾护到了脾胃。从内伤角度怎么理解呢？比如内伤发热，气虚为本，经典方是补中益气汤；血虚发热——归脾汤；虚劳中的脾气虚——四君子汤。再比如阴虚，还是由于后天脾胃化源不足而致。内伤考虑得比较多的还是后天亏虚。

刘　奇：临床上很多患者经常说鼻水倒流，顺着咽部就流下去了，然后就黏在那里，把它清掉，一会儿又出来了。关于这个症状您怎么辨证，怎么用药？

刘　敏：西医有一个专门的名词"鼻后滴漏综合征"。鼻后滴漏，顾名思义是指鼻涕从鼻咽后部排出。临床上一个典型的症状，就是回吸痰。中医称为"鼻渊"。西医称为"鼻窦炎"或者"慢性鼻窦炎"。可从湿论治、从热论治，有一个非常重要的方——龙胆泻肝汤。龙胆泻肝汤对鼻渊的治疗已经写入了教材。龙胆泻肝汤的作用一个是除湿，还有一个是清热。所以对于急性鼻窦炎或者是慢性鼻窦炎急性发作，多采用龙胆泻肝汤，主要目的是利湿清热，化痰通窍，帮助患者清理鼻腔，改善鼻窦环境。化湿醒脾后整个津液循环得到改善，流鼻涕的症状就会缓解。但是在慢性期，我们就很少用龙胆泻肝汤。在利湿的基础上，会增加健脾补气之药，扶正祛邪。常常用到归脾丸、四君子汤顾护脾胃。回吸痰与单纯的过敏性鼻炎症状还是不一样。过敏性鼻炎，大部分是清涕，水样鼻涕，大部分从鼻前流出。不管鼻涕是回吸还是往前流，"通窍"之法在鼻炎的治疗中是一以贯之的。张大铮博士治疗过敏性鼻炎第一个阶段用龙胆泻肝汤，也是考虑到了清热祛湿而通窍。在过敏性鼻炎治疗后期，常会用一些补心脾、补肝脾、补肺脾、补脾肾的药物。龙胆泻肝汤在耳鼻喉科运用非常广泛，但是一定要用准时机。在过敏性鼻炎的"四季动态干预疗法"中的第一个阶段用。那么针对你讲的这个鼻后滴漏综合征或者说鼻窦炎，一般在急性鼻窦炎或慢性鼻窦炎急性发作期使用龙胆泻肝汤。

刘　奇：但是这个方子用久了或者是用得不合适就很容易伤到脾胃。

刘　敏：是的。成都中医药大学熊大经教授主研的鼻渊舒口服液就是针对鼻窦炎而研发的，主要是在龙胆泻肝汤基础上进行化裁。临床上我们发现很多使用者没有完全理解此中成药的特点，会在各个阶段都用，所以不是每个患者效果都很好。若在脾胃虚弱，正气不足的情况下使用龙胆泻肝汤，反而会损伤脾胃。所以医生在使用中成药时，也应该注意辨证论治。

刘　奇：您提出在季节变换的时候，要针对顾护脾胃和当令季节对应脏腑的情况来辨证施治。但是不同系统的用药，比如湿疹，用药用方是否还有其他讲究？

刘　敏：对，还是有讲究的，在顾护脾胃的基础上，针对疾病不同的特点，用药有所不同。可以根据药物归经的特点来用药。比如鼻病，多用归太阳、阳明经的药物。由于鼻病的特点是易堵塞，所以治疗鼻病最重要的一个原则——通窍。我们就会用到牛蒡子、苍耳子、佩兰、广藿香、细辛这些行气化湿、上走头面的药物以通窍。同时鼻塞后容易引起头痛，藁本、细辛等行气止痛的药物会用得较多。但对湿疹来说，一些芳香化湿、归肺经的药物可能用得比较多，比如木香、广藿香。因此虽然均为过敏性疾病，但在辨病的基础上，湿疹用药与过敏性鼻炎的用药还是有所不同。针对不同疾病，在运用相同理论的时候，用药上还是有所差异的。

刘　奇：刚才您也提到了药材，您能不能给我们讲一下当地的道地药材？

刘　敏：都江堰青城山的道地药材就是川芎。川芎是活血行气的要药。都江堰有一个镇——石羊镇，过去家家户户都种川芎。我们去考察，了解到川芎的整个生长过程。川芎新发芽时最末端的部分叫"川芎尖"，是可以当作食材的。因为生长时间短，不容易保存，产量小，所以一般不会运出川，只是当地人食用。川芎也用于泡酒，可饮用，可外擦。川芎的药用部位是根茎，临床用量非常大。川芎全身都是宝。

刘　奇：有一种顽固性耳鸣，就是患者自觉"吱吱吱"响个不停，有时候还无证可辨，这种耳鸣有什么好办法？

刘　敏：一说到耳鸣，老百姓第一反应是肾虚，常去买六味地黄丸、肾气丸，其实五脏六腑病变都可以导致耳鸣。总体来讲，可分别从虚、实论治。从实论治可以从脾胃、从湿治；从心，从火治；从肝，从热治。从虚论治可以从肾论治，肾阴虚、肾阳虚，或心肾不交；从肺论治，肺气虚，肺阴虚。只是老年人虚证偏多，年轻人实证偏多一些。如有一部分耳鸣可以从脾胃论治，脾虚湿困，湿困导致耳鸣的特点是隆隆音，低沉。这部分患者大多曾有中耳炎病史。过去受限于医疗条件，有很多小朋友得了中耳炎（大部分都是化脓性中耳炎），没有得到根治，多遗留鼓膜内陷，或者穿孔的体征。

刘　奇：您还有其他临床上的感悟或者是用药心得与我们分享吗？

刘　敏：说到感悟，我体会最深的就是中医医生一定要研读"中医四大经典"，那是中医的根本。因为我跟张博士主要是从事过敏性鼻炎的研究，所以对于这方面的认识相对多一点。"四季动态干预疗法"治疗过敏性鼻炎的灵感来源于"脾主四季之末"的理论。四季就是一年，什么病能延续这么长时间，并且还有明确的季节特点呢？有很多慢性病是会持续很久的，过敏性鼻炎算一个，慢性咽喉炎也算。但是主四季之末，就有明显的季节性了。什么病与季节还有密切关系呢？过敏性鼻炎的季节性特点就非常明显。所以我们就设计课题，把过敏性鼻炎作为研究重点，将理论联系实际，想论证一下从四季论治能不能收到效果。果然，在临床上，运用这套理论治疗过敏性鼻炎取得了很好的疗效。这只是我们从古籍里面挖掘到的凤毛麟角。中医人都知道"脾主四季之末"，但是怎样把它运用到临床，怎样运用到诊疗疾病过程中，这是需要我们当代中医去不断思考和挖掘的。

刘　奇：推而广之，有些患者，每年固定的时间就发病，是不是就可以用你们的理论？

刘　敏：嗯，你这提醒了我。只是过敏性鼻炎的季节性非常明显。西医主要将过敏性鼻炎分为常年性、季节性两种。即便是常年性过敏性鼻炎患者，也有不少人有季节性加重的情况。比如说春夏交替、秋冬交替的时候，发作最为明显。这也与时节、节气有关系。为什么我们一开始选择的目标人群是儿童？因为儿童处在生长发育期，脾胃是后天之本，儿童的整个生长发育过程都需要脾胃的正常运化功能来支撑。这时去调理后天之本脾胃尤为重要，可塑性更强。成年人脾胃功能趋于稳定，再去干预可能更为困难。成年人的脾胃功能虚弱，一是因为在生长发育的过程中已经受损；二是后天饮食不调，或者生物节律紊乱，造成了脾胃损伤。遇到这两种情况其实是比较难以重塑脾胃功能的。有很多数据证明患有过敏性鼻炎的儿童哮喘发作的概率明显增加。我们认为，土生金，过敏性鼻炎时脾胃功能受损，肺金不足，后期哮喘发作的概率就比较高。我们选择儿童作为观察对象，在他生长发育旺盛、有着稚阴稚阳之体时，积极强健脾胃功能更能达到比较好的效果。

刘　奇：治疗儿童扁桃体肿大的时候，您有没有用到"脾主四季之末"的理论？在辨证论治的基础上，有没有用一些专门的方子？

刘　敏：一般会加化湿利水、健脾行气的药物。参苓白术散是比较常用的方子。我曾经治疗过一个小朋友，主诉是扁桃体肥大，反复发炎，晚上睡觉打呼噜，影响呼吸。正常情况下，儿童六七岁时扁桃体偏大是正常的，但随着生长发育，扁桃体应该慢慢缩小。此小儿扁桃体反复发炎，从西医的角度来看，符合扁桃体手术的两个指征。一是影响整个呼吸道通畅，晚上打呼噜；二是反复发作的扁桃体炎。但是，家长很不愿意手术，所以选择中医治疗。此小儿除了扁桃体肥大，还有一个体征是皮下紫癜，但被家长忽略了。此时中医的四诊合参显得尤为重要。我们通过四诊，通过他的病史，了解到他其实还有过敏性鼻炎，我们运用"脾主四季之末"的理论对他进行调理，效果很好。间断使用了 3 个月的中药，他的扁桃体缩小了，过敏性鼻炎的症状及皮下紫癜都缓解了。

刘　奇：那今天就到这里，感谢刘教授。

刘　敏：非常感谢！

熟读经典，融会新知
——刘启泉教授访谈实录

【专家简介】

　　刘启泉，男，1956年生，河北省河间市人。主任医师，教授，博士研究生导师，博士后合作导师。首届全国名中医，首批全国优秀中医临床人才，第五至七批全国老中医药专家学术经验继承工作指导老师。擅长治疗脾胃病，独创"一降、二调、三结合，通调脾胃安五脏"的治疗体系。

　　刘　奇：很高兴今天能够采访首届全国名中医刘启泉教授！刘教授您好，我们想向您请教一下"湿邪"和"中土"的关系，您能不能跟我们谈一下？

　　刘启泉：好的，这个土字一方面是具体的概念，比如"皇天厚土""土壤""国土"。土还有一个抽象的概念，就是"补土学说"说的"五行之土"。也就是说，中医所说的木、火、土、金、水这五行中的土，它和脾胃的关系非常密切。我们说，太阴脾是湿土，阳明胃腑是燥土，在《素问·太阴阳明论》就指出"阳道实，阴道虚"，"阳道实"就是指阳明燥土，患了胃病就向"阳道实"的方面发展；太阴脾是"阴道虚"，脾得了病就向"阴道虚"的方向发展。"阴道虚"是什么方向呢？脾是恶湿、易虚、易寒的一个脏器，所以说太阴脾土与湿邪的关系最为密切。密切到什么程度呢？脾主运化，它如果运化不及，脾气虚、脾阳虚了，就会产生水湿。这时候湿邪代谢不出去，就会发生各种病变。湿，再发展可以成为浊，"湿为浊之轻，浊为湿之重"。而且湿可以和热结合，而成湿热，这时候如果是在太阴湿土虚的基础上发生的，应当采用健脾、补脾、温脾等一系列方法。太阴脾土是"阴道虚"，要用温、补、健的方法来治疗。那么还有一种湿的情况，脾可能不虚，是由于外界的湿邪太重了，或者外感湿邪，或是饮食的因素，湿气太重了，也会困伤脾土。这里的脾土就是太阴脾土，是脾运化不及，患者本身跟正常人一样、不是很虚，但是外部的湿邪太盛了，对于这种情况，我们就应该用运脾的方法，用一些化湿的药物，比如厚朴、砂仁等，重点不放在健脾、温脾、补脾上，而是应该以化湿为主。实际上，无论是先健脾后化湿，还是先化湿后健脾，就是依据湿邪轻重情况，先后施治的问题。湿与土的关系非常密切，两者可以说是互为因果的关系。什么是互为因果？就是说，可能这个患者一开始就有外湿，困伤脾土，日久脾土虚了。也可能这个患者一开始没有外湿，就是本身脾虚运化不及，湿邪重了，脾就更加不易运化。从病机上讲，"脾虚"和"湿邪"会有先后主次，但是如果患病日久，就会夹杂在一起。那么就根据每个患者临床表现的不同采用不同治法，或是以健脾为主，或是以化湿为主。另外，现在的补土流派，既要传承像李东垣、王好古、罗天益这些医家的观点，还应该在临床上考虑每种疾病的致病因素。虽然都是脾虚，都是湿邪困住了脾土，不同的病，我们所用的方法也应该是不同的，既要考虑到证，又要考虑到病。

刘　奇：听说您擅长治疗脾胃病，尤其是萎缩性胃炎和胃癌前病变，请您谈一谈您在治疗这类疾病时是如何处理湿和土之间的关系的。

刘启泉：河北省中医院在脾胃病治疗方面是比较有名的，从 20 世纪 80 年代初开始研究慢性胃炎、胃癌前病变，是这方面搞得好的"老三家"之一。在临床上，对于萎缩性胃炎，或者浅表性胃炎（就是现在的非萎缩性胃炎）来说，在初期还是湿气多。我常常跟学生们讲，看到一个患者来了之后，如果是有饱胀感、堵闷、打嗝、大便规律改变、舌苔黄厚腻的表现，这往往是萎缩性胃炎或者非萎缩性胃炎的早期。如果把它分为初、中、末三期，应该还是在初期阶段。如果萎缩性胃炎患病久了，三年、五年，甚至伴有肠上皮化生和不典型增生，这时候反而湿气不是很重，患者舌苔看上去可能很光，这就是伤阴了。所以说不同的阶段，湿和脾土的关系是不一样的。如果在初期，对于舌苔黄腻、黄厚腻，或者是以胀满、恶心、纳呆、脉弦滑为主要表现的患者，应该以化湿为主。化湿我常用几个方法：一个就是芳香化湿，比如三仁汤、藿朴夏苓汤这一类。另一个，采用健脾化湿，可以加一些补药，但是要考虑病位，萎缩性胃炎和浅表性胃炎治疗是不一样的。如果是萎缩性胃炎伴肠上皮化生，河北省中医院强调的是脾胃分治，遵从叶天士"脾宜升则健，胃宜降则和"，重点是，胃炎病位在胃，重在降胃气，即使用健脾的药物，也要看患者的舌苔，如果舌苔不是很淡，不是非常符合脾虚的表现，健脾药用得轻一点，比如黄芪10~12g，用量也不是很大，党参 12~15g。不主张用大辛、大热、大温的药物，也就是说温脾阳的药物，特别是治疗脾寒、脾阳虚的药物，我是很慎重的，可以用到补脾气、健脾气的这个层次。而滋养胃阴这方面，像沙参、百合、石斛，就用多一点，因为萎缩性胃炎基本上还是以阴虚为主。病位在胃，脾胃是分治的，胃是阳明燥土，宜降、宜和、宜通、宜润；脾是太阴湿土，宜升、宜健、宜温、宜补。而萎缩性胃炎在发生不典型增生或肠上皮化生的时候，一般不会用附子、干姜这些药。当然地域不同，有些人可能喜欢用附子、干姜、细辛、肉桂。在河北地区，我的病案里，很少用到大辛大热的药，除非有不得已的情况才采用，所以平常补脾只是用到一些补脾气的药物。化湿的方面，随着病情的演变，除了芳香化湿、健脾化湿，我还常用一些清热化湿的药物，比如，我喜欢用芦根、白茅根来芳香化浊，一气一血，芦根在气，白茅根在血。在临床上对于一些舌苔厚腻、堵闷、不想吃饭、恶心的患者，芦根能生津止渴，能开上焦之气而止呕，畅中焦之气而进食，理下焦之气而通大小便，"治湿不利小便，非其治也"。同时我还常用一些清热解毒燥湿之品，如蒲公英、连翘、黄连（6g 左右）等。这是我在临床上处理湿和土的关系的一些常用经验。

刘　奇：补土派也有一个从古到今发展的过程，最开始也没有补土派。经过《黄帝内经》、张仲景等，到后世才有人提议说李东垣是补土派的。

刘启泉：关于补土派的发展你们问我就对了。任应秋先生曾经将中医学分为七大学派，后来《中医各家学说》教材也采用了这种观点，比如伤寒派、温病派、易水学派、经方学派等学派。补土派，你们可能觉得是比较早提出来的。不过我对易水学派的印象是比较深的，应该是在 20 世纪 80 年代初，吴以岭主编了一本书，因为我们是大学同学，共同编写。我写了其中的一部分，那本书叫《易水学派研究》，现在应该还能找得到。《易水学派研究》写了很多的人物，像张元素、李东垣、王好古、罗知悌、朱震亨、李中梓。我写的那一章是李中梓，他著有《医宗必读》，是补土派的中坚力量。李东垣是河北正定人，他的弟子罗天益是河北藁城人，朱震亨是赵县人。李东垣一传罗天益，再传朱震亨。为什么朱震亨、罗天益是他的弟子呢？因为这三地距离很近，都属于现在的石家庄地区。张元素提出了脏腑辨证、分经辨证，是补土派的开山鼻祖。虽然张元素是李东垣的老师，但是真正把补土派发挥到极致的还是李东垣。李东垣著有《脾胃论》，他提出来"内伤脾胃，百病由生""火与元气不两立"，像补中益气汤，这个千古名方，就是由李东垣提出的，而且他的著作也比较出名。张元素虽然在当时很有社会影响力，也看了很多疾病，但是著述不多，几千年下来，传承还是要靠书籍。李东垣著有《脾胃论》《兰室秘藏》等，流传最广、影响最深的是《脾胃论》。他是最早提出脾、胃不同的人，虽然他提出脾和胃不同，但是他还是过于强调脾、脾阳，善用风药和补中益气汤类来健脾，而略于养胃阴。他提出"夫饮食不节则胃病，胃病则气短精神少而生大热，有时而显火上行，独燎其面……形体劳役则脾病，脾病则怠惰嗜卧，四肢不收，大便泄泻"。他认为不规律饮食伤的是胃，为什么现在胃病多，比如萎缩性胃炎、肠上皮化生等，都是吃出来的疾病。"形体劳役"，什么叫劳役呢？那时候人们给朝廷上税有两种方法，富人可以拿出钱来纳税，但穷人没钱，只能干活出劳役。劳役是很苦的一件事情，劳役所伤，伤的是脾，伤了脾之后，它的发展方向跟胃病是不一样的。李东垣也说"大抵人在围城中……"原先河北一带是古战场，宋金元镇守的三关就是在河间任、丘那一带。那时候金人来了，把城一围，两三个月百姓在城里吃野菜、树皮等，肯定得脾病，骨瘦如柴。所以说，补中益气汤才能甘温除大热，治疗这种患者。现在进入了新时代，条件好了，人人生活都有保障，家家馒头、米饭都有得吃，还要吃鲍鱼或其他补品，所以脾病相对少了。有病也多是由于饮食不节导致的胃病，胃腑气机不通，湿浊内生，又困脾导致脾虚。那种由于过度劳役、吃不上饭导致的脾病少了，但是又一种新的脾病出现了，就是"思则伤脾"。有些人想升官发财，有压力、焦虑，由于思虑过度得的脾病，这种情况的脾虚还存在，不像李东垣说的是形体劳役，它是一种所欲不得，比如考大学、考研究生、想赚钱、想当老板，这样容易导致脾的病证。所以现在脾病还很多，只是导致脾病的原因改变了。

刘　奇：请您从临床实战的角度，讲一讲您常用的李东垣的一些方子。

刘启泉：李东垣的方子，我常用的还是补中益气汤。慢性胃炎发展到一定阶段还是以虚为主。初期肯定是以实为主，包括幽门螺杆菌感染的胃炎等，但到中后期多是以虚为主，体现在消瘦、各种微量元素含量低，甚至红细胞、白细胞数量下降，这时还是常用补中益气汤。但是，完全照搬古方的机会很少了，完全按照原方用药也很少。现在临床上用的药多是种植药材，野生药材少了。现在的患者和过去的人不一样，文化水平都高了，他们读了很多书，查了很多资料，如果药量开大了他们会质疑。种植药材和野生药材还是有区别的。在补中益气汤的基础上，考虑到胃炎的特点，我会加一些养阴的药，比如百合、石斛、沙参，既补气又养阴，因为萎缩性胃炎还要注重养胃阴。我受医学大家张镜人先生、国医大师董建华先生的影响比较深，注重用药轻灵、通降、养阴。

刘　奇：您刚才说有些药用量大一些，您指的是哪些药呢？

刘启泉：比如香附可以用到 20~30g，佛手用 20g，芦根、白茅根用 30g，黄芪、党参、太子参也用 20~30g，风药用的药量是很少的。其实，用药有轻重，李东垣提出升脾阳的一些药物，比如柴胡、升麻、荆芥、防风，我的用量是很少的。所谓的升阳药，其实就是解表药、祛风药，祛风药如果用的量很大，就成了解表了，达不到升阳的效果。升阳药是四两拨千斤，"风能胜湿升能降"，用量是很轻的。临床上我常用苏叶、荆芥、防风、升麻、柴胡，用量都很小。根据开的药量就知道有什么用。比如柴胡 6g，是为了升阳；柴胡 12g，肯定是疏肝了，柴胡、黄芩配伍，组成小柴胡汤；柴胡 15~20g，肯定是患者发热了，想退热。所以说中医不传之秘在于量与配伍。治脾胃病，尤其是胃炎、癌前病变或者消化性溃疡，清热、化湿、理气药，我用量大一些。就太阴脾土、阳明胃土和湿的关系来说，我可能会稍微用一些健脾、补脾的药物，但更注重的是阳明胃土的通降。脾、胃是一升一降。阳明胃腑通畅了，脾自然就升了。说到湿和土的关系，我个人更注重的是化湿、祛湿，无论是芳香化湿、淡渗利湿、畅中焦，只要湿气去了，脾虚自然就解了。在河北，不光是我，很多中医用药，都更注重祛湿气、通胃腑，所以我提出来治疗萎缩性胃炎要脾胃分治。我赞成叶天士"脾宜升则健，胃宜降则和"，更注重通降胃腑，所以治疗萎缩性胃炎要"凉、降、润、通"。

刘　　奇：刚才您说李东垣注重脾，但您临床实践是用一些治胃的药，这是叶天士的药？

刘启泉：对。张元素是李东垣的老师，他创立了补土派，但我们用他们的方很少。因为现在时代不同了，我们常说"疾病谱变了"，就是发病的原因变了，用李东垣原方非常少，那么用谁的方子多？叶天士。《黄帝内经》奠定了脾胃学说的基础，到张元素、李东垣，再到李中梓。有人说，李中梓是易水学派的中坚力量，但真正地把脾胃分开的大家应该是叶天士，他提出阳明胃土和太阴脾土是不一样的，"脾宜升则健，胃宜降则和"。我在河北省中医院治疗的患者大多都是萎缩性胃炎、非萎缩性胃炎、肠上皮化生、不典型增生、消化性溃疡，治疗上我更注重的是"凉、降、润、通"，通降胃腑。只是在后期，患者明显虚弱，或是在手术后、放化疗之后，我会加一些健脾的药。河北的中医总体有个特点，调出一千张方子来，如果这个中医是治疗脾胃病的，用附子、干姜、细辛、肉桂这类药的可能都不到10%。不单是我，整个河北省中医院的脾胃病科也是这样。我们脾胃病科分三个科，200多张床位，随时调出来一个方，都是这种情况，这和流派、学派有关系。

黄智斌：在广东，老前辈们就跟刘教授一样。后来扶阳学派兴旺起来了，也用附子、干姜那一些药。

刘启泉：这是火神派的用药特点，我跟我的学生和弟子，以及我们医院的国医大师李佃贵，很少使用附子、干姜、炮姜等温燥药，这里存在流派的原因，我们即使用干姜、炮姜，用量也基本不会超过12g。肉桂用量一般在3~6g。

刘　　奇：您刚才讲得很明白，因为胃需要降，很多情况下都是由于胃的问题而导致脾出了问题。您在临床上对于慢性萎缩性胃炎有什么心得呢？

刘启泉：我们刚才讲的就是既要辨证还要辨病。《慢性萎缩性胃炎中医诊疗共识意见（2009，深圳）》《慢性胃炎中医诊疗专家共识意见（2017）》我都是制定者之一，共识意见写得很明白，治疗萎缩性胃炎、肠上皮化生、非典型性增生，也还是以通降为主。这方面的研究很多，我自己也做过相关的科研。我常说萎缩性胃炎有三大主症：一疼、二堵、三打嗝，好记，当然可能有不疼的。三条也行、两条也行，比如堵、打嗝。打嗝是土话，其实是嗳气，在《黄帝内经》中叫"噫"。如果一个患者既有萎缩性胃炎伴有不典型增生，或者肠上皮化生，还有一些相应症状，如果用通降胃腑的方法，即"凉、降、润、通"的方法，症状可能改善，可能改善要慢一些，也可能改善得很快，同期复查胃镜，3个月、6个月复查胃镜一次，症状和胃镜病理是同步地好转，或治愈。如果用附子、干姜、肉桂，症状改善得非常快，患者会说医生开的药非常灵、几天就有效。再继续吃下去之后，效果就平平。再吃3个月查胃镜，发现胃病比以前重了，是有这种情况的。我父亲也是中医，我行医最开始是家传的，恢复高考后1977年考入大学系统学习中医理论，1982

年毕业，毕业后留在河北省中医院脾胃病科，到 2018 年，已经 36 个年头了，我想说的是，疾病的特点是随着时代的变迁而发生改变的。我写了几篇文章，比如在 2017 年 3 月的《中医杂志》发表的文章：《从"心为噫"论治慢性萎缩性胃炎嗳气》，说的就是嗳气是心的症候群之一。"心为噫"，就是"一疼、二堵、三打嗝"。就是说一生气就打嗝，受情绪的影响大。"心为噫"，这个"噫"不单是胃的症候群之一，也是心的。

刘　奇：您说的就是想要纠正那些喜用附子、干姜等温燥药物的习惯吗？

刘启泉：对，所以我 2016 年 10 月专门写了《论慢性萎缩性胃炎之"不通则凉"》，发表在《辽宁中医杂志》上。在盛夏季节，病机是不通则凉的这类患者说很怕冷，戴着帽子，穿着毛衣、棉背心，河北的夏天会到 30℃以上，很热的。患者一进诊室，就说"关电扇、关空调"，关了电扇才能进去，然后在凳子上垫个棉垫，才敢坐下。这种患者，就用蒲公英、连翘、石膏等通降胃腑的药。治疗以后患者就摘了帽子、不穿毛衣、不怕凉了。就是说，教材上的理论，比如喜温、喜按、得热则减等，有的是临床所见，有的是推导出来的。假如一个泄泻的患者，西医诊断为肠易激综合征（IBS），或者是胃脘痛，西医诊断为慢性胃炎的患者，如果有阳虚，脉沉迟或沉细或弱，这都没问题。但说到阴虚的时候，打开《中医内科学》，就有舌质红、少苔、脉细数等表现，别的不说，就说脉细数。什么叫数脉？大于 110 次/min 才叫数脉。一个慢性胃炎的患者，假设是阴虚型的，脉细是可以有的，但脉会数吗？除非他并发心脏疾病，如并发心肌炎，或者伴发热，或者其他疾病。就一个舌质发红了，脉就一定会数吗？书上大都是这么写的。所以我让他们改成脉细。怎么会脉数呢？中医的发展，大部分是靠"大医家"，他们推动了中医的发展。"不为良相，当为良医"，但有些中医著作是大文学家写的，文采很好，没有他们写成书，中医就传承不下来，但是他们不一定是临床大家，有些是推导出来的，他写怎么沉迟、怎么细数，看起来很工整，很好，中国人讲究这个。比如天对地、日对月，讲究的就是对对子，这样确实很工整。事实上，如果没有心脏的病变，没有发热，即使是阴虚型的胃炎，患者脉会数吗？如果患者 90 多岁了，心脏肯定就不好了，但教材上可没说是 90 岁以上才会有数脉，见到阴虚都是写数脉。如果说喜温、喜按、喜热饮、怕风吹，就是虚寒，那我们怎么辨热证呢？这个人有口渴、嗓子疼，舌质暗，有瘀点，舌苔黄腻或者大便解得不爽，我们辨为热。所以我才写了《论慢性萎缩性胃炎之"不通则凉"》。这种凉是因为湿邪阻滞了经络，经脉不通，不通则凉。南方人体会少，在北方，我举一个非常浅显的例子。大家都知道北方是烧暖气的。市政集中烧锅炉供暖，通过管道传输到千家万户，家家都暖和。自己家的暖气不热，可能是管道堵着气了。放一下气通了，就不凉了。"不通则凉"，是因为不通，通开了就不凉了，这是很简单的道理。有很多萎缩性胃炎伴肠上皮化生患者表现为胃凉，但是真正的"因寒而凉"的只有 30%，有 70% 就是因为不通才造成凉的。经脉不通畅的凉，在治疗上就用化湿、通络、理气的药，通了就不凉了。这是我首创的吗？也不是。《伤寒论》318 条四逆散证："少阴病，四逆，其人或咳，或悸，或小便不利，或腹中痛，或泄利下重者，四逆散主之。"四逆散里有温的药吗？大多是通的药啊。什么叫"逆"？四肢厥冷。"凡厥者，阴阳气不相顺接"。不是说非得用附子，是因为阴阳之气不相顺接了，接不上了也会凉，不是说一定是阳虚到非得用120g附子的情况。当然"火神派"也是一个非常好的学派。

刘　奇：这些都对我们很有启发。

刘启泉：这些文章都能网上搜索到的，是公开发表的。

刘　奇：就想听听刘教授临床实战的经验，这是课本学不到的，我很想听。

刘启泉：我有很多"怪"理论，和别人不太一样。

刘　奇：这些我们能接受。

刘启泉：火神派听了可能会说是这胡说八道，所以我也很少发声。确实，你仔细读《慢性萎缩性胃炎中医诊疗共识意见（2009，深圳）》和《慢性胃炎中医诊疗专家共识意见（2017）》，关于上面讲的这些错误都改了。存在影响到心率的因素，才有可能脉数，比如心力衰竭、发热等，但是目前中医讲到阴虚，就顺带出来了舌红、少苔、脉细数一系列相应症状，考试不这么答还不给分呢。我写这篇论文《论慢性萎缩性胃炎之"不通则凉"》，我是想发声，想说明这个观点，告诉同仁们还有"不通则凉"这一说，有"不通则痛"，还有"不通则凉"，这在全国会议、讲座上我都讲过这个观点，"心为噫""不通则凉"都讲过。

黄智斌：听刘教授刚才说那些人怕冷就拿个暖水袋暖着。同样的，四逆散和四逆汤在治疗萎缩性胃炎方面怎么使用？同样是有怕冷的症状，临床上如何进行鉴别？

刘启泉：从辨病的角度，宜用四逆散、四逆汤这两种不同的治法，如何鉴别？还是要看患者的虚实，《中医内科学》有"真寒""假寒""真热""假热"。就是说怕冷、怕着凉只是一个临床表现，是外在的表象。谁不喜欢暖和？"寒则涩而不流，温则消而去之"，究其根本，舌是不是暗红、有瘀点，有些像杨梅舌一样？苔是不是黄厚腻？望闻问切，切在后，口气有没有很重？一摸脉，就闻到口气重，舌苔黄厚腻，而且患者说他几天解一次大便，或者一天解一次，但解得不爽，解完还想解。我观察慢性萎缩性胃炎的患者，它不是像阳明承气腑证和阳明白虎经证，像大承气汤证这样的很少见，有80%的人都是湿热。为什么会误判成热邪？

刘　奇：患者大便不顺但还是软的。

刘启泉：到不了里急后重那种程度。有胃病的患者都是湿和热并存的，给人一种假象，当湿热并存的时候就会出现怕凉的症状。我们说"不通则凉"，就是说阳气达不到了也会不通，气滞了也会不通。我常治的萎缩性胃炎伴肠上皮化生，常常是湿热所造成的不通。怎么知道是湿热？一是舌苔，二是二便。我们读吴鞠通《温病条辨》一书，例如三仁汤证，"头痛恶寒，身重疼痛，舌白不渴，脉弦细而濡，面色淡黄，胸闷不饥，午后身热，状若阴虚，病难速已，名曰湿温。汗之则神昏耳聋，甚则目瞑不欲言，下之则洞泄，润之则病深不解。长夏、深秋、冬日同法，三仁汤主之"，是湿邪阻滞经脉的一种表现。这时患者会说怕冷，吃个橘子也得泡一泡，需要戴个口罩，不然吸到凉气会胃疼。我们给他开了方，里头有黄芩、黄连、半夏、芦根，吃了这些药，他舒服了，能喝水了。中国人常说"忌生冷"，这个"冷"跟饮食有关，过去认为生冷的东西常常是带菌的、不卫生的。在全世界范围，并没有资料表明，吃凉食的人比吃热食的人胃病发病率高。只要"冷"是卫生的，不会提高发病率。现在很多人走出去，在国外吃冰激凌、喝冷水，不拉肚子，这是真实的。并没有资料表明，美国人、加拿大人比吃热食的中国人胃病发病率高，没有这种说法。这和冷热没关系，还是和洁净不洁净有关系。相反，长期、大量地食用辛辣食物及香料，包括小茴香、大茴香、肉桂等会致癌，这是已经得到证实的。没有研究表明连翘、蒲公英是致癌的。用一大堆热药，在过去可能是存在的，比如在张仲景或者李东垣那个时代。那时候人们吃什么？穿什么？穿有棉制的衣服是从什么时候开始有的？自唐朝以后才有的。以前的人穿的是丝和麻，棉花是从国外引进来的，那时候的人能不冷吗？绸子是给贵族穿的，一个老百姓他不是贵族，穿着麻制的衣服，他能不冷吗？所以古人用附子、肉桂等也是对的。现代人穿的是什么？现在，在北方城市，到冬天比南方还舒服，屋里温度有20~30℃，就穿一个薄睡衣。所以，我常说，疾病谱变了，发病原因不一样了，用药也会跟着变，发病原因有伤脾的，但是这种伤脾跟过去那种形体劳逸伤脾，是有大不同的。这就是我们所说的"阳道实，阴道虚"，是我提出的"凉、降、润、通""脾胃分治"的一个重要依据。

刘　奇：那今天就到这里，谢谢刘教授！

寻根溯源谈补土
——国医大师刘尚义访谈实录

【专家简介】

刘尚义，男，1942 年生，贵州省大方县人。第二届国医大师，博士研究生导师。长期致力于中医内科临床和中医疡科理论与实践及中医传统丸散膏丹的炼制。擅长疑难杂病的诊治，尤其对肿瘤、皮肤病、肾病、脾胃病等有较多的治疗经验。

刘　奇：今天有幸来到贵阳采访国医大师刘尚义教授。刘教授您好!

刘尚义：你好。

刘　奇：刘教授，您能否谈一下您对土、脾胃、中焦的认识?

刘尚义：中医学很重视脾胃，认为脾胃为后天之本，很多疾病后期时唯有补脾、益肾两途着手，即"胸无痞满者，补肾；胸有痞满者，补脾"。中医学术流派中有一个补土派，"儒之门户分于宋，医之门户分于金元。"在宋朝的时候用协定处方，抓药是到药剂局去抓，到金元时期，金兵南下侵略宋朝，老百姓移徙，饥馑寒冷，生病以后再到药剂局去抓药时药没效，李东垣注意到这个现象，研究了疾病的产生，发现脾胃功能受损与劳累颠沛有关，提出了"内伤脾胃，百病由生"，这是补脾理论产生的原医，也是中医学术流派中的补土派产生的原因，补土派就是这么来的。李东垣提出使用升阳益胃的方法升阳气治脾来治疗脾之疾病，像升阳益胃汤、补中益气汤的效果都很好。另外还提出了重要的观点——阴火理论，"元气充足，阴火戢敛潜藏，元气不足，阴火鸱张"。因气虚引起的发热，用甘温益气法就可退热，后世的甘温除热法就来源于此，这是他在医学上的一个重要贡献。东垣治脾，略于治胃的问题，因为学术不断地深化发展，到了清代的时候叶天士就把"治胃"补起来了，所以东垣大升阳气，其治在脾；叶天士养阴益胃，其治在胃，完善脾胃理论。华岫云在注解叶天士的《临证指南医案》跋语中分析记载很清楚——"纳食主胃，运化主脾，脾宜升则健，胃宜降则和。太阴湿土得阳始运，阳明阳土，得阴自宁。""脾胃之病……升降二字，尤为紧要"。清代徐灵胎在批这个医案的时候，认为这几句话字字珠玑，所以这两句话就是我们治脾胃的一个准则："太阴湿土，得阳始运，阳明阳土，得阴自宁"，"脾宜升则健，胃宜降则和"。所以这就是对中焦特点的描述，升、降、润、燥、纳、运，把这六个字搞清楚，那脾胃的病你就全部明白了，一个是纳和运，一个是升和降，一个是润和燥，精彩就在这里。补土派，我在贵阳医学院（现贵州医科大学）读书的时候课间实习时曾见过，我们有个老师叫毛玉贤，把补中益气汤用到精致程度，可以说今天看30个患者，全部"补中"，贵阳医学院就把他这八味药先配好——人参、白术、黄芪各五钱（刘老所说的"一钱"等于现代用量3g，下同），当归、陈皮各三钱，升麻、柴胡各五钱，甘草二钱。我跟他抄方的时候他第一句话就是"贯起"（贵州方言），意思就先把这八味药全部写上拟成协定处方，这是他的基本方，然后开始加药。我跟师时，腰痛加巴戟天、杜仲、狗脊片；大便不通加黄芩、枳壳；小便发热加木通、萹蓄、车前子；心悸、心慌加天冬、苦杏仁、酸枣仁，这都绝对是清清楚楚的，咳嗽加槟榔片和川贝母……当时药房里面把补中益气汤做成协定处方用得淋漓尽致，补中加某某药。先把补中益气汤的药味先配好拟成协定处方，患者来了之后补中加某某药，药房再配。当时贵阳还有个恒和药店，补中益气汤都抓好，来一个患者就发给他，个个有效。因为那个时候国家处于60年代困难时期，不富裕，所以老百姓的脾胃比较弱，他当时医术出名，这个补中益气汤被他用活了，当时就火了。他就三个汤，补中益气汤、疏肝调胃汤、宽带汤，还有药线。我跟他抄方抄了1个月，他的思路我基本全部掌握了。他的宽带汤就是15味药，参术芍莲仲枣芸，骨归丹味戟麦药，加一个阿胶（人参、白术、白芍、莲子、杜仲、山茱萸、肉苁蓉、补骨脂、当归、牡丹皮、五味子、巴戟天、麦冬、山药、阿胶），小便少加车前子，这是他原方，这么多年我都记得清清楚楚的。疏肝调胃汤，柴胡、白芍、白芥子、郁金，加个平胃散（苍术、厚朴、陈皮、甘草），八味药，治胃痛效果是很好的，他的患者也很多，半夜三更来排号，他被称为"毛神仙"。我跟过的老师，疗效最好的是他，但是他的文化程度比较低，没有读过什么书，因为我和他比较熟，我说："老师，你这些东西是哪里学的？"他说他在四川学习中医的时候，老师认为他的文化程度比较低，教他的东西就比较容易掌握。我跟他抄方的时候，他一天看的患者全部用补中益气汤效果都很好。遇到外感怎么办呢？他把升麻、柴胡的量加大，其他的药相对减少，不管看哪一个科的病，他用补中益气汤效果是最好的，贵州数他第一。我看到全国的中医，没有像他这样的，疗效特别突出，那个时候他在贵阳医学院，现在的贵州医科大学，门诊的患者也是半夜三更排队，一天30个患者——那个时候患者不多，但他有30个患者，其他带教老师带我们上门诊就是一两个患者，那怎么看？学什么东西？所以毛老师看病的疗效是很好的。补中益气汤制方制得很好，因为它健脾嘛，由柴胡和升麻升脾，所以我经常跟我的学生讲，把风药用在治疗脾胃病当中，这是一绝，我从中受到启发，"风行于地，其地有声"，患者肚子咕噜咕噜响，加入祛风药肚子就不响了。所以肠风下血，有风，那就要加祛风药，李东垣治这个病的时候用升麻、柴胡，柴胡左旋、升麻右旋，这个可能是故弄玄虚，但是加升麻、柴胡这两个风药在里面，会鼓动胃气，所以风药里面我认为升麻、柴胡是很不错的两个药，在治风的时候用陈皮、当归理气和活血，甘草和中，参、术、芪健脾，配方很好，是培补后天之气，老先生就说"贯起"。在贵州，他是用补中益气汤最好的医生。我大学二年级的时候就跟他教学实习抄处方。他还有一绝就是小儿推拿，贵阳医学院的儿科病房，高热不退的孩子，脾胃虚弱的娃娃，专门找他会诊，我也跟着他去，去了以后，他就讲，撤了撤了！撤什么东西呢？把输液全部撤了，他就给孩子推天河水。我们学校的李兆慧教授，对这个也很有心得，他研究过，推天河水就是运八卦，乾坎艮震巽离坤兑，顺推又反推，叫运八卦，运完八卦以后，就是清大肠经的热，主要是通便，他经常给孩子捏商阳穴，捏了以后就通便，高热的孩子，通便了热就退，叫通便退热法，这就是他在推拿上体现出来的。他的东西我见得比较多，他推天河水，揉尺侧，把水勾上以后点三点，就是"手往后扇三下"，他开玩笑说："扇一下去一度"，我说："你扇三下不是去三度嘛！"推了以后孩子烧很快就下来了，小儿推拿对发热效果很好，这个推拿法在《推拿广义》，我把它全部看完，他是很有道理的，他用的这个儿科处方来源于《幼科金镜录》，不知道这本书还能不能找到。他喜欢用儿科方剂天宝采薇汤，他用的药线就是贵州纳鞋用的土麻绳，用蜈蚣、全蝎、羌活、防风、白僵蚕、制白附子、当归、陈皮、天麻煮药线，煮了以后，等到干了，把线摆在家里面，孩子高热的时候他抽一根线出来，在火上烧一下，吹一个火星，在小孩子的水沟（人中）、承浆、两个地仓穴烧一下，然后在膻中穴烧一下，基本上会退热。我在金沙农村的时候，有一天晚上快黑天的时候，一个肺炎患儿，基本上是昏迷不醒了，当时大连医学院的医生在那里巡回医疗，他先找了一个会针灸的医生，那个医生对农村情况也不熟悉，推荐他找到我，我当时在洗衣服，我一看这个孩子有生命危险，怎么办呢？我也不能推，输液也不行，天也黑了，农村条件不行。我说让他们稍等会儿烧灯火行不行，他说可以。因为没有那种药线，我就用捆处方的麻绳，剪了半截下来，在煤油灯里面蘸，在火上一烧，一吹，就在孩子的人中、承浆、两个地仓穴上烧一下，两侧劳宫、膻中，因为是个男孩，所以顺着孩子肚脐，顺时针烧了九个叫（民间俗语，即烧了九下），男孩九，女孩七，最后还在两个脚底涌泉穴再烧两个叫。烧完以后也没有别的办法了，就把孩子先背回去，当时家属就老老实实把孩子背回去了，他初来的时候是下午六七点钟，快天黑了，到天黑以后又来时，我家里面正在吃饭，患者家属就敲我的门，她说："老师，娃娃回阳了，在吃奶！"我就很高兴，我就跟她去看，去了以后一看，孩子果然在吃奶，后面问清楚了，这个孩子是因为长期拉肚子引起休克，变成了肺炎，最后我给他开了四味药，叫逐寒荡惊汤——公丁香、肉桂、干姜、胡椒，就四味药一小撮，后面吃了药，孩子就好了，后来孩子还当了武警，是贵州省武警总队的战士，后面他还来看过我，哎哟，我觉得好高兴哦！当年濒死的孩子成了光荣的武警战士，你说精彩不精彩！我只用这个方法治了这一个人，因为以后没有条件烧，在贵阳怎么允许你烧呢？

当时允许烧，是因为那个地方缺医少药，怎么做都行，所以很多中医的技法要靠我们去挖掘。"烧灯火"这个方法我写在我的《南方医话》中。这个医案是我印象最最深刻的了。

刘　奇：因为您的临床实战经验太丰富了！就想向您请教一下您怎样运用中土的思想指导临床，来诊治一些常见病甚至是疑难病？

刘尚义：刚刚说了，疾病的后期，都是补肾和健脾两途，所以我在肿瘤疾病的治疗中大量应用养阴药，养阴药顾护脾胃比较多，所以玉竹、石斛应用比较多，加入砂仁，醒脾健胃，效果很好。如果不顾护后天，就很麻烦了，所以"内伤脾胃，百病由生"，这是李东垣的思想，所以我在临床上这个思想运用比较多。过去研究各家学说易水学派，以补土为主，补土派的内涵和外义是健脾。很多戕伐脾胃的药，太苦的药，用得少。当我调理慢性病的时候，都要顾护脾胃，这就是中医的整体观念，中土脾为万物所归，无所复传。在治疗上最后没有其他办法时，一个是补脾，一个是补肾。"阳邪之至，害必伤阴"，它伤的是胃阴，"五脏之伤，穷必及肾"，伤的是肾阴，我觉得很有道理，都是养阴，所以我叶天士思想用得比较多一点。叶天士用的药比较阴柔，他顾胃。脾胃学李东垣发扬在先，叶天士承继发扬在后，李东垣和叶天士前后辉映，方归灿烂，把脾胃之病很完善地总结出来了，所以脾胃之病是一定要讲这两个人，这两个人的理论现在还在应用。中医药的发展，是一代代的传承，叶天士继承李东垣的学说，因为他接触的病都是温病，温病后胃阴伤，那个时候没有输液，只有养胃阴，所以他的处方中玉竹、石斛、扁豆、天花粉用得比较多。你看叶天士的医案，他对固护津液是很重视的，"留得一分津液，便得一分生机"，他主要是养胃阴，温病后期还会伤肾阴，他紫菜、海参、鲍鱼等血肉有情之品用得特别好，所以现在我觉得很多需要养胃阴的患者，用点燕窝、海参这些血肉有情之品，养养阴，也特别好。叶天士在医学上发展了用动物药养阴，所以现在有很多患者来了以后，我都主张他们吃点鸭子汤、甲鱼汤，这些养阴是很好的。我自己很有体会，我年轻的时候打篮球，从早上打球打到下午，回来以后口干得很，喝水怎么喝都不解渴，如果家里面在炖鸡或者炖肉，喝碗鸡汤或者肉汤立刻就不渴了，甚至我们贵州煮的豆米汤，你喝一碗都会很好。有了这个体会以后我就把它运用在临床上，是很有效果的。大补阴丸中为什么用猪脊髓，脂膏蜜合，猪脊髓放进去，有利于脂溶性药物在油脂环境中吸收。

刘　奇：刚才您也提到《伤寒论》,《伤寒论》里面的小建中汤、黄芪建中汤可不可以看成是甘温除热的基础方？

刘尚义：两句话："固阳气，当推建中"，"养阴液，需投复脉"。建中汤是张仲景很有名的方子，我用建中汤治疗腹痛比较多，今天上午还治了一个这样的患者，老是肚子痛，我用了建中汤加附子，我告诉患者买两颗质量差的水果糖当饴糖，这个是可以的。但是他是固护阳气。阳气和阴液，一个是物质，一个是功能。功能不够的时候，用建中汤可以，但是物质不够的时候，就要用复脉汤了，一甲复脉、二甲复脉、三甲复脉，然后到大小定风珠，用这一类方药。所以把伤寒、温病结合来看临床思路会特别广，效果都很好，现在医生往往忽略这些问题。今天患者拿了个定眩丸，就是白术、夏枯草、菊花、钩藤这四味药，我觉得没有中医配方理论，全部是用有效成分来组方。这个应该要注意，发扬中医需要把一些理论搞清楚，经典著作是前人的实践经验，如果离开了理论，离开了前人的经验要自己凭空来研究中医，这是不行的。"品不经神农之口，味不列本草之书"，这个药物神农没有尝过，《神农本草经》里面找不到，这个药有效吗？当然可能有效，因为随着时代的推移，药物学的发展，中药学也在不断发展，通过我们在临床中不断地挖掘，进一步促进了学术的发展，像猫爪草，《神农本草经》上没有，冬凌草也没有。冬凌草原产地在河南，愚公移山的那个县，那个县里的人得食管癌的特别多，当地人抓一把冬凌草熬来吃，吃了以后对食管癌的缓解效果很好，我发现这个信息之后，就大量用，现在我们医院冬凌草是常备之药，我所有的学生都在用，治肿瘤确实是有效果。冬凌草就是这样发掘出来的，猫爪草也是一样的，所以都是在不断发展。在临床上确实有效果，但到底它的效果是什么，我们还不清楚。目前治疗肿瘤是先手术，手术之后大面积放、化疗，然后再基因检测定向使用靶向药，中医在这方面主要提供了一个基本思路，口径比较宽，用药有效。比如一些新型病毒出来了，之前的西药就不能用了。中医不是这样，只要辨证用药就可以了。当年 SARS 的时候，广州中医药大学邓铁涛先生就用中药治，中医学中并没有 SARS 病名，但中医可以辨证，不拘泥是何种病，发热、头痛、呕吐这些都是临床表现，所以当时在广东用中药治疗 SARS 的效果是很好的。所以从用中医成功治疗 SARS 后，中医登上了主流医学的平台，彰显了中医治疗急性病、传染病优势。为给中医露脸，当时樊正伦在《黄帝内经》中找依据，"丑未之岁，二之气，民病瘟疫，远近咸若"。丑是牛年，未是羊年，2003 年是羊年，正月立春雨水，二月惊蛰春分，三月清明谷雨，四月立夏小满，五月芒种夏至，往下推……有六个气，用二十四来除以六，每个气就是四个节气，从 3 月21 日—5 月 21 日，这已经是四个节气了，就是在这 2 个月中 SARS 患病人数逐渐下降了，到 5 月 21 日的时候就没有新发病例了。中国古代的东西有道理。广州中医药大学请他去当指导老师。就是因为这一句话，他在 SARS 期间就出名了。习近平总书记对中医的评价是很高的："中国医药学是我们古代劳动人民与疾病作斗争的经验总结，具有深邃的哲学理念和养生知识，所以大力发展中医学，发掘中医学对于人的生命意义极大，今后应大力发展中医。"我体会很深，我感觉到现在国家给了我们一个很好的环境来发展中医药，所以中医人就应该好好地把它继承下去。我经常跟我的学生讲，看病的时候一定要用中医思维，否则是看不好病的，疗效才是硬道理，我们现在患者很多，湖北、湖南、云南、四川、东北等地，甚至从美国不远万里来看病，所以中医要守成，要热爱中医。"始于戒律，精于定慧，证于心源，妙于了悟"，这十六个字我给我的学生讲得很清楚，始于戒律，中医理论搞清楚，十八反、十九畏是要背的，汤头歌诀是要背的，不背不行。前三年，恐其不入，后三年，恐其不出，还只是背那就没办法了，比如背补中益气汤，开始背不下来不要紧，但是三年以后，开处方还要补中益气汤全部照搬，那就不行了，要变化了，所以说"入则循规蹈矩，出则山花烂漫"。这句话讲很清楚了，郑板桥画竹子，"四十年来画竹枝，日间挥写夜间思。冗繁削尽留清瘦，画到生时是熟时"。白天要进与病谋，晚上要退与心谋，白天要看病，晚上要看书，要想今天这个病怎么来的，这是吴鞠通的经验，吴鞠通也没跟过老师，他全部是自己看书学的，看书把叶天士的经验学到了。他谈到以热治热时就说："热病用热药，师以传第，父以传子，四海同方，举世皆然。脏腑无语，冤鬼夜嚎，良可叹也。"意思是医生把患者医死了，脏腑不会说话，冤鬼在晚上号叫。读这句话就可以体会到古人之心，所以中医是仁术仁心。中医还是要按仁术来行医，中医是验、简、便，如果太市场化，价格太贵了，老百姓承受不了。

刘　奇：刘教授，我想请教您一下，仲景治呕喜欢生姜和半夏同用，比如小柴胡汤、大柴胡汤、旋覆代赭汤、葛根加半夏汤。但有的时候仲景治呕不用生姜，只用半夏，比如竹叶石膏汤、大半夏汤。而有些时候呢，仲景止呕又不用半夏，用生姜，比如桂枝汤、橘皮竹茹汤。您认为仲景用半夏、生姜有什么规律？

刘尚义：第一，要注意生姜制半夏之毒。过去我们学医的时候老师讲他开法半夏，怕炮制不到位，加了生姜之后能制半夏之毒。第二，半夏是主降的，半夏和胃降逆，因为半夏有一个"枢"的作用。半夏要应时采药，立夏的前后，阴气和阳气都不开阖，所以小柴胡汤里面，少阳为枢，用半夏和胃降逆。生姜味辛，从性味考虑，辛甘发散为阳，两个药都是辛味的，从这个角度来讲，用的是辛味。《神农本草经》中并没有讲生姜和胃降逆的作用，这个作用是后人加上去的。《神农本草经》讲"主中满，胸闷，停食"，它没有讲作用，讲的是一些病名，所以张仲景用生姜和半夏用得比较精，我研究不多，但我知道生姜制半夏之毒，所以开半夏的时候一般有生姜，和胃降逆，治疗想吐的患者。中焦的病，脾胃之病，没有半夏是不行的，我喜欢用小陷胸汤，瓜蒌皮、法半夏、黄连，辛开苦降，用得比较多。五个泻心汤我也用得比较多，我做过仔细的研究和比较，所以用起来效果是相当好的。这五个泻心汤是治疗中焦病的精华，这是纲，抓住五个泻心汤之后，脾胃的病有一半以上都能治了。我在这方面的体会不一定很深刻，因为我们中医讲六十岁作少年观，我现在七十多岁只能算个青年，还有一个中医老年，我现在还要努力发掘，所以我跟学生说什么是知足，不知足，知不足。中医有很多的书值得读，比如《伤寒论》，我们体会的东西还是比较浅，对当中的一些法则我们还在研究，但是有些皮毛的东西我们还是体会比较深。所以为什么叫经方呢？就是说它的效果比较好，我是这么来看的，这五个泻心汤我的体会比较深。

刘　奇：您说在用泻心汤的时候再合上瓜蒌皮，这里面就有小陷胸汤的组成。

刘尚义：小陷胸汤是辛开苦降的，我用得比较多，还有五个泻心汤，主要是治疗胃的，所以要抓住中焦，中焦讲平衡。到了清代，吴鞠通说："治上焦如羽，非轻不举；治中焦如衡，非平不安；治下焦如权，非重不沉。"治中焦要像秤一样，要讲究平衡，从升和降用生活中的秤来解释。所以古人的东西，你要慢慢地悟，它有很深的哲理，所以我经常讲中医是科学，指导用哲学，表述是文学，辨证论治是美学，治疗充满社会学，中医的特点就是这五点全部包括进去。

刘　奇：《伤寒论》讲："小结胸病，正在心下，按之则痛，脉浮滑者，小陷胸汤主之。"非常简练，您是怎么把它在临床上用得这么频繁？

刘尚义：现在很多人肝胃不和，肝为起病之源，胃为传病之所，情绪不好，胃就不好了。很多结胸病患者，感冒或吃了补的东西、误下，这个地方（心下）就有一块，贵阳话叫"实腾腾"，这个病女同志多一点。用辛开苦降，患者很快就好了。我喜欢用什么药呢？方子中都加一个紫菀，治疗这些病容易些。

刘　奇：生紫菀吗？

刘尚义：是蜂蜜炙过的。为什么加紫菀呢？因为紫菀有通便的作用，体现了"六腑以通为用"，治疗胃病的话一定要加紫菀，紫菀主要是润肠通便，大便一通，胃病就好了。治疗胃，"六腑以通为用"体现在用紫菀上，这个很精彩的。他们经常问我为什么用治咳嗽的药？因为紫菀通便。我当年学习的时候没有老师指导，我在学校的时候，学中医是自己多下功夫看书，我把《临证指南医案》里面大便不通的九个医案，用一张纸写下排列组合，把这九个病例的用药写出来，提公因式，发现六个里面都有紫菀。现在有电脑就快了，60年代没有电脑，那个时候就是写在纸上，提公因式，好多病案我都提过，包括冉雪峰治疗中风的处方我都研究过了，但是冉老先生的东西是很深奥的，好多东西理解不了，我学的时候要画成一张表记下来慢慢抠，每个病的病因、病机都梳理过，所以冉雪峰的医案我是花了很大功夫研究的。冉雪峰是很有名的中医，他医案写得很好。我读医案是很讲究的，我认为读中医医案要读医家本人写的才行，如果是徒弟整理的，那不是医家自己的东西。现在很多医案都是徒弟整理的，和老师的思维大相径庭。张聿青的医案是自己写的，大多是可信的，叶天士医案是记录下来的，他没有自己写，要从用药里面去想，他为什么要用这个药。我认为冉雪峰医案和张菊人医案都是自己写的，这两本书也很可靠。《冉注伤寒论》这本书我也读过，现在找不着了，可惜了。用词生涩，需要慢慢思考，悟通奥秘。《徐灵胎医案》我也看过，写得很好。"徐灵胎目穷千卷，叶天士跟师十七"，这是一副对联，意思是徐灵胎读书读千卷，叶天士跟了十七个老师，中医文字很入味，慢慢玩味，我觉得很有道理。徐灵胎的东西我读得比较多，他是很传统的，他对于用药原则讲得很好，把《神农本草经百种录》背通了，"凡药之用，或取其气，或取其味，或取其色，或取其形，或取其质，或取其性情，或取其所生之时，或取其所成之地，各以其所偏胜而资之疗疾，故能补偏救弊，调和五脏六腑……"我就把他的这段话背下来，"气味形质"，我花的功夫比较多。

刘　奇：您临证治发热应该也很多，很多发热的患者往往还伴有咳嗽，您是分两步走，先治发热、再治咳嗽，还是发热和咳嗽兼顾？

刘尚义：这得看病因，治病要辨证论治，先感冒，又发热，怎么办呢？治感冒？喻嘉言有逆流挽舟法，所以中医治病要分清标和本，先治标还是先治本，还是标本同治。中医治病是很灵活的，操舟之工，如对敌之将，贵乎灵机应变。所以你开处方开到一半的时候这个病该怎么治思路就来了。我现在看病，有的时候看着看着，哎，灵机一闪，这味药就跳出来了，脑子里面会自动跳出来，你根本就不要特意想的，突然这味药就出来了。我觉得中医书读多了，读的东西杂了，可用的东西就多了。和书法一样，"求篆于金"，"求隶于石，碑可强其骨，帖可润其肉"，"由碑化帖，由帖化碑，神游三代，目无古人"，"心不知有手，手不知有笔，笔竟毫端，其书乃成"。你看书多了，很多处方储存在脑子里面，都集中起来，你都可以选，治某个病的时候，很多药就在脑子里面转，这个时候你就慢慢想。我有一个体会，到那个时候很多药都在脑子里面转，这大概就是灵感，突然这个药出来以后，哎，效果很好，你要开胃痛的方，突然一个徐长卿跳出来了，哎，效果就很好了，徐长卿，贵州叫"对叶莲"，可以健胃，可以调经对月，辛香可治胃痛，可治六七十种病（《全国卫生系统中草药汇编》）。所以书读得多，很多东西就是跳出来的。

刘　奇：咳嗽，一般认为白痰就是属寒，也不是绝对的吧？

刘尚义：不一定，要看舌苔和脉象。中医讲求整体观，有时候热痰与寒痰很难区分，要看脉象，要看舌苔。

刘　奇：那今天就到这里，非常感谢刘教授！

升阳益胃补脾土，博采众长传经典
——刘沈林教授访谈实录

【专家简介】

　　刘沈林，男，1949 年生，江苏省南京市人。南京中医药大学教授，博士研究生导师，主任中医师。首届全国名中医，第四至七批全国老中医药专家学术经验继承工作指导老师。江苏省中医院原院长，中医消化病学术带头人。师从国医大师徐景藩先生，擅长诊治脾胃病，具有丰富的理论与实践经验。

　　陈　延：刘教授您好！我院补土流派工作室是在卢传坚副院长的指导下建立的，已经做了一些工作，取得了一些成绩，与当下一些流派研究相比，还是有我们自己的特点。一般理论学术研究是以基础医学院的老师为多，较少以临床医生为主。我们在中医学术流派研究方面遇到了不少问题，想借这个机会向您请教一下。主要有以下几个方面：建立补土流派工作室的时候，有一个概念上的问题，即大家讲李东垣的学术思想时，往往和脾胃学说挂靠在一起。补土理论和脾胃学说到底是不是一回事，这是我们想要区分的。提到补土派医家，首推李东垣为代表，我们研究补土学术流派，怎样确立它的外延和内涵，也就是说什么是土，什么是补土？请您谈谈见解。

　　刘沈林：从流派的研究和发展来说，广东省中医院以临床为契机，对补土学术展开研究很有意义。我们做临床工作的都应知道，流派研究不能仅仅拘泥于理论，因为理论研究最终还是要去指导临床实践，这样才有价值。现在搞流派研究的同道比较多，就补土与脾胃病的关系来讲，两者既有联系，但也有概念上的差异。这是因为脾胃是一个比较系统的脏腑概念。补土派，顾名思义，补，是针对虚证而言的。《黄帝内经》说："寒者热之，热者寒之，虚者补之，实者泻之……"谈到"补"即肯定是要以脾胃虚弱为前提的，有一定的证候范围，它不能涵盖脾胃学说的全部内容。但可以说补土理论在脾胃学术中确实占有重要地位，有它的特色和内容。

陈　延：您认为补土派所指的土的定义是什么？

刘沈林：这个土恐怕不仅仅指的是脾，它与胃也密不可分，合称脾胃。胃主纳，脾主运，消化功能有赖脾和胃两方面的作用，不能孤立起来看待。按叶桂脾胃分论之义，两者既有关联，又有区别。在生理上，脾喜刚燥，胃喜濡润，脾宜升则健，胃宜降则和，一升一降，一运一纳，形成动态平衡。在病理和治法上也有不同的特点，就李东垣的学术思想来讲，升阳益气是他主要的学术思想之一。到了清代，补土的治法内容就更趋完善。叶天士创立了甘凉濡润、滋养胃阴的学术观点，他说："太阴湿土得阳始运，阳明燥土得阴自安。"实质上是对李东垣升阳益气学术思想的重要补充，是对脾胃学说的一大贡献。所以我们讲补土也好，脾胃学说也好，不仅仅指的是金元时期李东垣学术思想，实际上也应包括后世的学术发展及其成果。如果补土派的研究仅仅局限于李东垣的学术思想，那么金元前后的很多学术成就就会缺失，并不完整。我们在临床上，所谓补土与脾胃学说是很难剥离开的。比如脾气虚用参苓白术散，脾阳不振用理中丸，脾肾阳虚还可以加上四神丸。但是对于脾阴不足的泄泻病证，如果用温阳益气的补脾方法就显得不妥了。对于胃腑来说，如属中虚胃寒，当然理中汤、建中汤一类温养的方剂可以用，但对于胃阴不足的患者，恐怕用这些方子就不是很合适了，这时候用清代医家的益胃汤之类甘凉濡润的方子就比较对证，效果较好。所以补益的方法不仅涉及阳气虚弱，还涉及阴血不足的一面。

陈　延：我们补土学术流派的定义是比较清楚的，关于土的定义也没什么争议。关键是关于"补"的内涵现在争议比较多。比如李东垣认为很多疾病是由于脾胃虚损所引起的，补土是他重要学术思想之一，但是我们和其他专家沟通时会遇到这样的问题，有专家会说那所有病证都是虚证吗？难道所有病都要用补法？也有专家提出名称能不能改成培土、运土……李东垣补脾叫补土，叶天士益胃也叫补土，是不是说只要是使脾胃虚损状态得到改善的方法都可以纳入到补土的范畴？

刘沈林：关于怎样补土，我的观点主要有两点：一是辨证，二是要考虑阴和阳。如果只考虑到阳气，那在病证属性方面还是存在局限性。到了今天这个时代，我们搞继承也好，搞流派也好，一定要面向临床，治之有效，这才有意义，不要完全纠结在文字上，以致出现仁者见仁，智者见智的不同解释。如果学术不能切合临床，恐怕还达不到研究学术流派的目的。对于纯虚的病证可以直接补虚。但实际上临床有很多虚实夹杂的患者，那我们就要虚实兼顾。比如古代医家在四君子汤的基础上衍化出六君子汤，在六君子汤的基础上又发展出了香砂六君子汤、归芍六君子汤等，以此切合临床应用，这恰恰就是中医随证变化的精髓。如果没有后世的学术发展，方剂的变化，中医就很难治疗虚实夹杂的复杂病证了，那虚就纯虚，实就纯实……而中医的艺术、精髓恰恰就是反映在治疗这些复杂的病证上面。比如培土生金就是很典型的一个治法，对于肺金不足的患者，可以通过补益脾胃的方法达到间接补肺的作用。

东垣还有其他理论也被广泛应用于临床，比如甘温除热法。我们研读《兰室秘藏》或《脾胃论》，要重点了解他的学术贡献和方药特点——温阳益气，尤其是他对升阳举陷药物的使用——柴胡、升麻。如果去掉这两味脾胃引经要药，那他跟其他医家并没有什么不同，也就体现不出李东垣的学术特色了。前人还提出"补脾不如补肾"（宋代严用和《济生方》）的观点，怎样理解？不是说补土不重要，补土在临床应用上比较广泛，但脾肾阳虚的证候单纯用补土的方法，其效果可能不够理想，往往要通过补肾的方法来提高疗效。比如在治疗泄泻时，有些患者脾虚不运，单纯用参苓白术散或理中汤效果不够理想，此时如加上二神丸（补骨脂、肉豆蔻）温肾暖脾，可能效果就比较好。

陈　延：学术流派需要发展，需要进一步扩大它的适应证、外延、内涵，您是国医大师徐景藩老师的学生，有很清晰的传承脉络，医术精湛。我们认为补土流派虽然以李东垣为代表，但是自李东垣以后，除了他的学生，后世医家没有人自称是东垣学术继承人，也没有人标榜自己是以补土立论的。金元以后，除了刚才您提到的叶天士以外，您觉得还有哪些医家学术思想符合补土理论核心？

刘沈林：实际上在国医大师里面，并不是说某一医家擅治脾胃病，他就具有补土思想，实际上补土方法是他们诸多学术思想的一部分，不过自称自己是补土派医家的还不多见，这容易固化和局限医家的学术思想。

陈　延：关于这一点我们也很困惑，比如我们研究某个著名医家，可能是新安医家或者是岭南医家，能够比较容易地整合他的核心学术思想，但是补土医家就没那么容易总结。

刘沈林：目前全国研究脾胃病的资深专家还是较多的，像江苏的徐老（徐景藩），北京的路老（路志正），还有李振华……但是仅以补土派的理论来支撑其学术思想的专家，我们还没有看到，不过他们应用东垣学术思想——温阳益气法还是很多见的。江苏的学术流派，比如孟河和吴门医派，就补益脾胃来说，除李东垣学术思想外，对于历代医家的特色治法都是很重视的。我认为，中医学术是在不断发展和完善的，过分强调派别，并不利于博采众长，而应兼收并蓄，融会贯通，完整继承。

陈　延：是不是清以后医家们更重视叶天士养脾阴、益胃阴的学术思想？

刘沈林：阴阳不能分割开来看待，它是功能的两个方面，只能说后世在学术上的不断补充和完善，使它更加贴切临床。像治脾阴虚的慎柔养真汤，我们经常使用，效果不错。徐老对东垣学说有比较深入的研究，东垣的学说在补土方面确有其独特的贡献和特色，但是也不能完全代表其他医家在学说上的发展，当然李东垣形成了比较系统的脾胃学术理论，这点应当肯定。

陈　延：明清时期有哪些医家可以归为补土派医家？

刘沈林：中医历代医家中并没有"补土派医家"这一说法，是我们现代人的简单归类。明代有一位医家叫孙一奎，他在脾胃病方面的论述比较多，也有很多治法经验可研究。清末医家沈金鳌是江苏无锡人，他所著的《杂病源流犀烛》被后世称为自清以来最完备的临床书籍之一，流传甚广，影响颇大，其中记载了历代医家对脾胃病的理论和证治方法，内容十分丰富。

陈　延：如果我们要去研究李东垣的理论，您认为其学术特色体现在哪些方面？

刘沈林：健脾益气不仅李东垣用，其他医家也用，比如党参、黄芪、白术这类补气健脾的药物，还有附子、干姜这类温阳药，在《兰室秘藏》《内外伤辨惑论》中均十分多见。李东垣最大的学术特色在于升阳益气，这是他和其他医家的不同之处，例如升阳益胃汤、补中益气汤、黄芪补胃汤、益智和中汤等，升麻、柴胡作为脾胃引经要药，方中均有配用，其创立是他的主要学术贡献，这与《黄帝内经》"清气在下，则生飧泄；浊气在上，则生䐜胀"的理论相通，就是在健脾的基础上加上升麻、柴胡升阳益气，提高疗效。我们治疗慢性脾虚泄泻的患者，就是吸取了李东垣的经验，有时可以不用柴胡，但是要加小剂量的炙升麻，3~5g就可以，往往对升提脾气、升清降浊很有效。如离开了这两味药，跟其他方药比较起来，并没有太大的差别。他创立的方剂大都用了这两味药。除了补土，东垣还有不少治疗其他病证的方药，所以他的学术思想也不是一个补土所能涵盖的。柴胡不仅仅是用来和解少阳的，它还可以疏肝解郁，还可以升提中气，但要与升麻配伍效果才好。对某些疑难病症，用和不用这两味药，有时效果截然不同。现在对于这两味药在健脾、升阳方面已有大量的研究报道。必须在补脾益气的基础上加上引经药才能有效。

陈　延：就像您刚才所讲，李东垣创立的方剂很多，您觉得李东垣哪些方剂最能体现补土思想呢？

刘沈林：补中益气汤是其代表方，还有升阳益胃汤等，他治疗的病症大多是脾气虚、脾阳不振。限于水平，我可能理解不够，体会不深。

陈　延：流派也好，学派也好，毕竟只是中医理论之树的一个分支，不可能涵盖所有理论，您看补土流派在哪些病种上更能发挥它的优势？

刘沈林：脾胃病是最能体现中医治疗优势的病种之一，研究流派理论要与临床相结合。现代社会，由情志因素导致的疾病所占的比例是很大的。情志因素对脾胃功能是有影响的，"情志因素是胃肠的晴雨表"，如肝气犯胃、肝气乘脾常与情志因素有关。再比如肝脾不调的肠易激综合征，从治疗来讲，临证不是一个仅四味药的痛泻要方就能治好的，除了肝郁，还有脾虚。另外，肝郁化热，还要配伍"酸苦泄木"，脾阳不振还要配伍温中祛寒。再如消化道肿瘤，很多患者术后要进行化疗，据临床所见，化疗容易损伤脾阳，患者会出现泄泻、肠鸣、腹胀，这恰恰是补土大有作为的地方。通过温阳健脾、涩肠止泻的方法，能使患者很快改善症状，缓解了化疗的毒副反应。如果见到肿瘤就采用攻邪之法，过用清热解毒、以毒攻毒之品；见到慢性胃炎伴有幽门螺杆菌感染就用清热化湿……这种不加辨证的用药，其效果肯定是有问题的，有些患者还是要结合健脾扶正的方法来治疗。李东垣温养脾胃的方法，今天还在发展并应用，比如肠癌手术以后，有些患者脐腹疼痛，由于肠道蠕动功能减退，很容易诱发不完全性肠梗阻，用苦寒药物来消炎解痉有时效果并不理想，对这类患者我们采用调理脾胃、温通行气的方法来治疗，效果就很好。脐腹属太阴，病证热少寒多，用温通的方法可以起到"温则气散"的止痛效果，对缓解腹痛，改善症状颇有效验。

我们在治疗慢性萎缩性胃炎方面也有很多经验，有些患者胃部隐痛，脘痞腹胀，喜暖喜按，这类中虚胃寒或中虚气滞的患者，可用温中理气的方法治疗，但对肝胃郁热的患者，出现反酸、嘈杂、烧灼时，就要用到左金丸，泄肝降逆和胃。如果表现为舌红少津或花剥苔，口干，大便干燥，多为胃阴不足之象，如兼有胃胀而过用理气的药物则效果并不好，理气药大多香燥，易伤阴，越疏气越胀。如果用生地黄、沙参、麦冬、玉竹、天花粉、石斛等滋阴养胃的药，则症状很容易得到改善。再则如患者胃中有烧灼感，但舌红少苔，这是胃阴不足、虚火内灼的特征，并不是通常所讲的郁热证——反酸、口苦、苔黄。胃热内郁，可用清中饮、左金丸等，但是虚火患者就不能这样用了，往往在益胃汤的基础上加酸甘化阴的药物，如炙乌梅、白芍、木瓜、生山楂、炙甘草，烧灼症状容易改善，这是孟河医派、吴门医派等江南医家的用药经验，即在甘凉药物的基础上配合酸甘化阴的药物，收效就比较好。对部分脾阴不足而有慢性泄泻的治疗也是如此，如患者舌质偏红，口干，大便溏黏不爽，证属脾阴不足兼有脾气虚者，我们如用温阳健脾的方法则效果不佳，应选用慎柔养真汤加减，药用如党参、黄芪、白术、茯苓、甘草健脾益气，莲肉、五味子、麦冬、白芍养阴酸收，这也是徐老非常推崇的方剂。补益脾阴也是补土派的重要方法之一。推而广之，我们在临床上治疗胃肠道肿瘤，如果只用温阳一种方法，比如用附子、干姜、肉桂等，显然是不够的。补土的内涵可以根据临床实际适当扩大，尤其要结合一些优势病种来研究。我们搞学术流派，搞传承，在学术理论方面，需要营造百家争鸣、博采众长的氛围，最终还是要治好病才有意义。

陈　延："外感遵仲景，内伤法东垣"，很多人认为李东垣开创了内伤学说，您是怎样看待这个观点的？

刘沈林：在内伤方面，李东垣确实做了很多贡献，提出了不少治法、方药，同样其他医家也有很多贡献。张仲景建立了中医辨证论治体系，当然也包括外感病，这就是他最大的贡献。再回到脾胃病上来说，纵观医学史，对脾胃病学术思想的发展主要有三个阶段：第一个是张仲景的通降阳明法——承气汤证，我们治脾胃病，第一个老师就是张仲景；第二个是东垣的升阳益气学术思想；第三个就是叶天士的甘寒濡润治法。实际上脾胃病的治法就是在这三个方面不断延伸和发展的，历代医家都作出过不同的补充和完善。在补土派中，我认为这三个重要发展都要全面考虑进去，流派并不能代表全貌。

我研读过陈可冀院士主编的《清宫医案研究》，书中内容很丰富，有很多清代御医对脾胃病精妙的治疗医案，堪称国手，很有启发。其中有一个病案，说的是慈禧太后患腹泻，久治不愈，滑脱不尽。前三个御医没有治好，方药以参苓白术散为主，很平和，但疗效不明显。后由江苏巡抚举荐孟河名医马培之入京为其诊治，马培之没有改动前面的方子，只在前方基础上加了四味药：肉桂、肉豆蔻、赤石脂、禹余粮，并入引经药荷叶。服药后慈禧太后的滑泻、腹痛很快治愈。慈禧赞马培之"脉理精深"，"外来医生以文植（马培之）为最"，并赐御匾"务存精要"四字。

另外，在大黄的应用上，有不少医者畏其荡涤肠腑，峻下力猛，用之多慎。但《清宫医案研究》里就记载了不少使用大黄的案例，其效颇佳。比如大黄与健脾药、行气药、清热药、温阳药等相互配伍，可用于不同类型的肠腑病证。例如大黄附子细辛汤对于脾阳不振、便溏不畅的病证效果不错，但需要加减。临床上有的患者大便不通，尤其是一些老人，腹冷畏寒，舌质偏淡，大便反而不成形，滞涩难下，如用润肠的方法，其效并不满意，如在健脾的基础上，配伍制大黄、制附片，则疗效明显。中医的辨证是关键，前人的经验值得充分吸取。

陈　延：刚才您也提到了张仲景建立了辨证论治的理论基础，对后世中医的发展和应用做出重要贡献。古代与现代不一样，由于历史条件的限制，古代没有细胞、基因表达……请问古代中医和现代医学如何沟通？中医理论和临床如何结合？

刘沈林：如果从指导临床实用的角度来说，这里还要提出脏腑之间的联系和影响，要拓宽它的范畴。补土派三个字已确立了它的方向了。补，肯定针对的是虚证，它不会是实证。补法还要分辨阴阳，辨阴虚还是阳虚。另外还要分清脏腑，是脾虚为主还是胃虚为主，是脾阴虚还是胃阴虚，是脾阳虚还是胃阳不足。关于脾与他脏的关系也当考虑，比如它与肝肾的关系就极为密切，研究脾胃学说不能离开肝肾。前人有"补脾不如补肾"之说，实际上说的就是脾与他脏的协调作用。前面说的马培之为慈禧太后看病的医案，就体现了温肾对加强补脾温阳的作用。此外，治肝不仅指疏肝解郁治疗肝气自郁于本经的病证，还有肝和胃的关系，如"治肝以安胃"，"胃不和则卧不安"。还有"培土生金"，这是脾与肺的相生关系，对这些都需要有充分的了解，才能面向临床应用。

陈　延：前一段时间我在备课时发现一个问题，就是五行生克图是把木、火、土、金、水放在四周的，像五角星一样，但是根据河图、洛书来说，土应该是放在中间的，当我把土放在中间的时候我就画不出来了，所以我觉得很奇怪，现在为了解释起来方便，相生相克就这样画，当然这跟我们讨论的补土没有太大关系，如果把土放在中间，我们怎样把这个五行生克图画出来呢？

刘沈林：脾为中州，从位置来讲，它是处于中央的。实际上你讲的中间也好，旁边也好，它不是一个核心的问题，关键是它所起的作用是什么。《黄帝内经》对五脏解释得很清楚："心为五脏六腑之大主"，"心主神明"……脾居中焦，"治中焦如衡"，就是说它的平衡性，中焦失调可以引起他脏的变化。《黄帝内经》上讲："中气不足，溲便为之变"，通过补益中气，可以治疗二便不调的问题，包括便溏、便秘、小便不利等。其他疾病也可以通过补益脾土间接达到治疗的目的。从临床角度研究中医的相关理论，往往能够加深对经文的理解。如果纯粹用理论解释理论，那么这条路是很难走通的。搞学术流派的目的就是要给患者治好病！中医学的历史长河悠久而丰富多彩，我们研究每个历史时期医家的学术思想，要融会贯通，博采众长，从中汲取经验和智慧。补土派三个字是有一定的学术范围，所谓"派"，既有它的学术特点，但也有它的局限性，它不可能代表学术的全貌，对于流派，有些学者很感兴趣，但有些同仁则另有思考。总之，挖掘、整理、研究医家流派的学术理论、治法经验是好的，但学习和继承还要有系统性。

陈　延：学术流派是历史的产物，它是在特定的历史阶段所形成的，尤其是中华人民共和国成立后的很多专家，他们认为可以采各个流派之长为我所用，这将是一个模式。

刘沈林：是的，学术流派可能有历史的阶段性与地域性，其中包含医家们的经验积累和对疾病的认识观点。补土是中医脾胃学说的一个重要内容，温、清、补、泻需要全面、系统地掌握和运用。脾胃病的理论和治法丰富，必须理论联系实践，才能研究得深入，更好地指导临床实践。

脾胃中土理论的认识
——刘志龙教授访谈实录

【专家简介】

刘志龙（1963—2022），男，湖南省岳阳市人。主任医师，教授，博士研究生导师。全国第六批老中医药专家学术经验继承工作指导老师，广东省名中医，珠海"英才计划"一类人才。珠海市中西医结合医院原院长。国内著名经方专家，擅长用经方治疗糖尿病以及各种内科杂病。作为珠海市新型冠状病毒感染的肺炎中医救治专家组组长全程参与新冠病毒防治。

刘　　奇：我们今天来到了珠海市中西医结合医院，拜访刘志龙院长。刘教授您好！今天真是很高兴向您请教。我们是研究补土的，对于土、脾胃还有中焦，您是怎么认识的呢？

刘志龙：刘医生您好，欢迎！相关的知识我有所积累，但是并没有系统去研究过这个问题。首先，三焦在《黄帝内经》中就有相关的论述。后来的温病学家把三焦辨证的知识发展得比较充分。中焦是三焦的一个部位，按照教科书的定义，中焦包含了肝胆、脾胃等一些脏腑，也有人说肝胆不应该在里面，但是从部位来讲，肝胆、脾胃都应该包含在内。中焦的功能包含了脾胃和肝胆的功能。主要体现在气机的疏泄，饮食水谷的消化、吸收、代谢这些方面。

土是五行之一，这是古代的一个哲学概念，引进到中医学里面来的。中医学依据五行学说把人体分为五个系统来思考，土就是其中的一个系统，它所对应的脏腑主要是脾和胃。

刘　　奇：一提到岭南，就和湿有着千丝万缕的联系。不知道您对湿邪和中土的关系是怎么认识的？

刘志龙：湿邪有身体内生的湿邪和自然界的湿邪。外界的六淫，风、寒、暑、湿、燥、火，其中就有一个湿。在外感病的体系里面，湿邪为患是比较常见的疾病。但是要说到与中土的关系，那也是非常密切的。我们人体生病，病因无外乎外感六淫、内伤七情、劳倦等。脾胃的病变特点与脾主运化水湿和水谷功能的失调有关。这里需要说明，水和谷是两个概念。我看了教科书上都是这么讲的，水湿和水谷。实际上它讲的一个是水，一个是谷。一个是属于液体方面的，一个是粮食精华的方面。也就是说，脾胃的功能里面，其中很重要的一个就是水液代谢功能。如果脾胃的运化功能，也就是水液代谢功能出现障碍，就会导致身体里边产生一些病理的水。这种病理的水，其中就包含了湿。

水液代谢失常形成的病理产物，实际上有四种形态：痰、饮、水、湿。痰是最黏稠的一种形态；饮相对痰来讲稍微清稀一些，但也是比较黏稠的；而水呢，病理的水其实是正常的水由于运行障碍，停留在某一个部位，或者从身体里面流溢到外面形成的，从形态上看，它和正常的水是没有分别的。还有一种是湿，这种湿应该是雾状。像冬天在东北，你可以看到两个人在室外交谈的时候，头上都有一缕气体往上冒。这种气态的液体，就是湿。痰、饮、水、湿就是水液代谢失常以后的四种病理形态。

所以，从内来讲，湿邪是脾胃运化功能失常以后形成的一种病理产物。它可以导致各种各样的病证，痰湿、湿热、寒湿等，并有诸多的临床表现。还有一个，刚刚也说到了，外面的湿邪和身体里边产生的湿邪也是有密切关联的，同性会相吸。如果我们脾胃功能不好，更容易感受外湿。外界的湿邪也要通过影响脾胃功能来侵害人体，导致疾病。所以，要说中土和湿邪的关系，无论是身体内脏的功能失调，还是外感了湿邪，都会起到关键的作用，它们的关系是非常密切的。

刘　奇：我突然间想到了一个临床的问题。临床很多患者来看病的时候会说医生啊，我的口好"海"啊！这个"海"要解释半天，用普通话也对应不上。刘教授您看，对于这种口"海"的问题，临床上应该怎么思考？

刘志龙：我来广东二十几年了，这个并不陌生。也能够准确地把握这个口"海"是什么意思。口"海"实际上就是说口腔里面的黏液比较多，而且有比较黏的一种感觉，不像津液满口的这种状态。如果是津液满口的话，人是很舒适的。如果是到了一种痰湿的状态，特别是饮比较多的时候，舌苔是腻的。舌苔上有一层不太干净的液体黏附。这个时候的舌苔叫腻苔。如果出现这种腻苔，再加上口里面的其他部位也同时出现这种饮邪。那么张嘴、说话、舌头的运转都会觉得不自如、不灵活，这种状态就叫作"海"，就是不清爽、不利索。这种不清爽、不利索，并不是因为身体内在的中枢神经系统导致舌的肌肉运动障碍，而是因为液体的黏滞，而导致它不能灵活地运转。

刘　奇：补土派古代的代表医家都有哪些？

刘志龙：补土派的代表人物是李东垣。李东垣是补土派的创始人，也是一个集大成者。他有非常多的建树，同时对后世也产生了深远的影响。他的补土思想应该说是补充和完善了张仲景《伤寒论》外感病辨证论治体系的不足。从内伤方面，特别是从脾胃功能障碍这一个方面完善了中医的学术体系。李东垣所处的时代，恰逢战乱，他离开家乡避难了很多年，到六十多岁才回到自己的家乡。颠沛流离，居无定所，在这样的一种状态下，他除了行医，很少考虑到要教学和传承。因此他没有太多的学生，真正成为他学生的就只有一个罗天益。

罗天益是他唯一一个认真跟师、学习时间非常长的学生。所以，罗天益应该是第二个可以算是补土派代表医家的人。罗天益在学术上没有太多的建树，他的学术主张在《卫生宝鉴》这本书里面，更多的还是主张师父的观点。他重视脾胃，重视火与气的关系，也重视补土，但是并没有形成个人非常鲜明的学术特色。

还有一个私淑李东垣的医家王好古。他不是亲传的弟子，但他在学术上面具有一定的创新性。私淑也是历代中医的现象。完全继承师父衣钵的学生往往都非常忠实和坚守师父的学术思想，很少突破。而私淑者，一方面接受授业者的学术观点，同时也有很强烈的个人主张，王好古就是其中之一。王好古当然非常尊重李东垣的脾土思想。李东垣强调的是要补脾胃之气，要注意气和火的关系。而王好古，实际上那个时候他想到的是，由于人体本气不足导致阳气不足的三阴阳虚病证，并自成一家之说。《阴证略例》这本书是他的代表著作。这本著作从病因病机、诊断治疗方面对阴证进行了较为全面的阐发，旨在阐明伤寒阴证的危害及温阳的重要性。所以后来的火神派医家，如果要追溯到鼻祖的话，我认为还应该算是王好古。现在很少有人这么提。实际上是王好古第一个提出来要重视阳虚，要重视阴证。而且他对每个脏腑的病证——脾阳虚证、肝阳虚证、肾阳虚证，他是分论、分治的。这是自成体系的，以后你们有兴趣可以在这方面去做些研究，写写文章，这方面还是很值得去研究的。这几位应该说还是有学术传承关系的。

除此之外，应该是薛立斋。薛立斋也算是私淑李东垣的，但是薛立斋的学术特点，一方面重视补脾，另一方面也重视补肾。薛立斋特别强调用补中益气汤补脾的同时，也要用六味地黄丸来补肾。一方面要顾及脾阴、脾气，另一方面要顾及肾阴、肾阳。这是薛立斋的学术特点。但是无论怎么样，薛立斋还是非常重视中土的一个医家。后来的赵献可就完全脱离了，就算不上是补土派的了。赵献可是在传承薛立斋学术的基础上面，完全背离了李东垣。他认为肾阳命火是生命最重要的东西。所以他的学术主张就是强调命火的重要性。

后来的易水学派里面还有一个医家李中梓，李中梓非常尊重李东垣的补土思想。他提出了先后二天之本，先天之本是肾，后天之本是脾。两者都要兼顾，缺一不可。因此，李中梓也可以算是补土学派的吧。

基本上比较有名气的，有一定影响力的医家大致上就是这么几位。李东垣、罗天益、王好古、薛立斋，然后是李中梓。我了解的大概就这些。当然还有一些名气不是很大，影响力不是很大的医家，在这里就不一一提了。

刘　奇：现在的中医有很多的学术流派，比如补土、扶阳等。您是怎么样看待现在这些学术流派的学术思想的呢？

刘志龙：对于学术流派，我们必须正面去看待这个问题。可能其他学术界的人，比如说西医，他们不太理解我们中医为什么会有这么多的流派？为什么各自的学术观点都不一样？这是有它的历史渊源的。中医的学术流派，应该是形成于春秋战国时期，最早是在那个时候形成和发展的。当然，后来不断地形成更加鲜明的流派特色、学术特色，那又是后话了。春秋战国时期具备了形成学术流派的社会基础。那是百家争鸣、百花齐放的历史时代。其实我一直在思考这个问题，为什么在那个时候会形成这样的氛围呢？我想，那时的社会环境、政治环境都比较宽松，各种思想并存，各个领域、各路高人都在提出自己的一些学术思想，是打基础的阶段。然而后来秦始皇"焚书坑儒"，再后来董仲舒"独尊儒术"，都只是留下某一个学派。在那个时候，各个流派、各种学术观点正在形成。因此，中医在那个时候形成各家学说，形成不同的学术观点和流派，是因为有这样的社会基础。

同时，受当时的历史条件的限制，交通不发达，文化的传递不像现在的信息社会，任何一个信息都可以立即共享。那个时候，因为交通的闭塞，信息传递受到限制，他们的某一个观点很容易受到局限，只能在一个地域流行。这也是形成不同学术流派的一个因素。还有一个因素，在当时大家都是靠着一技之长、一己之力去谋生活，掌握了一种技艺，往往不太轻易告诉别人，因为这是自己和家人，甚至家族世代赖以生存的重要保障。这是我们中医形成学术流派最初的源头。

到后来，一些影响大的学术流派，确实有它的理论基础和实践基础的学术思想，因为它的学术观点受到很多人的追捧，被大多数人接受，慢慢地在更广泛的范围里面流传。同时也代代相传，其实也就是学术的传承，这样就形成了诸多的学术流派。从中医的整个学术的传播、学术影响来讲，学术流派都是非常重要的。

如果我们切断这种学术流派，或者说忽视学术流派，可以说整个中医也基本是不存在了，中医是靠这种学术流派来相互补充和完善，不断向前发展的。比如说我们刚刚讲到的张仲景，当然他自己未必会承认他是经方派、经方家，那是后世在归纳、总结他的学术特点和经验的时候，认为他能够代表某一个学术流派。经方派有它的特点，也有它的局限。它对于外感病、寒性病认识比较多，对于内伤病、热性病认识比较少。所以后来很快就出现了补土派。补土派其实也可以归属到易水学派里面，张元素是它的开山始祖。张元素是一个重要的医家，他对于疾病有了新的认识，从外感疾病转变到内伤各种疾病和脏腑功能改变的疾病，很显然完善、发展了前人的学术思想。到后来的金元四大家，从各个不同的角度又进一步地完善了对于内伤疾病的认识。有攻下的，有滋阴的，有寒凉的，有补土的。医家们从各个角度完善了疾病的辨证论治，或者说是对疾病的认识。后来的温病学家又进一步在外感病、热性病方面完善了张仲景的不足。这样世代相传，不同的流派从不同的角度相互补充和完善，才有了我们今天所看到的、有比较完整理论体系的中医学。

刘　奇：您是伤寒大家。但是其实临床上除了经方，其他的方您也用。比如说在"大师讲经典"学术活动中，您还讲过"治胆寒的温胆汤"。所以我就想请教您：伤寒、内伤和温病，它们与中土的关系是怎样的呢？

刘志龙：我算不上大家，我只是喜欢用经方的医师。到全国各地讲课，他们总喜欢说大师，我不太喜欢听大师这个说法，我离大家的距离差太远了。喜欢用经方，不代表只能用经方。中华上下几千年，中医学的传承是经过历代医家的不断补充和完善形成的一个理论体系。在这个理论体系里面，各种辨证论治思想都是比较完善的，同时也有非常多的经验和方剂，都值得我们重视和学习。因此在临床上，我觉得要重视《伤寒杂病论》的经典方，但也不能排斥时方。尤其是后世很多优秀的时方都可以称为经方。像李东垣的补中益气汤、升阳益胃汤，这些都是非常经典的。它的药物组成、配伍关系和临床疗效，都是非常经典的，都值得学习。还有很多，就不一一列举了。

就中土来讲，它是人体里面的一个系统，是脏腑的一部分，无论是伤寒、内伤还是温病，都不可能脱离中土，它们的关系都是非常密切的。无论是外感还是内伤，对人体造成伤害，发生疾病，我们要进行辨证论治，处方开药，都离不开脏腑最基本的性质。总体来讲，伤寒、温病都是外感，外感和内伤都离不开中土。张仲景非常重视脾胃的关系。虽然他没有明确地讲伤寒和中土有什么关系，但在《伤寒杂病论》很多条文里面，在他的辨证论治、方证里面都有体现。比如说阳明病，阳明病几乎都可以算是中土的病。伤寒之邪，伤害人体以后，通过太阳、少阳，进入阳明。它在阳明会不断地发展、递进。比如说热郁在胸口的时候，就是在食管这个部位，就会有上身的燥热、烦热、面红目赤等。在治疗方面有栀子豉汤，清热散邪，强调的是"散"，向上、向外驱散。寒邪到了阳明胃腑的时候，就是"胃家实"，这是阳明胃病的一个病变特点。它开始和身体里面的阳气结合，演变成很严重的中焦胃腑热性病。在这个阶段，可以重用石膏来直接地对抗热邪。进一步发展，它就进入肠道。在这里热邪很容易和食物残渣结合在一起。时间越长，消耗的水分和液体就越多，燥结就会越严重。因此，从调胃承气汤到小承气汤再到大承气汤，热邪由陷得不是很深，程度不是很重，一步一步地向更深层次、向严重的程度发展。最后在大肠的时候，会出现日晡潮热、神昏谵语。这就是伤寒之邪进入到阳明这一个阶段的发展。

还有太阴病。按照李东垣的观点，太阴更是中土，因为更强调以脏为核心的脏腑观点。我们中医上讲脏腑，虽然腑也很重要，但是以脏为核心的。既然讲伤寒和中土的关系，显然我们也不能忽视太阴病。一方面，刚刚讲到的这种伤寒之邪进入身体里以后，不断地由上到下、由浅入深地递进发展。最后伤寒之邪到一定的时候就会伤害脾阴，从而出现脾虚的症状。这是一个方面，就是伤寒怎样影响脾。还有一个方面就是伤寒可以直接侵犯太阴，直中太阴。这就是伤寒和中土的关系。我把它分成两个方面来理解。

内伤和中土的关系，这个就是李东垣研究的东西。他认为饮食不节、劳倦内伤、精神刺激都可以影响脾胃的功能，导致脾气虚。脾气虚之后的病变就非常多了。他还强调脾气虚之后会引起阴火上乘，实际上就是相火上乘的病变。这是他的学术思想的一个核心。因此他的核心治疗思想就是针对内伤以后脾气和阴火的影响。他的治疗核心其实就是三点，升清、补中、泻火。我们在读他的《内外伤辨惑论》和《脾胃论》的时候，一定要有这样的指导思想，他所说的内伤脾胃无非就是强调这三方面的病理变化。在治疗方面，他是一以贯之的。后世医家实际上也有一些补充，包括他的学术继承人罗天益，更强调饮食对中土的影响。实际上他也没有完全脱离伤寒，他的基本思想还是这个，但是更强调饮食方面的影响，而李东垣更强调精神因素的影响。我们从现在内科学的教材看，脾胃病的发生或者说内伤疾病的发生，无非也是这些，饮食、劳倦、精神刺激。很难脱离这些。当然现代社会还可以有更多，比如一些化学物质，我们吃进去有毒的东西。这些也可能是，但是它都是属于饮食方面的东西。这就不多说了。

温病学家对于中土方面的研究也是比较多的。在温病、瘟疫方面，后世医家的论述涉及很多方面。我们从辨证论治的体系来讲。第一，讲温热之邪对脾胃的影响。温热之邪在身体里面的变化无非就是湿温。湿温是一个基本的病理改变。在湿温的治疗方面，就有一系列的处理方法和方剂，无非也就是清热利湿。第二，温热之邪在人体内有一个重要的病变方向，就是伤害人体正常的阴液。因此，在温病的治疗里面，有一个很重要的方法就是前代医家没有涉及的，就是在清热利湿的同时固护阴液。强调"留得一分阴液，便有一分生机。"第三，热性病有类似《伤寒杂病论》里面说到的阳明之腑燥结的情况。温病学家也很强调承气汤，但是他们的承气汤又有改变。五个承气汤，从宣白承气汤到增液承气汤，都是通腑泄热的一个体系，非常完善。第四，关于寒湿。湿邪，无论是夹了寒，还是夹了温，伤害脾土以后，都会伤害脾阳，出现寒湿的病理改变。这样看来，温病学家论述的温病和中土的关系，其理论体系更加完善。它涉及病因、病理改变、疾病的传变与发展的各个方面，是一个非常完整的理论体系。这些应该是张仲景和李东垣都没有注意到的，没有论述的。你这个问题提得非常好。从这几个角度来论述湿和中土的关系。如果把这几位代表医家的学术经验归纳到一起的话，就是一个非常完整的湿病辨证论治体系。

刘　奇：接下来就到我们最感兴趣的临床了。刚才听您讲了那么多，突然想到了一个问题，临床上有一种咳嗽，患者咽喉痒，一痒就咳嗽。或者是有痰，或者没痰，或者有黄痰，还有清涕。不知道对这种咳嗽，您临床上是怎么治的呢？

刘志龙：你讲的这种情况，也要辨证论治。临床上治咳嗽，你刚刚讲的情况，临床上咳嗽一般可以简单分为两种，一种是外感和内伤夹杂在一起的。像《伤寒论》里面讲的外有寒，内有饮。这种情况非常常见。你看患者流着清涕，又有清稀的痰。用《伤寒论》的方子就是小青龙汤。这是最对证的，既能够用麻黄散寒，使外感的寒邪从外驱散，同时又用细辛、干姜、五味子这些温化内饮的药来针对患者身体里固有的宿病、病根。这种咳嗽和脾胃有什么关系呢？人身体里面为什么会有内饮，为什么会有痰饮停留在里面呢？这些我研究得可能比较多。《伤寒论》的教科书里面，认为内饮是停留在肺里面的。但是从临床实际上来看，还得从脾去治，还是得温脾阳。脾为生痰之源，肺为贮痰之器。这个饮实际上也可能在胃，也可能在肺，也可能在身体的其他方面。治疗根本还得温脾阳。干姜也好，细辛也好，五味子也好，这些药当然是可以温散。但是如果我们能顾及脾阳，结合党参、白术这些药，治疗效果会更好。

还有一种咳嗽，涉及肺和脾，也就是土和金的关系。五行、五脏之间的相互影响的关系，我们必须要重视。在临床上，年轻医生刚出校门，往往喜欢生搬硬套地去拿书本所学的东西和临床去对应。这当然也是一种阶段，不能做过多的批评。我们每个人都会有这样一个认识、提升和发展的阶段。但是这个阶段很容易把一些问题孤立起来。《黄帝内经》里面也讲："五脏六腑皆令人咳，非独肺也。"脾和肺的关系在治疗咳嗽方面是非常重要的。很多慢性咳嗽，光从肺来治疗往往疗效提升不了，总是解决不了问题的时候，一定要注意脏腑之间的关系。往往培土可以生金。我刚刚讲了"脾为生痰之源"，通过提升脾阳、扶助脾阳，使脾阳、脾气充实了，生痰之源没有了，肺里面的痰也就没有来源了。这种病往往就能得到有效控制，从根本上去解决。这在临床上很常见，尤其是一些有慢性肺病的人，像老年人慢性肺气肿等。我们临床上要特别注意这种脏腑之间的关系，它们是相互影响的。

刘　奇：您临床上对治疗糖尿病有独特的经验。教材上说阴虚为本、燥实为标；上消、中消、下消……您治疗糖尿病怎样运用中土思想指导临床？

刘志龙：中医药治疗糖尿病，首先作为中医人，这是很值得骄傲的一件事情。中医完全有可能在将来找到一个突破口，使糖尿病得到彻底的治愈。当然不能说治愈所有糖尿病，至少可以在一部分糖尿病患者身上看到这样的疗效。现在我和李赛美教授、河南的庞国明教授、范冠杰教授，在这方面做了很多有益的探索。我认为这些经验都是非常宝贵的，都值得我们去认真总结，当然也还要进一步深入研究。中医药的疗效，都是实实在在的。我的很多患者已经是什么药都不吃，维持了好些年了。这种效果，你承不承认是临床治愈呢？当然算是治愈了。相对于西医的终身服药，至少我可以让患者四五年，甚至更长时间不吃药。因为我的研究时间还没有足够长，这些患者也还没有终老。是不是能够保证他们终身都不用服药呢，这个我不敢保证。

刘　奇：这样的效果西医已经达不到了，四五年都不必服用药物。

刘志龙：一年都不行，甚至1个月都不行。必须天天吃药，甚至有的患者要餐餐吃药，一餐不吃都不行。在这个方面中医药有确切的疗效，我觉得这是我们中医人应当引以为豪的。从临床的治疗方法上来讲，我们的祖先提出了三消分治：上、中、下三消。后世也有一些不同的补充和完善。总的来讲，古代的观点没有离开过三消。但是近几十年，随着社会的发展，人们的体质和生活方式发生了很大的改变。糖尿病的发生和临床表现，都和过去的三消不一样，甚至可以说是完全不一样。今天上午就是我的门诊时间，我问患者有什么症状，他说从来没有什么症状，在体检的时候发现血糖高，就是糖尿病。现代定义的糖尿病和我们古代的消渴不完全一样。

在治疗上，如果遵循过去治疗三消的传统方法，那么可能就会受到局限，有可能整个思路就打不开，疗效也上不去。在这一方面，从经方入手，我们做了很多的探索。例如用经方的方证思路来辨证论治。后来做了很多归纳总结之后，我把糖尿病简化为三个证型。当然三个证型是为了方便传播，方便我的学生们掌握。我也是想在临床上简化治疗方法，太复杂了别人掌握不了，就回归到了笼统的辨证论治。笼统的辨证论治实际上没有固定的模式。按照辨证论治该用小柴胡汤就用小柴胡汤，该用葛根芩连汤就用葛根芩连汤。那么人家跟着我学的时候，就可能是"丈二的和尚摸不着脑袋"。最终学到四个字就是辨证论治。我现在把它归为三个类型：寒型、热型和寒热错杂型。这样就很清晰，也便于掌握和传播。我想表达的就是，无论哪一型，我在临床用药上面一定会牢记糖尿病的核心病变是胰腺的功能改变。相当于中医学的脾胃功能的破坏。因此，在治疗上补脾、补土是贯穿始终的。一是无论哪一个证型都需要补脾，二是无论什么阶段都需要补脾，三是无论什么人，都需要补脾。这就是我治疗糖尿病重要的特点。正好和你今天提的问题非常吻合。我一直很强调的是补脾、补虚、补脾益气，这是贯穿治疗糖尿病的始终的。在用药方面，我更倾向于用理中药去扶助脾阳、脾气。如果这个患者明显是热证，扶阳药，像干姜等可以不加，可以加一些养阴益气的药。但如果是寒热错杂证和寒证，毫无疑问就是以温补脾阳为主的。所以整个治疗思路就是突出补土。我个人认为《黄帝内经》里面讲的脾瘅，就相当于糖尿病的核心病变，也就是胰腺的病变。如果我们重视胰腺的病变，要去恢复胰腺的功能，那就要注意温补脾阳，补土益气。

刘　奇：糖尿病到后来会有各种各样的并发症。比如汗证、皮肤瘙痒，您是怎么处理这些关系的呢？

刘志龙：我刚才讲了我们有一个核心的指导思想，补脾益气、补虚益气，贯穿了整个糖尿病治疗的始终。糖尿病治疗有几个方面是值得注意的。第一，要注意降糖。无论怎么样去辨证论治，对病治疗的药还是有必要的。这个对病治疗就是降糖，直接用一些降糖中药。中药在降糖这一方面，有一些药有非常好的效果。我个人喜欢用的翻白草，这种草长在田边地头，特别是沙地。它长得有点像白头翁，和白头翁小株的草差不多。为什么叫"翻白"呢？叶子背面有白色的绒毛。它的学名叫翻白草，民间叫"鸡腿"。因为把它从土里拔起来以后，它的根就跟个小鸡腿一样。翻白草是可以直接降糖的药，葛根也是。

当然，如果单纯去强调选用某一种降糖的药，可能会局限我们的临床思维。我们辨证使用扶正药，尤其是大量的益气药，像黄芪、党参、西洋参等，都能够降糖，而且降糖效果还不错。特别是西洋参，单用一味西洋参就可以降糖。养阴药，像麦冬、沙参、山茱萸等也可以降糖；补血药，像熟地黄也能降糖。这些药就是有这样的疗效。第二，在辨证论治的基础上，还要注意对症治疗。这是中医的一大优势。我们中医在糖尿病并发症的治疗上面是明显优于西药的。各种各样的并发症，像你刚刚讲的皮肤瘙痒、虚汗证、神经痛、夜盲、阳痿等。我们在辨证论治的同时必须要兼顾对症治疗。对的症是什么呢？除了调节血糖，还有就是所谓的并发症。所以你说的汗证，通过辨证，这个人的基本证型不是气虚自汗证，可能是寒、热、寒热错杂三型之一，而汗出只是这些病机的表象。但是这个患者在出汗，我们可以适当加一些敛汗的药。第三，辨证论治的核心，我强调要治本。五脏都是本，但是我更看重脾土。这就是我在临床上治疗糖尿病的思路和特色。

刘　奇：岭南有很多特色的道地药材，与中土有关的道地药材有哪些呢？

刘志龙：岭南与中土有关的药材当然是有一些的。比如党参、白术等补脾益气的药。但是岭南地区与中土有关的道地药材似乎不是很多。因为岭南地区的气候特点是湿比较重，利湿的药材肯定是比较多的。比如说岭南的八大道地药材之一广藿香，就有很好的解表利湿的作用。砂仁也是岭南八大道地药材之一。它有很好的醒脾、利湿作用，也是能够扶助中土的岭南道地药材。陈皮也算一个，新会皮也是岭南八大道地药材之一。陈皮能够理气，通过理气能够扶助脾胃的功能。很多食滞患者，中医称为痞证，用陈皮以后能够消气，因为它能提升脾胃的消化能力。这是我理解的几味中药，当然这是很不全面的，我对这方面的认识还比较欠缺。

刘　奇：好的！那今天就到这里，感谢刘教授的耐心解答。

刘志龙：也谢谢你今天的采访！

严谨探索，灵活实践；溃结顽疾，勇于攻关
——吕永慧教授访谈实录

【专家简介】

　　吕永慧，女，1957年生，云南省曲靖市人。主任中医师，广州中医药大学教授，博士研究生导师。广东省名中医，荣获广东省"抗击非典"三等功，国家中医药管理局溃疡性结肠炎重点专科（专病）及国家中医药管理局脾胃病重点专科负责人及学科带头人，对"溃疡性结肠炎"进行了三十余年的临床研究。

　　陈　延：吕教授，您是广东省名中医，也是我们的老师，我们跟着您学习溃疡性结肠炎的中医辨治，对您发表的文献做了梳理及学习。您在论文中曾指出在溃疡性结肠炎的治疗过程中，脾胃虚弱是溃疡性结肠炎发生的内因，外感湿热是诱因，我们想知道您是如何总结出这个规律，形成这个辨证思路的呢？

　　吕永慧：感谢陈主任的邀请！我是一名临床医生，只不过治疗溃疡性结肠炎时间比较长而已。为什么我认为溃疡性结肠炎以脾胃虚弱为本，外感湿热为标呢？首先需要讲一下我个人的一些经历。

　　20世纪80年代末，我去西医院进修。进修时见到一位溃疡性结肠炎患者，排黏液脓血便，西医采取了氨基水杨酸制剂、激素、免疫抑制剂等治疗方法，但黏液脓血便未止，继之又出现上消化道出血。在那个年代，这个病确实很难治，所以我就想是否能够从中医方面着手呢？进修结束返回医院后，我查阅大量文献，进行相关学习，发现补脾益肠丸用于治疗慢性泄泻属脾肾虚弱型有效，但是，临床上溃疡性结肠炎的证型并非仅有脾肾虚弱型，于是，我一边阅读文献总结经验，一边在临床上进行实践探索。

20世纪90年代初，我遇到一例反复发作的溃疡性结肠炎病例，排肉眼血便、腹痛、里急后重，舌淡红、苔黄，肠镜下黏膜充血水肿、糜烂、出血、溃疡，这也就意味着，溃疡性结肠炎患者不仅仅具有脾虚之征，而且还有湿热之象。另外，我在云南工作时，曾经有医生说，广东用茵陈的量很大，而茵陈是清热利湿的，所以从那时起我就有一个概念，广东地区偏湿热。后来我调动到广东工作，广东属岭南地区，气候炎热潮湿，临床中确实发现岭南湿热证居多。这为我创立治疗溃疡性结肠炎湿热内蕴兼脾虚夹瘀的纯中药制剂"肠炎清合剂"提供了很好的临床依据。

1994年我创立的"肠炎清合剂"（黄芪、黄连、延胡索、蒲公英、白及、赤石脂）成为我们医院的院内制剂，一直用于溃疡性结肠炎、克罗恩病等炎症性肠病的治疗，已使用至今。"肠炎清合剂"既改善了临床症状，也改善了实验室指标；既修复了肠黏膜，也达到了病理组织学愈合，取得了较好效果。特别是重症溃疡性结肠炎，通过中西医结合治疗，获得了满意效果，减少了西药的用量及副作用，受到了患者的好评。

我主持的"肠炎清治疗溃疡性结肠炎的临床研究"课题，1995年获广东省科委"九五"重点攻关科技项目，2000年3月通过广东省科委鉴定，达到国内先进水平，2004年获中华中医药学会科学技术奖三等奖；2011年《清热燥湿法治疗炎症性肠病临床疗效及其作用机理研究》获全军医疗成果三等奖；"肠炎清治疗溃疡性结肠炎的临床研究"获2011年度中国健康年度总评榜——2011年度创新医疗技术奖；"肠炎清合剂"被评为优秀医院中药制剂。

陈　延： 您的论点是您在科研与临床研究过程中逐渐产生的。

吕永慧： 是的。虽然当时文献中也有人提出，但是说法不一。而我们最早在1996年发表的论文就已经认为溃疡性结肠炎的发病是由脾胃虚弱，湿热内生，蕴结于肠腑，气血瘀滞，络伤出血或化腐成脓所致。

为什么说气滞血瘀贯穿始终呢？除了临床症状及内镜下见肠黏膜血管模糊、出血等外，我们做了甲皱微循环、血液流变学指标等的观察研究，发现甲皱微循环的血管与内镜上血管模糊是有对应关系的，而且甲皱微循环异常在溃疡性结肠炎的不同证型有不同的表现；血液黏度在溃疡性结肠炎的不同证型也有不同程度的增高，所以气滞血瘀贯穿始终这个观点是成立的。

为什么脾虚的观点也是成立的呢？20世纪七八十年代，广州中医药大学脾胃研究所在王建华教授的带领下，对脾虚证做了大量研究工作，发现免疫功能异常与脾虚证的关系比较密切，这对我们的临床工作起了很大的指导作用。我们在溃疡性结肠炎的研究工作中，也进行了溃疡性结肠炎与免疫方面的研究工作，因此，我提出了溃疡性结肠炎脾肾亏虚是根本，湿热内蕴是标，气滞血瘀贯穿疾病始终。

"肠炎清合剂"不仅对湿热内蕴兼脾虚夹瘀的溃疡性结肠炎有效，对一些类似中医

"痢疾"症状的肠炎也有疗效。此外，对于肠息肉切除术后黏膜修复，"肠炎清合剂"保留灌肠的效果也是很好的。后来我们进一步做了关于肠黏膜屏障的研究，凡属湿热内蕴兼脾虚夹瘀型的肠黏膜功能障碍，我们针对其受损原因进行了研究，包括对机械、化学、生物、免疫屏障等肠黏膜屏障功能的研究。机械屏障在溃疡性结肠炎中是可直观观察的。既往我们做了体液免疫、细胞免疫、吞噬细胞等研究，之后又做了肿瘤坏死因子、C-反应蛋白、二胺氧化酶、低 D-乳酸水平、白细胞介素、血管细胞黏附分子-1、NF-κB 细胞信号转导通路等研究，进一步证实了"肠炎清合剂"治疗溃疡性结肠炎与改善肠黏膜的机械屏障、化学屏障、生物屏障、免疫屏障功能有关。

陈　延：您说的这些研究都是基于"肠炎清合剂"的系列研究？

吕永慧：是的。系列研究很多，现在我们还在做。

陈　延：这个方是您自创的，还是从您看的书中学到的？

吕永慧：是我自己从临床实践中摸索和总结出来的。

陈　延："肠炎清合剂"主要用在溃疡性结肠炎的哪个阶段，活动期还是缓解期，还是说什么期都能用？

吕永慧：只要是属于湿热内蕴兼脾虚夹瘀的溃疡性结肠炎，不论是活动期，还是缓解期都可以。临床中，在缓解期使用"肠炎清合剂"，可加强健脾之力。

陈　延：就是更倾向于在缓解期使用？

吕永慧：不一定，只要是湿热内蕴兼脾虚夹瘀的溃疡性结肠炎，活动期、缓解期都可用。为什么这样说呢？我原来有位溃疡性结肠炎患者，他是我们本院职工的亲戚，1996 年我给他治疗，治疗后我亲自给他做肠镜，结果结肠镜下肉眼观察肠黏膜的病变已经治愈了。1996 年到现在都将近 30 年了，几次复查结果都很满意。患者这么多年来，一直间断服用"肠炎清合剂"，所以我认为"肠炎清合剂"适合每个阶段，只不过在此基础上根据每个人的情况要增加相应的中药。

陈　延：所以它还是不能用于所有的患者，只能用于部分的患者？

吕永慧：不能用于属阳虚、阴虚的患者，其他都可以。但是阳虚又有湿热的，可在开中药时，加补肾助阳中药。

陈　延：这个就是我想向您请教的，因为我也是研究炎症性肠病的，从您的思路出发分析了这个方子，黄连清热祛湿，白及止血，延胡索止痛，我比较关注赤石脂，因为赤石脂是偏温的，有点收敛的作用，在缓解期会用，但在活动期它的收涩作用会不会留邪呢？

吕永慧：赤石脂具有涩肠止泻、生肌止血的功效。用赤石脂主要是取其止血生肌之功，对于久泻则取其涩肠止泻之功。虽然理论上收涩有敛邪之嫌，但"肠炎清合剂"在临床上已用了30年，未发现敛邪现象。

陈　延：还有一个药是黄芪，我觉得您选择黄芪这个药主要还是针对脾虚。

吕永慧：对，黄芪还有一个作用是托毒排脓生肌。

陈　延：脾虚湿热夹瘀，实际上脾虚可以选择的药很多，比如说黄芪、党参、白术。我为什么想到黄芪呢，因为在溃疡性结肠炎，尤其是急性期，我是不太敢用黄芪的，患者是血证，血遇热则行，遇寒则凝，会不会用了黄芪以后患者出血更多？

吕永慧：不会，我的临床经验告诉我是不会的。

陈　延：广东人确实是对症状的敏感度会高一些，因为是急性期，有湿热的基础，所以会有口干口苦的情况，很多人吃了黄芪以后口干口苦的情况会加重，您遇到过这种情况吗？

吕永慧：第一，从20世纪90年代到现在，我们已用"肠炎清合剂"30年了，没有发生过服用"肠炎清合剂"后导致的口干口苦，最多是灌肠后有点腹痛，我觉得是患者偏虚的原因，所以这样使用是放心的。第二，我们那时候做科研，除了在本院做以外，还与外院合作。比如，北方地区的秦皇岛某医院，观察"肠炎清合剂"治疗湿热内蕴兼脾虚夹瘀的溃疡性结肠炎的临床效果，发现疗效不错。北方燥热，也没发现因"肠炎清合剂"含有黄芪而致口干苦等燥热之象。

陈　延："肠炎清合剂"可以用于灌肠？

吕永慧："肠炎清合剂"既可口服，又可灌肠。

陈　延：我自己也在做这方面的研究，我也看了一些文献，邓老（邓铁涛）说黄芪对于广东人来说太燥了，最好是用五指毛桃，五指毛桃没有那么燥，我自己会用五指毛桃代黄芪，五指毛桃您用得多吗？

吕永慧：用得多，比如平时看到舌暗红或是偏暗红、苔黄，属湿热瘀型的患者，如果这种时候又有虚的话，就不一定用黄芪，而用五指毛桃。用五指毛桃的患者，其舌质看上去比较坚实；而用黄芪的患者舌质比较嫩。当时创立这个方的时候，选择黄芪的原因主要有两个：一是用黄芪，除了健脾益气以外还有增强免疫力的作用，比如说玉屏风散用黄芪，就有益气固表的作用；二是黄芪有托毒排脓生肌的功效。所以就选了黄芪。

陈　延：这个方已经创立20多年了，现在看同样的病，您在这个方子使用的过程中有没有一些加减，认识上有没有变化？

吕永慧：肯定是有变化的。从科研角度看，是要遵循科研所选择的研究方法而定，而临床运用则是根据患者个体差异化而定。在中医证属湿热内蕴兼脾虚夹瘀的肠黏膜受损患者的前提下，用"肠炎清合剂"合适，但如兼夹证有偏重，可灵活增加中药。

陈　延：您开的中药倾向于哪个方向呢？

吕永慧：那要根据患者的情况，假设这个药方偏治湿热，患者偏虚，在治法上清热祛湿与补虚的侧重点就不一样了。

陈　延：您觉得近五年来是虚的人多了，还是湿热的多了？

吕永慧：应该是虚的人多了，还有焦虑的人多了。过去也有焦虑患者，但现在更多了。前段时间我治疗的一位患者，治疗过程中，即使最后复查相关指标都好了，但患者仍然处于焦虑状态。溃疡性结肠炎的治疗也逐渐规范化、系统化，我经过三十余年来的持续临床及研究工作，已取得了较好疗效，受到了患者好评，得到了业界内的肯定。但是对于溃疡性结肠炎的缓解期，往往会遇到有的患者出现合并肠功能紊乱的症状，这还需要从心、肝调治。

陈　延：不管是中医还是西医，一般都将溃疡性结肠炎分为急性期和缓解期，您觉得从中医角度，溃疡性结肠炎发作期和缓解期在证型特点方面有什么特点？

吕永慧：这个肯定有。我们已经做了很多工作，我多次讲课都讲到这个问题。活动期实际上是邪实为主，你看我发表在《中国中西医结合杂志》上的一篇文章，活动期以湿热证型为主，也有肝郁脾虚型，缓解期以脾虚或者脾肾阳虚为主，阴虚的也可见，所以我创立的院内制剂肠炎消合剂（肠宁合剂），就是针对阴虚为主的情况，所以还是有侧重的。

陈　延：肠炎清合剂可以看作是专病专方吗？像西医一样……但是有些专家认为专病专方是不符合中医辨证论治理论的，每个人的体质都不一样，都用一个方来治怎么去体现辨证论治呢？

吕永慧：首先，中医、西医是两个不同的体系，考虑问题的思维模式是不一样的。而"肠炎清合剂"并非专病专方，它是适用于湿热内蕴兼脾虚夹瘀的已知或未知原因的肠黏膜受损（也包括溃疡性结肠炎）的患者，也就是根据某个病的某个证型所设定的。

关于流派的问题，我是这样想的，其实不管什么流派，都是从《黄帝内经》中衍生而来，我们中医的根源在《黄帝内经》。流派是针对某一种状态而存在，具有片面性，譬如李东垣是补土派、张景岳是温补派，他们都重视脾胃，注重阳气的问题，但是因为过于强调阳气而忽略阴分，所以到了清代出现了叶天士温病卫气营血辨证、吴鞠通的三焦辨证，这是个纠偏的过程，但到了清末又出现扶阳派。目前也存在一些跟风问题，我认为这些流派有它的地域性，因人因地而异，但根源还是在《黄帝内经》。

我们当医生的，不应该被流派所约束。比如相对云南来说，广东患者湿阻很多，温病学派的理论和方药在这里好用，常用的方剂有藿朴夏苓汤、甘露消毒饮等。为什么现在扶阳派这么火热？其实我觉得有两个原因：第一个是人们的体质变了，因为现在有空调冷饮，虽然环境还是湿热，但生活条件的改变让我们改变了体质，体质变虚了。第二个是现在生活节奏快，医生也好，患者也好，都追求速效。有些医生可能实践经验并不是太多，又想马上有效，听到一些药见效快，就马上用了。扶阳派现在为什么那么热门？因为有市场。补土派的方法比较平和，针对内伤疾病较多，而一直以来以补土为主。补土的思维不是说只去补，应该还有调理脾胃。"补"字似乎给人的感觉就是只会用补药，但是实际上它还有一个调理的概念，比如说它不能升就把它调升，不能降就把它调降，目的在于调阴阳，调升降，阴平阳秘是根本，不管哪个流派都要回归到这一点。

陈　延：对于流派，我个人认为流派形成具有一定的时空要素，不管是五运六气还是生活习惯的原因，疾病在某些时间或是地域出现，既往的方法无法解决临床问题，从而形成一些新的治疗思路与方法，并且在临床中得到验证，从而逐步形成一种流派。此外，有宣传或是运作方面的影响，就是您刚才说的跟风问题。其实流派有很多种，最好研究的流派还是家传或者师传，毕竟有老师在，他可以说清楚为什么要这样治。但是我在补土学术流派研究过程遇到一些问题。李东垣是位古人，研究过程只能在他的书中寻找答案，这时候不排除理解上存在一定的偏差。您觉得我们应该怎样更系统地研究补土流派学术思想？

吕永慧：我认为，身处在岭南地区，要抓住岭南地区地域性来研究，这里的特点是湿，从湿去研究，更符合临床需求。此外，跟师的问题，我觉得关键还是学习方法，看书可以学习，参加学术会议也是学习，跟师同样是一种学习过程，只是不同学习过程要用不同的方法，对临床的提高同样有帮助。

在临床工作中，带着问题学，不断地从实践中总结，用理论指导实践，以疗效为中心，平时不断地学习四大经典，还有《脾胃论》《医学心悟》《医林改错》《医学衷中参西录》，以及现代中医文献。

陈　延：肠黏膜屏障、肠道菌群一直是研究的热点，从中医的角度我们怎么去认识肠黏膜屏障和肠道菌群呢？肠黏膜屏障和很多肠道疾病相关，您刚才举的很多例子比如机械屏障，更多是西医的概念。从中医角度是否能够找到切入点或是共性，为用药提供更多的思路？

吕永慧：在重症胰腺炎中，细菌移位导致内毒素产生，大量感染造成肠黏膜屏障损害，毒素进入体内导致全身炎症反应。溃疡性结肠炎与脾虚湿热有关，根据我们的研究，脾虚与机体屏障，特别是肠黏膜免疫屏障是有关系的。脾主卫，脾胃是人体防御病邪的重要屏障。"四季脾旺不受邪"，脾作为气血生化之源强盛了，水谷精微运化到全身，抵抗力加强了，"正气存内，邪不可干"。脾主肌肉，肠黏膜平滑肌是肌肉……从理论上来讲肠黏膜屏障与中医的脾胃联系上了。炎症因子、内毒素等就与湿热有关系。脾胃虚弱，纳食少了，运化功能减退，气血化生之源减少，气血津液不足，必然影响机体正常生理功能和抗邪能力。

陈　延：您这个提法很有意思，从西医上讲食物最后转化成人体血液的白蛋白是一个消化吸收的过程，这个消化的过程需要对食物研磨、分解、吸收、转化。全胃肠营养治疗可以减少物理消化的过程，营养物质直接吸收，从中医上来讲饮食入胃，也是要运化的过程，从中医上理解全胃肠营养是不是也少了一个环节？

吕永慧：我觉得没有。胃主受纳腐熟，脾主运化，也就是当饮食进入口腔，经过食管，容纳并暂停留于胃腑，经过胃的腐熟作用，将水谷变成食糜，下移于小肠，进一步消化和吸收，将水谷化为精微，脾将其精微运化而营养周身，而糟粕残渣下输于大肠形成粪便而排出体外，这也是饮食的受纳、腐熟、消化、吸收、运化、排泄的过程。有些患者纳食强，但腐熟、运化功能不足，加之肠道吸收、传导功能不足，此时，进食流质饮食为佳，否则，易产生毒素。

陈　延：毒邪的产生还是跟运化有关系呀？

吕永慧：是的。脾主运化，除主运化水谷精微之外，还主运化水湿。脾虚运化失健，水湿内停，郁久化热，湿热下注肠道，与糟粕秽浊相搏，产生毒邪；另外，食物也是有毒邪的，比如说乳糖不耐受等。

陈　延：食物毒邪对正常人有没有影响呢？

吕永慧：是有影响的，只不过是没有影响到肠的实质器官，而影响了身体的其他器官，比如毒素渗在血液中，而引起诸如高脂血症、糖尿病、血管硬化等。

陈　延：还有一个问题，对于祛湿我们是很头疼的，很多患者治了很久舌苔还是很厚。我想请教您治疗湿的时候是直接祛湿，比如清热利湿、淡渗利湿，或是通过解表发散出汗祛湿，还是健脾运脾？因为脾运化好了湿自然就退了。您更喜欢哪种方法？有时候确实是把握不好。

吕永慧：您提的这个问题也是我临床上经常遇到的问题。关于祛湿，也并非喜欢用什么方法就用什么方法，而是根据不同的人、不同的地域、不同的季节以及兼夹证的不同而采用不同的祛湿方法。对于舌淡红、苔黄腻，单纯的清热化湿还是不够，还需加强健脾以运化水湿。

陈　延：好的，谢谢吕老师。

谈脾胃学说的源流与应用
——毛德西教授访谈实录

【专家简介】

毛德西，男，1940年生，河南省巩义市人。主任医师，教授，硕士研究生导师，中医传承博士生导师。首届全国名中医，第三、六批全国老中医药专家学术经验继承工作指导老师。获河南省中医事业终身成就奖、中华中医药学会"全国首届百名中医药科普专家"称号、全国中医药科学普及金话筒奖等。

刘　奇：很高兴今天能采访到毛德西教授。毛教授临床功底深厚，临证善治疑难病，重病。毛教授，您能否谈谈对土、脾胃、中焦、湿邪的认识。

毛德西：第一个问题，对土、脾胃、中焦的认识。这就涉及天人合一的理论，中医学中有阴阳、五行、五运六气，在地为五行——木、火、土、金、水，在天为六气——风、寒、暑、湿、燥、火，与人相对应的是五脏。而土为五行之一，脾胃与之相应，中央属土嘛！这里谈到中焦，中医的中焦有两个概念：生理概念的三焦指上、中、下三焦，脾胃属于中焦，膈肌之下、脐之上；但是大多数情况下我们谈的是它的病理概念，如吴鞠通的三焦学说。不管是五行的土，脏腑的脾胃，或按部位划分的中焦，实际上是天人合一的不同理念。讲到部位，那就是中焦脾胃，当然，肠在下焦，但是作为其功能还是与脾胃有关系，中焦和土是有密切联系的。

第二个问题，有关湿邪与中土的关系。这在《素问·阴阳应象大论》中就有记载："中央生湿，湿生土，土生甘，甘生脾，脾生肉，肉生肺，脾主口。"湿与脾胃，尤其是脾经有密切的关系。脾主湿，但又恶湿，很多人搞不清楚，这不矛盾嘛！实际上这是辩证法。脾主湿，是脾主湿的运化，是指水谷中的精微部分要靠脾阳的运化，就像《素问·经脉别论》讲的："饮入于胃，游溢精气，上输于脾，脾气散精，上归于肺，通调水道，下输膀胱。"脾恶湿，说的是脾气虚了，就不能运化，不能运化就产生湿，这里的湿不是指营养精微，而变成湿邪了。

刘　奇：一个生理功能，一个病理特点。

毛德西：这就是中医辩证法，不能太过也不能不及。湿气太过，脾经的气就不足了，很多患者说吃过饭后肚子胀，口中乏味，问这是怎么回事？我就举例子，比如说磨面的磨，胃主纳谷，我把粮食放进磨眼里就是纳谷；脾主运，就是磨盘，磨盘转得慢了，就是脾不运化。我们放二斤粮食，磨盘只转了一斤，这就是脾不运化。这样患者就听懂了。"诸湿肿满，皆属于脾"，是讲脾的运化功能。脾失运化，就会发生腹胀、水肿、痞满等症，这些皆属于脾虚湿气积聚，不能运化为精微所造成的。

第三个问题，补土派古代医家有哪些？补土派李东垣的老师是张元素，河北省易县人，代表作《医学启源》，为易水派的创始人。李东垣写的是《内外伤辨惑论》，《脾胃论》是他学生写的。李东垣祖辈是当官的，有钱，但是他不是纨绔子弟，不喜欢吃喝玩乐，他喜欢读书。当时可以"捐官"，他的父亲叫他先不要行医，虽然读了不少书，但是还没有行医的本事。叫他先买个官当，当官过程中，了解了解民情，多读些书，积累些知识，再去行医。他当的官就是河南省济源的税务官，他的普济消毒饮就是在那里拟定的。因为李东垣创立了系统的脾胃理论，另外还有他的代表方剂——补中益气汤、升阳益胃汤、补脾胃泻阴火升阳汤。金元四大家必须有理论、有方药、有创新、有继承人，才能称为一派。易水派包括王好古，他也是张元素的学生，后世的私淑学生就多了，包括薛立斋、张景岳、李中梓，包括叶天士的滋胃阴也有关联，当然叶天士做了发展。

说到现代，很多国医大师都是脾胃派，像北京中医药大学的董建华，还有上海第一届国医大师张镜人，我接触过，他的关门弟子是我的朋友，张镜人也是脾胃派。包括南京中医药大学的国医大师周仲瑛、徐景藩，还有河南中医药大学的国医大师李振华。这个学派继承人比较多，实用性比较强。

第四个问题，补土派的传承脉络。补土派到了明代的薛立斋、张景岳、赵献可，实际是温补派。虽然他们有所发挥，但是他们遵循的是李东垣的理论。

第五个问题，怎样运用补土思想指导临床。补土派到清代有所发挥，这里必须提到黄元御的下气汤（半夏、五味子、茯苓、杏仁、贝母、芍药、陈皮、甘草）。下气汤是往下行的，而李东垣的补中益气汤是往上行的。我们不要把黄元御的学说看成是对李东垣学术的背叛，而应该看成是对他的补充。都是围绕脾胃，补中益气汤升清，但是降浊力不足，胃中浊气谁降呢？就用下气汤。黄元御下气汤的功劳非常大。黄元御的学术继承人是西安市中医院的麻瑞亭先生，享年95岁。他是黄元御的第五代学术继承人，他运用下气汤的经验，体现在他的《医林五十年》中。他用一生的精力整理黄元御著作。他对下气汤运用娴熟，经过他的实践，用下气汤加减，治疗许多疑难杂病，取得了良好效果。我看后很受启发。临证中像脑梗死、急性心肌梗死、胃癌等，都是浊气在上啊！应当把浊气往下降，当然要加减啊！方中的主药半夏，不就是降胃嘛！所以要把下气汤看成是对补中益气汤的发挥。

叶天士的养胃阴，也是对脾胃学说的发挥。李东垣偏于阳，叶天士偏于阴。补中益气汤不能养胃阴，用石斛、沙参、麦冬、竹叶……这就是叶天士对补土派的继承和补充。这样就比较完善。叶天士是温病大家，但是他对经方非常熟悉，《临证指南医案》有很多这样的案例，一些人对叶天士的认识很片面，只看到了他用药辛凉的一面。

现代医家用补土派的思想治疗疑难病就更多了。比如，北京的国医大师路志正，他的学术观点是"持中央，运四旁；怡情志，调升降；顾润燥，纳化常"。所以说补土派不是衰弱了，而是盛行了。现在坐办公室的人多了，坐汽车的人多了，运动的人少了，现在门诊上很多人有"三高"——脂代谢跟脾胃有关系，糖代谢跟脾胃有关系，血瘀也和脾胃有关系，脾统血跟心脏、大脑都有联系，从脾胃治疗一些疑难杂病，不是退步，而是进步，这跟社会发展、饮食结构改变有关。以前吃不饱嘛！所以用党参、白术、黄芪、山药比较多。现在是饮食丰富了，油脂多，脾胃功能受到限制，我在临床上看脱发的多，长痤疮的多，血脂高的多，胖子多，子宫卵巢囊肿的多，这都跟饮食结构有关。

第六个问题，怎样看待中医诸多流派学术思想。这个问题你提得好！20世纪60年代，上海中医学院出过一本书——《近代中医流派经验选集》，竖排版，里面包括孟河医派费绳甫，以及朱南山、范文虎等，各个流派都有，写得很好。我们讲中医流派，还是要从金元四大家开始，怎样看待中医流派的学术思想，我在一些学术会议上讲过。中医流派本身是百家争鸣的好现象，但是好多人学偏了，比如扶阳派，方方都用附子，这就偏了。张仲景是扶阳派吗？张仲景是什么派？是张仲景派！你看有些医生开附子都是30g、40g，那滋阴派跑哪里去了！学术流派是百家争鸣的好现象，但是我们不要责备每个流派的不足，凡是流派，都有偏，都有不足，但是它有所长，在一个学派里，它理法方药很完整，如果我们能把各个流派的优点结合起来，解决临床疑难问题，那就是主流派，是中医大家。

河南有个艺术家叫刘忠河，商丘人。他说，豫剧有不同流派——豫东调、豫西调、祥符调、沙河调。他把四个流派的曲调精华结合起来，就是沙里淘金，就是精益求精。我们中医不能偏，不能什么病都是附子、干姜，什么病都是生地黄、沙参……补土派、滋阴派、攻下派或是刘河间的火热论都各有特色，但都有自身的缺点。为什么？宋代就出现"补脾不如补肾"和"补肾不如补脾"这样的争论，其实该补脾时补脾，该补肾时补肾，把两者结合起来就可以了。老年人更应该补脾，年少时补肾，中年要疏肝。老年人要补脾，要靠后天的脾胃来补充先天的肾气。所以脾胃派对老年人的养生是非常适宜的。你不能用一个流派的理论去否定另一个流派，不能只知道刘河间的火热论，用六一散、防风通圣散去否定张子和的汗、吐、下三法，也不能拿李东垣的补中益气汤去否定朱丹溪的大补阴丸、越鞠丸。这都是中医百花园中的不同花卉。善学者学其全，不善学者学其偏。

第七个问题，补土派的道地药材。有很多啊！河南的怀山药，我们讲铁棍山药最地道。浙江的于白术。张锡纯《医学衷中参西录》开篇的方剂叫资生汤，这是治脾胃虚劳的，里面的三样药——于白术（浙江于潜的白术）、怀山药、鸡内金。我给这三味药起名为"健脾三味方"，临床应用效果很好。还有安徽的霍山石斛，广东的新会陈皮等。还有福建的神曲，其他如麦芽、谷芽、薏苡仁、草果，都是疏肝、健脾、和胃的道地药材。

伤寒、内伤、温病与中土关系的这个问题复杂一点。伤寒与温病，这是指病邪而言，伤于寒者为伤寒，伤于温者为温病。但是同一种病邪侵犯人体结果不同。比如同一个屋子里，大家都受凉了，这个人是温病，那个人是湿温，另一个人是温热……这就是体质不同，病邪是因不同人的体质而变化的。

内伤伤及脾胃的太多了，包括饮食所伤，但是在杂病里，脾胃病必须注重肝气犯脾、犯胃，非常重要。我举个例子，有一位更年期女性来看病，她有胆结石、脂肪肝，一辈子不吃肉，也不吃糖，就是肝气郁结太重了，影响了脾胃，脾胃运化不及。女性30~40岁，很多人有甲状腺囊肿、乳腺增生、子宫囊肿、子宫肌瘤，有医家说这个"菱形地带"——甲状腺-乳房-子宫，这全是肝经管的，必须用疏肝的方法。这一点张锡纯在书里说得很清楚，他经常在治脾胃的方中注重疏肝，疏肝的主药就是生麦芽。包括现在的抑郁症、焦虑症，实际上都是肝气郁结，有的直接培土，不治肝，这叫培土扶木法。岳美中先生的书里有这样一个故事：他年轻时在山东菏泽跟老师学习，他的老师治一个年轻患者，治疗一年多，可能是肺结核。这个患者一年365天有364天吃香砂六君子汤，每次都以这个方为主，结果好了。其实这就是培土生金法！肺病可以培土生金，肝病可以培土扶木，对不对？肾病可以培土制水啊！你看调脾胃，涉及肝、肺、肾。"胃之大络，名曰虚里，贯膈络肺，出于左乳下。"所以脾胃和心也有关系。西医有胃心综合征，中医也说胃和心有关系嘛！所以路志正老先生就研究调理脾胃治疗冠心病。其实调理脾胃，就是调理血脂，血脂降下来有利于软化血管。所以脾胃是很重要的脏器。

刘　奇：生麦芽疏肝您用多少量？

毛德西：我经常用，最少10g，一般30g。你看张锡纯的书，里面写得非常清楚。

最后这个问题，关于经验方，适应病种。我刚才说了，老年人要注重脾胃功能的恢复，道理就是后天补先天。我接触的脾胃病很多，我一上午看40多个患者，10~15个是消化系统疾病，其中大概三分之一到二分之一开的是三三九气汤（广藿香、佩兰、砂仁、白扁豆花、代代花、佛手花、生麦芽、稻芽、谷芽）——我的经验方，在全国中医（临床、基础）优秀人才研修班上我讲过这个方。但是有一部分患者，舌苔厚腻，用半夏泻心汤。还有很少一部分患者，比如有溃疡、糜烂，就用黄芪建中汤。

刘　奇：黄芪建中汤要加饴糖吗？

毛德西：饴糖现在也有加的，但是现在不是张仲景时代，那个时候没吃没喝，你看东汉史——饥荒、疾病、战乱……现在的患者，吃了反酸、烧心、血糖高了，还能用吗？高粱饴糖很多，现在也有，如果确实有胃溃疡、体虚、人瘦、慢性胃炎、胃下垂，用小建中汤、黄芪建中汤，必须用饴糖补虚。简单地说，饴糖就是补充点糖分，黄芪建中汤起主要作用的就是黄芪，把黄芪去掉了，光用饴糖也没用。

我治脾胃病，最拿手的就是三三九气汤，大概有 15 000 个病例，我从 20 年前就开始用，只是没那么系统，后来大量地用，我的学生也用，最后形成这张方。当然了，经方也有用，周仲瑛老师看脾胃病，三分之二的人用半夏泻心汤。我还用小建中汤、黄芪建中汤，其次是张元素、李东垣的方，他们的脾胃理论，与张仲景有直接的关系——甘温补益。

李东垣的方子一般有套路——第一类补气，黄芪、党参、白术；第二类升阳，升麻、柴胡；第三类以风胜湿，他用羌独活；第四类，泻阴火，用黄芩、黄柏。

李东垣的著名理论有"甘温除大热""火与元气不两立"。这个问题 20 世纪 60 年代在《中医杂志》上讨论过很多次。我看李东垣的著作，关于阴火，他自己没有定论，到底阴火是什么？为什么甘温除大热？我很赞成"中气下陷，脾胃虚，湿气下流"而产生阴火的观点，就是脾胃虚了，湿气往下走了，时间长了，产生了湿热，这种湿热上犯形成的火，就是阴火。用党参、黄芪、白术补脾胃，加上泻阴火的砂仁、黄柏、甘草，确实有效。

刘　奇：临床上，女性还不到 40 岁就闭经了，一查卵泡刺激素（FSH）、黄体生成素（LH）水平都高了，发现是卵巢早衰。对于这个疾病，您有什么治疗体会？

毛德西：卵巢早衰见于年轻女性，但是我看卵巢早衰不是太多，毕竟不是妇科医生。《黄帝内经》说"女子五七，阳明脉衰，面始焦，发始堕"，到了四五十岁，这种病非常多，我用的就是国医大师张震的疏调汤（柴胡、香附、郁金、丹参、川芎、枳实、杭白芍、白术、茯苓、山药、淫羊藿、薄荷、生甘草），效果挺好，对月经不调、面老、脱发、内分泌失调，基本都有效。

刘　奇：更年期多汗，您也用这个方打底，再加上您常用的浮小麦、桑叶？

毛德西：对，多汗还加麻黄根，如果失眠，加生龙牡。

刘　奇：桑叶您用 30g？

毛德西：对，桑叶 30g，浮小麦 30g，麻黄根 10g。桑叶，轻轻的，温病学家好用叶、枝、花，量都要大，量小了可能效果不好，也不要用太大量，我最多用 30g。更年期症状一般还有失眠、焦虑、抑郁，焦虑用柴胡加龙骨牡蛎汤。

刘　奇：有人体检发现肺结节，您从中医角度怎么看待？

毛德西：我看资料说肺结节恶性率不到千分之三，但是谁得上都紧张。中医讲是痰湿形成，我用的方药基本上是程钟龄的消瘰丸加减，加夏枯草，有时加土茯苓、土贝母。我有时用国医大师梅国强的四土汤（土茯苓、土贝母、土牛膝、土大黄），祛湿毒、热毒，效果很好，量要小一点。

刘　奇：您不从瘀血论治？

毛德西：很少。我从痰湿论治，用丝瓜络、橘络、橘红、陈皮。痰生百病食生灾嘛！我用活血药很少，但是如果确实舌质暗，那要加活血化瘀药。

刘　奇：谢谢毛教授的讲解！

论治脾胃的补土派
——孟庆云教授访谈实录

【专家简介】

孟庆云，男，1939年生，黑龙江省齐齐哈尔市人。中国中医科学院研究员，曾任中国中医科学院中医基础理论研究所所长，中国中医科学院学术委员会委员，"973"计划第二届专家组成员，国家中医药管理局重点研究室专家组咨询专家，《中国中医基础医学杂志》主编等。

刘　奇：很高兴今天我们有幸能够采访到孟庆云教授。孟庆云教授对中医流派、《黄帝内经》等诸多方面都有很深的研究。我们今天主要从补土这方面请教孟教授。孟教授，如果请您给补土下一个定义，您觉得应该是什么？

孟庆云：成为一个学派，那要有几个条件。第一个条件，要有一个宗师。有了宗师作为学术带头人，还要有专门的著作，要有代表性的成果。现在学派的界限模糊了，说是学派，那谁是代表人物？代表作是什么？如果只是出了一些书籍，就说这是一个学派，其实是不够的。一个学派要有代表作，而且这个代表作要世代流传，大家都认为它具有经典价值，有公认性的价值，这是第二个条件。第三个条件，这个学派要有继承人，要有一些弟子来继承它的学术思想。不是说一个人一宣扬他的思想，写了一本书，有弟子帮他整理整理，就完事了。学术思想是要长传不朽的，而且在长传的过程中随着社会的需要、社会的发展还在发展，并越来越壮大，还要有一些弟子承传他的学术，而且不断发扬。第四点，这个学派要有贡献，有拿得出手的东西。你说自己的理论独特，得有贡献，没贡献不行。符合这四条，才能成为一个学派。按照这四条来评价，补土派是以李东垣为首的，他为什么补土？土指脾胃脏腑，主人体运化，气血饮食代谢。补土二字就是对五行的突破。以前五行，五种元素是平等的，谁也不比谁大，没有最高"首长"的。原本五行的含义是五重对称，五重对称可以互相生克，相生是个圆，相克是个五角星，这是五行原来的含义。西医说中医没有高层次的领导，没有最高统帅，这既是优点也是缺点。实际上，按照事物的发展规律来看，都得有个中枢，一个人得有个中枢，一个国家也得有个中枢，有个重要的机关，一个部队也是，哪儿都得有。所以说中医最早的五行学说在这方面有欠缺，而补土派是一次突破，当然后来的命门学说也是一次突破。补土派这次的突破就在五行里面，它的理论基础是《易经》。《易经》重视两卦，第一卦是天卦，即乾卦，第二卦是坤卦。"天行健，君子以自强不息；地势坤，君子以厚德载物"，这是清华大学校训的来源。这在汉代，甚至是汉代以前就已经有人论述了，说五行里面土重要，没有土能生长万物吗？人也得靠饮食经脾胃运化供给全身维持。火一烧把树林都烧没了，人就活不下去了。当然不同的学派，不同的思想会着重于不同的方面，比如道家强调水，老子说"上善若水"，说水"柔"，但柔能克刚，水、火、木、金、土，按这个顺序排。炼丹家强调金，金、木、水、火、土，是这么排的。到了儒家和天文学家则强调"木、火、土、金、水"的顺序。这也是一年春、夏、秋、冬的顺序，按季节来的。五星的运行时间的头七十二天是木星，第二个七十二天是火星，第三个七十二天是土星，接着是金星、水星……天文是这么个次序。再看自然界的生机，生、长、化、收、藏，是不是？也跟星星是一样的。这样就认识到在五行里面土对人的重要性，而且土还正好对应人的脾胃，对应人脾胃的功能，脾胃很重要啊。所以补土派以强调土的作用，强调脾胃的价值而立论，建立了这一个学说，这就是补土派的概念。

而且李东垣的学说甚至也影响了他的老师张元素。李东垣可不一般，第一他家里很富裕。第二他是有家学的，《易经》等"十三经"经书都学得挺深入，后来他因母亲病死受了刺激——坚决要学医。学医的时候李东垣带了千金，带了非常多的东西送礼给老师，让老师教他。所以他可不是轻易就得到了这个学问，他是带着千金去学，而且也认认真真学。可以这样说，他超过了他的老师，但他的老师也有厉害的地方。张元素另外的弟子，也就是王好古（王海藏），王海藏可能比他入师门还早点，等后来他们的老师死了，王海藏就说我拜你为师吧。后来李东垣又收了罗天益为徒，罗天益的学问也很高。所以说李东垣有一大群弟子继承他的学说，一直到现在。可以这样说，补土流派到明代的时候就已经成气候了，明代的时候就有"外感法仲景，内伤法东垣，热病用河间，杂病用丹溪"，已经将东垣和仲景并列了。当然后来大家说他还比不上仲景，但起码可以说他在杂病这个领域是大家，而且到现在用得最多的还真就是他的学说。另外，世人了解的李东垣并不仅仅源于砚坚写的《东垣老人传》，还来自于李东垣最好的朋友——元好问。元好问是金代的文人，后来是元代相当有名的大诗人，现在我们还能背很多他的诗。从元好问的书里边，我们才知道当年有河间、易水之争，我们才知道东垣当时最擅长眼科和外科。现代中医治眼病离不开补中益气汤，像高血压眼底出血，视物变形，看汽车轮子都是扁的，窗户是扭曲的，视物模糊，视力减退。补中益气汤能够提升中气，可以治疗眼底出血。另外李东垣治外科疾病，也是以托法、补法为主的，他到后来才以杂病治得多而出名。所以说李东垣足可以立一派！他的学派也流传到现在，所以补土派有独特的理论，而且和临床也联系得非常好。

刘　奇：您能不能简要地说一下李东垣的学术思想是如何形成的？

孟庆云：李东垣的学术思想，要从如何继承张元素的思想说起。河间和易水两个学派，现在都在河北省，张元素比刘河间年轻，当时刘河间已经很出名了，张元素还没有。有一次刘河间发热，自己怎样也治不好，热退不下去。名医得病这个事传得挺开，张元素就去了，这个年轻人就把刘河间治好了。我们说"医不自治"，有时候医生给别人开方他都明白，但给自己开方就琢磨来琢磨去，有这样的问题，但张元素给治好了。就是在刘河间的当众宣扬和推崇之下，易水学派也出名了。易水学派的特色主要就是脏腑辨证，脏腑辨证在宋朝是以钱乙为代表，钱乙开启了脏腑辨证的先河，什么病都从脏腑进行辨证。而且在用药方面，他把用药和脏腑也对应起来，补肾的药、补心的药、泻心的药……一排一排地都列出来。所以说张元素的易水学派最突出的贡献就是重视脏腑辨证和脏腑用药的系列。而且后来李东垣又整理他的老师的用药特点，写了《用药法象》，用药和病证相对应，相当于现在的证型，一个证型对应一个方，用什么系列的药。这两方面可以说都是张元素的贡献，张元素又把这个贡献传给了李东垣，李东垣在这个基础上创立了补土派。据说李东垣除了张元素外，还拜了不少老师，例如有人说李东垣曾经拜过太素脉的老师。太素脉是什么派呢？这一派的人都高明，现在都已成历史，在唐代的时候已经认为这一派有点江湖，传承这种脉法的人叫张太素，所以叫太素脉。他通过号脉能知道这个人能活多少岁数，说出这个人的寿命，同时还能说出这个人这几天有什么不好，要犯点什么……这就跟命理联系起来了。这种人可能在切脉方面有独到的地方，我们传下来的脉法可能有没注意到的地方，人家注意到了，因此有绝招。所以说李东垣可能跟这些人学过脉法。另外，现在中医外科仍有一些西医外科所兼顾不到的优势领域。西医虽然从 19 世纪开始有了清创术，消毒做得挺好，但是有一些外科疮疡就是治不好，西医也都没招了。这个中医处理得挺好，可以解决问题，李东垣在外科方面也学了一些知识，方法也很独到。

顺便再提提后来的温补学派，大家对温补学派也存在一种误解，我们现在才给正名。世人对薛己都有点看不起，觉得就会这几个方——四君子汤，女的用四物汤，男的用六君子汤，就会这么几个补气补血、补阴补阳的方子治病。有人认为他只治皇家、高干的病，真是大病他不会，后人对他有点贬损。实际上我们看薛己当御医时的医案，他用险方治疗大病的医案也挺多。所以说薛己是一个全面的大夫，但是他偏温补，可能他接触的高干，这些上层人物，皇家人物比较多，这类典型的医案流传得比较多，让人以为他是这样的，但他确实是比较重视"补"，特别是重视补阳。说实在的，"补阳"这个词不陌生，《黄帝内经》就是以补阳为主的，"阳予之正，阴为之主"，《黄帝内经》强调的就是阳统阴。只是火神派附子用量大，都用到中毒量了。温补派比较重视补，比较重视温阳，但他并不排斥其他方法。总的来说，李东垣特别强调补土，把这个当作一个核心，温补学派把用温药补药作为一个核心，他们之间有点区别。

另外，脾胃是整个人体的动力系统。现在有些西学中的大家、名家，把脾胃当作胃肠了，实际上他不懂中医的脾胃，他不知道中医的脾胃总的来说是人体的动力系统。作为一个动力系统那就太重要了，比哪个系统都重要。

刘　奇：孟老，现在我们提起李东垣可以说既熟悉又陌生，熟悉是因为大家都知道补中益气汤，一提李东垣就自然而然地想到补中益气汤，但李东垣的思想可能远远不止补中益气汤这一张方子这么简单。您能否简单说一下李东垣的学术思想都有哪些？

孟庆云：围绕补中益气汤可以这样说，它有加强人体胃肠动力及代谢功能的作用。补中益气汤是按照周易六十四卦里的第四十二卦"益卦"的卦理来设计的。益卦的上面是一个巽卦，下面是一个震卦，震卦代表刚，巽卦代表风，这一震一来风，中间这卦形就升了，就成了这么一卦。"益气"就是以升降为基础的研究，这就是补中益气汤的升。另外，补中益气汤里有升麻和柴胡，升麻和柴胡这两个药更有意思，20世纪50年代的时候做实验发现单用这两味药没有升提的作用，但把这两味药放补中益气汤里面它就有升提的作用，到现在都很少有人研究。20世纪50年代做实验的时候就发现了这个医学现象。所以说补中益气汤的要点是提升中气，是调升降，而且补中益气汤主要用于治疗胃肠动力不足的疾病，如消化不良、便秘、糖尿病等。当年陆仲安先生用补中益气汤，大剂量黄芪治愈胡适的糖尿病。它还可以用来治疗眼病。此外，补中益气汤用得最多的不是中医，而是西医。住院的慢性肝炎患者都在用补中益气汤，为什么用？我经常接触这些医生，但他们不知道用这个方的道理。这就要谈到"阴火"了。慢性肝炎的本质是什么？所谓"亢则害，承乃治"，这是受了感染刺激后人体自身的免疫抵抗过于亢进了，所以就产生了这些症状，表现为发热、全身无力等，这些都是阴火的症状。李东垣没有给阴火下一个定义，李东垣的书就有这么个特点，其实所有的古书都有这个毛病，不像西方的教科书往往是从定义出发的。而我们的古书就不下定义，只要作者自己明白就行。有人统计过，在李东垣的书中有关"阴火"的描述一共出现了43次，这43次在不同的情况下有不同的叫法，但他从来都没有给阴火下过定义。浙江中医药大学的范永升教授曾经论述过"阴火"。"阴火"当然是火的一种，但它不是"上火"，不是那种长期煎熬、维生素缺乏、自身免疫力降低、起了一些水疱的情况，那叫"上火"。李东垣所说的"阴火"是什么火呢？是阳气陷于阴中，阳气陷于阴中就是阳气下来了，阴就在上面表现出来了，变成火了，阴成热象，就这么简单。东垣最有价值的贡献是治疗阴火，就是阳陷阴中的"火"，所以要把握好这个定义，研究脾胃就该把自身免疫性疾病作为一个重点。现在有一些专家预测，未来世界第一位致死的疾病就是肿瘤，现在也已经有这个苗头了，第二位就是自身免疫性疾病。未来对人类危害最大的疾病就是自身免疫性疾病，这是一大类疾病，例如红斑狼疮、皮肌炎等，也包括传染性肝炎的慢性期。所以要把握好这个方，把这一类病治好，那就很成功了。而且要真把补中益气汤这个方彻底说明白了，它的价值不在青蒿素之下，能够上升到理论，可以反推出自身免疫性疾病的发病机制，这有很大的理论意义。诺贝尔奖也需要临床支持。所以现在谈阴火，关键的一句话其实就是"阳陷阴中"，而且补中益气汤的关键就在于提升。胃下垂、子宫脱垂的本质就是韧带的松弛，还有整个胃肠道的下垂、眼睑下垂，包括横纹肌的问题，补中益气汤都能解决，这非常重要。

我们的研究不仅是把补中益气汤的原理说明白，更重要的是能从卦理的角度把这个说明白。李东垣是怎么想的？他是从益卦的角度想的。

刘　奇：您刚刚讲了，李东垣的理论代表之一是补中益气汤，它对应的病机是"阳陷阴中"，方子针对的治法可能就是"升阳于阴"。除此之外还有无其他思想？

孟庆云：现在知道线粒体和人体代谢及生命活力有关，完全可以在这些方面展开研究。李东垣学说的第一个要点是补中有升，第二个要点就是气化学说。气化学说在《黄帝内经》里也有，但《黄帝内经》最核心的学说是五运六气，五运六气里面的气化说得最明白，认为整个自然界是一气之化，六气是一个气化出来的。既然是一个气化出来的六种类型，那么自然界的气和人、药物的气是一样的，都是以升降出入为气机，因此强调自然界的升降出入以解释运气，而人也有升降出入。李东垣的学说也很强调升降这一点，因此补中益气汤也是强调升降。气化有三个名方，一个是五苓散，五苓散也可以用来治眼病；第二个就是补中益气汤；还有一个更妙，是杨栗山的方，这个方的名字就叫升降散，四个药：僵蚕、蝉蜕、大黄、姜黄，一升一降、一发一收。抗菌、抗病毒就用它们。不仅清代人用，就连蒲辅周也用，蒲辅周当时就靠升降散一炮而红。现在中国中医科学院广安门医院还继承这一点，重症感染还用升降散。所以说这是李东垣的第二个贡献，注重人体的气化，重视升降出入。刘河间也重视气化和升降出入，很多名家都是。北京四大名医之一的孔伯华有一个学生大便解不出来，什么都用过了，孔伯华说你就加点提升的药，一下大便就解下来了。所以说升降出入其实就是气化理论，就是一气升降出入的运行，把这个道理说明白就解决了，这是李东垣的气化。另外通过李东垣可以看出，中医大家的学习方法和普通人不一样。李东垣治疗外感和张仲景是不一样的，张仲景的书他都看了但他不用，治疗外感他就用三个方：第一个方是羌活冲和汤，实际就是九味羌活汤，一般的病就用这个方。第二个方，如果这个患者是虚人或老年人，就用补中益气汤。补中益气汤可以治疗外感，秦伯未很多治外感的医案里都用补中益气汤。第三个方，就把这两个方合起来，或者说是在羌活冲和汤的基础上加几味药，就这么三个方。这是谁总结的呢？汪琥。汪琥在《伤寒论辩证广注》里面做了引证，这个内容在李东垣的书里都丢了，但在汪琥的书里有，所以研究李东垣的东西光看他的书还不行，还得从别人那里看。从这一点可以看出，大家的学习方法还不一样，学习的思路也不一样。要按我们的思路，三百九十七法，《伤寒论》113方都研究了才会看外感啊，人家就这么三个方就搞定了，疗效就挺好。

刘　奇：也就是说研究补土派，升阳和气化应该是研究的切入点和重点。

孟庆云：还有李东垣的这几个补土的方子，几个特殊的方。李东垣的第三个特点就是"王道"。一般人以为"王道"就是平和，但"王道"不光是平和，主要是得有章法。都说东垣治病如韩信点兵多多益善，一个方子二三十味药，事实上不是这样，东垣的方子最多十几味药。有的方子药味多一点，接近20味药的，它也是有规矩的，很容易能看出来它的君、臣、佐、使，看得出用药的思路。所以和"霸道"比，李东垣的"王道"第一点是指平和，第二点是指用药有章法。李东垣的特点我们能说出来的大概就这几点。从这几个特点来看，当然李东垣对《周易》读得很透，在运气方面也挺精通，他的临床实践也丰富。他的实践情况和现在差不多。现在为什么糖尿病多呢？以前人们都在挨饿，现在生活好了吃得就多了，吃得好了胰岛素就抵抗了，2型糖尿病也出来了。李东垣那时候的情况也差不多，那时候汴梁围困了半年多，后来围困解除人们一下子有吃的，有的是得急性的饮食内伤，也就是吃得撑死的，有的就变了慢性病，这个病一下子就多了，所以说补中益气汤还是个治疗糖尿病的好方。

刘　奇：补土学派、金元四大家确实在当时的历史时期有它的学术地位，但后来大家更多地谈论温补，例如"补脾不如补肾""补肾不如补脾"……到明清时期就强调先后天两本，似乎单独提补土的人就没那么多了。这是什么原因？

孟庆云：也不一定没那么多。很多中医大家还是欣赏李东垣，还是坚持用李东垣的方，看李东垣的书。另外明清时期也有点像现在的形势，医生都得拿出点自己的招，得有自创的招，之后就写和独创理论相关的文章。因此重视肾的就强调补肾好。众多学派的观点对补土的价值也有一定冲击，但它还是传到了现在。

刘　奇：您刚刚讲补土，虽然是以补土为名，但治疗的疾病不仅仅是脾胃病，包括您刚刚提到的眼科和肝病。您能否简要说一下补土学说和脾胃学说有什么区别和联系？

孟庆云：原来脾胃的意思好像也就是补土的意思，差不多，没什么严格的区别。从五行的角度，就是补土；从藏象的角度，就是脾胃。不论从著作还是代表人物的角度，这两者也很难区分。这个概念无法严格界定，关键还是这个学说的核心思想和治疗价值。

郭　洁：李东垣对针灸学方面的思想是否有突出的贡献？

孟庆云：李东垣的针灸还真的挺好。我看了几个医案，也是按他的医理来阐释针灸选穴，现在没看到对这方面有发挥的论文。像李东垣这种古代大家的书也比较怪，他写啥内容没有一个计划，在这本书里写几句有用的，那本书里也写几句，他自己也没有一个限定的概念。所以我的看法是李东垣的书看一本就行，看太多也看不过来。

刘　奇：您推荐哪一本？

孟庆云：我推荐的就是《脾胃论》。因为大家引用的也是《脾胃论》。另外李东垣有很多名句，大家都能背——"治湿不利小便非其治也""火与元气不两立"……这些大家都能背一二十句。所以说李东垣的东西都有实际意义，不是吹捧出来的，这是一个有实践能力的大家。你刚刚的提问里也说到，为啥中医发展到金元时期算一个高度呢？金元以前虽然有孙思邈，有三大著作，但那都是集大成者的东西，都是把所有的学问编成一本书，编成《备急千金要方》《千金翼方》之类的书，这书你一辈子也看不完。巢元方也是，《外台秘要》也是，什么都有，反而自己的东西显露得不突出。当然孙思邈独创的东西有很多，但他的书太厚都给淹没了，就看不出他独特的东西，看不出他强调哪一块。到了金元时期，这四家各有各的长处，观点非常鲜明，敢于提出自己的观点，敢于自立一派。刘河间就说仲景的东西不行，按他的方法治外感治一个死一个，他就敢说这话。那时候热病和传染病转型了，张仲景那时候传染病最主要是啥呢？是流感。那是最主要的，当然也分好几种病，例如流行性出血热那时和流感是差不多的，特别是按六经的顺序传变。有人就看过六经顺序传变的病，刚一来是太阳病，没过几天变成少阳病或者阳明病，接着又变少阳，六经都传遍了。当然到了唐代以后，发疹性传染病如麻疹、肠伤寒、猩红热这类病多了，传染病也是一批一批地出现的，对这类病如果一开始就用温法，本来就发热那不找死嘛！所以刘河间又创了一派以治热病。而且刘河间的东西又被吴又可继承了，继而是叶天士，接下来的吴鞠通最聪明，他把叶天士的医案一看，用他的三条框架一整理，《温病条辨》就出来了。所以说，金元四大家中敢于挑头自立的就是刘河间，而且他的理论就是从运气中来的，《温病条辨》中也引用了五运六气的东西，说这是我的理论基础，我不是随便地创立了温病学说，我是有根据的。可以说真正的各家学说是从刘河间开始的，从金元四大家开始的。以前有没有各家学说呢？有！以前的各家学说都变成了普及知识了，变成了基本知识了，人人都懂。连《伤寒论》都变成学医者人人必学的东西了。所以说各家学说有几点：第一点，必须有创新；第二点，它是《黄帝内经》的补充。原来都说《黄帝内经》非常重要，难道当代人研究的东西就不重要吗？所以说任应秋编写的《中医各家学说》就是按照这个思路设计的，按照补充了《黄帝内经》的新理论来设计的各家学说这门课。可惜很多教各家学说的都还不知道"各家学说"是什么意思，他们也真讲不明白。为啥呢？各家学说都来源于五运六气，都发源自五运六气中的一气，这个发源于火，那个发源于土，另一个就重视五运，《五常政大论》里发扬它的一招就成了一家了。所以说研究各家学说得有两个基本功，一是运气的基本功，二是要能从创新的角度认识它的一些理论。这才有意义。

　　刘　奇：感谢孟老给我们以指导，今天的采访收获很大。

　　孟庆云：不客气！

精研岐黄，未病先防
——欧江琴教授访谈实录

【专家简介】

欧江琴，女，1970 年生，贵州省剑河县人。医学博士，主任医师，教授，硕士研究生导师。贵州中医药大学第一附属医院治未病中心主任，院级名中医，国家中医药管理局"十二五"重点学科中医预防医学学科带头人，全国名中医戴永生工作室负责人，贵州省省级干部保健专家。擅长慢性肺系疾病防治、调理亚健康及体质。发表论文 40 余篇，主编专著 3 部，参编 3 部，主持省部级课题 7 项。

刘　奇：我们今天很高兴能够与贵州中医药大学第一附属医院治未病中心主任欧江琴教授访谈。欧老师您好。

欧江琴：你好。

刘　奇：请您谈一下对于土、脾胃和中焦的认识。

欧江琴：第一，土，象征广泛、包容。中医五行中土泛指脾胃。脾胃即有坤土之德，故其从整体来说具有中轴作用。春生、夏长、秋收、冬藏，在季节的更换里面，可以使其他脏器因为脾胃的运转，能够得以顺利地过渡。所以我们有一句话叫"土旺四季"，土旺故而四季就能好。补土派的李东垣提出"内伤脾胃，百病由生"，这是其学术观点，也很能说明脾的地位。第二，《黄帝内经》中将脾胃称作"仓廪之官"，"仓廪之官，五味出焉"，那么"仓廪之官"包含的意思也就是承接营养的一个部分，即指它是气血之源，五脏之本，还作为气机的一个重要枢纽。在阴阳五行中，我们讲脾胃属土，脾为阴土，胃为阳土，脾喜燥恶湿，胃喜润恶燥，脾的功能就是运化水谷精微，胃的功能主要就是受纳。脾主升清，胃主降浊。通过运化、受纳、升降，使全身的气血运化，精微能够合理布散。故我们称脾胃为气血生化之源，后天之本。第三，中焦如沤，指的是营出于中焦，卫出于胃。"中焦受气，取汁变化而赤，是谓血。"脾位于中焦，在膈下，胃的左方，脾胃同居中焦，是人体对于饮食进行消化吸收以及布散精微的主要脏器。这是我对土、脾胃以及中焦的认识。

刘　奇：您能谈一下有关湿邪与中土的关系吗？

欧江琴：湿邪与中土是息息相关的。因为脾的特点就是喜燥恶湿，这是其与胃相对而言的生理特性。脾气健旺则其运化水湿的功能是正常的，水精四布，就没有痰饮水湿内停的情况。如果脾胃虚弱，失于运化，水谷精微输布不利，水气内停，就会导致痰湿内生，称为脾生湿。内湿产生之后，反而会阻碍脾气，导致脾阳不生，称为湿困脾，就会出现一系列湿困脾的临床表现。对于外湿来说，外湿内侵之后，也会阻碍脾气，称为湿困脾。那么对于同时表现湿邪和中土症状的情况怎么办呢？同时健脾与利湿。有一句话叫作"治湿不治脾，非其治也"，就是说，治疗湿邪而不针对脾，则不是一个好的治疗方法。

刘　奇：您认为补土派古代代表的医家有哪些？

欧江琴：有重要影响、有代表性的大概有七位医家。第一位是张仲景，他在《金匮要略》中提到一个很重要的理论："夫治未病者，见肝之病，知肝传脾，当先实脾"。第二位是晋代的王叔和，他在《脉经》里有着专门论说脾胃经脉循行、发病情况及其生理病理变化和传变规律的篇章，故他在补土派中是有重要地位的。第三位是隋朝的巢元方，他在《诸病源候论》中从病理生理角度对脾胃的证候及治法有着相应的观点。第四位是唐代孙思邈，他在《备急千金要方》中专门讲应该从脏腑内治、调理脾胃。第五位是宋代钱乙，他在治疗小儿脾胃疾病方面比较有代表性，他在《小儿药证直诀》中创建了很多调理脾胃的方，比如异功散、白术散、泻黄散等。第六位是金代的张元素，他在《医学启源》里专门讲到要以脏腑辨证来指导脾胃病的治疗，在遣方用药方面提出应该要以养胃气为本；他也认为，每个药物的气味归经及其补泻均与脾胃相关，其中最有意义的代表方就是枳术丸。第七位是李东垣，他总结了脾胃病的病因病机，提出用益气泻火、升清降浊等方法来调理脾胃病，比较有代表性的方就是补中益气汤。

刘　奇：您认为补土派的传承脉络是怎样的？

欧江琴：首先是《黄帝内经》奠定了脾胃学说的理论基础，《伤寒杂病论》奠定了脾胃学说的临床诊治基础，孙思邈的《备急千金要方》开创了从脏腑内伤治脾胃的方法，在《太平惠民和剂局方》中，记载了许多治疗脾胃的名方，比如平胃散、藿香正气散、四君子汤等。在《小儿药证直诀》中，提到小儿的内伤和脾胃是息息相关的，也创立了白术散等方剂。刘完素虽然是寒凉派的代表人物，但他在用寒凉药中也用了许多顾护脾胃的药物，特别是对于脾胃的生理病理的认识及治疗，均有独到之处。还有就是张元素，他是李东垣的老师，也很重视脾胃。然后就是李东垣，他对脾胃学说的发展起了重要的作用。

刘　奇：您如何看待中医诸多学术流派的学术思想?

欧江琴：中医药的发展史也是中医药各家学术流派学说的发展历史。不同的医家都是在《黄帝内经》的基础上，通过理论研究和临床实践，不断总结，从不同角度及不同方面进行研究和探索，有些在理论上有很大的发挥，有些则在临床上不断总结提出新的观念和方法，故形成了具有清晰学术传承脉络和有影响力的学术流派，故我认为各家学术思想应该是中医发展的重要组成部分，也是促使中医学能够创新发展的不可缺少的部分，正是有着各家学说的发展，才会有着中医药的发展。

刘　奇：您如何理解中医对于中土认识的变化?

欧江琴：就像上面提到的，每个时代的医家对于补土的认识是不一样的，比如说《黄帝内经》奠定其理论基础，《伤寒杂病论》对其临证提出重要方法，后期重要方剂的产生，对其学术发展起到促进的作用。

刘　奇：您能否谈一下伤寒、内伤、温病与中土的关系?

欧江琴：六经病的产生和脾胃的失常是有关系的。比如说太阳病的病机主要是营卫不和，阳明病的病机则是里热燥实，胃燥津伤，少阳病的病机主要是血弱气尽，三阴病的病机主要是脾胃虚弱。很多疾病的病机多兼夹痰湿水饮内停，故从其病机来说是与脾胃息息相关的。胃为津液之府，手足阳明皆为燥土，常常依赖阴精润养才能实现虚实交替，如果是邪热内盛伤及胃津，导致肠胃燥热不能和降，会产生腑气不通、燥屎内结的情况，发为阳明之病。此外，"内伤脾胃，百病由生"。不同的内伤杂病与中土的关系是很大的。因为脾胃是后天之本，气血生化之源，故饮食不节、过度劳累等都可引起气血生化不足，气血亏虚则不能输布全身而导致各类杂病的出现。比如长期的脾胃虚弱可引起肺部疾病，脾为生痰之源，肺为储痰之器，可导致患者内伤咳嗽。失眠的病因有很多，如果是脾胃气虚，气血不足，引起患者倦怠而导致失眠，故在治疗失眠患者时，也应顾护脾胃之本，从脾胃着手，调理其气血来治疗失眠。张仲景也提到"见肝之病，知肝传脾，当先实脾"。脾主运化、生血、统血，肝主疏泄、藏血。脾胃正常的运化功能要依赖肝的疏泄，如果肝的疏泄失常，可导致脾胃的病变。在临床上，很多肝病患者很容易发生脾胃的病变。当然脾胃的病变导致运化失常之后也可引起肝胆的病变，比如湿热内郁脾胃，影响其运化功能，可出现肝胆的疏泄失常，故在治疗肝病时常要注意顾护脾胃。脾为后天之本，肾为先天之本，两者之间有着相互滋生的关系。先天依赖后天的滋养，脾胃也有赖于肾的先天的温煦。脾胃病变可导致肾阴阳不足，肾阴阳不足同样会影响脾胃的运化功能，故更能印证"内伤脾胃，百病由生"这句话。温病主要指外感热邪、温邪之后出现的一系列以发热为主要表现的症状，其特点是容易化燥伤阴、伤津。湿热病的发生，就与脾胃的功能相关，故很多湿热病往往发生于长夏季节。

刘　奇：您平时怎样运用中土思想指导临床诊疗？

欧江琴：我平时看呼吸系统疾病比较多，由脾胃疾病引发的肺部疾病在临床也是比较常见的，比如说咳嗽、肺胀、感冒、哮喘，以及小儿高热惊厥、肺炎喘嗽等，这些与脾胃是息息相关的。咳嗽的病因分为外感和内伤，内伤咳嗽是由他脏病变涉及肺，肺失宣降、肺气上逆而引发，如果患者形体肥胖，平时喜食肥甘厚味，或者本身有脾胃疾病，那么还要考虑脾胃的问题。特别是反复咳嗽的患者，需追溯病史，多采取培土生金的方法来治疗。"脾为生痰之源，肺为储痰之器"，治痰也是从健脾化痰这个角度来着手，而不单纯只是见咳止咳。《黄帝内经》说："五脏六腑皆令人咳，非独肺也。"五脏六腑中，除了脾胃，肠道的病变也会引起人的咳嗽，比如肠道积热，肺和大肠相表里，大肠小肠属于中焦，通畅肠道以清除肺热。

刘　奇：关于咳嗽，还有问题想请教。有些患者感冒，发热，经过治疗后，发热没有了，但是遗留咳嗽，无痰，干咳，痒，气往上冲而咳，无恶寒怕冷，就是晚上躺床上就咳，表证不明显，内伤也不明显，这种如何处理？

欧江琴：我综合一下你讲的症状：此患者以夜间咳嗽为主，无痰，咽喉痒，痒而咳，表证不明显。针对你讲的情况，我们要结合年龄，如果是一个老年人咳嗽，夜间为主，应该考虑到有阴伤的情况，阴虚咳嗽为主，有阴虚内热的情况，在治疗上应该采用滋阴生津的方法止咳，重点应该养肺阴，常用方为玄麦甘桔汤；如果患者伴有形体消瘦，肺阴伤比较明显，一般常用沙参麦冬汤。肺阴伤的主要特点：一是患者有反复咳嗽的病史；二是老年人多见；三是有阴虚内热的表现，如舌质红绛，少苔，脉细数，大便干结，口干欲饮，且以夜间口干欲饮为主。若患者只是单纯比较表浅的咳嗽，以咽喉部的症状为主，可以玄麦甘桔汤为主治疗；若患者除了咳嗽之外伴有形体瘦，潮热，盗汗，舌质红绛，舌体瘦小，少苔或无苔，脉细数，则以沙参麦冬汤为主治疗。针对咽痒的情况，则加上一些清热利咽、祛风止痒的药物，如防风、蝉蜕、桔梗等，甘草多用生的，一般用6g，有时候会加上一点生地黄。

刘　奇：若患者刚开始咳嗽，咳出点血丝来，咳着咳着就变成白痰了，但是舌光红无苔，咽痒，咽痛。一方面舌光红，一方面又是白痰，这种情况您怎么处理？

欧江琴：开始痰中有血，后来变成白痰了。痰血的情况要考虑两种情况：一是痰热引起的；二是阴虚火旺引起的，这时候也可以是白痰，但是痰量会偏少一些，主要以干咳为主，伴有少量的白色黏痰。结合舌质红绛，光剥苔，还是考虑以阴虚内热为主。很多人用了抗生素以后，特别是形体比较瘦小的老年人，在后期依然会有气阴两伤的情况。比如说肺胀患者，早期会表现为痰瘀互结、痰热内蕴，后期会有气阴两伤，或者以气虚为主，或者以阴虚为主，侧重点是不一样的。治疗肺胀也好，咳嗽也好，这种慢性的肺系疾病，重点还是痰，用方比如金水六君煎，或者麦门冬汤，养阴太过也会导致滋腻，痰液难以排出。所以我们一定要判断清楚才能用养阴药。

刘　奇：还有一种咳嗽是有黄痰，量多，咽喉痛，口苦口干，大便干结，怕冷怕风，您怎么处理？

欧江琴：先看患者病程长短，病程短，先考虑以外感为主，结合患者症状，考虑以风热为主的咳嗽。在治疗上，我会加上祛风清热的药物，若外感有入里的表现，就会加清里热的药物，实际上是表里双解。常用方为银翘散、桑菊饮和黄芩清肺饮，有时会加上清金化痰汤。

刘　奇：像瓜蒌这味药，您是用瓜蒌仁还是瓜蒌皮？

欧江琴：全瓜蒌。

刘　奇：您能不能再详细谈一下咳嗽？除了外感、内伤两种辨证，您还会考虑哪种诊治方法？

欧江琴：常常结合西医。尤其是像慢性咳嗽，西医病因有很多，有 70% 是与炎症相关的，30% 与咳嗽变异性哮喘、反流性食管炎、鼻后滴漏综合征等相关。如患者咳嗽频剧，伴有喘息，使用抗生素无效，且时间较长，有家族史，有些患者伴有过敏性鼻炎的病史，有些患者肺部没有阳性体征，结合这些情况，会考虑患者是否为咳嗽变异性哮喘；辨证方法上以脏腑辨证为主，结合病因辨证；在用药方面，以降气化痰药物为主治疗，其虽然属于内伤咳嗽范畴，但是我们在内伤咳嗽的辨证里面，是没有痰气交阻这个证型的，这时候常用的方是二陈汤合三子养亲汤。

刘　奇：刚才您也提到了肺胀，像慢性阻塞性肺疾病，跟天气关系也很密切，比如说冬天，或者剧烈活动，会出现喘憋，您怎么看待这个问题？

欧江琴：慢性阻塞性肺疾病的患者，需要分清是急性期还是缓解期，如果是急性期，在治疗上重点考虑以治标为主，扶本为辅。如果是缓解期，则以扶正为主，祛邪为辅。在用药方面，基本原则是标本兼顾，根据辨证调整用药比例。比如急性期的肺胀，痰、热、瘀比较明显，治疗上以清热化痰逐瘀为主，加上少量补气的药物，同时兼顾补肺、脾、肾三脏之气。如果是缓解期，一般辨证为气虚痰瘀互结，治疗用药以补气药物为主，化痰逐瘀药作为辅助，处方构成和用量是不一样的，此时处方应重在补气，化痰逐瘀药的比例和药味要少一些。

刘　　奇：慢性阻塞性肺疾病病程较长的患者，常规要加活血药吗？

欧江琴：常规是要加活血化瘀药物的。慢性阻塞性肺疾病在中医学中属于肺胀范畴，肺胀的病机以水饮、痰湿、瘀血内停为主，其既为病理产物，也是致病因素。瘀血一般从几个方面考虑：第一，水湿内停，湿聚为痰，痰阻脉络，形成瘀血；第二，久咳久嗽，导致肺脾肾气虚，气虚血瘀。因此，在慢性阻塞性肺疾病中，瘀血是一个非常重要的原因，但是化瘀药物也要根据具体情况使用，若是瘀血重的，活血的药物要多一些，若是轻的，那么酌加一两味活血药物。

刘　　奇：瘀血轻重是怎么判别的？

欧江琴：根据患者的病史及临床表现，比如患者舌质紫暗，舌底络脉青紫，口唇发绀等情况来判断。

刘　　奇：有的患者来看咳嗽，同时又有皮肤病。我有一个患者，她有明显的接触史，接触巴氏消毒液后出现过敏，出现全身性的风团，发痒，红肿，伴有干咳，患者寒热的表现都不明显，但是过敏发作的时候风团是热的。

欧江琴：这个还是考虑过敏。从体质上来说是属于特禀质，表现为对很多东西过敏，如冷空气、药物、食物等，患者对这些过敏的表现是不一样的。呼吸道过敏的表现也是不一样的，比如过敏性鼻炎表现为鼻痒、喷嚏等；咽喉部的过敏表现为刺激性干咳，这种咳嗽类似于咳嗽变异性哮喘的反应，在皮肤上也表现出过敏性皮炎的表现。这种情况，我们就要考虑从固本祛风止痒着手，具体还是要辨证、辨体质用药。

刘　　奇：这种情况还考不考虑按上面所说的咳嗽的辨证用药？

欧江琴：是要考虑的。这种过敏性的咳嗽，一般是外感和内伤兼有。常用方药根据具体情况辨证。如果患者是痰湿体质，有上述症状，我会用以化痰除湿为主的方药。若患者是上述所说的特禀质，加上有气虚的表现，我会以扶正祛风为主，辅以止痒活血。在贵州地区，这种患者以痰湿、湿热多见，加上早期症状，我会以清热化痰除湿为大法，若是后期，会加上益气的药物。

刘　奇：很多患者到了治未病中心，会跟医生说"没有不舒服，调理调理"，对这种患者，您怎么看待？

欧江琴：像我们治未病中心，服务的人群是很广泛的。有好几类人群：第一种，想要延年益寿，没有不适，就是想要调理；第二种，亚健康人群，有症状，但是理化检查都是正常的，这种是最多的；第三种，高危人群，没有症状，但是理化指标是异常的，比如血脂边缘升高的人群，糖尿病前期人群，血尿酸升高的人群，这些人是没有症状的，理化指标是处于边缘状态的；第四种，慢性病人群，如糖尿病、心血管疾病、慢性肺系疾病、肿瘤等；第五种，老年人或者手术后需要调理的人群。针对你所说的单纯需要调理的人群，我们需要找到抓手：第一个我要抓的是针对患者传统的四诊，四诊合参之后，我可能会发现一些被患者忽略掉的症状，在患者没有明显症状的时候舌象、脉象是很重要的；第二个是结合患者的整体情况；第三个是利用仪器的测试，比如测试患者的体质，通过体质来调理。

刘　奇：您有没有舌象、脉象方面的一些感悟？

欧江琴：脉象上的感悟还需提炼。舌象上，第一点，辨舌象的时候，光线、饮食等外在的干扰是要排除掉的；第二点，要注意舌体的大小、舌质的颜色，舌苔的厚薄、颜色、分布，舌底脉络情况等。

刘　奇：对于小儿病，比如小儿高热，您有什么经验？

欧江琴：在小儿病方面，我是以钱乙的《小儿药证直诀》为指导进行诊治的。小儿高热，常见的病因是与呼吸道和消化道的方面有关的。我会首先关注小儿发热的病史，起病情况，有没有伴随呼吸道或者消化道症状。如果病程较短，没有呼吸道症状，在消化道方面，要特别关注患儿的饮食和大便情况，想不想吃东西，大便通不通，这些都是用药时需要关注的。

刘　奇：您能不能和我们分享一下您曾经治疗的小儿高热病例？

欧江琴：我们本院一个家属，女孩，3岁，其父母都是医生，学西医的。她反复咳嗽，喘息，伴发热，咳黄脓痰。体形偏瘦，有汗，大便干结。之前曾用抗生素和激素治疗，效果不理想，时好时坏。患儿就诊时双肺满布哮鸣音，血象正常，口干，舌红绛，苔黄，脉滑数。考虑患儿痰热内盛，当时方用清金化痰汤，在用药后让家属关注患儿大便情况，是否大便通畅。药后三天患儿复诊，有较明显好转，咳痰咳嗽好转，大便也通畅了，双肺哮鸣音消失。后来随访患儿也较少发生此类情况了。

刘　奇：岭南地区的人就怕姜，比如干姜，容易"上火"，不知道贵州这边怎么样?

欧江琴：岭南地区以湿热为主，贵州地区以寒湿为主。岭南地区发病多因长夏，贵州这边梅雨季节寒湿偏多，但贵州酒文化浓厚，故湿热体质的人也挺多。岭南地区疾病多与地理环境相关，贵州这边与饮食习惯相关。

刘　奇：像这种湿热重的人群您用什么方子?

欧江琴：有饮酒史的患者，多有口干口苦，舌红，苔黄厚腻，头油，面油，痤疮，阴囊潮湿，肛门瘙痒，面垢，大便黏，小便黄等表现，我一般是三方加减，藿朴夏苓汤、三仁汤、茵陈平胃散，有时还用到六一散。如果患者以痰热为主，我一般用黄连温胆汤。

刘　奇：治未病中心的焦虑、抑郁患者应该不少吧?

欧江琴：若患者以失眠为主，伴有焦虑，是在治未病中心治疗，如果患者焦虑比较重，则会让他们到心理门诊去看病。

刘　奇：您对治疗失眠有什么体会?

欧江琴：治疗失眠，同样是辨证加整体观。比如同样是有痰火扰心的患者，女性以肝气化火和心脾两虚多见，老年人则多为气血亏虚。痰火扰心一般用黄连温胆汤，如果是肝郁化火，多用龙胆泻肝汤、丹栀逍遥散。肝郁化火的女性，在清热药中还会加点养肾阴的药物以滋水涵木，是考虑其火旺久而伤阴。气血亏虚的患者多以归脾汤加减……同时会配合一些中医的特色疗法治疗，比如针灸、火罐。

刘　奇：安眠药您一般建议患者多久停用或者减量?

欧江琴：个体差异比较大。我治疗过一个抑郁症患者，前前后后两年时间，治疗之前一直在服用抗抑郁药物，患者自诉能听懂我所说的话，但是听不进去，她处于一种屏蔽的状态，她知道自己应该走出来，但是她走不出来。当时抗抑郁药物用量也是挺大的，中医辨证是肝郁脾虚，以逍遥散加减，随症治之；从阴阳辨证来说，还是偏阴证的，脸色晦暗，面色萎黄，舌质胖大，舌苔白厚腻，失眠。服用中药后患者症状有改善，当时患者西药3个月减量一次，后来完全停用西药，再服用半年中药后症状好转。症状较重的时候是4天复诊一次，稳定之后是15天一次，再后来就时间更长。把脾土健起来了，患者情绪也就好起来了，完全停中西药，工作生活都挺好的。

刘　奇：平时会有患者问您，要吃点喝点什么来补身体，您一般都怎么下医嘱?

欧江琴：要辨证、辨体质，比如这个人是过敏体质，就要加一点黄芪、党参、山药之类的药，食疗也要因人而异、因地而异、因时而异、因病而异。

刘　奇：刚才您也提到针灸，请您谈一下针灸与中土之间的关系。

欧江琴：针灸与中土之间最有代表性观点，就是李东垣以胃气为本的思想，重点还是调理脾胃，升举阳气。在整个方法里面，就是要顾护脾胃，取穴方面，同样是要顾护脾胃，不光用到脏腑辨证，还要用到经络辨证，要审病因，辨病位，还要辨虚实。我们科室现在正在尝试用中医外治法来治疗慢性内科疾病，比如慢性阻塞性肺疾病，除了给患者内服药物、膏方，我们也会采取穴位注射、冬病夏治、穴位按摩等方法来提高患者自身的正气。还有慢性胃肠功能紊乱、腹泻、亚健康、过敏性疾病患者，也会用上中医的外治法。

刘　奇：您常用的针法有哪些？

欧江琴：要根据辨证。

刘　奇：如果是穴位埋线减肥，您常用的穴位有哪些？

欧江琴：主要以腹部的穴位为主，双向调节，以健脾除湿为主。比如中脘、下脘、气海、关元、双天枢、足三里等。

刘　奇：您针刺部位多选择哪里？是体针、腹针，还是头针？

欧江琴：以体针为主。

刘　奇：您临床常用的药或药对有哪些？

欧江琴：我主要是师承戴永生教授，戴永生教授主要从事的是脾胃肝胆疾病的研究。我们常用的关于中土的药对是枳术丸中的白术和枳实，一般是用白术15g、枳实10g。戴老有一个很重要的学术思想，他觉得现在的君、臣、佐、使不是以单味药来体现，应该是以一个方来体现，比如说君、臣、佐、使里面，君药是四君子汤，二陈汤是作为臣药，封髓丹作为佐药……他觉得单味中药不太能达到君药的效果，有时是以组方的形式起到君药的作用。在药对里面，比如说升麻、葛根针对中气下陷，黄连、黄芩、栀子清泻肺热，干姜、甘草辛甘化阳、温养肺胃，苍术、白术健脾除湿，青皮、陈皮理气行气、消积化滞……

刘　奇：那今天就到这里，非常感谢。

洗尽铅华，回归本真
——史欣德研究员访谈实录

【专家简介】

  史欣德，女，1957年生。江苏省常州市人。中国中医科学院研究员。长期从事中医经方理论、教学与临床研究。善用经方，活用时方，对古方再认识与临床运用方法有研究心得。临床强调"方证对应，以药测证，以味选方"。对常见病、疑难杂症有丰富的治疗经验。

刘 奇：今天非常高兴，我们有缘请到史欣德老师，给我们谈一谈有关补土理论的一些认识和想法。

史欣德：好。

刘 奇：史老师，中医历史上有很多流派，补土派在古代有哪些代表医家？

史欣德：非常高兴，因为我最近才听说你们广东省中医院专门成立了一个补土流派工作室，真的是非常好。首先，因为之前我们上大学的时候就一直在谈"脾胃为后天之本"，但是实际上在临床应用的时候往往会忽略掉这一点，道理说不清，也不太重视；其次，我以前觉得除了《黄帝内经》《伤寒论》，后世的医家都没什么太大的发展。但是等我上了临床之后，我发现有一个医家，就是补土派的代表人物——李东垣，太了不起了！经过一二十年的临床才会逐渐发现李东垣关于补土的理论，以及他创立的补中益气汤简直是太了不起了！

刘 奇：甘温除大热。

史欣德：对，甘温除大热。当年我跟着黄煌老师做了一个研究。对全国330多位名老中医做了一个调研——让他们写最常用的五个药和最常用的五个方。结果发现，补中益气汤用得最多。另外，我和上海的陶御风老师做了一个有效方剂筛选的课题。中医方剂从古至今留下来的非常多，仅有方名的方就号称有十万首，卷帙浩繁，这么多的方难道都是活方吗？因为我是从事方剂文献研究的，就会发现许多方子其实都是死方，大同小异的方子也非常多，我们的任务就是要在古代留下来的诸多方子中把那些最精华的好方子挑出来，所以我们就做了这样一个课题。因为你不可能每个方都用过，那么该如何评判疗效呢？所以就去找医案，必须是使用古代成方且疗效确切的医案。接下来就把这些医案搜集起来并编排，结果发现有500多首方子。十万中找到了500多首，也就相当于是200个方中挑一个。

刘　奇：这个工作量很大呀。

史欣德：确实很大，蛮辛苦的，花了好几年，但是做出来非常有意义。上海文献研究所的陶御风老师非常有文采，为我们编的这本书起名《皕一选方治验实录》，就是200个里面选一个。后来我们把所有医案按方归类，你们猜，哪一个方子的有效医案最多？

刘　奇：不会是补中益气汤吧？

史欣德：就是补中益气汤。有305个医案！仲景的桂枝汤号称是"群方之首"，但是有效的医案记载不多，反而是后世用到补中益气汤的有效医案最多。这个方的稿子是我整理编写的，发现古代医家对它很推崇，甚至被称为"医王方"。

刘　奇：王道之方！

史欣德：对！可想而知，后世医家对李东垣所创立的这个方的重视程度，大家应用得非常广泛，可以治疗很多种疾病。其实在李东垣之后，明清的医家都是非常推崇李东垣的补土思想的，包括薛立斋、龚廷贤、张景岳、叶天士等，可见对后世名家的影响是相当大的，这是非常了不起的。

后来我在临庆上就开始慢慢关注李东垣补土思想在临床上的应用。我认为张仲景的《伤寒杂病论》奠定了经方的基础，有很多方很好用，但是在补土、调脾胃这方面，李东垣一定是首创。所以后世很多医家对中医理论与临床是有贡献、有发展的，这是非常了不起的，对后世的影响也非常大。

李东垣发明的调脾胃的方可不止补中益气汤，还有我最近常用的升阳散火汤，而且我发现，现代用升阳散火汤的概率会更高。待会我会举例子，非常有意思，我现在常用这个方，而且只要用准后，抓住了那个关键点之后，真的是效若桴鼓。

为什么现在升阳散火汤用得多了，是有原因的，而古代记载的医案不太多，我最近用这个方治疗了很多患者，疗效都非常好。

我们有一个古方研究工作室，是以我的名义成立的，成员都是我的学生、朋友们，都有一定的中医理论与临床水平，大家一起讨论、提高进步，属于研讨班，有活动经费，大家每个月会聚一次，每次讨论一个方。我第一个方讲的就是李东垣的升阳散火汤。其他老师讲过补中益气汤和升阳益胃汤。

刘　奇：您用东垣的方是不是在用量上很有讲究？

史欣德：是有讲究，但基本上都是原方的比例，也用中成药。我用补中益气汤治疗过很多病，当我理解了它的作用特点后，用起来就比较得心应手。这个方就是大量补气药加了极少量的发表药，所以我也把它看成一首治疗虚人感冒的方子。

重要的是抓住应用补中益气汤最关键的几个点：

第一，患者有极度的疲劳感。患者会告诉你他很累，什么事情都不想干，就想躺着。

第二，患者好好的，但稍微动一下，浑身大汗淋漓。我们看原文，它与白虎加人参汤证比较像，都可以有大汗、大热、大渴、脉洪大的"四大"症，但脉象不同，补中益气汤脉洪大而无力，气口脉大于人迎脉，所以说脉象很重要。在我们编的《皕一选方治验实录》里面，那些惊心动魄、起死回生的医案最后都是靠脉象定夺的。因为临床有很多的假象，所以才要去伪存真，治病求本，可是怎么个求法呢？其实关键常常就在脉象上。

第三，补中益气汤的脉象有两种特征：一种是右手脉即气口脉浮大明显，但按上去无力，是飘着的，左右手脉的比较，李东垣也都有说。我现在才理解他为什么要写《内外伤辨惑论》这本书，因为他看到了很多内伤脾胃、造成人体很虚弱的疾病，非常像外感病，两者有时非常难区别，临床如果药用反了，给脾胃虚的患者用了治外感病的药，带来的危害是非常可怕的，是会送命的。我们以前可能都不太重视。最近网上有报道说一个没有基础疾病的普通感冒患者，越治越重，最后死了，我就在怀疑，这个患者可能就是李东垣所说的，明明是一个内伤脾胃的补中益气汤证的感冒，结果当成了外感风寒的麻黄汤证的感冒，一发表反而加重病情，一误再误，最后不治而亡。第二种是右手脉非常沉细无力，右手脉主气，肺脾气虚者右手脉沉细无力。内外伤之间有很多类似的症状，非常容易混淆。补中益气汤我一般就是抓住这三个点：容易疲劳，动则汗出，右手脉浮大无力或者沉细、短、细微无力。

我用补中益气汤治疗了很多病。举几个例子：

我很多年前治疗过一位50多岁的女性患者，主诉是没力气，心情不好，很压抑。一看患者抑郁的表情，我就开了一首逍遥散，结果复诊时患者告知病情没好也没坏。后来我仔细摸她的脉，发现脉细而无力，改方补中益气汤，结果复诊时患者非常高兴，说这个方好，人一下子就活过来了，原来连扫把都不愿意拿，现在可以拖地干家务了，这就是我们说的那种很严重的疲劳症。

另外印象深的是一位70多岁的老太太，因头晕、血压低数月，用了中西药无数，头晕一直不能缓解，患者并不是感到天旋地转，而是感到晕晕乎乎、昏昏沉沉，一摸脉，发现右手脉非常细弱，直接开了补中益气汤，很快症状完全消失。

有一点很重要，我们往往不注意补中益气汤中甘草的剂量，会把甘草的量开得很少，总是把甘草当作调和药，而这个方子中的甘草是主药，与黄芪等量，重在补脾气，当黄芪用15g时，甘草不能少于10g，最好也用15g。

刘　奇：甘草用来补气，其实这就跟张仲景的认识是一样的，"少气者，栀子甘草豉汤主之"。

史欣德：对，而且关键是甘草味甘，甘味入中土，所以严重脾虚的人一定是特别喜欢吃甜的，对酸的特别恐惧、讨厌。所以这就是我在临床上看病，常常非常注重问患者对五味的好恶，"以味选方"，我之前也专门讲过这个话题。

刘　奇：对，您2016年在广东省中医院讲课的时候也提过。您随便问一句："喜欢吃什么口味呀？"其实也是您的一个判断依据。

史欣德：对，因为我们中医看病难就难在没有"金标准"，主要就是我看到的，听患者说的，还有手下摸脉的功夫，患者对五味、寒温的好恶对我判断病位、病性都是非常有帮助的，所以我喜欢这个方法。

我们不要有门户之见，包括现在西医理化检查的一些结果对我临床也很有帮助。比如说盆腔有积液的患者下腹疼痛，我会想到用桂枝茯苓丸，因为茯苓是利水的，桂枝是温通止痛的。我会这么去考虑，所以各种可以帮助到你的信息都可以拿来用。

我临床上还用补中益气汤治疗崩漏，效果也非常好。南京的一位40岁的老朋友打电话过来求助，告诉我她月经出血不止，已经一个多月了，用了很多方法怎么止也止不住，因为我听出她讲话的声音有点有气无力的，就问："你最近疲劳吗？容易累吗？"她说："我非常非常累。"我就说："你去买补中益气丸中成药，按说明书量服。"她一听是补中益气，就有点怀疑，她就反复提醒我，说我这是出血不止，要止血。我就跟她说："你听我的好不好，先吃三天再告诉我情况。"结果三天后非常高兴地打电话告诉我，出血完全止了。

刘　奇：是那种小丸吗？

史欣德：是的，有浓缩丸，也有水丸，效果都蛮好的。

黄智斌：是不是用丸剂不容易上火，因为我们南方开方都用汤剂，有时候患者吃了黄芪就会长痘痘或者口腔溃疡。

史欣德：那一定是选错方了，如果选对了，绝对不会上火的。患者如果有新的症状或者新的问题出现，通常提示我们，这个方子没有选准。就像升阳益胃汤，还有李东垣的其他一些补脾方，跟补中益气汤用药非常类似，都只差几味药。我的一位学生曾经在工作室交流时提到她遇到过的一位患者，一开始给患者用补中益气汤，没效果，结果换成升阳益胃汤，效果就非常显著。所以我经常会去研究方子之间的细微差别。李东垣的方子我最熟悉的就是补中益气汤，其次就是升阳散火汤。李氏还有很多方子需要慢慢去琢磨、去观察、去体会，我还没有达到最精细的那种水平，就是"打十环"的那种水平，所以还要去比较、去研究。所以我们工作室讨论的目的就是想搞清楚方子使用的关键点，多一味药少一味药，这里面都有讲究。

另外补中益气汤治疗痔效果也很好，我治过不少例。我就抓主要问题，痔出血，有严重的乏力感，再一摸脉，如果右手脉很没力，就是补中益气汤，通常很快起效。记得其中有一位我的老病人，男性，50多岁，痔复发，出血疼痛，用了我之前开的有效方，结果这次无效。打电话咨询我，发现这次发病与劳累相关，有严重的疲劳感，我建议他用补中益气丸合槐角丸，很快解决了问题。

我还用补中益气丸治疗荨麻疹，效果也非常好。其实补中益气汤的使用还有一个指征就是肌肉松软，松泡泡的，就像是黄芪的使用指征。脾主肌肉，当脾虚的时候，肌肉能紧实吗？肯定不能，就是那种松泡泡的感觉。七八年前有一天门诊，来了一个胖胖的小伙子，这个小伙子现在也成了我的老病人，全家看病都会找我。他姓吴，当年三十六七岁，年轻小伙子按道理来讲肌肉应该是很紧的，可是他的肌肉很松，肚子比较大，他主要想解决反复不愈的荨麻疹，中西药用了很多，但是效果不好。我上手一摸脉，就知道了。跟他说："你吃中成药补中益气丸就可以了。"结果他半天不走，说："可能不行吧，我都吃了那么多的药，你连汤药都没给我开，这个药也没有止痒作用，恐怕不行吧。"我就跟他说："你放心吧，听我的，先买一盒，吃五天。"到了第二个礼拜，他又来了，我就问他："你怎么又来了，是没好吗？"他说："皮肤全好了，就是想再让你给看看，调理调理身体。"

刘　奇：就是按照说明书吃？

史欣德：对呀，我从来不让患者吃多了，像水丸我一般都是让患者早晚各服一次，一天两次就可以了。

最近我有了更多的体会。我的父亲85岁了，一年前摔倒后导致右股骨颈骨折，做了手术，术后又做了康复，勉强可以行走了。他本身有 30 多年的高血压、冠心病病史，平时走路不太稳，结果出院后大便排不出来，有便意，老往厕所跑，但反反复复进去出来五六次，都没有解出来，很痛苦。没办法，就抠吧，结果抠出来的大便也并不是太干。后来我就摸他的脉，发现双侧都是那种浮弦大的脉，但重按是无力的，特别是右手脉。因为年纪大，还有高血压，血压高用补中益气汤就有点担心，考虑到同时他还容易流口水，应该是中气大虚，就给他用了补中益气丸，当天吃，第二天开始，就每天一次大便，轻轻松松就解出来了。开始还以为老年人用药起效会比较慢，结果没有想到这么快。所以我就觉得补中益气汤这个方真的是太好了。

刘　奇：今天听您这么一说，我确实是加深了对补中益气汤的认识。

史欣德：用的时候只要抓住那几个关键点就可以了。

刘　奇：我猜您看病肯定是非常快。

史欣德：不，有的病很快，有的很慢，不快的。

刘　奇：我记得您以前讲课就讲到过一个学生，很疲劳、心慌，您就问了他一个问题，喜不喜欢吃甜的？他说喜欢。您炙甘草汤就用上了，患者心不慌了，一个星期就好了。所以您总结的这些东西特别好，很实用，讲究实战。

史欣德：对呀，所以我就有很多跟诊的学生，经常同时有七八个学生跟诊，因为我不讲那些看不见摸不着，不能证明我对，也不能证明我错的空头理论。中医的基本道理大家都懂，我不讲，我就讲那些关键点，什么情况下你就可以用这个方，原理一句话就可以说清，可能下次遇到同样的患者，一用就对，他们就很开心。

黄智斌：李东垣创立的补中益气汤在《内外伤辨惑论》里面其实是一个大方子，它的加减非常复杂，您能否跟我们讲讲，李东垣是出于怎样的考虑去加减，因为有一些是时令性的加减，有一些不是，这当中有什么巧妙之处呢？

史欣德：李东垣当时用的补中益气汤，我会把它当成桂枝汤一样的基础方。桂枝汤是阴阳两虚体质的人的基础方，这类人如果受外寒重，就要用麻桂各半汤；如果合并少阳证，就用柴胡桂枝汤；如果兼食积，就合上保和丸。掌握了基本方，再复杂的病也不怕。这种基础方是很重要的，好比画画需要打底色一样，没有底色可能就成不了一幅漂亮的画。补中益气汤也是这样，它是治疗中气虚的一首基本方，能治疗所有中气不足引起的疾病，而中气不足的同时又会派生出其他很多问题，或兼有其他问题，所以这个方原书就有许多加减方法，李东垣提到的加减法都是值得我们关注的方法。当然临床上问题复杂，我们也会遇到李氏没有提到的类型，比如补中益气汤证的患者很容易出现下焦湿热的问题，如白带多、偏黄、异味，还有下肢沉重，阴囊潮湿、瘙痒，脚起水疱等，为什么呢？因为脾胃一不好，人的运化功能就差，吃进去的东西一部分变成营养吸收了，还有一部分就变成湿热沉下去了。所以兼有下焦湿热问题就可以用补中益气汤加二妙丸、三妙丸、四妙丸。其实李东垣的清暑益气汤中就含有二妙丸的成分。清暑益气汤里面还合了一个方子，就是生脉饮。夏天哗哗地出汗，就会出现气短、口渴、心慌，就要喝生脉饮。

补中益气汤就是针对中焦气虚问题的方。但是治疗中焦虚弱的方太多了，有建中、理中、补中、温中等，可见中焦的问题有很多种，要用不同的方。比如经常有学生问小建中汤与理中汤怎么区别？

刘　　奇："伤寒，阳脉涩，阴脉弦，法当腹中急痛者，先与小建中汤……"

史欣德：这是原文，我不问你原文，就问你临床怎么用？

刘　　奇：一般临床中，用小建中汤也有几个指征：第一，这个人一定是白白瘦瘦的；第二，大便不太通畅，有点费力；第三，喜欢吃甜的；第四，患者的手脚心都会热。

史欣德：我现在问你一个问题。理中汤证可以出现这些情况吗？

刘　　奇：理中汤证也是可以的，都是中阳不足。

史欣德：好，那大便不好，理中汤也可以用啊，所以这就是没有抓到关键点。我现在来告诉你我是怎么理解这两个方子的，可能你一下子就明白过来了。我喜欢用"以药测证"的方法，先看里面的药，小建中汤中有芍药、甘草，而且是六两芍药，芍药比桂枝用得还多，所以这张方子阴药比阳药要多，这是第一点要记住的，所以这一定是阴和阳都不足的问题，桂枝配甘草，辛甘化阳，芍药配甘草，酸甘化阴。而且芍药配甘草可以缓急止痛，所以应该既能看到阳不足的问题，又能看到阴不足的问题。阴不足，是不是就会有唇口干燥，可以出血，可以手足心热，这是阴虚有热的表现，既然是阴不足，舌头呢？是胖大还是不胖大呢？当然是不胖大的。为什么呢？因为小建中汤中没有利水的药物，它的药都是比较润的，所以患者的舌头应该是偏暗紫一点，就是黄煌老师讲的桂枝舌，提示阳气不足，吃了冷东西胃会不舒服的。舌苔应该怎么样？干干净净的吧。会水淋淋的吗？不会。会腻吗？也不会。会胖大吗？绝对不会。因为阳不足，所以说"阳脉涩"，不滑利。因为痛，所以阴脉弦。再来看理中汤，理中汤是哪几味药组成的？

刘　　奇：干姜、白术、甘草、人参。

史欣德：对，你看里面的干姜燥不燥？燥。白术呢？也是温燥的。对呀，这样你就明白了吧，理中汤证的舌一定是比较胖大的，舌色是淡的，不是紫的，舌面是水润的。因为干姜能温中止泻，有收涩大便的作用，所以理中汤证的患者主要表现为大便异常，会拉肚子，当然也有几天不大便的，但是大便并不干，是气虚推动不了引起的。那么这两张方子的鉴别点就出来了，一个舌胖，一个舌干瘪。

这个问题怎么想明白的呢？有中医本科毕业的学生问气虚与血虚如何区别？可见我们的教科书还是没有说清楚这个问题。其实仔细分析一下治疗气虚与血虚的基本方就可以非常清楚地区别了。气虚的基本方是哪个？四君子汤。血虚的基本方是哪个？四物汤。四君子汤中有白术和茯苓，说明有利水的作用，所以气虚的人会给你一种水太多、泡泡囊囊、肌肉松松的感觉。当然补中益气汤中不用茯苓，肌肉松松的，但不肿。

刘　奇：对，反过来的话茯苓的药证也推出来了。

史欣德：对。这个我们讲的是四君子汤。那血虚的人呢？我们说"血主濡之"，养血要用四物汤，即地黄、芍药、当归、川芎，没有一点利水药。典型的血虚证的人就是干瘪的，皮肤比较干燥，偏黑偏瘦一些。一个是虚浮囊肿的，一个是干瘪瘪的，所以气虚、血虚一下子就能区别开了。

刘　奇：这些都是书本上学不到的。

史欣德：所以我说，把一个补中焦阴阳的小建中汤放到《方剂学》的温里剂中去，就会让人误解，就很难理解原文提到的"悸衄""手足烦热，咽干口燥"等这些与阳不足无关的症状。这个方本来就是为中焦阴阳两虚而设，并不是单纯的中阳虚，所以放在温里剂中是不恰当的，会误导学生的。理中汤就是纯粹的阳不足，没有阴的问题，与阴的关系不大，而小建中汤就与阴虚有很大关系，所以当我搞明白后，在临床应用时这两张方子是绝对不会混的，绝对不会乱用。当然临床也有桂枝汤、小建中汤兼有四物汤、四君子汤的类型，就需要合用。我桂枝新加汤用得比较多，如果再加上白术、茯苓，就相当于合了四君子汤。另外，还有一首桂枝去桂加茯苓白术汤，原文是："服桂枝汤，或下之，仍头项强痛，翕翕发热，无汗，心下满，微痛，小便不利者，桂枝去桂加茯苓白术汤主之。"这个方治疗颈椎病不错。

刘　奇：如果把里面的生姜换成干姜，那肾着汤也有了。那您会换成干姜吗？

史欣德：我有时候会。肾着汤这个方子我最近对它的理解也越来越清晰了，它实际上也是治疗中焦脾胃问题的方。

刘　奇："肾着之病，其人身体重，腰中冷，如坐水中，形如水状，反不渴，小便自利，饮食如故，病属下焦，身劳汗出，衣里冷湿，久久得之，腰以下冷痛，腹重如带五千钱，甘草干姜茯苓白术汤主之。"

史欣德：这个方名字虽然叫"肾着汤"，但是问题其实都出在中焦。你看里面的药，哪一个不是归中焦的药？有下焦肾经的药吗？没有。干姜、茯苓、白术、甘草，干姜和茯苓用 20g，白术和甘草用 10g，如果怕姜的话我就把姜的量减少一点，我现在治疗一些妇科病，如果选对了，常常立竿见影。

为什么叫肾着汤？因为原文是治疗肾着这个病，后来就叫肾着汤了，但是方名不叫肾着汤，是后来加上的，原文就叫甘姜苓术汤，用来治疗肾着这个病。我们应该怎么理解这个方子呢？这个方子针对的是中焦阳气不足，水湿内停，这个水湿停到哪里去了呢？停到下腹部去了，停到肚脐以下那个位置，但是病根子是在中焦，盆腔部位有水湿，所以"腹重如带五千钱"，其实就是一种重坠感。水湿阻碍了局部的血液运行，反射性地影响到了腰部，因为腰部的神经实际就是管肚子的部位嘛。所以"腰冷如坐水中"，这是妇科慢性炎症患者经常会出现的一些症状。所以要用干姜、茯苓、白术这些温化、祛水湿的药物。

刘　奇：怪不得您说不要排斥西医的病理、生理呢。

史欣德：当然不能排斥，我们是现代人，西医的生理、病理，讲得清清楚楚，你为什么不利用它呢？你还在这里讲天花乱坠的中医术语，谁听得懂啊？而且我们用起来也很费劲。我现在想明白了之后，遇到妇科患者，如果主诉肚子难受，就问她腰是否冷？如果腰冷，就要问问肚子是不是有往下坠的感觉？如果是，再问腿沉不沉？下焦有水湿的话通常腿会很沉重，也有表现为腿冷的。如果上面这些问题都有，我就会开这个方，什么药都不用加，就是这四味药，根据患者具体情况，调整一下各药的比例即可。

有一位女性患者，主诉是腿沉，就用了这个方，一周后来复诊，非常高兴地对我说："史老师你给我吃了什么方，怎么还有美容的作用，我的脸一下子就提上去了。"这个患者五十岁左右，面部肌肉比较松弛。为什么用了这个方面部肌肉变紧了呢？其实也是中焦问题。当中焦一虚，阳明脉一衰，面部肌肉就松弛下坠了，用甘姜苓术汤将中焦阳气一托，水湿一化，自然面部肌肉就会收紧了，脸就瘦啦。所以，如果临床遇到面部肌肉下坠的中老年女性患者，就可以问问她腿沉不沉，小肚子坠胀吗？腰酸、腰冷吗？再看看舌头胖大，脸黄暗的，就可以试试这个方子了。

李东垣所处的那个年代，可能脾胃虚弱的人很多，我们这个年代其实也很多，为什么呀？很多人饥一顿，饱一顿，或暴饮暴食，或大量吃生冷，喝冰镇的饮料，以及工作压力过大，精神紧张，过度烦劳，包括劳力、劳心等，这些全都是李东垣认为的损伤中焦脾胃的原因。所以现代人用补中益气汤这个方的机会还是蛮多的。

我再顺便讲一下李东垣的升阳散火汤。这个方子一共是 10 味药，把它一分类，就会发现，其中三味是治风药，即羌活、独活、防风，羌活、独活用 15g，防风量少一点，7.5g。三味升阳药，柴胡 24g，葛根、升麻各 15g，柴胡的量比较大。四味补益药，其实也可以看成三味补药，即生甘草 6g，炙甘草 9g，不知道为什么李氏要生甘草和炙甘草同用，另外就是补气的人参 15g，养血的白芍 15g。以上剂量不是一次的量，其实原书一次量很小，总共只用半两，即 15g，平均下来每味药也就 1~2g。这张方子原文是用来治疗内热证的，原文这样记载："升阳散火汤，治男子妇人四肢发热，肌热，筋痹热，骨髓中热，发困，热如燎，扪之烙手。此病多因血虚而得之，或胃虚过食冷物，抑遏阳气于脾土。火郁则发之。"患者感觉热得不得了，那种从骨头里面出来的热，热得烫手。临床有这种患者，但并不太多，所以临床用这个方的机会不多。发病原理李东垣讲得很清楚，就是吃了大量凉东西，中焦的阳气就被遏住了，透发不出来，郁而化火，才出现了这些症状，治疗就是要透发。也就是说这个人的中焦阳气并没有伤得很厉害，而是被冰凉的东西、寒凉的东西给压住了。我忽然明白了，现代因冰箱的普及，经常吃冰凉东西的人多不多？很多啊！问题就来了，阳气就郁遏在那里了，不单单会出现骨头里发热的这种症状，还会有其他的问题冒出来，比如鼻炎、痤疮、头晕、失眠、皮肤慢性湿疹等，都有可能出现。阳气被遏在里面，是不是就要想方设法散出来？既然想要散，患者会想吃什么味道？当然是辣的，那种麻麻辣辣的味道，能帮助阳气透发。这类患者天天想要吃辣椒，不吃辣椒就难受，还喜欢吃冰凉的。他们的脉搏是什么样的呢？一定是非常沉，因为阳气被憋在里面，透发不出来，中阳被遏住了，所以是憋在里面的，但是有力的。也有发现寸脉浮，就是阳气想要出来但是又出不来，但是大多数都是憋在里面的脉。这类患者看上去面色暗，缺少光泽，面部有大量暗红色痤疮，人无精打采。

还有一些过敏性鼻炎、慢性鼻炎的患者，表现为严重的鼻塞，流清涕或黏涕，自觉整个腹部上下不通，堵住了，我摸完脉就给他用这个方。结果最快的服一剂鼻子就通畅了，七八年的慢性鼻炎就好了，效果如此之快，让患者也感到十分惊讶。

还有一个最奇怪的病例，患者女性，40 多岁，脚底下涌泉穴部位有一片慢性皮炎的皮损，如一元硬币大小，皮肤色素沉着，中间有一个绿豆大小的水疱，痒，怎么也不好，有半年多了，她总是拿针去挑，但挑破了又长，很烦，于是来找我看。这个病我怎么看？就这么一小点皮损，别的地方都没有皮疹，有点为难。但一看她的脸，灰暗，没有光泽，就问她喜欢什么味道？她说特别喜欢麻辣的，于是开升阳散火汤原方，结果一个礼拜皮疹全没了。

最后自己搞清楚了，李东垣为什么要这样组方，为什么喜欢用风药，以前我不太理解，研究完他的理论就明白了，因"风主升"，就是取其透发的作用，用升阳药，也都是透发的意思，三味风药，三味升阳药，加起来六味药，可见这个方的透发力量多强啊。另外加点人参、白芍、甘草就是想助力一下中焦，使中焦脾气能正常升发。所以李东垣发明这些方剂真的是非常了不起！

对于生甘草和炙甘草的运用，我是这样理解的，生甘草兼有清热解毒作用，所以患者如果火大一点，我就把生甘草的量放多一点。中虚的问题明显一点的，炙甘草量大一点。

所以我现在就抓关键，生病之前凉的东西吃得很多，但还能吃凉，脸色晦暗、没光泽，甚至满脸痤疮，睡眠不好，因为患者头部供血也不好。当中焦阳气都升不上去，头部供血能好吗？供血不好，肯定会失眠。头部的微循环不好一定会失眠。所以说失眠有两种情况，一种是气血供不上去了，没有营养供应怎么可能睡得好？还有就是堵住了嘛！比如用血府逐瘀汤来治疗失眠的情况也有很多。还有一种就是阳气冲在上面下不来了。所以看"升降"还是蛮有道理的。

黄智斌：您说的这个"升降"真的特别有意思。李东垣是首提"升降"的，在《脾胃论》里他是"法四时升降"而用药，"升降"这一概念是他提出来的。而且，通过升阳散火汤，您刚才向我们解释了"出入"的问题，不知道您怎么看待李东垣"升降"和"出入"这两对，气的运行、发散，这在他方子里是怎么去运用的？例如，柴胡、升麻这些药是升阳的，但是其实从另外一个角度来说是解表药，羌活也是解表药，李东垣是把它们组合在一起，组合在一个方子里面去运用。那么，哪些患者或者说哪一种情况下要特别小心地用这些药物呢？

史欣德：升阳药特别是柴胡、葛根，如果用反了、用错了，有高血压的患者血压一定升得非常高。我在临床上碰到过一位老先生，他属于温胆汤证，我给他用温胆汤效果非常好，他心脏很舒服，但他经常告诉我脖子僵，我就加点葛根，结果一用葛根，他的血压一下子就升上去了。他说胸口闷，我就加了柴胡，结果一用柴胡，血压也升上去了，最后这二味药就不敢再用了。

另外，我们可以通过探脉来决定治疗的"升降"，还是蛮有道理的。正常人的脉通常是"阳浮阴沉"，以关为中界，上面浮，下面沉，如果寸脉上冲得非常明显的话，升阳药是要慎重运用的。反过来，如果脉是下面"浮"了，上面的寸脉沉了，可以用升阳药，很有意思。还有名方升降散，蝉蜕、僵蚕主"升"，姜黄、大黄主"降"，一升一降，清除疫邪。

升降是讲上下的问题，出入是讲内外问题。我们常用的柴胡剂，如小柴胡汤、四逆散、柴胡疏肝散之类，就是用来调内外的方。

对上下、内外来说，中焦是一个关键点，所以彭子益先生写了《圆运动的古中医学》，彭先生也是极其聪明的，他把中焦脾胃想象成一个"轮子"的"中轴"，太有道理了，"中轴"坏了，上下、内外就都乱了，升降出入一废，人就病了。所以我们总说治病求本，到底根子在哪里？为什么李东垣要说"肺之脾胃虚，肾之脾胃虚"，开始我也不理解，后来慢慢明白了。所谓的"肺之脾胃虚"，即患者表现为一派肺经症状，但并不是肺有病，而是脾胃有病，所以就得去调脾胃。"肾之脾胃虚"也是，看到一派肾亏的征象，但根本不是肾的责任，是谁的责任？是脾胃的责任，必须去调脾胃，李氏还设计了专门的方子。所以脾胃是很重要的，不就是这样的吗？

以前我是不喜欢中医的，我的父母都是西医，我是在西医的环境中长大的，怎么可能喜欢中医呢。我是在40岁左右时才开始觉得中医太了不起，是跟着黄煌老师学习后才完全明白过来的。

刘　奇：现在很多中医大家都是从西医学过来的，因为他们懂生理、病理和解剖，学起来方便，也没有那么多约束，而且客观，是从看得见摸得着的方面开始入手学习的。

史欣德：对的，就是这么想问题的。中焦脾胃问题是值得好好研究的，一定要把小建中汤、补中益气汤、理中汤等治疗中焦的名方仔细研究好，对大家会有很大帮助。我最近用理中汤治疗一个顽固性便秘的患者，这个患者很发愁，吃了很多药都没有用，他告诉我他上下不通，腹部这里堵住了，想要拉大便但出不来，拉一次大便要用很长时间。结果用了理中汤加大黄，患者的大便很快就通了。

黄智斌：一定要加大黄。史教授您好，因为我是消化科出身的，就想问您一个问题，关于大黄会造成结肠黑变病的问题。

史欣德：长时间用大黄会出现这个问题，所以不能长时间吃，如果大便总是要依靠大黄才能解的话，说明方子还是有问题。我治疗便秘一般不会首先想到大黄，会找病根，如脾虚胆热，三焦不通也会便秘，用小柴胡汤就可以了。

黄智斌：到什么程度就要停用大黄呢？

史欣德：大便通了就可以停，如果再便秘，可能用量不足，可以继续用，也可能还有其他问题。刚才讲的那个患者吃完理中汤后，大便通畅了，但还有胆热的问题，所以改成了柴胡桂枝干姜汤，温中阳的同时清胆热，吃完也好了。调整体阴阳才是治疗的关键。

现在临床上很多人都是吃坏的，大便不正常的人十有八九，如大便解而不爽、大便臭、臭屁多、大便黏腻、稀便等。因为中焦是后天之本，脾胃败后，其他的脏器也容易出问题，所以彭先生的《圆运动的古中医学》写得特别好，你们工作室好好把它梳理梳理，怎么去调中焦，治中焦的方子之间的区别在哪里？为什么要这样调？有些理论也说不太清，但是要告诉大家在什么情况下可以去用，这个我们是可以把握的。

刘　奇：就像您这样，每个方分若干证，这几个证都符合了就拿上去用，这种研究其实是最有意义的。

史欣德：其实方解都是自己想的，比如解释治疗肾虚的金匮肾气丸，方中用大量的地黄，就像给一辆车加油，油箱中如果没有油，你还拼命去点火，着得了吗？着不了的。你必须先给它加油，这个油就相当于方中的养阴药地黄、山药、山茱萸，先加油才能点火，方中用的一点点桂枝和附子就是点火的药。可见肾气丸是在严重的肾阴不足的基础上造成了肾的气化功能异常而出现的一系列问题，所以除了腰酸外，有小便不利或小便过利两个极端，即肾的气化失常，所以才理解了这个方的方名为什么叫"肾气丸"。

刘　奇：听您这么一讲，这个问题好像就简化了，没那么复杂了。

史欣德：我们必须要把复杂问题简化，执简驭繁也是中医的一大特点，问题不要复杂化，复杂了我们的脑子容易糊涂。

刘　奇：请您再简单讲下升阳益胃汤的要点。刚才您讲了补中益气汤和升阳散火汤。

史欣德：我升阳益胃汤用得还不多，体会还不深，等以后有体会了再聊吧。想要了解透一首成方，我主要还是从里面的药来看。

刘　奇：您主要是通过药证来推测的。

史欣德：对。我最近在点校明代龚廷贤的《寿世保元》，他也属于补土派的医家，小孩子的病也用补中益气汤，我们是不大用的。龚廷贤是个了不起的医家，他的很多方子我也喜欢用，他应该也研究过李东垣的《脾胃论》。《寿世保元》是他九十岁左右写的，《万病回春》是四十多岁的时候写的，所以《寿世保元》更能体现龚廷贤的观点和经验。

刘　奇：您临证是宗的是伤寒、东垣，还是……？

史欣德：我没有派别，也不主张门派，我喜欢兼收并蓄，凡是被前人临床证明过的有用理论与有效成方，我都会关注，哪怕暂时从表面看是难以理解、难以解释的。

李东垣的书如《内外伤辨惑论》《脾胃论》，我读大学的时候就看了，但是当年临床少，没有体会，很难看进去，感觉逻辑关系是乱的，道理讲不清楚。等经历了大量临床后，慢慢才发现，他确实是发现并抓住了一类病证的特点，觉得他很了不起，还得下功夫好好研究他的思想与方子。临床上中焦脾土问题引起的疾病太多了，值得我们认真研究。

刘　奇：所以最后还得落在临床实战上，治好患者。

史欣德：是的。另外，有些人认为汉代以后，中医没什么发展，我不太同意这个观点，其实历代名医辈出，比如我刚刚说的龚廷贤，还有宋代的钱乙、陈言，金元时期四大家，明代的张景岳，发明柴葛解肌汤的陶节庵，清代的王清任等，他们都悟出了很多新东西，发现了前人没有发现的东西，所以中医历代都有发展，历代都有聪明人，不要有门户之见，只要临床有效，都值得我们学习和关注。所以我更注重成方的研究，努力去探讨成方背后的组方原理，揭示方子的使用规律，用一个准一个，是我追求的。所以历代都有好东西，不要有门户之见，包括西医的东西都要去看，这样你才会客观，不偏执。

黄智斌：叶天士《临证指南医案》后面有个按语，里面就说，李东垣是详于治脾，略于治胃。而叶天士是详于治胃，略于治脾。观点好像有点偏颇，但是李东垣很多方子是治胃的，譬如升阳益胃汤、枳术丸、平胃散和枳实消痞丸。您觉得李东垣有什么代表方是治疗胃的，给我们介绍一下。

史欣德：胃和脾确实是要分开研究，但有时候确实也难分，混在一起说中土，说脾胃。可是实际上胃是胃，脾是脾，胃强脾弱的人太多了，表现为超级能吃，胃口超好，但吃完之后消化不了，这种情况临床特别多。所以中医基础理论讲得很清楚，胃就是一个火炉，当胃有火的时候，会消谷善饥，特能吃，虽然生病也特能吃，比如甲状腺功能亢进、糖尿病患者，他们就特能吃，就是有胃火，真正的胃火，黄连就必须用上，这个时候就是要治他的胃。如果运化不动，就要去治脾，最典型的方，就是治疗胃热脾寒的方——半夏泻心汤。还有黄连汤，以胃疼痛为主证，黄芩去掉了，加了桂枝，温中止痛，有一点点区别，主治证完全不同。曾经我用过这张方子治疗一个顽固性胃痛患者，止痛药都没效果，结果黄连汤一剂下去，当天晚上止痛，不可想象。另外就是强调胃的腐熟功能，胃一有火，就会上犯，出现口臭、口腔溃疡、牙龈肿痛等，这些都是胃有热的表现，一般用点保和丸就能好。如果不能吃，一点胃口都没有，比如说朝食暮吐、暮食朝吐，到时间胃里的东西要反出来，就是胃的火不足了，我们都能分辨得出来。脾，我们强调的是运化，主要看肌肉、大腹、大便的问题。胃，多看口腔、牙龈、食欲问题，这很清楚，泾渭分明的。

刘　奇：好，那今天我们的访谈就到这里，感谢史老师。

师承补土，守正创新
——孙晓生教授访谈实录

【专家简介】

　　孙晓生，男，1956 年生，广东省揭阳市人。二级教授，博士研究生（博士后）导师，第六批全国老中医药专家学术经验继承工作指导老师，获批"全国名老中医专家孙晓生传承工作室"，广东省首批名中医师承导师，享受国务院政府特殊津贴专家。曾任国家中医药管理局学术流派基地办公室常务副主任，广州中医药大学副校长，岭南中医药文化传承创新中心主任。

　　陈　　延：孙教授您好，今天难得有机会向您学习。我们也看过您之前的一些资料，包括您编写的教材、著作和一些 PPT，发现您在学术流派研究这方面确实有很独到的地方。我们目前最大的困惑是什么呢？从中华人民共和国成立后，我们用得更多的词是脾胃学说。但是以前的教材上讲的中医学术流派是补土派。原来这些词也不是我们去界定的。可能现在搞脾胃学说的专家，在消化科的比较多。但是实际上补土流派的学术思想，它的适用范围是非常广的，除了消化科以外，像妇科、神经科、眼科、五官科，都有相关的方或者相关的治疗办法。我想请教您，您觉得脾胃学说和补土学术流派，它们之间的关系怎么去界定？脾胃学说就是补土吗？还是说它们有不同的地方。您怎么看待这个问题？

　　孙晓生：确实如你所说，我上大学时，沈炎南老师讲补土学术流派，王建华老师开选修课叫脾胃学说研究。这几年我们在从事学术流派的研究过程中，学习了相关的文献，也有了自己的一些思考。首先要明白什么是学说？学说就是独特见解，与众不同、自成体系、有标志性。都认可这种学说的学术群体，我们认为他们是同一个学派。学派有一个基本的要求——宗师、著作、传人。第一是必须有代表人物，另外要有他的学术观点。一般来讲还要求有著作。第二就是学术传承的过程中产生的流变，以及传承人群体。以脾胃学说为例，从历代的演变过程来看，它也是在不断地发生流变。但是它有核心的、不变的东西，这就是我们需要研究的。从学说到学派，是一个发展的过程，不可能有一个绝对的界限，比如说到什么时候就是学术流派了。当然，像李东垣，我们认为他是一个里程碑式人物。但是也有专家认为，可能要追溯到张仲景。我觉得这主要是看从哪个角度来考虑。如果要继续追溯，《黄帝内经》《难经》里面已有这方面的理论基础，如土生万物、中者枢纽、将以甘药、脾为之卫、肝病传脾等就是典型的例子。在传承的过程中真正能成为里程碑式人物的，我想大家比较公认的就是李东垣。为什么这么说呢？它有几个条件。学术流派往往有几种分类方法，最简单的就是以人名区分，比如张仲景学派、李东垣学派；也有以其学术观点区分的，比如补土派、攻下派；还有以地域区分的，比如易水学派、岭南学派。但是这几种分类之间是有交叉的，因此我们就会产生学术流派没有明确边界的认识。虽然没有明确边界，但是我们心目中有一个基本的判别标准或倾向。比如有些医家算补土派行不行呢？可以算是补土派。同时他可能也是清热派。我简单地画一个示意图来看他整个学术流变的过程（孙教授画图示意）。李东垣的师父是不是补土派呢？严格意义上来讲不一定算是补土派。你说张元素算不算是补土派？他已经有了脏腑辨证里面一些脾胃系列的论述，特别着重"养胃气"。从某种意义上讲，也应该算是补土流派吧？可能由于他有脏腑辨证方面的贡献，也有用药特色方面的贡献，反而没有把所有精力集中起来研究补土，不像他的学生李东垣那样。另外，李东垣的学术思想对同时期的朱丹溪也有一定影响，但朱丹溪以养阴为宗旨，那已经算是另外一个学派了。所以一般情况下，我们没有把朱丹溪列入其中。与中医学的这些人物、地域相比，更重要的还是学术观点。一讲你是补土派的，那么立足点就是不一样的。比如说，我权且说是补土学派，考虑问题的核心往往会偏重从脾胃去思考。我们遵循东垣的学说，脾胃是人体的中枢，就像交通枢纽一样。从这个地方，我们可以到达人体五个系统的其他地方。通过调理这个地方，可以产生一些相关的反应。具体来讲，以脾为中心，通过脾和肺之间的联系以及和其他脏器的联系，产生相应的治疗思路。可以从这个地方入手，调理肺的疾病。最明显的就是慢性支气管炎和慢性阻塞性肺疾病，很多时候我们就直接从脾胃入手。有人问明明是肺的疾病，为什么开脾胃的药？这跟我国的传统学术也有点关系，这个叫"隔一"，甚至有的"隔二"。就是通过治脾或者是通过健脾，来达到养心、宣肺、护肝、补肾的效果。这就是枢纽效应，是我对补土派的一个基本的认识。

自从东垣这个里程碑式人物树立以后，后世好像还没有人超越他。但是从近现代来看，我们发现这个流派也是在不断地完善和创新的。我们要思考的是如何服务当下？我们要继承，但更重要的是创新。简单来讲，创新主要包括三个方面的思考。第一个方面，提炼精髓，首先要把这里面的精髓提炼出来。因为他的贡献很多，既然研究补土，我们就要把他相关的论述、原则提炼出来。虽然是他的东西，但是我们后人要创新、要提炼。第二个方面，理顺脉络。这个学说也有后世的发展，如果按照教科书上说的，东垣的徒弟很有名气的也不少。从他开始是补土，接着出现了养胃阴。养阴从某种意义上说也算是里面一个不同的学术观点。因为胃主受纳，脾主运化，这是最基本的生理功能。然而脾和胃一个是湿土，一个是燥土。一个是升，一个是降。脾——湿土喜燥以升为主；胃——燥土喜湿以降为主，但是作用点不一样，开始的用药主要是温补的比较多，后来由于地域不同，环境不同，根据地方的需要产生了不同。第三个方面，拓展应用，这是服务当下的重中之重。所以关于学术观点的继承也要注意"三因制宜"。三因制宜是中医学的基本原则。我们把它借用到学术流派的研究中来。一是因时。现在和古人所处的时代不一样，我们如何与时俱进？要侧重古代疾病和现代疾病的异同。二是因地。这个更明了，在中原地区，基本还是保留着原来的治疗方法。但是后来温病学派对湿热的认识就是因地制宜的范例。在岭南地区，我们在学习的过程中又引进了一个"清热祛湿"的方法，而且临床应用广泛。三是因人。与岭南人群体质有关。我曾写过《论岭南医学研究的时空维度》。这个就是三因制宜产生的。补有两种方法，一是直接地补，另一种是减轻负面影响，也就是间接地补。所以清热祛湿也是岭南地区用得最多的一个方法。从理论上来讲，处方用药都不是补益脾胃，怎么能算是补土呢？那可能是间接的吧！

在中医的治疗方法中还有一种"隔行法"（围魏救赵）。这个难度比较大，必须要有比较深厚的学术功底才能做得到。比如出现了某个疾病在某个脏，从和它不是子母关系的另外一个途径找切入点，这方面内容通常不受关注，只是在后世个人经验独特应用的时候讨论到这个方法。在 2008 年"全国中医药方法论研讨会"上，我讲过《岭南梁氏五行辨证（隔一隔二隔三）治法浅探》。从源自张仲景肝病实脾、吴谦注释提出"隔二隔三之治"，到后世临床应用，我们不难看到它是在发展之中。例如培土制水、扶土抑木等既要注重创新理论体系的整理，更要注重创新理论体系的应用，探索其中的规律，拓展临床思路。在当下，还要用现代科学技术能够结合的、实用的方法进行创新，来促进流派的发展。一是提供理论上的传承，另一个是为它的发展创造更好的条件。这才是一个学术流派创新和发展不竭的源泉。

我自己不敢妄称是补土派，但我应该是补土流派下面一个小小的分支，我自己把它叫作"理中"，就是调理中焦的意思。为什么叫作理中呢？这个要追溯到几个理中汤。其实东垣的学术源头，可以追溯到仲景的建中汤。《伤寒论》中人参汤也称理中丸，《太平惠民和剂局方》加附子名附子理中丸，《三因极一病证方论》再加肉桂则为桂附理中丸。从小建中汤、黄芪建中汤到大建中汤，他是建中，我是理中。我觉得除了"建"，可能"调理"的概念会更广一些。调理可以用补，可以用泻。但是用泻法就会跟补土出现矛盾。所以我就叫作理中。而且在岭南学术流派里头，我更注意的是祛湿的方法，祛湿的方法很值得我们关注。现在的老百姓已经非常关注湿。老百姓自己也知道，一旦出现头重身困、腹胀胸闷、舌胖苔腻，就会问我这个是不是湿啊？

陈　延：对，广东很多人都会说：帮我祛一下湿，我湿重啊。

孙晓生：这个问题，我们在临床中确实也经常遇到。广州中医药大学中医养生学博士点是全国该领域第一个博士点。我至今共招收国内外博士和博士后50名。研究方向包括慢性病调理、养生本草研究、中医药文化与产业。慢性疲劳综合征是我们主要的研究对象之一。目前有"抗疲劳一号方"和"抗疲劳二号方"。第一个方主要是以补中益气汤为主，加上一些祛湿的药。第二个方主要就是健脾和胃，特别是清热祛湿，以七味白术散、藿朴夏苓汤加减。

陈　延：您把"理中"的两个点都兼顾到了，一个是补，一个是化。

孙晓生：对，都兼顾到了。但是这个化湿又可以简单区分一下：有的热不明显，用健脾化湿；有的热明显，就用清热化湿。首先要在思路上有这样一个理念，才能在临床上去应用它。广东省中医院曾经做过一个调查，在两万个病例里面，按照王琦老师的"体质学说"去分类，气虚类排在第一位。但是在广东气虚很多是夹湿的。慢性疲劳综合征的表现有乏力困倦、情绪低落、活动能力不足等，这其实就是气虚夹湿的表现。所以我们临床观察到用补中益气汤能取到一定的效果，当然要进行加减，这是多数的，是"守正"；还有少数就是"出奇"，用藿朴夏苓汤作为基础处方来进行加减。

我们的目的就是看看能不能建立起这样的认识，我不敢说是学说。这个认识就是补土派可以再进行细分。第一个分出去的应该是养胃阴学派。从一开始，补土派基本都是温补的药，慢慢衍生出了一些养胃阴的，而且也用得很多。所以我们结合岭南医学的特征，在这里面再细分出一个"清热祛湿"的小分支。所以把名字叫作"理中"，就是出于这样的考虑。根据这个理论，在实际的应用中，我们也选择了一些病种来进行观察。我们画一个十字，以脾为中土，在中间，东、西、南、北分别为其他四个脏器，四脏也分别选择相应的病种。在这方面，前不久我叫我的李博士做了一些研究。我就选择几个相应的病例来说明这个问题。比如妇女围绝经期综合征，其中属于心脾两虚类的，我们用归脾汤健脾养心、益气补血。归脾汤通过健脾使气旺血生，和东垣的思路还是基本相似的。甚至还用在中风后遗症康复期。《脑梗死后轻度认知障碍114例临床研究》，发表于《中国实验方剂学杂志》2021年第24期。有一位谭博士做"附子理中汤干预IB5-D大鼠基因表达谱和免疫功能研究"。一般情况下，针对肠易激综合征，大家都知道基本处方是痛泻要方，但是对于一些比较顽固难治的，病程较长的，我们就归到脾肾阳虚这个证型。用附子理中汤，当然也是需要调整的，这应该就说明它们之间的关系了。培土生金法在慢性阻塞性肺疾病的应用已经有了系统总结，在香港"新冠肺炎康复期120例的应用"在学术会议上交流。耳鼻喉疾病虽多责之于肺，但也可应用培土生金之法。一些肝胆疾病如脂肪肝，健脾疏肝、行气化瘀也很常用。至于消化道疾病通过健脾的方法达到治疗的效果，慢性胃炎、功能性消化不良、反流性食管炎等，从调理中焦脾胃这个角度入手更是自不待言。

总的来说，我们要服务临床，首先是要给患者看病。但是在这个过程中，我们也要去摸索、探索它们之间有什么关联，更重要的是看能不能形成一种规律。所以我觉得补土方法确实在临床中的应用非常广泛。我本人比较早就对这个学说感兴趣，是因为在1980年王建华老师开的选修课。我第一次去听课的时候，就感觉到研究脾胃学说太有意义了。广州中医药大学对脾胃学说的研究，在全国应该说还是独树一帜的，是用中西医结合的方法。上海中医药大学研究肾比较多。当时我们学校专门成立了原校长陶志达作为组长的脾胃研究所。从这个脾胃研究所也走出了很多中医学的专家。我在广东省中医院实习和使用梁乃津教授胃乃安胶囊、金佛止痛散两个药也有一些体会。尤其是我在总结全国首批老中医药专家学术经验继承工作指导老师梁剑波学术经验的时候，我把他归到岭南补土派。他跟北方的补土派略有不同，因为用药有所不同。在用药习惯方面，我曾经让学生采用计算机的数据挖掘方法来分析，发表了《岭南梁氏补土855例方药规律初探》，用药特点基本上还是跟补土派的用药特点是一致的。黄芪、白术、茯苓出现的频率最高。这是从药的角度。另外从方的角度，我把他的特点归纳为"补土三方"，第一个是补中益气汤，第二个是《济生方》中的归脾丸，第三个是《太平惠民和剂局方》中的参苓白术散。后面两个不属于东垣的方，但是在广东应用得很多。在学习的过程中又结合我们自己的经验，就是补土不仅仅限于中医所讲的脾胃病，它对五脏的疾病都能产生相应的效果。而且同一类疾病，不敢说是双向调节，但是我们也做了一些这方面的研究。我曾经治疗过两个不同的病，一个是怕冷，一个是发热。但只要病机是脾胃虚弱，我都是从脾胃的角度入手。一个是华南师范大学的老师，她人比较瘦，消化功能不太好，每到下午1点钟的时候就有点低热。这个病例是我刚毕业的时候遇到的，现在仍记忆犹新。当时其他医院都看不好，因为是老乡，所以有一次相聚的时候她就跟我说："你不是学医的吗？搞点药给我吃吃看。"初生牛犊不怕虎，第一次我就想能不能用补中益气汤试一下呢？试了以后发现效果不错。就写了一篇文章《甘温除热管见》，刊登于校内期刊广州中医药大学研究生杂志《展翅》1998年第2期。后来治疗这类疾病的时候我就用补中益气汤加减。反复多次观察真的是有效果，当然一定要认清病机是不是跟脾胃有关，不能一概而论。这个应该符合东垣的思想，甘温除热。还有一个病例是一个护士长，怕冷得厉害。当时是夏天，她穿着西服。我说不用那么斯文啦，大家那么熟。她说她是怕冷，还穿了两条裤子。我一看，她也是属于脾胃的问题。我问她有没有试过扶阳派方法。她也试过，但是效果不太理想。我说你既然相信我，你就要坚持，不能说觉得只要吃七天的药就能改善，这是不可能的。我开的处方就是补中益气汤加味。开了以后我就观察她吃了有什么反应，是太热了还是药力不够？要不要加大分量？结果她吃了几剂就说比较舒服，也没有其他不良反应。我劝说她要坚持。第二次开完处方以后，因为每天煮药比较麻烦，后来就叫她服用中成药。

我的策略三部曲：第一个阶段，汤药加饮食疗法。为什么先开汤药呢？有几方面的考虑，她经过多次检查治疗，虽然我的基本思路确定，但是这个药服下去之后对不对，药量是太重还是太轻，还需要调整一下。这是临床思路的一个调整过程。基本对路了，我就叫她要坚持。一般都不要超过三次的门诊。之后我叫她把中药撤下来，去买补中益气丸的中成药。这是第二个阶段，中成药加饮食疗法。饮食这一项还是要叫她注意。第三个阶段，中成药也撤掉，只是用饮食疗法来维持。我跟别人不一样在哪里呢？我开两张处方，一张是汤药，吃七天。那平时饮食要注意什么呢？我就再开一张。当然这只供参考。总的来讲，就像孙思邈所讲的，能用饮食解决是最好的一个方法。加上我们研究的范围主要是慢性病调养，对这方面体会就比较多。这个方法不能随便用于别的地方，比如说我也在附属医院当过急诊科医生，那时就不能用这个方法了。所以要因时、因地、因人来对待。

这就告诉我们甘温可以除热，而且这种热也分好几种，加深了我们对甘温除热这个理念的理解。另外甘温不仅可以除热，甘温还可以除寒。这就是学说发展。你看她脾胃虚，四肢得不到营养，四肢冰凉，要穿两条裤子。我们用这种方法也属于流派里头的一种拓展。像这样的例子其实有很多，某高校副校长的畏寒证我也用此方法，但是都是一些碎片的东西。我们还没有把它系统化，也没有升华。所以以后有机会我也想多接触我们学术流派这个平台，多听专家的意见。这样才能使我们的补土流派产生更多的细流，这样的学术发展才会更加完善，也能够与时俱进地为当今老百姓的健康服务。现在的疾病谱跟以前不一样，现在有的技术以前也没有。原则是不变的，但方法可以改变。

另外，关于用药的特点方面。我们基本都是遵循用药法则的。像补中益气汤，教科书上明确分了君、臣、佐、使，分得很清楚。但是我们开处方就会结合自己的用药经验。比如北方一个专家的某个方治疗某个病某种类型效果很好，但是我们在临床上用了以后为什么效果就不太理想呢？俗话说"一方水土养一方人"。所以我们是学习他的原则，但是在具体的方法和药物的使用上，还是要以我们岭南的特色为主。邓老（邓铁涛）为什么喜欢用五指毛桃呢？就是因为五指毛桃有黄芪的补气作用，但是没有黄芪那么温燥。这个就是我们的优势了，除了君、臣、佐、使，对于一些现代研究出来的、对于一些疾病有特效的药物，我们也吸纳到我们的处方中去，帮助我们提高疗效。比如广东人比较喜欢用牛大力、仙鹤草治疗慢性疲劳综合征。再比如祛湿，传统利湿用茯苓，但我们在临床上经常用的是薏苡仁。薏苡仁能够健脾，祛湿的力量也不错。而且薏苡仁有个优点就是量可以用大一点。它是药食同源的，在食疗中也可以用。还有化湿止泻用阳春砂仁，化湿止呕用广藿香，都是用的岭南的道地药材。这些药在醒脾运湿方面出现的频率比较高。还有芦根，既清热除烦又生津止渴，在清热利尿又兼顾养阴的时候常常会用到。再一个就是当下老百姓比较喜欢的石斛。石斛养胃阴，我们行内人都知道。现在老百姓也喜欢。石斛能养阴清热、益胃生津，平时养生保健用铁皮石斛煲汤煮茶也就顺理成章。

总的来讲，在岭南医学里，补土是一支不可忽视的力量。我简单地把我们的专家排了一下队，包括梁乃津教授，再往前的沈炎南老师、邓铁涛教授等。还有梁剑波教授也算是补土派，从他用药的频率和3个最常用的处方就可以看出来。他在补土方面确实有独到的地方。我们也试图拿他的一些方来做拆方分析。首先是在单味药研究中寻找起主导作用的君药，其次是药对研究寻找最佳配伍药发挥协同拮抗作用，还有撤药分析法。一个临床验方能不能把它拆分成四五味药呢？如果行，那可能也是我们临床研究的一个思路。比如说你用三味补气药，我用一味能不能代替？如果能够代替，那我就可以不用其他的了。我们可以做个比较，撤掉了以后如果依然有这个作用，那就说明我一味药可以顶替三味药，那我用一味就可以，用量可以大一点。比如五指毛桃用30g。为什么五指毛桃可以用30g

呢？老百姓在家天天煲汤 30g 都没问题啊，实践告诉我们这是一个很平和的药。有了补气药，那如何配合它呢？祛湿药里面筛选一个炒薏苡仁，需要养胃阴的时候选择石斛等一两味药配合它。那么慢性疲劳综合征处方的基本雏形就出来了。因为疗程很长，一般要 3 个月，甚至半年，天天让患者熬药不现实，所以可以用食疗的方法。这是我们探索的一种思路和方法。我觉得这里头大有文章可做。还有就是如何把专家的学术经验，包括历代典籍中跟补土有关的记载，借助计算机的方法来进行整理。比如出现这个处方的时候，所有相关的条文都可以显示出来，那我们就可以来讨论一下。我们做过《伤寒论》的研究，比如大枣和生姜的配合。凡是出现生姜和大枣配合的情况，就把所有相关的条文都列出来。这样就为我们使用姜枣茶提供了理论依据。那我们能不能把补土里面最常用、出现频率最高的药物以及它们之间的组合，用这种方法来进行梳理呢？我觉得可以尝试一下。

总而言之，我们在这方面的探索还是非常肤浅的。一方面是受学科的限制。因为现在的学科分得太细了。学科分得太细，很多研究就都没办法开展。例如在补土法在慢性肾脏病中的研究中我们很有体会，患者基本都是其他科诊治过的，首诊的还是脾胃科。当然，针对其他学科的疾病我们也有办法。在慢性病调理这方面，前几年我们做了一个课题，就是"治未病"健康工程十年研究。我们广东大概发表了 350 多篇文章，数量在全国排在第二位，北京是第一。另一方面是有一些条件的限制。国家中医药管理局曾把养生康复都归入临床学科中，杨志敏教授就把它应用到临床学科中去。但是有一些条件的限制，虽然我们归属全科医学科，但现在以消化道疾病为主，还有内分泌病。当然也旁及儿科慢惊风、妇科崩漏等。不能离开自己的工作范围去旁及其他领域的病，所以就产生一定的局限性。运用健脾的方法，从脾入手治疗慢性疲劳综合征，我们做了一个小结。至于治疗其他的病种，我想也是可以的，特别是治疗一些胃肠肝胆疾病。"见肝之病，知肝传脾，当先实脾。"自古以来就是这样。

如何通过学科之间的互通，来增进我们对岭南补土的认识，特别是近现代，岭南医学的发展可以说是举世瞩目的。现在我们所做的工作，跟文化有一定的关系。岭南历来都有敢为人先的风气。但是岭南文化里边也有一些不太好的东西，我们要摒除。广东人的优点是实在，但缺点是太实在。很多东西做了，宣传推广不够，缺乏系统的整理，也没有升华。

陈　延：确实，在整理和升华方面，我们有欠缺的地方。

孙晓生：从临床经验到学术思想，要先做出来，要能够站得住脚，经得起历史的考验。在脾胃方面，可以说到目前为止，大家都还是比较认可广东对脾胃学说的研究。但是在理论上的建树呢？好像还是偏少。临床上脾虚患者常常流清口水，健脾能够改善症状，是根据脾开窍于口、脾主涎的理论。从唾液淀粉酶活性，探讨脾气虚本质，并在慢性胃炎、心血管系统疾病、重症肌无力中应用，1993 年原卫生部《中药新药临床研究指导原则》列入参考指标，到后来体液免疫、细胞免疫的研究，是这样一步步走过来的。但是现在就是好像做得比较散了一些，不像中国中医科学院做得非常专，在很多方面能够系统地一直做下去。

另外，中医学术流派传承里面有一个任务，就是有关文化方面的传承。文化底蕴的挖掘和阐发，这方面一直没有受到重视。人文的东西也是很重要的。比如脾胃学说就是在人文元素里面，找到了它真正的文化基础。脾为中土的观点，不仅要从医学方面去探索，而且必须了解它的人文内涵，尤其是农耕文化的背景。这方面我也看过一些专家发表过的学术观点，但是还没有形成共识。这方面需要我们不断地去凝练和检验。不好的就去掉，好的就继承下来，加以发扬。特别是我们这边有那么多的名医、专家，要集思广益。

时代不断前进。我最早总结岭南名医经验，是在《新中医》1996年第10期发表的《梁剑波学术经验的中医特色》。我们在做第一批全国名老中医药专家经验整理的时候是1991年，1993年出版了《随诊余墨》一书。当时那一代名老中医的知识背景和我们的知识背景不同。因为我们上大学时课程的分配是30%现代医学的课程，70%中医的课程。所以从某种意义上讲，我们在中医经典方面的知识比不过我们的上一代，但我们有了现代医学知识。但是现在我做第六批全国老中医药专家学术经验继承工作指导老师的时候，我觉得某些方面会超越他们。我们能够很好地吸收现代医学、现代研究的诊疗手段和技术，并把它们融合到临床和教学里面来。我相信我们带出来的学生，我们以后的一代，他们的知识结构跟我们又不一样。他们学习到的新知识比我们更多，特别是系统生物学。所以他们应该会比我们做得更好。这样一代一代地传下去，中医才能够有继承和发扬。

总而言之，学术流派传承推广是一项重要的工作，在这方面我有一点小小的贡献，就是在国家中医药管理局发布的《中医药发展"十三五"规划》里面，重点任务第四点加强人才队伍建设中提到，"依托国家中医临床研究基地、重点学科、重点专科、名老中医药专家和学术流派传承工作室等资源，形成一批具有影响力的学科团队"。我们在征求专家意见时争取把学术流派加上去了。原来只是说"重视名医工作室的学术研究"，当时我们提出一个观点：名医工作室是属于个性的东西，但是流派是一个很大的群体；而且中医师承的方法，除了有家传，还有私淑，另外还有更广的现代意义上的传播学。虽然我没有跟过某某大师，但是我从他的书里面学习，从他的处方用药方面来了解他，学习他，那我也算是这个流派。这样就使得这个队伍更大，影响力也会更大。原来就只是要求他们建立二级工作室，学术流派的二级工作室，这是纵向的。还有就是横向的，就是建立他们之间的联盟。这样就扩大了学术交流。我们也不要局限于消化系统疾病的研究，应该拓展到其他方面疾病的研究。这样学术的高度、深度和广度就会有更好的发展格局。

陈　延：作为一个流派来说，李东垣只是一个代表性人物，并不是说只有他才是补土的。您认为哪些是补土或者脾胃学说的精髓呢？

孙晓生：关于这个问题，我也有过思考，但是没有成熟的结论。你说百病都跟脾胃有关，其实这个值得商榷，毕竟只是某些范围和它有关。但是他确实是能抓住疾病的病机里面的主要矛盾异病同治，这是我们钦佩的地方。执中央，理四旁。找准一个切入点，把中央作为一个切入点。李东垣《脾胃论》中有肺之脾胃虚论、肾之脾胃虚论、安养心神调治脾胃论、木郁达之调理肝脾失和等。根据当时当地的情况，以辛甘温药补脾益胃，培补后天之本，助以升阳风药生发阳气，调畅气机。风药包括升麻、柴胡、陈皮等，主要是调理升降，从脾胃的升降、五行学说的角度进行调理。这也是一个基本特征。温补脾胃加上疏肝，这也是一个很重要的方面。现在的疾病，除了形体方面受损，心理方面的问题也很多。健脾疏肝是不是能给我们拓展一些临床思路，提供一些参考呢？所以我们现在用得比较多的就是补中益气汤，有时加上四逆散，加强疏肝的作用。这是有根据的，所谓"见肝之病，知肝传脾，先当实脾"。

　　陈　延：还有概念的问题。我们对概念是比较重视的，毕竟是中医理论的研究。其实我觉得您刚刚说到的补土问题，是很有独到的见解的。因为虚，就用补益的办法，这种方式就是直接地补。如果有一些不一定是虚证，可能是因为一些病理因素影响了脾胃的运化功能，那我用一些药物或者一些方法去恢复脾胃的运化功能。这应该也属于补土的概念。

　　孙晓生：对，使它恢复正常的脾主运化的功能。第一个是补，是做加法。第二个是清热祛湿，是做减法。我认为这个也可以算是补土的概念。但是说加减法的人比较少。

　　陈　延：我明白，所以我说您这个观点很新颖，我要和您确认一下。还有一个问题是关于土的问题。我们大多数人认为土应该指的是脾胃。但也有一些专家提出，土可能是一个高于脾胃的概念。比如说"土生万物"，当然这是从五行阴阳的角度来说的。他们认为土不一定全部指的是脾胃，它可能是脾胃功能体系的总和，或者是加上它跟五脏六腑的关系，尤其是脏的关系。那这些是不是也能算到土的范畴里面。您是怎么看待这个问题的？

　　孙晓生：我比较赞同脾胃是一个系统的说法。这个系统主要包括消化系统，能量代谢、转化和水代谢，以及免疫、造血等综合功能。按中医的分类，人体有五个系统，与西医的分类方法不同。这五个系统中脾胃基本的立足点还是现代所说的消化系统。当然，与免疫系统、造血储血也有关。但是我想最终的立足点还是消化系统。脾主运化有两大方面，一个是运，一个是化。包括消化吸收，运输营养和水液。至于脾统血即统摄血液循经而行与西医学的关系尚需探讨。刚才说到有些专家试图从文化的角度来寻找它的依据。这可以作为一种探索，但是从临床工作角度来讲，我们还是希望它落实到每一个系统中去。五脏是相关的，"脾之为卫"，健脾能提高机体免疫的功能，其他脏器也有这个功能，那也可以去研究。我想它们之间是有联系的，从不同的途径都可以达到同样的效果。就像我刚才所讲的，脾是在中间的，所以从脾入手，可以用归脾汤治疗脾和心之间的问题，也可以从脾和肝之间的关系来调理其他系统的疾病。如果单纯从文化和哲学的角度去讨论土的话有点虚，我觉得有点牵强，而且经不起大家的推敲。我们提出的观点"百病不治，求于归脾"是指临床上多种难治或以常法疗效不佳的疾病可以从治理中焦脾胃入手或辅以他法治之。意义在于为疑难病提供思路和切入点。

　　陈　延：对，所以我们要来请教您，因为可能每个专家都会有自己个性化的东西。但我们还是希望得到这个行业内专家的一个共识，这样可以帮助我们理清思路。由于时间的关系，我们就不打扰您了。

五运六气解读《脾胃论》
——田合禄教授访谈实录

【专家简介】

田合禄，男，1942 年生，河南省滑县人。"中医太极三部六经体系"创始人，北京中医药大学特聘学科建设带头人，建立田合禄名医工作室。国家中医药管理局"北京中医药大学高层人才培养基地"特聘专家。精熟《黄帝内经》《伤寒论》《脾胃论》。

刘　奇：田教授您好，很高兴今天能请到您！我们知道您中医理论的造诣非常深，而且也是临床大家。广东省中医院补土流派工作室已经成立一段时间了，我们已经从理论挖掘、理法方药到临床做了一些研究，但是还是有一些困惑，所以想请田教授来释疑解惑。大家经常提到补土派，您能否说下到底什么是补土派，补土派有没有一个定义？

田合禄：非常高兴来广东省中医院和大家一起交流学习，你们医院学术气氛还是很浓的。关于补土思想，自古以来就有。至于为什么把李东垣的学术思想称为补土思想呢？有没有抓住李东垣医学理论的基本东西？没有！

这样说吧，李东垣其实是秉承了张仲景的学术思想。为什么这样说呢？因为李东垣在《脾胃论·脾胃胜衰论》中解释小建中汤时，提到"甲己化土，此仲景妙法也"，说明他的学术思想完全来源于张仲景，是一脉相承的。他是怎样解释"甲己化土"的？

刘　奇：他是运用运气学说的一些理念来解释的。

田合禄：对了！所以说李东垣首先是一个运气大家，这跟他的老师有关系。张元素《医学启源》里面都是讲运气的吧？李东垣是张元素的得意弟子，得其真传。所以我说

《脾胃论》的精华全在运气。就凭这句话——"甲己化土，此仲景妙法也"，就可以看出来他的学术思想。但是对于"甲己"，李东垣是有个解释的。我不知道你们现在对于补土派怎样理解。"己"指的是太阴脾土，那么"甲"呢？"甲"指的是少阳相火，那这样就很清楚了。一个少阳相火，一个太阴脾土。李东垣正是基于这个学术观点，李东垣说脾胃病，脾胃为什么虚弱？我们还是在文中找——"脾胃虚弱……皆阳气不足"，这都是东垣原话是不是？我们一定要看原文来理解，不能把我们的想法强加给李东垣。那么他说的这个"脾胃虚弱……皆阳气不足"的来源在哪里？就在"甲己化土"上。己是脾胃，甲是少阳三焦相火，也就是说脾胃虚弱都是因为少阳相火引起的，是少阳相火不足引起的，而不是少阳相火太过引起的。现在主流观点认为脾主升清，胃主降浊，对吧？其实这种思想本身就有问题，这完全是一种误导！因为什么？因为脾在运气中来说，标本都是阴——太阴是阴精，湿气是阴邪，标本皆阴。这阴气哪来的升的能力？它本身就没有升的功能，标本都是阴的，脾怎么能升清呢？一定靠阳气，靠着少阳相火之气，它才能升上来。没有少阳相火是升不上来的。所以李东垣就非常重视升少阳相火，这个思想也是来源于张仲景。从张仲景哪个方子中来？小建中汤！它们都是一脉相承的。小建中汤的作用是什么？小建中汤不就是大阳旦汤嘛！它的首要作用不就是扶阳嘛！这样你就能了解张仲景和《黄帝内经》的扶阳思想是一致的，扶阳在中而不在肾。因为《黄帝内经》给阳气下的定义很清楚，在《素问·阴阳别论》中言："所谓阳者，胃脘之阳也。"这是原话吧？"四肢为诸阳之本"，脾主四肢，所以说脾胃主人体阳气。你挑出一句话告诉我《黄帝内经》哪句话说肾主人体阳气？没有。扶阳一定要从《黄帝内经》理论入手，这不就理顺了嘛！因为这是《黄帝内经》的东西，《黄帝内经》有这样的思想，张仲景就把它用到《伤寒论》里了。大小建中汤，黄芪建中汤，四逆汤，全有了，都在这个地方，所以就都知道了。

什么是补土？补土就是补脾胃中气，这就是补土派定义。中气生于从本气火湿的少阳太阴。

刘　奇：补中气的方法是借助少阳三焦升发之力来恢复或调整中土的阳气。

田合禄：这才是正宗的补土。土温才能生化万物，寒了就不能生化万物了。现在人谈补土，离它的本意太远了。那么就给补土这样下定义，好不好？

刘　奇：您的观点对我们很有启发。补土也不是单纯地用黄芪、人参、炙甘草这样的药物来补，好像还要有"运"的思想在里面。

田合禄：是的。

刘　奇：那我可不可以这样理解——这个土除了己土、戊土外，还包括少阳三焦相火？

田合禄：少阳三焦相火是它的根本。没有少阳三焦相火，脾胃就运化不了。就像我们煮饭一样，锅里有水、米，但是没有火是做不了饭的。有了火，土才能蒸腾，腐熟，万物才能出来。

刘　奇：这样补土的定义就很明了了。

田合禄：嗯。现在补土派不提少阳相火，只谈脾胃，而且把少阳三焦相火的功能错误地划到脾上去了。造成了"脾主升清"的理论，其实脾主升清的功能是少阳相火行使的。

刘　奇：那可否用《金匮要略》的"见肝之病，知肝传脾，当先实脾……四季脾旺不受邪"这句话来印证您的观点？

田合禄：不能用这句话，这是生克关系，这是肝太旺了，因为肝太旺了，所以要"当先实脾"，而我们这个是少阳不足，少阳相火升发不及，它们的关系是这样的。

刘　奇：也就是说我们谈补土，一定是少阳相火升发不足，这个时候补土才是它的适用范围，刚才讲的那个是升发太过。

田合禄：对了！

刘　奇：刚才您也提到，李东垣建立这个学术思想，就是以运气为理论基础。

田合禄：对，所以在《脾胃论》，上卷首先是"脏气法时论"，中卷是"运气衰旺图说"，李东垣是以运气为根本来阐释《脾胃论》的。

郭　洁：现在基本的认识是肾为人体之本，但是我看您的书、听您的讲座，您认为少阳相火才是人体阳气的根本。

田合禄：少阳相火就是自然界的太阳。

郭　洁：所以您说的扶阳应该是扶举这种升发之气，而不是去温肾阳。

田合禄：现在几乎所有人都认为肾阴肾阳是根本，对吧？其实这种说法本身就是错误的。你首先要牢牢记住，肾——冬天，它是主寒，主藏，阳气要潜藏的，这是肾的基本功能。如果用大量的姜、附，那肾阳还有没有潜藏了？肯定不能潜藏了。所以说这是他们最大的不足。

刘　奇：其实田教授回答了其他流派比如"火神派"重用姜、附、桂的问题。

田合禄：他们还有一个错误的认识就是——四逆汤是少阴的主方。其实四逆汤是太阴主方，因为《伤寒论》写得很清楚，只有太阴提到脏寒，而且从六经欲解时的时间上来说，是太阴脾土主足三阴，三阴，最寒凉，是太阴脾土主的。因为脏寒，所以张仲景才说用四逆辈，"以其脏有寒故也。当温之，宜服四逆辈"。而在少阴篇，没有这样说。大家可以参考《辅行诀》，《辅行诀》明确指出了四逆汤是小泻脾汤，它就是脾的主方，而且和理中丸（小补脾汤）作了明确的区分。同样在脾，一补一泻，这就不一样了。但是它们的主证定位都在脾，而不是肾。

刘　奇：目前学术界对阴火的争论非常多，众说纷纭，莫衷一是。有的说是少火转为壮火，有的说是经脉之火……您对阴火是怎样认识的？

田合禄：首先提出"阴火"概念的，是李东垣。李东垣在《脾胃论·饮食劳倦所伤始为热中论》中明确提到"心火者，阴火也"。这就告诉你了，这个"阴火"不是相火。而且李东垣在这个基础上又提出"火与元气不两立"，这个"火"指什么？"元气"又指什么？《难经》里说三焦相火主元气，也就是阳气。是由于少阳三焦相火阳气不足了，才产生了阴火。所以说它们两个不两立。先把这些基本概念搞清楚。为什么少阳三焦相火衰了，阳气不足了，就导致心火起来呢？少阳三焦相火的功能是什么？是升发吧！阳气升发了，阳生了阴才能长，这就是春夏阳生阴长的道理。少阳三焦相火主春夏，阳气升发嘛，阳气不升，阴气就不长了，那心血从哪里来啊？心血就亏损了吧！那心火不是旺了嘛！心火是靠心血养的，现在理顺了吧？

刘　奇：理顺了，阴阳消长的关系。

田合禄：所以说是由于阳不生、阴不长而导致的阴火，而不是像他们把阴火说成是离位的相火，这纯粹是一种主观的判断。

郭　洁：阴火是由于心血不足，心火过于亢盛而产生的病理产物。教科书里也有心火亢盛，治疗用方是导赤散。那怎样区分？

田合禄：导赤散由什么组成？

刘　奇：生地黄，通草，甘草，竹叶。

田合禄：关键是生地黄，生地黄是干什么的？它不是滋肾水的，而是养心血、凉心血的。养了心血，那心火下不下来？所以你要把这个方子的本意搞清楚。"导赤"，"赤"不就是心嘛！

郭　洁：如果是少阳三焦升发不足导致的阴火，单用导赤散还是不够？

田合禄：导赤散仅仅是泻心火的，只针对这种症状，治疗也是从权之法，不是从本之法。从本治疗应该从哪里治？

刘　奇：就像您分析的病机一样，从少阳三焦、脾胃论治。

田合禄：对，这是我们分析的阴火。那么少阳三焦相火虚弱，还有一个症状，也是最主要的症状，是什么？相火不足，湿气就重了，阳不化气，水就多了，所以水湿不化。运气学讲"相火之下，水气承之"，相火是气化水气的，相火一衰，水湿就生了。水的性能是什么？润下。所以李东垣有一个很明确的理论，就是当少阳相火不足，水湿下流于肾，这才是导致下焦肾脏寒湿的源头。

郭　洁：我看您的书，当少阳相火不足，水湿下流于肾，就可以用到甘姜苓术汤，四逆辈。用四逆辈其实是疾病发展到补土治疗的一个阶段。

田合禄：对，少阳相火病理起码有三方面：第一是脾胃虚弱，气虚了；第二是少阳相火升不起来导致阴火起来；第三是水湿下流于肾。这才是李东垣学术思想核心所在。所以我在专著中明确提出了"阳虚三联证"，针对这三联证，李东垣的代表方剂是什么？

刘　奇：补脾胃泻阴火升阳汤。

田合禄：对了！李东垣已经给了我们治疗方案。补脾胃，泻阴火，升阳，你看，三个方面都兼顾到了，而不是通常所说的补中益气汤。你们说的补中益气汤，在《内外伤辨惑论》中，在补中益气汤后面还有个朱砂安神丸。现在人们把朱砂安神丸砍掉了，就剩下个补中益气汤，那怎么能行呢？吃了补中益气汤，一定还要搭配朱砂安神丸。所以说李东垣的方剂都是很配套的。这样看，《脾胃论》的精华部分都出来了，是不是啊！

刘　奇：朱砂安神丸是针对心阴血不足的阴火，而补中益气汤针对升少阳三焦。

田合禄：对。另外补脾胃泻阴火升阳汤针对阳虚三联证比较轻的时候用，当症状加重的时候用什么方？李东垣就用神圣复气汤，用来治疗上热如火、下寒如冰的症状。李东垣用方的层次非常分明。

郭　洁：您说李东垣是继承张仲景学术思想。有一种观点是"外感法仲景，内伤法东垣"，您怎样看？

田合禄："外感法仲景，内伤法东垣，杂病法丹溪"，这是后世医家的认识，侧重点不同。其实李东垣也是治外感大家，张仲景也是治内伤大家。李东垣是在内伤的治疗上进行了系统地发挥。张仲景和李东垣的理论体系是一脉相承的，不能分开，一定是合二为一的。仲景讲"病发于阳""病发于阴"，李东垣对"病发于阴"大加发挥。这就跟温病派相同了，温病派就是在《伤寒论》基础上进行了细致地发挥，其实《伤寒论》就有温病嘛！只不过是不详细，《伤寒论》治温病的方子有很多——麻杏石甘汤、白虎汤、竹叶石膏汤、麦门冬汤、承气汤，炙甘草汤也被后世发挥。

　　郭　洁：温病派有无与李东垣相重合的学术思想？

　　田合禄：有，温病，首先是热嘛！热就伤阴。伤寒是伤了阳气，阳气系统主春夏。所以说伤寒的底下是厥阴。温热是伤了阴气，所以它主秋冬，正气足，阴气重，所以温病的底下是湿。因为它是水之下源，温病就会导致肾阴亏损，随之肝也亏损了，大小定风珠不就是针对这个湿嘛！把这个搞清楚了，就知道温病确实源于伤寒。

　　刘　奇：您提到少阳三焦相火，这里的三焦是《黄帝内经》说的主水道的三焦吗？

　　田合禄：关于三焦的理论，要好好看看。现在你们理解的三焦都是三段，上、中、下三焦，其实这不是三焦的概念。三焦首先是一腑，必须有腑的功能。腑的功能是能出能进，有传导作用。三焦必须有这个功能，才叫腑。《难经》上、中、下三焦有这种功能吗？没有。上焦指横膈膜之上，中焦指横膈膜以下脐上，下焦指脐下，这样理解三焦是不对的。我们必须明确三焦是一腑，而且三焦腑在《黄帝内经》里是有明确论述的，我在著作里详细论述了三焦学说。李东垣《脾胃论》里提出的三焦，不是张仲景指的三焦。张仲景在《金匮要略》中把三焦定位在腠理，"腠者，是三焦通会元真之处，为血气所注；理者，是皮肤脏腑之文理也"。这也是从《黄帝内经》中来的。三焦腑在哪里？在腠理。

　　刘　奇：您讲了少阳三焦升发不利，是在腠理？

　　田合禄：对，知道什么是腠理吗？能不能结合解剖学说一说呢？腠理就是现在解剖说的细胞与细胞之间的间隙，这就叫腠理。《黄帝内经》说得很清楚，它可以纵，就像车胎一样，里面没气就塌下来了；也可以横，车胎打满气就横起来了。所以《黄帝内经》说腠理有纵有横。那细胞间隙有什么作用？物质循环交换。这样三焦两大功能就有了——三焦可以主持元气，也可以主持水道。我在著作中还论述了足三焦，你们好好理解那段论述。

　　刘　奇：足三焦很少有人提。

　　田合禄：可是《黄帝内经》里有。而且人体所有阳性的穴位都归于足三焦。你们好好看看。

刘　奇：这又印证了您刚才讲的扶阳从中土入手。

田合禄：了解这个以后，你再去读华佗《中藏经》三焦功能那一段话，人体所有通道没有它不管的。三焦涉及面太广，这是关键。

刘　奇：您提到传导，像水液等方方面面的疾病都可以归到三焦。

田合禄：对呀！三焦两大功能——主水道，主中气，这两大功能不全都有了嘛！

刘　奇：所以李东垣很多方子，比如清暑益气汤，用泽泻、茯苓这些药利水。

田合禄：嗯，这些药不都是利水道、祛水湿的嘛！

刘　奇：刚才您提到扶阳，那补土派与其他流派的同与异，或者补土流派与脾胃学说又有何关系？

田合禄：补土流派与脾胃学说，首先他们把脾胃功能理解错了，脾主升清，胃主降浊，这个理解是错的。

刘　奇：还是像您刚才讲的，脾自己不能升，一定是少阳三焦来推动它升。

田合禄：所以他们的说法是错误的。他们流派从理解的出发点就出现了问题。昨天讲座我提了一下，关于胃主降浊的问题，胃为腑，主降，但实际上是与肺有关。

刘　奇：这就涉及另一个问题。刚才我们谈到了少阳三焦主升，现在是谈降的问题。

田合禄：对，降，应该跟肺有关。《黄帝内经》说肺主天气，而"胃，大肠，小肠，三焦，膀胱，此五者，天气之所生也"。这是《黄帝内经》说的吧！一定要有出处，不是随便说的。所以一定要从肺思考。你看，仲景用大小承气汤治腑道不通，为什么叫大小承气，承顺，承接，顺通肺气，这叫承气。

郭　洁：这个"承气"的"气"指的是肺气？

田合禄：对呀，你把这些好好地理解了，就知道了。

郭　洁：肺居上源，主降，胃也是降，有何关系呢？

田合禄：人体后天之本，第一本就是肺，肺的两大功能——宣发和肃降。宣发的是表，开鬼门嘛！那肃降呢？就是指腑道的肃降，它是主腑道肃降最大的动力，所以你们要好好看《黄帝内经》原文。

郭　洁：也就是说肃降了，整个人体的降路才可以打开。

田合禄：《伤寒论》230 条小柴胡汤证条文讲"上焦得通，津液得下，胃气因和"。肺为水之上源，必须肺气开了，津液才得下。肺不开津液永远下不去。这个 230 条太重要了，这才是真正了解肺主肃降的功能。

郭　洁：很多人认为胃主降，脾主升，听您讲解，原来肺是主要主降，而升靠的是少阳相火。这也是和其他流派不一样的地方。

田合禄：不管哪一个流派，我们必须有一个评判的标准，要有一杆秤。我们中医标准是什么？必须以《黄帝内经》为标准衡量各家学说理论，一定要以《黄帝内经》为标准。符合《黄帝内经》，正确；不符合《黄帝内经》，不正确。这就是评判各家学说的基本标准。觉得这个也对，那个也对，就是因为没有标准。当你把各种学说放到《黄帝内经》这杆秤上，一称就知道了。

刘　奇：您讲小柴胡汤开肺气，津液得下。但是"三焦者，决渎之官，水道出焉"，那 230 条有没有针对三焦治疗的作用呢？

田合禄：一些人认为小柴胡汤是升的，其实这种观点是错误的。《辅行诀》说得很清楚，小柴胡汤是大阴旦汤，大小阴旦汤，一个小柴胡汤，一个黄芩汤。那阴旦汤是干什么的？阴旦肯定是降嘛！小柴胡汤主症是什么？胸胁苦满，嘿嘿不欲饮食，寒热往来，口苦咽干……这些症状，只要把上焦一开，就解决了。所以主要病症在上焦。

刘　奇：李东垣说脾气虚，肺气一定受损，所以用黄芪补肺气。但是您刚才提到肺两大功能——宣发和肃降，我可不可以这样理解——李东垣用黄芪补肺气是补肺的体，而您讲的宣发、肃降是肺的用，只有把体补上，它的用才能发挥。可以这样理解吗？

田合禄：就是抓住一个少阳三焦相火就行了。黄芪、人参、炙甘草就是升、补少阳三焦相火。少阳三焦相火一升不就升到肺气、胸膈之上了嘛！胸中大气一转，不就全有了！没有少阳相火，胸中大气怎样转？

刘　奇：提到胸中大气，还有一个医家叫张锡纯，张锡纯创立了升陷汤，他和李东垣学术思想有何异同？

田合禄：升陷汤也用黄芪，所以升阳气离不开黄芪。张仲景也是以它为主——黄芪建中汤。而且《辅行诀》说得很清楚，"升阳之方，以黄芪为主"。理都是一样，大家都是一以贯之。

刘　奇：补土理论研究怎样建立一个模型更加直观、通俗易懂？

田合禄：我昨天讲座里说的就是最好的模型。

郭　洁：就是您的六经三部模型？

田合禄：对，那就是最好的模型。

郭　洁：您认为那个模型是比较契合补土研究。

田合禄：对，那个图涵盖了《黄帝内经》《伤寒论》《脾胃论》，全在里面。你看中间太极部分是不是抓住了少阳三焦和太阴脾土。那就是最好的模型。一看就懂。

刘　奇：就是说补土还是以少阳三焦和中土为主，但是比如谈到降，也兼顾了肺。

田合禄：对，厥阴一升，阳明一降，一升一降。

刘　奇：就像您昨天讲的，心、肺、脾，这都是根本。

田合禄：对。

刘　奇：您有没有用这种思想治病的临床实例？

田合禄：我的临床全部都是在这个思想指导下进行的。我建立了这个学术体系之后，把《黄帝内经》《伤寒论》《脾胃论》一体化了，指导临床非常系统。所以说中医是真正的系统医学。

郭　洁：看您的著作，阳虚三联证，一开始肩背酸痛，用小建中汤，到下流肾水之寒，您都有辨证要点。有哪些病种容易出现这种典型的疾病变化？

田合禄：阳虚三联证，这三方面，各有特点，这就需要你在临床去看。可能这个患者心火比较突出，阴火突出；也可能水湿下流于肾突出；也可能脾胃气血不足突出。这时候就要哪个突出先治哪个。

郭　洁：是不是大部分都是阳气不足才适应这个特征？

田合禄：现在90%人都是阳虚三联证，你回到临床好好观察。

郭　洁：并不是什么特殊病种才会出现这个特征？

田合禄：不是，现在90%人都亚健康，是不是？亚健康人都是这个三联证，只是轻重不一样。

郭　洁：黄芪建中汤就是在《金匮要略》中治疗虚劳病的。

田合禄：所以血痹虚劳证就是以建中汤为主治疗的。

郭　洁：虚劳病很贴近现在的亚健康。

田合禄：对，这就都联系起来了。张仲景为什么称为"医圣"？他太伟大了。他把《黄帝内经》理论全都应用到临床上了。有些人认为《伤寒论》和《黄帝内经》无关，不是这样的。

郭　洁：我想问您一个有关妇科的问题——李东垣论述了心主胞脉，尤其是在崩漏的治疗上，认为漏下不止是由于悲哀心气不足导致，后世对此发挥得很少，您能否详细论述一下？

田合禄：从心肺方面着手。肺主悲，从这方面着手。

郭　洁：东垣治妇科的升阳除湿汤，看方义是不是有肾水下流的意思？

田合禄：肾水下流，肾恐则下，肺主水道，肺主气，肺气血调和了，肾自然就好了。

郭　洁：您在临床上用升阳除湿汤治疗崩漏吗？

田合禄：抓住心肺是大法，就是从心肺论治。把大法抓住了，再观察，不能用一个方子通治所有人。因为每个人体质是不一样的。

黄智斌：李东垣有很多关于肠澼下血、痢疾的论述，《兰室秘藏》有两个方子——凉血地黄汤和升阳除湿防风汤，一个清心火，一个升少阳三焦相火，在临床上如何区分和运用？

田合禄：首先要把病位搞清楚，拉肚子，肠澼，这是病发于阴，病位在里。肠道是以降浊为主的，拉肚子，是水湿过盛，那就有两方面——一个方面是升阳，李东垣用得最多，升阳药，风药胜湿，有好多风药；另一个方面就是利小便，他方里有利小便的药。我们要抓住生理，逆于生理就是病理，这样考虑。

黄智斌：抓住生理，因为病发于阴，用升阳的方法治疗，一些患者对风药很敏感，他们吃了之后，会出现两种情况，一是拉得更厉害；二是出现反酸、呕吐。这是我们在应用时哪些细节没有把握好导致的吗？

田合禄：反酸，呕逆，这就是病理嘛！它本来是顺降的，呕逆就是不顺降，不就是气上逆嘛！那你就让它下来。张仲景给出的顺降药物是什么？

郭　洁：半夏。

田合禄：对了，小半夏汤嘛！

刘　奇：古今有哪些医家对李东垣解读最切合《黄帝内经》，最切合李东垣本意？

田合禄：有两大家是值得重视的。一个是汪绮石的《理虚元鉴》，他讲治虚劳，里面讲得很清楚，补阳就是补脾胃，养阴就是养肺。他抓住了这两点，跟我们讨论的是一样的。第二个就是叶天士，他从温病方面补充了脾胃阴伤。温病肯定伤阴啊，脾为阴，也受伤吧！所以他补充了脾胃阴虚的方面。而脾胃阴虚方面正是张仲景缺少的。麻子仁丸，润肠通便，有那个意思，但是远远不够。所以我们说叶天士在这个方面做贡献了。张仲景和叶天士，一个从脾阳论治，一个从脾阴论治，我们把他们合在一起，不就完整了嘛！

刘　奇：现在很多人都想把李东垣研究得很明白，听您一讲还是要读《黄帝内经》，您有没有重点推荐哪一篇，这样读起来更快？

田合禄：读《黄帝内经》一定要全面读，只有全面读才能融会贯通。你把《黄帝内经》原文都读懂了，那你就是大家。

刘　奇：我看您除了《黄帝内经》，好像对《辅行诀》研究得也很深入，您能否推荐一些书给很想了解东垣思想的人读？

田合禄：我给你们推荐一些跟《伤寒论》《脾胃论》有关的书吧！《黄帝内经》方面，还是王冰注解得好，这是要读的；《伤寒论》方面呢，"钱塘二张"——张锡驹、张志聪，是气化学说的两个重要人物，他们注的《伤寒论》可以看一下；还有汪绮石的《理虚元鉴》，叶天士的书，王孟英的《温热经纬》，一定要读；再有就是石寿棠的《医原》，他抓住了肺，天，燥，脾，地，湿，燥、湿二字，后天两本，论述得相当精彩，理法方药齐全，外感内伤全有。

刘　奇：您说的后天两本对应的燥湿，燥对应的是肺，湿对应的是脾。

田合禄：对。

刘　奇：就不像李中梓讲的"肾为先天之本，脾为后天之本"。

田合禄：对。所以说抓住湿、燥二字，就抓住了六气的全部。

刘　奇：这些书是在熟读《黄帝内经》后再去读?

田合禄：对，一定是在熟读《黄帝内经》的前提下。

刘　奇：感谢田教授!

脾胃乃伤，百病由生：脾胃中土为后天之本
——王小娟教授访谈实录

【专家简介】

　　王小娟，女，1955年生，河北省乐亭县人。二级教授，主任医师，硕士研究生导师。湖南省名中医，在湖南中医药大学第一附属医院从事中医内科临床教学和科研工作近40年。擅长运用脾胃理论论治内科疑难杂病，尤其在消化、肾病、老年疾病、虚证疾病等诊治方面造诣颇深，并形成自己独特的辨证思想。

　　刘　奇：很高兴我们今天有幸能够采访湖南中医药大学第一附属医院、湖南省名中医王小娟教授。王老师您好，我想请教您，中土的思想是如何指导临床应用的，请谈一下您的想法。

　　王小娟：我们当医生的知道中土就是指的脾胃的功能，很多病都与脾胃消化功能密切相关，中医讲脾为后天之本，我们在临床上碰到很多患者，不光是消化科的患者，肾病，还有其他科的患者，都是从脾胃着手调理，可以得到很好的效果，所以说调脾胃对疾病的治疗还是非常重要的。现在反流性食管炎发病率非常高，我们在临床上看到很多患者，过去我们总是在功能性消化不良或者是慢性胃炎这些病上下功夫，现在慢慢发现萎缩性胃炎和反流性食管炎发病率明显提高，这些疾病发病率的提高一个是与医疗水平、医生的诊断水平、胃镜的诊断水平提高有关，第二个确实是与人们的生活水平、饮食习惯有关。我看了很多反流性食管炎患者，男同志比较多，一方面是饮食习惯非常差，晚上不睡觉、吃夜宵，酒、饮料这么吃下去；另一个方面就是情绪，很多患者发病与情绪关系非常密切，这就是我们中医说的肝郁，肝郁加水气上逆就出现这个情况，所以说反流性食管炎也与脾土相关。在临床的治疗上，过去书本上强调，患者烧心、反酸的症状主要是与贲门和幽门的

关闭不全有关，我们发现这种患者用半夏泻心汤治疗效果比较好。我们还发现这些患者胸前区有堵塞的情况，胸闷得很厉害，合并有咽干、口干、口苦和烧心，这种情况我们考虑是反流性食管炎的一种，采用半夏厚朴汤和启膈散。以心前区疼痛、打嗝、背胀痛为主，一般采用柴胡陷胸汤和血府逐瘀汤，柴胡陷胸汤就是小柴胡汤合小陷胸汤加减，我们以前就是采用这个方治疗，但是发现这些患者的症状可以缓解，但就是不能根治。这些患者还有一个特点就是胸闷，除胸前区不舒服以外，往往合并有肩背部胀痛，有颈椎病的表现，总是改善不了，这个时候加一些活血的药，像木瓜、羌活、片姜黄、葛根、当归、川芎，加进去后效果非常好。我写了一篇文章准备发表，就是《伤寒论》上讲的反流性食管炎，"王小娟教授运用苓桂芥甘汤治疗胃食管反流病经验"。当然《伤寒论》没有这个诊断，只是针对烧心、反酸的症状，晚上发作比较厉害，这与情绪有关。这种患者是肝郁加上水气上逆，一个要疏肝解郁，一个要降水气，在苓桂术甘汤的基础上加减治疗，去白术加香附和白芥子，就叫苓桂芥甘汤。

刘　奇：那您白芥子加多少？

王小娟：患者病情很严重就用到 10g。炒白芥子一般情况下是用 5g，再加香附疏肝解郁，另外患者如果有反酸、烧心，我会加瓦楞子和海螵蛸，配合旋覆花、柿蒂等降逆药，临床上就是这几个类型比较多。所以说像半夏泻心汤，还用一些制酸的药，像瓦楞子、海螵蛸。如果还有湿热，就加白花蛇舌草、莪术等活血清热解毒的药。患者有堵塞的情况，就一定会有咽干、咳嗽、喉咙痒，一平卧就厉害，以前我们也是用半夏厚朴汤，发现还是不能解决问题，患者还是咽干、喉咙痒，这个时候我们就发现用半夏厚朴汤加启膈散，加南沙参、麦冬、木蝴蝶、桔梗等养阴药，以及荷叶蒂、旋覆花、柿蒂等药，效果非常好。

还有苓桂芥甘汤。我是在临床上看到这样的患者，一个 70 多岁的老太太，她当时就是胸闷胸痛、反酸、烧心，而且每天晚上都要起来吃两次东西，这个病折磨得她很痛苦，都想轻生了，她在常德、襄阳的很多医院都看过了，没用。她当时有胸闷胸痛的症状，所以医生都是考虑心绞痛，就做了心脏造影等一系列的检查，结果没有发现任何异常，后面做了胃镜发现是反流性胃炎，就按照反流性胃炎治疗，没有效果。老太太找了很多省的大专家，在一个专家那里看了 3 个月也没有效果，就来找我看。我按照反流性食管炎来治疗，一开始用了半夏泻心汤加减，患者吃了 1 剂药后告诉我没有用。我回去翻书想了很久，刘渡舟等主编的《经方临证指南》里面有一系列苓桂术甘汤的加减方，大概有十来个，其中就有一个苓桂芥甘汤，它不是治疗反流性食管炎，而是报道一个妇人晚上出现烧心等不舒服的症状，有肝郁的表现，当时就考虑这个患者是水气上逆，这个跟反流性食管炎很相似，有反胃、烧心、肝郁的症状，就用了苓桂芥甘汤，即苓桂术甘汤去白术加白芥子，白芥子在这里就是疏肝，还加了香附。这个患者也是每天晚上要起来吃两次东西，人非常烦躁，用了这个方后效果非常好。

刘　奇：您就用了这个方的这几个药吗？

王小娟：我就是用了这个方，还加了瓦楞子、海螵蛸、旋覆花、柿蒂这几味药，去白术，用了这个方后效果非常好。我开始在临床上有意识地去观察，凡是反酸、烧心、肝郁症状明显的患者，往往都是晚上发病，凌晨两三点、三四点或清晨的时候，出现烧心、反酸、打嗝等症状，而且还痛，所以晚上一定要起来吃东西，哪怕是喝一口水也有缓解，我就用苓桂芥甘汤加减，效果都非常好。只有一个患者不行，这个男性患者患病十几年了，每天晚上只能坐着睡觉，不能平躺，我估计他是食管裂孔疝或者别的情况，要做手术。其他患者真的是效果非常好。刘渡舟总结了苓桂术甘汤的十几个加减方，真的写得非常好。现在反流性食管炎的患者很多，这个病有个特点就是复发率很高，比较难治，我们医院的肝胃百合汤，是在柴胡疏肝散的基础上加减，里面有黄芩、海螵蛸、丹参、柴胡，凡是有肝胃不和，兼有肝胃郁热的患者，有呃逆、饱胀、反酸等症状，采用肝胃百合汤治疗效果也非常好。我自己有个关于功能性消化不良的国家自然科学基金课题，对于功能性消化不良主要采用脑-肠轴理论来治疗，我的临床经验，就是以柴胡疏肝散加味，这个方子叫舒胃汤，治疗功能性消化不良，疗效非常好。患者有湿热的情况下加白花蛇舌草、莪术。

刘　奇：幽门螺杆菌用中药能杀吗？

王小娟：我们医院还有一个院内制剂——胃热舒（蒲公英、黄芩、陈皮、海螵蛸、白及、青皮、三七），就是专门治疗幽门螺杆菌相关性胃炎，在临床上应用了很多年。我们当时也是在治疗幽门螺杆菌相关胃炎时无意中发现用这个药治疗效果非常好，复查时发现幽门螺杆菌没有了，我们就进行观察，如果检测结果提示数值较高，还是建议患者合用四联疗法。这些药只能吃半个月，半个月后进行中药调理，先辨证，再给胃热舒，如果是实热型胃炎伴有幽门螺杆菌阳性，就采用中药治疗，特别是幽门螺杆菌检测数值不是很高又不愿意吃西药的患者，我就给他吃胃热舒，一次 10g，一天三次，饭后吃。吃了五六瓶，有些患者复查幽门螺杆菌确实没有了，真的有效。现在报道幽门螺杆菌患者越来越多了，还有很多同道研究幽门螺杆菌的治疗方法，也是通过消炎来治疗。但那些幽门螺杆菌指标很高的我们还是配合西药，少数患者不愿意吃西药的我就用这个药治疗。

刘　奇：要将重度肠化生扭转成中度、轻度，或者治愈需要多长时间？

王小娟：我们观察那些重度患者，至少需要半年。我有一些患者治疗前胃镜检查结果是萎缩性胃炎，经过半年的治疗后检查发现萎缩性胃炎消失了，只有轻度糜烂或慢性胃炎。重度肠化生至少需要 3~6 个月，短时间肯定不行，一定要依从性好自己愿意吃药的。有一些患者吃药后临床疗效很好，自己感觉很舒服，后来复查胃镜，病变得到了明显的改善。我确实治疗过很多萎缩性胃炎和肠化生患者，临床效果不错，对于这种患者，我们在养胃健胃、清热解毒的基础上一定要加活血药，用药都是大同小异的。

刘　奇：有一些患者非常容易打嗝，别人碰一下都会打嗝，像这种患者您在临床上有什么治疗经验？

王小娟：90%的消化道疾病都与郁证有关，很多患者有忧郁的表现，只要你一碰他就打嗝，浑身上下碰不得。像这种患者大多询问后都有肝气郁结，这是肝胃不和的表现，这个时候我就用疏肝的药，一定要加大疏肝药的用量，一般都是在小柴胡汤或柴胡疏肝散的基础上加减，就用伤寒的方子，像柴胡桂枝汤。凡是患者有上腹饱胀、恶心呕吐、怕冷受不得凉、大便不调的症状，甚至出现很厉害的肠鸣音，大便虽然不成形，但是排得不畅快，总是要跑厕所，但不是真正腹泻的情况，这个时候就用柴胡桂枝汤合痛泻要方，效果非常好。这里要掌握一点就是要有肝郁脾虚、怕冷，这是痛泻药方的使用指征，就用这个方加减。还有就是柴胡桂枝干姜汤，这是我摸索很多年发现的。凡是胆热脾寒，临床上很多患者有口干、口苦、烦躁，患者觉得很难受，但是又会特别怕冷，尤其是下身，大便也不好，这个时候就采用柴胡桂枝干姜汤。我很多治疗的方法都来自《伤寒论》，我觉得《伤寒论》经方治疗消化道疾病效果真的很好，所以经常看《伤寒论》相关的书。像你刚才说到的碰一下就浑身不舒服、打嗝的患者，大多是肝郁的表现，很多患者这里不舒服、那里不舒服，但是一做检查都是正常的，最多就是一个慢性浅表性胃炎，如果没有其他阳性体征，这个时候就是用疏肝的方法。

刘　奇：您在临床上治疗咳嗽有什么相关经验吗？

王小娟：我在临床上治疗咳嗽的效果非常好，就是用一个非常简单的方子——三拗汤加减。很多患者慕名来找我，他们就是咳嗽，咽喉痒，有时有痰、有时无痰，这个时候有两种情况。一种是喉咙痒，咳嗽得特别厉害，咳黄痰，甚至合并心痛，这个时候我采用三拗汤加减，生麻黄我一般用5g，或者用蜜麻黄，还有蝉蜕配防风，这是对药，要加上去，凡是喉咙痒的患者，加蝉蜕、防风、僵蚕，可以祛风。另外就是化痰，我一般用浙贝母15~30g，矮地茶等。凡是患者有咽喉痒、咳嗽、咳黄痰、心痛的症状，我的治疗原则就是清热化痰止咳。如果患者是以干咳、咽喉痒为主，这种患者一般是久咳，不是短时间的咳，这个时候就用泻白散加减，加蝉蜕、防风，还有黄芩、地骨皮，一定要加祛风止咳药百部、前胡。我发现重要的一点，如果患者是久咳，就要合并用养阴的药，像沙参麦冬汤。我在三拗汤的基础上加南沙参、麦冬、木蝴蝶、玄参、桔梗等药，效果非常好。另外一种是阵发性呛咳，这种患者一般不太咳，但一咳就咳得很厉害，按中医讲就是肝火犯肺，这个时候就会用化肝煎，我在这个方的基础上加海蛤壳粉、黛蛤散，真的效果非常好。凡是以呛咳为主的久咳的患者，把黛蛤散一加上去效果就好了。

刘　奇：青黛也用吗？

王小娟：青黛有一个缺点就是难以入口，患者不容易接受，所以我直接用海蛤壳粉，放在药里一起煎，久咳、呛咳的患者服用后效果很好。还有痰热的患者就用清金化痰汤。我发现咳嗽患者，阴虚和肝火犯肺这两个类型比较多，咳嗽、咽痒、呛咳，很像支原体感染。讲到补土，特别是小孩和老人，我给他们治疗咳嗽、肾病等都是从健脾这方面来治疗，我认为脾的运化不好，人体就会出现水湿内停的症状，消化功能不好，特别是小孩就会出现咳嗽、出汗，就用六君子汤。我治过一个非常典型的患者，是一个小男孩，这个小男孩的父母老来得子，父亲40多岁才生了这个男孩，小孩养得非常娇，他妈妈不工作，像医生一样整天看书帮儿子调理脾胃，小男孩出汗非常厉害，跟其他小孩子一起玩很容易出汗，一出汗回家马上感冒，为了这个病小孩父母找了很多名医，但是还是治不好。后来他们请我给他看病，我看小孩出汗、稍有咳嗽，而且吃饭吃得不好，大便总是不能成形，之前医生给他开的药是当归六黄汤，我认为这个方是不对的，这个小孩是脾虚，肺气就不固，应该通过健脾来补肺，我就用六君子汤，加了一些养肺的百合、白木耳、核桃仁、杏仁给他治疗盗汗，效果非常好。我当时用党参而不是太子参，这个小孩当时舌质不是很红，我就用补脾土的方法给他治疗出汗，他妈妈当时真的非常高兴，因为他们看了很多名家，找了很多医院都没用。

刘　奇：您在治疗肾病上有什么经验？

王小娟：很多肾病患者到了晚期就是尿毒症，大多合并消化道的症状，不想吃饭，大便不好，尤其是湿热型患者都伴有口臭，我一般从清利湿热方面入手，用连朴饮，还有黄连温胆汤；如果合并脾虚，有蛋白尿、血尿，我就用六味地黄丸或补中益气汤，加上对症治疗的药物；如果合并尿毒症，就要在土茯苓、半边莲这些清热解毒药的基础上再加上补肾健脾的药，重用山药、薏苡仁、芡实，用到30g。还有胆囊炎患者我也是从补脾方面治疗，急性胆囊炎要先疏肝清热利湿；胆囊炎手术以后，患者往往有脾虚症状，不想吃饭，全身疲倦无力，也可以出现大便不成形的情况，这些患者最大的特点就是肚子胀，就用小柴胡汤加减，重用厚朴，用到15g，生姜也是重用到10g以上。凡是这类有脾虚的患者，他们不想吃饭，疲倦乏力，甚至口淡、舌质淡、苔薄微黄，他们有一个特点就是肚子胀得厉害，大便也不成形，我们就在小柴胡汤的基础上去掉黄芩，一定要重用厚朴，加生姜，效果非常好。

刘　奇：去黄芩，用不用加芍药？

王小娟：就是用小柴胡原方去黄芩，没有芍药。

刘　奇：小柴胡方后注腹痛者去黄芩加芍药。

王小娟：这个是以痛为主，但不是急性胆囊炎的患者，急性胆囊炎患者肯定不能像我刚刚那样用药。我说的是手术后以腹胀、大便不成形、疲倦为主，就是脾虚加腹胀，不想吃饭，就是用小柴胡汤去黄芩，重用厚朴，生姜的用量也比较大，效果也比较好，还可以加香附等疏肝解郁的药。如果是急性发作这个方就不行。胆囊炎和脾胃的关系还是很密切的。我觉得伤寒的方子是真的好，比如打嗝，这种患者很多就是神秘兮兮的，看医生就说自己全身不舒服，动一下就打嗝，像这些患者我就是从肝治，从脾治，代表方也是根据患者的当下症状来取方。

刘　　奇：有些患者白天不口苦，半夜口苦要起来喝水，像这些患者您在临床治疗上有什么经验？

王小娟：这种患者绝大多数都有反流，很多患者就是说他口苦，半夜一定要起来喝水，吃点东西，还有早上起来口就特别苦，喝了水、吃了东西就不苦了，中午睡觉也是口苦，临床上我特意去观察这些患者，对他们问诊问得特别详细。这些患者就是有症状，但是很多患者去做胃镜是查不出来的，胃镜、胃和食管的钡餐照片都没有阳性改变，就是普通的糜烂性胃炎，不是反流性食管炎或者胃食管反流病，但是他有症状，所以说很多疾病要靠临床医生的判断。这类患者我会从反流性食管炎方面入手来治疗，一定要疏肝，在疏肝的基础上一定要加健脾、制酸的药，加胃动力药。从中医上讲，人是一个整体，胃动力不足，那就是中医说的气滞，也就是肝气不疏，所以我用柴胡疏肝散或者小柴胡汤，在疏肝的基础上要结合患者的情况，有的患者口苦很厉害，就要清热解毒，像郁金、茵陈、黄芩、半边莲、土茯苓、莪术、白花蛇舌草，如果是以脾虚为主的话就加健脾的药，像白术，如果是以阴虚为主的话就养阴，但肯定都是在疏肝的基础上。就是一个肝气郁结、肝胃不和。

刘　　奇：好的，今天就到这里，非常感谢王教授！

心身同治五行辨治针药并用，熟读经典重临床攻克妇科疑难病
——王小云教授访谈实录

【专家简介】

王小云，女，1954年生，河北省衡水市人。主任医师，教授，博士研究生导师。广州中医药大学第二临床医学院（广东省中医院）妇科学术带头人，第五、七批全国老中医药专家学术经验继承工作指导老师，首批岐黄学者，王小云全国名老中医药专家传承工作室指导导师，广东省名中医，广东省教学名师。

陈　延：王小云主任，您好！您是妇科方面的专家，我们补土流派工作室在采访您之前，拜读过您的诊疗资料、文章及专著，发现您在妇科疾病的诊疗过程中，也常运用补土的思想与方药，比如圣愈汤、参苓白术散。请问您是如何理解补土的？您在妇科疾病的诊疗过程中是如何用补土思想的？请分享一下您的经验。

王小云：谢谢陈主任，从那么远来二沙分院进行采访。实际上，补土相当于调理脾胃、调理中焦的概念。在古代，对于急危重症患者，首要观察的是患者的胃气情况，脾胃功能情况又是如何。中医有句名言："有胃气则生，无胃气则死。"在妇科领域，虽然以血为用，但是气血的生成依靠脾胃的受纳、生化功能。女性在一生当中需要经历四大阶段，月经期—妊娠期—分娩期—产后哺乳期，这四个阶段都是与气血相关的。当她的脾胃功能良好，气血生化有源，那么在这四大阶段女性就少发生疾病，即使有了疾病，恢复也较快。

中医说的补土，关键是对于脾胃功能的调节，因为调理脾胃既可以有利于气血生化，

同时对于脏腑功能的调节，补土可以起到中焦枢纽的作用。《素问·经脉别论》云："食气入胃，散精于肝，淫气于筋。食气入胃，浊气归心，淫精于脉；脉气流经，经气归于肺，肺朝百脉，输精于皮毛；毛脉合精，行气于腑；腑精神明，留于四脏，气归于权衡；权衡以平，气口成寸，以决死生。饮入于胃，游溢精气，上输于脾，脾气散精，上归于肺，通调水道，下输膀胱，水精四布，五经并行，合于四时五脏阴阳，揆度以为常也。"补土既可以生金以补肺，又能通过后天养先天来补肾，还能生化气血以养肝，因为肝以血为用，肝能藏血，女子又是以血为用，故补土在妇科中十分重要。

关于气血方面，我认为气是最重要的。人活着就是靠一口气，有气为人，无气为尸。在气的认识方面，除了脾胃，与肺经也是有很大关系的。中医五行有相生理论，土能生金。一个人有神，气又是足的，又具备宣降、通调作用，还是需要加深土与金这对母子的认识。举个例子，崩漏的患者，在气血大亏情况下，首先往往表现出来的临床症状是气短懒言、胃纳不佳、口淡、大便稀烂，此均为中焦不足所导致的临床表现，所以很多妇科大家，在治疗妇科疾病中都很关注中焦脾胃的功能，都是用补土的方法进行防病、治病、养生。

陈　延：您能否介绍一下有哪些妇科大家是运用补土法进行治疗的呢？

王小云：中医大家方面，我比较推崇我的老师，国医大师路志正。路老是首届国医大师，精通内、外、妇、儿科，在妇科治疗方面具有独到的见解，所以我院第一批师承的时候，我所拜的老师就是路老，因为他在妇科领域具有很高的造诣。路老常对我说，脾为气血生化之源，不孕症与卵巢功能的关系很大，西医认为卵巢功能不全，或者是由于卵巢功能下降而引起的薄型子宫内膜，或者卵泡发育障碍，这些都是与精、气、血有关。路老根据月经周期进行调治，在月经来潮后，注重中焦的治疗，因为妇女来月经时冲任满盈，下注胞宫，顺时而下，形成月经；但是当月经来潮结束后，就会出现冲任胞脉空虚的情况，此时路老非常强调补益气血，而他补气血的着重点就是放在中焦，通过补脾胃、补土来进行调养。另外，还有像卵巢功能下降，卵泡发育不良，在辨证上，无论是属于肝肾不足、肾阴虚还是肾阳虚等，路老在用药的时候都会辨证使用补土的药物，比如白术、黄芪、茯苓、白扁豆、党参等，这些药物都是他比较喜欢使用的。

陈　延：从您前面的讲述中，我获得了一些信息，您刚才讲到的经前与经后的区别，在经后会出现冲任亏虚，路老此时喜欢用补土的办法，您能否分享此方面的一两个方子或者药物？因为我们以前学习妇科的时候都认为经后要补血，更多地从肝血的角度出发，但是您提到的是从脾土生化气血的角度出发，这两个角度还是存在差别的。

王小云：实际上，补土更准确的说法是调土，调节脾胃的功能，需要从脾胃的生理功能来分析这个问题。胃主受纳，脾主运化，脾可以运化水湿，脾可以统血，土虚为基础的崩漏患者，她们月经后的恢复速度比较慢。中焦运化功能不好，水湿难以代谢，就会留存体内，加上岭南地区人们的体质状态为湿重、热重、瘀重，水湿留存于体内容易与瘀、热互结，就会形成临床较为复杂的兼夹证，兼夹证越多，患者的病情越复杂，治疗越棘手。另外，岭南台风较多，气压变化较大，广东地区经济较为发达，工作压力较大，两者共同作用下，容易导致情绪障碍，如焦虑、抑郁、惊恐等，这也是岭南地区较为突出的问题。此时，如果脾胃功能不好，中焦的运化欠佳，湿邪内生，阻滞气血，就会加重情志症状，所以在此种情况下，路老通过补土办法来治疗，常用方有四君子汤、补中益气汤、归脾汤等。湿邪所导致的疾病存在虚与实两种情况，比如带下病，对于因虚致湿的，路老会选择《傅青主女科》完带汤治疗，对于因实致湿的，导致湿热瘀互结，则选择止带方加活血化瘀药物。

陈　延：完带汤我们读书的时候也学过，这个方很有意思，很多药物具有健脾祛湿的作用，比如薏苡仁、白扁豆等。我学这个方子的时候，在思考一个问题，妇科疾病为何通过健脾祛湿的药物能够达到治疗目的，而这些药物也常用于消化系统疾病？您能否分享一下此方的奥妙之处及您的临床运用经验？

王小云：因为在临床上完带汤对于脾虚夹湿证均有效，虽然傅青主用此方治疗带下病，但是中医有个方法叫"异病同治"，只要符合脾虚夹湿的辨证均能使用，不局限于某个专科。此方的主要作用就在于健脾，傅青主明确指出脾虚导致运化水湿功能下降，水湿内停，形成带下，通过因果关系分析，脾虚才是原因，故治疗当以健脾为主，故补脾、健脾的药用得比较多，如党参、白术、山药等，而针对湿邪的药用得比较少，用量也不大。我们经常用此方治疗月经病、不孕症、痛症。傅青主对于湿的治疗，还有一个巧妙之处就是使用桔梗。按照既往认识，桔梗与中焦的关系不大，它主要入肺经。我们知道水液的正常运行有赖于脾的运化，在土生金的基础上，巧妙地运用小剂量桔梗的引经作用，能增强肺主气及其宣降功能，对肝主疏泄及肾主水均有很好的协同效果，从而改善水液代谢的状态，达到治湿的效果。

我跟师的第二年，我们妇科病房有个患者，就是带下病，白带量很多，而且舌苔很厚，患者表现出来的是痛症，当时我年轻，经验也不足，住院期间用了很多药，也尝试了很多办法，情况有改善，但是患者的痛症没有解决。恰逢当时路老来广州开会，所以请了他老人家过来会诊。路老调整了用方，在原方的基础上加了一味淡竹叶，患者服药后痛症明显好转。当时我们就请教路老使用淡竹叶的原因，路老就说了一句话："提壶揭盖"。我马上联想到了傅青主使用桔梗的思路。所以我们老一辈的中医师，包括古代的中医大家，给我们很宝贵的经验就是中医的整体观。

陈　延：您说得非常有道理，虽然我不是妇科专业，但是我们消化科也有一个名方，就是参苓白术散，此方也是使用了桔梗。参苓白术散与完带汤在组成上颇为相似，均可以治疗脾虚有湿，只是参苓白术散常用于脾虚湿盛的泄泻，而完带汤则用于脾虚湿盛的带下病。

刚才听了您的分享，我注意到一个词很有意思。我们都在讲补脾胃，而您在分析月经病的时候，邪气层面存在湿、热、瘀互结，您觉得补脾胃无法适应如此复杂的病机，所以您提到了一个词叫"调脾胃"，您觉得"补脾胃"与"调脾胃"之间有什么区别呢？

王小云：现在我们经常说补土，补的狭义概念是补益，但是土有虚也有实，如果对于土实的情况，用狭义的补土，明显是不合适的。所以我个人认为，使用调土更加合适，把补的概念涵盖其中，似乎更为合适，当然这是我的个人观点，以供参考。

陈　延：您这个认识与我们工作室对于补土的认识是有相同的地方，我们也认为补不能只是固定在补益的层面，应该说恢复中土正常功能的办法，称为补土法。我在学校读书的时候，对于补这个字的认识，就是补益，但是在研究补土的理论时，就发现古人对于补的认识并非如此狭隘，比如李东垣，他最出名的方子是补中益气汤，但是平胃散、枳实导滞丸、枳实消痞丸、枳术丸类方，均为李东垣的名方，他有很多方子并非纯补，所以我们觉得应该把补的概念进行延伸。我们在临床上曾经碰到有些患者的确存在阴血不足的情况，但是服用补血药无法吸收，但是我们使用一些祛湿、活血的药物，配合补血药物使用，反而补血的效果更佳。

王小云：我觉得中医古代医家非常严谨，用的每个字都是非常精准的，而且字中的含义是非常广泛的，古代对于"补"的认识，除了目前我们认识的补益作用外，古人还认为邪气留存于体内也会损伤正气，"邪之所凑，其气必虚"，邪气入侵体内的前提是正气不足，此时把邪气祛除，让正气得以恢复，祛邪而扶正也是一种"补"法。所以在对古人的学术思想的传承过程中，需要我们认真学习和深刻理解中医博大精深的真正内涵，不要停留在皮毛上的肤浅认识，要把"补"的更广泛的含义告知现在的年轻医生，因为现在的年轻医生对于古人的认识还是不够的，所以李东垣在《脾胃论》中除了补中益气汤这一类方，还有祛湿、消滞、清热等方药，这里面体现了补土派内涵的延伸。中医很多精华的东西需要我们去学习、传承。

陈　延：如果请您对补土学术流派下一个定义，您觉得什么样的概念能够包含刚才您所讲的内容呢？比如我们研究补土，那么哪些内容属于补土呢？

王小云：我个人认为，从古人对于补的认识，调中焦、调脾胃就是补土，其中是包含了补虚和泻实两个层面。

陈　延：也就是补土的意思是调理脾胃、调节中焦。

王小云：实际上，中医是一种具备整体观的医学，我们除了要调理脾胃、调节中焦，还需要认识中土与其他脏腑之间的关系，因为土在五行中，是具有相生与相克的关系的，比如在相生关系上，补土生金，土为金之母，金为土之子，如果肺中邪气很盛，会导致子病及母，此时需要泻子扶母。在相克关系上，木克土，肝木克脾土情况下，同样可以导致脾土运化不佳，导致湿与瘀停留，此时舌苔会比较厚，这时不能被假象迷惑，因为这个时候治疗脾土的效果是不佳的，当以调肝疏肝木为主，解除肝木对脾土相克的真正制约，才能收到满意的治疗效果。土还有一层关系就是后天养先天，土与水之间的关系，如果肾中水湿泛滥，则出现水侮土的情况，最后影响到脾土的生化功能。我在临床中看到有些患者面色偏暗，在排除血瘀的情况下，则是存在肾水泛滥，因为黑属肾水，此时我不去治疗肾，反而使用补土法治疗肾水泛滥，因为土能克水。古人建立了补土思想，我们从此中获益良多。

陈　延：听了您的分享，我想补土应该包括三个层次。第一个层次是脾胃自身，调整、调理、协调，让脾胃的功能健全，使正气存内。第二个层次是邪气，水、湿、痰，这些都是跟脾胃相关的，所以通过脾胃的运化以后，像完带汤一样，水、湿减少了，那么人也健康了。第三个层次是五脏相关，通过调脾去影响其他脏器而达到身体的健康。如果是别的问题通过五行生克影响脾胃，不一定要抓住脾胃去调理，可以调理其他的脏器，但是调理其他脏器也是为了脾胃脏器的健康。所以最终是恢复脾胃的健康，恢复身体的平衡，恢复脏腑间气血动态的平衡。所以这也是我们一直在思考的问题，一开始的时候我们还一直停留在很简单的补脾、补胃、补气、补血的角度，但随着不断地研究发现，脾胃不光有补的问题，还有疏泄的问题。脾与胃之间的联系与区别究竟是什么？从整体来讲脾胃作为枢纽，究竟与其他脏腑如何起作用？从妇科的角度来讲，从肝肾论治是常法，而补土派作为一个学术流派，肯定不是所有的临床情况均能从中土论治，那么我们临床运用补土思维治疗妇科疾病，是辨证使用补土思维，还是根据疾病的发展阶段来使用补土思维呢？在您临床过程中，您觉得补土更适合用于妇科的哪一类疾病，哪一个状态，或者哪一个环节？

王小云：补土，其实关键在于脾与胃，不管哪一种疾病，只要出现脾胃功能障碍，包括消化功能、吸收功能及脾统血的功能，我都会顾及中焦。在妇科领域中的月经失调、带下病、绝经期相关疾病（包括绝经综合征、更年期抑郁症、绝经后骨质疏松症）、卵巢功能不全（卵巢储备功能减退、早发性卵巢功能不全、卵巢早衰、卵巢低反应）、不孕症、多囊卵巢综合征、妊娠疾病、产后诸病、妇科肿瘤疾病等都需要顾及调理中焦。

第一个疾病是绝经期相关疾病。金元四大家之一的刘完素说的一句话非常经典，他就将女性的一生分为三个阶段，"妇人童幼天癸未行之间，皆属少阴；天癸既行，皆属厥阴论之；天癸既绝，乃属太阴经也。"所以妇女到绝经期，到天癸已绝的时候，肾气生理性衰退，人的身形都发生改变了，月经绝止了，此时补肾已经不是重点，而应关注补太阴。这里的太阴有两个含义，都与气血有关系，一个是脾胃，顾及脾胃，让气血生化有源，另外一个是手太阴肺经，土生金。所以我把围绝经期妇女的治疗重点放在培土生金，这里的

"培土"就是补土的意思。

第二个疾病是多囊卵巢综合征。多囊卵巢综合征与精血代谢障碍和气血生化失源有关，患者多数夹湿，夹痰，表现为形态肥胖，或自觉咽中有痰，或带下较多，B超检查见卵巢多囊性改变，这些都是与中焦密切相关。

第三个疾病是卵巢早衰。这个疾病治疗的时候也需要调治中州，调理脾胃，使气血生化有源。如果脾胃功能不佳，气血生化无源，天癸难至，任脉虚，太冲脉衰少，血海无血可下，卵巢早衰难以恢复。

第四个疾病就是骨质疏松症。以前骨质疏松症都在绝经前后出现，现在骨质疏松症的发生有年轻化的趋向，很多女性三四十岁就发生骨折，中医学称骨痿。肾主骨，生髓，肯定是与肾有密切关系，还是刘完素那句话："天癸既绝，乃属太阴经也。"要让骨痿的情况得到缓解，就需要在绝经早期从太阴调理开始预防，然后才能更好地防止骨量的丢失。我在骨量方面做过研究，在国际上也有学者做过研究，在女性的一生中，骨量峰值在25~35岁之间到达，39岁以后就明显走下坡路，40岁以后就进入更年期了，如果在她年轻的时候，脾胃消化吸收功能良好，能够增加饮食，增加钙的储存量，提高峰值骨量，随着年龄的增长骨量丢失会相对减少。骨量丢失是必然发生的，只是丢失量的差别，而丢失与储存有很大关系，如果年轻时骨的储存多一点，那么丢失就会慢一点，骨质疏松事件就会减少发生。

第五个疾病就是不孕症。在门诊中不孕症患者一坐下来，第一个表情就是哭，负面情绪会直接影响神经-内分泌调节功能，然后导致胃肠功能紊乱，此类患者我会用补土办法。对于工作压力大，经常熬夜，动脑较多的人，中医说思伤脾，这类患者我也会用补土派的学术思想进行治疗。

陈　延：您讲的内容非常具有个人的学术体系特色，比如带下病与脾湿相关，脾为坤土，土生万物，不管是多囊卵巢综合征，还是不孕症，实际上是土虚不能孕育万物的一种情况。在月经病方面，您还有什么经验可以与我们分享的呢？多数人都认为月经病是血分的疾病，我们阅读李东垣的书，也有很多地方使用血分药物和方剂，比如圣愈汤、凉血地黄汤等，您有使用过这类方药吗？您觉得李东垣对于血分药物的使用与现代有差别吗？

王小云：古人的经方对我们后人影响很大，他们都是通过临床实践总结出来的。中医理论对于实践具有很重要的指导意义，但是现代的疾病谱在发生改变，所以我很少用单纯的一个原方去治疗疾病，都是根据经典方剂的原则，辨证进行加减。月经病患者，有经量、经期、周期及相关伴随症状，在经期方面包括月经先期、月经后期、月经先后不定期等，在经量方面包括月经过多、月经过少、崩漏，伴随症状方面有痛经、月经前后诸症，还有一个与天癸相关的围绝经期症状，这些都属于月经病范畴。所以在月经病的治疗上，还是需要根据辨证。在月经量改变方面，与脾胃的关系较为密切。

　　还有一个问题需要与陈主任交流一下。您是消化科的专家，我们所说的补土派，很多时候会把重点放在补脾方面，实际上胃也是很重要的，现代社会的人们，压力很大，运动又少，吃饱了就睡，经常玩手机，容易引起椎体的病变，从而影响内脏的神经，进一步影响胃肠的功能。这类人有几种表现：第一种表现是一张开嘴，口气很重，舌苔很厚，很脏，他们都觉得自己很虚，经常吃补品，这是胃实的表现；第二种表现是便秘，但是大便经常黏厕所，冲水都冲不走，或者大便稀烂。这些都与胃肠功能有很大关系，所以治疗上我经常用理气及调节中州及健脾补肾的药物，比如白术、黄芪、红芪、黄精、山药、太子参、肉苁蓉、熟地黄、枸杞子等，其中肉苁蓉对肺、脾、肝、肾都有补益作用。六腑以通为用，胃气以降为和，脾的功能还是以运化为主，所以我在补土药物中，常常加用理气药，而我选择的理气药物的归经基本在脾胃经，比如春砂仁、陈皮、广木香，解除肝木克脾土的郁金、楮实子、素馨花、香附等，这些药物不仅能运脾化湿，还理气祛瘀，部分患者吃完之后常常出现腹泻，一般考虑病邪内存，这样就可以使邪有出路。但是有一点必须注意，不是所有患者腹泻都是代表邪有出路，关键要看排出来的是否为邪气，判断标准是：①大便气味臭；②大便秽浊，颜色较深，随着排泄的次数增多，慢慢地变黄；③便后神清，面部色斑逐渐变淡、减少，脉有神了。符合上述判断标准的，就代表是排出来的是邪气，而我门诊的患者中，80% 都会出现腹泻，有些患者很担心，自行停药，复诊时问我是否有问题，我的回答是这是中医的祛邪疗法，邪不祛，正气怎么能够恢复呢？补脾、补土的另外一个"补"法，就是通过泻实而来扶正气。治疗胃方面，我喜欢用一个方子，是《丹溪心法》里面的保和丸，这个药真的是太好用了，调胃、清胃热非常有用。

　　陈　延：还有一个问题需要请教您，就是流派或者中医团队建设方面，您也有名医工作室，同时也是在做流派研究，而流派研究存在一定困难。第一个问题是定义问题，人的精力是有限的，我们只能在有限的时间针对某个领域进行深入的研究，这里就涉及定义的问题，如何定义流派的内涵与外延？第二个问题就涉及了学术的传承，如何将流派学术思想传承下去？第三个问题就是我们通过中医流派来研究一种疾病、一种治法等，里面涉及很多科研思路及方法学的问题，请您分享一下相关的科研经验，以指导我们的团队工作。

　　王小云：陈主任您太客气了，指导不敢当，我们互相交流一下经验。做流派研究，真不太容易，我们岭南妇科流派的研究，文献追溯要到民国时期或者更早，这些资料是很难找到的，因为历史的原因，很多东西都不全，所以只能从近代来找。我觉得流派传承的关键在于责任感。很多精华的东西，很多中医的理论，都是靠各个流派、各个名家的经验集合而得到具体体现，才成为具有临床价值的中医。因为地域、历史条件等的不同而形成了各个学术流派，所以把各个流派的经验及精华进行总结，这个工作是非常有必要的。除了责任感，传承工作还需要凝练，实际上学术流派是百家争鸣，存在不同的观点，如何把这些观点形成一个核心的东西，核心的里面又有百家争鸣，又有不同的特点存在？这是一个非常复杂的过程，需要我们走出去学习不同的知识，才能从整体及宏观角度去认识不同流派的特点，才能完成凝练的过程。所以像陈主任您这样，如此认真地去做学术流派的传承工作，非常值得我们学习。一旦凝练以后，最后就是做好传承工作了，怎么把凝练的东西传承下去，也是需要我们去思考的。传承的目的是让后人受益，而在这当中涉及了团队建设、人才培养等方面，这是个艰苦的工作，我们也需要向你们团队学习。

陈　延：谢谢您的分享，你们看看还有什么问题需要请教王小云主任的。

黄智斌：王主任您好，路老曾出了一本专著《中医湿病证治学》，其中提到对湿的一种治疗方法为升阳除湿法，此法是李东垣首先提出。李东垣创立此法的地域是在北方，而我们岭南地域的体质是以气阴不足为基础，夹有湿邪，如果岭南地域需要使用升阳除湿法，那么应当如何因地、因人制宜来使用此法呢？

王小云：我觉得治疗一个病有很多的方法，条条大路通罗马，关键是看疗效及患者情况。中医的精华在于辨证论治，辨证虽然有难度，但是还是可以做到，辨证之后就是治疗，而辨证与治疗之间还有一个字，就是"论"，所以你刚才所说的升阳除湿法在岭南地区如何使用的问题，关键的问题还是看患者情况。如果患者的确存在脾气下陷而湿气停留，则可以使用，但是岭南地区使用此法的机会比较少，因为岭南地区四季如春，火热之象比较多，所以此地区的人喜欢煲"凉茶"，就是因为有火热情况。此外，岭南阳光充足，湿气较大，容易形成湿热，在这种情况下应该使用清热利湿或者理气利湿办法，治湿有句名言"气行则湿化"，对于岭南湿热的情况，我临床多用理气法、调脾及调肾治疗，我们可以回顾一下，肺、脾、肝、肾及六腑与湿的关系较为密切，所以辨别其与湿的关系，根据辨证进行用药，效果更好。任何一个方法产生都有其地域及历史条件要求，升阳法可能在北方或者寒气重的地方比较好用，而在岭南地区较为少用，我们在临床上遇到典型的阳虚患者比较少，一般都是阴阳两虚夹湿的偏多，在妇科以精血为主，治疗妇科疾病比较少用单纯的补阳药。

陈　延：您刚才提到南北对于湿的治疗是存在一定的差异的，路老常在北方进行诊治，所以他用药的习惯与您也会有不一样的地方，您跟路老学习的时候可能会出现他有一些方法非常好用，而有一些方法在北方适合，到南方就不一定好用的情况。除了刚才所说的地域差异导致治疗方法不一样，您觉得湿的治疗还有哪些是具备岭南特色的？

王小云：路老对我的影响很深远，我拜师的时候刚评上副主任医师，现在对于他所传授的知识感悟更深。刚开始跟师的时候，感悟最深的是对于湿的治疗，我以前对于湿的治疗效果一般，尤其那种很顽固的湿邪，不管用什么办法，舌苔就是不能退干净，但自从跟了路老学习以后，专门拜读了他的书，然后又得到他指点，现在我对于湿证的治疗把握明显提高，觉得很容易解决了。路老对于湿的治疗，第一个手段就是"气行则湿化"，第二个就是"提壶揭盖"。这需要看舌苔，假如舌苔根部厚腻，说明湿邪与肾相关，则需要加强调脾，通过培土制水，达到治疗效果；如舌苔两边增厚为主，需要从肝胆辨治。今天上午病房查房有一个反复腹痛两年的患者，疼痛影响了日常生活，基本就不上班了，舌苔就是两边很厚，中间比较干净，这种就需要从肝胆论治。我看舌苔是分三焦来看的，舌前为上焦，属于心肺；舌中部属于中焦脾胃；舌的两边属于肝胆；舌根为下焦，属于肾和膀胱。如果是舌的前2/3都很厚，包括舌边，一定是脾胃有湿，部分夹有肝胆问题；如果连舌尖都很厚，那就是心肺，就需要加"提壶揭盖"的中药了。

陈　延：如果湿邪在中焦，您平时喜欢用什么药物呢？

王小云：要根据辨证以分虚实，究竟是脾虚导致湿邪内阻，还是湿热蕴结脾胃，前者以完带汤、参苓白术散加减，后者用止带汤、五味消毒饮加利湿药物，如果肝胆湿热明显，就用龙胆泻肝汤。我在寒冷的冬天就用过龙胆泻肝汤治疗肝胆湿热的患者，效果非常明显，用药3~5剂，舌苔有明显改变，但是要中病即止，龙胆属于比较苦寒的药物，而女性属阴，不可过用苦寒。如果是肾湿明显的，还是用走下焦的利湿药物，但是一定要加理气药物。对于顽固的湿证，比较有效的中药有大腹皮、厚朴，如果患者合并腹胀、便秘，我就喜欢使用一个药对，大黄配枳实，特别是盆腔炎性疾病或慢性盆腔痛，表现为下腹痛、肛门坠胀，或者妇科检查发现子宫骶韧带增粗、结节、触痛者，我是一定会用大黄配枳实的。标实者就用生大黄后下，用量为5~10g，如果是体质虚、久病的，就用酒大黄，不后下。这个药对可以很快缓解湿瘀蕴结引起的下腹痛和带下异常。

陈　延：其实"提壶揭盖"法是中医治疗常用之法，我们消化科对于泄泻、便秘都会用到此法，这是从上焦论治湿的一种治疗办法，那么需要用什么药物呢？

王小云："提壶揭盖"法选择的中药一般都是归肺经或走上焦的中药，例如前胡、白前、桔梗、淡竹叶、桑叶等，但是需要结合体质，如果体质比较好的就用桑叶、前胡、白前、淡竹叶等，如果体质虚的就是前胡和柴胡合用，前胡走肺经，柴胡走肝经，前胡可以宣达肺气，柴胡也有疏泄作用，前者走上焦，后者走中焦。药物的性味归经非常重要，但是治疗脾胃的时候，有时候不一定需要选择归脾、胃经的药物，可以通过调理气机治疗脾胃，就是不一定非要用党参、白术、黄芪来治疗脾胃。

陈　延：所以脾胃在中间是个轴，轴动则四周都动，四周动了轴也会动。

王小云：就如您刚才所说，降胃，不一定要用通降办法，通过升太阴，同样可以达到降阳明的目的。真正学好中医有难度，但是学中医又不是想象中那么困难。想学好中医，必须学好中医基础理论，懂了生理，就能分析病理，悟出核心病机，抓住治病关键。所以中医基础理论是根基，非常关键。

陈　延：起码需要对自己所研究的事物有了解，才能有办法去调整它，如果不了解，则无从谈起调整了。

黄智斌：王主任，我还有一个问题想请教您。5年前我在妇科轮科的时候，您曾经治疗过一名痛经患者，当时我们小组讨论的时候认为此患者是肝郁脾虚，使用了健脾疏肝的方法，效果不明显，您去看了患者后，在原方基础上用了大剂量的黄精，因为当时的剂量很大，我现在都记忆深刻，当时用量为60g，结果患者服用此方的第三天，疼痛消除了，请您能否讲讲黄精这个药物呢？

王小云：我觉得黄精是一个很好用的药物，对于精血不足，同时合并气不足，我就会用黄精，而且临床上我发现黄精不太滋腻，而熟地黄就比较滋腻。大家有这种体会吗？熟地黄煮出来的水是黏稠的，而黄精煮出来的水却是很清的。我用黄精的量很大，但是也会加适量的理气药，比如陈皮、广木香、厚朴、春砂仁等，因为女性以阴血为用，所以理气的中药不可过用，比如广木香是属于比较燥的药，所以我用3~5g。您说的那个患者我完全没有印象了，但是如果我用到那么大量，一般考虑这个患者以虚证为主。痛症的核心病机主要有两点，第一是"不通则痛"，第二就是"不荣则痛"。黄精也是补中州的中药，肺、脾、肾均补。我临床用药喜欢选择能够一箭双雕或一箭三雕的中药，比如黄精，可以多靶点作用。对于虚证患者，就需要扶正气，当她正气足了之后，就有能力达到"通而不痛"的效果了。

陈　延：今天非常感谢王小云主任接受我们补土流派工作室的采访，收获良多，希望下次能够再次请到王小云主任分享临床运用补土思维的经验。

补土临证思辨录
——卫蓉教授访谈实录

【专家简介】

卫蓉，女，1963年生，云南省石屏县人。中医临床博士，教授，主任医师，硕士研究生导师。第七批全国老中医药专家学术经验继承工作指导老师，贵州省名中医，师承国医大师刘尚义教授。获贵州省科学技术进步奖三等奖，获贵州省第二届百名优秀医生杏林高手称号。

刘　奇：今天有幸拜访贵州省名中医卫蓉教授。卫老师您好！您对土、脾胃和中焦有怎样的认识？

卫　蓉：土属于中焦的一部分，它是人体生、长、化、收、藏的重要一环。气机的升降出入都要依赖于中土的运化。中医说脾升胃降，脾运胃纳，这样五脏才能安和，人体才能发挥正常的生理功能。脾主运化，胃主受纳腐熟水谷，在人体中脾胃属土，属于中宫，脾胃与肝、心、肺、肾都是相互关联的。脾主运化，包括运化水谷和运化水液。脾运化水谷主要是运化人体的水谷精微，经过消化吸收后运输到四肢百骸。这样就是脾胃运化功能正常，称脾气健运，只有脾气健运了，人体才能得到充分的营养补充，从而维持正常生理功能。如果脾失健运，人的运化功能失常，整个消化系统就会出现失常。脾失健运，就会出现便溏、腹泻、消瘦等症状。除了运化水谷，脾还运化人体的水液，其运化水液的功能是与肺、肾、三焦、膀胱共同完成的。《黄帝内经》提到"饮入于胃，游溢精气，上输于脾，脾气散精，上归于肺，通调水道，下输膀胱，水精四布，五经并行"，充分体现了脾运化水液的功能。如果水液运化出现异常，不能正常地运化水湿，就会出现水湿痰饮，人就会出现浮肿等症状。《黄帝内经》也提到："诸湿肿满，皆属于脾。"脾虚就会生痰湿。另外，肾为先天之本，脾为后天之本。脾有生血和统血的功能。脾生血的功能与它运化水谷精微的功能相辅相成。《黄帝内经》提到："中焦受气取汁，变化而赤，是谓血。"意思是通过脾正常运化水谷精微以后才能产生血液。脾统血的功能也是通过脾气摄血的功能而实现的。气为血帅，血为气母，气行则血行，气滞则血瘀。所以说人体气血的运行也是要依靠脾的正常运化功能。人体五脏六腑各有升降，心脏在上，它的气机也是在上者，心气宜降，肝肾在下，其气机宜升。脾胃居中焦，脾升胃降，脾胃升降功能正常，人体的气机升降出入功能才能整体协调。所以脾的生理特性还有一个——宜升清。除了这个生理特性之外，大家都知道脾在中土还有一个生理特性为喜燥恶湿。脾为太阴湿土，胃为阳明之腑，所以脾是喜燥恶湿的。脾运化水湿就是调节水液代谢，这样才能保持人体正常功能运行。水液代谢不好就会出现头重如裹、脘腹胀闷等症状。根据脾恶湿的特性，在临床中治疗脾病湿邪经常用健脾祛湿的白术、苍术、厚朴等。

我也简单讲一下胃。胃主受纳，主要是受纳水谷。胃又称为水谷气血之海。只有胃的水谷受纳功能正常，人体才能正常运化人体的水谷精微。除了受纳，胃还有蠕动的功能，而中医所说腐熟水谷，就是将吃进去的食物进行消化吸收，当然这个功能与脾也是相辅相成的。《黄帝内经》说："有胃气则生，无胃气则死。"所以人体的功能好不好，面色正不正常，脾胃发挥了非常重要的作用。如果胃不能受纳，胃气上逆，就会出现呕吐、呃逆、反酸、腹胀等症状，这都是因为胃的受纳功能异常。在生理功能上，胃与脾也是相对应的，脾喜燥恶湿，胃喜润恶燥。在临床工作中，我们大家都有体会，在治胃病时或者恶性肿瘤时一定要注意养胃阴、保胃阴，用一些养阴的方药。

刘　奇：像益胃汤这些吗？

卫　蓉：对，益胃汤、沙参麦冬汤、麦门冬汤，还有师父（国医大师刘尚义）常用的鳖甲，三甲复脉汤、生脉饮都经常使用。

刘　奇：胃阴和肾阴之间有什么关系呢？

卫　蓉：胃阴和肾阴，前者在中焦，后者在下焦，肾是元阴元阳之本。在临床观察中，肾阴虚的症状更为严重，如五心烦热、潮热、盗汗、小便数等。而胃阴虚主要表现为纳呆、不欲饮食、胃部隐隐作痛等症状。养肾阴多用六味地黄汤、大补阴丸、知柏地黄汤等。

刘　奇：刚才您提到脾和胃一个喜燥恶湿，一个喜润恶燥，如果整体调中焦，两方面都兼顾吗？

卫　蓉：对，在临证中我们确实要兼顾，"善补阳者，必于阴中求阳，则阳得阴助，而生化无穷；善补阴者，必于阳中求阴，则阴得阳升，而泉源不竭"。所以我们在临证中将养阴药和温补化燥药兼制应用，不是养阴就一味地养阴，燥湿化痰就一味地燥湿化痰。

师父经常讲一个医生开的好处方就像一幅画，浓淡相宜，轻重缓急全部照顾。师父常常这样教育我们，一张处方看起来就像一幅山水画，该重笔的地方是浓墨，该轻笔的地方就用浅墨。我刚刚当中医的时候，一看到处方也说："哎哟，这医生开的什么处方，又是苦寒的又是温阳的，这个治什么病？"我现在反思，当初刚刚毕业还未悟到中医的道理，其实中医在临证中调节阴阳、寒热，调节平衡是非常重要的。你看经典方——乌梅丸，治疑难杂症，乌梅、细辛、附子、桂枝、干姜、黄柏、黄连、人参、当归、蜀椒，寒热并用，攻补兼施。

刘　奇：您经常用乌梅丸吗？

卫　蓉：是的。乌梅丸对疑难杂症的效果还是挺好的，要根据寒热虚实辨证应用。寒热错杂，阴阳辨别不清的时候，我就喜欢用乌梅丸。如果湿热较重则用小陷胸汤，还有苍术、厚朴。师父认为使用一个方剂并不是用这个方子里面所有的药，而是用方里面的义，比如说他用平胃散就用苍术、厚朴，而不是平胃散全方。师父临床上陈皮用得很少，但是苍术、厚朴经常用，有健脾祛湿燥湿的作用。

刘　奇：苍术、厚朴用量多少？

卫　蓉：一般10g左右。还有您说对中焦的认识，实际上中焦就是脾胃的功能，脾胃属于人体的中焦。

刘　奇：三焦肯定是离不开中焦的。

卫　蓉：对，我们所说上焦如雾，就是肺气的宣发，疏布精微。中焦如沤，就是脾胃的腐熟和化生气血的功能。下焦如渎，就是肾、膀胱、大小肠分清泌浊的功能。实际上中焦与脾胃的功能最为密切。

刘　奇：有关湿邪与中土的关系，您是怎样认识的呢？

卫　蓉：湿性重着黏滞，易趋下行。在临证中师父常讲，湿邪如油裹面，就是说感受湿邪以后，很难去除，湿邪就像油和面裹在一起。夏秋之际湿热蒸腾，湿气最盛，这时候湿邪最容易侵犯人体的脏腑、肌肉、四肢关节等。人体主要靠脾正常的运化功能，才能把湿邪排出去。而且脾病多半与湿邪相关，脾虚生湿，湿困脾胃，如果脾胃运化失常了就会产生纳呆、厌食、小便短涩……都是和湿邪有关。在中医中，湿为阴邪，阴盛则阳病，所以湿邪为阴，而脾是喜燥恶湿的。如果脾的运化功能失常了就会导致湿邪致病。

刘　奇：湿邪有些时候容易化热，患者一伸舌头，舌苔又黄又厚，化这种舌苔需要多久？

卫　蓉：一般湿热在一起就容易裹滞，每个患者对药物的反应不一样，治疗方法也不一样。治疗湿邪还是以中焦为衡，以平为期，宣上、畅中、通下。而且化湿邪一定要注重养脾胃，升阳气散阴火，这也是李东垣《脾胃论》中的观点。临床上我们常用小陷胸汤，平胃散中的苍术、厚朴，还有升麻、防风。提到升麻、防风，它们在化湿邪上也很有特色，在《黄帝内经》中提到风能胜湿，所以在临证中用芳香化湿、温通化湿药的情况下一定要加祛风的药。在生活中我们也有体验，家里的衣服湿了以后，如果没有风吹，衣服是不容易干的。风一吹，衣服就很容易干了。中医说的风能胜湿是很有道理的。所以在临床上我们在化湿的过程中，除了健脾胃、宣上、畅中、通下，一定要加用祛风的药，例如葛根、羌活、防风，湿邪就容易祛除。我在临证中还是很有体会的，上次我遇到一个患者，他多方求医，看了以后舌苔都是很黄腻，就是像刚才讲的湿和热裹在一起。在我这里调理一个月以后，舌苔逐渐转为正常。

刘　奇：他是什么病？

卫　蓉：基础性疾病比较多，有糖尿病、高血压，中医辨证是湿困中焦，以湿热为主，舌红，苔黄厚腻，患者口苦口干，咽燥，老觉得嗓子不舒服，就是我们所说的胃病及咽，老觉得有口痰在那里。胃病及咽——胃不好的患者也会引起嗓子不舒服。用了一般的芳香化湿和健脾祛湿的药，祛湿邪祛的效果都不好，后来我们加了祛风的药，他的湿邪就慢慢去掉了。一般来说，我感觉化湿的药还是要1个月左右才能把湿邪慢慢去掉，因为师父常说湿邪如油裹面。

刘　奇：需要忌口吗？

卫　蓉：一定要忌口，忌油腻的食物，忌辛辣刺激和生冷。寒邪也容易困阻湿邪。

刘　奇：所以口苦有热，还是不能吃凉的吗？

卫　蓉：对，不能吃凉的。湿和脾胃有关，湿盛可以导致脾虚，脾虚又会加剧湿盛，只有脾的运化功能正常后，湿邪才容易祛除。

刘　奇：您认为补土派古代代表医家有哪些？刚才您提到了李东垣。

卫　蓉：对，这个是最主要的。古代医家多了，我们也查了一些资料，结合经验来看，一个是我们的医圣张仲景，在《伤寒论》398法、113方中，保脾胃的思想一直贯穿其中。例如桂枝汤、小柴胡汤等方都有生姜、大枣，都有保脾胃的意思。所以我认为张仲景对补土派的学术思想有不可磨灭的贡献。补土派最主要的学术思想是李东垣提出来的内伤学说，"内伤脾胃，百病由生"。他重视调理脾胃的方法，而且最重视温补的方法，例如升阳益胃汤、补中益气汤都是代表方，对补土的学术思想有重大的贡献。后代的医家还有张介宾、叶桂、吴瑭、张锡纯等都在不同的方面对养胃阴、胃阳等补土的学术思想做出了一定的贡献。李中梓说过："脾有阴阳，肾分水火。"脾有脾阴也有脾阳，这也是对补土派学术思想的重大贡献。所以我认为补土的学术脉络起始于《黄帝内经》，发展于张仲景，鼎盛于金元四大家——李东垣，到明清时期得到广泛的推广和应用。

刘　奇：那您如何看待中医诸多学术流派的学术思想？

卫　蓉：中医确实是有很多学术流派，很多传承。现在国家成立传承工作室、流派工作室等，这也是对中医流派的保护和发掘。其实早在 2 000 多年前我国最早的医学典籍《黄帝内经》就对中医理论形成及发展做出了很大的学术贡献，还包括了天文、地理、哲学、养生等内容，特别是对养生思想的形成和发展有很大的贡献，现代人在养生方面都在遵循《黄帝内经》。东汉末年，张仲景寻求古籍，博采众方，对经方学派的形成有重要贡献。到了宋金元时期就有金元四大家，有刘完素、李东垣、张子和、朱丹溪。刘完素是以火热论为主，是河间派。李东垣补脾胃，著有《脾胃论》，是易水派。张子和是攻下派，善用汗、吐、下三法。朱丹溪是滋阴派。在明清时期，学术流派思想又发生了变化，提出了从病因论治、三焦辨证等等。有吴鞠通、叶天士、王孟英等医家。到民国初期，张锡纯的《医学衷中参西录》就把中西医结合起来了。到现代学术流派比较有名的有火神派。郑钦安常用附子、干姜、肉桂，确实对于临床上一些危重症及心血管系统疾病有较好的疗效。当然，我认为中医的学术流派是在不同时期、不同地域、不同文化背景下产生的，但不是有这个学派就否定另一个学派，一定是在这个过程中不断完善、不断补充。每个学派会更强调自己的学术思想，火神派不是一味地用温热的药，补土派也不是所有的患者都补脾胃一种思维。在临床上各派有一定的长处，但是一定是相互补充、相互借鉴。现在有些人以偏概全，对某些方面知道一点点，用得不好就大肆批判，这是不对的。没有学到《伤寒论》的精华，没有把经方学到手，就用一个桂枝汤，用得不好、不准，就认为《伤寒论》不好，这肯定是不对的。我们应该系统地进行学习，传承各个学派的特点及优点，最大限度地把它们的优势发挥出来，而不是相互攻击。治伤寒病可能用经方比较好，但治温病、流感，那肯定是用温病的方效果好。

刘　奇：刚才您也提到了学术变迁，您认为伤寒、内伤、温病与中土的关系是怎样的？

卫　蓉：其实刚才也提到了，脾胃属于中土，相当于一个国家的中央机关，它可以旁及左右。《伤寒论》很重视脾胃中土。比如用桂枝汤调和营卫，疏风透表，里面除了用桂枝、芍药来辛散和敛营阴，生姜、大枣、甘草这几味药都是补脾胃的。而且桂枝汤的服药方法是"服已须臾，啜热稀粥一升余，以助药力"。这就是顾护脾胃。小柴胡汤里面除了疏通气机，人参、甘草、大枣也是顾护脾胃的。

刘　奇：有关中土思想对临床的指导运用，您有什么心得体会？

卫　蓉：在临床上很多病，特别是肿瘤、脾胃失常、情志疾病，都要顾护脾胃，保护脾胃以后整个人体功能才得到恢复。例如对于恶性肿瘤的患者，在临床上由于放疗、化疗、手术特别伤胃阴，这时候一定要养胃阴，常用玉竹、石斛这类药，还有一甲复脉汤、二甲复脉汤、三甲复脉汤。"有胃气则生，无胃气则死"，胃阴养足了以后才能让机体功能得到发挥，达到抗肿瘤的作用。对于一些慢性病、疑难病在治疗上也要顾护脾胃，脾胃功能好了以后，也能帮助患者吸收药物。因此在临床用药的时候切记，对危重患者用了大辛、大热、大苦、大寒等攻势很猛的药物以后，还要用一些调理脾胃的药物。在临床上，我体会比较深刻的是补中益气汤的使用，确实效果很好。补中益气汤甘温除大热，不仅适合气虚患者，发热患者也可以用。我觉得只要有一点点中气下陷的表现，比如老年性阴道炎属气不摄纳，单纯用瞿麦散，用清热解毒的药往往效果不好，要升提中气，升提脾胃之气，这个时候可达到临床效果。"太阴湿土，得阳始运；阳明燥土，得阴自宁"。"五脏之伤，穷必及肾"，我们在调理脾胃的同时，对于一些顽疾、重病还要注重补肾。很多病用补肾的方法对脾胃也能起到调补的作用。

刘　奇：刚才您提到老年性阴道炎，还有一些老人有顽固性阴痒，您怎么处理？

卫　蓉：顽匝性阴痒，还有咽喉病反复咳嗽，比如有的患者受一点刺激就反复咳嗽，这个时候就要用到师父的膜病理论。反复阴痒的时候我们会用地肤子、白鲜皮、牡丹皮、白及等保护黏膜，还有珍珠母、石决明，这有点像西医的钙通道阻滞药，有抗过敏的作用，在临床上应用效果很好。顽固性阴痒当然以中医辨证为主，如果遇到舌很淡，苔很白，偏血虚的患者，因为血虚生风，一定要加点补血的药，比如当归、人参、赤芍、白芍，就是用四物汤加减，阴痒就会减轻。

刘　奇：您肯定看过很多疑难病吧？

卫　蓉：对，我在临床上有深刻体会，确实是在跟了师父以后临床疗效大有提高。师父是典型的"望而知之谓之神"。我自己上临床以后深刻体会到"读经典、做临床、跟名师"确实是中医的成长之道。我是跟名师，认真温习"中医四大经典"，自己再通过临证，不断有新的感悟，中医的临床疗效大有提高。我是看心血管病为主，心血管科的患者比较特殊，除了使用中医的诊疗方法，我还要给患者测量血压、心率，观察有无心律不齐的情况。我觉得中医很有特色，心为火脏，心脏就像自然界的太阳，心脏的功能正常，对五脏就能起到温煦的作用，就像太阳温煦土地，温煦万物的生长。对于心脏病患者，比如心力衰竭、心律不齐的患者，我是比较支持火神派的观点的。

刘　奇：心律不齐也算吗？

卫　蓉：心律不齐属于心阳不振，阳气不足的时候用附片、桂枝、炙甘草汤，效果非常好。特别是现在有些冠心病患者接受过冠脉支架植入，心前区出现疼痛、憋闷，症状得不到缓解。中医古方是用瓜蒌薤白白酒汤、瓜蒌薤白半夏汤，因为有"阳微阴弦"的中医理论，我就在古方的基础上加附片。按理说附片与瓜蒌、半夏都是相反的，"半蒌贝蔹及攻乌"，但是我在临床上运用，可以缓解患者心前区的憋闷、疼痛，效果非常好，我的很多学生都知道。曾经有个患者，心前区冠脉狭窄，三十多岁冠脉就堵塞了，上了三个支架，四十岁的时候冠脉又堵了，在西医院看，不敢给他再上支架，因为血管条件太不好了，有淀粉样改变，后来找我治疗。我就用附片加瓜蒌薤白半夏汤，还加了很多虫类药。在用药过程中，我也很重视脾胃，一定要保护好脾胃，脾胃功能好了以后才能吃进药、吸收药物。如果他吃了药格拒了，呕吐了，那就没办法应用了。所以方中还加了白术、茯苓、山药等药顾护脾胃。这个患者依从性特别好，两年后去复查，冠脉仅狭窄40%，西医院的医生都不相信，问他吃什么药，他说吃的中药。还有很多这样的案例。我在临床上也比较喜欢用虫类药，比如水蛭、地龙、蜈蚣等。在用虫类药通心血管的过程中，我也会顾护脾胃，一定要把脾胃顾护好才能保障药效。

刘　奇：您治心脏病还是遵循"阳微阴弦"的理论，再加上活血化瘀的药物吗？

卫　蓉：对。"阳微阴弦"出自《金匮要略》："夫脉当取太过不及，阳微阴弦。"就是说胸中阳气不足，阴寒之邪乘虚而入堵塞心脉。这个时候一定要振奋阳气，要用附片，没有附片单纯用瓜蒌薤白半夏汤或者瓜蒌薤白白酒汤，效果就不太好。我使用附片的量不会像火神派用到一两百克，一般是10~15g，我用药还是比较谨慎，按照《中国药典》的规定使用。如果患者阳虚很厉害，附片也会用到100g，但一定要久煎，而且要加蜂蜜，尝到药不麻嘴以后才能服用，免得中毒，引起一些不必要的纠纷。

刘　奇：肺系疾病您治得多吗？

卫　蓉：肺系疾病我也治得多，你不要小看肺系疾病，一个咳嗽，有的患者咳了几个月都不好。能把咳嗽治好，这个医生就可以吸引很多患者。治咳嗽一定要辨别清寒热虚实，到底是痰湿还是痰热，是表寒为主，表邪入里化热，还是内有饮邪。在辨证清楚的基础上用药效果才会好。比如咳嗽刚开始出现咳黄痰、咽痛、恶寒发热等一派表热症状，这时候还是比较好治的，用银翘散、桑菊饮，一定要注意宣肺，宣肺止咳。师父喜欢用炙麻黄和地龙这两味药，这个就是他的特色。

刘　奇：地龙有痰无痰都可以使用吗？

卫　蓉：有痰无痰都可以用，它和炙麻黄配伍能宣肺止咳。地龙有扩血管的作用，也有平喘的作用，所以用地龙加炙麻黄能宣肺平喘。师父还有一个止咳的药物组合——紫菀、款冬花、百部，叫作"止咳金三角"。如果是咳嗽咳了很久，反复不愈，咳白色泡沫痰的患者，我在临床上体会深刻，要用小青龙汤，此属外寒内饮，就是有痰饮！用小青龙汤加减，效果非常好。

刘　奇：如果他有白痰，但是舌红又很光，还有咽痛，这种应该怎么办？

卫　蓉：这种好办，舌偏红又有点光，是阴虚又内有饮邪，用小青龙汤加沙参、麦冬，这是我师父常用的方。"小青龙麻芍桂，姜辛五味夏枣草"，然后加沙参、麦冬。久咳不愈的时候要加一点点敛肺止咳的药，用桂枝宣卫阳、白芍敛营阴，效果非常好。但黄痰，痰很浓稠，我就不会用小青龙汤，里面的干姜、细辛、桂枝都是热药，要用清热化痰药，例如胆南星，再用些清热的药，如蒲公英。

刘　奇：您刚才提到的止咳金三角——紫菀、款冬花、百部如何应用呢？

卫　蓉：款冬花和百部，寒咳、热咳都可以使用。紫菀、百部一般是蜜炙的。百部还有抗结核的作用，非常好。结核性胸膜炎患者反复咳嗽，用百部加葎草；如果结核有空洞的患者，加白及敛肺止咳，效果很好。

刘　奇：还有一种咳嗽，无痰、咽痒，该如何治疗？

卫　蓉：这种咳嗽最不好治，无痰，只是咽痒呛咳，首先要排除恶性器质性疾病，借助现代医疗手段做肺部 CT 看看有无器质性病变，如果有就应该按常规治疗。干咳无痰还是以养肺阴为主，"善补阴者，必于阴中求阳"，这一点很重要，养阴的过程中加少量的阳药，加一点点桂枝和白芍调和营卫，效果将更好。可以用沙参、麦冬、五味子、玉竹、石斛。如果以肾阴虚为主，甚至可以加山茱萸、黄精、生地黄、熟地黄。因为金水相生，肝肾同源，而且一些久咳不愈的患者就应该补肾，发时治肺，平时治肾，肺为气之主，肾为气之根，所以久咳不愈的时候应该补肾。

刘　奇：您有没有遇过这种情况，患者确实是小青龙汤证，吃了小青龙汤咳嗽有好转，但是出现说不出话的症状。

卫　蓉：我还没遇见过这种情况，我真的对小青龙汤情有独钟，临床上很喜欢用。我的学生都知道我一看患者舌很淡白，没有热象，就用小青龙汤。因为小青龙汤是治疗外寒内饮，是内有饮邪的寒证，只要是寒证，且患者咳白泡沫痰，别的症状我都不太管，就用小青龙汤随症加减，一点问题都没有，对很多患者效果非常好。但是久咳患者，师父教我们要敛肺止咳，用诃子效果也很好。有的患者咳嗽，反复用抗生素，但效果不好，我就说把抗生素停了，吃我的中药就行了，反而就好了。

刘　奇：还有一种患者，胸痛，其实是因为咳嗽引起的，一咳就痛得厉害，有时不咳也痛，两胁疼痛，怎么处理？

卫　蓉：你要排除胸膜的疾病。中医理论认为是木火刑金。胸胁疼痛属肝脉，肝经布胁肋，这时候需要疏肝，把肝木疏了以后胁痛才会缓解。还要问疼痛的性质，如果是刺痛就加虫类等活血药，胀痛就用疏肝的方法，效果也很好，这就叫木火刑金，肝火太旺伤了肺的阴津。我感觉临床上 60%~70% 的疾病都与情志有关，一种是压力过大，一种则是过度关注自己，整天焦虑紧张，害怕自己得什么病，一点小病就紧张。一般来说，脉和缓，舌苔没有异常，常规检查也没什么大问题，就没什么问题，情绪可以放松。临床上有很多情志致病，现在心内科比较强调"双心病"——心脏病和情志病。

刘　奇：感谢卫老师的分享！

苗医理论指导下的补土视角
——吴晓勇教授访谈实录

【专家简介】

吴晓勇，男（苗族），1979 年生，贵州省铜仁市人。医学博士，教授，硕士研究生导师。贵州中医药大学第一附属医院风湿血液科副主任，"西部之光"访问学者，贵州省"千"层次创新人才，贵州省首批名中医师承学员。擅长中西医结合诊治血液病，对苗医药防治慢性疼痛也有一定研究。

刘　奇：今天很高兴来到贵州中医药大学第一附属医院风湿血液科，吴老师您好！

吴晓勇：你好！

刘　奇：您能不能谈一谈在贵州这个地域，有哪些具有补土思想的代表医家。

吴晓勇：贵州最有名的易水流派的继承者和创新者就是我校的王祖雄教授，他对李东垣学说和理论很有研究。李东垣当时是生活在汴梁地区，是有大灾大难和战乱的年代，俗话说"大灾之后必有大疫，大乱之后必有大凶"，在那个荒乱的年代，人们吃不饱饭，脾胃都比较虚弱，所以说东垣要用温补的方法。王主任认为李东垣写的《脾胃论》，其实不仅仅是治疗脾胃病，他善于利用补土的方法，善用温补脾胃的药物，他也能治疗温热病。《黄帝内经》里面讲"胃为之市"，形象地解释了胃为受纳和输出的"集散地"。脾胃不仅仅指脾和胃，也包含了口、食管、大小肠等，它是一个开放的系统。脾胃通过消化食物，吸收营养，并将这些营养物质输送到全身各个部位，这本身就是一种"开放"的过程。同时，脾胃参与水液代谢，通过升清降浊，调节体内水液平衡，这也体现了其功能的广泛性和开放性。虽然脾胃本身位于体内，但它们的功能却与外界环境密切相关。例如，饮食的寒热温凉、酸甜苦辣、食物的种类和质量等都会影响脾胃的运化功能。此外，脾胃还通过经络系统与体表相连，外界的邪气（如风、寒、湿、热等）也可能通过经络侵入脾胃，影响其正常功能。因此，从这个角度看，脾胃系统也具有一定的开放性。

李东垣认为脾胃的疾病不外乎脾虚、湿阻和气滞三个病机，这是为什么呢？因为喜燥恶湿，脾主运化水湿、水谷精微，如果食物或者外邪侵犯导致脾胃虚弱，脾运化水湿的功能就会失常，导致水湿停滞在体内。为什么说气滞也会导致脾胃的疾病呢？其实肝胆的疾病也会影响脾胃，所以李东垣在治疗脾胃病的时候也会用到一些风药、疏肝的药来解决肝气不疏，肝胆犯胃导致的腹胀、嗳气。"邪在胆，逆在胃"。我们临床上用得比较多的香砂六君子汤，就是针对脾虚湿阻气滞的。香砂六君子汤相当于四君子汤加上二陈汤再加上木香和砂仁，其中四君子汤主要是健脾益气，法半夏和陈皮主要是祛痰湿，而砂仁和木香主要是理气，所以这个方子就是针对脾虚、气滞、湿阻这三个病机，非常好。当然，除了香砂六君子汤，还有补中益气汤、滋生健脾丸等都是在这些病机的基础上整理出来的。我们临床上治疗脾虚湿阻气滞的患者，用香砂六君子汤效果是非常好的。

结合苗医的理论，苗医有"三生成"学说，"三生成"学说指能量、物质和结构是构成人体最基本的物质基础。还有"九架"学说，它把人体分成九个组架：脑架、心架、肺架、肝架、肾架、性架、肚架、身架、窍架，窍架就是我们的眼睛，窍窿九窍。其中与脾胃最有关系的就是肝架、肚架和肾架。

刘　奇：肝架、肾架、肚架就是我们的脏腑？

吴晓勇：对！肝架就是肝，肚架就是肚子的意思，肾架就是肾，苗医就是这么认为的。苗医还有"三界"学说，脖子以上就是树界，苗医认为树界是人体的活动中枢，这与西医认为大脑就是人体的中枢是一样的。还有土界和水界，土界就是肚脐到脖子，水界就是肚脐以下。

苗医认为树界需要从土壤里面吸取营养，所以肚界就包含我们的消化道和胃，"胃能纳，百病都好治"，胃能容纳吸收食物的时候，人才能活，而胃不能纳，神仙都难治，与中医"保留一分胃气，就有一分生机"是一样的。肾架其实就是管身体内分泌这一块，而肾架相对于肚架而言，相当于土需要水的滋润，如果土界没有水界的滋润，土壤没有水的滋润，树也就长不起来。苗医就是把人看成一棵树，就像天地人一样，上面是树，下面是土，再下面就是水，水滋养土，土再营养树。如果土出现问题，也就是土界出现问题，人就会出现腹痛腹胀，恶心想吐甚至腹泻的病症，而苗医也会用补土的方法来治疗。苗医治病叫作"整病"，就是整理的"整"，补土在苗医里也叫作"健脾整土法"，就是运用"三生成"学说补充人体能量和物质，改善胃的结构，比如消化性溃疡，肯定有结构上的改变，苗医就是需要修复它。苗医常用的药有土人参、南布正、大血藤、追风藤、党参、黄芪、白术等。这些药物是根据苗族人所讲而用汉语翻译过来的，苗族没有文字，只有语言，是通过口口相传传承下来的。其中很多药物与现在的中药类似，只是叫法不同，也有的药是不一样的。有些药物是苗医和中医通用的，像土人参、茯苓、半夏、黄芪、党参，苗语虽然不是这样讲，但是苗医也会用它们来健脾胃。但像落新妇，也称马桑狗帮、打药，就是苗药，中药里面是没有的。

苗医还有"交环"学说，其核心观点认为人体有两个重要的交环：上交环和下交环。上交环位于咽喉周围，负责食物和气体的摄入，以及上部脏器组织的功能协调；而下交环位于大小肠交接部周围，主要管理食物的消化、营养物质的分配和下部脏器组织的活动。这两个交环共同维持人体的正常生理活动，特别是食物的摄入、加工和吸收，是生命活动的基础。交环学说的基本理念是"以食为天，以和为贵，以乱为病"。这意味着，如果上、下交环不能正常沟通，就会出现各种疾病。因此，治疗上应致力于帮助交环恢复和谐，即"以帮为治"。苗医特别强调对肠胃的保养，以保持交环的和套，从而强调"以保为康"的原则。此外，苗医也运用"三界"学说、"九架"学说等来指导用药。

刘　奇：这些学说是第一次听到。

吴晓勇：苗族没有文字，只有语言，这些学说、理论是我们下乡、走村串寨时整理出来的，像我校的杜江教授、夏景富主任都在走村串寨做这些整理工作。苗医认为任何疾病都是毒和乱引起的，"无毒不成病，无乱不成疾"。毒包括食物摄入，感受外邪。乱就是身体结构的改变，比如说肠上皮化生、消化性溃疡、慢性胃炎，苗医都认为是结构的改变——由外邪外毒，比如饮食，导致消化系统结构的改变，苗医会用通气散血、清热解毒的方法，用祛毒的方法来治疗。苗医有九种祛毒的方法，包括表毒、赶毒、驱毒、散毒等，这些都是苗医的特色外治法。苗医也有一些内服祛毒的药，比如隔山消、吴茱萸，中医认为有小毒的，但是苗族人民把这些药物当成食物。我们用隔山消和吴茱萸做食疗治疗胃痛是非常有效的，像贵州本地的特色菜牛瘪、羊瘪里面就有吴茱萸，并且用的都是鲜药，而不是炮制过的，我们直接当作食物来吃，治疗胃痛效果非常好。这两种药除了补益，还有温中散寒、疏肝理气的作用。所以我们认为补土思想不一定要用补药，只要有效，都可以认为是补土的思想。

刘　奇：能否多讲一些您在临床中的诊疗经验呢？

吴晓勇：比如我们治疗打嗝，打嗝属于上消化道疾病，我们认为它是由于胃肠动力不足引起的。中医或者苗医在治疗胃肠动力疾病方面是很有优势的，比如西医用促进胃肠动力的药如多潘立酮，实际效果不太好。而中医的枳术丸，白术和枳壳，一个健脾胃，一个理气，还有枳术丸合保和丸，具有促进胃动力的作用，临床效果是非常好的。不一定非要用木香顺气丸这些，虽然木香顺气丸也是治疗这种消化胃肠功能不好的药，但是我在临床上运用枳术丸合保和丸治疗打嗝的效果还是非常不错的，其实这种小方合着使用，也体现了中医的合方思想。胃肠道的功能，用苗医的理论来讲就是上交环、下交环，如果这两个交环不和谐，就会产生疾病，因此我们用到了和法，包括小柴胡汤合桂枝汤治疗营卫不和，体现了中医和合的思想，所以临床上运用和法来治疗胃肠动力不足效果也非常好。

我刚才讲的枳术丸、保和丸、小柴胡汤，治疗其他系统疾病也可以用。治疗消化系统疾病可以用到柴胡类方剂，半夏泻心汤、甘草泻心汤等五个泻心汤和七味白术散，其实它们都不是补益的方剂，不是针对补虚，但是它们治疗脾胃疾病效果都非常好，我在临床上经常使用，如泄泻，我用七味白术散加减，临床效果非常不错。

刘　奇：临床上有很多患者有脂溢性脱发，感觉头油、面油，脱发很厉害，又有头痒。这种疾病您有什么诊疗经验？

吴晓勇：如果是脂溢性脱发，苗族有一种专门外用药叫作生发液。苗族善用外治法，尤其是用鲜药，是没有经过炮制的。这个生发液是一个秘方，我们尝试在做，用药物泡酒，然后用梅花针，苗医叫"弩药针"，就是针蘸上药之后，在头上敲，就能起到生发的作用。我们刚才见到的那个方医生，就专门做这个课题的，还是很有效的。我们门诊有很多斑秃的患者，最近脱发的都来用这个生发液，这个方子是不外传的，我们也是从民间收集来的，效果还不错。

刘　奇：临床上很多女性因卵泡质量不佳导致不孕，这个问题您怎么看？

吴晓勇：这个可能和现代人生活工作方式、生活节奏、环境等因素相关。中医在治疗女性不孕症方面有一定的优势，像中国中医科学院针灸研究所房繄恭教授运用针灸促进排卵助孕就很好，我们医院有医生去房教授那里进修回来，现在在做这方面的工作，效果是很好，我觉得可以尝试用督灸联合针刺的方法来促排卵，起到改善卵泡功能的作用。

刘　奇：您在血液病方面有丰富的经验，能不能谈一谈常见血液病的诊疗思路？

吴晓勇：常见病如再生障碍性贫血（简称再障），在血液病里面比较常见，同时也是贫血里面比较难治的一种，我院的付汝霖教授、许玉鸣教授、张义生教授，常用一些补肾调肝化瘀的中药来治疗，效果非常好。为什么要补肾？因为肾为先天之本，肾主髓，髓化精，精化血。我们用的一些补肾药物如淫羊藿、巴戟天和仙茅，现代研究认为淫羊藿有类似雄激素样作用，而雄激素类药物如十一酸睾酮、丙酸睾酮等都有提高骨髓造血功能的作用。所以用大剂量补肾的药物，可以起到雄激素样作用。当然，虽然没有雄激素那么强的效果，但是可以减轻西药的副作用，因为长期服用雄激素会导致女性患者男性化，如长胡须等，而中药却没有这样的副作用。为什么要调肝呢？肝藏血，肝气不疏，就会郁积化火，导致肝火犯胃，脾胃不能正常运化水谷精微，所以要用调肝的方法来解决脾胃功能异常的问题。《金匮要略》说："见肝之病，知肝传脾。"其实就是说肝气不疏，就会横逆犯脾，导致脾脏出现病变，所以要用调肝的药物。肝体阴而用阳，所以用小剂量的柴胡（9~12g），加佛手12g就能起到疏肝理气的作用，因为只有肝条达通畅，疏泄功能正常，脾胃的升降功能才会恢复正常。这就是为什么我们要从先天和后天入手来治疗再障。再障有三系减少的表现，即红细胞、白细胞、血小板数量减少，不管是王孟英还是唐容川，他们都认为出血会导致瘀血，而再障临床常表现为贫血、出血、感染三大症状，所以会出现瘀血，因此在补肾调肝的基础上加入活血化瘀的药物，达到祛瘀活血生新的效果，比如红花、当归、川芎。

刘　奇：活血化瘀的药像鸡血藤、桃仁、红花、当归、川芎，还有虫类药……具体怎么使用，您有没有一个法度？

吴晓勇：我觉得要看出血的情况，出血明显的，不能用破血活血的药物，如土鳖虫、穿山甲、蜈蚣、三棱、莪术等，当归在活血的同时又能生血养血则可以用，即有活血的作用、但没有破血功能的药物可以用。出血明显时，在用活血药时可加凉血止血的药，像牡丹皮、白茅根、白芍、生地黄等。贵州有一味药叫大叶紫珠草，止血效果比较好，可用于尿血、便血、皮肤黏膜出血等。针对不同部位的出血要选用相应的药物，比如便血选用地榆炭，鼻腔出血用血余炭、棕榈炭。有句话叫"血见黑即止"，如果有明显出血的话，就可以选用炭药，如果不明显，如皮肤出血就用凉血止血药。

刘　奇：这种患者一般不用放血疗法？

吴晓勇：再障本来就有出血倾向，肯定不能再放血，血液病中用放血疗法治疗的是真性红细胞增多症（PV），这种病就好像马路上的车多了堵车一样，容易诱发心肌梗死、脑梗死。PV发病隐匿，常因体检或其他疾病就诊时发现，其发病率相对于再障、血小板减少等来说是比较低的。PV的治疗目标是避免初发或复发的血栓形成、控制疾病相关症状、预防骨髓纤维化和/或向急性白血病转化。放血疗法也要结合患者身体情况，对血压、心率等进行综合评估，每2~4天静脉放血400~500ml。常用羟基脲、干扰素治疗，二线治疗可用芦可替尼，治疗过程中注意药物的副作用。

中医治疗PV可以用到刚才说的穿山甲这些活血力量比较强的药物，该病属于骨髓增殖性肿瘤，治疗上可选用一些抗肿瘤中药，甚至可以加用雄黄。我院许玉鸣教授就用雄黄来治血液肿瘤，只是没有做进一步深入的研究，其实现在看雄黄中有三氧化二砷、三硫化二砷，这就是中医以毒攻毒的方法，它有杀伤细胞的作用。我有个患者，从我读研究生到现在，已经20多年了。他因为发生两次脑梗死和心肌梗死，当时接诊医生关注脑梗死、心肌梗死更多一些，没太在意血常规结果，后来他转诊到上海某医院，医生发现他红细胞和血小板增多明显，经骨髓穿刺、基因等检查诊断为真性红细胞增多症，目前在中西医结合治疗中。

刘　奇：从您读研究生到上个月，您一直和他保持联系？

吴晓勇：是的，他定期来门诊复诊。他也不定期去其他医院就诊。由于基础疾病多，高龄，长期需要多种药物维持治疗，经济负担重，未使用靶向药物芦可替尼来治疗，所以他一开始就用羟基脲、干扰素和中药来治疗。但是他最后可能会发展成骨髓纤维化或白血病，骨髓纤维化目前没有特效的治疗方法，这种病我们就可以用破血的药物来治疗。

还有就是血小板疾病，常见的如原发免疫性血小板减少症（ITP）。ITP的病机主要是免疫介导的血小板破坏增多和生成减少，外周血中抗血小板抗体与血小板上的受体结合以后，导致血小板的破坏；生成减少就是骨髓中产生的巨核细胞减少或成熟障碍不能生成血小板。西医治疗首选激素，还有促进血小板生成的药物，如重组人血小板生成素（TPO）、艾曲泊帕等，这些西药也有一定副作用。促进血小板生成和防止血小板破坏是治疗的主要目标。在临床上，现代很多医家都认为该病为脾气亏虚，脾不统血所致，脾气有统摄气血、保持血液在血管里正常运行的功能，脾气亏虚会导致血液溢出脉外而出血，最常见的就是皮肤出血，而血小板破坏最常见的表现也是皮肤出血，所以用健脾摄血的方法来治疗血小板疾病。我做的研究就是关于归脾汤治疗ITP。做动物实验没有很好的方法去观察小鼠的睡眠情况，因此，把归脾汤中的安神药物龙眼肉、酸枣仁、木香去掉，加一点止血的药物如白茅根、茜草等。ITP多数与脾虚有关，脾主四肢肌肉，脾气虚会出现乏力、懒言、肢软。我想研究归脾汤或者健脾补气这类中药，如黄芪、当归、白术、党参、茯苓，能否改善线粒体功能，西医讲ITP与脾虚有什么关系？脾气虚的实质是什么？脾虚为什么就会乏力？线粒体是人体的能量工厂，产生三磷酸腺苷（ATP）。我想从这方面探讨一下归脾汤或健脾益气的中药，如黄芪、当归、白术、党参、茯苓等是否能改善脾虚型ITP患者的线粒体功能——改善人的疲劳状态。血小板减少是生化乏源，用健脾益气的方法补后天之本可以让血小板水平升高，同时改善患者神疲乏力、失眠等症状，归脾汤就可以做到。有一部分患者会因病致郁，血小板减少也会导致抑郁症。我今天就看了一个患者，她上个月吃了药，血小板 $100 \times 10^9/L$ 以上，这次就诊血小板 $70 \times 10^9/L$，问其病史，本次月经10天未干净，且有感冒，感冒和月经可能导致血小板减少反复了，她为此感到非常焦虑，归脾汤就可以改善出血以外的并发症。脾主思，过度思虑会伤脾，所以我用健脾益气汤药来治疗这类患者，通常能改善患者的焦虑状态，效果不错。但还需要进一步探索该方是如何改善焦虑状态，改善疲劳的，这是一个比较好的思路。西医为对抗性治疗，中医是整体思维，不能只治病，还要治人，要辨人、辨病、辨证，也就是说三因制宜。当然，现在的中医医生还是要参考检查结果，并不能说仅仅是三个指头把脉，看舌象、脉象。就血液病而言，不能说出血就一定要止血，不知道发病机制的话，中医西医都没好的办法，所以西医的知识要懂，中医的知识也要会。

刘　奇：还有其他的一些常见病能跟我们讲一下吗？

吴晓勇：现在全世界颈椎病的发病率很高，中国应该有两亿多患者，可能都不止，颈椎病其实是一个科技所带来的疾病，大家现在玩手机、看电脑、驾驶，"低头"正在损害我们的颈椎，这是导致颈椎病最危险的因素。头颅的平均重量约为 4.5~5.5kg，脊柱有四个生理弯曲，颈椎是向前凸起的，但是由于长期的埋头当低头族，导致我们的斜方肌、旋颈肌、胸大肌、胸锁乳突肌两面的力量不平衡，颈椎的生理曲度就变直，甚至反弓，就会出现头晕头痛、眼花、胸痛、颈部僵硬、手臂麻木等。苗医有个马桑狗帮刮痧油，马桑狗帮刮痧油已经申请国家发明专利，用于跌打损伤效果很好。把马桑狗帮研磨成粉，茶油煮沸到 100℃，再冷却到 60℃，把马桑狗帮加进去，但是加进去后颜色不大好看，可以加少许川芎、红花等，川芎、红花具有活血止痛功效，少量红花起到调色的作用，外观上就好看些，主要用的还是马桑狗帮的祛瘀散血止痛功效。苗医还有一味药叫四块瓦，民间有"一身打得垮，离不开四块瓦"的说法，意思就是骨折了，用四块瓦来治疗，民间认为该药有接骨的作用。四块瓦具有祛风除湿、活血止痛的功效。马桑狗帮刮痧油治病是基于苗医的"四大筋脉"理论。中医有十二经脉，苗医与中医不同，苗医认为筋与脉在维持人体生理功能中起重要作用，两者各自独立，又相互联系，合称为筋脉。筋脉有干流与支流之分，干流起主要作用，人体四条筋脉干流是躯干和四肢联系的主要通道，即苗医"四大筋脉"。苗医没有穴位，就是用刮痧油沿着四大经脉刮痧，刮脊柱的正中相当于中医的督脉，不只是刮治颈椎，还刮治肩膀乃至整个上肢。

刘　奇：很多颈椎病患者的手会发麻、有头晕，刮治效果如何？

吴晓勇：神经根型颈椎病会出现手麻的表现，出现头晕一般为颈型颈椎病。马桑狗帮刮痧油刮治疗法具有止痛散瘀祛毒的作用。苗医认为颈椎病多数由寒毒引起，寒主收引，凝滞，其治法为表毒法，通过刮痧使毒从表层皮肤出去，从而达到改善颈椎病症状的作用。

刘　奇：还有顽固性的膝痛，很多老年人有膝痛的情况，这个问题您怎么看？

吴晓勇：这个也可以用马桑狗帮刮痧油来治疗，2012 年，我院苗医痛症研究室用马桑狗帮刮痧油治疗膝骨性关节炎（KOA），进行了多中心的研究，疗效还不错。马桑狗帮刮痧油已获得国家发明专利，也申请了省级、国家自然科学基金相关科研课题，但国家自然科学基金还是比较难中标，还需继续努力。老年 KOA 患者疗效相对于年轻人效果会差一些，可能与老年人钙流失过多、骨质疏松、关节变形等相关。关节变形用外治法是不能改善结构的，苗医讲物质、能量、结构，在结构没有纠正的情况下，刮痧只能短期缓解疼痛，长期效果并不好，就像颈椎病治疗好了以后，如果不注意保养，长期疗效就没有好的保障，会反复发作。颈椎病患者的自我保养很重要。该刮痧油适用于哪些人群，暂时没有进一步的研究，这也是今后努力的一个方向。

刘　奇：麻比痛难治，对于肢体末端麻木，您怎么治？

吴晓勇：中西医结合，营养神经的药物如神经节苷脂，维生素 B_{12}……该用还是要用。中医可以用针灸来刺激经络，神经压迫解决了，麻也就解决了。如苗医的弩药针，是苗医的特色外治法。苗族是一个大山的民族，是一个迁徙的民族，苗族人民经过了历史上五次大迁徙，从中原一带迁到了湖南、湖北、贵州、云南，贵州是我国苗族人数最多的省份。俗话说贵州是"地无三尺平"，说的就是贵州是一个山区，没有平原。山上都是易守难攻，贵州的西江苗寨是中国最大的苗族古村寨，他们的房屋都是建在半山腰上，这就是苗族居住的特点。贵州地处云贵高原，且多山，素称"八山一水一分田"；气候温润宜人，但多变，所谓"一山分四季，十里不同天"；贵州丰富的植物资源，造就了"黔地无闲草，夜郎多灵药"的传奇。苗族人民善用外治法、善用鲜药，信手拈来，就地取材，房前屋后都有药。目前贵州有将近 500 万苗族人，贵州是苗医、苗药传承最好的地方。

刘　奇：请您简要介绍一下贵州中草药及苗药。

吴晓勇：夜郎无闲草，黔地多灵药。贵州素有"天然药物宝库"的美誉，是全国中草药四大主产地之一，根据第四次全国中药资源普查统计，贵州省药用资源品种达 7 837 种，全省 56 个中药材获国家地理标志产品、95 种黔产道地药材、91 种少数民族习用药材遍布黔中大地，成就了以杜仲、灵芝、天麻为代表的"贵州三宝"黔草名片，而米槁、余柑子、金铁锁、黑骨藤、吴茱萸、吉祥草、飞龙掌血、双肾草、艾纳香、天麻为贵州"十大苗药"。其他苗药如落新妇、千里光也是贵州的道地药材，苗族地区有"要想不生疮，离不开千里光"的说法，说的就是千里光主要用来治疗皮肤病、疮疡病，很多皮肤病用千里光熬水外洗即可治愈，当然，其作用机制有待我们进一步去研究。

刘　奇：苗族有没有疗效比较好的内服药呢？

吴晓勇：内服药相对来说少一点，苗族最善用外治法，因为治疗刀伤、枪伤、火药伤多一点。像我刚才讲的脾胃病，李东垣善用补土的药物，但不能认为他只会补土，结合当时年代的话，其实他治外感病的疗效也非常好。苗族善用外治法，内治也有，只是比较少，如吴茱萸、隔山消等药有小毒，苗族用于内服治疗消化系统疾病，取得了较好效果。苗族外治用的药也是有毒的，都是用祛毒、赶毒的方法来治疗。我们总结的外治法要多一些。

刘　奇：治疗口腔或者消化道溃疡您有什么经验？

吴晓勇：溃疡我还没有太多的经验，但是有一个方叫当归贝母苦参汤，用来治疗口腔溃疡效果非常好。这是我老师的经验，他用当归贝母苦参汤来治疗口腔溃疡，在用法上是有讲究的，服药时不要马上吞下去，第一口药必须含在嘴里，含漱 3~5 分钟再吐出来，药物直达病所，然后再服用药物。

刘　奇：岭南很多患者反映苦参很苦，会刺激肠胃，不知道贵州有没有人反映？

吴晓勇：我们这边都没有人反映苦参对消化道有刺激，这可能就是和地域有关系，每个地域的人体质不一样，反应就不一样。因此，要因地制宜，因人制宜，来辨证用药。

刘　奇：我遇到一位患者，半夜起来口苦口干，您会怎么辨证？

吴晓勇：口苦口干得看舌苔，还有整个身体状态，还要参考检查结果，比如有没有血糖的问题，有没有基础疾病？如果舌苔厚腻黄，要具体情况具体分析，可能需要祛湿热，也可能要滋阴清热，直接面诊患者会好一些，要辨人、辨病、辨证结合，才能做到临床合理用药。

刘　奇：您是怎么看待现在百家争鸣的诸多学术流派？

吴晓勇：对于诸多的学术流派，我觉得不管它是什么——补土派、滋阴派、攻下派……只要对患者有效，我们都可以拿来用，这个叫"拿来主义"吧。对患者有益的，我就继承下来用到患者身上，不一定非说我是哪一派，我是没有派的。像王祖雄，我们称他是易水学派的继承者和创新者，但是他也不标榜他是易水学派的，他不但擅长治疗脾胃病，而且在内科其他的杂病上也很有建树，比如失眠、抑郁类疾病、妇科疾病、儿科疾病等，他都可以治，所以他是易水学派吗？不能把他固定地归到易水学派。所以我觉得不管是哪个流派，觉得好的东西拿来用就可以了，像我院妇科的丁丽仙教授，丁氏妇科流派传承人，但是她其实在其他疾病方面也是有建树的，所以说只是擅长治疗，包括王祖雄，他是擅长治疗脾胃病，可能在这方面比其他方面做得多一点，但是他可以借用补土派的思想来解决其他问题，对临床其他疾病也有效。

刘　奇：有一句话叫"气虚为阳虚之渐，阳虚为气虚之极"，您是怎么理解的？

吴晓勇：就我个人的理解来看，元阳是人体的根本，不管治什么病，都要达到"阴平阳秘，精神乃治"。其实最终都是一个和合的思想，平和就是达到一个平衡。西医叫作内环境稳定，中医叫作阴阳平和，不管是阴虚还是阳虚，最后都要达到稳态，达到治愈疾病的状态。

刘　奇：这也是一个认识论导致不同流派产生的原因，比如说有个患者，身倦懒言，舌胖大有齿印，苔薄白，就是气虚，您可能用健脾补气的方法，但是另一类人直接扶阳气，认为是能量不够。您在健脾益气的过程中就运用到了补土派的思想，那另一类人呢，就从扶阳的角度讲，说这种情况要用附子来振奋，同样也会有效果。您对这个问题怎么看？

吴晓勇：我很少用附子和干姜。我主要看血液病，如果用附子、干姜这种温阳药物可能会导致出血。我觉得气就属于阳，气有推动的功能，它就是阳的一面，气虚到极致导致阳虚，所以就用到附子，通过温阳来补气，我是这么理解的。我觉得每个医家只是对此的认识不同而已，只要真有效就可以用，但是我自己不会用这个方法来治疗，我还是要循序渐进，一步一步地来治疗。

刘　奇：还有一个问题，北方的名老中医可能更关注的是脾气脾阳——升的这方面，但是我观察贵州这边的老中医药专家，也会兼顾脾阴、胃阴，您怎么看？

吴晓勇：中医讲三因制宜，因人、因时、因地制宜，每个地方人们的体质不一样，应该从体质和地域角度来辨证用药，所以北方医家更重视有脾气、脾阳。

刘　奇：如果说肾阴和胃阴可能还好鉴别一点，一个在下焦，一个在中焦，但是脾阴和胃阴怎么鉴别？

吴晓勇：虽然说 ITP 与脾有关，但是也没有讲到脾阴。胃阴常有提及，但对于脾阴，我们在理论授课及临床上很少提及，我想今后可以去探讨一下脾阴在临床中的应用。

刘　奇：脾阴有人提出来了，肝阳虚也有人提出来了。有人认为中医应该简化，概念和名词太多，还有人认为教材写得还不够细，脾阴虚、肝阳虚都没有给一个定义。对于中医的概念问题您怎么看？

吴晓勇：我觉得这是中医标准化的问题，中医可以走向标准化，但中医走标准化这条道路是非常困难的。我觉得中医还是应该在标准化这条道路上走下去，要做中医名词术语的标准化。

刘　奇：您刚才提到过面瘫，您能不能讲一下面瘫的治疗？

吴晓勇：周围性面瘫分为急性期、缓解期、后遗症期。急性期针刺治疗，常选用的穴位为患侧的颊车、地仓、阳白、下关、牵正，双侧合谷。对症配穴：鼻唇沟变浅，选迎香；眼睛闭合不全，加攒竹、鱼腰、球后等。对于急性期，每个医家的认识不一样，有的人认为用电针，但是我们做文献 Meta 分析以后，认为电针会加重肌肉痉挛，急性期就不建议用电针，也建议不用深刺行针，最好浅刺，恢复期患者可以用深刺、灸法。急性期为什么不用灸？是因为灸法属于热性，可能加重面神经水肿。当然我们做的只是针刺，因为灸法的方法太多，参差不齐。后遗症期选患侧地仓、颊车、头维、太阳、阳白、颧髎，双侧合谷、足三里，如果后遗症期有联动、倒错，对侧也要治疗。选合谷穴是因为"面口合谷收"。《灵枢·经脉》有云："大肠手阳明之脉……出合谷两骨之间……还出挟口，交人中——左之右，右之左，上挟鼻孔。"当然后期可加用补气的穴位如足三里、三阴交等。一般年轻患者恢复得比较好，随着年龄增大或者有基础疾病，像有高血压、糖尿病的患者恢复得不是特别好，如果没有基础疾病，仅仅是周围性面瘫，用针灸治疗效果特别好。我前面说现在的中医医生也要有西医知识，就面瘫（周围性面瘫）患者而言，多数患者没有明显的病毒感染症状，激素可以减轻神经水肿，但是激素加上抗病毒药物却没有明显改善面瘫，加不加抗病毒的药物效果是一样的，因此，用激素减轻面神经水肿，中医用针灸的方法来治疗面瘫，中药内服可以选用牵正散加减治疗。如果出现耳后疼痛或者耳道有疱疹，病毒感染导致的面瘫称为亨特综合征，需完善病毒相关检查，这时可以加抗病毒药物。

刘　奇：好！今天就到这里，非常感谢您，谢谢！

三因制宜谈补土
——吴正石教授访谈实录

【专家简介】

　　吴正石，男，1940 年生，江苏省昆山市人。主任医师。第二批全国老中医药专家学术经验继承工作指导老师，享受国务院政府特殊津贴专家。"吴氏风科"世医传人，祖上从明代开始行医，其为第 19 代，临证擅治银屑病、紫癜、红斑狼疮、吉兰-巴雷综合征等疑难病，疗效显著。

　　刘　奇：很高兴来到吴正石老师家里进行访谈，吴老师，您对脾胃、土、中焦的认识是怎样的？

　　吴正石：这是老生常谈的问题了。脾是后天之本，只要人生病了，就要兼顾到后天之本，本都不顾，"皮之不存，毛将焉附"，是不是？至于脾怎样运化，和五脏六腑的关系，这就不需要谈了，毕竟这是中医基础。重点一句话——辨证论治，首先要抓住病原，理法方药，最后总的一句话，落实到脾。大家都知道，"见肝之病，知肝传脾，当先实脾"，这是经典，我从医 50 多年，认为脾是临证中最应抓住的根本。

　　刘　奇：您临证看过很多疑难病、怪病，这些也从中土入手吗？

　　吴正石：2017 年我看了一个 14 岁女孩，只有 24 斤，因病致贫，很贫困，她吃不了东西，喝水都吐出来，地区医院、市医院、省医院都没有办法，查病因也查不出。她的家人在公众平台上发起众筹，求助大家捐钱。我没捐钱，我捐技术。后来她就来找我了，结果我就给她治好啦！这个事情还在腾讯网上有一篇专门的报道。我就是从脾入手。她别说吃东西了，就是喝水都吐。什么器质性病变都没有，粗略讲就是小儿厌食症，不能吃东西，那就活不了，她瘦得不得了，吃了半年药，好了！我就把这一家子救了，这个患者就比较典型。

刘　奇：您用的什么方？

吴正石：很简单，我其实把基本方都贡献出来了，在《中国中医药报》上有刊登，用的是《中国当代名医名方录》上记载的小儿厌食方（太子参15g，炒扁豆10g，怀山药15g，法半夏12g，陈皮10g，云茯苓15g，炒薏苡仁15g，炒神曲10g，炒麦芽10g，石斛10g，枳实3g），主要是这个方子加减。

刘　奇：这个方子有点参苓白术散的意思。

吴正石：其实不是参苓白术散，就是张锡纯的薯蓣汤，这才是顾护脾胃的基本方。

刘　奇：就是以这个方子为底，加减变化？

吴正石：对。

刘　奇：水入则吐，不考虑五苓散证？

吴正石：不是。健脾为主。五苓散是降水。现在的年轻医生，有时候考虑问题不全面。这就像下棋一样，只晓得冲，不晓得退，你还将人家，不晓得自己被将死了。看病要全面，前前后后要照顾到才行，照顾来照顾去，一句话——健脾。像治癌症，用西药，病治好了，人也垮掉了，反应太大了嘛！我们中医，就把脾胃、肠胃调理好，那就行了。这样的例子很多，肝癌、肠癌……对提高患者生活质量有帮助，不是说我们中医把癌症治好了，不要夸大。但是对于化疗出现的消化系统乃至全身的不良反应，顾脾这一条就可以解决。

刘　奇：还有您治皮肤病也是一绝，像银屑病就很难治。

吴正石：其实银屑病不难治，我读贵阳中医学院研究生班时，得到了老师的帮助，学习了中医的知识。再结合家传，我祖祖辈辈都是看这个病的。我的父亲吴玉文当年参加国民政府考试院检核，到南京考的，合格了，一直以治疗风湿病、疑难杂症闻名，叫作"吴氏风科"，家族传至我已经19代了，我的家乡在江苏昆山。

刘　奇：这个医术了得，上溯几百年。我听您的弟子梁江老师说您祖祖辈辈都要读《疯门全书》，大家都不重视这本书，以为这本书是治疗癫狂、疯狂病的，其实这是误解。

吴正石：对，风科现在重视的人不多了。我们家祖辈从明朝开始从医。

刘　奇：您几岁开始学医？

吴正石：13岁，那时我跟着我父亲。我行医时治疗一个红斑狼疮患者，在贵州医不好，就到上海的医院找专家，结果跟她讲，最多还能活3个月，因为她的狼疮细胞太典型了。后来她们就找到了我，吃了整整一年的中药，好了！后来她到贵阳中医学院一查，没狼疮细胞了，而且所有免疫指标都正常。就凭着这个治疗方案（自拟"消疮散"），获得了贵州省科学技术进步奖，我又在《云南中医杂志》上写了一篇"中医药治疗系统性红斑狼疮初探"的文章中也记录了该方，你可以查得到。

说起皮肤病，红斑狼疮、银屑病、过敏性紫癜、湿疹、荨麻疹……我可以说都比较拿手。我的父亲1976年过世，他当年在上海行医，各个地区的人都找他看病——安徽、江苏、东北、四川……看皮肤病那是可以的。一句话——落实到脾，脾主四肢嘛！再加上肝气不舒，肝气犯脾，现在这是最普遍的情况。当然，温病，发热那是另一回事，我们只说一般的内科病。

刘　奇：关于湿邪您怎样认识？

吴正石：三个字——腻、阴、凝。腻，沉浊，不流动，黏滞。临庆最常见就是湿邪，比如一吃东西就满头大汗，这怎么治？我就是健脾来治。血脂高的人往往舌苔腻、体型胖，辨证符合湿邪为患。治湿有三法——燥湿、化湿、渗湿。刚才你提到的参苓白术散，就是渗湿法，比较轻灵。这都是健脾的方法。我很少用党参，多用怀山药、白扁豆、黄芪、茯苓、白术，这些药健脾又祛湿。很少用党参，党参吃多了胃口不好，不想吃东西，还有生地黄、熟地黄，用多了对脾胃不好。

补土派的代表人物就是李东垣，他把《黄帝内经》里有关脾胃的条文总结出来。一个医生的学术思想，离不开其社会历史条件，因为以前大家都晓得《伤寒论》，当然中土有太阴、阳明的论述。李东垣生活在动荡的荒年，老百姓没得吃，形成内伤，不管是心、肝、肺、肾，最后都要落实到脾。他创立的脾胃学说，也是在《黄帝内经》《伤寒论》的基础上发展起来的。到现在，讲脾胃，还得疏肝，为什么？现代社会，物质太丰富，营养过剩，营养不均衡，肯定要治脾胃；现在生活节奏太快，所以疏肝理气健脾疗效才会好。我强调，什么流派，什么学派，都离不开当时的历史条件、环境，刚刚你提到的不同地域、环境，用的药都不一样。贵州气候潮湿，湿度大。北方干燥，需要用加湿器，我们这里不用买，因为湿度达到80%以上，湿气重。我很少用党参，人参也少用，因为现在人参的质量差，我用太子参健脾理气、收汗，都有效，也平和。李东垣创立学派也离不开当时的历史环境。

李东垣强调补脾阳，助脾气，从阴阳讲起，他讲阳的一面；叶天士尤其强调要养胃阴。在1960年，就出现了南北学术争论。北方认为有脾阳，无脾阴，南方承认有脾阴，这涉及我们怎样继承前辈经验和创新的问题。清朝后期到民国时期，对于胃阴、津液的认识已经很成熟了，温病学派形成并发展。北方不是，谈到脾胃就是健脾气，补脾阳。所以中医理论是中医的发展瓶颈之一。我从小就受温病学派影响。

刘　奇：您喜欢用哪些道地药材？

吴正石：道地药材，是中医的精华。升降浮沉，四气五味，道地药材离开它的生长环境就讲不通了。比方刚刚说的党参，现在全国都栽培，但不同地区产出的党参有效成分含量不一样。山药，安徽和河南的好，离开了当地土壤、气候，那就没啥疗效。好的干山药，劈开看断面，阳光下那是结晶体，一个个发亮，像玻璃，一般的山药就不会这样。僵蚕，断面有玻璃样的反光，如果里面空的、渣渣的，没疗效。所以道地药材很重要，就像茅台酒，拿到上海去发酵，那就不是茅台，离开了当地土壤、水等气候条件，就变味了。中药也是，比如金银花，山东产的漂亮，毛茸茸，贵州的是山银花，清热解毒力量稍差，或者就是晒干后颜色深、偏红，从个人临证经验来说，金银花是白色的，花的下面是绿色，这类药材的疗效最佳。所以一定要用道地药材，否则影响疗效。一讲药，我就牢骚满腹。现在中药作假太厉害了。黄柏的根都拿来当黄芩用。但是药检是过关的，因为含量测定只要小檗碱含量过关就行了。黄连、黄芩、黄柏、三颗针、两面针，它们全都含这个成分，但是从中医临床用药来讲就不一样了。黄芩，主上焦；黄连，主中焦；黄柏，主下焦。完全不一样。中医的发展瓶颈有两个，一个是中医理论，一个是药材质量。

我们现在用中药，不要用西医观点来总结中药，不能看中药中各个成分的含量，不对头！很多中成药效果不理想，就是不符合辨证论治。从患者入院到出院，西医可能都是用头孢唑肟钠。中医不同，可能开始用桑菊饮、银翘散，说不定最后就用补中益气汤了。如果胃口不好，还可能用参苓白术散呢。中医一定要有自己的理论支撑，不能以现代的药理成分研究用药。比如荨麻疹，我喜欢用防风通圣散，未必用全，这方健脾除湿，如果不健脾除湿荨麻疹好不了。现在用西医的观点解中医，金银花、连翘、黄芩是消炎的，我当考官的话就给零分！再比如说当归，现在哪里还分当归头、当归身、当归尾？我治皮肤病，一般都用当归尾。按西医观点，成分不是一样吗？但从中医角度讲，功效是有差别的。所以会出现一些观点——人参根的皂苷含量还没有人参叶高，这就是用西医来解释中医。不看人参根、叶、茎，只看人参皂苷含量。人参也好，三七也好，都是五加科的，只要人参皂苷含量达到标准就行了，这不对头。中医讲这几样药是完全不同的——人参大补元气；三七补血、止血、活血、养血，还行一点气。现在误导信息太多，说法太多。

比如百部，体外实验杀结核菌很有效，但是结合中医理论，结核患者是不能服用百部的，因为伤脾胃。百部是杀虫药，中医治肺结核要健脾。

刘　奇：养脾阴吗？

吴正石：补脾土，培土生金。结核菌是条件性致病菌，不是所有人碰到都发病，而是抵抗力不行了，才会发病。把抵抗力提高起来，结核菌就不会致病了。而不是根据实验研究，百部的有效成分可以杀结核菌，就用百部。所以脾胃的重要性就在这里。治疗肺结核，我们不用连翘、金银花、百部、黄芩……相反，培土生金，止咳安神就行了。如果晚上虚汗，加太子参、白薇、秦艽、鳖甲。大家都学中医理论，但是理论怎样指导临床实践，思想上不能掺杂其他的。阴阳五行是学说，是看问题的方法论，我们不要离开，不要想消炎、水电解质平衡……那就麻烦了。

治疗浮肿，不是只用利尿方法。要健脾，自然而然水肿就消了。尤其是神经性水肿，嘴肿起来了，西医认为这是过敏，没有好方法，中医就很简单，用参苓白术散，加一点点苦杏仁，马上就好了。要从健脾角度去考虑。

刘　奇：很多患者吃了白薇会呕，您有没有遇到过？

吴正石：首先白薇要用到正品，这是贵州出产的，又叫"婆婆针线包"，很多须须，要少量，量不要大，用时合用怀山药、白扁豆、太子参、竹茹。我还没遇到吃白薇出现呕吐的患者。

还有胃溃疡、胃痛，我们不用止痛药、消炎药，就健脾，很多年轻医生，一看到"炎"，就用连翘、金银花、黄芩、黄连……这不对头，伤了脾阳更糟了。

刘　奇：您有无经验，在辨证论治基础上，针对症状加某些药？

吴正石：哪些症状？

刘　奇：反酸？

吴正石：加海螵蛸。

刘　奇：您有很多这种经验，但不会根据化验指标用药，比如说尿蛋白？

吴正石：一般以症状为主，中医说症状，一般谈不到什么尿蛋白。

刘　奇：很多人咽喉有问题，总是有痰堵感。

吴正石：你说的这条还可以探讨，大家说慢性咽炎，不对头！中医叫梅核气，要用治脾胃的方法，不要用连翘、金银花、牛蒡子、蝉蜕、射干……完全不对。要用乌梅丸，六经辨证辨不到就辨厥阴病。就用乌梅丸加减——加怀山药、白扁豆、厚朴，用参苓白术散的意思。这是一个情志病，思虑过度伤脾，脾不运，上逆下降，要用竹茹，患者咽喉就舒服了。有痰，我最喜欢用僵蚕，我很喜欢用虫类药，动物药是血肉有情之物，用起来特别灵。

刘　奇：还有鼻水倒流，从咽后壁倒流，这也是乌梅丸证？

吴正石：对呀。

刘　奇：不是半夏厚朴汤证？

吴正石：也用，要看情况。如果苔腻，用半夏厚朴汤、二陈汤。这是最基本的！基本处方要掌握，基础理论要扎实。为什么会有痰？脾不运了，有苔就用二陈汤，没苔就用参苓白术散加减，一般参苓白术散的"参"，我用太子参代替。

刘　奇：用太子参吗？

吴正石：用。而且很好用的。我不主张用党参，党参滋腻，虽然补气，但是运化能力不够，一定要加茯苓。我还是主治医师时，有一个肾衰患者，上级医生考我们处方，我开独参汤，那个老中医——贵州省名中医，张旬，贵州省人民医院中医科主任，当时90岁了，他说："小伙子加点茯苓。"我说："我晓得，茯苓12g。""太少了，"他说，"20g。"我想12g、20g没多大区别，其实不对，我们学生不谦虚，人家老人家确实厉害。当然人参要用好人参，加20g茯苓，就不腻了。对于急性肾衰的患者，人参、茯苓，都有利尿作用，茯苓健脾渗湿。所以你搞这个课题我很赞成，后天之本抓住了，起码疗效比人家强得多。把生命线支撑住了，有什么邪再去祛邪，有什么虚再补虚，先把生命根本支撑住。

刘　奇：皮肤病，比如特应性皮炎，皮肤会有不同表现，干燥、苔藓样改变、干裂，还有偏油的、中性的……您对皮损辨证有无心得？

吴正石：皮肤病一定要看皮损，我们学医的都要会。皮肤干燥、滋腻还是出水？不管哪样，我都喜欢用银翘散加减，皮肤干燥，加生地黄、何首乌，用滋阴药；有渗水，加猪苓、野菊花、紫花地丁、蒲公英；皮损高出皮肤要与不高出皮肤区别，高出皮肤用茯苓皮。脾主四肢。高出皮肤，多余水分要利出去，不能用车前子、木通，要用茯苓皮。

刘　奇：车前子是不是利得太过？

吴正石：对，像五皮饮都可以用。

刘　奇：很多红斑狼疮患者都是用激素的。

吴正石：我都叫停掉。

刘　奇：不怕反弹吗？

吴正石：反弹是纸老虎。我们在反弹时用中医辨证，比如发热，就退热——青蒿、鳖甲、地骨皮、牡丹皮……如果解决不了，就用白虎汤。看实热还是虚热。虚热就用青蒿鳖甲汤；实热，要看是经证还是腑证，经证用白虎汤，腑证可以用导赤散。反弹无非就是发热，还有疼痛！疼，你就治到他不疼！最后有了胃口，那就好办了。肠胃反应，呕吐得厉害，加竹茹，至少15g，鲜竹茹最好。

医生不下药房，不叫医生。西医也是，好的专家都要到药房去，西药已经发展好几代了，从氢化可的松到地塞米松，现在比它疗效好的还有，如果再开氢化可的松，说明水平太低了，副作用大嘛！好中医一定要进药房，你动了好多脑筋，结果药是假的，也没效。比如生石膏要先煎，现在用熟石膏根本退不了热，因为生石膏是结晶体，熟石膏晶体已经被破坏了。这个很重要。珍珠母、石决明一定要用生的，现在都拿来煅，好称量，加工也容易。龙骨、龙齿，煅的和生的功效不一样，煅的收敛作用强。中药的规范炮制非常重要。

刘　奇：对于痛风，隐白穴位置的红肿热痛，您有什么辨证经验？

吴正石：不要因为红肿热痛就用一派凉药，要不得。用乌鸡白凤丸治疗痛风，很有道理。大家都晓得乌鸡白凤丸是调经药，但是理论就是养血活血！偷懒一点，不管男性女性，就吃乌鸡白凤丸，都可以好的。痛风患者，除了吃含嘌呤多的食物外，大多都晚睡。所以按照中医观点，补脾、安神、养血、活血、凉血就行了。你看乌鸡白凤丸的功效完全符合。一方治多病，一病有多方。

有一个感冒患者，血虚，脉细微，我用银翘散加当归，他问："我是男性，为什么用当归？"他血虚，养血可以平衡嘛！同样一个外科患者，动辄汗出，特别严重，我在银翘散基本方里加黄芪、白术、太子参。胃口不好，我还要加怀山药、白扁豆。这才叫辨证论治。治疗咳嗽的蛇胆川贝液，你们那里用得很好，拿到我们贵州，简直是犯错误。蛇胆，是凉药，川贝母，止慢性咳嗽有效，为补虚药。我们这里的咳嗽，都是受风寒，痰湿引起的，只要九味羌活汤就行。用蛇胆川贝液，就犯了"虚虚实实"之戒了。同样，罗汉果，在广东很有效，如果拿到云贵高原，错得不能再错了。因为罗汉果性味对于贵州人来说太过寒凉，我们这里发热、咽痛大多是受风寒为主，若是风热引起的上述症状，则用牛蒡子。

现在的年轻医生，总讲辨证论治，但是辨证辨不好，施治更谈不上。理法方药四字完全脱开了，理搞不清楚，看什么病嘛！《脾胃论》在北方，施今墨、蒲辅周都喜欢用，他们注重脾气、脾阳，到了南方，胃阴不够，津液不够，所以用的药不一样，我们用知母、枸杞子、莲子肉、薏苡仁……北方用的参苓白术散加附片、细辛、桂枝……完全不一样。

说到流派，我是将家传医术与所学中西医理论结合。哪个流派都要学，就像打拳一样，太极拳很好，但是打架不行，太极拳高手跟人家搏斗——不行。为什么？太极拳也好，少林拳也好，南拳北腿，都有长处和短处，打架要把各家的长处都用上。短兵器要用短兵器对付，长兵器要用长兵器对付，总不能老一套啊！看病也是，各派要学，伤寒也好，脾胃也好，温病也好，汗吐下也好，都要用，要看情形，但是用错就要不得。阳明经证要用白虎汤，阳明腑证一定要通便。还得养阴，你再发汗就错了。现在很多人看外感病用麻黄汤，现在不同于仲景时代——没吃没穿，现在都是吃多了，穿多了，尤其是小娃娃，都伤食了，就不能用麻黄汤、桂枝汤了。反过来，到西藏、青海，可以用麻黄汤、桂枝汤，因为那里气候条件可以发汗，那里人体质强壮。广州这边的患者，本来就在出汗了，再用麻黄汤就虚脱。

对于流派，哪个派都有它的长处，不要说我是哪个派——非要发汗、非要催吐、非要攻下……都偏激了。基本理论搞清楚了之后，明朝、清朝、民国这三个时期的医书要看，离我们相对较近，再往前，就跟我们历史条件不太符合了。我们看这些医案一定要考虑作者是在什么历史条件、环境下写的。举个例子，1960年，人们有一碗饭、葡萄糖就行了，很多急救只要推葡萄糖就活了。那时候水肿，只要推葡萄糖、吃点淀粉就行，几天肿就消了。如果放到现在，脚肿再吃葡萄糖，那就错了嘛！可能是糖尿病并发症。不管治疗哪个系统的疾病，抓住健脾肯定没错。《脾胃论》强调脾阳，现在的社会，还要疏肝健脾，补脾阴、胃阴，现在"三高"普遍，我们要从育阴潜阳这方面考虑，但还是离不开脾胃。辨证论治说起来容易，但是怎样辨证，怎样施治？没那么容易。现在年轻人比我们学习方便多了，阅读文献多，手机、电脑很方便，将来你们要胜过我们才行。

刘　奇：专药专用非常重要，如果瘙痒您用什么？

吴正石：地肤子、白鲜皮、僵蚕、丝瓜络。僵蚕12~15g，我用得特别广。丝瓜络含有葫芦素，葫芦素抗过敏，这里是从当今的药理学研究的角度入手，所以说现代的文献要看。比如失眠，大家常用合欢皮、酸枣仁、首乌藤、制远志、茯神……我常用两味药——蝉蜕和钩藤，这是一张古方。小娃娃晚上睡得不好，哭闹——蝉蜕15g，钩藤12g。包括刚生下来几天的，都可以用，效果好得不得了。蝉蜕里面有褪黑素，可以使晚上好睡，白天不睡。

刘　奇：不光小孩子，成人也可以用吧？

吴正石：对啊！效果好得很！讲睡眠，很多药大家都懂，我就不讲了，我还喜欢用两样药——连翘，神曲。为什么？焦神曲，脾胃主药，用 20~30g；连翘，使病邪由内发到外。睡眠差，卫气营血不行，用连翘 12g 调和。说了半天，还是没跳出脾胃范围。

刘　奇：那失眠是不是可以把这四个药全用上去，然后再辨证。

吴正石：对。气血虚加人参、黄芪；肝肾阴虚加枸杞子。如果拉肚子就不要用枸杞子，否则会伤到脾胃。我们中医不要只看到药的作用，还要看它的副作用、毒性。

刘　奇：好的，感谢吴教授！

浅析补土法在皮肤病治疗中的运用
——席建元教授访谈实录

【专家简介】

席建元，男，1972 年生，湖南省衡阳市人。主任医师，教授，博士研究生导师，博士后合作导师。湖南中医药大学第一附属医院皮肤科主任，中医外科主任，医院首届青年名医。学贯中西，融会贯通，擅长中西医结合治疗各种皮肤病，尤其是银屑病、白癜风、天疱疮、脱发、痤疮、湿疹、荨麻疹等疾病，在临证处方时，尤其贯彻中土思想、重视调理脾胃。

刘　奇：我们今天非常荣幸采访到湖南中医药大学第一附属医院皮肤科主任——席建元教授，席老师您好。

席建元：您好。

刘　奇：那我们就直奔主题吧，席老师，您是怎么运用中土思想指导临床的?

席建元：中土思想，众所周知，是李东垣创建了脾胃学说，经过很多年的发展，薛己等著名医家进一步丰富了脾胃理论。这个理论确实有很多益处，皮肤科临床应用非常广泛。"脾胃为后天之本"，皮肤病的发生发展，多与脾胃有关，因此我处方时都增加一些调理脾胃的药物。

比如治疗毛囊炎、疔、疖、痈等，需采用黄芩、黄连、金银花、连翘这些清热解毒药物，因这些药物"苦寒伤胃"，故考虑增加茯苓、怀山药等健脾药物；常见慢性皮肤病，如慢性荨麻疹等，"久病伤脾"，因此处方时需适当兼顾脾胃功能；"母病及子"，脾胃功能的盛衰，可以影响到肺，可引起一些肺部疾病；有一些肺部疾病可引起变态反应，而变态反应，多与脾胃有关系，因此可考虑从脾胃方面着手诊治；还有一些脾胃病可以影响到肝脏，引起肝相关的病变，引发皮肤病，比如疣类疾病；"脾胃为气血生化之源"，如溃疡等久治不愈的皮肤病，我们可以通过补益气血，来达到治疗目的。

另外，有一部分皮肤病的病因病机与脾胃有关，如湿疹。因为脾运化水液，如脾功能失常，水液转运失常，聚而成湿，而湿性重浊、黏滞，故湿疹患者，病情容易反复发作、久治不愈。因此治疗时注重祛湿，湿分为外湿和内湿，内湿主要是通过健脾胃而达到祛湿的目的，使用药物如苍术、薏苡仁、怀山药、茯苓和白扁豆；如外湿明显，就可采用黄芩、黄连、黄柏等清热利湿药物，或苦参、地肤子、苍术等燥湿药物。

刘　奇：像黄芩、黄连、黄柏、苦参这些燥湿的药，您用量一般多少？

席建元：因为上述药物性味苦寒，故用量不宜大，一般黄连用 3~5g，黄芩、黄柏一般用 10g；并酌加顾护脾胃的药，如怀山药、薏苡仁等。

刘　奇：苦参这味药很多患者服用后会呕，会恶心，这种情况您有没有碰到过？

席建元：苦参燥湿效佳，但经常出现上述副作用，故临床应用苦参时，一般适当地配用偏温性的当归，还可适当加些温胃的药，比如砂仁，可降低其副作用。临床上，如苦参与黄连合用，部分患者可出现上吐下泻，故苦参一般量不宜太大，一般用 5~10g。

刘　奇：您说的湿疹是有渗出的情况，还有一种情况是患者的皮肤特别干燥，您是怎么看待它的病机的？

席建元：湿疹的中医病机自始至终均有湿，因此部分患者皮肤虽然看起来很干燥，但还是要祛湿；处方时虽可用到当归、黄精、怀山药、生地黄等滋阴药物，需注意不能太滋腻，因为滋腻的药物有碍祛湿。

刘　奇：很多小孩子得了湿疹，喝药又不方便，您怎么处理？

席建元：治疗小儿皮肤病，尤重脾胃，为什么呢？小孩的脾胃娇嫩，功能尚未健全，运化功能较弱，容易发生脾胃失调，故可考虑以健脾胃为主，如使用怀山药、薏苡仁、茯苓、白术、苍术等药物。另外，小儿得了湿疹，如果喝药不方便，可采用清热解毒、祛湿止痒的中药外洗，如金银花、野菊花、黄连、黄芩、黄柏、苦参、白鲜皮、地肤子等。或中成药除湿止痒软膏外用等。

刘　奇：小孩子可能大便又很干。

席建元：像这种情况，可以适当加些养阴的药。可以加重生地黄的分量，少一些祛湿的药，再加一些清心火的药物如连翘、灯心草之类，应该是比较好的。也可加一些健脾开胃的药物，如麦芽、鸡内金、布渣叶等。

刘　奇：有很多中药都可以止痒，关于这方面的药物您是怎么用的？

席建元：止痒的中药可以结合现代的药理研究，再根据中医辨证，灵活选用。祛风止痒的药物比较多，如苏叶、荆芥、防风等；清热燥湿的药物，如黄芩、黄连、地肤子等；还有祛湿止痒的白鲜皮等。我们止痒有一味非常好用的药——徐长卿。它既祛风止痛，又祛风止痒，在骨伤科和皮肤科应用非常广泛。之前听我老师国医大师禤国维教授讲过，徐长卿30g可引起患者嗜睡。这个药祛风止痒效果挺好，再加些凉血止痒的药物，如牡丹皮，现代研究发现其含丹皮酚，也有人制成了丹皮酚软膏，有抗过敏、抗变态反应、凉血止痒的作用。还有鱼腥草，也有止痒、抗过敏作用，之前我有一个患者，得了荨麻疹一直未好，后来用鱼腥草洗澡，洗了两三个月之后好了。

刘　奇：鱼腥草您用干的还是鲜的？

席建元：医院里面是用干的，但是用新鲜的效果会更好。

刘　奇：鱼腥草您用多少克？

席建元：临床上外洗一般用30~60g，内服一般15g左右。它有鱼腥味。

临床上止痒药物较多，对于慢性的湿疹，可以加入一些虫类药。虫类药止痒效果比较好，常用蝉蜕、僵蚕、乌梢蛇、蜈蚣、全蝎等，在早期患者比较敏感的时候，我们一般不用虫类药止痒，避免引起过敏反应。病情稳定之后，像顽固性湿疹，在后期可以加些虫类药。名医赵炳南的全虫方非常有名，对于顽固性湿疹、结节性痒疹用其他方法治疗效果不好的时候可以用，效果较好。方中以全蝎为主药，一般用到5g；苦参燥湿止痒；皂角祛风止痒；槐花有通下的作用，通二便达到止痒的目的；白鲜皮有清热、祛风止痒的作用。

刘　奇：我记得方子里有猪牙皂角，医院里是没有的。

席建元：我们用皂角刺，没有的药物就去掉。

席建元：我下面讲一下银屑病。银屑病是皮肤科难治性疾病，老百姓也称之为牛皮癣，这是一个免疫介导的慢性炎症复发性、系统性疾病。现代医学认为它是一种系统性疾病，一些代谢性疾病，如高血压、高脂血症、肥胖病等都与之相关。它与T淋巴细胞的免疫有关，因为T淋巴细胞有记忆功能，只要患者体质差，休息不好，劳累，这种病就会复发，这就是银屑病难治的原因。我们医院因此特开设银屑病专科门诊，治疗上兼顾脾胃功能。因为银屑病患者，绝大部分皮肤都很干燥，需适当加用养阴药物。在临床上可以用怀山药，怀山药是健脾胃的药，平补肺、脾、肾兼养阴，因银屑病久病之后伤阴，伤胃，很多患者长期吃寒凉之品如水牛角、生地黄、赤芍、紫草、牡丹皮等药物，脾胃功能变差，故在治疗上一定要兼顾到脾胃。可用些养胃的药物如茯苓、怀山药、砂仁之类的药，效果就不一样。

　　刘　奇：您有没有用活血的方法？

　　席建元：银屑病早期基本病机还是血热，宜以凉血为主，尽量不用活血药，到了后期，病情稳定后可适当加些活血的药。

　　刘　奇：还有一种观点，就是银屑病患者不出汗，就让他发汗，您怎么看待这种说法？

　　席建元：这也是有效的。因为很多银屑病患者平时不出汗。为什么很多患者冬天病情会加重呢？因为冬天患者的皮肤血管收缩，不容易出汗。通过发汗解表治疗可有一定效果，即开通玄府。故临床治疗银屑病时，也可加些发汗药，如防风、荆芥。对一些难治性皮肤病，尤其是早期、急性期，红斑、瘙痒比较明显，我们适当加些发汗解表的药，可达到治疗的效果。

　　刘　奇：请您再谈谈痤疮。

　　席建元：痤疮是常见皮肤病，最早的我看到的有 8 岁就发病的，一直长到 15~16 岁都有，现代生活条件好了，早熟了。文献报道则连婴幼儿得痤疮的都有，这跟激素分泌水平有关系。痤疮分很多种，一般来讲我们把 18 岁之前发病的叫青春前期痤疮，18~25 岁的叫青春期痤疮，25 岁之后叫青春后期痤疮。痤疮发病的原因有很多，最主要就是与饮食，与脾胃功能相关，常食肥甘厚腻之品，造成脾胃湿热，导致脸上长痘痘。故治疗上也加一些祛湿、祛油的药物，如茵陈、山楂、泽泻等，有的发病还与肝肾不足有关。还有就是从肺热论治，使用清肺热的药物如黄芩、桑白皮等。痤疮，中医也称肺风粉刺，从古至今相关的治疗也比较多，从肺论治，有一个有名的方就是《医宗金鉴》中的枇杷清肺饮，一直用到现在也还在用。综上所述，痤疮与肺、脾、肾有关。痤疮与内分泌又有不可分割的关系，治疗以调理为主，故从脾胃论治有效。《中国痤疮治疗指南（2019）》把治疗周期定为 2 个月，后期也需维持治疗，特别是要注意饮食方面，尤其要少食甜腻油炸之品，因为吃这些脾胃容易生湿热，影响脾胃运化功能。

　　刘　奇：痤疮的部位，您怎么看？

席建元：发病部位与脏腑是有一定关系的，比如下颌长痤疮，与肾有关系；面部，左颊属肝，右颊属肺，前额也属肺，鼻部属于脾胃，比如说鼻子旁边长痤疮，就与脾胃相关，故用清热燥湿、健脾胃的药也是有效果的。面部的痤疮，主要与油脂分泌相关，故到后期还是以除湿祛脂为主。

刘　奇：荨麻疹经过治疗，可明显好转，但很难痊愈。

席建元：荨麻疹确实是难治性皮肤病，尤其是慢性荨麻疹，在临床上发病率也比较高。据统计，全国有 1/4 的人在一生中发生过 1 次荨麻疹。慢性荨麻疹到后期的治疗还是以健脾益气为主，可以使用玉屏风散加减治疗，效果比较好。一般来讲，慢性荨麻疹往往晚上发病较多，故我们还可以适当加一些养阴药物。如应用玉屏风散以益气固表，加五味子、乌梅、地骨皮等药物。玉屏风散可以益气固表，药理上也有调节免疫功能的作用。有些荨麻疹容易复发，需注意避免接触过敏原，如花草多的地方尽量不要去。另外，加强锻炼，增强体质，调理好脾胃功能，有些荨麻疹也自然好转。

刘　奇：有一种胆碱能性荨麻疹，平时还好，一运动就发作，这种您怎么治疗？

席建元：这种荨麻疹我在探索之中，在用药过程中，我适当加一些健脾的药物，还是有效的。现在针对顽固性胆碱能性荨麻疹，我喜欢用麻黄和牡蛎，加珍珠母、龙骨、磁石等镇静潜阳的药，临床上也颇有收效。此类型的患者治疗时间可能比较长，需要 2~3 个月。我治疗过一个这样的患者，治了两三个月，嘱咐患者加强锻炼，增强体质，调理好脾胃功能，后逐渐痊愈，未再复发。这种病还是很痛苦，患者自诉一动则痒，建议患者逐渐增加运动量，然后同时予以中药口服，慢慢就好转了。

刘　奇：您刚提到麻黄和牡蛎的运用，麻黄您用多少？牡蛎用多少？

席建元：麻黄一般用 5g，煅牡蛎用 30g，一升一降可以发散顽固性的风寒之邪。这也是禤老师的观点。

刘　奇：每个人发疹的颜色和形态都不一样，您会不会从这方面考虑？

席建元：如果是红色，一般认为是风热相关，如果是白色，可能从风寒辨证，具体寒热用药也是有区别的。

刘　奇：您能谈一下对其他皮肤病的看法吗？

席建元：皮肤病病种很多，比如免疫性皮肤病，多从脾胃方面着手；天疱疮、红斑狼疮，可采取健脾胃、清心火方法。中国已经进入老龄化社会，像天疱疮、类天疱疮这类皮肤病越来越多。而且老年人脾胃功能比较差，所以我们在临床上治天疱疮多用苍术、白术、薏苡仁等健脾燥湿中药，加上清心火的药，如连翘、竹叶、灯心草等，既能健脾祛湿，又有清心除烦的功效。对于大疱性类天疱疮亦有疗效，只是起效较慢，需长期坚持治疗。有一位天疱疮的患者，拒绝口服激素，特找我诊治，间断服用3~4年中药，后痊愈，就是以健脾和胃为主。中医对于免疫系统的疾病还是很有疗效，对于红斑型天疱疮、落叶型天疱疮、类天疱疮等，如果不是很严重，要尽量减少激素的使用，采用中药慢慢调理。这一类患者我们还是从后天着手，再补益先天，补益先天之本，又兼顾后天脾胃生化之源，病自愈矣。

刘　奇：脂溢性脱发，您怎么治？

席建元：中医认为脂溢性脱发与湿有着密切的关系，治疗上以健脾祛湿为主，临床中常用羌活、木瓜，再加上茵陈、薏苡仁、茯苓、泽泻等药物，湿去，油脂自然得以控制，还可加黄芩等清热燥湿的药，效果亦佳。另外，可以适当配伍一些补血养血的药，如当归、白芍等，亦可加一些补肾之品，如何首乌、菟丝子、黄精等中药。中医治疗脂溢性脱发还是有优势的。还可配合中药外洗，我们医院有个自制药祛湿生发洗液，药物主要有侧柏叶、皂荚、苦参、何首乌、黄精、透骨草、白花蛇舌草等，祛湿生发效果更好。脂溢性脱发患者也要注意饮食方面，少食肥甘厚腻之品，生活要有规律，避免熬夜等不良生活习惯。

刘　奇：那今天就到这里。感谢席老师。

临证土为贵，法古不泥古
——夏苏英教授访谈实录

【专家简介】

夏苏英，女，1964年生，湖南省益阳市人。主任医师，中南大学及湖南中医药大学临床医学硕士研究生导师。长沙市名中医，南华大学附属长沙中心医院中医专家。擅长诊治消化、呼吸、代谢、骨关节等各科慢性疾病及疑难杂症。

刘　奇：夏老师您好，您在治湿这方面有没有什么独到的见解？

夏苏英：您好。我在治疗湿方面有些体会。在综合性医院里中医治疗的病种比较广泛，包括心、肝、脾、肺、肾等各个系统的疾病。

首先，治疗脑血管疾病。经过对脑梗死的临床研究，发现急性脑梗死和脑梗死恢复期患者，在临床各期均存在湿气。受现代饮食、环境、精神、情绪等各方面因素的影响，急性脑梗死患者大多数在发病前已有脾胃虚弱、湿气阻滞，常常因情绪、劳累、受寒、外伤等因素的影响而诱发。发病后出现气机阻滞，瘀血阻络，湿气内生，久郁生痰以致痰瘀互结，难以痊愈。所以早期治疗常常会用到苍术、石菖蒲、羌活等化湿气的药物。而在脑梗死恢复期，就更应该顾护脾胃。常用健脾化湿、燥湿的药物，如白术、苍术、茯苓等。当然在治疗脑梗死时，还要根据患者的具体情况比如有无肝肾不足、肝阳上亢、脾胃虚弱、气血亏虚等辨证施治。临床上一般在治疗中风后遗症时我常用补阳还五汤，但较少使用原方。原因就在于现代患者的体质发生了较多的变化。健脾化湿、温运脾阳，几乎贯穿于整个治疗过程中。

刘　奇：您刚刚说用补阳还五汤治疗脑血管疾病需要加减，那您黄芪用多少克呢？

夏苏英：黄芪用量比较小。有时不用黄芪。而常用党参或者太子参。我在临床上发现黄芪与湿气有一定的关系，黄芪吃得多湿气比较重。多吃黄芪容易腹胀，舌苔厚腻，少数患者失眠。改用太子参比较好，补气不留邪，也符合"少火生气"。

刘　奇：您用虫类药吗？

夏苏英：虫类药用得比较少。这跟价格也有关系。只有在经络确实难通的情况下才会辅助用点虫类药。脑梗死急性期会用到地龙，中后期偶尔用蜈蚣，但后遗症期较少用虫类药。即使治疗皮肌炎、类风湿性关节炎等疾病，我也较少用虫类药，但效果还是不错。2016年治疗过一个皮肌炎患者，她经济条件不好，治疗已花光了所有积蓄。初诊时她整个人就像一根"冰棒"，面无表情，全身僵硬，关节完全不能活动，骨瘦如柴，病情很重，完全失去生活自理能力。我给她调理了3个月以后，让她停掉所有激素、免疫抑制剂及其他药物，只用中药治疗。没有用虫类药。给她调理脾胃，祛除寒湿，通经活络，用的是非常普通的中药。但同样获得了好的疗效。经过一年的治疗，有了明显改善，已能做些家务，能照顾自己了。又调理了半年，到了2018年6月，她的笑容已经比较自然了，已经可以独自完成工作了。这时她给我送了一面锦旗。这个案例没有用过一点虫类药。而她之前在别处治疗用过很多虫类药，一剂药很贵，但无疗效。我给她用药花钱不多，就跟治疗普通的疾病一样，所以她非常感动。中医对疾病的认识，是从本质来认识的。补土派这个流派很好，是从根本上去改善人的身体功能。当然调理脾胃要重视阳气的扶持。

刘　奇：调理脾胃您会用到寒凉的药吗？

夏苏英：调理脾胃要重视阳气的扶持。但调理脾胃也不是完全不用寒凉药。当体内瘀滞情况非常严重，湿热积聚，适当用一点寒凉药也可以。而且常常寒温并用，有泻心汤之意，但寒凉药用量更少。要多考虑脾胃运化能力。所以我用黄连时剂量很小。只有当湿气太重，阻碍气机，用此稍微清肃一下，中病即止。

其次，治疗冠心病。说到冠心病的治疗，临床上我惯用活血化瘀药，也常用降香、檀香等芳香化浊之品。这在急性期会收到较好的疗效，但慢性期还是要多考虑患者的根本病机。2019年我诊治过一位冠心病患者，女性，心力衰竭，已经有六七年了，每年住院七八次，心功能越来越差，脸色紫黯，动则气喘，完全丧失生活能力。根据临床表现，辨证为气滞血瘀，但治疗时不能大量用桃仁、红花等活血药，而要根据患者气血虚滞的情况酌情使用。我从调理脾胃开始，用附子理中汤加化湿气、温阳气药物，用少许益母草活血利水。病情渐渐得以改善。经过半年的治疗，患者已无水肿，可以生活自理，还能为家人做饭了。临床所见冠心病患者大多使用西药治疗，长期使用阿司匹林、氯吡格雷、阿托伐他汀等，部分配合活血化瘀的中成药。对这些患者仔细辨证，均有脾胃虚弱，肺、脾、肾的阳气虚，水湿内停，气滞血瘀等。还有一个冠心病患者，吃过一段时间的中药。他说他只要吃中药就会上火，甚至连一块小小的姜都不能吃，所以他有点害怕吃中药了。他给我看了他以前吃过的中药方子，大多数为活血化瘀的中药，一旦上火就会吃泻心汤7~10天。根据他的情况，我给他温补脾阳，适当配些芳香化湿之品，脾胃运化，气机通畅，自然病情得到缓解。

再次，治疗慢性阻塞性肺疾病。慢性阻塞性肺疾病也是临床常见病。有一个70岁的患者，每年住院10次左右。2018年我去会诊了一次之后，他就坚持中医治疗。现在他的肺功能得到了明显改善。这两年仅住院一次。慢性阻塞性肺疾病，肺脾肾虚为本，痰湿瘀为标。治疗中总是以健脾化湿，化痰通络为主。慢阻肺患者在急性期常常有恶寒发热、咳嗽痰多等症状，依然要考虑患者体质虚弱，虚不受补的根本病机。慎重使用清热化痰药，而且苦寒之品需中病即止。有一个30多岁的女性患者，自觉全身乏力，形体消瘦，免疫力低下，容易感冒，感冒后会出现咳嗽、咳痰。每次出现这些症状就去输液，使用抗生素。没有抽烟喝酒的不良嗜好。但询问后得知她常年住在地下室，有近10年，室内比较潮湿，每到春夏之交墙壁上都会长上霉菌。她来医院做了体检，做了肺部CT等没有发现问题。我发现她吸气时出现比较明显的三凹征，于是叫她做了肺功能检查，发现是慢性阻塞性肺疾病。患者常年住在地下室，又经常感冒，寒湿侵袭，阳气内耗。于是我给她开方以发散风寒，温化寒湿，温补阳气，调理脾胃为主。吃药1个月以后，患者感觉痰多容易咳出，呼吸较前好转。当祛除寒湿以后，再以调理肺脾之气，温补阳气为主。患者的肺功能渐渐康复。大多数慢性阻塞性肺疾病患者，肺脾肾虚弱，不耐攻伐。但也不宜过早使用收敛肺气之品，以免闭门留寇。湿气在慢性阻塞性肺疾病中起了很重要的作用。寒湿内侵，聚湿成痰，郁久阻络，湿痰瘀阻，脉络不通，形成慢性阻塞性肺疾病，即肺胀。对于慢性阻塞性肺疾病患者，调理脾胃很重要，健脾化湿，化痰通络。注重培土生金是使慢阻肺康复的重要治疗方法。

最后，治疗多汗症。有一个患者有风湿性关节炎，颈动脉斑块，冠心病，一直服用美托洛尔。但他的手脚发乌、发凉，每天出汗，哪怕是咳嗽一声，喝口冷水他都会出汗，但是天气炎热，到户外运动，却没有汗。患者年轻时喜食寒凉，特别喜欢吃清火的草药凉茶。患者体内寒湿积聚，经络不通。针三阴交疏通经络，再予以芳香化湿、温通经络、调理脾胃的中药治疗。这就是说不能见汗就收。还有一个老干科的患者也是这样，一直汗多，也是通过调理脾胃，补养气血而收汗的。这个患者87岁了，有冠心病，动一下都会出汗，晚上汗多，被子也是湿的。这个患者长期住院，每天都会输液。观察患者舌苔厚白腻。采用温补脾肾、健脾化湿的中药，不用收敛止汗之品，寒湿化，自然汗止。

刘　奇：慢性胃炎是不是都从调理脾胃开始？

夏苏英：慢性胃炎包括慢性浅表性胃炎、糜烂性胃炎和萎缩性胃炎，部分有肠上皮化生。在不同的阶段，临床辨证是不一样的。大多数早期为肝气郁结、饮食不节导致肝胃不和或者饮食积滞。临床则以疏肝和胃、化食消滞为主。糜烂性胃炎则脾胃虚弱，寒湿比较重，经络不通，部分也伴有肝气郁结。现在患者大多会检测幽门螺杆菌，大多数糜烂性胃炎和胃溃疡患者幽门螺杆菌检测呈阳性，大部分患者会吃几个疗程的抗生素。在中医调理时要考虑这些因素。所以不宜多用清热化湿甚至清热燥湿之品，比如黄连、蒲公英等要慎重使用。而萎缩性胃炎的病机更是脾肾亏损，要从调理脾胃开始。即使有湿气也不宜用太大剂量化湿燥湿之品，"当以温药和之"。

刘　奇：当出现了肠上皮化生，舌苔浊黄厚腻，这种情况怎样处理呢？

夏苏英：有一个胃溃疡患者长期吃奥美拉唑，8 年前他每天吃 1 片可以确保胃不痛，几个月以后他就必须吃 2 片。后来渐渐增加，从吃 2 片到 3 片，后来每天吃 8 片，甚至有时候他一次要吃 6 片，但他依然感到胃酸多，尤其夜间无法入睡。8 年前胃镜检查为慢性糜烂性胃炎，两年前为胃溃疡，现在检测为慢性胃炎、胃溃疡和肠上皮化生。患者变得焦虑、失眠、乏力。性格也变了，几乎和家人难以相处。他来我门诊时，见他面色黯黑，舌苔黄浊厚腻。跟他交流有些困难。他很难听进去别人给他的建议。在这之前他吃抗焦虑的药，吃氟哌噻吨美利曲辛片已经有 5 年了。我跟他家人反复强调要有点耐心。配合中药治疗，慢慢减掉胃酸分泌抑制药。给予健脾燥湿，芳香化湿之品，加点山楂，以酸制酸。为什么要加点山楂呢？正常情况下，由于有胃酸的存在，胃内的 pH 值可达 3 左右，肠道的 pH 值为 7.4 左右。胃需要胃酸来帮忙消化。如果吃了胃酸分泌抑制药，身体势必通过反馈调节，促进胃酸的分泌。在早期阶段，通过抑制胃酸分泌减少胃酸对胃壁的侵蚀，可以促进溃疡的愈合。时间一长身体会通过反馈调节机制促进胃酸的分泌。于是胃酸分泌抑制药就越吃越多。再经过长时间的抑制，胃壁细胞就会处于疲劳状态。于是胃酸分泌就会减少。一旦发生肠上皮化生，就说明胃内的内环境已经遭到严重的破坏。这时候需要慢慢调理脾胃，促进脾胃功能的恢复。胃酸分泌多时加点山楂可以抑制胃酸的分泌，而胃酸少时加点山楂可以促进消化，改善胃的消化功能。一旦发生肠上皮化生就要以调理脾胃为主，辅之以调肝肾。即使湿气很重，也要慎用清热燥湿之品，以免伤脾胃。经过内环境的调理，大多数肠上皮化生还是可以恢复正常的。上面这个病友经过调理脾胃，燥湿化浊，他用的胃酸分泌抑制药渐渐减少，经过半年时间调理，减少到每天只吃 1 片，又经过 3 个月完全停掉了。经过一年半间断地调理，现在他的胃功能基本恢复正常。已能正常工作。

刘　奇：您在糖尿病的中医治疗方面有什么心得？

夏苏英：糖尿病相当于中医的消渴病。中医对消渴的认识历史悠久，认为消渴是阴虚燥热为盛，肺胃肾虚，日久导致阴阳两虚。根据阴虚燥热的部位不同分为上消、中消和下消。现阶段由于检查手段的改进，且患者每年都会进行体检，大量的糖尿病患者会在早期被发现。这些患者大多因为饮食过量，喜食甜食油脂，缺少运动，精神情绪过于紧张，或者有家族遗传史。这些糖尿病患者只有少部分有"三多一少"的表现。大多数表现为肥胖，血脂高，部分有尿酸高等。这些患者多数为 2 型糖尿病，他们的胰岛功能下降，舌苔多厚白腻，是一派脾虚湿盛的表现。胃主受纳，脾主运化。实际上脾的运化功能包含内分泌的功能，也包含了胰腺的功能。临床所见糖尿病患者多为脾肾阳虚，阴精不化。或有郁热，或伴肝郁。由于脾肾阳虚，水湿不化，聚湿成痰，痰郁日久，阻滞脉络，痰瘀互结，所以在治疗糖尿病时，除了调理脾肾，还需要化痰通络。这样才能调理好糖尿病，减少糖尿病并发症的产生。

刘　奇：您在诊治糖尿病患者时需要参考胰岛素释放试验结果吗？

夏苏英：初次发现的患者都需要做胰岛素释放试验，以了解胰岛功能。现阶段糖尿病患者单纯用中药治疗的很少，只有少部分患者才会配合中药治疗。这些吃中药的患者也基本上在同时看西医。所以这些患者都会定期做胰岛素释放试验以了解病情。配合中药治疗的患者可以减少并发症，如果有并发症也可以减轻症状。

刘　奇：糖尿病周围神经病变，腿感觉热、麻、烫、痛，单纯调理脾胃效果如何？

夏苏英：糖尿病出现周围神经病变，腿部感觉热、麻、烫、痛等，其实质是糖尿病后期的并发症。也就是说当患者脾胃虚弱，寒湿阻滞，日久痰瘀阻络。患者腿部感觉到的热，大多为瘀热，是血液循环瘀滞以后所产生的热，所以不宜使用清热解毒之品，而应该以活血化瘀疏通经络的方法。而麻、痛则是经络瘀阻、气滞血瘀所致。糖尿病后期出现腿部热、麻、烫、痛的根本病机依然是脾胃虚弱，痰瘀阻络，所以治疗不能只用活血化瘀之品，也依然需要调养脾胃，活血化瘀，标本兼治。在常用调理脾胃之品的基础上，加丹参、红花、桃仁、鸡血藤、大血藤、益母草等。

刘　奇：糖尿病胃轻瘫，辨证是《金匮要略》里的大半夏汤证，方中有白蜜，可以用来治疗糖尿病吗？

夏苏英：我们知道，白蜜俗称土蜂蜜，营养丰富，含有黄酮类化合物以及多种糖类、蛋白质、矿物质等。蜂蜜中单糖较多，可以直接经肠道吸收而利用。传统一直认为糖尿病患者可以放心使用白蜜。但现在这种土蜂蜜比较少。而且蜂蜜中葡萄糖含量还是比较高的。糖尿病患者因需要控制糖类的摄入量，所以食用白蜜依然需要慎重。大半夏汤是古代治疗胃反病的专方。首见于《金匮要略》，药仅三味，"半夏（洗完用）二升，人参三两，白蜜一升，上三味，以水一斗二升，和蜜扬之二百四十遍，煮药取升半。温服一升，余分再服"。"胃反"是古代病名，以"朝食暮吐，暮食朝吐，宿谷不化"为特征，大半夏汤中用半夏，半夏是止呕要药，人参补气液，在张仲景时代多用于大汗大吐大下之后体液不足者。半夏止呕，其性又燥，所以加白蜜以润燥。药虽三味，组方严密。糖尿病胃轻瘫，胃肠功能低下出现胃反病，亦可用之，但在用蜜方面还是要考虑患者的糖代谢情况，如果血糖稳定适量用之也未尝不可。但依然要小心谨慎。

允执厥中，惟精惟一
——谢春光教授访谈实录

【专家简介】

谢春光，男，1964 年生，四川省中江县人。二级专家，教授，博士研究生导师，博士后合作导师。岐黄学者，四川省名中医，天府名医，享受国务院政府特殊津贴专家。国家中医药传承创新团队带头人，国家中医临床研究（糖尿病）基地负责人，国家临床重点专科及国家中医药管理局中医内分泌重点专科带头人，国家中医药管理局中医内分泌重点学科及高水平中医药重点学科（中医内分泌病学）带头人。主要从事中医药防治内分泌代谢疾病的临床与基础研究，擅长糖尿病及其慢性并发症、甲状腺疾病、高脂血症、痛风、代谢综合征、肥胖病、骨质疏松症等内分泌代谢疾病的中医药治疗。

刘　奇：很高兴今天来到成都，有幸采访谢春光教授。谢老师，您好，您能否谈一下您对于土、脾胃、中焦的认识？

谢春光：好的。土是五行之一，"土爱稼穑"，有生化、承载、受纳等作用，是万物生长之源，故有"土为万物之母"之说；对应人体，土之性质和作用与脾胃相似，脾胃运化水谷、转输精微，又喜燥恶湿，是人体气血津液化生、脏腑百骸康健的基础，如《素问·玉机真脏论》言："脾为孤脏，中央土以灌四傍。"中焦通常与脾胃、肝胆相关联，有消化饮食、化生精微的作用，如《灵枢·营卫生会》言："中焦如沤。"总的来说，土、脾胃、中焦三者存在包含关系，土的概念范围最大，涵盖自然界所有相关联的事物和现象，脾胃则是土之自然界作用在人体内部的具象体现，中焦则主要表现为脾胃的运化和转输功能，但未体现后者统血、上升、喜燥恶湿、主肌肉等功能与特性，范围最小。

刘　奇：湿邪与中土的关系如何？

谢春光：湿邪和中土的关系非常密切，中土脾胃受湿邪而困，主要包括外感和内伤两个方面。首先，中土脾胃应时令长夏，外感湿邪通常发生在长夏季节或者潮湿的环境，湿性重浊、黏腻、趋下，易损脾阳，阻滞气机，常表现出重、闷、呆、濡、腻等特点，湿邪流注于肌肉关节、阻滞气机，导致肢体困重；阻滞中焦或其他部位、脏腑气机，则出现脘腹痞闷、胸闷等；呆是湿邪阻碍脾胃运化功能，出现纳呆、恶心欲吐等；濡是指濡脉；腻则是舌苔厚腻。其次，由于先天不足、情志失调、饮食不节等原因，脾失健运，水湿内生，在上述病理现象基础上，还可出现泄泻、水肿、痰饮等表现，如《素问·六元正纪大论》言："湿胜则濡泄，甚则水闭胕肿。"最后，外感和内伤可相互为患，互相引动，加重湿邪致病，这一现象在南方地区十分突出，特别是在四川，多数患者由于内外合邪，脾胃功能每况愈下，湿邪阻滞的各种病理表现均可出现。

刘　奇：您认为补土派，包括古代和近现代，有哪些代表医家？

谢春光：古往今来，历代医家十分重视中焦脾土的作用，常常用补土法来治疗很多疾病。我们熟悉的古代医家，比较早的就是《伤寒杂病论》和《金匮要略》的作者张仲景，他奠定了中医辨证论治的基础，其著作论述了多条补土法治疗疾病的条文，如薯蓣丸益气健脾、祛风除湿，治疗虚劳不足、气血两虚、外兼风邪诸症。另外，"金元四大家"中李东垣是补土派的代表人物，其学术思想有三个方面：第一，认为百病皆由脾胃衰而生，治疗上注重补益脾气；第二，脾胃功能减弱，除了内生湿邪，还会诱导气滞、阴火、血瘀等内生病邪产生，且湿邪日久化热出现湿热，或夹寒出现寒湿，在厘清本质后，仍可采取调和脾胃法；第三，脾胃为后天之本，气血生化之源，通过调和饮食来恢复脾气、促进脾胃功能恢复，使气血生化充足，匡扶正气，祛除病邪，从而治愈很多疾病。重要的是，李东垣培补脾土之际，还注重气机和清泻阴火，代表方剂有补中益气汤，临床上内伤发热，取其甘温除热来清泻阴火十分常见，只要辨证准确，疗效颇佳。近代补土医家也很多，如北京中医药大学的董建华、成都中医药大学的张光华，还有我的导师张发荣老师，临床诊治消化系统疾病、糖尿病等，常用调补脾胃方法，或有新的发挥，如补中益气汤基础上加上祛邪中药，攻补兼施，效果亦佳。

刘　奇：现在学术流派方兴未艾，全国都在开展相关工作，包括四川，有四川文氏皮外科流派，由艾儒棣老师负责，您怎么看待中医诸多学术流派的学术思想？

谢春光：这是个好事，中医学术流派应该各有特点。比如金元时期学术活跃，"金元四大家"的学术思想、辨证方法、治疗特点各有千秋，形成了不同流派，这极大促进了中医药学术发展，只是此前大家对流派的挖掘和整理不够，限制了中医学术流派的继承与发扬，所以现在要格外重视各学术流派的深度挖掘和系统整理，包括学术脉络、学术思想、临床辨证用药特色等。另外，单一学术流派思想有一定局限性，完成流派传承后，还应相互交流、融合，共同发展，推陈出新，这对临床疗效提高也大有裨益。

刘　奇：在临床上，您诊治糖尿病是非常有心得体会，比如您观察到伏邪对大血管病变的影响比较大，请您讲一讲您的思路，包括创制参芪复方（人参、黄芪、山药、山茱萸、生地黄、天花粉、丹参、制大黄）的思路。

谢春光：糖尿病大血管病变，是糖尿病最主要的并发症之一，也是导致 2 型糖尿病患者致死、致残的重要原因，行业内非常重视糖尿病大血管病变的防治，我们团队通过查阅文献和开展大量临床研究等长时间的探索，透过纷繁复杂的临床表象来提炼本病的根本病机。我们发现，尽管糖尿病大血管病变致病因素繁多，但内在病理基础是机体发病关键，即脾胃功能失常导致的气阴两虚，在气阴两虚基础上，产生痰、瘀、火等病邪，此三种病邪随着病情进展逐渐增多、累积，恰如大血管病变过程中逐渐加重的、由量变产生质变的致病因子。从中医视角，我们对大血管病变进展进行了全程分析，认为这些致病因子首先潜伏于体内，量少且不显性，随着病情进展，致病因子逐渐增多，由量变产生质变，隐性变成显性，这恰合中医伏邪的致病特点。

针对糖尿病大血管病变的病机特点，基本治法就是调补脾肾、益气养阴，故研制了参芪复方。方中人参、黄芪大补益气为君；生地黄、山茱萸、山药、天花粉滋阴填精为臣，君臣相配，养阴益气，直折病根；丹参、制大黄化瘀行滞为佐，发挥祛除糖脂毒邪积脉、缓解脉络持续损伤、恢复脉络，以通为用的功效。诸药配伍，气血双调，标本兼顾，虚实统筹。另外，针对不同病邪和不同疾病阶段，开发了参芪序贯阶段疗法，即在益气养阴的基础上，根据临床表现和客观指标以及火、痰、瘀等病邪发展的程度来指导清热、活血、化痰药物的配伍和具体剂量的加减，这些理论均有临床和实验研究证明，效果非常不错。

刘　奇：现在有人研究，很多中药有降糖的作用，像鬼箭羽、黄芪、黄连等，就是说，在辨证的基础上，再加上这些有现代药理研究结果的中药，不知道您对这个观点怎么看？

谢春光：临床通过降糖防治糖尿病主要有两种思路：第一种是纯粹按照辨证论治诊治，辨何种证就用相对应的方，如糖尿病常用的三消辨证，根据口渴"三多一少"情况分为阴虚热盛之上消用消渴方、多食易饥或腹泻之中消用玉女煎和七味白术散、尿多之下消用金匮肾气丸或六味地黄丸，而对于 2 型糖尿病患者，"三多一少"症状不明显或主次不清晰者，可用气血阴阳联合辨证的方法，大概有气阴两虚、阴虚热盛、肾虚血瘀等证，均有相应的治法和方药，我们认为传统中医比较容易掌握，临床效果和降糖效果都不错。第二种是在辨证论治的基础上加相应中药，主要用在血糖比较高的情况，如果加药能直折病机、符合中医组方原理，是可以选择的。现代研究发现，具有降糖作用的中药可能有上百种，选择面宽，且单味中药降糖强度不一样，因此，药物选择方面还需多加查阅文献，熟悉单药的性味功效，有目的地加减中药来帮助降糖和改善症状。

刘　奇：现在有一种说法，就是把黄连的剂量加上去，降糖就快，甚至说酮症可以不上西药，可以用纯中药，您怎么看这个问题？

谢春光：对于这个问题，我认为：古代医家如朱丹溪也用大剂量黄连，这是有据可查的，目前临床上也有医家黄连用量达30g、60g，甚至120g，亦平常可见。我平常也用黄连，但剂量偏小，常用9g、12g、15g，甚至更少，一般不超过15g。首先，我觉得辨证恰当的时候，大剂量黄连肯定能起作用；其次，黄连是个苦寒药，若剂量太大，病患可能出现较多不良反应，如恶心呕吐、腹泻或大便干结等消化道症状，所以我在大剂量、长时间使用黄连时，通常会反佐一些温热药，诸如干姜、肉桂之类，缓解不良反应；最后，黄连价格比较贵，患者接受度较低。现代研究认为，黄连的主要成分是小檗碱，肠道吸收很少，需要大剂量的黄连才能使血药浓度达到治疗效果，然而，最近有观点认为，小剂量黄连可以通过改善肠道微生态来降糖，且多项研究报道小檗碱改善胰岛素抵抗，有效治疗多种内分泌疾病，如多囊卵巢综合征、肥胖病。总之，黄连就像二甲双胍一样，是内分泌代谢性疾病的常用中药，怎么把药用好，大剂量好还是小剂量好都各有见解，只要能有效改善患者症状、减轻疾病负担就行。

刘　奇：有一种说法，说糖尿病不可怕，可怕的是它的并发症，糖尿病有各种各样的并发症，您对这些并发症也是有研究的，那咱们就先说糖尿病肾病，因为肾病一旦出现尿蛋白，治疗起来就很麻烦，您在这方面有什么心得？

谢春光：糖尿病肾病分为五期，糖尿病肾病早期主要是肾小球滤过率增高，尿微量白蛋白等指标可能有变化，其他表现与糖尿病没有明显区别，可按照糖尿病分期处理。进展到三、四期的时候，会出现尿蛋白，我们团队有一个糖尿病肾病防治小组，治疗糖尿病肾病很有经验，并且也可以和培补脾土联系起来，诚如上述，脾是运化水湿的关键脏器，肾主司二便，培补脾土以治肾病也是中医经典理论的体现，如《景岳全书·肿胀》曰："盖水为至阴，其本在肾；水化于气，故其标在肺；水惟畏土，故其制在脾；今肺虚则气不化津而化水，脾虚则土不制水而反克，肾虚则水无所主而妄行，故传之于脾而肌肉浮肿。"常用方有六味地黄丸、金匮肾气丸以及苓桂术甘汤，均蕴含培补脾土来治肾的理念。另外，尿蛋白治疗策略有：第一，使用黄芪和山药药对，可以防止尿中精微物质渗漏，临床上，与糖尿病肾病相关的蛋白尿、糖尿和乳糜尿，该药对疗效卓越，体现的也是通过调补脾胃、健脾益气以祛除湿邪的思想；第二，使用酸收药物，如五味子、金樱子、五倍子、石榴皮等，亦有降低尿蛋白和治疗夜尿频多作用；第三，大多数大量蛋白尿患者伴有肾阳虚表现，如出汗怕冷、夜尿多，甚至阳痿，可使用温阳的药物温肾助阳。

刘　奇：那您用附子一般用多少？

谢春光：附子一般用10~20g，最多用30g。通常在糖尿病肾病、甲状腺功能减退以及糖尿病周围神经病局部寒痛中使用附子，取其温阳之力。

刘　奇：刚才您提到糖尿病周围神经病变，我也查了文献，您用通络糖泰方（黄芪、水蛭、当归、玄参、川牛膝、地骨皮、赤芍、蚕沙、冰片、白芥子），能谈一下这个方子的组方思路吗？

谢春光：一个并发症可能有五六个证型，而出现频率最高的，可能是一个单纯的证，或有兼证，糖尿病肾病、糖尿病周围神经病变亦如此。通过临床研究发现，临床常见的有气阴两虚兼瘀，或者阴虚热盛、肝肾不足兼瘀，或者湿热兼瘀等证型，都有瘀证，并且我认为糖尿病周围神经病变最常见的证型是气虚血瘀证，这刚好与古代经典名方补阳还五汤、桃红四物汤等对证，当然，这些名方的临床疗效显著。另外，针对糖尿病周围神经病变最突出的临床表现——麻木、疼痛，在补阳还五汤基础上，加活血、通络、止痛的中药，形成通络糖泰方，可以很好解决这些临床难点。

刘　奇：遇到偏寒的症状可能大家都是用温通的方法，但还是有很多偏热的症状，比如口苦口干、大便干，两条腿发热、发烫、疼痛，您会着重加一些通的药物吗？

谢春光：不仅是加通的药物，一些热痛偏重者，还应加清热药物，不过关键是要明确清实热还是清虚热，清实热用泻火的黄连，清虚热可以用地骨皮、银柴胡等，解热效果很好。

刘　奇：您也用地骨皮？这个药怎么用，有什么指征？

谢春光：重点看患者有无虚热表现，一旦有虚热表现，如手脚心热、下午或者夜间出现虚热、汗多、舌红少津、脉细数，可加用地骨皮。此外，糖尿病患者虚热也很常见，如果有这些特征，也加用地骨皮。

刘　奇：地骨皮您用多少量？

谢春光：20~30g。

刘　奇：冰片您是什么时候用？用冰片镇痛吗？

谢春光：冰片可以镇痛，见到麻木、疼痛，我都会加冰片。

刘　奇：糖尿病有很多并发症，其中一个是胃轻瘫，这个您怎么看？

谢春光：胃轻瘫中医辨病属于胃痞，证型有虚、实两类。实证中肝气犯胃、气滞较多，多用行气方药，如四逆散、柴胡疏肝散等；若为饮食积滞所致，可用保和丸；若胃热偏盛，出现胀气、反酸，可用左金丸、半夏泻心汤加减。虚证责之脾胃虚弱，通过补养脾胃以调摄。

刘　奇：糖尿病视网膜病变呢？

谢春光：糖尿病视网膜病变以气阴两虚居多，通常采用益气养阴、调补肝肾方法来治疗，若有出血，加止血药物，如果没有出血，不管在增殖期还是非增殖期，都可加用一些活血化瘀的中药。

刘　奇：糖尿病患者来找您看的时候，可能胰岛素注射量已经很大了，可能还吃着几种降糖药，那您用中医治疗的时候怎样协调中药和西药的关系？

谢春光：一般情况下，患者可能胰岛素注射和多种口服降糖药联合使用，若血糖控制不佳，不应立即减少西药用量，反而应维持该用法用量，在此基础上，再收集四诊资料，辨证论治，通过中西药联合用药，达到协同降糖目的。当血糖下降且控制良好时，可以适当减少西药。

刘　奇：初诊患者，您会做很详细的评估吗？比如 OGTT（口服葡萄糖耐量试验）、C 肽检测等。

谢春光：会的。医院门诊专门开设糖尿病疾病注册评估室，采集患者信息、登记资料、开展专科检查和评估患者病情，根据评估结果分到不同的病区，除了内分泌科，还有心内科、肾内科、眼科、神经内科、血管外科等专科参与诊治，相当于病情评估后的分诊以及后续的多学科会诊。

刘　奇：还有很多患者会有瘙痒，而且有瘙痒的患者大多有失眠，可能他是痒得确实睡不着，但也不排除他确实就是睡眠不好，这种情况您会怎么分析？

谢春光：瘙痒是糖尿病患者常见临床症状，可能由血糖控制不佳引起，瘙痒常见的辨证分型是湿热浸淫和血虚生风，临床表现各有特点，前者是瘙痒加上湿热的表现，后者会伴有皮肤干燥、头晕、心悸、脉细弱、舌淡等。治疗方面，风热用银翘散，湿热用消风散，血虚用四物汤加祛风止痒药。失眠可以由瘙痒引起，也可受痛、麻等感觉影响，临床上，瘙痒伴失眠可协同治疗，在前面三个方的基础上，加安神助眠药，如酸枣仁、首乌藤等，或者加重镇安神药物，除内服外，中医外洗治疗瘙痒效果颇佳，瘙痒症状减轻不影响睡眠时，治疗上就不必侧重安神。

刘　奇：外洗的药物，您一般让患者煎煮几次？

谢春光：煎煮三次，一般可以用一天。糖尿病周围神经病变、糖尿病瘙痒、甲状腺功能减退患者可以出现四肢麻木、肢冷、水肿、肌肉疼痛等表现，内服结合中药外洗是常用策略。我们查阅文献并结合已开展的临床研究，外洗方案常有两种：一是口服中药煎煮完毕后的药渣再加水煎煮，过滤后外洗，尚有一定药物浓度，所以效果比单纯中药内服好；二是使用医院制剂——糖尿病足外洗配方。

刘　奇：刚才您讲到止痒，我就想到苦参，其实苦参燥湿效果是非常好的，但是岭南人脾胃比较虚弱，而且苦参很难喝，很多患者喝了之后，他就想呕了，您用消风散，或者用苦参时是怎么处理的？

谢春光：苦参是糖尿病治疗中使用比较多的中药，主要针对湿热证。研究表明，苦参中提取的苦参碱或皂苷能降血糖，可配伍苍术，发挥降糖止痒的作用。临床上，苦参应用指征有两种：一是胃肠道反应不明显的，可以使用，注意用法用量即可；二是反应强烈的，出现恶心呕吐等，可通过改变服药时间，如饭前服用反应明显者改到饭后服用，或者加用和胃止呕药来避免。

刘　奇：刚才您还提到了甲状腺疾病，比如治疗甲状腺功能亢进（简称甲亢），你是按照西医常规用药的基础上，再用中药，还是完全用中药？

谢春光：轻微甲亢，代谢状况良好，具体来说，促甲状腺激素（TSH）稍低，3,5,3′-三碘甲腺原氨酸（T_3）、甲状腺素（T_4）、游离 3,5,3′-三碘甲腺原氨酸（FT_3）、游离甲状腺素（FT_4）稍高，抗体正常或者稍高者，单纯中药是有效的。如若为严重甲亢，单用中药则效果不佳且延误病情，通常在西药治疗基础上加用中药，可以达到以下效果：一是可以有效改善多食易饥、出汗、发热、心悸、失眠、手抖等症状；二是抗甲亢药物对肝功能、造血功能的损害较大，加用保肝中药，可以缓解西药副作用；三是甲亢患者常规西药治疗一年半到两年后，可能会复发，坚持服用滋阴益气的中药，不仅可以减少疾病复发率，还可以缓解甲亢并发症，如甲状腺肿大、浸润性突眼，还能控制病情进展。总的来说，中医药治疗甲状腺疾病有突出的优势。

刘　奇：加味逍遥散是您治疗甲亢的基本方。您当时就是把茯苓去掉了，这是基于什么考虑？

谢春光：这个没有什么特别的考虑。甲亢治疗有两个基础方：高代谢的时候用丹栀逍遥散，因为甲亢前期火热证明显；后期热盛伤阴甚则阴阳两虚是其基本病机，治疗上应滋养肝肾，用杞菊地黄丸加减。

刘　奇：在临床中，有一种很特殊的甲亢，就是淡漠型甲亢，这种甲亢，它就是甲状腺功能减退（简称甲减）的表现。如果还是按照西医甲亢的规范来治疗，中医的治疗应该怎样改变？

谢春光：甲亢有火热证、阴虚证或气阴两虚证，需要收集四诊资料辨证施治。刘奇：西医如果确诊，还是按照甲亢治疗？

谢春光：对。

刘　奇：刚才说了甲亢和甲减，那能不能就做一个对应，只要是甲减，那就是按照阳气不足或者是中气不足来论？

谢春光：甲减表现出来就是气血阴阳不足，不单纯是阳虚，通常用左、右归丸治疗，特别是右归丸，可在其基础上随证加益气、滋阴、补血之品。另外，对于甲状腺功能减退性黏液性水肿，应加大利水药用量；若全身酸痛，加羌活等祛湿止痛药；若寒痛明显，加附子、桂枝等温阳止痛药。

刘　奇：关于调中土，您常用的方药有哪些？

谢春光：调中土的方剂常用补中益气汤和归脾汤，用于治疗内分泌疾病、糖尿病周围神经病变和甲减等；若腹泻严重者，常用六君子汤、参苓白术散、藿香正气散、理中汤等。

刘　奇：您在临床上用这些药用的是常用量，比如 10g、15g，有没有超量用药的？

谢春光：超量用药也有，比如黄芪，需要它发挥调中土功效的话，需要用量很大，但是在糖尿病治疗中，一般用 25~30g 即可；另外，针对症状突出的，如水肿，泽泻、车前子可用到 20~30g；其他因高血压、脑血管问题出现头痛、头晕症状的，川芎用量至少用25~30g。

刘　奇：您在临床中有没有一些特别的经验，比如说用到某个方，或者某个药？

谢春光：有的。比如大黄，很多医者只关注大黄通下功效，而忽视了它的作用广泛，利用它的活血、降浊功效，临床上对糖尿病肾病、高脂血症、糖尿病便秘等有很好疗效。

然而大黄用法十分考究，要达到效果又要避免出现剧烈腹泻，需要注意几个方面：一是药材选择，生大黄致泻作用强，大便秘结时可用生大黄，剂量大一点无妨，若需要缓泻，就用制大黄；二是剂量，生大黄 3g 起服，制大黄 5g 起服，服用后观察大便次数，以每天不超过 5 次为宜；三是煎煮时间，大黄的主要致泻成分是蒽醌，可被高温破坏，若要发挥较强致泻作用，须后下，煎煮时间宜短，若要缓泻，先下，煎煮时间宜长。此外，对于缓解大便干结症状，减药需要慢，突然停药可能会导致症状反复。

刘　奇：以糖尿病或者心血管病等为例，西医治疗糖尿病常规给予阿司匹林抗凝血，中药常规也会益气活血化瘀，西药的活血作用和中药的活血作用叠加，会不会使这个作用更强？您怎么看？

谢春光：针对糖尿病心血管并发症，中药联合西药活血，会增强整体活血效果，但是中药不仅仅是单纯的活血，它还能达到气血双调、阴阳并重、虚实统筹、标本兼顾等效果，部分临床研究表明了中药活血化瘀对大血管和微血管的保护作用，但研究周期较短，而阿司匹林心血管获益效果证据已经不突出，未来还需高质量循证研究表明中医药在这些疾病中的长期效益。

刘　奇：那今天就到这里。谢谢您。

谢春光：好的，谢谢你。

调肝理脾，术绍新安
——国医大师徐经世访谈实录

【专家简介】

　　徐经世，男，1933 年生，安徽省巢湖市人。国医大师，中国中医科学院首届学部委员，中医药传承博士后合作导师。第二至七批全国老中医药专家学术经验继承工作指导老师，安徽省首届国医名师，安徽徐氏医学第三代传人，全国著名中医内科专家。擅长治疗中医内科疑难杂症，尤其是脾胃肝胆、心系、肿瘤、妇科疾病。

　　陈　　延：徐老，您好，谢谢您接受我们的采访！我们补土流派工作室在采访您之前，拜读过您的诊疗资料、文章及专著，发现您把李东垣及叶天士的学术思想融合运用至临床诊疗过程，我们想向您请教一下，您在诊疗过程中，如何理解补土，包括在临床中如何用补土思想，请分享一下您的经验。

　　徐经世：补土流派研究当从方药入手，而方药的组成是有一定规律的，要取得共识是非常困难的。从中医的发展历程来看，仲景以后一直到李东垣，才提出重视脾胃的观点，这种学术思想的形成，需要具备一定的历史条件，这与李东垣日常诊疗所遇到的患者是相关的，是与当时的天时、地域相关的，所以在李东垣那个时代，他对脾胃病的治疗采取温补的方法，重视脾阳，因此他治疗脾胃相关疾病的方药大多偏于温补。还有一个特点就是用风药以燥湿。东垣喜用风药治疗湿邪，我们就需要进一步思考为什么他要如此用药？我认为这应该与他当时遇到的患者病情有关，必须使用风药才能彻底把湿邪消除，用风药之目的在于醒脾。俟是到了后世叶天士时代，温热病较多，易伤脾阴，温燥药则不宜过多使用，所以叶天士主张用甘寒之药来养脾阴。说到养脾阴这个问题就比较复杂，脾阴学说亟须整理，但是直到今日，也只有清代的吴澄明确提到有"理脾阴"之说，但是对于脾阴虚是如何产生的，吴澄并没有详细论述清楚，但是我个人认为叶天士是首先提出"养脾阴"的理论，但是其用药偏于滋腻，所以在用药的层面上，我有我的看法，我个人认为滋腻过度则更伤脾。

陈　延：您的意思就是这些滋润之药虽然养阴，但是妨碍了脾的运化和升清功能？

徐经世：滋腻药物容易形成湿浊，阻碍脾胃运化，因此李东垣的观点能弥补其中的不足。

陈　延：我们都知道李东垣的东西好，但是怎么用呢，这的确是个大问题。

徐经世：这涉及了时代因素，东垣那个时代情况跟我们这个时代是不一样的，现在我们这个时代，饮食上膏粱厚味较多，这就限制了东垣温补药物的使用，因此我们需要吸收东垣的理论，但是处理问题的时候，不能禁锢在其所用方药之中，我们需要根据时代疾病谱的变化，寒热虚实的不同，进行辨证施治，立法处方。我们这个时代，湿热性疾病比较多，肝胆多有郁热。这里需要思考一个问题就是脾胃与肝胆之间的关联。

陈　延：是的，您曾经详细阐述过肝胆与脾胃之间关系，并提出了一个理论体系。

徐经世：研究脾胃必须把肝胆融入进去，它们具有内在联系，我们分析其内在联系需要从临床实践中总结，我的总结就是"肝胆郁热，脾胃虚寒"病机理论。

陈　延：是肝胆为因，脾胃为果，还是脾胃为因，肝胆为果呢？

徐经世：肝胆是外在的，脾胃是内在的。

陈　延：也就是说先是肝胆出现问题，然后影响到脾胃，然后导致各种各样的问题产生。

徐经世：对！因为脾以升为健，胃以降为和，胃气不降不能单纯只考虑胃的问题，也可以是肝胆的气机逆乱，导致了胃气不降。

陈　延：我也在想一个问题，我们研究补土，而补土这个名字是起源于各家学说的，我们学习补土肯定需要从李东垣学起，但是后来就有了叶天士和更多医家去补充和论述脾胃，那么我们在研究补土的过程中，究竟需要看哪些文献或者书籍，才能算补土呢？因为我不能只看李东垣的书，后世很多东西是可以补充到李东垣的学术体系当中，才能把补土的思想认识清楚。

徐经世：对！认识李东垣，就需要阅读四大经典、《医学心悟》《医宗金鉴》，以及张景岳、叶天士的书籍，但是不能死记，需要带着临床上的问题去读，才能把东西读透，才能把当中的思想贯通起来。我们研究不能只是看着脾胃，必须把脾胃与肝胆融合考虑。"见肝之病，知肝传脾，当先实脾"，以脾治脾，以胃治胃，有时候效果并不理想。

陈　延：补土起源于李东垣，这是共识，东垣在于调气，后世叶天士提出脾阴学说，那么一路发展至今，当中哪些学术观点、哪些医家还需要我们进一步深入研究的呢？

徐经世：我觉得目前大多数医家是重视脾阳、脾气为主，路老（路志正）也是重视脾阳的，很少人研究脾阴，我觉得研究当中的联系需要从五行生克角度出发进行考虑，脾阴不足的原因不一定是脾的问题。第一个就是肝属木，木过旺则肾水不足，水为木之母，肾水不足可导致肝阴虚，肝体阴而用阳，肝阴不足则肝热，木旺克土，可伤及脾阴；第二个是肝胆郁火，此火为相火，胃为阳明燥土，相火与燥土相合，形成胃火，胃火可以伤阴，胃阴不足导致脾阴不足；第三个就是肺，肺是属金，木火邢金，肺中燥热，脾属阴土，土能生金，脾与肺是母子关系，肺中燥热，子盗母气，同样可以导致脾阴不足。脾阴不足的形成是通过五行的生克关系进行推演的，治疗脾阴不足，不仅仅只是治疗脾，与肝、肺、胃关系十分密切的。

陈　延：您这些学术思想是来源于师承，还是通过大量的临床实践而总结出来的呢？

徐经世：这些都是我从临床中总结出来的。

陈　延：我们也非常关注脾阴。

徐经世：糖尿病与脾阴虚相关，这个是形成共识的，但是对应《黄帝内经》中的脾瘅，瘅指的是什么？指的是热，在《素问·奇病论》云："有病口甘者……此五气之溢也，名曰脾瘅。……夫五味入口，藏于胃，脾为之行其精气，津液在脾，故令人口甘也。"口甘是热象的表现，脾瘅有三大症状：口渴、烦热、口甜。糖尿病与脾瘅相联系的就是一个口渴的症状，这是有些牵强附会的。糖尿病是口干而不是口渴，口干是脾虚的表现，脾虚才会口干，所以"实践是理论之母"。

陈　延：临床上的确存在这方面问题，中西医的联系过程中，的确存在概念把握不准情况。因此我们首先需要临床实践，但只有临床实践不行，还需要对临床的问题进行思考及总结，从而形成理论体系。这是与目前中医理论研究思路不一样的地方，目前中医理论研究通过阅读大量的古代文献，进行总结提炼，然后运用至临床，而您是从临床实践出发，总结经验，以临床问题为导向，查阅古代文献，进行理论升华，然后再回归临床。您也是属于有中医家传背景的，您觉得中医家传这种传承方式，它的作用是什么？

徐经世：我认为流派的形成具有地域性，是从临床中来的，譬如您行医的地域是岭南地区，此地区以湿热为主，临床需要考虑湿热问题较多，导致用药习惯的差异。因此流派的传承和发展需要根据地域特点进行开展，可以适当地外延。因为存在地域差异，流派之间是可以相互依存，并不是相互排斥，譬如我们新安医学与你们岭南的流派是相互依存关系。

陈　延：新安医学我们非常熟悉，王校长多次来广州跟我们进行交流，那么您觉得新安医学的特色在哪里呢？

徐经世：新安医学的特色在于一个"和"字。"和"的意思是调养、调理，需要根据季节，需要分邪的轻重，譬如湿热需要分清湿重于热，还是热重于湿。新安医学还有一个特点就是著作很多，如何把这些著作和思想传承下去，是目前新安医学研究遇到的主要问题。

陈　延：每个流派的确需要一个核心内涵，才有利于传承，您觉得补土学术流派的核心内涵是什么呢？

徐经世：补土学术流派当然需要以脾胃为抓手，然后考虑把肝胆融合进去。

陈　延：您的意思是首先研究脾胃，以脾胃作为立足点，然后对五脏的功能，尤其是肝胆的功能，进行统筹认识。脾胃只是一个内核，需要把其他脏腑功能与此内核进行串联，分析其之间的关系。

徐经世：是的，不能以脾治脾，脾胃是后天之本，但是我们怎么来处理脾胃的问题呢？我认为对于脾胃的治疗需要做到"补而不滞、温而不燥、滋而不腻"，因此用药以"补不得峻补、温燥要适度、益脾重理气、养胃用甘平"作为原则，这就需要把肝胆与脾胃统筹认识，如果抛弃肝胆，只是研究脾胃，有时候是行不通的。

陈　延：您的认识非常独特，我们做补土学术研究，一直是受到质疑的，不少人认为做补土研究，研究四君子汤就行了，把脾胃研究透就行。

徐经世：我认为研究补土，需要把其他脏腑功能统筹一起认识才行，理论的研究需要结合时代进行调整，为什么我提出"肝胆郁热，脾胃虚寒"的观点呢？这是来源于一个病例，我曾经治疗一位因胆结石导致急性胰腺炎的患者，病情迁延变成慢性胰腺炎，经常出现不规则发热、嗳气、大便不通，但还有一个症状就是中脘穴附近怕冷，那这个病需要怎么处理呢？

陈　延：一般来说胆囊炎、胰腺炎相关的发热，常规使用柴胡类方处理，从少阳入手治疗。

徐经世：对，寒热往来的发热，我们最熟悉的就是从少阳入手，嗳气是肝气上逆的表现，大便不通是胃气不降的表现，所以治疗以镇肝气配合和降胃气的药物。但是中脘附近怕冷，是脾胃存在虚寒，我在小柴胡汤中加用煨姜来治疗，药后未再发热，大便也通了，嗳气、中脘部怕冷症状消失，这个患者现在有其他不舒服都过来找我就诊。从这个案例中我就思考，我们研究脾胃是根，但是必须把肝胆考虑进去，思路才能开阔。

陈　延：还有一个问题我想请教您，您看新安医学的名字起得很好，补土这个名字就有点尴尬了，因为它有个"补"字，别人认为你研究补药是对的，但是对于使用小柴胡汤、温胆汤等，别人就觉得你不是在研究补土了。这算不算补土的方法呢？这个"补"字需要怎么去理解呢？

徐经世：我觉得小柴胡汤、温胆汤等也是属于补土的方法之一，脾宜升为健，胃宜降为和，这就是补土，让脾气升了，让胃气降了，就可以称为补土，一切恢复脏腑正常功能的方法，都可以称之为"补"。但是有个问题需要注意，升要升到什么程度，降要降到哪个位置？升降太过与不及均会出现问题的，升降讲究的是一个"度"字，这样思考补土才能紧密结合临床。

陈　延：您说得很对，我们也曾经提出这种看法，但是的确存在争议，所以需要去全国各地拜访国医大师和全国名老中医，希望能从采访过程中，完善我们的一些看法，取得一些共识。其实补土的理念并不单单用补药，这种观点是比较狭隘的，怎么可能只是研究一个四君子汤就能说补土呢？中医是一个整体，需要从广义的角度去看待补土这个问题，研究的目的是指导临床，因此研究需要有一定的广度，不然每天只是去研究人参、黄芪等，补土对临床的实际指导价值就降低了。

徐经世：说到黄芪，我觉得补气一定要用生黄芪，不能用炙黄芪，炙黄芪偏于呆滞，患者服用后容易出现胃脘胀满、食欲减退等表现。

陈　延：我们在来采访之前，拜读和研究过您的文章与著作，用药都是十分轻灵的，药量也很小。

徐经世：中医治病关键不在于一药一量，在于中医的思维，我曾经治疗一个胃寒疼痛患者，西医需要手术治疗，患者没钱手术，找到我，我认为是脾胃虚寒的疼痛，就用良附丸治疗，就两个药，第二天患者就不痛了。所以中医治病不在于用什么药、用多少量，关键是站在患者的角度，用中医的思维进行诊治。

陈　延：在采访您之前，我们也采访过很多名老中医，对于流派的研究基本有三种思路：第一，不要搞流派，要按照现代化的方式发展中医；第二，流派需要发展，但是需要明确发展方向，确定发展目标；第三，流派需要兼收并蓄。刚才您提过需要兼收并蓄，但是这里存在一个问题，就是流派与流派之间如何界定，有时候这个界线是很难划分的，譬如说不同学派都有代表性人物，但是有些代表性人物存在重叠。

徐经世：我觉得还是需要融合，不能以派别局限自己，把别人的东西融合进来，提升补土理论。

陈　延：您的意思是把别人对于脾胃的认识及观点拿过来，融合在补土学术研究当中，然后发展我们自己的体系，为临床服务。

徐经世：是的，需要做到"为我所用，不为所囿"，譬如西医学的一些认识及方法，需要借用过来，为我所用，发展自己，但临床中一定要以中医自己的思维去认识及处理，不然疗效难以评价，而且不好评价。譬如肿瘤，当前大部分采取中西医结合治疗，西医可以用各种化疗药物，但是属于"以毒攻毒"的范畴，对于病至晚期，气血亏败，脏腑功能失调的时候，中医当以调补气血，平衡内环境以扶正，切不可再用峻烈攻逐有毒药治疗。中医治肿瘤的原则是不能"雪上加霜"，当是"雪中送炭"。肿瘤术后经常伴有四大共性症状：体力下降、纳差、失眠、不规则发热，这个时候从中医角度出发，该恢复的是其脾胃功能，让患者能吃饭，改善体质状态，才能提高生存质量。脾胃是人身生化之源，如何发挥脾胃更好的功能，则需要考虑其他脏腑与脾胃的关系，这样的思路才能开阔。

陈　延：您的意思是譬如我知道这个病是肿瘤，这就够了，究竟怎么治疗还是要回归中医的思维，以中医的判断标准去认识及处理。还有就是看的您的著作中，有不少经验性的方剂和药物搭配，这些经验来自于哪里呢？

徐经世：主要是来源于我日常临床工作的总结。

陈　延：如果从研究补土理论角度，那么您的经验方药中有什么方药比较推崇的？

徐经世：补土意味着治疗上从脾胃入手，脾胃与肝胆同为人体之"中"，因此我在临床上常用肝胆脾胃四者同调的方药，比如温胆汤、逍遥丸、一贯煎、丹参饮、金铃子散等都是我比较常用的方药，但用药取效又在于临证之时的灵活加减与变通，我用金铃子散只用延胡索，比较少用川楝子，因为川楝子偏于苦寒，若患者出现口苦、便难，才使用川楝子。

陈　延：我看您使用药物很多时候着重在调畅气机，从气机升降的角度去考虑，这个也是很有特色思路。临证时不一定在于去补脾或者补胃，而是去恢复脾胃的功能，着手点就在于"脾升胃降"的生理特点，让气各行其道，各归其位。

徐经世：对！

陈　延：您的理论及临床经验都是比较有特色，虽有家传背景，但更多感悟及理论是来源于日常临床工作，都是您的原创。您反复强调的这些原创理论，都是来源于临床，是根据临床问题进行一步步展开和论证的，是我们非常好的学习途径。告诉了我们研究中医理论，不一定非要从理论出发，其实还可以从临床出发，以解决临床问题为抓手，在解决临床实际问题当中，逐渐形成理论，虽然这种办法导致一开始提出的理论难免不够完善，但是生命力强，因为它研究的是临床问题。如果单纯用从理论去研究理论，以经解经，那么容易与临床实践脱钩，时代、地域、气候等都在变化，理论研究需要根据这些变化来调整自己，适应临床的需要。

再次感谢您接受我们团队采访，让我们学习很多，开拓了思路，认识了不足。

勤学医源，广采新知
——国医大师禤国维访谈实录

【专家简介】

禤国维（1937—2024），籍贯广东省佛山市。广州中医药大学首席教授、博士研究生导师，广东省中医院皮肤科主任医师。国医大师，中国中医科学院首批学部委员，第二、三、五批全国老中医药专家学术经验继承指导教师，第一批中医药传承博士后合作导师，享受国务院政府特殊津贴专家。

陈　延：补土学术流派属于中医学术流派之一，我们这个团队比较年轻，对于中医的传统理论及运用经验还是不足。补土流派应用非常广泛，并不是仅在消化科运用，所以我们想了解一下各个专科及学科在运用补土理论方面的经验，以及独到的见解。前期我们拜读了您的一些著作和文章，觉得在治疗皮肤病方面，您也曾经运用过一些从脾胃入手的方子。比如您治疗特应性皮炎经常用参苓白术散，参苓白术散也是从脾胃的角度入手治疗皮肤病，因此想请您谈谈从脾胃、从补土角度治疗皮肤病的一些经验。

禤国维：脾虚这一情况在岭南地区比较多见，因为岭南地区气候比较湿热，夏天时间比较长，在炎热的天气下，人们喜欢寒凉的食物和饮料，容易导致内寒。另外，由于现在有空调，夏天喜欢吹冷气的人比较多，容易导致外寒。外寒、内寒结合在一起，损伤脾胃，因而引起脾虚。从舌象来看，患者舌头稍胖一点，还有齿痕，这是脾虚的表现。你们消化科这种情况肯定很常见，我们皮肤科也都有这种现象，患者多见脾虚夹湿。这是岭南人的一个体质特点。

现在岭南地区有很多外来人口，他们刚刚到这里来的时候，或者来岭南以前不一定是这种体质，待时间长了以后，由于气候、饮食等因素的改变，他们也会出现脾虚夹湿这种体质。有些外地来的人，在这里生了小孩，小孩也有这种体质。所以仅从体质这一角度而言，脾虚夹湿在岭南地区比较多。结合皮肤病的具体病种而言，在岭南地区，湿疹、特应性皮炎这些病比较常见。

以前特应性皮炎不一定全是在岭南地区，其他地方有，西方国家也有，但是现在岭南地区的患者是比较多的。有些特应性皮炎是冬天加重，有些也不一定，有些是在季节变换的时候加重，还有部分是在天气热和潮湿时瘙痒加重，这就和患者本身脾虚夹湿的体质关系很大。特别是小孩、妇女，或是身体比较虚弱的人就容易出现这种情况，他们对外界环境的适应能力差。在这种情况下，我觉得补土对于岭南来说是比较适合的。我们岭南皮肤学派总结了三个核心治法：一个是补土，一个是补肾，一个是解毒，补土是其中一个治法。相当一部分湿疹、特应性皮炎患者是脾虚夹湿，参苓白术散加减用得比较多就是这个原因。参苓白术散的运用要根据患者的情况加减，如果脾虚夹湿突出，我们加重用一些利湿的药。如果瘙痒比较明显，这和"风"有关系，要加重祛风药的分量。有一部分人是特应性的体质，还要注意调整体质；来自岭南地区以外的居民，在脾虚夹湿的基础上往往还会兼夹其他体质，我们要根据情况进行调整，但总的治疗方向还是以健脾渗湿为主。玉屏风散也有一定的健脾作用，治疗荨麻疹和湿疹，我基本上以玉屏风散、参苓白术散为基础进行加减，根据个人体质情况，进行一些调整，疗效较好。另外，还有一些皮肤病因为和免疫功能、胃肠功能有一定关系，所以我也用一些健脾的药。从岭南特色用药而言，我用来健脾的草药有一个是布渣叶。

陈　　延：布渣叶酸平，清热祛湿，我们用得比较多的还是在消化道疾病方面，它可以消滞、祛湿。皮肤病方面，还是您的经验丰富一些。

禤国维：从我的经验来看，布渣叶不只可以消滞祛湿，现代研究认为它还有抗炎作用。动物实验显示小鼠耳郭因刺激后产生的炎症反应，用布渣叶后可以缓解得比较快，所以从治疗皮肤炎症角度考虑也用得比较多。可能炎症反应与中医的脾胃有一定关联。从脾胃用药的角度来说，砂仁也是我们常用的一个药。

陈　　延：砂仁也是岭南一个比较著名的道地药材，阳春砂仁。

禤国维：砂仁是从脾胃入手，佛手也是从脾胃入手，有些患者容易胀气，情绪波动，佛手能疏肝理气，我用得比较多；其他的脾胃药，例如鸡内金我也用得很多，而且用较大剂量，20~30g。我发现有些扁平疣可以用新鲜鸡内金外擦，疣体就去掉了，内服也有一定作用。

陈　　延：那您是煮成水来擦还是用粉？

禤国维：用新鲜鸡内金，直接磨扁平疣。内服我觉得也有一定效果。还有个薏苡仁，也是脾胃药。薏苡仁对于浅层的皮肤增生，一些疣，还有一些病毒性皮肤病，我也喜欢用。茯苓是健脾药，有些免疫性疾病我也喜欢用它，实验研究认为它对体液免疫有增强作用。但我们临床应用不是从现代西医的角度，而是从中医临床的角度考虑，健脾渗湿用茯苓是最安全的，所以我们用得比较多。现在由于多种原因，很多人常有便秘的情况。便秘本来是属于消化系统的疾病，但患者大便通畅以后皮肤瘙痒也会好一些，我每次问诊都注意大便的情况。脾虚的人可以用白术，大便稀我用少量的白术，大便不通要用大量的白术，加点枳实，成为枳术汤，对通大便有作用。

补土是中医很重要的一个治疗方向，应该把它深入研究，发掘完善。古人在这方面做了很多工作，为我们打下了很好的基础，补土派李东垣的很多方到今天还是很有用的，补土方面的研究在岭南地区是特别有价值的。

陈　延：刚刚听了您讲的，我还想请教一下您。我们读书的时候认为皮肤病病变的部位比较表浅，一般认为它主要是在肌肤或是经络方面的问题，按照中医传统的思维来说，皮肤病应该属于表证。我不知道这样的认识您觉得是否正确？这是我们作为后学者的粗浅认识。

禤国维：对于这个问题我的看法有点不同。我认为有一部分皮肤病的发生是和"表面"有点关系，如癣，浅层真菌的感染，但真菌的感染不单是皮肤，它也可以引起内脏的一些改变，例如肺部的真菌感染就属于内脏问题；浅层真菌的感染可以算属于皮肤，但有些皮肤病是内脏的损害反映在皮肤上的，例如内脏的肿瘤可以在皮肤上有所反映，那么皮肤的症状只算是它的一个外在表现。所以说中医治疗皮肤病就不单是治外，还治内，内外结合。皮肤病的核心治疗方向，一个是补土，一个是补肾，一个是解毒，解毒也是从内、外两方面去解决。中医说"肺主皮毛""诸湿肿满，皆属于脾"，说的也都是这种情况。

另外，很多皮肤病还会影响到内脏，因此还要结合具体的损害情况展开治疗，所以皮肤病变不一定都属于表证。例如红斑狼疮是多脏器的损害，就必须要关注它对多脏器的影响。硬皮病也是，它不单是皮肤硬化了，内脏也硬化了，它是内脏病变在皮肤上的表现，患者的肺可能硬化，肾也可能硬化。面对这些问题，我们思考要全面。

医学在不断地发展，过去古人做了很多工作，在他们的时代背景下将中医发挥得淋漓尽致，我们很佩服他们。我们后代人要学习古人的精神，把我们中医的精髓记住，深入钻研。因此我提倡"勤学医源，广采新知"，把新旧知识融合起来，我们就更加能够把疗效提高，更好地为人民健康服务。另外一个是要"知己知彼"，对现代的研究我们也要熟悉，现代检查手段中医亦应该学会应用，才能更全面地了解患者的病情。一些现代医学技能中医也应该掌握，这样才能提高临床疗效。我的看法是中医也要掌握一部分现代科学知识，例如红斑狼疮这样的疾病，不看相关指标，就不能相应地调整治疗方案，把疗效提高。

陈　　延：其实作为医生我有时候还是有一些困惑。像您说的，我们不能只学一门一派或是一招一式，我们有很多的信息来源。例如同样是治皮肤疾病，可能是由表及里，一开始是表证，后来到全身；也可能是由里及表，或者可能是表里都有。有些医家认为病在表者，当先治表，喜欢用一些疏表解表的方法。有些医生认为病虽然在表，但它的病根在里，那么就应该用从里及表的办法。我看到您的经验，例如用参苓白术散或者玉屏风散，这些大多数还是从里及表的方法，我们在临床上遇上这些问题的时候，又有表证又有里证，您觉得是先解表再治里，还是先治里，等到正气恢复了再去疏表，还是表里同治，在治则的选择方面，您比较倾向于哪一种？

禤国维：我认为，如果要学好中医，就要先了解中医临床思维。一般而言，它可以归纳为整体思维、辩证思维、平衡思维、共性思维、模式思维五个方面。第一个是整体思维，简单理解整体思维就是人与自然的关系、人与人的关系、人与社会的关系、人体内五脏六腑的关系，邓老（邓铁涛）就提出了五脏相关论。第二个是辩证思维，这个很容易理解。第三个是平衡思维，强调平调阴阳，"阴平阳秘，精神乃治；阴阳离决，精气乃绝"。阴阳调和，则"正气存内，邪不可干"，人便无病；阴阳不和，则引起人体气血运行紊乱，脏腑经络功能失调，百病丛生。因此，调和阴阳，使机体平衡和谐，是中医治疗的基本原则。"以平为期""阴平阳秘"则是中医平衡思维的代表观点。《素问·至真要大论》里说"谨察阴阳所在而调之，以平为期"，目的是根据正邪的盛衰，阴阳之虚实，用相应的方法调整人体功能，以达到平和、协调、稳定的状态。第四个是共性思维，"同病异治、异病同治"就是共性思维，中医的"证"也是共性思维的表现。第五个是模式思维，你看《汤头歌诀》不是模式思维吗？《药性赋》也是。其他如《医宗金鉴》里的歌诀等也是。这五个思维贯穿了中医的整个发展过程，彼此间互相交叉，我认为充分地把这五个思维理解好、运用好，对学好中医、提高疗效是很有好处的。

所以我们认真地把这五个思维融会贯通以后，关于以内治为主，外治为主，内外结合的问题，我们都可以平衡。这个病以内为主的，由内因引起，我们以内因为本，对表的治疗为辅。有些病邪气尚在表而未入里，那就以表为主，兼顾它内在五脏的变化去治疗。关于疾病的传变，古籍曾说"见肝之病，知肝传脾，当先实脾"，我们要结合这个理论去理解。我就在这五个思维的指导之下，根据病情的轻重，因时因地因人制宜，对不同的情况采用不同的处理方法。其实，从这个角度而言，中医早就有了精准医学的概念。

陈　　延：您的意思是没有太明显的倾向性，是根据这种思维模式去确定患者主要矛盾的关键点，然后从这个地方切入，如果它是以里证为主我们就从里治，如果它是以表证为主我们就从表治，不一定非要限定从什么地方入手。

禤国维：是的。

陈　延：听您讲了很多关于湿的问题，脾和湿应该是联系非常紧密的，我们经常遇到脾虚湿阻的情况，也就是脾和湿同时存在的情况非常多。对于脾虚湿阻，可能不同医生会有不同的处理方式。比如有些人觉得"脾虚湿阻"，因为湿会困阻脾胃的运化，所以应该先祛湿，湿祛了以后脾就可以恢复。有些医生认为应该先去治疗脾胃，因为脾胃健运了湿自然就祛除了。如果同时存在脾虚和湿的问题，您认为从哪个角度入手更合适一些？

禤国维：也要根据不同人的体质。如果这个人整体体质都是偏虚的，这种情况下就以健脾为主，因为扶正气以后才能够祛邪；如果这个人本身身体还可以，在这种情况下就以祛湿为主，稍微扶扶正气，湿就可以去掉，这就是因时、因地、因人制宜。我不认同"我是这个派的，我就开什么方都离不开这些药"这种观点。治疗一定要根据不同情况、不同时段、不同人，中医早就提出"因时、因地、因人制宜"的观点了。有些人受了明显的外伤后，最初会因为失血而气血亏虚，这个阶段吃很补的药都没有问题，等外伤好了以后再吃少量补药都会觉得燥热了。所以要根据疾病不同阶段及不同情况来决定。例如红斑狼疮，我们认为这个疾病一般有三个不同的阶段，要根据不同的情况、不同的阶段选用不同的方，这是中医的精准特色。

陈　延：广东有一定的地域特点，刚刚您也讲过，第一个特点是广东比较潮湿。现代因为饮食生冷和使用空调，按理来说可能会有寒湿。但广东本身的天气又比较炎热，以前有些专家认为广东以湿热为主。您如何认识这个问题？您在祛湿健脾运脾方面讲得非常多，但您在使用补药方面会不会有一些顾忌？每个专家在某个地方待得久了都会形成自己的用药习惯，您用运脾祛湿的药多一点，还是补脾的药多一点？

禤国维：我估计还是运脾祛湿药比较多。

陈　延：您还是怕有些人吃了会上火。

禤国维：是的，容易上火。

陈　延：也就是说，虽然饮食生冷可能是病因之一，但是考虑到体质的问题，在广东用补药去治疗患者还是会容易出现上火的情况。如果是这样的话，我们使用一些运脾或燥湿的方法去研究脾胃中土，您觉得可以把它归到补土的范畴里面去吗？

禤国维：应该都可以。

陈　延：但有些人可能会质疑，补土应该用黄芪才算补土，用薏苡仁、布渣叶等药物不算补土。我们也经常遇到这样的一些困惑。一开始在接触补土这个概念的时候，包括目前在很多人的概念中，都认为只有四君子汤或者补中益气汤才是补土。但实际上，我们研究过李东垣的一些著作，里面有很多跟湿相关的方子，比如羌活胜湿汤和黄芪人参汤，类型是完全不一样的。我们也在想，什么是我们需要研究的东西？如果用四君子汤或是补中益气汤才能算是补土的话，那研究范围就很窄了。您觉得我们应该怎样去定义它？或者说应该怎么去展开研究？

禤国维：补土流派要研究的问题不宜局限，要有整体思维。例如：气、阴如何结合？气、血如何结合？光是有血不行，没有气也不行；光是有气不行，阴上不去也不行；光是有阴，气不调也不行；气阴也调，气血也调，不能光强调一个方面。我们在治疗中一直强调要"阴中求阳、阳中求阴"，这是中医的一种整体思维。

各个流派的划分是需要的，它在哪个方面深入研究，就在哪方面发展；学科发展到一定程度是会分化的，分化以后它在哪个方面研究得更为深入，就会向那个方面走。最后各方面会融合起来，产生学术上的突破。应该要允许各个流派思想的发挥，然后大家彼此吸收各自的优点，形成学术的突破。我觉得流派的发展应该是这样，而不是你排斥我，我排斥你，互相之间要包容，大家互相学习，疗效才能够提高，我们的共同目的是攻克疾病。

陈　延：如果说补土流派想在皮肤病这个领域做一些研究的话，您会给怎样的指导建议？研究哪些病种比较好，用什么方法去研究？

禤国维：我的看法是这样的，首先要先把中医的临床思维学好。其次要把中医古籍，属于"医源"的一些内容学好。再考虑中医在哪些方面是有优势的，选择一些优势病种去研究，从中医的古籍古典中找启发，利用各种思维方法，看哪种治疗方法、哪种思维能够切入临床治疗中发挥作用。我们治疗红斑狼疮的方子里会用青蒿，这个基础治疗方案是在六七十年代形成的，那时候还不晓得青蒿素的存在，只是发现青蒿在红斑狼疮的治疗中有一定的作用。要选择好研究方向，一个是通过实践，另一个是应用中医思维。

陈　延：听了您讲的，我发觉您有很多比较成功的案例，也使用了很多有特色的方药。我想请教您，这些东西是来源于您平时临床经验、老师教授，还是看书积累而来？您的这些经验的积累过程是属于哪种模式？

禤国维：经验积累很重要，看书也很重要。

陈　延：大多数时候您看哪些书多？能不能推荐一些书给年轻医生看？

禤国维：中医基础方面，四大经典还是要学的；从皮肤科的角度，我以前看的有《医宗金鉴》《外科正宗》《外科启源》《外科证治全生集》，到了临床有一定经验后可以看《验方新编》，实用性更强一点。再下一步可以看一些派别的书，如金元四大家的著作，有时间的话每一种都看一看，但要先把基础的熟练掌握。我以前《医宗金鉴》背得很熟，如

"痈疽原是火毒生，经络阻隔气血凝。外因六淫八风感，内因六欲共七情，饮食起居不内外，负挑跌扑损身形，膏粱之变荣卫过，藜藿之亏气血穷……"《医宗金鉴》里面还讲了阳证、阴证、半阴半阳证等。你看了以后就知道阳证是什么样的表现，阴证又会有什么变化，阳证、阴证、半阴半阳证各自的代表方是什么，你对这些东西就心中有数，而且永远都会记得，这是中医的基础知识。有些时候学生跟我门诊，我说你十八反、十九畏背了没有啊？虽然它不是绝对的原则，但是你要知道这些是最基础的知识。"本草明言十八反，半蒌贝蔹及攻乌。藻戟遂芫俱战草，诸参辛芍叛藜芦"。"硫黄原是火中精，一见朴硝便相争。水银莫与砒霜见，狼毒最怕密陀僧……"妊娠禁忌也是要背的，这些基础的知识都要背。

我的观点是"勤学医源，广采新知"，新知识有助于把中药疗效提高。看病也一样，我和学生讲，每个病必须吸收新知识，自己建立几个客观指标。有些患者来了以后想快点好，就和你说没有好，希望你加重一点用药。你不能怪患者，明明好了一点说没有好；相反的，有些患者为了迎合医生，说好一点了，其实情况还不是很好。中医讲究望闻问切，每个病你要建立几个判断病情是否好转的客观标准。你看每个荨麻疹患者来了，我都要划一划皮肤，做个划痕试验，我通过划痕反应的轻重就知道病情究竟有没有好转。

对中医医生来说，疗效是最重要的，你必须拿出疗效来。要有疗效就必须总结，必须观察。我用这个治法、这个方有没有效，没效为什么没效，有效为什么有效？不断总结，就能够不断提高。

陈　延：您刚刚讲到了《外科正宗》。《外科正宗》在外科系统里面应该是比较著名的一本书，纲领性的，"消托补"的治疗办法在里面也体现得比较明显，而且"消托补"应该是外科处理疾病的思路，与内科有别，内科一般不这么思考。您能不能给我们讲一下，您是怎么理解"消托补"的。

禤国维：从中医的思维来讲，都是统一的。为什么这样说呢？"消托补"是针对疾病的不同阶段，采用不同的方法。内科其实也是一样，内治之理和外治之理是一样的，这就和内科没有太大的区别。早期肯定是消，到了已经快成脓了，就要托出来了。温病的卫气营血辨证也是这样的思路，要使得邪气出表。补是到后期，疮疡溃破了，当然是要补虚，使创面快点收口。这是中医思维的应用。

陈　延：接下来这个问题也是我们比较困惑的一个问题。在我们读书的时候都是以辨证论治为主，比如这个患者现在是湿热，那就清热祛湿，脾虚的就补脾，有痰就化痰。消化科有一些病会伴随肛周病变，我通过辨证论治进行治疗，患者的主要症状也在改善，但患者的不适感却增加了。后来也是去看了《外科正宗》，说疮疡溃破以后，不管是实证虚证都用补法，意思是说疮疡溃破后的大致病势便是如此，这个疾病本身就有这样的病机变化。虽然医生当下看到的部分患者可能会有些湿热的表现，但用清热祛湿的药就会损伤人的正气，在疮疡溃破后应该是以补为主，这个阶段应该运用补法，祛邪则是辅助的。像这种以病机方向为指导的用药思路，您觉得是不是可行？

禤国维：在慢性皮肤病的治疗方面，后期要注意调整身体的功能，防止复发。例如斑秃，疾病恢复的后期让患者两天吃1剂中药再到三天吃1剂中药，慢慢停药，复发就少。好了以后头发长得差不多了，直接停药了，过了一年半载后又复发，为什么呢？因为缺少了后续的调整。从中医而言就是余毒未清，排除余毒要补正气，扶正祛邪，扶正以后，邪就去了。有些余毒未清的情况，在扶正的基础上还要适当增加一些祛毒的药物。

陈　延：也就是在扶正的基础上，可以根据患者的特点，适当地增加一些祛邪的药物。那我可不可以这样理解，在这个疾病尤其是慢性疾病的迁延期，或者不是急性期的时候，如果目的是使到病情彻底好转，或预防复发，还是以扶正的方法为主。关于扶正的方法当然有很多种，按您刚刚所讲的，最常用的一个是补脾，一个是补肾，这只是一个比较大的方向，具体应用起来还是有一定的难度。您觉得是以补脾为主还是以补肾为主？是否可以根据病种，比如有些病种补脾，有些病种补肾？

禤国维：主要是根据不同的病种，不同的人进行区分。比如现在很常见的痤疮，过去是肺胃血热的多，但现在肺胃血热的比例比较少，肾阴不足，相火过旺比较多，这是因为生活饮食结构和生活节奏的改变所致。

陈　延：可能这一类疾病我们在缓解期或稳定期抓住肾的问题，另一类疾病我们是要抓住脾的问题？

禤国维：消化系统的疾病肯定是抓住脾的问题。

陈　延：皮肤病中，有哪一类疾病在缓解期可以抓住脾的问题去处理？

禤国维：特应性皮炎的缓解期是抓住脾的问题，另外有一部分荨麻疹和湿疹也是抓住脾胃的矛盾。红斑狼疮始终要抓住肾的问题。

陈　延：我们最大的困惑其实还是定义，因为补土的定义是比较含糊的，首先，这种提法并不是自古就有的，包括李东垣本人也没有自称是补土派，补土派是后世为了区分"金元四大家"给他起的名字。其次，中华人民共和国成立后对脾胃学说的研究是非常广泛的，我们如何区分脾胃学说和补土学说呢？如果说重新再去研究一次脾胃学说好像又没有太大的意思，因为脾胃学说现在已经研究了50多年了，有大量的概念产出。如果给补土学术流派或是补土下一个定义的话，您觉得怎么下定义会比较好？

禤国维：我的看法是这样。补土也要根据不同的情况，中医强调因时、因地、因人制宜，补土是适合面比较广泛的一种治疗方法，适用人群比较广泛，特别是对现代人的适用面比较广泛，值得深入研究。第一，补土与很多因素相关，它不仅关乎消化，它和免疫系统、精神因素、饮食都有关系。补土是中医研究的一个方向，而且这个方向和西医相比有一定优越性，应该深入研究，发掘古人补土的一些理念和方法。第二，我们在此基础上把它的理论再进行延伸，把方法再进行发展，我觉得也是很有必要的。事实上，各个流派有各个流派的特点，有其主要阵地和范围。在寒冷地区应该扶阳，没有问题。但是在东南沿海"湿土"比较多，脾虚比较多，因此在这个范围内，我们从补土这个方面去研究。那我们这边有没有适用扶阳的人群呢？也有。为了学术和疗效的提高，我觉得"百花齐放、百家争鸣"还是必要的。在南方，我觉得你们选择补土，方向是非常恰当。

陈　延：是和当地的气候，和岭南人的体质是比较符合的。除了您刚刚讲过的布渣叶、薏苡仁和砂仁外，您觉得哪些药是与补土相关的？

禤国维：我们现在所用的茯苓、芡实和补土相关，也都是很好用的药。百合虽然补肺，但对脾土也有好处，这些我都用得比较多。

陈　延：方剂方面，除了您刚刚讲到的参苓白术散、玉屏风散以外，您觉得还有哪些方可以归到补土的范围，可以作为我们研究的选择？

禤国维：我用得比较多的就是上面说的那两个方，其他用得比较少。

陈　延：您刚刚讲到了补土是一种方法，也属于中医方法论的范畴，我想请教一下，您觉得什么样的中医治法是属于补土的，比如健运脾胃，健脾祛湿，补中益气……还有补土生金，泻南补北等。

禤国维：因为中医讲气阴、气血，这些东西一样都不能缺，互相之间必须要平衡的。简单来说，你用很多滋腻的药必须加点醒脾的药下去，它就不滋腻。

陈　延：您是觉得在滋腻药里加醒脾的药的办法可能也属于补土的方法？也就是说补土是很灵活的，不是很约束的，只要是使脾能够运化起来，都可以算是补土的方法。

禤国维：是的，应该是属于补土的方法。有些药偏寒凉，我加一些陈皮下去，它就没有那么寒凉。有时这个病是要清热解毒，但是患者的胃受不了，加一味陈皮下去胃气就好了。寒热有内寒外热，上热下寒，你如何用药把它们调整好？有时一派寒凉药之中，加一味偏温的药，整个药方就不同了。

陈　　延：也就是不一定非要用补的办法，只要是在整体的中医辨证里面，蕴藏或是包含了这种思路，使得治疗的过程更加顺畅，达到最终的目的，这种方法也可以算是补土思维的一部分。

禤国维：应该是这种情况，口腔溃疡也算脾胃病，有些口腔溃疡用玉女煎可以，有些用玉女煎也不太行，那么我就加点肉桂下去，口腔溃疡就好了，这个怎么解释呢？用中医思维来说这是引火归元。光用玉女煎，牛膝虽然有下行的作用，但还不够，要加点肉桂才能把"火"引下去。麦冬、生地黄、知母都是寒凉的，有时候吃了好像不太舒服，加一味肉桂下去，就调整过来了，"火"就下去了。阴中求阳，阳中求阴也是同一个道理。

郭　　洁：所以调寒热、调升降的思维，也体现了补土的部分思想吗？

禤国维：对，升脾阳、降胃火。

陈　　延：我想禤老更多指的是一个大的层面，您多次讲到了这种思维，在您的诊治过程中，如果通过一些方法和思路，能够去改变脾胃的状态，使整体治疗更加顺畅的，应该也算是补土的一个切入点。

禤国维：是的。

黄智斌：刚才您提到，有些疾病后期属于余毒未清。在岭南地区其实有很多疾病都是余毒未清，反复发作。中医对毒的认识有寒毒和热毒，我们目前所认识的用于治疗余毒未清的岭南草药，比如治疗热毒的白花蛇舌草是大家比较熟悉的，但寒毒这方面不知道您有什么经验可以介绍一下？

禤国维：要看毒在哪个位置，如果毒是在脾胃，那应该用砂仁、陈皮、佛手、广藿香这些药物，湿一化毒就去了，就自然迎刃而解。

陈　　延：感谢禤老，辛苦您了！占用了您这么长时间。

禤国维：不客气。

中土相关问题与临证探析
——杨殿兴教授访谈实录

【专家简介】

杨殿兴，男，1955年7月生，祖籍辽宁省沈阳市。成都中医药大学教授，博士研究生导师。兼任中华中医药学会副会长、四川省中医药学会会长，《四川中医》杂志主编。主编出版了《中医四部经典解读》等20余部专著，公开发表论文70余篇。曾荣获国家优秀教学成果二等奖、四川省科学技术进步奖一等奖等奖项。

刘　奇：很高兴能够采访杨殿兴教授。杨教授您好，您能否谈一下对土、脾胃和中焦的认识？

杨殿兴：五行中脾胃属土，按照五行与脏腑的联系来讲中土为脾胃，如果从后世温病学家概括的三焦角度来看，脾胃属中焦。

刘　奇：您可以谈谈有关湿邪与中土的关系吗？

杨殿兴：湿邪和中土关系密切，因为脾喜燥恶湿，脾能运化水湿。一方面人体感受湿邪而伤及脾，比如四川、广东等地湿气比较重，湿邪困脾，就会对脾胃功能造成影响；另一方面中焦受损后，运化水湿的功能障碍而形成内湿。这两方面都对脾胃有比较大的影响。

刘　奇：湿邪引起湿疹，湿疹缠绵难愈，虽然有皮肤干、嘴唇干、大便干的症状，但湿疹处又渗水，您是怎么认识的？

杨殿兴：脾胃对这个方面还是影响比较大的。湿疹，既有干燥、热象，又有湿邪泛滥，中医将此归纳为湿热蕴蒸，或者也有阴虚血热造成阴虚和湿邪并存的情况。第二种情况在临床上比较多见，治疗相对费劲，阴虚内热和湿邪本身是一对矛盾，所以要分清楚，是湿多还是热多。病情比较缠绵，病程比较长，治疗上相对棘手，所以必须要一方面养阴、一方面利湿，这两方面都要兼顾好，在临床上才会取效。

刘　奇：您治疗慢性湿疹瘙痒要使该病得到全面控制大概要多久呢？

杨殿兴：这个病治疗时间较长并容易反复。比如四川夏秋之季湿邪较重，所以这类病就会多发，西医所说的过敏性皮炎到四川经常演变成湿疹，会有水疱，如果不注意感染以后可能会变成疮疡。所以这一类的只能说是控制，而不是治愈。一些慢性皮疹，比如顽固性皮疹还是比较难控制的，要内服、外用药物联合应用，疗效才能显现。

刘　奇：您能不能谈一下近现代补土的医家？

杨殿兴：晚清到民国时期，四川比较出名的医家是扶阳学派的郑钦安、卢铸之等人，其中郑钦安撰写了《医理真传》《医法圆通》《伤寒恒论》等书，开创了中医扶阳的先河，他在《伤寒论》的基础上，对扶阳有着非常深刻的认识。按照后世的总结，扶阳与补土是一脉相承的，用补火来助土在临床上是比较常见的，中土不足，有时候要责之于命门火衰。《伤寒论》中由于寒湿犯脾所形成的太阴证候，可以选用理中汤来治疗，如果寒邪较甚，就要太阴和少阴同治，特别要用温阳、补火的办法来助土，选择四逆辈，如四逆汤、四逆加人参汤、通脉四逆汤等，实际上就是用附子、干姜、炙甘草温阳补土。郑钦安有"真阳以土封固"的理论，以补土覆火，封固其阳。他主张以理中汤之类温补中阳，培中宫之气，即大补其土以伏火，火得覆而气潜藏，气潜藏而水亦归其宅。

在四川有一个特别明显的季节特点，夏天湿热较重，所以四川用芳香化浊、渗透利湿的药物较多，到了冬天四川盆地周围的高山将风挡在外面，而风能胜湿，没有风，湿邪走不了，所以阳光少、阴寒之气较重，因此四川应用附子较为普遍。而北方干燥，南方湿热，所以附子相对用得少。附子使用需谨慎，一方面是因为附子自身有毒，另一方面是因为寒凉药用错了对人体是一个渐进性的伤害，不会一下就表现出来，而诸如附子一类的温热药用错了，患者可能第二天就会出现咽喉疼痛、牙龈肿痛等症状，所以大家用药要谨慎。四川在扶阳这方面比较有特点，影响了全国很多人。

刘　奇："气虚为阳虚之渐，阳虚为气虚之极"，临床上有很多慢性疲劳的人，神疲懒言、舌边有齿痕，但同时又不是很怕冷，对这种患者是直接扶阳好呢，还是补气健脾，我们要怎么把握呢？

杨殿兴：还是分情况，脾气虚没有涉及脾阳虚、肾阳虚，可以用补气健脾的方法，可以用六君子汤、补中益气汤、归脾汤等；但是岁数比较大，气虚及阳、阳气不足的患者就可以脾肾同治，用温阳方法来温补脾阳，要辨证，确实脾虚及肾了，就可以用四逆辈。要根据实际情况把握。

刘　奇：我曾经遇到过这样的患者，他就是一个典型的脾气不足而没有肾阳虚，给他用党参、黄芪等补气，效果很慢，后来发现，不管有没有阳虚，只要有疲劳也可以用附子温阳，效果就会很好。

杨殿兴：一方面脾土在病理上有其特殊性，即脾的阳气易虚损，不易亢奋，脾气虚与脾阳虚，只是程度上的差异，有时可以笼统地称为脾气虚损，脾阳不足，若脾失健运，则脾的生理功能失调，所以脾虚时适当地温补脾阳是有利于脾土功能恢复的。另一方面从五行的角度来看，火与土的关系，是母子关系，火生土。在生理方面，火对土有滋生作用，在病理方面又可相互影响。在临床上也可以按照五行的生克制化规律进行治疗，如补母益子，用补火益土的方法，补益其"母脏"，通过"相生"作用而促其脾土的恢复。郑钦安的以补土覆火、封固其阳的观点，也强调补中阳以固肾阳的水土合德之理。此外，人体有一个自然衰老的过程，即肾阳虚损的过程，《灵枢·天年》指出："四十岁，五脏六腑十二经脉，皆大盛以平定，腠理始疏，荣华颓落，发颊斑白，平盛不摇，故好坐。"《素问·阴阳应象大论》又讲"年四十而阴气自半也，起居衰矣"，这里的"阴气"指的就是"肾气"，肾在五脏中属阴，也就是说四十以后肾气开始衰弱了，故"人当四十，阴气已半，故发颊斑白而平盛不摇。好坐者，衰之渐也"。过了四十岁，身体开始走下坡路，有一种生理性的肾阳虚，比如过了40岁的人会逐渐感觉精力不够了，慢慢也怕冷了，到了七八十岁鼻涕也收不住了，这是由于人体阳气不足，温化津液功能下降了，所以上了岁数，用一点温补药补火以益土，不存在什么问题，助阳以后对脾胃的运化、生机会有帮助的。但青壮年时期，身体功能旺盛，就不一定要这样做了，气虚就健脾补气，不一定用温阳，因为年轻人健脾益气就可以达到效果，如果再温阳可能又燥起来了。所以还是要平衡，把握住这个度，临床上用起来就能得心应手。

刘　奇：四川中医的用方、思路是非常独到的，四川出了很多高手，您觉得是什么原因造就了这么多名医呢？

杨殿兴：我研究了四川的中医药历史，也出版了专著《川派中医药源流与发展》，我认为有以下三个原因。第一，郭沫若说"文宗自古出西蜀"，郭沫若就是四川乐山人。这句话确实不虚，研究四川历史，你就会发现文人特别多，比如眉山的"三苏"，一家三父子都是大文豪，"一门父子三词客，千古文章四大家"，这个不得了。遂宁的陈子昂、写《三国志》的陈寿、写《陈情表》的李密，包括司马相如、卓文君、杨雄、李白等。杜甫在四川成都生活近四年，在草堂创作了200多首诗，占他整个诗作创作的六分之一……

中土相关问题与临证探析——杨殿兴教授访谈实录　331

医学方面，我研究来看，最早在《山海经》里就有记载——巫医，如巫彭、巫咸等，主要在西蜀一带活动，古时"巫"与"医"是不分的。另外考古发现，四川出土的两个针灸漆人都是汉代的：一个是1993年在绵阳双包山出土的汉代的医学模型，另一个是2013年在成都老官山出土的，说明四川的针灸历史非常早。四川比较早的针灸医生还有汉代的涪翁，史书上记载他在绵阳一带活动，他喜欢在绵阳涪河边钓鱼，大家不知道他的真实名字，都称他涪翁。他带了两个徒弟，一个是程高，一个是郭玉，严格来讲郭玉是涪翁的再传弟子。郭玉是汉代的太医丞，是汉代最大的医官。人说："北方尚武，南方习文"。北方人彪悍所以武将多，南方人身体相对羸弱，所以文人较多。第二，四川有平原，有丘陵，有高山，四川有个特点叫"水旱从人，不知饥馑，时无荒年，天下谓之天府"。有些人说四川地里插个扁拦都能活，就是因为地理、气候的多样性，雨水充沛，植物生长非常茂盛，四川特殊的气候形成了植物的多样性，所以四川被称为"中药之库，中医之乡"，这里盛产中药。四川有高海拔地区，比如甘孜、阿坝，平均海拔在3 000米，所以四川有生长在高海拔地区的药材；四川周围有丘陵，还有川西平原，所以也出产丘陵、平原生长的药材，所以四川的植物具有多样性。全国道地药材有300多味，其中四川就占了40多味。比如说江油的附子，这在本草中是有记载的，江油的附子最好。还有很多药材如川芎、川贝母等以"川"字命名的药材，所以行业内有一个说法叫"无川药不成方"……医药不分家，药物的多样性也催化了医学的发展，形成了四川独特的医学体系。第三，一方水土养一方人，山西、陕西的黄土高原降水量少，土地沙化严重，非常缺水，容易产生阴虚体质，酸甘化阴，所以陕西、山西人喜欢吃醋，而四川湿邪较重适合吃麻辣，四川人吃麻辣不会上火，这就是地域因素。四川独特的气候特点产生了不同学术思想，四川阴寒较重，气候潮湿，人体感受阴寒湿邪的概率比较大，因此在用药习惯上，擅长用温热药物，从而形成了扶阳的理念和方法，出了很多使用附子的名家，比如很有代表性的云南中医学院第一任院长吴佩衡，四川凉山会理人，他在四川学医，但他一辈子都在云南行医，人称"吴附子"，擅长用附子等回阳药，有时候可以用到200~300g。

四川的人文历史特色，气候特点，人群的体质，盛产的中药使得四川形成了具有鲜明特色的学术流派、医家，尤其是近现代很多医家很受大家推崇。我原来在四川省当中医药管理局局长时，也负责干部卫生保健，我们一些领导生病会到北京去治，有一次一个领导到了北京找一个中医大家看病，那个大家看完就问领导是从哪里来的，领导说从四川来的，那个大家就说四川的就没有必要来北京了，因为北京好多名医都是四川的。1955年，中国成立中医中医研究院，即现在的中国中医科学院。1956年在全国东、西、南、北各建一所中医学院——上海中医学院、成都中医学院、广州中医学院、北京中医学院。1955—1958年，各地调入大量中医人才进京，充实北京的中医力量，尤其是调到中国中医研究院，其中四川、江苏调去的最多。四川去了一大批中医，都是疗效好、水平高的中医，包括蒲辅周，蒲辅周大家都非常熟悉了，当过中国中医研究院的副院长，还有任应秋、杜自明、叶清心、王文鼎、王朴诚、王伯岳……当时骨科名家杜自明，78岁高龄被调到北京，他在北京带了一大批徒弟。任应秋，非常厉害的医家，他写了第一本《中医各家学说》。还有蒲辅周，在 20 世纪 50 年代北京乙脑大流行，蒲辅周诊疗的疗效非常好，也得到了广泛的认可。中医救治乙脑患者取得了非常明显的疗效，奠定了中医急诊的地位。这些人都是在四川成长，到北京工作，他们用药特点鲜明，疗效好。近现代还有一个医学大家——萧龙友，他是北京四大名医之一，在 20 世纪三四十年代就出名了，他是四川绵阳三台人，在 20 世纪 30 年代考取四川大学前身——尊经学院的拔贡，被政府任命为官员，也就是说他之前是当官的，后来弃官从医，在北京开了个息园——也就是中医诊所，萧龙友水平非常高，抛开中医的造诣不说，他在诗词歌赋、书法绘画、收藏鉴赏等方面也是有名的大家。他们这一批人，尤其是近现代到北京工作的这批人，奠定了川派中医的学术基础和地位，他们是中医界的高手。

刘　奇：2012 年国家成立了 64 家全国中医学术流派传承工作室，您是怎么看待中医诸多学术流派的？

杨殿兴：所谓学术流派，是具有地域性的，无论哪个学派，其地域特点都非常明显。中医讲究辨证论治，受地域、人的体质、气候特点等影响，围绕一个地区的气候特点、地理环境，人的体质禀赋是有差异的，因此处方用药有一定的规律性，这样就形成了一个学说，且在当地临床疗效是非常显著的。国家中医药管理局做这个工作是非常有意义的，可以将具有地方特点的中医学派、流派进行学术思想整理、总结，促进了中医学术的传承、传播与发展。

孟河学派是全国最著名的一个流派，清代时出了很多御医而影响深远——诸如马培之、费伯雄、巢崇方、丁甘仁，号称孟河四大家，其中丁甘仁这一派总结了孟河学派的特点，即用清热化湿、芳香淡渗利湿的方法治疗湿热证，这就很符合江苏一带的气候特点。四川的扶阳学派也是非常有名的，比如郑钦安虽然传承了《伤寒论》，但他在《伤寒论》的基础上有了很大的发展，很有自身的特点。尤其他的用药特点深受该地域人的体质影响。而现在所说的扶阳思想和四川本地的扶阳理念还是有些区别，在不同地方是根据人的体质特点来进行遣方用药的。所以学派传承还是非常重要的，一家一派能传承三代以上就说明其思想能够指导临床，是能被广大老百姓接受的，这些也是需要我们总结和认真挖掘的。

刘　奇：如果有一个感冒患者来看病，他发热汗出还有些怕冷，这时候是桂枝汤证，但如果又出现了咽喉痛、喉咙干、舌苔浊、脉偏数，这时您要怎么处理呢？

杨殿兴：这种感冒一方面有桂枝汤征象，又有一些热象，有口干舌燥、发热、咽喉疼痛，这时就要分清风寒与风热。出现汗出、恶风寒，不一定是风寒，如果又有咽痛、脉浮数，综合判断可能还是风热犯肺引起表卫不固，这时候要以辛凉解表为主。如果出现咽喉疼痛也不一定是风热，像《伤寒论》中的半夏散和半夏汤，就是风寒造成的咽喉疼痛，所以在临床上遇到这类病证要综合把握。

刘　奇：您用半夏散和半夏汤的抓手是什么？

杨殿兴：一定要把握住舌象和脉象，要找患者的风寒依据。如果舌质偏红、口干、咽喉疼痛，或者红肿疼痛，这时候就要慎用，如果是热证，再用半夏散和半夏汤，无异于火上浇油，若用错了咽喉就会更痛，甚至说不出话来，这就是判断错了。如果舌质淡、薄白苔、咽喉疼痛，就可以应用，一般患者一张开口你就能够断定寒热了，如果脉浮紧，或脉浮缓，就更加佐证了之前的判断。要把握住热证或寒证，确实是寒邪引起的，可以用半夏散和半夏汤，在临床上看得多了就容易把控，但一般咽喉疼痛的患者，年轻医生不大敢用温热药，但辨证准确效果会立竿见影。我举个例子，这是我以前用半夏散和半夏汤加味治疗的咽喉疼痛、声音嘶哑的患者，姓徐，中年男性，突然出现咽喉疼痛，声音嘶哑，讲话困难，伴微恶风寒，舌淡红，苔薄白，脉浮缓。我辨证为风寒袭表，肺气失宣，以疏风散寒，宣肺利咽为法，选用半夏散和半夏汤加味治疗，2剂药而愈。

刘　奇：经方里治疗皮肤病的论述不多，诸如桂麻各半汤，"身如虫行皮中状"，您在治疗皮肤病方面活用经方多不多？

杨殿兴：还是会用到。最近看了一个过敏性皮炎患者，周身瘙痒，皮肤发疹，一片片的红疹，初诊我判断她为风热郁阻，兼有血热，刚开始用消风散加一些凉血药，3剂药之后效果不明显，身上其他地方又不断地发疹，后来我仔细判定患者的体质，淡红舌，脉沉细。这个患者是前一段时间找我看的，那段时间四川阴雨天特别多，当时不断下雨，我结合当时的气候，根据她的脉象，觉得她是寒湿郁积肌腠之后，寒湿之邪散不出去，郁积化热，表现为皮肤表面的皮疹，后来我用了桂麻各半汤合麻黄连翘赤小豆汤加减，麻黄、桂枝同用，患者吃了3剂，皮疹就消失了。我反思了一下，前面用的消风散，着重于祛风、凉血、清热，3剂药没见效，应该是大方向出了问题，再加上当时气候的特点，所以我考虑应该是风寒湿气为主，要辛温发表，透散寒湿，麻、桂同用，很快病就好了。在临证时，要根据患者的症状特点、体质因素、气候影响，综合分析判断患者的阴阳寒热，本身中医有一个试错的过程，一般临床开两三剂药，根据患者的反馈进行药物的调整。《伤寒论》里有很多这样的记述，比如服用小承气汤后，"转矢气者，此有燥屎，乃可攻之；若不转矢气者，此但初头硬，后必溏，不可攻之"。说明开始可以试用小承气汤，但是力度不够，导致只是矢气转动，大便不行，但由此可以判定，患者燥屎已成，这个时候就可以用大承气汤通腑导滞。经方里面针对皮疹的治疗，像桂麻各半汤、麻黄连翘赤小豆汤用到的机会都很多，如果以风热为主，就要考虑消风散，或者越婢汤。

刘　奇：糖尿病伴有周围神经病变的患者，同时又有腿麻痛、口干、口苦、口燥，这类并发症出现后您是怎么处理的呢？

杨殿兴：在我看过的患者中，这种情况分为两类：一类是偏阳虚的。这部分患者虽然有的也表现为热象，但是实际上阳气不足，属于阴寒内盛，格阳于上。我前两年曾看了一个患者，他就是糖尿病并发症，腰痛、腿麻、腿痛、走路不灵活，时间已经很长了，见到我后，想吃中药，让我给他把脉处方，我辨证后给他开了中药处方，辨证为阳气不足，寒湿痹阻，就是以温通阳气，散寒除湿为主。他吃了10多剂中药，效果非常好，走路也好了，腿麻、腿痛都基本上缓解了，后来我又给他改了两次方，都是以温通为主，主要用四逆汤加味，套用了附子汤、当归四逆汤、黄芪桂枝五物汤。我临证喜欢用四逆汤，如果偏水湿盛，就用真武汤，比如兼有水肿、四肢沉重疼痛的一类患者。还有一类是阴虚内热，这种患者相对少见，具体比例能有多少我没有统计，也许我是研究伤寒的吧，我看的患者中，阳虚的患者居多。当然阴虚内热的患者也有，但真正用知柏地黄丸，用滋阴清热的方法在我这里不多，临床上如果是湿热痹阻，我喜欢用吴鞠通的中焦宣痹汤。因为现在患者胰岛素用得多，这是耗伤阳气的，还有用激素，造成的满月脸、水牛背，貌似非常亢旺，其实这是药物造成的"假象"，并不是真正的亢旺。这应该属于虚阳外越，用伤寒的术语讲就是阴盛格阳于外或者格阳于上。对于肢体麻痛的患者，不通则痛，不通则麻，阳气通达以后麻和痛均会改善。但临床上应用滋阴清热的医家相对多，真正用温通方法的医家少一些。但据我临床观察，用温通的方法效果都非常好。但最终还是要辨证论治，看看到底是阳气不足，还是阴液受损，"观其脉证，知犯何逆，随证治之"。

刘　奇：《伤寒论》第28条提到桂枝去桂加茯苓白术汤，因为有小便不利，这是有水气不化，这种仲景是多用苓桂剂的，诸如苓桂术甘汤，苓桂枣甘汤，茯苓甘草汤，但这条又去桂，如何化水气？您对此有什么看法？

杨殿兴：我一般不去桂，而且有一派伤寒医家认为去桂后大方向就不符合了，本来五苓散中茯苓、桂枝散水气，桂枝有温阳气化水湿的功效，所以苓桂剂也不能去桂。如果出现水气上冲，就更不能去桂了，如《伤寒论》中的奔豚证："与桂枝加桂汤，更加桂二两也。"桂枝还有平冲降逆的作用。因此去桂不妥，所以我们的建议是不去桂，临床上大家也偏向用这种。但确实有一派认为要去桂。

刘　奇：您能不能谈一下伤寒、内伤杂病、温病与中土的关系？

杨殿兴：从伤寒六经辨证来讲，中土脾胃属太阴、阳明。其中太阴偏重阴寒，用四逆辈治疗，四逆辈包括了理中汤和四逆汤；阳明偏燥热，阳热亢盛可以选用白虎汤和三承气汤。其他方面，湿热交错、上热下寒、枢转不利就要选用三泻心汤，比如上吐下泻的患者，脾胃是枢纽，中焦脾胃不能升清，浊气不能下降，所以要调理中土，清利湿热，所以要选用三泻心汤。在《伤寒论》中固护脾胃的思想是比较明确的，"有胃气则生，无胃气则死"。有很多典型的处方，如白虎汤用甘草，十枣汤用大枣，固护脾胃。

如果从内伤杂病的角度看，"金元四大家"的李东垣说"内伤脾胃，百病由生"，中医认为饮食不节、劳累过度、情志不遂、用药不当，都可以伤及脾胃。所以李东垣从内伤脾胃的角度专门论述脾胃，他的《脾胃论》是对中医学的一大贡献，载方60多首，其中很著名的有补中益气汤、升阳益胃汤、升阳散火汤等。脾胃是后天之本，运化水谷精微，脾胃如果虚了不光影响自身还影响其他脏腑。

脾胃学说在金元时期奠定了良好的基础，并对明清的温病学家产生了比较大的影响。比如吴鞠通提出了温病的三焦辨证，并指出"治上焦如羽，非轻不举；治中焦如衡，非平不安；治下焦如权，非重不沉"。特别是中焦，对于升降失常的调理很有意义。温病大家叶天士把脾胃学说上升到了一个新高度，他细分了脾和胃。以前大家脾胃同说，说到脾胃都是以脾为主，也是按照脾的功能来定义它，脾主四肢肌肉，脾主运化，脾统血……都是这样的观点，其实脾和胃还是截然不同的两个方面，到了叶天士，就提出了胃阴学说，对后世影响很大。胃以降为主，喜润恶燥。后世的益胃汤、沙参麦冬汤就注重胃阴不足的方面，沙参麦冬汤是吴鞠通在叶天士的叶氏养胃汤基础上，加用了一味天花粉而成，这都是从养胃阴的角度遣方用药的。随着历史进程的推进，脾胃学说的发展逐渐完善，从《黄帝内经》《伤寒论》，到金元四大家，再到明清时期，发展越来越全面。明代的张景岳、李中梓均受脾胃学说的影响。李中梓强调中焦脾胃要有火，强调补火益土，也受到大家的重视，给脾胃学说增加了新的生命力。

脾胃学说目前越来越受到关注，毕竟是后天之本，生命之源，目前各个医院都有脾胃专科。其实脾胃学说不拘泥于脾胃病，比如脾统血，那么血液病也可以用脾胃学说治疗。邓铁涛国医大师治疗重症肌无力，就是根据脾主四肢肌肉的理论。脾胃是后天之本，通过后天补先天可以治疗一些慢性病、大病，比如免疫功能下降，调理脾胃就可以提高免疫力。脾胃学说治疗的不光是西医所说的消化系统疾病，它也可以治疗其他各个系统的疾病，我在临床上应用补中益气汤甘温除大热的方法，治疗顽固性发热；用半夏白术天麻汤，治疗眩晕症等，有很好的效果。我们所说的脾，指的是广泛的人体功能，脾胃为后天之本，气血生化之源，可以腐熟水谷，充养气血；脾胃为中土，灌溉四旁，其他脏腑皆受其养；脾胃为后天之本，肾为先天之本，后天可以补先天，先天之精，有赖于后天之精不断地充养，才能发挥其生理效应，后天之精化生又有赖于先天之精的活力资助；脾胃中土，又是气机升降的枢纽，脾升胃降，清气得升，浊气得降，机体才能运转正常、生生不息。所以脾胃学说大有作为。现在大家都重视脾胃学说，这是毋庸置疑的，不管哪个医院、哪个医家都重视。没有脾胃的运化功能人就无以生存，其他脏腑也就无法得到充养。所以不管是伤寒、内伤，还是后世的温病学说，均有不同的发展，都为脾胃学说的充实增添了魅力。

刘　奇：您可否谈一下您常用的方子，应用的技巧、感悟，在书本上没有而是您临证中发现的？

杨殿兴：要说书本上没有这也不是绝对的，我们用的某个药、某个方也许是借鉴其他人的经验，但归根到底还是可以在书上查到这样或那样的记载，并不是凭空猜想。我是20世纪90年代第一批全国老中医药专家学术经验继承工作指导老师陈治恒的学术继承人，我在临床上跟了他三年，我总结陈老师的学术思想，他用药比较独到。他是伤寒大家，也是临床大家，在解放前，陈老师跟他叔叔学医五年，然后独立开诊所，后来又考入重庆医科专修班学习西医，1956年成都中医学院（现成都中医药大学）开始招收第一批学生，他又考上了中医学院。他除了家传外，还有师传，他毕业留在伤寒教研室，有个老师叫邓绍先，人称"邓伤寒"，是四川国医学院（成都中医药大学前身）教务长，这个人伤寒、临床都很厉害，他的用药非常有特点。就我自己来说还谈不上用药有多么独到。陈老师用一个非常特别的药治疗骨质增生——蚁狮，现在很难找，四川人叫它"地牯牛"，是一种小昆虫，以前四川农村土房边上有浮土，这个蚁狮就在浮土上打洞，它吃蚂蚁，所以叫蚁狮。陈老师每次治疗骨质增生时，都会对患者说，找农村小孩给你抓点地牯牛，拿一个瓶子装着准备配药。我当时不大理解，不知道地牯牛干什么用的，我查阅中药大辞典、本草典籍都没有，后来我在四川的中草药资料上找到了记载，地牯牛有消融骨刺的作用。所以陈老师治疗骨质增生引起的腰腿痛，用药一方面辨证论治，比如肝肾不足就补肝肾；气血不足就补气血；寒湿并重就除湿散寒。另一方面就是用专药，用蚁狮来消融骨刺，疗效显著，用药独到，可能是他的家传。我临床上治疗前列腺肥大的患者，喜配用蜣螂这味中药，前列腺肥大是男性常见病、多发病，属于退行性疾病，上了点岁数的男性几乎都逃不脱这个病，出现小便排出不畅、排不净、尿迟滞等症状，临床治疗效果又不是很好。我在临床上治疗此类病自拟了一个治前列腺肥大丸，其中重点药物就是蜣螂，俗称屎克螂、粪金龟，是鞘翅目金龟子总科下的一个并系群，体表黑色或黑褐色，属大中型昆虫。主要以动物的粪便为食，喜欢把动物的粪便滚成球，故有屎壳螂之称。性味咸、寒，入胃、大肠、肝经。具有涤痰息风、清热解毒、破瘀散结的功效。蜣螂味咸既可软坚散结，又入血分，故可活血消瘀。尤其适用于治疗癥瘕积聚，用于前列腺肥大有很好的疗效。只是这味药奇臭难闻，用药时要经过特殊处理。

刘　奇：好的，感谢杨老师！

从"病由脾胃生"理解温中健脾治法的重要性
——杨家耀教授访谈实录

【专家简介】

杨家耀，男，出生于 1975 年 11 月，湖北省武汉市人。主任医师，硕士研究生导师。现任武汉市第一医院（武汉市中西医结合医院）中医部主任，国家中医药管理局"杜建民全国名老中医传承工作室"负责人，全国中医临床特色技术骨干人才，武汉市中青年医学骨干人才。为湖北省中医首批"师带徒"学员，跟随第一批全国老中医药专家学术经验继承工作指导老师、湖北省首届中医大师杜建民主任学习。2020 年师从中国科学院仝小林院士。荣获 2020 年湖北省抗击新冠肺炎疫情先进个人称号。2021 年武汉市五一劳动奖章获得者。

刘　奇：很高兴今天来到武汉市第一医院，拜访中医部主任杨家耀教授，杨教授您好！您能不能先对您的学术思想做一个介绍？

杨家耀：好。因为我们这是国家级的传承工作室——杜建民全国名老中医传承工作室，我想讲一讲工作室的情况以及整个学术思想的传承历程。我们的学术带头人是杜建民主任，他是第一批全国老中医药专家学术经验继承工作指导老师，湖北省首届中医大师。杜老师 84 岁过世，所以我们工作室现在基本上是在过去传承的基础上创新。杜老师是湖北人，他的医术很大一部分是家传的，他是家传第三代。洪湖当地人的主要病种为水肿病/水臌病，也就是鼓胀病，所以起初是以治疗水臌病为特色的，后来脾胃病和内科杂病的疗效也越来越被公认。从工作室收集和整理的杜老医案以及其他文献资料来看，杜老主要治疗的特色病种就是脾胃病和慢性肝病。从入选首批全国老中医药专家学术经验继承工作指导老师后，杜老仅带了一名弟子，之后因为身体和工作的原因就没有带学生，2011

年 11 月，湖北省开展了师带徒项目，杜老开始重新带学生，按照省卫生厅的安排带了两个学生，一个是我，另一个也是我们科室的。从传承方面来说，在国家中医药管理局备案的，杜老只有三个学生。所以要传承的工作很多，传承的任务也很紧迫，而且杜老的东西有很强的传承基础，因为临床效果好，他的患者一直都很多，临床经验丰富，他最大的特点是用药非常轻灵，从中医的辨证及学术思想来讲，我们更多的是用脏腑辨证和卫气营血辨证，沿用的学术思想主要是"守中州，溉四旁"。这就兼顾了很多东西，所以我们也治疗杂病。目前武汉市第一医院开放床位约 3 000 张，年门诊量约 200 万人次，而消化科的年门诊量约 10 万人次，年出院量约 6 600 人次，平均住院天数约 7 天，年胃镜量 3 万多例。从我们的特色来说，我们的主旨是西医创先进，中医有特色，中西医结合显疗效。我们专科的优势病种之一是胃痞病，西医称为功能性胃肠病，包括功能性消化不良、肠易激综合征、功能性腹痛等；另一个就是慢性肝病，目前我们工作室相关学术论文和课题研究最多的、临床特色独树一帜的是肝癖，也就是非酒精性脂肪性肝病，我们接诊的患者比较多。就专业角度来讲，我们也治疗消化性溃疡和泄泻，泄泻包括炎症性肠病和肠易激综合征等。

下面谈谈我们对补土的认识。实际上我们工作室在 2016 年接受国家中医药管理局的验收时，将学术特色做了总结，虽然目前尚未形成流派，但我们有自己的思想。我们把脾胃的生理功能看得比较重要，这一方面和我们治疗的病种有关系，另一方面和临床效果的反馈有关系。在病种方面，我们专科收治的病种大类主要是脾胃病，门诊也是这一类患者居多。我们工作室的科研重点是肝癖，因为我们的治则治法有一定的特色，临床效果也很好，但还需要进一步阐明机制。在治疗理念方面，首先强调恢复脾胃运化功能，保护好后天之本，养好气血就可以很好地治疗其他脏腑的疾病。还有一点，我们对中焦脾土重要性的理解就是"守中州，溉四旁"。以守中州为主，兼顾很多其他种类疾病。在门诊中，涉及生殖问题、皮肤类疾病、神经科疾病、妇科疾病等。例如月经病，我们不调天癸，先调气血，认为冲脉有血，月事才能按时而下，冲脉里的血不多是因为十二正经的血不多，十二正经的血不多是因为脾胃的生化出了问题，所以月事不能按时而下。治疗不孕也是如此，先调气血，结果确实能帮助受孕。

再讲皮肤科，武汉市第一医院皮肤科是全国最大的皮肤科之一，年门诊量达 130 多万人次。许多患者听说皮肤病需要通过调理脾胃来治疗，也会到消化科来治疗。中医学认为，湿疹、荨麻疹、紫癜等都属于"发"的问题，用中药调脾胃，效果相当不错。我们进行治疗时遵守"守中州，溉四旁"这句话，的确解决了许多问题。具体来讲，最大的特点是有相对固定的方子，但只是相对的，中医最大的特点还是辨证。为什么说相对固定呢？这是因为我们不是一个方包治百病，而是"守中焦"，强调运化。运，表示肠道和气机的通畅运达；化，表示转归和转化。守住了中州脾胃的运化功能，才有进一步治疗的基础。所以我们习惯于使用与原方类似的前八味药或六味药，变化主要集中于后面的六味药或者八味药。在使用上更多的是调气，这也是师承里的想法——脾胃升降之气，肝肺之气……

还有心肾相交，这就涉及调神了。所以我们在这方面的想法多一些，专长也在这里。另一个特点就是我们用温热类的药物多一些，但主要是指姜桂类，不是附子。

刘　奇：辛热的药物？

杨家耀：我们用各类姜，比如生姜、炮姜、干姜、高良姜……我们在姜的制剂和剂量选择上思考得更多一点。脾胃运化不足就会生湿，湿和土的关系刚好与它们在自然界中的关系是一样的。既要把辛热的药物用好，又要适当配伍发散的药物。此外，还要考虑药物分类的问题。打个比方，家里有湿气，用三种方法去处理：第一个方法是开窗通风，类似芳香化湿；第二个方法是开炉生火，类似温中祛湿；第三个方法就是祛湿，比如用石灰等，类似淡渗利湿。辛温药物的运用，例如藿香正气散，这类药物主要通过芳香化湿来发挥作用。在不同的条件下，我们针对不同的症状会使用不同的方法。在诊疗中，在四诊合参的基础上，我更强调舌诊，舌头可以最直接反映疾病顺逆、疗效等。用药上，我用药剂量比较小，一般用 6~10g，一个方子 16~20 味药，但从疗效来讲，非常不错，人工种植药材对药效的影响也不大。

刘　奇：可以讲一讲不孕吗？

杨家耀：其实我当时并没有专攻不孕症，偶然发现运用中药调理脾胃来治疗效果还不错，反应很好，部分患者想先调理身体，再准备做试管婴儿，人工授精。在我们这里治疗后很快自然受孕了。许多患者不孕是气血不足，不存在器质性的病变，通过调理脾胃后，发现患者的运化能力越来越好，消化排便也越来越顺畅，气色越来越好，月经情况明显改善，月经逐渐正常，很多患者顺利受孕了。发现这些现象后，我就有意识地治疗一些不孕的患者，治疗的目标就从调整运化开始，最常用的方是香砂六君子汤，可是单纯用这个方效果并没有那么好，所以我把它作为守中土的基本方，再配合使用 6~8 味药来调气和温补，这样效果就好了。从四君子汤到异功散，再到加味四君子汤（加黄芪、白芍、白扁豆）、六君子汤，最后香砂六君子汤……根据具体情况不断调整"底牌"，调理气机，但很多患者单单调气是不够的，还需要调血，气血运行无力，血液就容易瘀滞，血虚血瘀会出现一些神经性的问题，比如不寐，心神不宁、心神失养、头晕等通过调血都可以解决。

还有皮肤类疾病，我在调气时守住中土之后，土里会夹杂寒湿，会留下很多病理产物，表现在皮肤上，也就是皮肤病，比如湿疹、青春后期痤疮……这种痤疮缠绵难愈，常有暗红的小疱，难以破溃，慢慢发展成比较明显的痘印等。这时候把气血养足了，把血运起来了，问题就解决了。

刘　奇：像您刚才讲到妇科疾病使用香砂六君子汤作为底方，再加 6~8 味药，这 6~8

味药一般是什么?

杨家耀:妇科遇到比较多的是月经病和带下病,表现为月经量减少,月经先后不定期、闭经、痛经等。在这种情况下,我在辨证时发现虽然患者的主诉是月经病,但更多的是脾胃方面的不足。所以我在用药的时候,以调气血为主,加少量活血药,比如赤芍、川芎等,偶尔用益母草,有些病情比较重的,或是有流产经历的,我会使用少量红花和桃仁。最主要的是补足气血,用活血药固然使血液通畅,但气的推动更为重要,我会用黄芪,有少火生气的作用,黄芪的用量不要大,用到 30g 就是很大量了,一般都是 15g、20g。还可以用桂枝,不用肉桂,桂枝可以温通经络。一般调理两三个月,月经就正常了,但可能刚开始月经量会较少或者延期,但是瘀块会慢慢地减少,气血补足了,月经会变得越来越正常,怀孕就会水到渠成。

刘　奇:治疗不孕的周期大概是多久?

杨家耀:一般 3~6 个月,我调的是气血,没调天癸,为什么不调天癸? 一方面是经验的问题,一方面是病源少的问题。如果调天癸,经前调,经后调,还有在排卵期调……不同的时间节点,调的方式也不一样。我一般强调补土补脾胃,土的生化不足是导致妇科病的根本原因。所以调脾胃可不分时间点,不过经期前三天就不要再用活血药,在经期结束后,再活血化瘀。

刘　奇:刚才说黄芪不能用量大……

杨家耀:对,不能用量大。我用量大的只有几个药,薏苡仁、浮小麦、茵陈、龙骨、牡蛎,最大用到 30g。其他的药几乎都是 6g、10g,有的药可能用到 15g。再说到汗证,有人出黑汗,大家认为黑色的汗渍是假的,是不可能的,但事实上如果白衣服上出了汗后有黑色的点,那就是黑汗,还有一些人偏身汗出,这些症状说起来很奇怪,刚开始觉得无证可辨,但实际上看舌脉就能看出,通过调理脾胃都可以迎刃而解。

刘　奇:对于多囊卵巢综合征,患者非常胖,必须从饮食上控制体重,还要调月经,这种情况怎么解决?

杨家耀:多囊卵巢综合征患者不光是胖,还有顽固性痤疮和月经量少,从西医角度来讲,还要考虑脂肪肝。但中医病名里面没有多囊这个说法。从中医体质来分析,这类患者是膏型体质,脾胃运化的营养没有转化成气血,变成了痰湿阻滞,瘀血内停。患者一般来找我不是因为妇科病,可能是痤疮或者肥胖,或者是经量少,想治疗不孕,我仍然按照刚才提到的调理方法去治疗,用六君子汤打底,加上温通经脉的药物。我有一个患者,二十六七岁,因为痤疮来找我,她的痤疮非常厉害,脸发红,她在澳洲期间吃了雌激素,脸上还好，一回国内从学习转变为工作，压力大，就发病了。经过我治疗后，痤疮变少了，月经也准时，不过月经量还是偏少。

刘　奇：您给她调了多久？

杨家耀：约4个月。

刘　奇：是每天都吃药吗？

杨家耀：没有强调不能停药，实际上药吃完了，脾胃的运化能力强了，四两拨千斤。另外，合理饮食，"五谷为养，五果为助，五畜为益，五菜为充"，不喝牛奶，不吃水果，不喝绿茶等，春夏秋冬规律作息，不受寒凉，脾胃的功能会越运转越好，而不会因为停了药平衡就被打破。所以我并没有要求她每天吃药，是断断续续地吃，在这4个月的治疗时间里，她气色转好，现在还剩下月经问题，此时单调气血效果是有限的，可能还需要调理天癸，所以我建议她去找妇科医生看看。

还有一个口疮，复发性口疮患者，这是我这段时间准备做的小讲课案例。患者口疮三年没停过，最厉害的时候口里有三四十个，月经期间就已经全部长满了，月经后逐渐好转，但是还是有很多，非常痛苦。她舌质偏红，舌苔黄浊厚，中间有毛刺，大便黏，我用了补中益气汤加减，也用了三仁汤，黄连温胆汤加减……效果非常好，中途还用过王氏连朴饮，因为效果不理想，就转方了。我还叫她坚持生姜水泡脚，结合艾灸，就逐渐退了。

刘　奇：艾灸穴位有哪些？

杨家耀：神阙穴，只是经期灸，平时不灸，经期她会觉得腰沉。她治了三年都没治好，遍访名医，现在用个小方就治好了。我再举个例子，我的同事，肥胖，有高血脂症、糖尿病、高血压脂肪肝，治疗了几个月，体重下降了15kg，做无创肝纤维化诊断系统复查，脂肪肝从重度降为正常，血脂、血糖、血压全部变为正常，降糖药停了，降压药也准备停了。还有我们神经内科一位主任，平时查房要用麦克风讲话，因为气不足，在我这儿大概用了3个月药，目前基本好了。还有另一位患者，头晕2年，做了各种治疗都没治好，吃了我开的药，第二周就不犯晕了。补足中焦，把气血补足了，气血旺了，息一息风，升一升气，自然就好了。就是在香砂六君子汤的基础上加味。清阳不升就犯晕，气血不足肝血收不住，肝阳上亢，用羚羊角、钩藤息风，肝阳就下来了。他现在也一直在我这里看病，但不是头晕的问题了。

刘　奇：是否可以吃中成药六君子丸，然后加上中药的方子？

杨家耀：我们也试过，我们有一些搭配。我有一些国外患者，他们看病也不方便，有些几个月回来一次，然后从这边带药过去，我这里有几个中成药组合——香砂六君子丸、香砂和胃丸、参苓白术片、归脾丸。我会叫患者这样吃——上午、下午或者上午、中午吃香砂六君子丸，晚上吃归脾丸，归脾丸里有酸枣仁，我发现临床很多人吃了酸枣仁不舒服，哪怕用到 6g、9g，也会胃不舒服，所以我叫患者服香砂六君子丸运化，然后再吃归脾丸。或者是上午、下午服用香砂六君子丸或者香砂和胃丸，中午服用理中丸，主要是祛寒，健运脾胃。毕竟国外患者路程太远，只能用这种方式调理。

刘　奇：刚才您提到失眠，患者往往都很焦虑，体瘦，面色偏黑。顽固性失眠，伴随各种症状，安眠药吃两片才能睡，这个病怎么治疗？

杨家耀：实际上在舌诊和脉诊的时候，就可以判断出患者的这些情况，因此往往不等患者说，就会主动提及——你睡眠不好，梦很多。甚至是会有惊恐噩梦，梦到死去的人，患者就会觉得医生很神奇，因为舌脉已经告诉我们了。一般这种患者分为两种情形——心神失养和心神不宁。心神不宁相对好得快，因为把血热清了，失眠改善了，就不会有那么多噩梦了，患者最初的恐惧和噩梦的主诉就解决了。我会用到凉血药物，比如犀角地黄汤，还要加知母，都是常规量，10g 左右，无需大量，因为我整体药味多，有 16 味药，这样总量也不会少。有时用到龙骨、牡蛎安神，睡眠也好了。心神失养好得相对慢，心神失养主要是气血生化不足，慢慢调也会有效果——患者开始还会多梦，后来逐渐感觉梦境记不清了，再后来梦也越来越少了，最后就慢慢地好起来了。治疗失眠难度最大的还是湿热型的，如油裹面，也就是舌苔黄腻，痰火扰心这种类型，治疗起来确实比较棘手，如果一两周症状不改善，患者就会不信任你，所以治疗要快，抓住主要矛盾。一般我第一周就会把患者的主诉解决，这样患者信任你了，觉得中医有效果，疗程也就短了，患者往往会反馈没想到中医效果那么快。

刘　奇：湿热型失眠应该用什么呢？

杨家耀：黄连温胆汤用得比较多，黄连用到 6g，在这个基础上加石菖蒲、郁金，有时加少许虎杖。退湿热之邪，往往黄连汤和三仁汤合用等，香砂六君子汤用得不多。因为补益过了反而容易留邪。有时还会用柴胡加龙骨牡蛎汤。

刘　奇：刚才提到了皮肤病，有一种胆碱能性荨麻疹很顽固，平时好好的，一运动一紧张就发病，全身红肿，怎么处理？

杨家耀：从医院分科角度出发，这些病都超出了我的治疗范围，但是通过辨证，都可以治。从中医角度分析，并没有什么"胆碱能"的说法，我们要做的就是四诊合参。你说中医西医到底能不能结合，我觉得不好结合，目前顶多联合。临床上很多荨麻疹和湿疹的患者，都有寒湿，就我所见，寒湿证远多过湿热证。我从寒湿入手，补中焦，祛寒湿，把生活方式调整好，很快就可以好了。

刘　奇：治疗荨麻疹的疗程大概要多久？

杨家耀：因人而异，有的人三四周就痊愈了。我门诊也有别人介绍来的慢性荨麻疹患者，还是以健脾化湿为主，以六君子汤作为底方，加点风药，加点广藿香、佩兰，也可以用麻黄连翘赤小豆汤。杜建民老师还喜欢用半夏白术天麻汤加减，适用于痰浊壅阻于皮里膜外的病证，效果不错，还有蔓荆子散效果也不错。方子就这几个，而气的调畅更重要，升和降之间的关系要处理好。

刘　奇：湿疹和荨麻疹的治疗思路有没有什么不一样的地方？

杨家耀：荨麻疹是有形的痰，湿疹是无形的湿，这就是病因病机的区别。但是治疗上万变不离其宗，辨证施治就可以了。其实看了这多么病，读了这么多书，但是真心觉得自己才刚刚入门，也仅仅是开了一扇窗，发现有很多问题需要解决。

刘　奇：您谦虚了，能具体说说吗？

杨家耀：首先说一下组方中的用药取舍问题。举个例子，香砂六君子汤，木香、砂仁到底用多久？久服耗气啊！而且价格也不便宜，如果能把药味数量降下来，只用六君子，或者四君子……或者其他的药，那么一周的药费可以下降 20% 以上，这会给患者省很多钱。第二个就是方子的选择，黄连温胆汤、王氏连朴饮，都是名方，为什么我黄连温胆汤用得好，王氏连朴饮用得不好，这是不是因为没掌握好方剂……黄芩、黄连、黄柏在使用上应该选择哪味药比较好，这是要思考的问题。虫类药应该在疾病的什么阶段用？还有芳香化湿药，如广藿香、佩兰、豆蔻等如何选择？而对于姜的选择，在理中丸中用的是干姜，但我们这个地区用多了干姜容易上火，那就把干姜换成炮姜，炮姜相对和缓一些。还有时候我们用姜炭……这些细节都可以探索。还有参，比如太子参、党参、人参、红参……对于体弱久虚的人群，如果用少量人参替换党参效果是不是更好一些？同时配合黄芪是不是可以把中焦脾气补起来……这些都要在治疗当中慢慢研究。

刘　奇：消化方面的疾病，比如重度肠化生，如何去扭转，将其转化为轻度甚至消除呢？

杨家耀：作为不典型增生的转化问题，现在叫作高级瘤变或低级瘤变，我们并不能保证可以逆转，萎缩或者肠化都有一个逆转的节点，在节点之前去逆转还比较容易，但如果在节点之后去逆转，就很难了。就好像肝病，在肝纤维化阶段可以逆转，但是到肝硬化阶段再去逆转，几乎是不可能了。慢性萎缩性胃炎伴肠化生、不典型增生也存在类似的情况，只有一部分患者可以逆转，另一部分就不行。我2018年在湖北省脾胃病年会上做了一次专题报告，就专门讲到慢性萎缩性胃炎，当时我还举了一个例子：患者治疗期半年，随访期一年，治疗期用中药，随访期一年用中成药。从中医治疗的半年来看，变化的确是很明显的，到随访期病情也稳定下来了：从不能进食、进食饱胀不适、不能运化到恢复正常饮食；从刚开始一进食就腹胀到后来的吃稀的有点胀，到吃干的有点胀，再到吃干的不胀，到最后完全恢复饮食。这是我当时讲的一个例子，然后扩展，把中医对慢性萎缩性胃炎的认识以及治疗策略作了系统的讲解。

刘　奇：很多名家都说这个要从中论治。

杨家耀：针对肠化生和萎缩性胃炎的治疗，杜建民老师喜欢用一味药——大皂角6g，没有大皂角就用皂角刺代替，用10g。我们现在是在辨证的基础上加这味药。

刘　奇：大皂角就是猪牙皂角？

杨家耀：对，大皂角，我们医院中药房之前是没有的，后来也进了。

刘　奇：患者吃了还行吧？

杨家耀：还行，患者的检查结果我都有保留。刚刚提及的那个患者，后来病理结果显示萎缩消失，肠化生消失。当然这是个案，我们能够保证的就是消化症状的改善，但不能保证病理检查结果一定能逆转。这个患者比较幸运，当时是肠化生重度，高级别瘤变，本来准备做大片黏膜活检，因为广泛的萎缩和肠化生不适合做这个活检，没有做，后来就是吃中药。现在有一种比较积极的治疗方案，就是对于低级别瘤变，特别是局限性的，做大片黏膜活检，一方面确定它的病理性质，看看有没有高级别瘤变；同时把病变黏膜完整处理掉之后，让黏膜再重新生长，再做中医治疗，改善内环境。但这个患者无法做，面积太大了，整个胃黏膜都有广泛的萎缩和肠化生。

对于幽门螺杆菌，我觉得还是用西医治疗，但有个问题，很多老年人按照西医规范化杀菌治疗以后，会出现胃口不好的情况，四联疗法中的两种广谱抗生素对胃肠的伤害很大，这种状况怎么办呢？我们分阶段治疗，患者来看病是因为不舒服，所以要让患者先舒服起来，再来为患者解决幽门螺杆菌的问题。我们现在正在做一个真实世界的回顾性研究，有近10万例，已经分好了条目。就想看一下，对于幽门螺杆菌的治疗，有了中医中药的参与，疗效是不是会提高。目前西药治疗有大约30%的人不能首杀成功，对这部分人看看中医中药有没有作用；对于杀菌成功的患者，看看中医可否把不良反应降到最低。单纯用中药来治疗幽门螺杆菌的话，目前没有找到好的方法。

刘　奇：对于肝病，患者大部分都会口苦，大便干，很容易上火……您有什么见解？

杨家耀：就肝病来讲，随着疾病谱的变化，现在新发的肝病大部分都是脂肪性肝病，因为卫生防疫的进步，丙肝和乙肝发病越来越少，这与世界卫生组织 2030 年消灭病毒性肝病的目标有关。我们认为脂肪肝的病因就是水谷没有得到运化成为气血，从而形成了痰浊，这种痰浊可能停在肝脏，可能停在胰腺，也可能停在脉管……治疗目的就是把痰浊去掉。我们用温化的方法，在治疗过程中，可能连带着把其他代谢性疾病也治好了，包括痛风、高尿酸血症……对于痛风性的结石，这个可能有别的原因，治疗起来有难度，但是对于高尿酸血症，用温化的方法往往可以使尿酸下降。为什么要温化？和发病原因有关。痛风性关节炎什么时候发得厉害呢？受寒，吃了寒凉食物，比如海鲜、啤酒、绿茶等，是体寒阳虚的表现。这类患者不可以饮酒，酒性辛散，容易耗散中阳，从这个病机出发，顾护中阳，疗效还是很好的，在治疗的过程中，一举多得，往往还给患者减肥了。2018 年在湖北省消化病年会上讲了一个专题《脂肪性肝病——从临床到实验》，就是介绍这个项目。

　　刘　奇：那今天就到这里，非常感谢杨老师。

运脾贯目，输精归明
——叶河江教授访谈实录

【专家简介】

叶河江，男，1969 年 12 月出生，河南省南阳市人。研究员，博士研究生导师。第四批全国中医临床优秀人才，四川省名中医，四川省有突出贡献优秀专家，四川省卫健委领军人才，四川省中医药管理局学术和技术带头人。从事中医眼科临床工作 30 余年，擅长难治眼病中医诊治，经验丰富，造诣深厚。

刘　奇：很高兴今天能够访问成都中医药大学叶河江教授。叶老师您好！您能不能谈一下您对土、脾胃、中焦的认识？

叶河江：脾胃位于中焦，为人体气机升降之枢纽，脾胃在五行里属土，古代医家认为"水为万化之源，土为万物之母"，可见五行中土的作用非常重要。在中土的斡旋下，金、木、水、火四行围绕着中土，共同完成人体生命的气化过程。气机的升降和脾胃的受纳运化功能正常使人体五脏安和，肝、心、脾、肺、肾能够正常发挥生理功能。脾土为后天之本，气血生化之源，有运化水谷精微的功能。脾还主统血，统治全身血液的运行，胃与脾相表里，胃主腐熟和受纳水谷。另外脾胃在中央，为脏腑之中轴，脾气的升清和胃气的降浊功能对人体气机的升降也是非常关键的。

眼科对脾土的功能有独特的认识，脾土在眼疾的发生、发展及在治疗上的作用举足轻重。眼睛是人体上焦重要的窍道，清阳之气的上升使眼睛能够明视万物，脾的升清功能可使眼睛真气充沛。脾主肌肉，眼球有六条眼外肌，眼睑上还有上睑提肌，眼科中眼睑闭合不全、眼位偏斜的患者很常见，比如风牵偏视，是由于支配眼球运动的神经及眼外肌骤然出现麻痹——中医多从脾主肌肉这个角度来思考。小儿中也有很多因脾土虚弱而导致的常见眼病，比如小儿针眼或频繁眨眼，在临床上也是从清热理脾或者是健脾益气角度来调整脾胃的运化功能，由于脾主肌肉，脾胃功能恢复正常后症状便得到缓解。另外，五轮学说中上、下胞睑属脾，因此临床上通常将眼睑的疾病定位为脾土，所以眼睑相关疾病，比如眼睑疖肿或胞生痰核均可从脾土角度出发着手治疗。临床上很多眼底病，发病部位涉及黄斑部时，通常表现为视力下降。按照中医眼科名家陈达夫教授的观点，黄斑位于视网膜的中央，属中土，因此常常从脾土的角度论治。针对黄斑水肿引起的视力下降，辨证时经常会用健脾利湿、凉血化瘀等方法来治疗，临床效果往往较好。脾土位于中焦，《灵枢》认为中焦"此所受气者，泌糟粕，蒸津液，化其精微，上注于肺脉，乃化而为血，以奉生身"。中焦如沤，指的是中焦腐熟运化水谷，化生气血。眼睛之所以能明视万物有赖于真精、真血、真气的充沛，精气、精血稍有亏损则目视不明。《脾胃论》有"脾胃虚则九窍不通论"，脾胃虚弱在临床上眼科可表现为视觉障碍，所以有些病可从健脾益气的角度来保障眼睛明视万物的物质基础，保证真气、真精、真血充沛，使眼睛发挥正常的视觉功能，因此眼科临床上非常重视脾土的功能。

刘　奇：有一些患者表述眼睛看不清、雾蒙蒙，就好像有水一样，这样的表述是否提示要化湿利水呢？

叶河江：你说的这种情况可以举个例子，比如中医所说的视瞻昏渺，患者自觉视力下降，视物昏蒙不清，但视力下降程度较轻，这时候我们就会做一些检查来确定病变部位是否位于黄斑部。又比如年轻人比较容易得的中心性浆液性脉络膜视网膜病变，通常会引起黄斑水肿，出现视物变形、变色，这时候我们在临床上最常用的处方就是五苓散加减以健脾利水渗湿，有很多患者服药后黄斑水肿慢慢消退，视力也逐渐恢复。这些都是从脾土中焦、人体的气血津液方面进行考虑，与眼科明视万物的物质基础是密切相关的。

刘　奇：可能患者的眼睛一好，水湿消退了，头胀痛这种感觉也会减轻。

叶河江：对，因为中医眼科强调眼与五脏六腑的关系。《黄帝内经》曰："五脏六腑之精气，皆上注于目而为之精。"眼睛明视万物的物质基础来自五脏六腑的精气，而精气的运行又与经络的沟通息息相关，这样眼与整体就紧密联系在了一起。我们在看病的时候除了关注眼睛局部的表现，比如五轮、眼底的病变状况以外，还要四诊合参，观察全身的症状。比如我经常遇到一些眼部不适的患者，会发现他们的脾胃也出了问题，或伴气血亏虚，或气机郁滞，这个时候我就会从中医脾土的角度来辨证论治，兼顾他证，这样不但患者眼部的疾病得到治疗，全身气血阴阳偏衰的情况也得以缓解。

刘　奇：文献报道中说到眼诊，就是用眼诊诊疗疾病，包括眼针，把八卦图放在眼睛上来分析，您对这些怎么看？

叶河江： 你看我桌上的这个机器，它是一个 5G 的设备，是用于"互联网+"的社区人群健康筛查管理设备。它能够根据我的专业特色，结合中医的望闻问切四诊合参的信息，再加一个眼底照相机，将中医四诊和眼底视网膜的信息通过现代互联网技术收集在一起，并将这些信息传到我的手机上，同时还可以进行视频。这样社区在慢病管理筛查的时候，我就能远程获得四诊信息，基本上就能判断患者的体质、眼底情况，了解是否有高血压、糖尿病等慢性病，判断需不需要及时干预，通过整体评估后我们可以给患者提供建议，或者可以通过这些实时的信息，给社区患者开处方，这样就能实现远程的慢病管理。

刘　奇： 我们刚刚也聊到用五苓散来解决水湿的问题，说到湿，它应该也是有生理病理之分，从中医角度来讲，水液代谢有津、液、湿、水，您能不能简要谈一下不同的生理和病理状态对中土的影响？

叶河江： 湿邪有内湿、外湿，《素问·五运行大论》提到："中央生湿，湿生土，土生甘，甘生脾……其在天为湿，在地为土，在体为肉，在藏为脾。"所以脾属于湿土，湿气通于脾，脾主湿，土湿能滋生万物，脾润能够长养脏腑，脾主湿而恶湿。脾位于中州，脾阳容易亏虚，阴气易盛，所以阳气虚以后胃气失常，脾气虚鼓动无力，导致脾失健运，体内湿邪滋生，就是气血津液代谢失常形成的内湿。湿邪形成后会停留在体内各个器官，由此产生相应的疾病，这便是《素问》里提到的"诸湿肿满，皆属于脾"。湿邪伤脾，脾失健运后就表现出一系列的症状，我们平时所说的脘腹胀满、纳呆、头痛如裹、痰饮水肿等都跟湿邪有关系，还有眼科常见的眼睑、结膜、角膜水肿，眼底视网膜、视神经水肿，我们都认为它跟脾主湿的功能失调有关，所以这种水肿我们通常会用健脾利湿、运脾化湿的方法来治疗。

刘　奇： 您认为补土代表医家都有哪些？

叶河江： 古代有一些医家非常重视通过脾胃论治疾病，现代人根据古代这些医家的经验和理论特点进行总结梳理，形成了一个特色流派，即补土派。补土派的学术思想萌生于古代哲学，诞生于《黄帝内经》，张仲景的《伤寒杂病论》非常强调脾土的重要性，特别重视预防脾胃的损伤，"见肝之病，知肝传脾"，强调调理脾胃的重要性。到了李东垣时期，《脾胃论》的诞生标志着补土派的形成，他认为脾胃是元气之本，升降之枢，要补元气必须调理脾胃，并提出"百病皆由脾胃衰而生"，强调脾胃对疾病非常重要。明代的张介宾强调脾胃与其他脏腑相互依赖、相互影响的整体关系，明末清初的李中梓明确提出"天之本在于脾，脾为中土，土为万物之母"。后世的傅山以妇科病见长，他提出治后天以调先天，所以在临床治疗上，他非常强调在补益肝肾的基础上通过健脾来协同增效。清末的王旭高擅长治疗肝病，从肝论治脾胃的疾病，实际上也是对补土派的完善和丰富。因此补土派最具有代表性的应该是李东垣，他是补土派代表，他在《兰室秘藏》中说"夫五脏六腑之精气，皆禀受于脾，上贯于目。脾者，诸阴之首也。目者，血脉之宗也。故脾虚则五脏之精气皆失所司，不能归明于目矣"，指出了脾胃对于眼的重要性。后世医家在临床诊疗过程中也因此运用补土派的理论和观点来治疗专科疾病。现代中医也非常重视调理脾胃，特别是由于工作和生活压力大、饮食结构等问题，导致很多人都有脾胃病，现在发病率很高的糖尿病，也与脾胃损伤、饮食有关系。糖尿病最早损伤脾胃，继而耗伤气血津液，所以糖尿病早期就有典型的阴虚燥热的表现。由此可见，现在很多疾病实际上与脾胃失调有密切的关系。

刘　奇：近现代的医家您认为哪些具有补土思想，他们中有哪些代表人物？

叶河江：近现代的扶阳派，喜欢用大剂量的附子来温阳，实际上温阳也包括温脾阳，而其他各个流派里面也有应用到补土的思想。另外还有一些医家治疗疑难杂症习惯从脾胃着手，有一些案例就是使用补中益气汤或升阳益胃汤来治疗疑难杂症，认为疾病的症结在于脾胃的枢机不利或升降失调，从这些角度来论治疾病。实际上现代很多医家都以补土立论，临床上很多医家的用药都非常重视脾胃，把补土的理论运用到专科里，从各个专科疾病特点来理解变通。

刘　奇：刚才您提到扶阳派，您如何看待现在中医诸多流派的学术思想？

叶河江：实际上中医的各个流派是在长期实践过程中根据各个时期疾病流行性和发病特点，在临床用药时逐渐形成的。中医流派是中医发展到一定阶段的产物，不论是什么流派都会在发展过程中不断地调整，不断地发展变化，不断地有新的理论被提出，来适应它所处的历史时期对疾病治疗的需要，所以它是在长期历史传承中形成的学术思想，是中医学术传承和发展的一个形式。由于学术思想、研究方法的不同，以及环境、历史、文化方面的差异，不同地方形成了不同的学术流派，比如四川有川派中医，广东有岭南中医，北方有北派的中医，不同地域的流派有不同的产生摇篮。正是这些不同流派的学术思想在碰撞和争论过程中，共同推动了中医学术和中医学理论的发展。中医学理论百花齐放，百家争鸣，使得我们行业可以吸取不同流派的精髓，从而丰富自己临床诊疗的经验。由于每个人专业不一样，因此在临床诊疗时通常会吸取其他流派的思想，在我们这次的学习"第四批全国中医（临床、基础）优秀人才研修项目培训班"中，碰到很多其他临床专业的医生，他们在临床诊疗过程中会遇到与眼睛相关的疾病，通过对眼科疾病的了解，结合自身特长，在临床治疗疾病的时候就会提高疗效，不仅能治疗眼睛的疾病，还能缓解全身的症状。比如某个医生擅长调理脾胃，临床上遇到一些由于脾胃功能异常而导致的眼科疾病，学习从眼科的角度该如何思考，如何辨证。实际上中医的证候是比较复杂的，抓住疾病的本质，进行正确辨证，才能达到很好的治疗效果，才能解决单一治法很难解决的问题，比如我们临床上经常用的补中益气汤、五苓散等，这些方子往往在解决眼科疾病的同时，对其他疾病也能起到治疗作用。

刘　奇：您如何认识中土思想的历史学术变迁?

叶河江：补土派的学术思想有它自身发展的历史脉络，从《黄帝内经》到仲景，到东垣，再到明清……在这样的发展过程中逐渐形成其特色的理论和经验，现在的学术界通过传承补土派的精髓，在临床上融会贯通。《黄帝内经》对中土理论的阐述是补土派理论基础的代表，到张仲景强调要保护胃气，再到李东垣提出"内伤脾胃，百病由生"，对后世的影响非常深远。明清以后名医辈出，中医理论也得到了极大的发展，补土派的传承由于历史原因在明清以后出现了断层，然而补土派之思想却无时无刻不贯穿于其中，不论是温阳派，还是擅用虫类的、重视肾的，或是重视升降的医家，都运用了补土派的思想。虽然现在很多流派不明确提倡补土，但也有补土的思想贯穿在其中，因此补土思想值得进一步深入挖掘，比如说运用现代的计算机技术，通过搜集并解读古代不同流派医家的医案，梳理出不同流派的医家是如何应用补土派思想来治疗自身所擅长的病种。

刘　奇：您也发表过一些个案的报道，您从少阴的角度论治视神经炎，用麻黄附子细辛汤加减就把这个病治好了。我看其他一些伤寒医家的专著，也有用麻黄附子细辛汤治疗暴盲的经验，对这些您是怎么思考的?

叶河江：麻黄细辛附子汤治疗暴盲，最早是眼科陈达夫先生的经典案例。患者是一个农村的妇女，在一个酷暑天冒雨过河，之后眼睛就突然看不见了，陈达夫先生用的便是麻黄附子细辛汤，患者服药两三剂后视力便恢复了。现在回顾这个案例我们可以知道，该患者所患的是急性视神经炎，发病部位是目系，而足厥阴肝经的本经直接与目系相连，一旦邪气侵犯了足厥阴肝经本经，便会影响到目系，同时肝肾同源，少阴肾经也受波及，导致视神经炎的发生。因此中医认为该病是感受外邪，直中足厥阴经，导致目系受阻，引起骤然的视力下降，所以感受外邪是急性视神经炎的发病特点，现代医学也发现急性视神经炎很多都是在感冒后发生。所以对急性视神经炎的治疗，如果符合厥阴目系的疾病特征，符合麻黄附子细辛汤的主证，便可以应用麻黄附子细辛汤来治疗，往往能获得很好的疗效。

刘　奇：我最近治一个眼科男性患者，患者说他看东西有一个区域是黑色，检查是左眼轻微黄斑区视网膜前膜形成，不完全玻璃体后脱离；右眼黄斑区视网膜劈裂，视网膜前膜形成，板层裂孔形成。我考虑患者还是有瘀的，您治疗这些病的时候会从癥瘕这个方面来考虑吗?

叶河江：他现在视网膜上出现一些膜状物或者条状物等，从中医的角度来讲是形成了有形之物，可以从癥瘕积聚的角度来考虑，此时多用软坚散结的药物，希望能够促使其消散。回到我们前面说的，这种类型的疾病，临床上有很多原因，比如脾胃运化功能失调，导致痰浊瘀血形成，进一步形成眼底视网膜的膜状新生物、条状物或渗出，形成我们常说的癥瘕积聚，此时调理脾胃是一个基本的原则，在健运脾胃的基础上加用软坚散结、活血化瘀、化积消滞的药物，脾胃健运之后，痰浊等有形之物得以消散。

刘　奇：您会用到虫类药来加强活血的力度吗？

叶河江：对，会根据情况来用。中医眼科非常喜欢用虫类药，原因是视网膜上有很多血管，属于人体末梢的小血管，从中医经络角度上来讲属于孙络，这些络脉非常细，要想让药物抵达，有时候需要用到一些虫类的药物来通络，使药力得到增强。然而有很多眼底疾病是比较难治的，特别是想要通过口服药物来对眼底的血管产生作用，因为中间需要经过很多环节，所以临床上为了增强疗效、缩短病程，我们会用一些通络、息风止痉的药物，有时候会用一些破血逐瘀的方法，但是破血逐瘀的药物容易导致出血，因此在使用这些药物时要根据疾病的特点，谨慎用药。

刘　奇：活血的度很难掌握。

叶河江：对，中医眼科非常重视度，并不是什么情况都可以活血化瘀，比如是糖尿病视网膜病变，如果活血化瘀药的剂量大了，就容易引起玻璃体积血，导致无法视物。有时候患者在治疗其他疾病过程中使用了大量活血化瘀药导致看不见了，我们通过辨证后通常会把活血的药全部停掉，再用凉血止血或者是益气摄血方法先把血止住，止住血后再试着活血，根据疾病发展变化情况进行调整。所以中医治疗这些出血性的疾病，有一些规律——比如眼底的血证，我们往往强调早期刚出血时以止血为主，这个时候不能活血，等出血到中期阶段，比如说一星期或者半个月后，可以试着用活血化瘀的药，但需要控制好力度，力度太强可能导致重新出血，但活血又是必不可少的，活血才能散血，因此这个度要把握好。

刘　奇：您选用药物的时候是不是会选用一些同时具有活血和止血功效的药物，比如三七？

叶河江：对，有时候会用一些三七粉来止血和活血。我还喜欢用蒲黄，生蒲黄有止血不留瘀的特点，同时还有一定的活血作用，蒲黄需包煎。当然还有其他的药物，比如益母草、藕节或者是二至丸，需要根据病情的发展状况调整，如果病情稳定，可以试着逐渐加一些温和的活血药物，看患者服药后的情况再调整处方。

刘　奇：眼病往往有血瘀，又有水，这些您怎么看？

叶河江：所以眼底的检查对我们的辨证有非常重要的作用，眼底照片拍出来有没有出血我们一目了然。

刘　　奇：那您对伤寒、内伤、温病与中土的关系，是怎么理解的？

叶河江："内伤脾胃，百病由生"是补土派非常重要的一个理论精髓，是对脾胃的生理功能、病理特点的高度提炼。伤寒的发病原因包括内因和外因，而《伤寒论》中"保胃气"的思想贯彻始终，不论实证、虚证都很重视对脾胃的保护，恢复中土的运化功能，人体才有驱邪外出的能力，才能起到标本兼治的作用。温病学说是在中医历史发展过程中产生的，温病里面最常见的便是湿温，古代医家认识到很多病的发病与湿温有关，脾胃的盛衰是湿温发病后湿化、热化的关键因素，而中焦湿热是邪正相争非常激烈的阶段，在临床上也是治疗的关键环节。所以温邪内结，阳明腑实，劫耗津液，可有阳明温病的诸多表现，治疗上强调清运脾胃，同时也非常强调保护阴津，"留得一分津液，便存一分生机"，因此常常用甘平、甘凉之药来养护胃阴，从而促进脾胃运化功能恢复。不论是伤寒、温病，还是内伤杂病，其发病都离不开脾胃，因此保护脾胃十分重要，脾胃功能正常，才能维持人体正常的生理状态，所以无论什么流派，都强调对脾胃的保护。

刘　　奇：我在临床上遇到一个患者，他看东西是斜的，但一紧张、集中精力，视物又正常了，放松下来就又不行。

叶河江：这是间歇性斜视。

刘　　奇：这样说恐怕您不好分析，我把他的视频给您看一下——50岁左右男性，肤色黯黑，体型壮实，放松状态下左眼球向外歪斜，视物稍许模糊，看东西盯久了就看不清楚，看远处也不行。舌红，有裂纹，苔黄厚。纳眠可，无心烦，二便调。他从10多岁开始眼睛就斜视，一集中精神就正常，一放松又斜视。这种情况您怎么辨证？

叶河江：西医诊断是间歇性斜视，注意力集中的时候他的眼睛位置是正的，要是一放松，注意力转移以后眼睛不自觉就斜了，临床上有不少这样的患者。这种情况从发病特点来看还是与脾有关系，意识、思维、注意力集中的程度其实跟我们的脾胃息息相关，中医认为脾藏意，脾主思，这个意和思实际就是我们人体的意念、思想。这种情况需要验光，看需不需要戴眼镜，或者通过手术调整眼球位置，此时要根据检查结果来决定，这是西医的处理方法。中医方面，像这种患者，有明显的舌苔厚腻，舌稍红，肯定是要从调理脾胃的角度来入手，通过健运脾胃，祛除湿邪；另外，该患者可能有心理、情绪方面的问题，所以有时候也要用一些养心安神或通络开窍的方法来辅助治疗。往往这类患者在意识到自己的情况以后会在生活中非常注意，在大庭广众之下强调自己要集中注意力，因为一分散注意力或者开小差，眼睛就会斜到一边去。脾除了主运化以外，在调节人的精神意识、思维活动上也非常重要。

刘　　奇：所以这个就需要专科辨证，问他情况——吃得好、睡得好，没有任何不舒

运脾贯目，输精归明——叶河江教授访谈实录

服，只有眼睛的问题，如果不是专科，就比较难辨证。我这个患者用过很多方子但效果就是不好，您会考虑用什么方子？

叶河江：结合这个患者的舌苔和面相，体型比较肥胖，提示有痰湿，舌质还有点偏红，提示内有热邪，那么从中医辨证方面需要化湿。

刘　奇：他最开始是来看鼻塞的，没想看眼睛的问题，他的鼻塞治好了，用的麻黄附子细辛汤，我就想捎带着给他治眼睛。

叶河江：首先可以从脾主肌肉方面来考虑，其次从眼睛斜视的角度上来看，中医认为是风邪牵引，风中经络，可以用活血通络息风等方法来治疗，当然这个病的特点是注意力一分散的时候就会眼球偏斜，重影、复视、视物一分为二，中医称"视歧"，那么我们就要考虑能不能尽量让患者的注意力不要分散。同时，这个病还与脾气散精的功能有关，所以通过健运脾胃，使得精气充沛，可能出现"视歧"的情况就少一点。

刘　奇：现在小孩子近视非常多，您怎么看？

叶河江：现在很多小孩子近视跟生长发育、后天的喂养、饮食的偏嗜有关，体质差、营养过剩、偏食都是相关因素。小孩应该活泼健壮才行，但很多小孩比较瘦弱，个子不高，发育不好，所以我们预防近视的一个关键就是多参加户外活动，增强体质。从后天发育来考虑，脾为后天之本，所以调理脾胃也是一个很重要的方向。

刘　奇：现在几乎全国人民都做过眼保健操，但是做了还是近视，您看有什么穴位可以普及一下，没事按一按、揉一揉，可以缓解眼睛的压力。

叶河江：眼保健操是一个方面，从中医上来说眼保健操的穴位是局部取穴为主，现在新的眼保健操也有包括脚部和头部穴位按摩，但是从根本来讲，还是经络通畅、气血充盛，才能使眼睛得到真精、真血的濡养，而且选择穴位要根据患者的体质、机体的状态来进行个性化的定制，需要进行辨证。眼与肝的关系密切，中医往往认为近视是由于肝肾不足，所以补益肝肾也是一个很好的方法。可以选取眼睛周围的穴位，如太阳穴、睛明穴、攒竹穴，还可以选取百会穴、足三里、肝俞、肾俞等具有强健作用的穴位。

刘　奇：您有没有用某些药或某些方的临证感悟经验，而这些就是书本上没有的？

叶河江：这个要去临床上积累，特别是通过这次"优才"学习以后，发现以前对其他科的理论、用药的特色精华关注较少，跟这些同道交流以后我发现他们治疗某一科疾病的特点，可以结合起来用来治疗眼科的疾病。比如女性得了眼病，来的时候除了检查眼睛器质性的问题以外，同时我还要问一下妇科经、带、胎、产问题，有时候我会直接用一些调经的处方，比如逍遥散加减来治疗，在这个过程中结合眼科的特点，眼睛局部的表现，比如根据五轮学说，有水肿时可以用健脾利水的方法，有渗出、包块时可以用一些化痰的药。中医眼科一个很大特点就是非常重视整体观，而这恰恰是西医学的不足，西医眼科往往比较重视手术方法，但一部分患者做完手术后不满意，视力恢复不好，或者是还有其他疾病引起的问题，中医可以综合多个方面辨证论治，从多个角度来降低疾病发生的风险。

刘　奇：好的，今天的访谈就到这里，感谢叶老师！

培土以活化五行，安土以调和五脏
——余绍源教授访谈实录

【专家简介】

　　余绍源，男，1940 年生，广东省惠州市人。教授，博士研究生及博士后导师，主任中医师。第三、五批全国老中医药专家学术经验继承工作指导老师，广东省名中医，享受国务院政府特殊津贴专家。"竭力磨砖祈作镜，诚心点石欲成金"是余绍源教授行医的座右铭，他从医六十余年，主张"崇土说"，推崇"培土以活化五行，安土以调和五脏"，擅长治疗消化系统疾病。

　　陈　　延：以前跟师的时候，曾经请教过您如果我们想学习脾胃病的话看哪本书比较好，您给我们推荐的第一本书就是《脾胃论》，但是李东垣的补土理论在现代的分歧还是比较多的，毕竟该理论的传人并不是很多，《脾胃论》也比较难看懂。您觉得李东垣《脾胃论》中的补土理论中的"补"指的是什么？"土"指的又是什么呢？

　　余绍源：对于这个问题，我们先从学习脾胃理论的医务工作者的角度讲起。尤其是我们中医，要把土的意思理解清楚，也就是要明白李东垣为什么要提出补土，土在中医当中有着怎样的地位。土就是万物所化生的地方，生长收藏皆在土，所以老子《道德经》云："道可道，非常道。名可名，非常名。"其第一章就讲了这个问题，"众妙之门"，混沌初开，一有天地，就由地承载万物，因此万物包括动物、植物皆在土中蕴藏，木由土而生，而金也是土之所生，像金、银、铜这些金属就是从土而来。火，其实也是从土里出来的，因为我们现在的石油气、天然气等都是从土里开发出来的。还有水，在第八章里经常提到的"上善若水，水善利万物而不争"，且"处众人之所恶"，居别人所不喜的地方，它都去了，所以水之激荡，做出很多有益于人类的贡献，但是它靠什么存在呢？也是靠土。"夫唯不争，故无尤"，"无尤"就是没有错误的意思。水不争，唯有向下就没有错误的地方，所以水就要靠土去承载它向下，水能下方为海，所以土对水发挥承载作用，因此土是万物所生，同时也是万物所归。无论什么东西终究归于土，人死了化成灰亦要归土，以前强调归土，现在更强调归土，一切归于土，所以万物所生，万物所归，土对人类的重要性就体现在这里。另外，"人"字怎么写？"生"字怎么写？"生"就是一个人躺在土地上，因此人依靠土地就生了，也就是说人离开土地就活不了，所以人离不开土，万物离不开土。从五行来讲，脾胃为土，关于土，《黄帝内经》提到"饮入于胃，游溢精气，上输于脾，脾气散精，上归于肺，通调水道，下输膀胱"，这就是整个代谢过程。最重要的环节就是土变化为人类的"三奇"，即精、气、神。精和气（氣）结构中均有"米"字，说明通过脾胃消化食物中的米，变成精，变成气，精和气相合即为神，一个是物质基础，一个是无形的功能基础，所以脾胃在人体生理功能中占据非常重要的地位。所以，我们先谈谈土。土处于中间的位置，它发挥的主要功能为升降和出入，"出入废则神机化灭，升降息则气立孤危"，通过升降则神化，所以土跟升降出入均有关系，均影响到精气神的变化，这就是我们为什么要强调脾土的重要性。无论在天地自然间，还是人体，脾土都十分关键。

陈　　延：我觉得您说的十分有意思，您讲的土是基于中医五行去认识的，这是非常重要的观点。

余绍源：对呀，因为土居中，其他四行金、木、水、火都是由土而化生出来的，所以有人主张治病要"执中央而运四旁"，就是这个意思。

陈　　延：我们现在存在一个困惑就是，补土理论实际上是出自《中医各家学说》这本教材的，首先李东垣没有自认为是补土派，但是他的理论体系是以补土为主的，而中华人民共和国成立后用得最多的术语为脾胃学说，脾胃学说和补土学说是一回事吗？因为现在很多文章都强调基于脾胃学说的认识。

余绍源：我是这样看的。脾胃学说和补土学说从治疗战略的角度上说都差不多，但是从范围上讲，它们分道的变化就大了，已经是两回事了。因为补土学说只讲了其中一部分，脾胃学说所涵盖的范围比较广，而补土学说的范围比较狭窄。原因很明显，土应该包括两个方面，一个是脾土，一个是胃土，我们不能只讲脾土而不讲胃土，补土应该包括脾土和胃土。我们知道，脾是湿土，胃是燥土，从张仲景开始，他基本把脾土和胃土分得很清楚了，因为《伤寒论》中讲"阳明之为病，胃家实是也"，说明阳明病是一种实证，不是虚证，而且是实热证，而脾病，仲景讲得很清楚，"太阴之为病，腹满而吐，食不下，自利益甚，时腹自痛，若下之，必胸下结硬"。这个便是很典型的虚寒证。所以治胃土，应该要泻，治脾土应该补托，即温补；一切治胃皆宜寒下，通下。所以在《伤寒论》中关于下法的大承气汤，就有19条，而《金匮要略》有10条关于大承气汤的条文，其中有7条要急下，也就是不能再拖延了，要急下，说明胃土不能补。所以从这个意义上来说，脾胃学说应该比补土学说全面，补土派主要针对脾的，《黄帝内经》将土分为"敦阜之土"与"卑监之土"，"敦阜之土"中敦阜是多余的意思，因此宜泻之，宜平之；"卑监之土"中卑监是不足的意思，因此宜补之，宜温之。这是大的原则。你一看好像是不管什么情况，都要补，也就是要以补为宗旨。其实李东垣也并非全都主张补土，比如治胃病也不会用补脾的方法，像枳术丸也是他用的，也不完全补，以消为补，不过他的一个重大的贡献是补脾、补气和升提的药同时运用，用升麻升提阳明之清气，用柴胡升提少阳之清气，以提升经气，使得经气不会下陷，这是我们之前没有看过的方法。

陈　延：您刚刚提到一个很重要的观点，升麻可以升提阳明之清气，能达到什么目的呢？

余绍源：这就是李东垣学术的一个特点，他为什么要用补中益气汤呢？为什么补中？为什么升提？他有他的理论，他觉得脾胃位于中焦，如果清气下陷，那么邪气则上升，占据了中土，因而生病。所以要补中气，把清气升上来，使邪无窃居之路，这样就可保持脾胃功能正常。

陈　延：李东垣的著作里面，比如补中益气汤中，方名和药物组成相对应，为补中益气的作用，但是有一些方如升阳补气汤中并没有补的药，而是升麻、防风、柴胡等向上走的药物，是不是李东垣认为的补和我们现代人认为的补并不是同一个概念呢？

余绍源：对。都是升清气的作用。柴胡、升麻在补中益气汤中也有，只有升清气的作用，清气上升了，浊气就不能侵犯了，所谓正气与邪气不两立，所以他的意图是恢复气机的流动，不是单纯补气。

陈　延：关于土，您讲得非常详细，但是我对于补的概念还是比较模糊。如果我们现在要研究或者学习李东垣的东西，对补的界定是怎样的呢？比如说我创一个方子，这个方子算不算是补土，或者补脾胃的方子？您觉得应该怎么去界定呢？比如四君子汤或者补中益气汤，可以清楚地认为是补土的方，但是李东垣有些方子中的补药并不太多，虽然方名上有提到补，但药物组成并不太相符。近现代认识的补，是以补益法为主，但是李东垣的补好像又不完全局限于补。

余绍源：对，你提这个问题我有同样的看法。所谓补土，不一定是补得很厉害，我们用参苓白术散，我觉得这个方比补中益气汤好，对腹泻来讲，补中益气汤反而没有效。因为李东垣所处的时代为金元时期，社会比较动荡，士无适所，百姓不知道怎么去生活，到处流浪，因此劳困伤脾，忧思伤脾，饥饱伤脾，所以造成的疾病多数为脾气不足的情况，脾气一伤，诸病由生，就是由此产生的。当时社会就是这个情况，所以李东垣根据脾气不足这一情况，发明了补中益气汤。其实补中益气汤不单只补脾，它还有升阳、升提的作用，所以此方有一个作用为甘温除热，这个就不是一般补脾可以达到的目的了，而是用升阳的办法。

陈　延：升阳的办法算不算补土呢？如果我们创的一个方子里没有黄芪、党参等算不算补土呢？

余绍源：这个就要看你针对的是什么病了。如果中阳不足用理中汤补脾阳，算不算补土呢？但是这个方也不能代替补中益气汤，因为它没有升阳的作用。关键要视具体疾病来决定。

陈　延：刚好您讲到"病"这个概念，我们要对补土派继承和研究，您觉得在临床上哪一类疾病或者哪一些疾病比较适合用补土去解决呢？哪一些又不太适合呢？

余绍源：这个就关乎补土派的研究范围了，是非常重要的。补土应以补脾土为主，因为与脾土有关的病偏虚寒的比较多，正如我上面举的脾土虚寒的例子。如果我们把这些病例局限在这些地方，可能比较好。

陈　延：您讲的这些关于脾土的病是中医的病名还是西医的病名？

余绍源：当然是中医的脾土。

陈　延：脾土涉及的范围很广，妇科、儿科都可能涉及。

余绍源：你可以理解为脾胃病，比如腹痛、腹泻、便秘，在中医来说属于脾土系统的病，而不是单单是妇科、儿科中的脾胃病。

陈　延：现在妇科、心理科等都在研究补土的方法，您怎么看？

余绍源：无论是妇科还是心理科，他们都有自己研究的特殊病种范围，这与我们内科研究的脾虚等范围有所不同。内科的补土方法针对脾寒方面比较好。

陈　延：邓老（邓铁涛）提出五脏相关理论，他在心脏疾病的研究中也用到脾土的理论，我们只研究消化系统方面的疾病吗？

余绍源：当然是只研究消化系统方面的疾病，刚才讲了，土具有济中央而运四旁的作用，其他系统的病我们可以研究，但没有必要。

陈　延：您的意思是作为内科的中医，或者说消化科的医生，我们主要是要去研究脾土虚弱为主的疾病，这样效果会更好。还有一个问题，有些专家提出，土是基于五行的观点，脾胃是基于脏象的观点，层次不同。您刚才说，脾胃学说有讲脾的，也有讲胃的，可能是偏于补脾为主，这是一个共识性的东西，但是也有专家提出，脾胃有时候不仅仅只是指脾胃那么简单，或者不仅仅是脾那么简单，还包括了其他跟五行相关的东西，比如五色五味等。这与刚刚您讲的脾胃学说包括脾和胃，而补土只有脾或者以补脾为主的观点有什么不同？您怎么看待这个问题？

余绍源：广泛的问题肯定要牵涉到脾土和胃土，所以如果我们研究补土，就把重点放在脾土方面，以前广州中医药大学脾胃病研究所只研究脾虚证，为什么不研究其他呢？这是因为补土的切入点就是脾土，这样补土才有效。如果研究补土能治疗胃土的疾病，也未尝不可，这就要看个人能不能创造这个可能了。

陈　延：请谈一下您个人的学术吧。在跟师的时候跟您学了几个很出名的方子，比如复元汤（黄芪、党参、白术、砂仁、陈皮、木香、半枝莲、白花蛇舌草、蒲公英、三七粉、谷芽、麦芽）、久泻抚肠丸（党参、白术、干姜、补骨脂、煨肉豆蔻、苍术、草果、神曲、山楂炭、乌梅、石榴皮、炙甘草）等，我们在临床使用时的效果非常好，您当时是如何创出来的呢？可以与我们分享下思路吗？

余绍源：我当时也是从治脾土的方子拓展的。以复元汤为例。胃病久了，发展到萎缩、肠化生、不典型增生，病程日久，一方面久病伤脾，另一方面有幽门螺杆菌的感染。最初可能就是胃土的问题，胃土湿热，感染幽门螺杆菌的可能比较大，病久之后就不单只是功能的问题，而是已经出现了器质性病变。所以我考虑这个阶段一为脾气虚弱，二为湿热内蕴（瘀毒内蕴），考虑的治疗方法应为补脾益气、清热解毒、化瘀，所以以香砂六君子汤为底方、加黄芪作为君药，另外加半枝莲、白花蛇舌草、蒲公英等清热解毒，因为这时候已经寒热夹杂、虚实并见，所以前面用了些补气药，后面用清热解毒药，也就是现代讲的抗癌抗异型增生的药物，再加上三七等活血化瘀，组成了这个方，临床效果还不错，很多患者服了这些药复查胃镜后显示病理改变逆转。

陈　延：在这个方中，您的组方思路是非常清晰的，治法以益气、清热、解毒、化瘀为主。您为什么会选择用黄芪作为君药，而不是人参？

余绍源：在这个方中，黄芪和香砂六君子汤的组分共同为君药，其实目的是模拟补中益气汤，党参、黄芪一起用。

陈　延：您刚才提到这个方关于解毒的功效，您在临床上会经常用到蒲公英、白花蛇舌草、半枝莲这一类解毒的中药，您怎么理解"毒"这个概念？

余绍源：这个确实比较难理解，瘀热久就会化毒，其他邪气羁留日久是否化毒就很难说，毕竟一般解毒都配合清热法。

陈　延：您是中医院校毕业出来的中医师，站在您自己的角度，您更倾向于将自己定位于科班出身的中医还是有一定学术传承的中医呢？虽然很难区别，但是有些人在临床上会局限于使用教材上的方子，坚信教材上的方子是最合适的，但有些医生会有自己的一些家传、流派或者是习惯用的方子，您如何给自己定位呢？

余绍源：根据我的体会，我们中医有通才，也有专才，通才就是并不局限于某个专长，那些擅长妇科、眼科、溃疡等疾病的是专才。而我们内科多数为通才，在以往的社会条件下，医生没有办法做到专才，因为他们要谋生，不能说某医生是专于什么病而不治疗别的病，患者很多，医生没有办法根据内、外、妇、儿的分科去治病，所以造成医生没有办法成为专才，这么多患者使得医生没有精力去钻研某个方面的疾病。所以我从来不敢讲自己是个专才，但是也不敢讲自己是个通才，张仲景才敢说自己是通才，无论是寒热虚实，都能有方子来对付。李东垣敢说自己是专才，是专门研究脾胃的医生，虽然其他病可能也擅长。我自己学中医学得不好，也不专也不通，这也怪我年轻的时候学中医学得不够好，看书看得不够多。

陈　延：那您年轻的时候看的都是哪一类的书籍呢？

余绍源：我出身中医世家，我父亲也是中医，所以以前说不上博览群书，但一般传统的中医书籍我都有涉猎，比如《医学三字经》《药性赋》《汤头歌诀》等。李东垣的书也读，他写这本书不完全只是补脾，但他确实是专长于补脾，补土是他的特色。

陈　延：李东垣的书并不是特别容易看懂，而且对于补土的思想也比较难找到切入点，如何阅读和研究李东垣的书籍，您有什么经验可以与我们分享吗？

余绍源：我觉得每一个学派都有两个基础，一是社会基础，二是环境基础。像温病派，是明清的时候兴起的，那个时候热性病很多。我们小时候也有很多传染病，西药还没有进口，到了中华人民共和国成立以后才有了青霉素、磺胺等抗生素。以前是没有的，根本没有办法治疗传染病，用伤寒的方子也不行，就逼得医生研究一种新的方法，所以就诞生了温病派。温病派也有自己的理论，卫气营血辨证。伤寒是六经辨证，吴鞠通是三焦辨证用药，所以温病派主张"在卫汗之可也，到气才可清气，入营犹可透热转气，入血直须凉血散血"。这就是它的理论，这就是它的社会基础。如果没有理论上的突破，没有自己的思想，那就没有学术基础，补土派起码要搞出几个方，并且行之有效，否则别人怎么会信奉你呢？一定要有理有方，才能形成学派，这个是很重要的，你们都要在这方面努力。在理论指导下怎么论治和用药，若行之有效，这个学派就成立了。

陈　延：您讲到学派的社会基础，李东垣处于战乱年代，由于居无定所，饥饱失常则容易伤脾，现代生活虽然普遍比较安逸，但是也有一些人晚上熬夜，像年轻人、护士等晚上值班，早上不吃早餐，午餐又不按时吃，这种情况还是有的，对这一类人群可以借用李东垣当时的情况去考虑吗？还是要用新的思路去思考？

余绍源：我的临床经验不多，这就要靠你们以后去研究了。多数与劳倦伤脾、忧思伤脾、饥饱伤脾等有关，如果你发现患者的确有这个症状和病机出现，就可以照这个思路去研究。

陈　延：广东人比较注重保养，但是广东的湿气非常重，您对岭南地区湿的治疗是很有经验的，您觉得对在岭南这边当中医应该如何处理湿与脾胃或者脾土的关系？

余绍源：关键是辨证论治。具体的处理方式不同。湿有内湿和外湿，外湿就是六邪，内湿和脾的关系大，脾不胜湿。所以要根据患者具体的表现。

陈　延：您经常用的祛湿药物都有哪些？

余绍源：解表祛湿，如羌活胜湿汤；燥土宜芳香化湿，如平胃散；清热化湿，如葛根芩连汤，藿香正气散散寒化湿；兼脾虚应健脾，如参苓白术散等。

陈　延：清热化湿的药物偏凉，而广东也有挺多脾虚的患者，那么在处方用药的时候要怎么达到既清热化湿，又可以减少造成或加重脾虚证的可能呢？您有什么好的经验吗？

余绍源：你讲的情况是虚实夹杂，有脾虚又有湿热。若寒热复用，则复进而祛邪，我建议你用半夏泻心汤。因为此方有除痞消满的作用，又有降逆止呕的作用，对胃肠道的湿热起作用，《伤寒论》讲得很清楚："伤寒五六日，呕而发热者，柴胡汤证具，而以他药下之，柴胡证仍在者，复与柴胡汤。此虽已下之，不为逆，必蒸蒸而振，却发热汗出而解。若心下满而硬痛者，此为结胸也，大陷胸汤主之；但满而不痛者，此为痞，柴胡不中与之，宜半夏泻心汤。"肠胃的寒热夹杂，虚实互见，有胀满气痞，呕吐腹泻，肠鸣，下利都可以用这个方。

陈　延：我们没有您这么丰富的经验，想看一些专家的著作去学习中医关于脾胃调治的方法和理论体系，您能推荐一些著作或者专家吗？

余绍源：很多著作都只是部分章节提及这方面内容，并不是专门讲述这方面的，而是像教科书一样把每一个病都列出来，什么病用什么方什么药，也就是说不能给读者信心去用这方去治某一个病。像《类证治裁》《张氏医通》也说不清治哪一个病最好，因为写这些书的人是通才，但是也不能与张仲景的"通"相媲美，而是一般的"通"，没有特色。流派，一定要有特色。

陈　　延：对于我们来说，研究学术流派也是一个工作，作为医生，我们的目的是治病，您觉得我们应该怎样去协调好两方面的工作？因为学术流派也是一个偏向或者说方向，而不是全部，作为年轻的医生，为了解决临床的问题，怎么去解决"偏"与"通"之间的关系？

余绍源：首先要做通才，因为什么都要会。我们读大学的时候为什么要全部都学，就是因为要学得广泛，什么知识你都要知道，但不一定知道得很详细，基础要扎实，基础很重要，一般的东西一定要熟，经典的东西更要熟，基础打好了，也要临床实战。当然有研究方向是好的，但也不应该只看研究范围内的病，与自己研究课题相关的病就去钻研，不相关的就不管，这样也不好。以后有成绩了当然好，但是搞研究不一定有成果。如果基础打好了，在通才的基础上，去研究一个专题，我觉得这样就比较好一点。

陈　　延：好的，非常感谢余主任接受我们的采访。谢谢！

余绍源：不客气。

医中王道，调中补土
——国医大师余瀛鳌访谈实录

【专家简介】

余瀛鳌（1933—2023），男，江苏省阜宁市人。研究员，博士研究生导师。第四届国医大师，中国中医科学院首批学部委员，百名全国名中医，首都国医名师。中华中医药学会医史文献分会名誉主任委员，全国古籍整理出版规划领导小组成员，中医药传承博士后合作导师。

刘　奇：很高兴我们今天有幸拜访余老，余老对中医学术思想造诣很深，我们想请您谈一谈补土的一些问题。

余瀛鳌：我觉得补土实际上谈的就是调补脾胃，《黄帝内经》对调补脾胃就比较重视，提到人以胃气为本。在《灵枢·海论》里面，讲到人的身体有四海，胃为水谷之海，这是明确告诉我们的。我们今天谈的问题有很多要涉及治法，《素问·四时逆刺从论》讲要循法守度，这四个字非常重要，也就是说看病要符合规矩或准绳，一定要符合规矩准绳。当然，我认为医学还是不断发展的，后世又对这个治法有所补充，那就是我们所看到的，历代医案里面治病大多数都是符合规矩的，也有一些属于圆机活法，也就是说同样的一种病，某些时候、某些情况之下，出现的证候又有些和同类不同的，我们的处理就是要灵活圆机，所以叫圆机活法。

《黄帝内经》对温补的治法也很重视。比如温阳健脾等，在很多章节里面都有体现。但是补脾，重视脾胃，脾胃是水谷之海、生化之源，我们谈这个问题就要从中医基础理论，一定要结合临床医学来综合考虑，你谈这个就是要学术理论和临床诊疗密切结合的，是吧？补土派，应该讲在金元时期，有了突飞猛进的进展。这里面我认为最大的功臣有两位，一位是张洁古（即张元素），一位是李东垣，张洁古还是李东垣的老师。张洁古跟刘完素是同时期的人物，张洁古虽然不是"金元四大家"，但是他的贡献非常大。当然，学生胜了老师的也有很多，李东垣就胜了张洁古了。可以这么讲，医学王道的提法，张洁古是一个最重要的人物。当然张洁古著作也很多，比如《珍珠囊》等。

元代杜思敬的《济生拔粹》提到洁古之术，医中王道。其实王道，从古到今都有，但是最突出王道的就是张洁古，他是代表性人物。张仲景、孙思邈等人物，他们其实也是王道，但是当时没这么提。像张仲景用石膏、麻黄的这些方子，应该也算是王道。当然也有特例，比如治疗悬饮、胸水，他用甘遂、芫花、大戟。但是张仲景的主线还是王道，大家都知道，张仲景奠定了辨证论治的基础，伤寒分六经，六经的症状，治疗方法各不相同，从辨证论治角度来讲贡献就特别大。张仲景在《金匮要略》里面既讲辨证论治，又讲辨病论治，比如乌头汤治疗历节，甘麦大枣汤治疗脏躁，茵陈五苓散治疗黄疸。讲猪膏发煎治疗黄疸的原文是"诸黄，猪膏发煎主之"，各种黄疸都用，不像后世有些书里边给它分型了。在《妇人妊娠病脉证并治》中用白术散养胎，妇人妊娠用当归散，安胎用黄芩、白术，这个用法一直延续到现在。我觉得张仲景是辨证和辨病相结合的。再比如他治疗一些脾胃以外的疾病，他说"见肝之病，知肝传脾，当先实脾"，为什么后世很多医家也都遵循？就是把《黄帝内经》的理论融进去了，什么理论呢？木克土。我的老师，秦伯未先生，治疗虚劳病证，包括肺结核等，就是用养肺健脾的方法，他告诉我说土生金。所以说中医的基础理论结合临床，这个里面学问很深。

我们要认识补土派的特殊重要性，要生化气血，特别是老年人脾胃功能都不好，这是相当大比例的老年人死亡的原因，最后不能吃东西了，人体生化的功能没有了。但是我们又不能够一味地强调只是补土，该怎么治疗还要怎么治疗，其他的脏腑都得重视，李东垣也不完全是治脾胃的。李东垣重视补土，他的方子，比如补中益气汤、调中益气汤、升阳益胃汤等，都是后世用得非常多的。从补中益气汤来讲，用于治疗各科疾病都有临床报道，妇科的子宫脱垂，儿科的营养不良，甚至眼科都有，所以他的贡献确实很大。但是我们也要看到，他除了这些治疗脾胃病的方子之外，还有很多其他的方子，如龙胆泻肝汤、生脉饮、半夏白术天麻汤、通幽汤等，虽然不属于治疗脾胃病的方子，但后世流传很广。

就他个人来讲，夏月他劝患者吃五味子，补五脏之气，也不说光是补脾胃，这就是李东垣的高明之处。我们现在对于任何治法都要认识它的重要性，但也并不是说就完全用这个方法，应该用别的方法的时候就要用别的方法。比如我是研究地域医学的，我曾经跟王乐匋教授、李济仁教授等人主编了《新安医籍丛刊》。新安医派就是脾肾都重视，除了重视补脾，也要重视其他方法。我刚开始提到元代的杜思敬讲是医中之王道，我又想起明代有位医学家罗周彦，他就说"调和脾胃，为医中之王道"，现在讲王道医学和霸道医学，王道医学现在看来脾胃还是最重要的。所以补土派，调和脾胃是主要的治疗方法，但也不要受这个框框的限制。

中医学今后要对国际临床医学有影响，现在已经有影响了，要继续发挥影响，脾胃学说就很重要。我跟孟河学派的关系比较密切，孟河学派是我老师那一派，我老师是丁甘仁先生的弟子。丁甘仁先生是孟河四大医家里边的一家。费伯雄的著作《医醇賸义》中治疗虚劳，健脾养肺用得很多，这也传给了孟河学派的一些后学。我们知道马培之重点看外科疾病，但是他非常擅长调理脾胃，他有一些调理脾胃的名方。在孟河学派里面，也有脾胃病大家，他和我老师是师兄弟，叫黄文东，你们大概也听说过，他对于《黄帝内经》里面的以胃气为本有深刻的理解，所以调理脾胃是他的治疗大法。他和我老师那时候在上海，对于很多慢性病，在调理脾胃方面十分重视。1959年，我跟秦老出过门诊，他经常给一些慢性病患者调补脾胃，让患者多吃点龙眼肉、芡实、山药、莲子肉等。他那时候看消化性溃疡，用张仲景的黄芪建中汤。因为人要维持正常的生命活动，主要靠脾胃功能，所以老师很注重养脾胃。

清代徐灵胎，他认为"一病必有主方，一方必有主药"，我念了他的书以后，如果说得到了与其他书不同的收获，那就是我很重视研究通治方。

刘　奇：说到通治方，仲景时代的方子都很小，但是到了唐代，方子就变得很大，而且唐代的方经常会说此方通治百病，就是说这方子什么病都治，您能从这个角度解释一下吗？

余瀛鳌：我认为一个方子通治百病的可能性不大，各种疾病各有其病因、病机、病理，通治不是这么理解。我临床上看病，看得多的是肾病，以六味地黄丸作基础，我用六味地黄丸又有一些自己的看法，我很少用泽泻，为什么呢？它利水太过。我年轻的时候在医疗队给很多乙型肝炎患者看过病，我先是用柴胡疏肝散，有的有效，有的没效，那时候不像现在这么方便，我就写信给我的老师秦伯未先生，他就告诉我《续名医类案》里面有一张方子叫一贯煎，他让我试用。他说北京也有很多，他经常以一贯煎作为基础方予以加减，后来回去以后我就试，确实大大提高了疗效。为什么呢，这个方照顾得还是比较全面的。我的父亲余无言先生治疗肝病腹水，也用海藻、甘遂，对于个别患者也要用狠药，效果很好。现在我治疗主要就是用这些药。

另外，我研究了几十年癫痫。我年轻时候曾经用过白金丸，那是《外科全生集》里的方子，有生白矾和郁金2味药。我那时候用这个方子效果并不是很好。后来我就想癫痫的病因、病机都比较复杂，光是两味药那还不行，研究了一个白金丸的大加味方，加了好多药。我对这个病的治疗方法基本是潜镇止痫，化痰通络。有很多癫痫患者，痰证比较明显，打呼噜，但是有的又要通络化痰，因为有的患者脑部受重伤，或者是出生时被产钳夹伤头部之后犯病。痰证在多数情况下有家族史，有的上一代也有这个毛病，当然有很多也没有家族史。后来只要癫痫患者来看病，我头4味药都是一样的，就是白金丸的两味，再加上生牡蛎一味，生龙齿一味。患者痰证比较明显的，有脉滑等，就是用化痰的药，通络的药用得相对少一些，如果把通络放在首位，那就相反了。一个是化痰通络，一个是通络化痰。比如像土鳖虫、蒲黄这些药，活血药用得稍多，化痰药用得就稍少。现在北京也好，外地也好，来找我看癫痫患者很多，因为相对来讲，疗效比其他医生就是要好一些。

刘　　奇：这个病小孩子多发？

余瀛鳌：小孩子多，但是也有大人。清代有位医家叫程芝田，他在《医学津梁》里面讲，"百艺之中，惟医最难"，做医生是最难的，看病为什么很累？要动脑子。有的人半天看六七十号的都有。我就说号脉就要好一会儿，不是脉搭上去马上就知道病情，病历总要写一写，所以我现在岁数也大了，我就限制，一般就看十五号，当然也总要加号，总是说某某人好不容易过来了，亲戚朋友，外地来的，我不能让人家等一个礼拜，就给他看。所以也经常门诊要看到下午两点才回来。

我觉得我们重视调补脾胃，今后对提高国际临庆医学水平也会有帮助，只有这种疗法，中外人士都能够适合，都可以运用。比如说中国中医科学院的屠呦呦女士，她们团队研究青蒿素，也是对国际临床医学做出贡献，现在我们还有艾滋病治疗组，不断地出去，那都是很好的，出去的中年人比较多，我现在坐飞机坐十几个小时应该是不行了，所以现在国内请我，比较近的还可以考虑，比较远的我就不去了。我觉得今后你们二位的责任也很大，因为这很明显，广东省现在是中医强省！我们跟广州中医药大学有些老师也很熟的，我们编《中医大辞典》的时候也经常去广东的一些城市，和邓老（邓铁涛）一起编这本书的时候，我跟广东省的关系也算是比较密切的，那个时候中医还没有得到充分发展，我们在一起一住就是1个月左右，因为要讨论稿子，审稿。

我是西医出身，1950年念大学，上海没有中医学院，中医学院是1956年才开始有的，所以我父亲让我先念医学院，以后再学中医。但是我在念高中时候，放暑假了也帮父亲抄方子，所以那时候懂得个皮毛，所以家庭的影响还是比较重要的。但是我父亲他主要是研究仲景学说的，我也研究仲景学说，自己写过些文章，但是没有《伤寒论》《金匮要略》这方面的著作。

刘　　奇：有的先贤说中医学"至唐为之一变，至宋为之一变"，到底变在哪里？

余瀛鳌：张仲景那的方子药味比较少，君、臣、佐、使能区分得出来，到了唐代，孙思邈《备急千金要方》《千金翼方》里边的方子，其中就有很多大方，所以我们现在说经方就是指的张仲景的方子，孙思邈的方子都不算经方。孙思邈方子留下来很多，但是从对方剂学的贡献来讲，李东垣是很大的，刚才我讲了那么多方子，就有李东垣的。你现在翻开一本只收录三四百个方剂的方剂书，里面至少有十几个方子是李东垣的，孙思邈的方子虽然比李东垣的多，但是不收，所以后人也有编《东垣试效方》等书。

从方剂学角度来看，宋代的方书特别多，不仅是医生编，不是医生的也编。你看大文学家苏东坡、沈括，宋代很多名儒都通晓医学。但是真正对医学方面影响大的应该还是沈括，而不是苏东坡，因为沈括的书是先编出来的。沈括讲他收的方子一定要去临床上试，确实很有效，所以《苏沈良方》里面沈括的方子更可取。宋代的方子在现在我们方剂书中收得比较多，有很多著名的方剂。我过去介绍宋代早期的方书，介绍过《太平圣惠方》，我以前写过专文。

有些医生容易有比较片面的观点，认为一定要用古方，后世方子不可靠，不能相信，这就不对了，后世也有很多好方，明清的医家也有。宋代不仅方书出得多，而且有大部头的方剂著作，比如《太平惠民和剂局方》《普济方》。清代就没有大部头的方书了。

黄智斌：汉唐时期的方子比较小，药味比较少，但是一到宋朝，药味开始慢慢地增多，李东垣有些方子有 10 多味药，张仲景的方子可能就几味药。随着时代的发展，方剂的药味逐渐增多，为什么会出现这种变化？

余瀛鳌：《神农本草经》那时候就 300 多味药，张仲景时代稍微多一些，但是后世的药味就很多了。这里我还要补充一些，你别看明代的李时珍虽然编的是本草书，但是里边有一万多个方子，李时珍对于张洁古这样的医家很推崇，他认为张洁古是大扬医理，"《灵》《素》之下，一人而已"，这个"一人"，他指的是张洁古，《灵》《素》以下，连张仲景他都没有说，这是对张洁古很高的评价。但是调补脾胃的方剂，比较成熟的，对后世影响比较大的，那是他的学生李东垣。

完全否认后世是不对的，应该看到后世在传承创新方面有贡献，既有传承又有创新是非常重要的。

刘　奇：今天的访谈就到这里，感谢余老。

四季脾旺不受邪，谈免疫调节干预
——张大铮教授访谈实录

【专家简介】

　　张大铮，男，1982 年生，四川省成都市人。主任医师，硕士研究生导师。都江堰市中医博士后工作室主任，四川省首批岐黄菁英人才，四川省中医药管理局学术技术带头人后备人选，四川省卫生健康委员会学术技术带头人后备人选，都江堰市拔尖人才，国家中医药健康旅游示范区（都江堰市）建设专家组成员。"免疫调节中医药动态干预理论"提出者。

　　刘　奇：今天有幸采访到青城医学研究院院长、成都中医药大学张大铮教授，请您谈一下如何运用中土的思想指导临床诊疗。

　　张大铮：我的专业是五官科，主要围绕五官科过敏性疾病如过敏性鼻炎、结膜炎等开展临床诊疗研究。现在全球过敏性疾病的发病率超过 10%，其中五官科涉及的过敏性鼻炎、结膜炎、咽炎患者人群占比靠前，而过敏性疾病的诊治难点在于解决疾病的易复发性。以过敏性鼻炎为例，有鼻塞、流涕等常见症状，目前西医一般给予患者抗组胺药及糖皮质激素类鼻喷雾剂，以达到迅速缓解症状的效果，但并不能有效解决其复发，季节交替时相关疾病依旧复发，没有起到降低复发率的作用。尽管现在激素是精确化的低剂量使用，但长期使用还是不能避免激素的副作用。我们在临床中观察到长期使用糖皮质激素类制剂的患者黏膜充血和干燥现象比较突出，且部分患者伴有黏膜增厚的体征特点。近年西医提出特异性免疫疗法来解决过敏性疾病复发的问题，比如患者对花粉过敏，按照特异性免疫疗法理论先给患者注射低剂量花粉刺激原，患者对低剂量耐受后，逐步递增刺激原的浓度，让体内的免疫系统识别并耐受从而达到逐步脱敏的目的，但这种治疗理论的缺陷也是显而易见的——一是在注射治疗过程中可能出现超敏反应，发达国家临床科室在使用特异性免疫疗法时都会安排专职医生和护士负责，患者至少留观 2~4 小时以保证生命安全，费用高昂，在中国很难推广；二是患者每次只能接受种类数量较少的刺激原，难以有效全覆盖过敏原导致临床脱敏效果较差。

以过敏性鼻炎为例，该病在儿童中发病率较高，既往西医医生经常告知患儿家长先用抗过敏的药物控制过敏性鼻炎症状，再嘱咐患儿加强体育锻炼，随着体质的增强过敏性鼻炎就会较少发生。但根据目前的文献报道，学界对这种说法有了越来越多的质疑与反思。我们做过一个调查，对象是某体育学院大一、大二的学生，这些学生的肌肉都非常结实，大冬天穿着比较薄的运动外套就能过冬，属于体质强壮人群的范畴。我们去做调查的时候就问他们，小时候是否有过敏性鼻炎病史，长大后上述疾病还有没有。他们说有呀，照样发作，但小时候是一年四季都发作，现在是天最冷或者季节交替时发作，毕竟当体育运动员了嘛。症状也没有小时候那么严重，小时候老是流泪，清水鼻涕一年四季流个没完，这些症状都减轻了。针对这一反馈，我们就思考了，疾病没有根除，但是随着年龄的增长、体育锻炼的增强，症状减轻了。也就是说幼时有过敏性疾病，即使加强锻炼，长大后还是复发，但是发作的强度和症状有所减轻，这是什么原因呢？我们知道人体的免疫系统分为体液免疫和细胞免疫两大类，于是我们就对研究对象的相关生化指标进行组学分析，发现体液免疫水平有改善，但细胞免疫水平改善不明显。通过体育锻炼提高了体液免疫水平，但由于细胞膜的屏障作用，运动对提高细胞免疫水平的作用有限。受环境污染及生活节奏变快的影响，过敏性疾病发病率越来越高，中医有没有方法去解决过敏性疾病反复发作的问题？结合我们前期的临床研究基础，我们提出"免疫调节中医药动态干预理论"来解决上述问题，我接下来具体讲讲这个理论。

《黄帝内经》云"肾为先天之本，脾胃为后天之源"，肾气源于先天，像 DNA 一样遗传自父母。后天之本为脾胃，儿科讲小儿是稚阴稚阳之体，要从脾胃去调理，脾胃就是中土、中焦，脾主升主运化，喜燥而恶湿，中焦是既司上又司下的一个枢纽，那从这个角度要怎么来治疗过敏性的疾病呢？中医讲整体观念，强脾胃的同时要考虑到与其他脏腑的联系。怎样把中医理念和过敏性鼻炎的发病规律、现代研究成果结合起来，这都是我们要解决的问题。我们就做了过敏性鼻炎的临床课题，对于过敏性鼻炎患者，刚开始处于急性发作期时，会采用西药治疗，迅速解决当前最痛苦的症状，控制症状后改中药继续治疗。

用中药治疗的基本理论来源于《黄帝内经》，《黄帝内经》中讲脾主长夏，又主四季之末。四季之末是什么意思？四季之末是指每个季节交替的最后 18 天。五行中分为春、夏、秋、冬、长夏，与脏腑肝、心、肺、肾、脾分别对应，四季运转，从肝到心，从心到肺，从肺到肾，脾胃居中。怎么循环的呢？春天到夏天并不是从肝直接到心，而是从肝到脾，由脾再到心；同样夏天到秋天也是从心到脾，由脾再到肺；秋天到冬天是由肺到脾，由脾再到肾；冬天到春天是由肾到脾，由脾再到肝。也就是说每个季节的过渡，都有脾参与，脾相当于一个中转站或者十字路口，这个理论的临床意义在于季节交替时最容易发生过敏性的疾病，过敏性鼻炎一般在冬春交替或者秋冬交替时发病比较多，天气暖的时候相对发病率没那么高。从脾论治就是调理脾与当令的脏腑，比如春天调理肝脾，夏天调理心脾，秋天调理肺脾，冬天调理脾肾。治本先治标，如何治疗过敏性疾病？我们提出两个阶段三个周期的"免疫调节中医药动态干预理论"，以过敏性鼻炎为例，第一阶段是前三周的用药，我给患者开三个方，类似我们盖房子的过程，盖房子第一步是什么？肯定不是打地基，第一步是先把地下水排掉，所以第一周重在引流通窍，用龙胆、车前子、川芎等尽量排除口鼻中的分泌物等；第二步（第二周）就是挖地基，恢复鼻腔功能，用党参、白术等健脾补气药恢复鼻腔纤毛功能等；第三步（第三周）就是建框架外墙，临床治疗上相当于继续巩固，调整机体微环境，用黄芪、山药等提升正气，同时辨证辨病结合，逐步建立患者的免疫屏障。第二阶段是四季巩固治疗：春天以疏肝理脾为主，疏肝用柴胡疏肝散、逍遥散等，理脾用四君子汤等；夏天以清心调脾为主，选用清心散、泻心汤等；秋天调肺脾，选用百合固金丸；冬天调脾肾，调肾要辨明肾气虚、肾阴虚，肾气虚选金匮肾气丸，肾阴虚选六味地黄丸，同时再加调理脾胃的药。在"过敏性疾病四季动态中医药干预理论"指导下通过两个阶段三个周期这样一个大循环治疗，大约一年过敏性疾病反复发作就可以得到很好的控制。

接下来分享一下我们团队围绕这个理论做的前期临床研究。最开始我们设计了一个临床研究课题，观察对象是12~18岁的青少年，周期是3年，在观察周期中，每到时间节点我们就通知患儿家长带孩子返院检查并给予中医药治疗，临床观察进行到一半打电话回访，说到时间要喝药了，该回来复诊了，患儿家长回复说能不能不来了？我当时就想，是不是中药太苦，小孩子坚持不下去了，一直担心这个问题，结果家长回复说通过这一年的治疗，现在小孩子很少感冒了，鼻子也不堵了，也不流鼻涕了，虽然答应临床治疗观察3年，但是我们感觉小孩已经好了，也没有反复发作了，可不可以不再吃药了，同时还建议我们改良中药的味道。我们结合情况继续进行临床观察，发现约80%的患者在经过一年的治疗后，过敏性鼻炎就能得到很好的控制，恢复了正常的学习工作状态。通过对方案的不断改良，我们现在能做到让患者每个季节服用一次药就足够了，这样患者的依从性也会很好。但前提是最开始的基础要打好，要把道理讲给患者听，他才会理解、接受这个方案。当然也有些患者依从性差，觉得自己完全好了，没有完成一个大周期的动态干预，结果往往到了换季的时候又发作了，马上给我打电话说本来以为好了，结果鼻炎又发了，还讲中医确实有点玄乎，就像算命先生一样，能预测发病时间。我就回答患者说因为你不了解中医的理论所以觉得玄乎，中医是科学的，为什么算着时间叫你复诊，这个是有依据的。这个理论我不光是讲给你听，还要讲给患者听，为什么？这有助于增强患者的依从性，只有患者知晓了这个理论，他才会按照你的要求来配合治疗，这实际上对疾病控制与预防非常有好处。在临床实践的基础上，我们对这个理论进行了补充和完善，扩展运用到过敏性结膜炎、过敏性咳嗽、哮喘、过敏性皮炎、过敏性紫癜等其他过敏性疾病的诊疗中。

再举一个例子。我的患者中有个小孩长期哮喘同时合并过敏性鼻炎、过敏性结膜炎，过敏原检测发现对多种物质过敏，西医医生告知孩子妈妈不能给孩子吃鸡蛋、牛奶、牛肉……还不能接触很多东西，导致孩子发育受限，不仅长得瘦小，性格也比较孤僻，他妈妈带着孩子辗转各大医院就诊，后来在我这里看病。我告诉他妈妈，过敏原测试的结果要重视，但也不能一禁了事，过敏原测试结果阳性也是要分程度的，要看是低度过敏还是高度过敏，这个孩子对很多过敏原都是低度和中度过敏。西医针对过敏性疾病的预防措施有两种：一是避免接触，二是接触了一种就不要接触另一种，如接触牛奶就不要吃牛肉，吃了鸡蛋就不要接触牛肉等，因为有刺激的累加效应。但小孩正处于生长发育的关键阶段，摄入充足的营养非常重要。我告诉孩子母亲对于低过敏性的物质孩子想吃是不用避讳的，为什么我会有这样的底气？因为这是中、西医两种医学看待同一种疾病的不同角度，西医治疗过敏性疾病像高导弹防御系统，每天都开着雷达搜寻哪里有过敏原，如果有过敏原就马上告诉你不要去碰，碰了就要出问题；中医对这个疾病的治疗就是以逸待劳的过程，不管过敏原从什么方向来、从哪里来、哪个时间来，中医只做一件事情，就是通过动态调整让患者的正气足够强大，所以运用"免疫调节中医药动态干预理论"扶助患者正气，建立免疫屏障，来多少过敏原都能扛得住。我们追求的是以不变应万变，治疗的目的就是不断提升患者的免疫屏障功能。所以我让孩子母亲及时给足孩子膳食营养，同时基于上述理论的中医药方案干预，经过一年的动态干预治疗，患儿基本脱敏成功。后来我跟他家长说，可以不用来了，但是他妈妈不放心，还是到换季的时候来找我，通过动态干预，小孩的脾胃功能得到了强化，免疫力提高，不仅停掉了长期使用的西药，小孩个头长得很快，性格及学习成绩改善明显。

受到患儿家长建议的启发，我们项目组正在推进将干预方案转化成不同剂型的院内制剂，以服务更多不同诉求的患者人群。

刘　奇： 有些小孩子眼皮容易没完没了地跳动，您用针灸是怎样治疗这类疾病的呢？

张大铮： 我们首先要明确引起眼睑痉挛的原因，可能有多个原因，我归纳为五大病因：第一，倒睫，第二，过敏性结膜炎，第三，屈光不正，第四，调节性视疲劳，第五，排除了前四点之后可以考虑是神经因素，结合肌电图诊断。治疗这种病，我们团队创立"青城三针"疗法，即针刺阳白、太阳及颊车，一般5~7天就好了。

刘　奇： 感谢张老师！

山药、车前为健脾祛湿良药，大小斟酌抓主要矛盾成方
——国医大师张磊访谈实录

【专家简介】

　　张磊，男，1929年生，河南省固始县人。主任中医师。第三届国医大师，第二批全国老中医药专家学术经验继承工作指导老师。其"动、和、平"的学术思想、"辨证思维六要"和"临证八法"，丰富和发展了辨证论治理论。以"方精、药少、量小、效奇"蜚声中原杏林。

刘　奇：很高兴能够采访国医大师张磊教授。张教授，有关湿邪与中土的关系，您是怎样认识的？

张　磊：湿邪与中土的关系很密切，特别与脾关系密切，如果脾运化功能失常了，湿伤于外则为外湿；湿生于内则为内湿。《黄帝内经》说"诸湿肿满，皆属于脾"，特别是内湿，与脾虚关系最大，脾的运化功能与中土关系很密切。

刘　奇：您如何运用中土思想指导临床诊疗？

张　磊：诊疗中，离不开顾护脾胃，我在临床运用中土的思想很多，我看脾胃病就是运用中土思想指导临床诊疗。

刘　奇：您治疗一些疑难病，会从中土的角度考虑吗？

张　磊：考虑这方面是比较多的，很多脾虚证，我从中土治疗，往往取得良好的治疗

效果。我常常运用脾土思想指导临床。

刘　奇：比如治疗斑秃？

张　磊：斑秃，先开郁，在开郁的前提下，再从脾土治疗。导致斑秃的原因很多，脾虚是一个方面。

刘　奇：您可否谈一下谷青汤（谷精草、青葙子、决明子、黄芩、蔓荆子、薄荷、桑叶、菊花、蝉蜕、夏枯草、甘草）？

张　磊：谷青汤，是我基于《黄帝内经》所说风邪在上的特点拟定的。头部疾病，实证多，虚证少，往往与风热有关。谷精草、青葙子，用这2味药治疗上焦风热引起的疾病效果很好，比如鼻炎。

刘　奇：您能否谈下咳嗽的诊疗思路？

张　磊：咳嗽，首先看外感还是内伤，久病还是新病，治疗方法不一样。比如久咳、新咳，有痰、没痰，治疗方法不一样。有痰属脾虚，无痰属燥咳。我的治疗思路是看新咳还是久咳，我治疗久咳一般不用收涩药。此外，治疗咳嗽，外感咳嗽用药宜动不宜静，内伤咳嗽宜静不宜动。

刘　奇：您治疗咳嗽会用到车前子这味利水药，治疗思路是什么？

张　磊：车前子本身治咳嗽的，它还能祛湿，尤其是久咳，我用车前子比较多，可以起到明显的止咳作用。

刘　奇：对于咽部症状，您为什么喜用威灵仙？

张　磊：威灵仙能下气，还能止咳，我用威灵仙就是这个道理。尤其是咽喉不利，用威灵仙效果好，而且威灵仙能散结，消骨鲠。

刘　奇：我们讲辨证论治，还有辨病论治，有的患者无症状，仅有化验指标异常，比如尿酸高，您会辨指标用药吗？

张　磊：尿酸高，要看整体，如果是胖人，湿热重；瘦人又不一样，要看体质情况。尿酸高，一般用土茯苓、车前子这类药，除脾湿，因为与脾有关系。在我的专著《张磊临证心得集》中，有这方面的论述，针对现代的化验指标用药。

刘　奇：关于中土的道地药材，您常用哪些？

张　磊：主要是山药，很重要。

刘　奇：有的人说服山药会便秘，有的人说大剂量山药通便，您怎么看？

张　磊：大便偏稀用山药，大便偏干就不用。

刘　奇：您怎样把握山药的用量？

张　磊：我一般用 30g，我用山药，一定是中土虚。

刘　奇：您能否谈一下伤寒、温病、内伤与中土的关系？

张　磊：伤寒、温病、内伤与脾土关系都很密切。尤其是伤寒的三阴病，与中土关系密切。如果是湿温，与脾胃关系更密切。

刘　奇：您怎样看待诸多中医学术流派的思想？

张　磊：作为一个中医人，不能固执于某一学派，应该是全面贯通的，遇到脾虚的患者，就按脾虚治，如果没有脾虚，就不需要这样治。诸多学术流派，各有长处，但是也各有短处，作为一名中医师，要全面，不要囿于一派之见，这样不好。

刘　奇：对于疑难病，您用方简练，是怎样做到少药治大病的？

张　磊：我用方比较简练，疾病是动态的，要抓主要矛盾，大方，小方，根据不同病情而选择。

刘　奇：何时用大方，何时用小方？

张　磊：根据病情需要，间者并行，甚者独行。如果患者需要间者并行，病情比较复杂的时候方要大，但不能没有主次；当病情比较简单，要抓主要矛盾，用小方。小方也有分量大小之分。病重就用大方，病轻就用小方，根据病情需要。

刘　奇：您对年轻一代中医有什么寄语？

张　磊：我的寄语有很多，第一是要辨证，第二是要信中医。这是我的手书："医者必须要信中，信中方可大无穷。寻真先立愚公志，拨去浮云见太空。"辨证与辨病相结合。

大家都认为西医辨病，其实中医也讲辨病，只有辨证辨病相结合，才能全面，才能治愈疾病。

刘　奇：感谢张教授！

谈天地者，必及于人
——张培宇教授访谈实录

【专家简介】

张培宇，男，出生于 1961 年 5 月，北京人。中国中医科学院广安门医院肿瘤科主任医师，医学博士，张代钊教授学术经验继承人。

刘　奇：很高兴今天我们有幸采访广安门医院的张培宇主任，张主任对于《易经》《黄帝内经》等经典有着深厚的认识和研究，所以今天很高兴来向张主任请教。张主任，您对于《易经》中有关于中土这方面的问题是怎么理解的？

张培宇：要说到《易经》，我想首先讲一讲《易经》的地位问题，因为我们在大学里面读书的时候，强调的是"中医四大经典"，但是我自己感受，我们现在学习中医的同学，在读"中医四大经典"的过程中，实际上花的时间并不多，因为我们搞中西医结合，中医学生也学了很多西医的东西。我认为中医药发展可划分成四个阶段。第一个阶段，是中医"四部经典"的问世阶段。"四部经典"的问世在中医学史上具有里程碑的意义，是每一个中医学者所需要研读的经典著作，它为后世中医学的指导与研究，发展与创新构建了一个非常完整的中医理论体系，此阶段我认为是中医学的"本源"。第二个阶段就是开始注解经典的阶段，就如金代医家成无己写的《注解伤寒论》。

刘　奇：《注解伤寒论》，以经解经。

张培宇：对，它的形式是什么呢？就是经典是放在正本里不能动的，后面用一小段文字把自己的体会注解上去，就是前人是怎么讲的，我后面适当地写一些体会。

刘　奇：王冰也是用小字来注解的。

张培宇：对，但是他是注解《黄帝内经》的。第三个阶段属于中医理论百花齐放的时代，尤以明清时期最为突出与活跃，那个时候的医家可以抛开经典不谈，而写出自己的深刻体会。这个时期的名人也很多，比如明代著名医药学家李时珍，其著作《本草纲目》家喻户晓；清代医家叶天士，著有《温热论》一书，他根据自己的诊疗经验首次提出不能用治伤寒的方法治疗温病，因此诞生了经典方剂"银翘散"；还有《血证论》的作者、清代医家唐容川，《医法圆通》的作者、清末医家郑钦安等，这一时期的医家写出了很多被世人认可的优秀著作，而这些著作的源泉也是来自他们长久以来行医实践的心得体会。第四个阶段就是中华人民共和国成立至今了，在中华人民共和国成立之初，毛泽东主席就大力提倡弘扬中医药文化，发挥中医力量，周总理亲笔题词："发扬祖国医药遗产，为社会主义建设服务。"全中国相继迎来了一股"西学中"的医学浪潮，党中央也是向全国知名的中医药大家发出邀请，齐聚北京，大力发展中医药事业；在此之后中医界开始有一些正规的中医教材出来了。在北京中医学院成立以后，具有完整理论体系的中医教材陆续出版。后续在各省的中医学院成立以后，中医药大学的学生们就开始系统地学习《方剂学》《中药学》《中医基础理论》等教材了。

刘　奇：因为要考试，而且考执业医师都得看这些东西。

张培宇：都要看对吧，的确是很重要的。《中医基础理论》开篇所说：中医整体观念是关于人体自身完整性及人与自然，社会环境的统一性的认识，人与自然的统一即是"天人合一"的整体观；中医药学发源于先秦之春秋战国，此时古代唯物辩证法哲学思想不断发展成熟，为中医学理论体系的形成奠定了哲学基础。这里面提到了人与自然"天人合一"的理念，又提到了古代唯物辩证法的哲学思想，那么我反过来想了一下，是否有人与自然，与中国古代哲学思想有关的经典著作影响着四部经典的诞生呢？显然是有的。在中医的四部经典之前还有两部经典著作对中医理论的产生起到了非常重要作用，但是现在提到中医学，很少会有人联想到这两部著作，那就是《易经》与《道德经》。对于《易经》的概述通常是说：《易经》是中华民族传统思想文化中，自然哲学与人文实践的理论根源，其从整体的角度去认识和把握世界，把人与自然看成是一个互相感应的有机整体，即所谓的"天人合一"的思想。这里提到了"天人合一"的观念，提到了哲学与实践。《素问·气交变大论》载："上经曰：夫道者，上知天文，下知地理，中知人事，可以长久，此之谓也。"《黄帝内经》(包括《素问》和《灵枢》)成书于几千年前，且先于《伤寒论》，《伤寒论》中的很多理论都是基于《黄帝内经》的，《素问·气交变大论》提出来的"道"到底是什么？我个人是这么理解的，中医文化的根源就起源于"道"，所谓"道"，一是"道路"，是方法，另一个"道"即是道家，即是我想说的第二个对中医产生影响的经典著作《道德经》了。《道德经》说："人法地，地法天，天法道，道法自然。"意思是说，天地自然，是道法之化生的体现，因此人们要顺应天地自然规律，要以日月四季气候之变化，调整作息起居，这与《素问·四气调神大论》中所说"夫四时阴阳者，万物之始终也，生死之本也。逆之则灾害生，从之则苛疾不起"的思想不谋而合。我们常说中医和道家有联系，"道"其实是我们中医文化的内涵，回到上述所说，"道"即上知天文，下知地理，中知人事，是当时古人提出来的要求，但很难做到。你看我们现在科学技术这么发达，信息大量涌入，我们都达不到上知天文，下知地理，中知人事，那么古人当时为什么提出来这种要求？这一定是要借助一个工具才能够达到这种水平。这个工具是什么呢？这就是我说的《易》，或者叫《易经》，《易经》其实是来源于我们国家传统文化的中心内涵。把《易经》的知识理论运用到天上，就是天象学，天象是通过研究天体的运动，从而来研究天体运动作用在我们地球，甚至于人类，甚至于每个个体上的作用，这也是我们后来讲的"五运六气"。把《易经》的理论知识运用到地上，就是地势，是方位上"形法"与"理法"的结合；那么把《易经》的理论知识运用在人的身上，就是我们的中医，所以对《易经》怎么重视都不为过！还有一部经典就是《道德经》，老子的《道德经》就是讲"道"的，这是从中医的文化里提取出来的，中医是中国传统文化的一个分支，这是不可否认的。《道德经》和《易经》在学校学习时很少提及，因为从民国开始，有些人把《易经》搞成算命、鬼神了。作为中医人来讲，我们要知道《易经》对我们的学科有着根本的作用。所以今天我讲一讲《易经》和中土的关系。《易经》里边有十二辟卦，也叫十二消息卦，从复卦开始，分别为复、临、泰、壮、夬、乾、姤、遯、否、观、剥、坤。这十二消息卦分别代表了我们农历的二十四个节气，而二十四个节气是从哪个节气开始的呢？

刘　奇：一阳来复。

张培宇：太对了，就是从一阳来复开始的，一个卦代表两个节气，复卦代表冬至和小寒，中医写病历要填写节气、节令。

刘　奇：节令，发病节令。

张培宇：这个节令当时我是最不理解的，但是通过这么多年的临床感受，我认为这个节令太重要了！研究复卦卦象的时候，要从三个方面去研究，第一是象，第二是数，第三是意。象就是说天垂象，很多人认为《易经》不好学也不好懂，是因为它的爻辞和卦辞非常晦涩，爻辞、卦辞是谁写出来的？就是由周文王、孔子这些圣人写的，是根据他们本人的经历，对周围事物的体会，以及在事业当中所取得的成就写出来的，也就是他们个人经历的总结，是精华，是升华抽象的内容，我们读起来自然是难懂的。我认为要将《易经》结合中医的临床经验来进一步研究，根据个人经验和知识背景，以及对这个事物的感受来理解象、数、意的含义。我想把我自己对复卦的体会给大家讲一讲。首先讲象，也就是天垂象，天垂象就是说周围的事物反映出一个象的出现。比如冬至到小寒这一段时间，这是个复卦（图1），代表冬至这几天开始进入一阳生，这是初九卦象的出现，我们要研究卦象，应该自下而上看，从初爻、二爻、三爻、四爻、五爻到上爻。我看到这个卦象，我首先看它像什么东西，二爻到上爻是阴爻，你看它中间有一个通道（阴爻），阴爻到最下面是一个阳爻，像什么呢？就像我们的消化道，中空结构，饮食从上面下来以后，消化道吸收水谷精微，最后就是"化物出焉"。大肠化物在最下面，化物是不能随便出的，我们学西医的解剖学，大便到了这以后，引起一系列神经和肌肉反射，我们要收缩肛门括约肌，不能随便地排出去，这是它本身的功能，功能就是阳，就是阳气的动力，所以这就反映了复卦的阳气，反映了肛门括约肌的功能是非常重要的。我就是根据这个情况，来研究它的卦辞和爻辞，那么卦辞、爻辞是怎么讲的呢？大概的意思就是说从初爻到上爻不远行，也就是说要休复的意思，"复"是什么意思呢？《说文解字》讲，"复"是来往的意思，有来有往。初爻是"不远之复"，就是不能够做过远的往复活动；那么到了二爻，"休复"，就是不要做"复"的动作或是内容；三爻是"频复，厉无咎"，就是说做多一点，但也没有什么不好；四爻是"中行独复"；五爻是"敦复"，就是做这个复的内容不太好；到了最上一爻到至极了，讲的是迷复，迷复之凶，反君之道，至于十年。复卦卦辞告诉我们，在这一时期里面，做"复"的内容要非常小心谨慎，尽量不去做，你稍做多一点当然也无妨，但是再做过了一定出大问题。古人主要将卦象用于军事预测，就说在这段时间里面不要出远征、打仗，要好好地养军队，为什么？冬至到小寒这段时间正是天寒地冻，在这段时间要好好地养精蓄锐。在人体上面说明什么？就是要好好地养初阳，一年之计的初阳，避免耗散。我们民间有一个说法，就是冬至吃饺子，要多吃、吃好。但是我们看到这个卦的意思恰恰相反，是要求我们少吃，使消化道尽量减少活动。所以这么多年来，我在临床工作当中遇到患者的时候，我总是跟患者讲，到了冬至这一天尽量少吃，如在冬至的这三天中，晚餐少吃一顿，比如冬至这一天少吃一顿，冬至的前一天少吃一顿晚餐，冬至的后一天少吃一顿。就是要让肠胃得到休息。你看张仲景那个时代，饥寒交迫，寒证多，但是我们现在都是热性病，很多都是过盛转到体内变成热性的病。对于这种热性病我们说"热者寒之"，寒之是什么，就是我们少吃一点，把能量尽量减少。所以我经常告诉大家有饥肠辘辘的感觉是个好事情，可以减少好多身体上的麻烦。所以从复卦的意义上来讲，要养生，在冬至的这段时间要少吃。实际上我们在整个一年当中，都不能过饥或过饱，要尽量减少胃肠道的负担。养生是什么？就是把父母给我们的肾阳养好，先天的肾阳就这些，你是增加不了的。我们如何去保护这一点肾阳，这是我们中医养生的内容，所以我讲在复卦的节气就是要少吃。那么后来我都看到什么？很有意思，卦象最后讲到复卦里面有一个卦，其卦象到了最上面的上六的时候，其注解为"迷复之凶，反君之道"，在我们人体里面的君是什么？

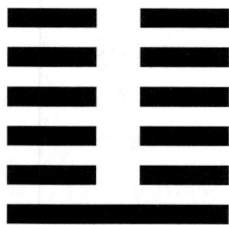

图1　复卦

刘　奇：心为君主。

张培宇：太对了，是心。归脾汤治心脾不和，实际上是心血和脾土的不和，是责之于脾土而不是以心血。

除了复卦以外，去观察中焦脾土的问题，还有两个卦象，一个是剥卦（图2），剥卦反映上消化道的问题，这不是个阳爻嘛，阳爻是代表咽喉，剥卦是属于哪个节气呢？它属于霜降和立冬的季节，在这个季节里面要注意上呼吸道的问题。另一个是坤卦，坤卦就是小雪、大雪。从霜降一直到小寒这一段时间都跟消化道有关。顺便提一提剥卦里面的卦意讲的是什么。是床剥，床腿先剥，卦辞一卦一卦往上看，床腿先剥，床体又剥，再进一步地腐烂，后面就出现

图2　剥卦

"宫人依次当夕受宠，无所不利"。这个内容，它反映出什么问题来呢？因为我是研究肿瘤的，遇到的上消化道的问题是什么？是食管癌，喉癌。这个病理机制是什么呢？我们还可以从剥卦里面进一步去体会、去理解。那么古人讲了，他说床腿烂，然后是床体剥落。那么我就想到这个问题，当时的床，应该是一个木器，可能也是有漆的吧，在什么环境下容易从腿一直到床体，全都剥落？在潮湿的环境下，床窝烂是很正常，所以说上消化道出现的问题，就是由于我们长期接触了湿热。什么人容易得食管癌？喝酒的人，长期接触乙醇，当然吸烟也有可能，长期吃腌菜、熏菜、熏鱼这些食品，对食管都是有腐蚀的。那么我们治疗的原则应该是什么？就是清热燥湿。实际上剥卦里面本身讲的是病理机制。我们还可以从剥卦里面体会到什么呢？"剥"字本身是一个动作，我们拿什么东西去剥呢，一般得用很锋利的金属去剥。所以中医里面有软坚散结的方法，有活血化瘀、化痰清热消除肿瘤的方法。但从剥卦里面，我想我们可以有意识地选用一些含有金属的药来治疗上消化道疾病。比如矿物药寒水石、青礞石、赭石……而且我用的方剂，比如说白虎汤、泻白散，这不都是属于西方肺金吗？我们就是运用西方的意象，做到了对上呼吸道尤其是肿瘤的治疗，不就是能够起到这方面作用吗？

再来谈脾胃的关系，胃的功能是主受纳，它要往下降；脾是传输，太阴脾是一个很大的仓库，太阴储藏热量。我们人体有两个热量的储藏仓库，最大的储藏仓库就是太阴经，所以我们肚子这个地方喜热，你给它凉，它不喜欢，你给它热就舒服了。手太阴肺也是喜热的，虽然它是一个凉的脏器、属西方、属降，但是很多人都是喝冷饮导致咳嗽的。中医有两个道——一个是收纳水谷之道（消化道），一个是收纳清阳之道（呼吸道），这两个道下来以后成个"Y"形进到了中宫，由中宫把清阳之气和水谷之气放在一起，以血和津液的形式体现，"饮入于胃，游溢精气，上输于脾；脾气散精，上归于肺；通调水道，下输膀胱；水精四布，五经并行"。这反映了整个中宫的生理机制。它要有水谷的精微，得有食材。另外还得有空气，所以我们人体是一个呼吸道、一个消化道，西医讲的呼吸道、消化道是不通的，各自有各自的系统，中医是相通的。

刘　奇：刚才您说了还有另外一个仓库，是什么呢？

张培宇：还有一个大仓库就是血。我们在学校里面学得最多的是血和气的关系：气为

血之帅，血为气之母，气行则血行。但是我们看唐容川在《血证论》里面讲的是血和热的关系，人体失血的时候是要发热的，我们在肿瘤治疗当中也是这样，一个疗程化疗下来以后患者白细胞少了，红细胞少了，血红蛋白少了，人就开始发热，这是体内骨髓组织要动员、要产生新的血细胞。而且现在我们还要注射促进血细胞生长的药物像格拉诺赛特（注射用重组人粒细胞集落刺激因子），越打身体就越热。打几针之后有的患者讲难受极了，打这个针比化疗还要难受。所以《伤寒论》里面也有说"太阳病，脉浮而动数，浮则为风，数则为热，动则为痛，数则为虚……"这里面提到了脉数内热，这种就是一个热、一个虚。在什么情况下是热、什么情况下出现虚？在血虚的时候，营血不足的情况下，叫作阴虚发热。所以有时候外感，虽然说责之于卫，但是如果动了营血，脉就变数了，这个时候也要补营血，需要用到白芍，甚至于当归这些补血药。这个就是我们讲的血库。我还想说说《黄帝内经》里边关于脾的论述，也挺有意思的。你们在学校里面学习的时候，中土讲的就是脾吧，谁是土母，谁是土子？你们说说看。

刘　奇：从五行角度看，有火生土，火为土之母；土生金，金为土之子。

张培宇：那我在临床以及复习经典的过程当中，《黄帝内经》里是怎么讲的呢？"南方生热，热生火，火生苦，苦生心，心生血，血生脾"，按这个道理来讲，生脾的是谁？是血对不对？谁生血？心生血对不对？要这么算这个关系的话，心是脾的祖母，不是它的母亲，不是一级亲属。从这个再往下一条，中央生湿，湿生土，土生肝，肝生脾，脾生肉，肉生肺，脾的子是谁？是肉。那么我总结是五方生五气，五气生五行，五行生五味，五味生五脏，五脏生五体，五体生其子。这就告诉我们要读经典，教材上确实讲的是五行里面就是木生火、火生土、土生金、金生水、水生木，但是我们读经典的时候不是这样，因为中间隔了一个五体，这个五体才是我们中医治疗的平台，五体的平台——筋、脉、肉、皮、骨，看得见、摸得着的。你仔细品味中医的五行生克理论，气滞血瘀的病机，燥热伤津的病因更多可以用物理学解释，因此我认为中医的本质更多是物理学，而不是化学，不是免疫组化，一到了化学、免疫组化，就变成西医的知识了。当然我们不排斥这些。中医是什么？中医是以哲学为基础的一门科学。首先方法论得对，后面才行得远，做得到。检验解释客观事物的，已经形成系统化公式的东西就是科学，我们中医属于这一类。

我们以前讲中西医结合，以前是我们要把中医传到国外去，也要把外国人引到我们国内学习我们的中医，当时我们提了一个中西医结合的英文翻译叫什么？combination of TCM and Western medicine，combination 就是 combine 的名词，我们查字典，就是两个物体把它并肩地放在一起，这个叫 combination，那么英文所翻译的中西医结合，是 integration of TCM and Western medicine。integration 是什么意思？是两个事物，两个东西里面的最小的成分之间的结合。用 integration 这个词我认为是有误的，中西医结合不是这么结合的，这就好比把原本独立的两件玉器摔碎后，将碎片黏合在一起，组成一个新的玉器，而这种"重组"后的玉器显然是毫无价值的。我认为中医有中医的整体，西医有西医的整体，应放在一起并存，相互借鉴其中的精髓与两者"形""意"互通之处。但是真正的要把两者体系全都"打碎"，互相地"粘连融合"在一起，那就什么都不是了。

再回到《黄帝内经》——肺主治节，肺朝百脉。我们在学校里面讲肺朝百脉是什么意思？百脉往肺里面走，那么我自己体会的意思是什么呢？你看自然界里面的潮汐是什么引起来的呢？是月亮和地球之间的引力才产生潮汐。在中国古代认为月亮就是阳，它是阴中之阳，月亮引起了地球的潮汐，在我们人身上是肺引起潮汐。是肺引起百脉潮动而不是心脏。另外，你看我们描写脉象的时候都有什么脉呢？就是根据春天、夏天、长夏、秋天、冬天，叫弦、钩、代、毛、石。在中国古典文学当中，描述月亮就是用这五个词来描述：弦月，钩月，毛月，石月，月亮的情况代表脉。肺主治节，主的是脉的节律，不是心脏的节律。所以生脉饮，人参、麦冬、五味子，这是补肺气的，不是补心气的。所以肺与脉的"亲密"关系远远要大于心与脉，古人讲脉的问题，实际上是肺的问题。心肺之间是相通的，甚至心肾同源，心和肺是互补互助的，遇到心脏问题的时候一定要注意补肺气，遇到肺的问题一定要注意调心血。

我们再来看坎卦（图3）。《序卦》说："物不可以终过，故受之以坎。坎者，陷也。"这代表的是什么呢？代表的是北方，代表冬天，但是"坎水陷"真正的含义是什么？我有一次带着孩子去湖边玩，当时看到湖里面养的金鱼很美，后来到了深冬，鱼看不到了，看到结了很多冰。我就想到"坎水陷"这个问题了，因为冰渣子全部给盖住了，不但没有陷反而还胀起来了，水结冰之后体积会增长。为什么古人讲坎水陷？这个道理是什么？当时看不到鱼，所以真正陷的是鱼而不是水。鱼代表什么？动的东西。我问你一个水池里面是活水还是死水，是以什么为标准？

图3　坎卦

黄智斌：有没有鱼？

张培宇：太对了，而不是水流不流动，是有没有鱼，没有鱼，就是一潭死水。而这个鱼在我们人体中代表什么？代表肾的阳气，冬藏阳，这个时候你要去喂鱼，你把冰砸一个窟窿，往里面放食物，鱼即使是吃了食物，也不会长大。真正到冬天的时候，肾的阳气是藏下去了，所以别去有意识地用阳，用阳的药没有厌，它已经是深藏下去了，要去养水，让它结冰，冰结得越厚，水越暖和，鱼在下面越舒服。冬天患者来看病，我要养肾阴，像六味地黄汤、知柏地黄汤这些你可以多用。

黄智斌：有句老话叫春夏养阳，秋冬养阴。

张培宇：就是这个意思。

黄智斌：养就是让它藏起来长对不对？

张培宇：对，养的目的是让它藏，好好地藏！所以你用了一大堆火热之药，那就是化冰，搅动了肾阳。广州的四季不太明显，北京四季分明，冬天的时候要好好藏阳，为来年春天到来后，释放阳气做好充足的储备，别藏到一半的时候，突然飞到三亚去过冬，对阳气的储藏和升发特别不好。《易经》也好，《黄帝内经》也好，《伤寒论》也好，它们无处不相连、无处不相通，当然都是后者去参照前面的内容。很多事情和问题都是和六经联系在一起的，不光是一个脾土的问题。把六经想象成是一个垂直放置的圆形轨道，从六经的循行来看，从最高的太阳经这一点放一个球下来，会沿着轨道向下跑，当人死亡的时候，这个球会停在少阴经，少阴经不是最后一个经，但是少阴经是六经里面的位置最低的一个经。如果小球转了七天以后又回到太阳经，这个人就不会有大问题。

黄智斌：最后还是回到补土当中，刚才张教授说了那么多观点，我们也知道土各十八日寄治，没有一个主令的时间，就相当于土是衔接每个部分的，因为我们要过渡，每个部分当中土起到一定的作用。那我们能不能这样去理解，就是说土其实是有协调功能，它是一个气机升降出入的枢纽。人体要适应天体运动，环境变化，如果土不足或者说土气弱，适应能力就相对减弱了，相对来说生理、病理变化对于人体五行的影响就会加剧。

张培宇：可以，你讲得对，只是我们的表达方式不一样。因为土在中间，水靠近土，木靠近土，金靠近土，火也近土，火从土中生出，燃烧时间才可以长久，没有土的火是什么火？就像在空中的火，很快就没了，除非是太阳之火，那是另外的火。所以刚才我讲的土就是后天生发培养以及转化最主要的环节，也是我们临床当中把控和最容易下手的环节，也最应该把它放在重要位置。所以《伤寒论》里含有姜枣的方剂很多，都是顾护中土的，我就讲这些了。

刘　奇：今天收获很大，耽误您的时间了，谢谢张教授。

中医脾胃学说的源与流
——郑齐副研究员访谈实录

【专家简介】

　　郑齐，男，出生于1975年7月，河北省南宫市人。博士，副研究员。研究主要基于中医文献本体，注重历代医家理论创新对当代医疗实践的现实意义，主持2022年度国家社会科学基金"宋明理学视域下中医学术中心南迁现象的研究"，担任2013年度973课题"中医基础理论框架结构研究"的骨干研究成员，在中文核心期刊发表论文20余篇，出版专著3部。

黄智斌：郑老师好，很高兴今天能够采访您。您能否讲一下对中土理论的理解？

郑　齐：以前多是在学术会议上发言报告，这种访谈还是第一次。首先感谢广东省中医院补土流派工作室，不远万里、不辞辛劳做这个工作。然后，也感谢你们给我这么一个机会把自己这些年来的领悟体会串联起来。我就立足我们中医基础理论和中医学术流派这两个研究领域，就您关切的几个问题，做一个探讨吧。

黄智斌：嗯，好的。

郑　齐：我看您的采访提纲，大概归纳有以下三个方面问题：第一个方面就是土、脾胃、和湿这一系列的概念和理论问题。第二个则是关于如何理解李东垣的脾胃学说的问题。第三个问题是李东垣学术思想在明清两代的延续和传承，这个问题比较复杂，我这几年一直思考，还不太成熟，权当抛砖引玉吧。

　　首先我进入东垣学说的门，特别感谢一个人——田合禄老师。虽然他是五运六气理论的专家，但是他对李东垣的学术思想是有精深研究的。我读博士时曾经去太原听过他的课，他讲李东垣的很多东西对我的启发非常大。回来以后，在他的指点下我就开始看了一些书，并开始琢磨这个问题。博士毕业以后，正值中国中医科学院中医基础理论研究所建立了学术流派研究室，我进入这个研究室工作，我报课题就选择了易水学派。为什么选择易水学派呢？当时我觉得易水学派最符合中医学术流派的判定标准，有学术宗师、有传承脉络、有核心的学术思想、有承载学术思想的代表性医著。另外，这个学派的人数虽然不多，但是每个人的学术见解都非常有见地，将来能从中有所收获。开始了易水学派的研究工作以后，我参与了唐旭东老师主持的"脾胃学说传承与应用研究"这个项目。当时给我们所分派的任务是"脾胃学说的源流和概念"，那时候我对这个问题思考得还不是特别深刻，完成了你们看到的那篇论文，有些东西现在看来也不是很完整。

你们这次访谈的题目，以及你们建立的补土流派工作室，对此我更倾向于用脾胃学说或者中土学说传承工作室的说法。为什么呢？第一，学派概念特别严格，须有宗师、传承脉络、承载学术思想的医籍等限制。现在我们说补土派是李东垣创立的，其实补土派这个词最早出现于陈邦贤先生的《中国医学史》，是为了描述"金元四大家"的学术思想，将他们区为分补土派、养阴派、寒凉派、攻邪派，后来这就变成约定俗成的说法。但是在中医界划分的学术流派中，并无补土派，而是易水学派、丹溪学派等。第二，李东垣究竟是不是补土，到底怎么全面理解李东垣的学术思想？需要再思考这个问题。

先讨论第一个问题，湿、土和脾的关系。关于湿、土和脾的对应关系，《素问·天元纪大论》和《素问·阴阳应象大论》都有提及。"天有五行御五位，以生寒暑燥湿风。""中央生湿，湿生土，土生甘，甘生脾，脾生肉。""在天为湿，在地为土。"这一系列的论述就把湿、土、脾对应起来了。建立这种对应关系首先是基于天人相应的思想，把人体的脏腑与天地比拟，运用的是援物类比的方法，之后再用五行的模型把它串起来，形成一个架构。这就是我们中医脏象理论的核心，而病因理论与病机理论与其也有密切关系。其中特别强调一下湿，我们现在一说湿就是病因或病机的概念。其实在"运气七篇"里，首先说的还是湿气的自然气化特性。例如，"湿胜则地泥"。还有一些特别重要的，如"其德为濡，其用为化，其色为黄，其化为盈"。盈是充盈的盈，它让机体饱满，向成熟的方向靠拢。然后到了燥气，就是"其用为固，其色为白，其化为敛"。燥气一来就固敛，这时候形成果实。这个过程非常重要，我觉得能把这个过程理解了，才能理解李东垣的"湿化成，燥降收"意义，因为这两者是一致的。而关于湿邪病因的论述大量存在于"运气七篇"中的"太阴湿土司天""木运不及""土运太过"等段落的记载中，为病因病机理论的基础。

然后再来探讨李东垣的脾胃学说。李东垣的学术著作中最重要的是《内外伤辨惑论》《脾胃论》和《兰室秘藏》，这三本书显示了他学术发展的阶段性。《内外伤辨惑论》创作背景是他目睹了金元的战乱。当时元代军兵把金朝的都城围困了好几个月，死了许多人。在兵荒马乱中的医疗实践对他触动很大，他开始思考外感和内伤，提出了外感和内伤的辨证以及热中证。《脾胃论》是他思想渐渐成熟所形成的结晶，《兰室秘藏》则是他在实践中的经验积累，包括制方思想、病证治疗、方药运用等。因此《脾胃论》最为重要。这本书仅有三卷，内容略显零碎，个人觉得这本书读起来更像是他的随笔，文章架构并不很系统，在《脾胃论》中穿插了理论论述以及在临床实践中的运用，所以后人理解这本书产生了很多困难。

我是这样理解《脾胃论》的。《脾胃论》卷上《脏气法时升降浮沉补泻之图》非常重要，它把脾胃放在西南方向。脾胃并没有放在正中央是为了侧重五脏与四时或五时相对应的关系，以便与用药法象理论契合。而"阴精所奉，谓脾胃既和，谷气上升，春夏令行，故其人寿。阳精所降，谓脾胃不和，谷气下流，收藏令行，故其人夭"，主要阐述他重视脾胃是人体春生之气和收藏之气的调节枢纽。从夏到秋，中间是长夏季节，与之相对应的脏腑气机升降关键是脾胃。脾胃在脏腑气机调节中最重要，它若是出现了问题，气机失调，生气不能上升，则会其人夭，百病由生，所以治疗重点在于调节脾胃气机升降。

基于四时五脏一体观，在确立了百病生于脾胃的病因学思想后，自然治向脾胃而去便是顺理成章的事了。而推演、说明脾胃内伤以后的病机变化的理论工具是其"气火理论"，这是架构于脾胃内伤病因观与补气升阳治法论之间的理论过渡。这一理论中的"火与元气不两立，一胜则一负"引入了元气与阴火两个概念。李东垣比较早地把元气引入中医理论，与《难经》中的原气不同。脾胃的谷气、清气、胃气都属于元气的范围，主要为生生之气，这是维持人体正常生理活动的基础。

那么阴火是什么呢？这是历朝历代都在争论的问题。从字面意义看，火本身是上扬的，属阳，但是这个阴字给了不一般的意义。其实阴火主要是与元气相对应的理论概念，从诸多症状中抽提得到的抽象概念。他在书里也有很多不同的解释，例如心火、包络之火等。这是因为元气一虚，病机表现就复杂，他只是用阴火笼统概括这个情况。现在很多人非得明确阴火究竟是什么，但这很难阐明。有一个现象值得注意，阴火的争论从明代开始，而在罗天益与王好古的著作里从未提及阴火，因为他们完整地接受了李东垣的学术思想，就自然而然地接受了阴火的概念。但是明代很多医家并未完整继承李东垣学术思想，他们吸收了东垣学术思想的某些内容，和丹溪学术思想进行了融合、发展。若割裂了阴火和元气的关系，再研究阴火是现有理论体系内的哪个范畴，这就难以阐明了。

"气火理论"建立以后，补脾胃、升阳气、降阴火的治法也就顺理成章了，接下来就是遣方用药的问题，这就是用药法象要回答的问题。用药法象说到底还是天人相应的思想。既然说人身是个小天地，人身要与天地相应，那么怎么调控人身脏腑的刮风、下雨、出太阳、结冰的过程呢？这则需用药的性味、升降浮沉的特性来比拟天地五气的特性，然后对药物进行分类，才有手段调控脏腑气机升降。"风升生，热浮长"这类药主要升提元气，"燥降收，寒沉藏"这类药主要降泄阴火，"湿化成"这类药主要祛湿邪。李东垣治疗更多是调节人体脏腑的时序，人体的气化过程与自然的气化过程相统一之后机体就健康了，当然中间还有许多细节可以探讨。

最后再说他的制方。田老师的一句话让我受益匪浅，就是《脾胃论》最重要的方是补脾胃泻阴火升阳汤，这是《脾胃论》里第一条方。这个方的重要性在于它诠释了法度。当你理解了他的学术思想后就能接受他的补脾胃、升阳气、降阴火的法度，而这三个法度在此方中均有体现。他的方基本可归为三大类：第一类偏重升举阳气的"春生升"的药较多，第二类"春生升"与"湿化成"的药较平衡，第三类偏重降阴火中"燥降收"的药较多。其中清燥汤并非治燥，清气就是燥气，这个方具有燥气收敛下降的作用，用于治疗湿热。我又考察了《兰室秘藏·消渴门》中的和血益气汤、当归润燥汤、生津甘露汤、辛润缓肌汤、甘草石膏汤、甘露膏、生津甘露饮子，共7个方。因为是消渴，所以"热浮长"和"燥降收"的药基本没有，"湿化成"中的白术和苍术亦没有，不用这些药是避免耗伤津液，而采用当归、桃仁、苦杏仁、熟地黄这类药，偏重滋养津液。在和血益气汤中没有明显寒热证候偏颇，所以方中温热性质的药比例相当。而在当归润燥汤中，寒的症状较明显，"燥降收"的药比例小。热象多的证候，"燥降收"的药比例大。后面四个方证候复杂，不便揣摩用药思路，就不细说了。现阶段我们揣摩李东垣的用药思路主要借鉴张元素的药类法象以及王好古的《汤液本草》，有些东西实在找不到依据就很难揣摩。但是他的七组方证明显是临床实践当中对实际情况的处理，不是瞎编乱造，我们能看到病程的发展、加重变化的过程。所以在实践中考察李东垣的方更有意义，这是给你们留下的最重要的课题。总之，我认为理解李东垣的学术思想，主要把握住百病生于脾胃的病因观，诠释脾胃内伤病机的气火理论，补脾胃、升阳气、降阴火的治法理论，以用药法象为指导的遣方用药理论这四个要点。

黄智斌：李东垣有两个徒弟，可我们整理资料时发现在这两个徒弟之后的传承好像断了线索。

郑　齐：你们也做了大量的文献工作吗？

黄智斌：是的。

郑　齐：李东垣有罗天益与王好古这两个学生，他们主要是协助编撰、整理李东垣的著作，也有自己的理论专著。《东垣试效方》其实是罗天益帮助李东垣完成的，有些方论段落还是能体现他对李东垣制方思想的阐发。王好古主要是把用药法象完整地收入《汤液本草》中。还有他们整理了李东垣的伤寒学术思想。李东垣有本著作叫《伤寒会要》，书已经亡佚了，但是这个序言是元好问所著，元好问的文集仍存在。序言提到李东垣对伤寒以及眼目疾都有擅长之处。现在大多数人认为在王好古的《医垒元戎》和《此事难知》中存在很多关于伤寒的论述，可能汇集了李东垣的学术思想。清代汪琥的伤寒著作亦有体现。元末明初倪维德的《原机启微》虽然是一本眼科书，但是这本书继承了李东垣的学术思想。这本书特别重要，它在眼科的发展史中也做出特别贡献，与其他书不一样，其他书到明代都在讲"七十二证"或"一百零八证"这些方面，而它体现了李东垣学术思想于眼科临床的应用。

以上我们谈了李东垣的弟子，接下来说一下其学术思想在明清的传承发展。首先我们看一下中医学术发展的大背景。虽说是"金元四大家"，但每个人相隔时间较长，朱丹溪是最晚出现的，他的学术思想中其实融汇了之前的三家。在《格致余论》中提到了他学习的经历，到了江南看到了李东垣的书。书里面还记载了一些益气除湿的医案，也显示了他学习李东垣法度的实践。之后整个明代就在李、朱思想的交织之中前行，他们对明代的学术思想发展影响特别大。日本汉方医学经常提到的"李朱医学"，就是认为这两人十分重要。而清代费伯雄在《医醇賸义》序言中言："东垣、丹溪，一补阳一补阴，实开两大法门。"表明他在清末回溯历史时也认为这两人的学术思想很重要。李东垣学术思想的传承就是在这两个大的学术脉络交织中前行。在学术交织过程中产生了一个大的学术群体——温补学派。他们的学术交织在李东垣和朱丹溪的补阳补阴之间，关注水火，出入命门。他们有同样的研究兴趣、研究方法和研究领域，所以就有相似的观点。因此有的学者也把这个大的学术群体作为易水学派的后续，也有的在《中医各家学说》教材上把它单独列为温补学派。

李东垣脾胃学说在明代的传承，大概分为四种情况。第一类，例如薛己，继承李东垣的学术思想上也吸纳了丹溪学派的东西，有所创新。第二类，本身是丹溪学派的门人，他们在继承丹溪学术思想的过程中，也感受到了过用滋阴寒凉的弊端，开始用东垣学术思想来纠正这种弊端。例如汪机和孙一奎。第三类，就是刚才说的温补学派的医家，他们受东垣、丹溪两大学术思想影响，在继承东垣脾胃学说基础上，又有了较大的创新，使得中医学术有了长足的发展。例如李中梓、张景岳、赵献可等。第四类，就是脾阴论的医家，这类医家在继承朱丹溪养阴的思想之后别开生面，从养阴的角度调理脾胃，开创了新的局面，这对叶桂影响很大。同时养脾阴的思想到清代仍有延续，例如清代吴澄、唐容川也是沿着这条脉络一直下去的，同时也开创了叶桂滋养胃阴的先河。

第一类，薛己是著作等身的大医家，要留意他给《明医杂著》写的按语，尤其能反映他重视脾胃的学术思想。他很重视脾胃的功能，"胃为五脏本源，人身之根蒂"；也继承了东垣脾胃内伤的病因观，"人之胃气受伤，则虚证蜂起"。但是他对于李东垣学术的传承不是很完整，就觉得李东垣补中益气、补益脾胃这方面挺好，并开始借鉴朱丹溪的学术思想，又有发展。这种继承模式，在层次上就低了，李东垣是站在天地的大格局调整脏腑的时序，所以他的书是《脾胃论》而不是《补脾论》，而薛己更关注脾胃的气血生化功能，所以他的思想更契合补土这个说法。当然补土之外，还有补肾，这是他的发展。《中医历代名家学术研究丛书》中，负责研究薛己的是山东中医药大学刘桂荣教授，他花的功夫挺大的，有机会你们可以看他的书，薛己是明代李东垣学术思想延续的重要支点。

第二类，代表人物是汪机和孙一奎。汪机也是个著作等身的大学问家，所著包括运气、针灸、外科、儿科、内科等。他本身是朱丹溪的私淑弟子，但是有两个突出的思想体现了对东垣学术的继承——"营卫论"和"病用参芪论"。他强调营卫之间阴阳对立统一的关系。虽然营为阴，卫为阳，但是营中有卫，卫中有营。"营阴而不禀卫之阳，莫能营昼夜利关节矣"。所以补营，既包括补营之气，又包括补营之阴，"故丹溪以补阴为主，固为补营；东垣以补气为主，亦补营也"。补营中之阴用丹溪的法度，而补营中之气，则要用参芪。《石山医案》中多见其重用参芪补气升阳，他的弟子为他总结了"病用参芪论"，"仲景之伤寒，东垣之脾胃，皆以阳气为主，而参芪为所必用之药也"。孙一奎，字文垣，号东宿。东宿、文垣合起来就是东垣，我不太清楚是否有某种暗合。他指出，"今之人，才见虚弱发热，一委之阴虚火动，开场便用滋阴降火，不分阴虚阳虚，脾胃勇怯，一概用黄柏、知母、生熟地黄、天麦门冬、牛膝、花粉、五味子、童便之类""岂贤如东垣者，尚昧此滋阴降火之法欤"。李东垣难道不知道滋阴降火吗？孙一奎在继承丹溪学术思想的过程中，已经感受到了过用滋阴寒凉的弊端，开始通过东垣的学术思想来纠正这种弊端。我为什么说他传承了李东垣的思想，是因为他在篇章中保留了汪机的"病用参芪说"。另外你也可以看看《孙文垣医案》，以及俞震编著的《古今医案按》。俞震选的医案都很精炼，按语也很精辟。从医案中可看出孙一奎用方的升降法度和李东垣是暗合的，虽然不是直接借用补中益气汤那么明显，但仔细分析方的升降法度是有契合的。

第三类就是明代的赵献可、张景岳、李中梓等医家，其学术思想受到东垣和丹溪两方面影响，同时他们又对《易经》等中国哲学著作有着精深研究，从医易同源的角度对阴阳学说有了深入的探索与阐发，形成了我们《中医各家学说》教材中所界定的温补学派。一方面，他们注重脾胃的功能，比如李中梓提出："饷道一绝，万众立散。胃气一败，百药难施。一有此身，必资谷气，谷气入胃，洒陈于六腑而气至，和调于五脏而血生，而人资之以为生者也。故曰后天之本在脾。"另一方面，他们又注重肾的功能对人体生命活动的重要意义，无论是李中梓的先后天之说，还是张景岳、孙一奎、赵献可的肾命学说都反映了这个特点。于是就有了补脾与补肾、补先天与补后天、补元气与补中气之别。应该说他们在继承东垣脾胃学说的基础上，又有了创新，使得中医学术有了长足的发展。但正是有了这种创新与发展，也使得他们不能完整地理解东垣的学术思想，出现某些错解。比如东垣的阴火一说，张景岳就指出"何不曰寒与元气不两立，而反云火与元气不两立乎"。前面已经讲到，阴火和元气是东垣学术的一个理论整体，割裂两者的关系，也就不能完整理解东垣学术思想了。另外他认为，升柴之味皆兼苦寒、性专疏散，"若全无表邪寒热，而但有中气亏甚者，则升柴之类大非所宜"，可见他对东垣补气升阳的治法也有自己的不同认识。总之，这部分医家不是机械地继承东垣的学术思想，而是在继承中融合他说、又有创新，当然创新也就意味着某种程度上的否定，这一点我们在研究学习过程中应尤为注意。

最后一类是脾阴论的医家，我也专门写过关于明代脾阴论的文章。古代医家没有完整地阐述脾阴论，而是散落在不同医家的描述当中。在这零碎的描述中我们能感受到他们通过借鉴丹溪和东垣两套学术思想而形成了脾阴论的思想。脾阴的记载最早出现在朱丹溪的《格致余论》里，但没有细述。而王纶最早将脾胃分开，提出了胃阳与脾阴。在王纶之后就是周慎斋，他提出"诸病不愈，必寻到脾胃之中"，遥承了李东垣的学术思想，把脾胃比作夫妻关系。他还说过"甘温有益寒无补，我笑丹溪错认功"，表明他不太认同朱丹溪养阴的思想，他认为使用甘温法才是正确的，用甘寒就错了。但是在治疗中他没有忽视养阴，平衡了温补和益阴。他的特别之处是提到了山药养脾阴，还有白术水煮晒干后再用等具体措施，此外在处方中他善于用参苓白术散。接着是最重要的医家缪希雍，他提出最著名的观点是"胃气弱则不能纳，脾阴亏则不能消""世人徒知香燥温补为治脾虚之法，而不知甘寒滋润益阴之有益于脾也"。你可以查阅20世纪80年代关于缪希雍的期刊文献，都会引用。其实前面一句出自《神农本草经疏》，后面一句出自《先醒斋医学广笔记》。最关键的是缪希雍在实践中确立了养阴的法度以及药味的选择。虽说朱丹溪是养阴派，具体在实践上还不系统。使养阴的学术思想真正得到确立的是脾阴派的医家，他们提出的甘寒养阴法度直接奠定了后来叶桂理论思想基础。

当时我总结了养阴主要有以下几个点：一是甘寒，二是甘平益中，三是酸甘化阴，四是苦寒坚阴。甘寒运用最多，其中麦冬、生地黄用得最多，直接启迪了叶氏的思想。甘平益中，这个挺有意思的。李东垣要用甘温益脾，是因为"脾乐甘"，但是甘温过多则耗伤脾津，甘寒过多则不能温通，于是取甘平益中，用了较平和的药，例如甘草、莲子肉、山药、白扁豆，而且他喜欢用人参，人参在《先醒斋医学广笔记》中多次使用。他觉得使用人参意在阳升阴长，而黄芪、白术用得比较少。然后就是酸甘化阴，运用白芍、甘草、山萸肉等药。其中有两味特别的药，一是酸枣仁，还有一味是牛膝。牛膝，苦、甘、酸，平，现在多用牛膝补益肝肾，但他用来养阴。最后就是苦寒坚阴，运用黄柏、童便，还有益肾的杜仲等药。具体可以参考我写的关于缪希雍学术思想研究的论文。

我觉得养脾阴最大的实践意义是当面对脾湿兼阴虚的情况时，脾阴论医家的思想最为契合。过分养阴则助湿，过分温脾则耗阴，于是脾阴论的医家取了一条折中的道路，对于处理这种证候的法度有着借鉴意义。

黄智斌：那他有没有说为什么会出现这种情况，我们临床上确实有这种证候，譬如糖尿病肾病既有阴虚的体质，但也会出现下肢水肿而留湿于体内。如果我们只用西医的利尿剂也无法排尿。我们曾在广东省中医院芳村医院尝试用大剂量的山药配合养肾药以及下焦宣痹汤，宣痹汤剂量较少，养阴药较多。第二天患者的脚就消肿了，比利尿剂的速度还快。当时我们科室讨论的结果是阴虚有湿有水饮是人体自救的情况。阴虚是疾病的基础，当体内津液不足，有效循环血量减少，人体只能留湿，但是脾阴虚无法利用此湿，湿就变成废物存留体内而形成肉眼可见水肿，造成水液代谢障碍。所以此时如果我们拼命利湿反而会加重人体津液缺乏的情况，形成恶性循环。若反其道而为之用养阴法补足津液，人体就不会留湿了。但是我们找不到相关理论或者某位医家对此的理解。另外中医也有个证型叫阴虚湿热，但没能阐明机制。

郑　齐：这就是我一直关注的人体燥湿二气的代谢变化，你们有兴趣可以去看看石寿棠、余国佩和黄元御的书籍。刚才你提到的自救是从现代医学的角度来思考的吧，本身是阴虚的体质，再加上水肿。

黄智斌：是的，因为您之前提到"脾阴不足则不能运，胃阳不足则不能纳"的论述，阴虚体质加上脾阴不足，喝进去的东西不能运化潴留体内，但因为阴液不足所以不会将其排出体外，就变成废物存在而无法利用的局面，这时候养脾阴的中药给予足够的动力让脾运化，才能把体内的水液重新利用起来。

郑　齐：那你辨证时湿热的征象重吗？例如舌苔比较腻。

黄智斌：有的。

郑　齐：舌苔腻时你还敢运用大量的养阴药？

黄智斌：所以我们运用了少量的下焦宣痹汤，例如防己、滑石等，轻投 6g，而山药重用至 60g，这个不平衡的配伍是为了用少许利尿药给邪气出路，我们的目的还是把肺阴、肾阴、脾阴补足，让机体能利用水液。我们觉得脾阴不足不能消，肾阴、肺阴不足亦不可。

郑　齐：我觉得你们补阴药选择得很好，选择山药而不是滋腻的药，过于滋腻的药会影响脾阳运化。如果你们能继续研究脾阴在现代的应用就非常好，但是脾阴理论没有形成完整的构架，后世慢慢发展为胃阴。胃阴则与脾阳相对应，叶天士提了一个挺好的观点，就是"太阴湿土，得阳始运；阳明燥土，得阴自安"。所以后来中医基础理论架构就没有脾阴的概念，即使现在想补充也很难，补充之后还得顾及胃阳的概念。如果你们能在这个问题上继续前进，那么这就是脾阴论在当代的临床实践应用。我觉得脾阴论最重要的意义，还是在于临床实践中对脾湿兼阴虚的情况取折中方式的这种应用。

然后就到了清代，由于是北方少数民族建立的政权，这种政治上的原因，造成文化、医学思想发展上存在很多断裂的东西。本来明代医学总结已达到一定高峰，但清朝的人又回溯到《黄帝内经》的源头，再总结一次，好像不愿看前人的东西，又或许是不能看，存在着很多原因。随后太医吴谦编著的《医宗金鉴》出来了，接着就是叶、薛、吴、王四人，但时间跨度很大，不是同时出现的，最后到了王士雄，他是 1860 年去世，已经属于晚清时期。在温病学术思想影响下，大量的医家都围绕这方面著书，医案类的著作特别多，流传于长江南边镇江、常州、无锡、苏州、上海、浙江、嘉兴、湖州、杭州一带，例如吴门医派，还有著名的孟河医派留存大量医案。他们的医案当中肯定有对脾胃的关注，需要我们仔细分析。秦伯未先生所编的《清代名医医案精华》选了 20 位医家，绝大多数医家生卒年月是从 1820 年之后的晚清期间，从他的选择可看出这段时间、这个地域存在大量的医家、医案，学术思想交融错综复杂，传承脉络不太明显，所以我认为明代是在传承中交融，清代则是在交融中传承。

但是你细细分析，还是能发现几条线索。沿着温补学派这条线到清代，要注意陈士铎。他本人著作是关注命门、水火、心肾关系，我更倾向于把他当作温补学派在清代的延续，在《石室秘录》升治法中对补中益气汤有具体论述。沿着脾阴论这条线有吴澄、唐容川、叶桂。还有那条继承创新类型的，到了清代就是黄元御。

陈士铎在《石室秘录》升治法中提到李东垣一生之学问全在此方，对补中益气汤十分推崇。首先他对补中益气汤的剂量重新进行厘定，原来的补中益气汤都是用分计量。曾经有人问过我补中益气汤药剂量都是用分计，那为什么在开头的升阳益胃汤、补脾胃泻阴火升阳汤中黄芪都是用两计算？后来我查阅资料发现虽然是用两计算，但是取三分来煎或者煎好后只喝三分，还是属于小剂量。这是属于大剂量的药只喝小剂量或取小剂量使用。陈士铎重新把黄芪的剂量定到三钱、人参一钱、当归三钱，他认为这是万世不删之定则。他阐述了李东垣提出的左手脉和右手脉的问题，这是很多人都不提及的问题。右手脉大于左手脉的时候用补中益气汤没问题，这是内伤证的典型脉象，但若是左手寸脉大于右手脉，就不宜使用补中益气汤。这很少有人提及，对左右手脉的问题只在《内外伤辨惑论》有论述，值得关注。

然后就是养阴的这条线，叶桂、吴澄、唐容川就不多说了，查资料就能明确。我想谈论的是魏之琇，《续名医类案》的编者。这本书虽然是编著于清代，但主要收集明代医家医案和部分清初医家医案，包括他自己的医案。在医案里他有自己的心得、评论、按语，他提出"补中益气汤为东垣内伤外感之第一方，后人读其书者，鲜不奉为金科玉律。然不知近代病人，类多真阴不足，上盛下虚者，十居九焉，即遇内伤外感之证，投之辄增剧，非方之谬，要知时代禀赋各殊耳"。表示阴虚的人很多，不要随意运用补中益气汤。另外，在一个病案中他特意提到"清气下陷者，未必绝无浊气之在上，于此而漫升焉，则清气未生，而浊气已先横矣"。魏之琇也是养阴派的代表医家，一贯煎就是他的处方，因为他是养阴派的医家，所以会谨慎对待补中益气汤的升提，有自己的见解。

最后就是黄元御。我慢慢理解李东垣中气理论结构后，这几年做中医理论体系建设的课题涉及临床的部分时发现，绕不开《四圣心源》这本书。反复阅读后，发现在各种病证治疗中，包括消渴、中风，他都经常提及脾湿胃逆、脾湿木陷等病机，我才开始研究这个问题，也开始看黄元御的书。黄元御先建立了一个轴，包括脾和胃，也是从五行入手，中气属土，清阳上升，升而化火，化生一半为木，浊阴下降，降极为水，下降一半为金。这个结构不同之处在于土位于中央，与李东垣那个图的位置不一样。他认为脾升则心肝升，胃降则肺肾降。若脾气下陷需补土泄水，要用黄芽汤，有着道家思想。黄芽汤包括茯苓、人参、干姜、甘草4味药。脾无法升提则用天魂汤，无法下降则用地魄汤。天魂汤中主要运用了桂枝、附子，我个人认为这个桂枝有点像李东垣的用升提药的意思，地魄汤则是在养阴。虽然我对他的思想没有很深刻的认识，但是我认为若要研究脾胃学说，他的思想是一定要研究的，更重要的是在实践中尝试。我没用过这些方，东垣的一些方子给自己、给别人都用过，我心里都有数，而黄元御的方我没试过就不得而知了，得依靠你们实践摸索。以上就是我对明清脾胃学说源流的大概认识。

黄智斌：谢谢您的分享，今天真是受益匪浅。

全息易象针灸成就明医
——郑卫东教授访谈实录

【专家简介】

郑卫东，男，1962年9月生，山东省临沂市人。山东医学高等专科学校教授，曾任健康与康复系副主任、康复医学教研室主任、山东医专附属医院针灸康复科主任。全息易象针灸创始人，广东省中医院特聘指导专家。致力于全息易象针灸和康复医学研究30余年，出版《全息易象针灸》等著作。

刘　奇：很高兴今天能与您进行补土相关的访谈。经常听到有人说全息易象针灸很好用，疗效很好。您能不能简要和我们说一下，到底什么是全息易象针灸。

郑卫东：全息易象针灸是我多年来学习和应用中国传统文化和现代的一些理论而创立的新型针灸治疗技术。它的理论基础有两个方面：一个就是现代的全息理论，第二个是古代的易象理论。当然古代的易象理论又包括两个大的方面，一个是《素问·阴阳应象大论》里面的阴阳应象理论，一个是《易经》里面的易象理论，它用这两个理论来指导临床，包括针灸取穴、治疗原则、穴位配伍等各个方面。通过现代我们常用的针刺技术，包括毫针刺法、刃针，还有推拿、按摩等传统的中医疗法来达到防治疾病的目的。

刘　奇：我明白一半，比如刚才说《易经》的易象理论，《黄帝内经》的阴阳应象理论。但是全息理论还是有点不理解。

郑卫东：全息理论是20世纪40年代物理学家发现的一个新兴的理论。1948年，物理学家盖柏和罗杰斯发明了激光照相术，通过激光照相术把物体拍摄成一张照片，然后把照片撕碎以后，拿出其中任意一个碎片都可以还原成这个整体照片的图像，这个小的部分能包含整体的信息，所以称为全息。实际上全息就是全部信息的简称。

刘　奇：这个跟中医倒是蛮相似的，中医也讲究通过切脉，通过寸口脉的脉象来反映全身的变化，这是否也是一种全息，包括舌诊。

郑卫东：对。中医里面有很多全息易象理论的运用，比如寸口脉、舌诊、面诊，还有《黄帝内经》里面的尺肤诊，这些都是全息理论在中医学中的具体应用。

刘　奇：原来是这个意思。我们今天的访谈内容主要是补土，中医名家论补土。想请教全息易象针灸和中土之间有什么联系。

郑卫东：脾胃学说，也是中土理论，实际上是我们中医理论里面一个很重要的基础理论，历代医家都非常重视中土在临床治疗当中的作用，当然中土理论最早的时候主要是用于指导临床用药，用药来补土，但是实际上提出脾胃学说的李东垣，他的针灸技术也是非常好的。中土理论在针灸中具有非常重要的地位，中土作为人体的后天之本，从五行的角度来讲，它又和中医学里面的基础理论，以及易象理论有关，就是和《易经》里的一些理论相互结合在一起。通过这两个方面，中土都能对疾病的治疗与预防起到非常重要的作用。

刘　奇：在临床实战中，结合顾护中土的思想，您用什么针法？

郑卫东：经过我 30 多年的临床摸索，我觉得中土在针灸治疗中非常重要，所以我在临床当中也借鉴了一些前人的经验，前人在针灸补中土方面有很丰富的经验，比如已故的北京中医医院的名老中医——"神针"王乐亭，他有一个著名的针方，叫"老十针"，"老十针"是补土针方最好用的针方之一。以前我也会经常用到"老十针"，但是后来经过我的临床实践，我觉得在补土的时候加上调气，会有更好的临床效果，所以我在这个基础上又立了一个培元方，培元方在培土方面的作用更大，它的靶向性会更强。

刘　奇："老十针"这个针方是什么组成，针灸培元方又是什么组成？

郑卫东："老十针"是王乐亭老先生提出来的一个针方，它总共由 10 个穴位组成：上脘、中脘、下脘、气海、双天枢、双内关、双足三里，正好 10 个穴位，所以叫"老十针"。"老十针"重视补脾土，当然后来有一些人又把里面的穴位换了，比如加公孙，因为公孙穴是脾经特定穴中的络穴，这个穴位补脾的作用会更强一些，这些都是体现了临床的应用。临床上我把这组穴位进行了优化，从调气入手，达到了补脾土的作用。

刘　奇：怎么优化呢？

郑卫东：根据全息易象的原理，把整个腹部看成是一个人体的缩影，把穴位优化成：中脘、下脘、气海、关元。中脘相当于人的头部，下脘相当于人的上焦偏上一点，气海相当于人的肚脐这个水平，关元相当于人体的会阴、生殖部位，然后我把两侧天枢改成大横穴，大横穴在培补中土方面效果会更好一些。远端的穴位，比如手上的穴位，我把"老十针"里面的内关换成了第二掌骨侧的脾胃穴，下肢穴位我仍然会用足三里穴，并且培元方的针刺方法也和传统的这些针灸的针刺方法不太一样。

　　刘　奇：是要运用很强烈的补泻吗？

　　郑卫东：全息易象针灸不太注重针灸的补泻，就是说重点不是在调整补泻上，而是通过手法来调整人体的阴阳平衡，所以中脘、下脘、气海、关元这四个穴位我采用象形刺法：要把上焦虚火或者是上焦的紊乱气机，引到关元穴里面，所以我从中脘取穴，一般是以30°左右的夹角向下斜刺。下脘穴是以45°夹角往下斜刺，而气海穴就到了60°的夹角往下斜刺，到了关元穴我就采用直刺。

　　刘　奇：是不是角度越大，它往下导引气的作用就越强？

　　郑卫东：这个夹角是指针与皮肤的角度，就是我们把气导向的方向，从中脘到关元角度越来越大，向下导气的作用就越强。这个组方也叫引气归元。两侧的大横穴，采用的是右降左升的刺法，这个左侧是指患者的左侧，左大横向上刺，右大横向下刺，这样整体气机向下走，两侧的气机又有一个斡旋，并且针刺的顺序是先右降，再左升。先刺患者的右大横穴，再刺左侧的大横穴，这样先降下来再升上去。这是根据自然规律取象，易象针灸就讲究取象，气机只有先降下去才能升上来。这个道理很简单，满满的一杯水，你要想加进去新水的话，会怎么样？

　　刘　奇：会冒出来。

　　郑卫东：对，会冒出来。然后我们要把它倒出来一些，先降下去，然后我们再加进一些新水，这样就不会有事了。

　　刘　奇：有道理。

　　郑卫东：对，所以先降后升。

　　刘　奇：这个降和升，进针的角度多少比较好？

　　郑卫东：一般来说45°就可以了。

刘　奇：您刚刚讲，就把中脘、下脘、气海、关元看成一个人的全息。那我就在想，中脘相当于人的头部，如果这个人头疼，头部有问题的话，是否可以在中脘加强一下，多刺两针？

郑卫东：可以。用"四象针""五行针"都可以。所谓"四象针"就是以中脘为中心，在中脘的左、右、上、下各刺一针，这就是四针，但是不刺中脘。

刘　奇：中脘不刺？

郑卫东：对，这就是四针，四象。

刘　奇：按理说中脘这针是要下的。

郑卫东：加上中脘就是"五行针"。

刘　奇：这几针的进针角度和中脘一样都是30°吗？

郑卫东：这种情况下我们可以直刺。

刘　奇：以此类推，中脘有四象五行，那下脘、气海、关元，也同样有吗？

郑卫东：对，任何一个穴位我们都可以按照阴阳模型、三才模型、四象模型、五行模型、八卦模型等来进行取穴。

刘　奇：这样的话，局部的针感会更强。

郑卫东：对，这样的作用会更强，效果会更好。

刘　奇：刚才您还说在第二掌骨的脾胃穴，这是什么穴位？

郑卫东：这里首先要了解第二掌骨侧穴位群，第二掌骨作为人体一个独立的全息元，在其桡侧肌肉槽中排列着一个有规律的穴位群，从示指掌指关节后的凹陷到第一、二掌骨交接处，排列着从头到生殖九个穴位，分别是：头穴、颈肩穴、心肺穴、肝胆穴、脾胃穴、腰肾穴、脐周穴、下腹穴、生殖穴。第二掌骨的脾胃穴，它是能够调整中土的，因为全息易象针灸取穴和设穴的原理很简单，这个穴位能治疗什么病，就给它取什么样的名字。比如这个位置对应的脾胃穴，大约在合谷穴附近，靠近第二掌骨，这个穴位正好是在人体的中央。第二掌骨的中点相当于脾胃穴，所以通过这个脾胃穴，能够靶向调整脾胃功能。一般来说可以根据疾病的部位，在这个水平上进行操作，比如疾病在腹部，可以离第二掌骨远一点，如果在后背，就离第二掌骨近一点。

刘　奇：按照这个理论，既然这个中点是脾胃，两端是头和脚，那么哪边是头，哪边是脚？

郑卫东：手的远心端是头，也就是第二掌骨的远心端是头，近心端是脚。现在我们不把它叫脚，在全息易象针灸中叫生殖穴。为什么叫生殖穴？因为人的躯干是人的主体，这个主体是以头和泌尿生殖系统——就是会阴部为两极，中间是人的整个主干，而脚和手都是人的四肢。人体就相当于一棵树，躯体相当于树的树干，所以叫"躯干"，手臂、腿脚相当于树枝，所以叫"四肢"。所以我们把头到会阴这段的躯干部位，看成一个人的主体，而脚是人的四肢，相当于树枝一样，所以不以脚为设穴的标志。生殖穴，"生殖"就是生殖部位的意思。

刘　奇：我突然联想到董氏奇穴有一组针法——灵骨配大白，效果非常好，温补的作用很强，用您这个理论，我理解起来就简单了。灵骨正好就是人的生殖，大白就是人的心肺部位。

郑卫东：对，第二掌骨侧生殖部位我们从和八卦的配属配合落脏来看，正好是坎位，第二掌骨侧心肺穴从落脏来看是心，心位于离位，针刺离位和坎位，从易经八卦的角度来说，灵骨和大白可以通过调整心和肾，使心肾相交，心肾相交也就是水火既济，水火济了，人的整体功能就趋于平衡状态了。

刘　奇：如果这样看的话，可以说是全身处处皆全息。包括现在很流行的颊针疗法、脐针疗法……都是全息理论的应用，都可以看成一个人。

郑卫东：就这么说吧，你能够把人体分出来的局部，或者一个部分，都可以把它看成一个全息，比如鼻子、眼睛、嘴。

刘　奇：鼻子怎么全息呢？

郑卫东：鼻子是最形象的，印堂的地方相当于人的头，两眼之间就相当于人的颈椎和上焦，鼻尖部位相当于人的泌尿生殖部分，所以临床上有一个很好的经验，就是素髎穴。很多女性痛经的时候，在她的素髎穴，我们会发现一个细小的血管，用5号或者7号针头，轻轻地把这个小血管点破，哪怕出一滴血，痛经会马上缓解。所以这就是一个象，我们看两个鼻翼非常像人的臀部。所以这就是一个非常形象的全息易象的取穴部位。

刘　奇：这个真是有意思，您刚讲到针刺腹部的中脘、下脘、气海、关元，然后是大横，紧接着就针刺第二掌骨脾胃穴。

郑卫东：第二掌骨脾胃穴和足三里穴，针刺方法也是有讲究的，根据患者的性别，分阴阳，分别用不同的针刺方法。

刘　奇：年龄不同也不一样吗？

郑卫东：年龄基本没影响，主要是性别。女的为阴，男的为阳。男左女右，男性患者依次针刺左侧足三里、右侧第二掌骨脾胃穴、左侧的第二掌骨脾胃穴、右侧足三里，按这样的顺序，针刺完成后形成一个 S 形的气机循行。

刘　奇：为什么不是同侧的？

郑卫东：S 形符合气机升降的规律。反过来，女性患者依次针刺右侧足三里、左侧第二掌骨脾胃穴、右侧的第二掌骨脾胃穴、左侧足三里，这样形成了一个完整的补脾土的培元方。

刘　奇：足三里进针的角度和深度怎样？

郑卫东：足三里进针的角度和深度，我们根据全息易象的原理，对应取穴，对应部位。你想一想，人体如果出现一个截面的话，会是怎么样的结构？最外层是皮肤，中间那层是肌肉，最内层是骨骼，是吧？这样正好符合我们脏腑学说当中的——肺主皮毛，脾主肌肉，肾主骨。既然脾主肌肉，补脾的话，要到哪一层？

刘　奇：中间。

郑卫东：对，进针到中层就可以了。那么如果患者的肾和脾有问题，可以进针至中层到深层。

刘　奇：皮肤病就进针浅一点。

郑卫东：对，皮肤病进针浅一点，刚刚挂着针就好，心的疾病也是刚刚挂着针就好，甚至立不住针，立不起来就可以达到治疗效果。

刘　奇：不一定非要有如鱼吞钩的感觉？

郑卫东：如鱼吞钩的感觉，那是对一些大病，需要调整整体功能的疾病。对于局部的脏器，或者某一个脏腑的不同疾病，我们会用不同的取穴深度。

刘　奇：还有季节，比如说冬天要深刺。

郑卫东：对，这些都是可以的，这些实际上都是跟全息对应。为什么冬天要深刺？因为冬天主收藏，收藏的话肯定很深。那么夏天阳气浮在上面，所以是夏天要浅刺。与季节、年龄、气候、疾病的陈旧、发病的急骤等都有关系。

刘　奇：如果冬天得了皮肤病，那是深刺还是浅刺？

郑卫东：冬天得了皮肤病，我们既可以深刺也可以浅刺。可用两极全息、倒向全息理解。全息易象针灸里面有一个很重要的理论，叫"倒象全息"。这个"倒象全息"是什么意思呢？就是在任何一个全息元里面，有一个正象的全息穴位，同时有一个倒象的全息穴位。就是说，头的疾病我们可以治疗生殖部位，生殖系统的疾病我们可以治疗头的部位。

刘　奇：您讲的中脘、下脘、气海、关元，刚才我们是正着看，也可以倒过来看，关元治头的问题，中脘治疗生殖的问题。

郑卫东：对。实际上在自然界中，或者中医学里面的这些认知都已经给我们很多的启示，并且把这些理论都应用得很全面了。比如中医学中的上病下治，这就是很好的倒象全息理念。

刘　奇：这个要怎么去思考呢？

郑卫东：这里有一个很重要的规律。所有阴面的穴位基本上都是一个正象的全息，也就是说头朝上的全息，所有阳面的穴位都是倒过来的。什么叫阴面？腹部、前臂内侧、大腿内侧都叫阴面。

刘　奇：这个本身也符合阴阳的交感理论，阳是主升的，所以阳面的象就是倒过来的——头朝下，阴是主降的，阴面的象是正着的，阴阳交感。

郑卫东：对，所以说这个是全息易象针灸里面非常重要的理论之一。

刘　奇：您刚才说的培元方，就是腹部有六针，然后双第二掌骨的脾胃穴，双足三里？

郑卫东：对，实际上也是 10 针。

刘　奇：这个相比"老十针"来说，加强了调气机的作用。

郑卫东：对，加强了调气机的作用。气机的作用对补脾土而言非常重要。脾土是人体的基础，那么脾土要靠什么？要靠气机的作用来推动它，来斡旋四方，所以先培补脾土，然后再治疗其他疾病，就会起到事半功倍的效果，所以历代医家都非常重视对脾土的培护。

刘　奇：早有耳闻，您的针灸跟其他人的不一样，您半天可以看 100 多个患者，我原本想针灸肯定是很慢的，您怎么这么快呢？

郑卫东：首先，全息易象针灸是建立在全息理论和易象理论基础上的针法，全息易象针灸不太注重传统针灸里面的补和泻，但不注重形式上的补和泻不等于它没有补和泻，我们这种补泻的作用，通过进针的深浅，针法的运用，来调动患者的自我修复功能，从而实现自然而然的补和泻。这很容易理解，举个例子，人饿了会怎么样？饿了肯定想吃饭，这就是补的作用。这是因为做了好饭好菜才起到补的作用吗？或者是以为吃的东西多才起到补的作用吗？不是，自己就想吃，想吃就是一个补的作用。渴了，就想喝水，这就是自然而然地补。而我们人为地去补，那会怎样呢？那可能就是不饿的时候，就给补了，不饿，就不需要。饿的时候又给泻了，可能会起到反作用，所以我们要顺其自然。当然，对于经验丰富的针灸医生来讲，通过辨证，他能够知道患者饿还是不饿，是需要补还是泻，这样他重视补泻手法，这是对的。作为我们，能够让很多的基层医生和普通医生很快地掌握全息易象针灸，我们不太注重人为的补泻，而是注重机体的自然调节。

刘　奇：就是您一两针把气机调起来，叫他自己去恢复。

郑卫东：对，全息易象针灸，既然能够一上午看 140 多个患者，要想把补泻的手法都用上，时间肯定是不够用的，所以我一般进针后留针，患者通过自然的补泻作用，自然的阴阳调节功能，达到调节治疗的作用。

刘　奇：留针多久？

郑卫东：一般来说，留针时间要长一点。我强调留到 45 分钟，45 分钟要比 30 分钟效果好一些。

刘　奇：您平时临床是看哪一个科？

郑卫东：针灸科是不分具体的哪一个科的内容。

刘　奇：内、外、妇、儿、五官、皮肤科疾病都看？

郑卫东：对，只要能够适合针灸的，有效的，我们都可以用针灸来治疗。实际上，从理论上来讲，针灸医生是真正的全科医生。

刘　奇：其实中医就是不应该分科。

郑卫东：中医分科就使得中医的理论也好，临床实践也好，变得支离破碎。

刘　奇：全息针灸对什么样的病种特别有优势？

郑卫东：全息易象针灸和传统针灸有相似的地方，对功能性疾病和疼痛性疾病，治疗效果是非常好的，可以达到立竿见影的效果。

刘　奇：您举个例子吧。

郑卫东：比如现在非常流行的颈椎病。

刘　奇：颈椎病太多了。

郑卫东：现在由于手机的应用和伏案工作的人员增多，颈椎有不适感，甚至有颈椎病的人越来越多，并且有年轻化的趋势。全息易象针灸根据全息易象的原理，选择了"颈三针"或者"颈五针"进行治疗。就是在颈部，头部用三针或五针就可以非常好地调整颈椎的功能，达到立竿见影的效果。这是我在临床当中经过很多患者验证的。非常好学，只要严格按照我的操作规范去做，都能获得同样的效果，临床的可重复性非常高。

刘　奇：就是说没有任何针灸基础的人，按照您说的这个操作流程，也可以把病治好。

郑卫东：对，只要你能成功进针，就能达到同样的治疗效果。当然对其他疾病，比如扭伤、胃脘痛，还有妇科的常见症状效果都非常好。另外，不但对急性病、疼痛的和功能性疾病，对一些慢性病的效果也很好——比如面神经麻痹。

刘　奇：面神经麻痹时间长了就不好调了。

郑卫东：对啊，面神经麻痹在临床上很常见，也是针灸的适应证。面神经麻痹由于治疗不及时，很可能转为慢性的或顽固性病变，有的人需 3~5 年，甚至一二十年都不好恢复。

刘　奇：可能肌肉都萎缩了。

郑卫东：对，实际上，我们先调脾胃，补脾土，然后再加上治疗面神经麻痹的穴位以后，同样能够达到很好的治疗效果。

刘　奇：这个同样和中土有关系？

郑卫东：对啊，中土的基础好了，再去用治疗面神经麻痹的穴位，效果就很好。治疗面神经麻痹的穴位大家都知道，例如颊车、地仓、翳风、下关、牵正、足三里、合谷……这些都是常规的穴位，可能大家上学的时候，《针灸学》教材中面神经麻痹都是这样治疗的。

刘　奇：针刺健侧还是患侧？

郑卫东：你这个问题问得好！这是针灸治疗面神经麻痹很关键的问题，很多针灸医生对于面神经麻痹的治疗，针刺健侧还是患侧，什么时候用针灸都没有概念，或者概念模糊。面神经麻痹分急性期和恢复期两个阶段。一般来说，急性期是发病后的10天之内。急性期的患者是不能针刺患侧；恢复期的患者可以针刺患侧和健侧，但是临床上以健侧为主。有一些患者由于治疗不及时，或者使用了激素，治疗起来会更难一些。所以面神经麻痹初期，只要不是特别严重的患者，不建议大家使用激素治疗。临床上很多面神经麻痹三五年的患者，没有经验的医生仍然会去针刺常用的面神经麻痹穴位，治疗完一两周丝毫没有效果，为什么呢？因为这些面神经麻痹的患者，在早期会经过若干医生治疗，有病乱投医，这是大家普遍都有的行为，你知道这组穴位能治面瘫，其他针灸医生肯定也知道。别人治疗没有效果，你治疗同样没有效果。那么我们就从另一个角度考虑，没有效果可能是这个患者的基础不行，或者说正气不足、脾胃功能不强，怎么办？我们就用培元方，或者"老十针"，这些培补脾土的针灸方子。然后再进行基础治疗，治疗一两个疗程，甚至治疗1个月，然后再用治疗面神经麻痹的这一组穴位，就会起到很好的效果。我治疗过一个面神经麻痹10年的患者，有后遗症，也是通过这样的思路，最后患者基本恢复了。我的一个同道，治疗了一个面神经麻痹27年的患者，也是通过这个思路治好的。

刘　奇：真是给我们信心了，原来针灸真的可以治大病。岭南的老百姓经常看病就会说："医生，我湿热啊。"岭南地区地卑土薄，再加上老百姓经常喝凉茶，要么寒湿，要么湿热，湿是岭南医生不可避免的问题，您从全息易象针灸的这个角度对治湿有什么好办法？

郑卫东：祛湿对每一个医生来讲都是比较难的一件事情。

刘　奇：在北方应该也有。

郑卫东：北方也有，因为空调的应用和人们生活习惯的改变，湿的问题同样也困扰着北方的患者，湿再加上脾胃功能不好，这个湿可能就更难去掉了。所以我们经常会把脾湿放在一起，那么湿最根本的原因是水的问题，对吧？水遇到了寒，就是寒湿。水火遇到一起就是湿热，那么湿热也好，寒湿也好，对于脾就很难区别了。为什么很难区别，因为脾土的特性，脾是很包容的，土的包容性决定了湿很难去掉，所以我也会用临床的处方来祛湿。祛寒、祛湿常常是统一的，祛寒祛湿我用排寒湿处方，排寒湿的处方我常用的穴位有两个，一个是无名指近心端尺侧，赤白肉际这条线，沿着这条线刺一针。贴皮上，沿着皮刺，这一针我起了一个名字叫小节穴。

刘　奇：会不会很疼？

郑卫东：手法好就不是太疼，可以捏起来扎。第二个是印堂穴，印堂穴祛湿祛寒的效果非常好。在这两个穴位的基础上，配上阴陵泉穴，阴陵泉穴是祛湿很重要的穴位。当然肝经的蠡沟穴，甚至包括足三里穴都可以祛湿。通过这种针法把寒去掉了，再通过培补脾土的阳气，或者我们称通过升阳的作用来祛湿。

刘　奇：印堂这一针您常用多长的针？

郑卫东：我喜欢用一寸半的针，并且用稍微细一点的，比如 0.18mm 的。印堂的针刺方法比较特殊，要刺到鼻骨的交会处，如果能把针刺入两侧鼻骨的缝隙里，效果会非常好。

刘　奇：是捏起来扎吗？

郑卫东：可以捏起来扎，捏起来，然后针尖向下。

刘　奇：一寸半都进去？

郑卫东：可以，差不多。

刘　奇：这个是排寒湿的，那湿热呢？

郑卫东：湿热，首先要去热，这个我们可以用到易象针灸，湿是水，水与谁有关系？与坎有关系。热是什么？是火，与离有关系。所有湿热的患者往往都有水火不济，也就是说火不能很好地去烧肾水。火本身有生土的作用，如果火虚，不能烧肾水，不能生土，那么脾的功能也不好，所以为什么脾湿、脾热和寒湿都难去掉？就是因为这个火本身功能不强。临床上易象针灸中有调脾胃的针法，因为脾胃是虚的，根据中医补泻的原则——"虚则补之，虚则补其母"。脾是土，它的母亲是什么？是火，火生土。如果把火加强了，然后土生了，土的功能就强了，对不对？但是现在的患者，他们往往火的功能也是弱的，怎么办？那我们就再想办法。我们再补火的母亲，火的母亲是什么？是木。木是什么？肝木，胆木。肝木为阴木，胆木为阳木。然后我们先把这两个木补上来，木生火，火生土，肝胆好了，心就好了。心好了，下面的脾土就好了。我们通过三级补泻，形成一个三级模型。三级模型还有个好处，应了"三"这个数。

刘　奇：三生万物。

郑卫东：对，三生万物。在易象针灸取穴里面，我们就取了震卦或者是巽卦，然后取离卦，再取坤卦。

刘　奇：对舌苔又厚又腻的情况也可以治吗？

郑卫东：可以，通过针灸的作用。还有很多针法比如切脉针灸，舌诊针灸（通过望舌来看针灸的效果），都会有很大的变化。行完针以后，看看火能不能下去，通过观察舌象，就看出来了。当然补阳气的针法还有很多。比如调督脉很著名的针法——"扶阳四针"，都可以来补火。

刘　奇："扶阳四针"是哪四针？

郑卫东："扶阳四针"很简单。就是后溪、中渚，腰腿点，手三里。腰腿点取一个就行。手三里补火的功能很强，后溪通督脉，中渚属三焦经相火，都可以补火升阳，所以效果非常好。

刘　奇：今天真是学到不少，茅塞顿开。今天的访谈就到这里，谢谢郑教授。

从"三脏一体"论脾胃
——周福生教授访谈实录

【专家简介】

  周福生，男，1950 年 7 月生，广东省惠来县人。教授，主任医师，博士研究生导师，博士后合作教授。第四、五批全国老中医药专家学术经验继承工作指导老师及学位指导老师，周福生全国名老中医药专家传承工作室指导老师，广东省名中医。广州中医药大学脾胃研究所原副所长、国家重点学科中医内科学脾胃方向学科带头人。广东省肝脏病学会中医药学专业委员会主任委员。

  陈　延：周老师，您在脾胃病的治疗方面非常有经验，有自己的一套理论体系——"三脏理论"。我们已经查过文献，知道这个理论是您首先提出来的，而且是基于太极图说的中医理论体系，所以想请您谈谈这方面的内容。

  周福生：脾胃学说从古到今有两千多年的历史，从《黄帝内经》一直延伸，从先导到形成到现在的发展，整个过程是很漫长的。关于你刚才提的"三脏一体"这套理论是如何提出来的这个问题，我想这样回答。我认为疾病的发生与发展有时代的特征，当今疾病的发生具有现代的特征。我们作为大夫，需要一直思考一个问题：如何做到辨证准、用药精、疗效佳。我为了解答这个问题，通过一些文献的学习和体会，认为从"三位一体"去认识中医更吻合临床实际。"三位一体"是一种临床思维，它有理论基础，除了中医相关的书籍之外，还包含了中国传统文化的思想。因为我喜欢阅读一些医学以外的书，比如《易经》和老子的《道德经》，这两本书我读得比较多，我觉得从《黄帝内经》到《难经》，这些书籍实际上很多内容和周易都是息息相关的。我们有很多东西都是从《易经》得到启发，再通过临床整理，逐步形成了我们现在看到的中医基础理论。所以我觉得，从《黄帝内经》《难经》到《易经》对阴阳五行的论述，彼此内容互相关联，阴阳五行是一个整体。"三位一体"的第一个内容是整体观。老子在《道德经》里面提到"道生一，一生二，二生三，三生万物"。人和自然是天人相应，道法自然，人不可能脱离自然而形成，人是天地之间形成的自然产物，所以这三者相互之间是联系的。从广义上来讲，"三位一体"为天、人、地三才的一体观，这与中医整体观相符。"三位一体"的第二个内容是"辨证、辨病、辨质"相结合。质是体质的意思。"病、证、质"是我最早提出来的。"三位一体"学说的狭义内容有两个：一个是临床思维模式，另一个是"三脏一体"学说。我提出这个学术观点是受到了各家学说的影响，比如张仲景在《金匮要略》里面提出了一个很好的观点，就是"见肝之病，知肝传脾，当先实脾"。这说明脏腑之间是相关的，是会互相传变的，脏腑的变化很少单独发生，所以我觉得疾病发生与多脏腑相关，具有联动效应。在 20 世纪七八十年代，我们做脾胃病研究的时候，比如研究溃疡，我们把脾虚肝郁型与脾胃虚弱型的溃疡做了比较，发现临床效果虽然还是可以的，但是患者有很多其他的症状解决不了，溃疡（胃镜）复查，效果也不理想。那怎么会这样呢？我们应该从"病"的层面去看待这个问题。也就是说角度不能局限于中医的证型，我们应该从疾病的病理，从内镜去看待它，要重视现代医学的检查结果。

陈　延：也就是说您很早就提出了微观辨证。

周福生：是的。宏观和微观辨证就是我在那个时候提出来的。当时我们做研究时发现对证治疗之后效果不理想。我们发现溃疡在活动期时充血水肿比较明显。我们做了病理，发现胃黏膜都是充血的，而且有瘀血状态，这个通过病理学检查看得很清楚——所以我们在病理诊断基础上，加上一些抗溃疡的药物，有清热解毒的蒲公英、半枝莲，还有活血的药物（田七等），效果挺好的。但是后面经过临床过程，到了 20 世纪 90 年代发现，很多疾病病和证都考虑了，但是对有些患者效果不是很好，后来发现还跟体质有关。不同体质的人，病和证可能一样，用药的时候要兼顾体质。打个比方，我之前有一个患者，舌苔黄，脉比较滑，看起来是湿热证。但在治疗的过程中，他的舌体比较大，比较胖，所以他的体质是偏气虚的。所以在用清热化湿药物的时候不能太厉害，要兼顾到他的体质，这样才能提高疗效。所以我们就提出来了在临床上应该是从病、证、质三个方面来进行观察。这个方面我就不敞开谈了。所以说"三位一体"中第一个就是"辨证，辨病，辨质"，第二个才是"三脏一体"。

陈　延：我大概听明白了，其实您提出来的"三位一体"理论跟我之前的理解可能有点偏差。因为我跟黄绍刚主任很熟，他讲"血三藏"的时候我就听他提过您。我一直以为您提出来的三藏理论或者说是三才理论，可能主要还是脏腑之间的。实际上我听了您的介绍之后发现它有三个层次。第一个也就是最高的层次天地人，就是中医讲的因人施治、因地施治。第二个也就是下一个狭义的层次，在病的概念，在证的概念，在质的概念。第三个也就是再下一个层次才是具体的，比如"血三藏""肾三藏"等。实际上"三位一体"是三个不同层次的问题。

周福生：对，为什么我要提出"三位一体"呢？我刚刚也提到了一个是理论基础，一个是各家学说的影响。为什么说是受各家学说的影响呢？比如孙思邈在《备急千金要方》里面提到很重要的一点就是脏腑之间是相关的。如果不去理解脏腑，用药时忽视掉某个脏腑的特征，这样的用药是不合适的。从他写的很多书里面都可以看出他想要表达的是脏腑相关这个观点。这在唐代孙思邈的时候就已经提出来了。接下来就是金元四大家，李东垣作为脾胃学说的大家，他提出来了很多关于脾胃病的理论基础和临床经验。所以我们说脾胃理论的形成，李东垣可以算是最重要的人物，决定了很多的东西。他提出了"内伤脾胃，百病由生"的观点，实际上他这个观点是在古代中医史上，尤其是在"有胃气则生，无胃气则死"的观点上发展过来的，也提到了脏腑之间的关系。他为什么要用甘温，要升阳，又要散火，他就是在这样一个基础上提出来的。脏腑之间是相关的，不是独立的。还有张景岳在《景岳全书》里面也强调阴阳脏腑都是相关的。《金匮要略》有"见肝之病，知肝传脾，当先实脾"的论述，这说明脏腑之间是相关的。我通过自己的临床体会，在中医基础理论的指导和各家学说的影响下，明确了脏腑之间的相互关系有其规律性。通过以上种种方式的学习，我认识到阴阳五行和脏腑是息息相关的，它形成了一个有序的循环。这个循环实际上是密不可分的，有规律性的，有相互之间的功能联系。这个循环就是我提出来的"三脏一体"的核心。

陈　延：您认为"三脏"的来源是有联系的，不是随便的三个脏腑进行组合。

周福生：对，它是一个有序、有规律的循环，而且以阴阳五行、相生相克作为基础。中医很重视阴阳五行。阴阳五行相生相克，具有一定的规律性。"三位一体"有十种基本模式，也就是说临床思维模式有十种，这十种延伸出去就会有更多，如果将这十种模式进行一个排列组合，这个循环的排列相应也就变得更有序。比如，心肝脾代表了什么意思呢？从阴阳五行来讲，这是一个两生一克的关系，木生火，火生土，那么木又是克土的，这里就有生克关系。从脏腑方面来看，它是主血的。所以"血三藏"就是从这里提出来的，以主血为主。这三藏都是跟血相关的，而且是一个藏血，一个调血，一个生血，但又有各自的不同。临床上"血三藏"可以治疗贫血、肠易激综合征（IBS）等，这是其中一种模式。其实就是从阴阳五行和脏腑相关方面来理解。再举一个例子，心脾肺，这是有两生相克的一种关系。还有就是心肝肾，从某个角度来讲，都是以阴分为主，所以多见于阴虚证。心脾肾主要以阳气为主。脾肺肾主要是以气为主。肝硬化到后期肺脾肾都衰竭，这个时候就到了比较严重的程度了，所以主要以气为主。我认为这十个模型不是不变的，而是一个有序的循环，包含了相生相克的关系。

陈　延：也就是说这个模型一定是有相生相克的关系，不是一个简单的对接，是吗？

周福生：对。不是简单对接，而是基于阴阳五行相生相克关系，才逐渐形成这样的一个辨证模式。当然这是我的理解，大家也可以一起讨论，我认为应该从这个角度分析。如果说"三位一体"跟脾胃相关，那么它有很多种关系可以论述。比如说我刚刚提到的心肝脾，它是两生一克的关系。

陈　延：其实心肝脾就是像黄绍刚主任讲的"血三藏"那样，您之所以把它作为一个系列，主要是从血分这个角度来考虑的。

周福生：对，我就是主要从血分这个角度来考虑的，用于治疗功能性疾病，治疗贫血、溃疡。那么心脾胃，这是什么呢？其实就是两脏一腑，子母关系。这三个脏腑主要以主神明为主，兼以主运化，调情志。也就是说它跟情志密切相关，而功能性疾病也大多与情志相关，所以可以从这个思维模式去考虑治疗这些功能性疾病。再有就是肝脾胃，它也是两脏一腑，它是木克土，包含土和木的关系。其实就是相克关系。因为脾胃是气血生化之源，肝主疏泄，它能帮助调整胃的功能，所以两者功能好，消化功能就好。如果肝气郁结，就令木克土，土侮木，这种情况临床有很多，比如由于木的郁结，土的壅滞，引起消化不良、慢性胃炎、胃肠道功能紊乱等，这也是一种思维模式的运用。这是和脾胃相关的，所以我们在临床上会用来治疗反流性胃炎、反流性食管炎，效果都还可以。除此之外，还有一些肝病的治疗，也是从肝疏泄失常，木郁土壅这个角度考虑。还有肝胆胃这个系列，这是一脏两腑，肝是脏，胆、胃都是腑，在生理、病理、相生相克的五行关系上，它们是密切相关的。我们说胃胆相关，所以这个模式可以运用于治疗一些疼痛性疾病，比如肝炎、胆囊炎、胆石症等。从这个模型分析，用疏肝利胆和胃的治则去治疗以上疾病，效果不错。再有就是肝脾肺，这又是一种模式，这是三脏，就是"三脏一体"。来到了脏的层面，这是两克一生了。肺属金是克木的，肝又克脾，脾又生金，这样看来，气滞、气逆、呕吐、便秘，用这个模式辨证比较好，从治气的角度上去调整。所以为什么有"血三藏""肾三藏"，是通过它的生理病理功能、阴阳五行，才提出来这个理论。

陈　延：明白了。从刚刚您的论述，我觉得首先您去创造这一套理论体系的初衷还是为了解决临床的问题，其次您创立的这个体系实际上还是基于中医的传统理论以及《易经》的相关内容。实际上《易经》应该是中国所有文化的源头，后世的很多学科中都受到它的影响，比如中医学、哲学。我阅读了一些您的文献，在您治疗脾胃病的临床经验里面，我自己比较感兴趣的有三点：第一点就是效法东垣，崇尚温补。作为研究脾胃或者说补土理论的学者，还是比较有共鸣的。第二点就是畅达气机，脾升胃降。这个观点跟李东垣的很多理论比较相近。第三点就是心胃相关的理论。这是我最感兴趣的。虽然《黄帝内经》说"胃不和则卧不安"，但是实际上近现代，尤其是现代的很多医生治疗情志相关的疾病，更多的是从肝脾的关系入手，心胃的关系似乎很少被提及。我想请教一下您怎么理解心胃相关？在心胃的关系中，心是主角还是胃是主角呢？我们在临床中应该怎么样去处理？

周福生：你刚刚提到了三个治疗方向。那么为什么会这样呢？可能跟我在临床上不仅研究消化系统疾病有关，我还去神经内科进修。我比较幸运的就是在毕业以后能够跟随老专家学习，因为当时我们必须要跟老中医学习，要跟诊 2~3 个月。我有机会于 1982—1983 年到北京中医学院东直门医院神经内科进修，带教老师是王永炎主任。进修期间我还利用其他时间到门诊跟诊董建华老师，后来又跟我的导师陶志达老师学习。这段跟师经历说明在临床上既要自己学习，更需要很多名师指点，有助于临床思路的拓展，上述这些经历的目的在于解决"如何提高临床疗效"这个问题。"三位一体"的思维模式提出的目的也是为了提高临床疗效。

刚才提到疾病有它的时代特征，消化系统疾病同样具有时代特征。当今生活条件改善，但是精神及工作压力也相应增大，消化系统疾病的病因与以前相比有很大的不同，相信陈主任在临床上也观察到了这个现象。现在不管是年轻人还是老年人，很多都是偏于脾虚、气虚、中土虚弱，当然临床上不仅仅是纯粹的脾虚，一般虚实夹杂比较多，但是这个时代的消化系统疾病归根结底还是中土不足。所以我在临床上多用温补法，这种治法实际上是李东垣在《脾胃论》里面创造的。我认为李东垣最突出学术贡献是甘温除大热、升阳散火及元气和火不相两立，这三个观点非常重要，其核心就是说阳要升，火要散，这是两个概念，不能混在一起。李东垣的时代兵荒马乱，饥饱不定，脾胃容易受损，日久就会虚弱。虽然现在是和平时代，但情志失调、饮食不节、长期熬夜、生活不规律等因素，也会导致中土虚损，不少患有消化系统疾病的患者，同样可以使用李东垣的治法进行治疗，我认为我们应该效仿他的方法来进行调补。

此外，我认识到脾胃病发生发展还有三个主要影响因素：第一，气血相关。脾胃是气血化生之源，是脏腑经络之根，是后天之本，也称为后天元气，后天的元气受损，导致脾胃运化功能失调，所以要采取调补气血，温补元气。第二，气机升降。我曾提出升降相关观点，脾胃的升降不仅仅是脾升胃降，它代表的是人体整个气机的运转。因为五脏六腑之气要依赖于脾胃，故"有胃气则生，无胃气则死"，就要靠养脾胃来生胃气。另外，整体气机的升降有序是很重要的，清气不升，浊气不降，肯定会出现很多的问题。比如腹胀、腹泻、便秘等疾病，均与整体气机升降失调有关。所以凡是升降功能失调的疾病，一定要考虑到这个问题，我是受到董老（董建华）很大启发而逐步形成的这个观念。我发现他治病非常重视升降气机，他曾提出一个观点："脾胃病，升降至要。"后来随着临床实践，我发现现代人的胃病，升降失调是其中一个很重要的病因。第三，心胃相关。很多胃肠功能性疾病，比如 IBS，甚至一些非消化系统疾病但存在消化道的症状，用常规处理方式，多以疏肝健脾解郁为法，痛泻要方是此治法的代表方。但是事实上我们用这个治法治疗，患者部分临床症状的确改善，但同时也有部分症状并没有得到改善，具体而言，气滞症状改善了，可是情志方面的症状没有改善，比如焦虑、心烦还是存在，这是什么原因呢？我当时就考虑，除了和脾胃密切相关外，还与心密切相关。为什么呢？心为五脏六腑之大主，神明为它所主。心的作用有两个，一是主神明，二是调血。如果患者情志症状比较轻，可以选择用疏肝的方法；当疾病发展到忧郁、焦虑和抑郁症状比较明显的时候，说明它已经影响到心，影响到神明，这时就要注意到心胃相关，而临床也证实了这种相关性的存在，对这类患者用安神解郁的方法，原来的情志症状也得到缓解了。所以针对IBS的患者，我在20世纪90年代后期研究出来一个处方，名为顺激方，其实是以痛泻要方为底，加合欢皮、首乌藤等，既能解决肠道症状，也可以解决情志问题。

陈　延：就是您在肝脾相关的方子里面加了安神的药物。

周福生：对，我最开始也就是试一试，看看我的这个理论对不对。后来我观察到患者的症状的确缓解了。我又去查阅了很多相关书籍，《景岳全书》里面有个观点给了我很大的启发，"脾胃之伤于内者，惟思忧念怒最为伤心，心伤则母子相关，而化源隔绝者为甚"。如果影响了子母之间的关系，根据相生相克理论，"心不明，则十二官危"，那么消化功能就不好了，我很认同这个观点，也就是从心入手去调整就可以达到治疗效果。针对这个方子，我们从脑肠肽、内分泌、神经系统等角度做了很多的临床研究，在研究中发现IBS与心胃功能失调明显相关。"心胃相关"的提出是因为临床用了安神和胃的药，症状改善程度比单纯疏肝要好。现代研究也证实IBS的确与精神性因素密切相关。"心胃相关"除了调神，还能调气血，这个观点是在临床与基础实验过程中产生。我当时的想法是心和脾是子母关系，火生土，土若是虚了，需要火去补充，土要能够正常运化，需要火去温煦，这两者密切相关，不能单独存在。胃寒为什么补一补心火，胃就健旺，因为心胃相关。因此在临床上因脾胃虚弱、气血不足导致的乏力、失眠、焦虑的患者，我用生熟地黄、灵芝、龙眼肉进行治疗，效果挺好的。从"心胃相关"的角度去思考，除了可以解决一些情志疾病，对血虚导致的情志疾病并不只是疏肝，可以延伸到从心与脾两个角度去考虑。此理论强调心和脾胃功能之间的生理、病理的联系，也就是说在治疗脾胃病合并情志症状的时候，必须充分考虑到这两者之间的关系。

陈　延：听完您的介绍我有些感悟。关于疏肝，所谓疏就是疏畅的意思，从中医辨证来讲，它针对的是实证，应该是肝气郁结证。实证一般是出现在情志疾病的早期或者说是中早期。实际上到了中晚期，就是长期抑郁，人体的正气已经损伤，如果再疏肝，那就是犯了虚虚实实的错误。疏肝多了肯定会伤气。您提出观点比较新颖，实践价值也很大。您在调心方面，还在原来的方子上做了一些加减。在处理这种情况的时候，有没有以调心为主的方子？还是把调心作为辅助？

周福生：第一个是肝脾，第二个就是心脾，因为两者之间就像刚刚我提到的脏腑一样都是互相关联的。你可以观察患者，如果脾虚比较明显，就要以心和脾相加去立法，去辨证，比如说六君子汤合酸枣仁汤，这在临床上是比较常用的，六君子汤关注的是脾的问题，酸枣仁汤关注的是心的问题。另一个是以心血不足为主，而引起心功能不好的，比如体倦乏力、胸闷，这些情况我就还是以心为主体。以心为主体的话，用哪些药物呢？在临床上我最喜欢用四君子汤，虽然四君子汤补气，但是用四君子汤补土就能养心生火，这个是相生的关系，另外我会加用丹参饮。丹参饮由丹参、春砂仁和檀香组成。此合方针对气血不足。如果还有情志问题，通常会加素馨花、酸枣仁和浮小麦治疗，这组药对主要是针对肝经，同时兼顾了心经、脾经。如果是以心血不足为主，则以补气为主，并不是把所有补心的药物都用下去，我一般是先补脾气，土气补旺了，火自然也会旺了，心就得养了，补土之后再兼顾一些养心安神的药物，这需要分清主次进行治疗。临床中，我会在这基础上，把病、证、质其中一方面同时运用在里面。因为我在临床上观察这些患者都兼有痰湿体质，兼有一点心火，也就是有一点郁火，可以加一点点的莲子心，3~5g，清一下心火，效果就会很好。此外，对反复口腔溃疡的患者，这种情况属于心火盛，运用莲子心非常适合。但是对于虚热的口腔溃疡，我用温补的药物，比如炮姜，反而可以解决问题。这就提示临床中需要辨虚实用药，有些口腔溃疡乍看好像是实热，但是用温补的药物，让脾温了，则胃热就可以下降，这就跟李东垣所说的升阳散火是一个道理。所以心胃相关理论不是一个单独的理论，它跟全身脏腑都是相关的，只是我们从这个角度去辨证辨质疗效会更好一点。

陈　延：另外有个小的问题。脾胃学说或者以前叫补土学说，研究的靶点都是消化科疾病，我说的是广义的消化科疾病，包括您提到的由心理疾病引起消化道症状。实际上李东垣《脾胃论》里面涉及的病种是非常多的。那么我们现在所说的补土和李东垣的补土，您觉得这是一回事吗？

周福生：我是这样看待这个问题的，补土是一个抽象的概念，包含了很多内容，从《黄帝内经》到李东垣的《脾胃论》来看，它并不纯粹是补土，疾病如果需要补土，那就补土，不需要补土的，那就不补。总之是针对疾病的病因病机，该补的补，该散的散。因此，你所说的补土和李东垣的补土有很大的区别。我先谈一下脾胃学说是怎么形成的。脾胃学说的形成应该是有三个阶段。第一阶段是（脾胃学说）形成的先导，就是理论基础的形成，如《黄帝内经》《难经》《伤寒杂病论》，还有唐代的孙思邈，一直到宋代，很多医家对脾胃都有很多的论述。这些理论奠定了脾胃学说的理论基础。第二阶段是形成阶段，李东垣的《脾胃论》是主要部分，促进了脾胃学说的形成。第三阶段是发展阶段，金元四大家的刘完素、张从正、朱震亨，以及明清的叶天士等大家的理论是脾胃学说发展的主要内容。李东垣以及其他医家的补土主要是针对脾胃病而设立的，而我们现在讲的补土内涵就更广泛了。现代脾胃学说如何研究？补土学说是否等同于脾胃学说？你提的这个问题很好，我也一直在思考这个问题。我认为大消化科应该包括胃肠、肝胆，也就是说应该把肝病放进来。所以这个大消化科疾病是不是就是我们说的脾胃病呢？如果按照脏腑相关理论，可以把肝加进来，但如果以中医基础理论来论述的话，脾胃学说能不能说包含了这些东西？这里面就涉及流派的问题。内科、妇科都有很多不同的流派，补土的、补气的、补火的，都有。这些我觉得都有不足的地方，都有所偏差。就像脾胃学说我们还仅仅局限在胃肠这一方面，我们对肝胆这方面的研究还不足。如果从大的方面来讲，我们可以把肝胆归到脾胃学说。所以我也想请教一下陈主任，您认为能不能把肝胆归为脾胃学说的范畴，还是说要把肝胆独立出去，这个问题也是见仁见智。我认为如果从现有大消化科来理解，应该把肝胆也纳入脾胃学说的范畴，这也是我们现在脾胃病研究新的突破口。

陈　　延：因为您曾担任脾胃研究所的副所长。实际上我也在想一个问题，陶老（陶志达）最早提出脾胃小组，后来才有了脾胃研究所。不管是脾胃研究所还是脾胃小组，脾胃学说作为近二三十年一个比较出名的理论体系，我在想当时为什么取这个名字？当时的研究目的和研究方向是什么？这个问题我想了解一下。

周福生：是这样的，脾胃小组的成立是在1975年4月18日，那时候广州中医学院（现广州中医药大学）内科教研室和一附院还是在一起的，当时脾胃病在内科系统里面是独树一帜，因为脾胃方面的名医特别多，有陶主任的父亲（陶葆荪），可以说他是广州中医药大学的创始人之一，他虽然是研究《金匮要略》的，但是他治病着重恢复脾胃功能。另一个就是邓老（邓铁涛），还有陶志达老师，邓灼琪老师，当时来看脾胃病的患者比较多，也就比较有优势。当时我们的老专家在脾胃方面是独树一帜的，所以陶老当时就提出我们应该建立一个突出的学科，这个学科相关内容应该从脾胃方面去考虑。同时脾胃小组的建立也跟当时的副院长欧明有关，他是研究心血管疾病的，当时也在内科，他也提出要以脾胃病作为突出学科。因为当时一附院（广州中医学院第一附属医院）还没有伤寒教研室、金匮教研室、温病教研室，这些在当时都是归到基础部。脾胃小组成立之初人员很少。当时王建华老师是从徐州调回来的。一开始的时候也不知道怎么研究，就把基础部的劳老师（劳绍贤）调过来，还有诊断学的，药学的，我也刚刚毕业，他们说你最年轻，就先来帮大家的忙。脾胃学说如何研究？大家通过反复多次讨论，认为先从脾主运化入手对脾气虚证进行研究。我们最先研究的是低热，再是慢性胃炎，从唾液淀粉酶开始实验研究。

陈　　延：其实您最早开始研究的不是消化系统疾病。

周福生：那时候我是在病房，当时确定的是先研究低热，再研究慢性胃炎、慢性结肠炎、消化性溃疡，随后进行唾液淀粉酶检测。因为研究低热，我在广州市绢麻厂半年，负责观察"甘温除热法"治疗慢性低热的临床疗效。对唾液淀粉酶的研究也是很漫长的，经历了成功、失败，再成功、再失败。也就是从这里作为突破口，脾胃小组才慢慢地建立起来。我们的老前辈当时真不容易，刚成立什么东西都没有，就在这么一个十几平方米的小房子里，一起讨论如何开展研究工作，应该从哪里切入。那时候大家都是非常好，一团和气，中医的看中医基础理论，西医的找西医的相关理论。我们找了很多的古籍来看，了解中医是怎么理解脾胃的。也就是通过对古籍的阅读，我们最终决定从我刚刚说的几个病切入研究脾胃理论。从此也可以看出，除了脾胃病之外，还有很多的病也可以用补土理论去治疗。

陈　延：所以这个很有启发性。

周福生：脾胃小组就是这样慢慢发展起来的，到 20 世纪 80 年代脾胃研究所才成立。当时脾胃研究所的老专家都是学校统一调回来的，所以才能成立这样一个小组。虽然脾胃小组的建立是在学院大内科的基础上，但实际上这是学校单独投入来运行的，不断地调教授进来小组开展研究工作。

陈　延：因为现在我们也在做相同的事情，广东省中医院有很多这样的流派研究团队。实际上听了您的回忆以后，我觉得我们现在的情况和脾胃小组刚起步的时候很像，就是我们有一个研究方向，这个方向的内容很多，但是又好像没有路可以走。但是我听了您的介绍以后，我觉得确实是可以抓住一两个病，先把一两个病研究得比较深入，然后找到一个关键的评价标准，再去切入比较好。我对脾胃研究所认识比较多的就是唾液淀粉酶的研究。因为这个确实对于中医证候研究的客观化有很重要的意义。

周福生：关于唾液淀粉酶的研究也算是早期的研究了。我认为中医研究不能一味地跟着西医的前沿跑。我们其实做了很多相关的中医研究，比如从基因、激素方面去研究，从分子水平、蛋白质水平去分析，这些都是可以的。但对于中医证型的研究，我认为不能以这种方式去研究，这样是会走进死胡同。我们花了很大功夫去以西医的方式研究中医证型，但是最后我们得出的结果是与证型并没有办法挂钩。而关于唾液淀粉酶的研究，我们是想能不能用微观的物质去解释宏观的东西，然后用中医基础理论来反映它的本质。而最后这一步是最重要的，如果不能做到这一点，一味地拿西医最前沿的东西来研究中医，有时候会走入死胡同。

陈　延：刚刚您讲到了痛泻要方，还讲到了治疗 IBS 的方子。这个方子里面我们比较关注的是防风这味药。因为李东垣也比较喜欢用防风。实际上对于防风这味药，每个医家的认识都不一样。痛泻要方里面本身就有防风，另外就是李东垣对防风的认识与现在的认识有不完全相符的地方，一个是防风能够升举阳气，再一个就是防风能够祛湿，因为风能够祛湿，李东垣用得比较多。您平时在治疗 IBS 的时候，或者说治疗其他疾病的时候，怎么看待风药使用的问题。

周福生：在治疗脾胃病方面，除了用疏肝理气、理脾化湿、活血化瘀的药，风药在其中算是用得比较多的，比如说防风。你刚刚也谈到李东垣，他用防风用得很多，我很赞同他。所以我在治疗肠道功能紊乱相关疾病的时候，除了辨证以外，我常用痛泻要方，我加了3味药，一味木香，一味延胡索止痛，还有一味合欢皮，后来改成合欢花。首先我为什么要用防风？从防风的性味来看，它是微温的，有点辛，它与肝脾关系密切，除了疏风解表之外，我认为它还能起到调理气机升降的作用，不要单纯当它是升阳的药。我拟的这个方可以燥湿，可以宽肠，在肠道方面可以治疗气滞，又有调理气机升降的作用，可以用来治疗肠道清气不升、浊气不降而导致的疾病。而防风在其中就起到了非常重要的调理气机的作用。所以这个方不仅能用于便秘，也可以用于拉肚子。同样，具有恶心、呕吐症状的患者加点防风效果也好。同时，防风除了我刚刚讲的那两个作用外，还有解毒、燥湿的作用。而它所有作用里面我认为比较重要的是它的调理气机升降的作用，该升的帮助升，该降的帮助降，所以是起到一个中轴作用。虽然古书上没有这个记载，但是临床上我用得很多，遇到恶心、呕吐的患者我有时候就用上去。当然用的时候我会加陈皮，或者加一些白豆蔻、春砂仁。我在临床上也和学生这样说过，防风有双向调节作用，就是能升能降。防风还有抗过敏的作用，肠易激综合征其实是一种肠道敏感状态，而防风恰好有这样的作用。当然从中医角度上不能这样解释。所以临床上我经常用防风治疗拉肚子。李东垣治疗一些便秘患者用白芍和防风，我觉得应该就是这个道理。就像我们现在讲的益生菌，便秘、腹泻都可以用，因为它有双向调节作用。防风也是如此。便秘、腹泻、腹胀、腹痛都可以用，而且防风加木香效果更好。所以我的观点就是，开药的时候，如果把木香和防风这2味药加进去，会比直接用痛泻要方的效果提升很多。

陈　延：好，明白了。在最早期研究消化系统疾病的时候曾经提到了一个"内疡学说"，消化性溃疡是西医病名，中医痈疡的概念实际上源于中医外科学。我自己是研究溃疡性结肠炎的，我想请教一下您对于这个学说是怎么看的。

周福生：第一个方面是内镜表现。我是从20世纪80年代初开始进行脾胃病研究的，从低热到慢性胃炎，然后就是溃疡病。溃疡病属于中医学胃痛范畴。1975年开始，一附院开始在内科建立胃镜室，劳老师到当时的第一军医大学学习消化内镜技术，而我又到广州市第一人民医院进修学习，我们发现很多溃疡病都是属于活动期，溃疡周围黏膜明显充血水肿，有些伴有渗血，有些伴有幽门梗阻，总之充血水肿、炎症、溃疡非常明显。这些表现跟体外的疮疡肿毒颇为相似，只不过上消化道溃疡在体内，我们看不见，只能通过内镜观察。溃疡这个名词来源于中医外科学，这种疡是一种阳毒，是一种内疡。所以我认为溃疡病单纯用胃痛还不能够完全概括，以胃痛症状为主，我们可以叫作胃痛；以出血为主，可以是血证。但是如果症状不明显，只是在内镜下看到活动状态下的溃疡，在这种情况下，应该以内疡病去治疗。我们做了很多相关的临床观察才得出了以上的结论。第二个方面是活检。通过胃黏膜组织病理检查发现，这种活动性溃疡，充血坏死特别厉害，就是像刚刚我所说的内疡那样。治好以后，到了愈合期、瘢痕期，炎症不明显，瘀血严重。往往患者溃疡已经得到了修复，但还会有一些症状，如胃脘痛，这就是我们当时做了那么久研究得出的结果——同样是胃痛症状，溃疡与瘢痕的论治是不一样，需要结合病理结果来治疗。所以我当时提出辨病辨证，就是因为以前用辨证的方法治疗效果不理想。而在活动期我们尝试加了3味药进去，分别是活血祛瘀的田七，清热解毒的蒲公英与半枝莲，田七是固定使用，蒲公英与半枝莲需要辨证后加减使用，如炎症、溃疡明显，两者同时使用，如不明显时，两者挑其中一个使用，这样处理后，临床效果明显提高，溃疡愈合得非常好。所以"内疡理论"实际上是实验研究和临床结合得出的理论。溃疡病不管是在活动状态还是非活动状态，虽然内镜看到的都是充血水肿，但是临床上观察到很多患者都以气虚为主，从体质辨证角度都合并虚的情况。因为在临床表现上有两种情况：第一种是病程长，溃疡病反反复复，伤气伤血；第二种情况是患者来的时候有虚实夹杂的表现，如舌头胖大和暗淡、瘀斑，舌苔带黄，脉象细弦，有瘀热的表现。所以我认为溃疡病主要的病机，脾虚是根本，瘀热是关键。我们才会以健脾益气、清热活血作为溃疡病的主要治则。

陈　延：我还想请教一下，您认为内镜下看到胃溃疡是内疡，溃疡性结肠炎也属于内疡吗？

周福生：我认为都属于内疡。因为我们是从20世纪80年代后期就开始研究溃疡性结肠炎。当时以陶志达老师为首带领大家进行研究，并拟定了不少内服与外治处方。溃疡性结肠炎在当时并不多见。我曾经总结过，20世纪80—90年代初，我们这里溃疡性结肠炎的病例只有30~40例，总量不多，但是来就诊的患者病情比较重。当时陶老师就拟定出了两类处方：一类是内服的，以乌梅丸为底方，活动期加凉血、止血、清热药物，缓解期加健脾、收涩药物。另外一类是灌肠方，有两个处方：一个是活动期的处方，有疼痛、黏液、便血的，他就用清热解毒的方子，以苦参、大黄为主，再加木香、五倍子；还有一个是恢复期的处方，以晚蚕沙为主，晚蚕沙具有燥湿、收敛的作用，一般用10~20g，此外还要加五倍子，也是起到收敛固涩作用。我很早就认为溃疡性结肠炎也是内疡，因为在内镜下看到的就是充血水肿、糜烂、溃疡，和胃溃疡很像，只是它是在肠道里。我当时还给胃溃疡起了很多的名字，"春溃""秋溃"，都是和季节有关系的。为什么和季节有关？我认为与个人体质相关。

陈　延：您觉得春季的溃疡和秋季的溃疡有什么不一样？

周福生：我认为有很大的区别。

陈　延：主要表现在什么地方呢？

周福生：秋季风动，从中医的角度来讲，不止是肝风，这个时候的气候很干燥，燥也能生风。同时整个人的体质状态会比较差，秋季主收，在这种情况下，很多患者会出现溃疡。而这种溃疡就证型上来看，脾虚夹燥热的比较多。"春溃"是因为春季万物生发，阳气升发，同时不排除存在冬天温补药物服用过多的原因，所以溃疡的证型一般有两种，一种是肝气郁结，另一种是内热伤阴。"春溃"就要健脾疏肝和胃。以十二指肠溃疡比较多见，很有规律性，肚子一饿就疼、反酸、嗳气，所以要适当制酸。从上面的描述可以看出这两者有比较大的区别，我在临床上观察到的比较多，陈主任也可以在临床上多观察观察，确实是有规律性的。湿重的证候也是有的，在溃疡病中，湿气的表现不是很明显，瘀、热、肝气郁结比较多，所以春天的溃疡患者疼痛比较多。

陈　延：刚刚听了您的讲述，我们对您有了一个更深入的认识。我感觉您这一路走来，遇到了很多好老师，比如董老、陶老，您反复地讲到他们的经验给您带来了很多启发，这些良师对您有很大的影响。医生确实是需要良师来帮助我们提升临证水平的。如果说我们想要去接触或者说想要去继续做脾胃学说方面的研究，您觉得哪些文献比较合适我们去参考？

周福生：涉及脾胃学说的书籍很多。我们当时在找关于脾胃病文献的时候，首先找的是"中医四大经典"。因为《黄帝内经》《难经》是总纲。而张仲景，作为一个临床大家，他通过把长期的临床经验和经典里面的内容结合起来，不断地发挥，应用经典的内容，他的书籍里面涉及脾胃的内容虽然不是很多，但是也给我们很大的启发。所以我认为"中医四大经典"是必读的。除此之外，《温病条辨》《温热论》等书籍作为补充也值得一读。我觉得脾胃病不能局限于一个方面的补，虽然我们的研究不能够面面都涉及，但是最好也要从整个脾胃的功能去考虑。脾胃的功能除了生血、运化，还涉及了许多其他功能。打个比方，"四季脾旺不受邪"这句话怎么理解？现在很多人在研究这个问题。但是大多数人都是从免疫方面来入手，我暂时还没有看到有人从其他的方面去考虑。我觉得就算单纯从免疫方面去研究，也要从整个脾胃的功能去考虑，比如它的哪一个功能使我们不会得病？我们要怎么去思考它？要从哪一点切入研究它？这些问题都是值得去探究的。再比如"有胃气则生，无胃气则死"，胃气是什么？这个问题也值得思考，我目前还没有看到关于这方面的研究。还有就是"金元四大家"中除了李东垣的著作，其他的也要读一读。李东垣是张元素的学生，他的著作里面涉及了很多脾胃方面的内容。再有就是张从正的泻法，朱丹溪的滋阴法可以去探究。张景岳的书要读，《医学衷中参西录》也值得我们去读。此外，还有《医宗金鉴》、赵献可的《医贯》、叶天士的《临证指南医案》。蒲辅周是现代医家，是"京城四大名医"之一，还给总理看过病，他的医案值得一读，对于脾胃病的研究有一定启示。关于脾胃病研究的资料太多了，我们当时在脾胃研究所做研究的时候，都是分任务去找这些书看。但是看归看，如何找到切入点去研究才是最重要的，而不是说看你能够发表多少SCI文章。如果中医的水平以发表了多少SCI文章来评价，那么中医是不能很好地发展的。我当时就跟校长这样说，应该注重的是解决中医的临床问题，应该先解决中医的本质，施治问题。所以陈主任您说您在研究溃疡性结肠炎，这个方向是值得研究的，现在临床上这种疾病的发病率越来越高，像我刚才说的，以前可能一年都没有40例，现在越来越多，这究竟是什么原因，跟脾胃有没有关系，跟饮食有没有关系，跟精神有没有关系，跟社会环境有没有关系，还是说是多因素综合的，这些都是非常值得研究的。而且这个病与年龄没有太大的关系，就跟萎缩性胃炎一样。其实我们早期就研究萎缩性胃炎，当时患者不容易找，我还专门跑到宁夏待了一段时间，将萎缩性胃炎的病理组织由宁夏医学院病理教研室包埋好带回到中医学院，才有了后来脾胃研究所研究生对萎缩性胃炎的这些研究。当时我在宁夏每天做几十个胃镜检查，很多都是萎缩性胃炎，这是那里的气候、饮食、环境等因素决定的。现在广东的萎缩性胃炎患者变多了，甚至十二三岁的小孩，萎缩的程度也比较严重。我想说明的是怎么去研究中医理论，应该从哪里切入，我觉得这是很值得思考的，但是这个问题要解决是很不容易的。

陈　延：我们现在研究补土学说，其实还是有困惑的。首先这个名词是来自各家学说，它把李东垣归为补土派，但是李东垣没有自称是补土派。您是怎么理解补土派的？

周福生：我刚刚也讲了，很难解释，它太广泛了。从五行，也就是金、木、水、火、土来讲，它仅仅是一个脏；从临床上来看，补土的相关内容不光用于脾胃疾病，其他的疾病也可以用补土的方法。所以怎么样去定义补土？我觉得真的很难下准确的定义。但是我认为补土应该包含两个层次的含义：第一是狭义上的补土，就是补脾胃，也就是李东垣创立的甘温除大热、升阳散火、补中益气等治法的相关处方，这是从脾胃入手去补土，我们现在也还在使用这些处方来治疗脾胃病。第二个就是广义上的补土，也就是还有其他跟脾胃相关的疾病可以考虑用补土的方法。因为疾病的发生发展是多脏腑相关的，比如心脾相关、肝脾相关、肺脾相关等。实际上这些疾病临床也有很多运用了补土的方法。比如说陶志达主任，他在澳大利亚做实验研究。他做的实验课题是研究溃疡与肺循环的关系。他提出的观点是脾肺相关，胃肠功能的失调。他认为溃疡的发生，除了本身的问题，还跟肺朝百脉，跟子母关系相关，土生金，金克木，这三者之间形成的一个循环，这就超过了我们讲的狭义上的补土，他提出可以通过补土改善肺循环，就是广义上的补土。同时补肺又可以改善溃疡。从这里我就理解到补土的概念有狭义跟广义之分。

陈　延：一个是治疗脾胃本身的问题，这是狭义的补土。一个是通过五行也好，脏腑相关也好，形成一个有序的序列，通过调整这个序列之间的相关关系，来达到治疗目的，这是广义上的补土。这个也算是一个比较新颖的观点。

周福生：张锡纯在治疗胃胀、胃痛的时候提到，一个脏腑发生问题，其他的脏腑也会受损，所以他就提出要多脏腑同补同治。陶老师做的实验研究还有他的临床经验也说明了这个问题，他治疗胆石症很有办法，他有1味药叫羊草结，其实是羊粪，这是他的父亲传下来的经验，加上一个鸡内金，治疗胆石症效果很好。

陈　延：现在都买不到这味药了吧，买得到患者也能接受吗？

周福生：能买得到，有些患者还是肯吃的，也不会有很大的味道，这味草药就叫羊草结，名字很好听。我用时都会再加一味鸡内金。这就是陶老师家传的方子，这也就是我们跟师所要学习的东西。这些知识书本上是学不到的。土茵陈（即牛至）的用法我也是和陶老师学的，祛湿解表清火，非常好用。

陈　延：您本身也是潮汕地区的人，而且您一直也在广东行医，跟了一个很好的老师，我们想请教您有什么用药的经验，您可以举一些比较贴合岭南地区特点的例子吗？

周福生：这方面我是非常有体会的。我主要是在岭南地区行医，有好几次去北京学习，因为我当时在内科是最年轻的，所以有幸能够有比较多的机会出去学习。当时大内科主任是陶老师，后来是丘和明老师，我有机会先后两次到北京去进修。1982—1983年我第一次去北京中医学院东直门医院神经内科进修，当时是跟诊王永炎老师，有空就跟董建华老师门诊。北方的用药都是比较温燥的，如干姜、桂枝、附子都用得非常多。当时还跟诊焦树德老师，观察他怎么治疗风湿病。第二次是到协和医院参加消化内镜技术提高班。我提到这些事是为了说明我当时去北方既学习了中医的用药，也学习了西医的用药。回到刚刚这个问题，每个地方的用药有每个地方的特色。南方的气候和人群的体质特点就是气炎土薄，这个怎么理解呢？气炎是邪气盛，邪气包括暑、湿、燥、火，这就是南方最多的。土是薄的，这些邪气都会损伤脾胃，所以根本上就是本虚标实。那么在南方的致病因素里，湿气是最重要的。肝病也好，脾胃病也好，很多都是因湿所致。整个岭南地区疾病的病因总的来说就是湿盛脾弱。湿盛包括三个方面：湿热、湿温和寒湿。脾弱就是脾虚，我们在临床上接诊的很多患者都是这种情况。在这种情况下，就需要我们使用很多的岭南当地药材，这些我都是跟我的老师学的。比如脾胃阳虚，用北芪、党参太燥热，最好用五指毛桃、牛大力、千斤拔、千年健，这些都有补气通络的功效，补而不滞。就拿五指毛桃来说，乡下的人都知道脚酸痛无力可以拿五指毛桃、千斤拔、牛大力煲汤喝，这些都是补而不滞的。治疗湿热证，我现在经常用的一个方叫作三草汤，以溪黄草、鸡骨草、金钱草组方，再加一味五指毛桃或黄芪。这些都是岭南草药，如果热象不是太明显，只是湿温的话，我会加土茵陈、扁豆花、广藿香，这些也是岭南当地的草药。寒湿证，加春砂仁、陈皮、木香，温化寒湿。其实岭南的草药还有很多，比如止痛的有两面针、黑老虎、救必应。我总结了很多岭南地区草药的药对，用起来也好用。

陈　延：您不仅仅是一个学者，还是脾胃研究所发展的见证者，所以我们想请教一下流派发展的问题。您觉得我们补土流派工作室应该怎样开展工作？

周福生：我就简单谈谈我的经历吧。毕业以后我有幸被分到内科去，参与了脾胃小组的工作，其实当时除了参与脾胃小组以外，我还在病房和门诊工作，同时还要去做胃镜，根本就没有办法休息。有半年时间我在广州绢麻厂参加慢性低热患者的研究工作。王老师

（王建华）、劳老师，这些都是我的老师，他们在脾胃研究方面做了很多工作。虽然最早还有陶老师，但毕竟他当时是大内科主任，非常忙，很多具体工作还是我们来做。当时脾胃小组刚成立不久。在着手这些工作的时候，当时最需要考虑是人员怎么组合，要有临床和基础两部分的老师。当时成立脾胃小组，内科临床老师有了（如陶志达、邓灼琪、我），缺乏基础部分的老师，学校把劳绍贤老师从中医基础理论教研室调过来，专门负责证型研究，把骆和生老师从中药学教研室调过来，把陈老师（陈淑英）从生化教研室调过来，还有毕业分配来的王汝俊老师，就把各个方面的老师组合在一起。现在和过去不同，如果放在现在来做研究，要思考几个问题：第一个就是我刚刚提的人员问题。第二个就是管理的问题，如何将研究所管理好，领导者需要全盘考虑。第三个是任何研究，基础和临床一定要紧密结合，而且要以临床为主导。第四个是中西医结合，一定要以中医理论为指导。就我刚刚讲的例子，"有胃气则生，无胃气则死"，怎么会提到这样的高度，没有胃气的人就死掉了？胃气是什么？是什么概念？这就是研究中医的理论，要拿什么指标去研究它、证实它，就要中西医结合，这是我自己的体会。而且很重要的一点是要以中医理论为指导。第五个就是一定要有一个比较合理的团队，因为研究会涉及方方面面，一个人的能力是有限的，要去研究某个方面的时候，必须考虑到现在要先做什么，突破什么，找什么相关的人才能够完成。所以团队的合理性很重要。第六个是研究方向，这个方向一定要相对固定，这样才能研究出成果。第七个就是管理的人要懂得相关的专业知识，这和公司管理不同，不是去号召。研究方面的东西你号召不了，你要自己本身对这方面比较熟悉，管理起来就可以得心应手。这就是我想要和你分享的一些东西。

陈　延：非常感谢周教授，太辛苦您了，占用了您那么多时间。

补土思想在肝病治疗的运用
——朱清静教授访谈实录

【专家简介】

朱清静，男，1965年9月生，湖北省襄阳市人。医学博士，主任医师，硕士研究生导师。湖北省"121工程"中青年专家，武汉市中青年中医名医，湖北省中青年中医名医，武汉市"黄鹤英才（专项）计划"人才和五一劳动奖章获得者。荣获首届武汉市"我心目中的好医生"光荣称号。武汉市中西医结合肝病重点专科主任及学科带头人。擅长中西医结合治疗肝病，特别是在运用疏肝健脾法抗肝纤维化及阻断肝脏癌前病变方面有独到的见解。

刘　奇：今天我们来到了武汉市金银潭医院采访朱清静老师。朱老师你好，您能不能谈一下对中土、中焦、脾胃的认识？

朱清静：脾为后天之本，《金匮要略》上说："见肝之病，知肝传脾，当先实脾。四季脾旺不受邪，即勿补之。"你们主要是推崇这个，主要是治疗脾胃病，认为李东垣是补土派的代表人物之一，他奠定了补土派的思想，也推崇《脾胃论》。从肝与脾胃的关系认识脾胃、中土，从五行上来说，中焦属于土，肝主疏泄，脾主运化，运化水湿和疏泄的关系非常密切。运化与湿气的关系非常密切，从肝主疏泄、脾主运化的关系来说，比如肝硬化与黄疸，与湿的关系就非常密切，也与脾胃运化的关系非常密切。另外，人体损伤正气也就是损伤中焦，中焦与气的关系也非常重要，损伤中焦会影响患者的预后，所以中焦是很重要的。湿邪与中焦的关系，肝病早期以湿气为主，晚期肝硬化也以脾虚湿盛为主，都离不开这个湿字，当然也与脾胃虚弱有关系，脾胃虚则运化差，湿邪由此内生。从病因病机来说，肝病有清热利湿、健脾利湿、利水祛湿三种主要的治疗方法，它们都离不开湿字。

刘　奇：怎样从临床的角度解读中土的思想？

朱清静：中土的思想，主要从两个方面认识，一个是未病先防，第二个是既病防变。从医学源流上来解释，《难经·七十七难》强调疾病防传变，"见肝之病，知肝传脾，当先实脾"。实脾就是注重补中土，如果疾病开始的时候以湿邪为主，中土损伤并不严重，但是用药要兼顾补脾胃，不能用大量苦寒的药，这也是对"既病防变"观念的灵活应用。从补土派的脏腑学说来说，肝主疏泄，脾主运化，有统协协同的作用，肝为刚脏，体阴而用阳，容易出现阴虚火旺的问题，脾主健运，要发挥它协同的作用，运化得好的时候肝脏疏泄功能才能正常。所以说在病理上，肝脏疏泄功能失常的话就会引起肝脾不和，出现胁肋胀痛、脘腹胀满、不思饮食、时而欲吐；反过来说，脾虚运化失常，气血生化无源，也可以引起临床上常见的如虚火、鼻衄、上吐下泻等。所以肝和脾在生理和病理上都是相互影响的。补土在肝病的治疗上还是很重要的，从五行的角度上来看，肝属于木，脾属于土，正常情况下，肝属木，和脾土在五行上保持一定的状态——肝木过旺会克脾土，肝太过于强会出现木乘土。

很多病一开始当胃病来治疗，后来检查发现肝功能异常，才知道原来是肝病，特别是很多晚期的肝硬化患者，会出现蜘蛛痣、脾肿大，甚至血证，这就是肝病及脾。中医学中的脾和西医学说的脾不一样，它的范围更广泛一点。肝病及脾在临床上确实比较多见，急性肝炎、慢性肝炎、肝硬化的早期病机主要有以下几个方面：一是实邪。这就需要扶正祛邪，扶正还是要以健脾为主，肝病早期实际上就会出现脾虚的症状，所以要用补脾健胃的药。二是湿热蕴结，以重型肝炎常见，会有黄疸的表现。黄疸其实也有虚的方面，实的方面是湿热蕴结，虚则主要包括脾肾阳虚、肝肾阴虚两个方面。早期主要是用大量清热解毒、活血化瘀、利湿退黄的药。另外要注意防止脾胃损伤，后期根据脾肾阳虚的程度用一些温补脾肾的药，肝肾阴虚就用滋养肝肾的药，这样才能防止疾病进一步发展。现在随着生活水平的改善，脂肪肝比较多，脂肪肝的病机主要是脾虚，兼夹痰、湿、瘀。叶天士指出治脾必须疏肝，见肝之病，知肝传脾，强调补脾和疏肝并重。还有肝硬化腹水，主要就是要健脾利水，此外还要活血化瘀，因为有气机阻滞的表现，所以要用到活血化瘀的药。

刘　奇：您常用哪些活血化瘀的药？

朱清静：我最喜欢用的是赤芍，一般用60g。首先它能改善肝脏的微循环；其次，它对脾胃的刺激也并不是太大，副作用也比较小。遇到黄疸患者用量会大一些。肝硬化我用得比较多的药是丹参，丹参一般用30g，其次就是桃仁，桃仁的用量相对小一点，红花用得比较少。软坚散结的药主要用龙骨和牡蛎。我治疗脾胃主要用对药，最常用的是薏苡仁和泽兰，薏苡仁30g，泽兰15g，特别是早期以湿热为主，偏于实证、消化功能不太好的患者，就用它们；还有就是白术和茯苓。疏肝的药物主要是用香附和枳实。

刘　奇：肝炎患者特别容易出现上火症状，比如口干、口苦、大便干等，您怎么辨证呢？

朱清静：慢性肝炎反复发作、自身免疫性肝病患者消化不好甚至用了激素的，容易出现口干、口苦、大便干，他们还很容易有口腔溃疡，辨证就是阴虚偏多，以阴虚火旺为主，所以要注意滋养肝肾之阴，平补肝肾。在肝病治疗中我常用枸杞子、菟丝子这2味药，这2味药性味甘平，平补肝肾。另外我还根据患者的舌脉来辨证给药，加一些养阴的药，比如石斛、麦冬。对这些患者一般很少用苦寒的药。

刘　奇：您会用二至丸这类方子吗？

朱清静：我用得不是很多。

刘　奇：肝病很容易合并血瘀，刚才您也提到了会用到一些活血化瘀的药，如赤芍、丹参之类，您对《金匮要略》中提到的疟母病有什么认识，鳖甲煎丸您怎么用？

朱清静：鳖甲煎丸我们现在医院用得特别多。现在没有抗纤维化的西药，所以现在抗纤维化完全就是用中药，比如复方鳖甲胶囊和扶正化瘀胶囊，这两个成药我们用得特别多，特别是诊断为肝硬化和肝纤维化的患者，肝脏硬度值大于7.3kPa的都有肝纤维化，即使肝功能正常。现在肝炎抗病毒治疗，比如丙肝是可以用抗病毒药物控制的，但是如果是一个肝硬化的患者，抗肝硬化（非抗纤维化）的治疗是必须的，这个时候就不能完全用汤药治疗，如果自觉症状明显的可以服用汤药，也可以服用中成药。我们医院经常用的是三种药——鳖甲煎丸、复方鳖甲胶囊和扶正化瘀胶囊，这些药大多数人吃了效果还是挺好的。在治疗这些患者的过程中，除了运用一些调节免疫的药，还有一些扶正补肾的，也有一些软肝实脾的药，是一种多方面的综合处方。鳖甲煎丸我用的量比较大，在门诊的话一般常规一盒是吃10天（3g×30袋/盒），一次1袋，每天3次，温水送服。脾胃比较好的，用药量翻一倍也没有很大副作用。

刘　奇：王不留行您用得多吗？

朱清静：用得少。

刘　奇：治疗脂肪肝您有什么常用的方子或治疗理念吗？

朱清静：随着生活水平的改善，现在脂肪肝患者越来越多，治疗上强调三个方面：第一是运动；第二是饮食控制，一定要控制摄入脂肪含量高的食物；第三是药物治疗。一般自己调整半年效果不太好的话就要用药物治疗，我个人比较喜欢用山楂这个药，健脾消滞。

刘　奇：山楂您用多少量？

朱清静：一般用30g。

刘　奇：临床上有一些肝硬化腹水患者看起来挺好的，但是病情发展很迅速，说病危就病危了，非常快，这些您怎么看？

朱清静：肝硬化患者有腹水就说明进入晚期了，肝硬化有五大并发症：感染、腹水、上消化道出血、肝性脑病、肝肾综合征。最容易出现的就是上消化道出血，抢救不及时就很容易死亡。其次是肝肾综合征，小便排不出来会引起死亡，这两个并发症最多见。肝性脑病早期治疗主要是补充蛋白和药物治疗。腹水早期比较容易消除，晚期顽固性腹水治疗就比较困难，肝脏功能不好，补充白蛋白也没有特别好的效果。肝硬化腹水第二个关键的病理变化是门脉高压，现在可以用的药物比较少。

刘　奇：您对低蛋白腹水治疗有什么心得？

朱清静：这个治疗比较困难。顽固性腹水的治疗是以补充白蛋白为主，如果病情稳定两周以上，主要是控制饮食，尽量少吃发物。在药物治疗（西药）方面除了促肝细胞生长素，还要吃一些益气健脾的中药，比如太子参、白术、茯苓、甘草、全当归。

刘　奇：您能不能分享一些您的临床案例？

朱清静：可以。宋某，男，50多岁，诊断为肝硬化，现在还在住院，目前没有并发症，他这个人有个很大的特点就是对任何东西都很怀疑，并且很不自信。他肝脏上有个囊肿，其实不是特别严重，但是他非常紧张，因此睡眠不好，饮食时好时坏，大便稀溏，腹胀，其实肝功能指标是正常的，这个患者就是用中药治疗。开始他对中药持怀疑态度，他自己写了十几个症状出来要求我开中药，要把那十几个症状解决。他非常焦虑，怀疑自己的囊肿是肿瘤，还因为睡眠差怀疑自己脑部有问题。舌质偏淡，脉象偏弦，辨证为肝郁脾虚。我用逍遥散加健脾活血的药，患者症状明显改善，特别是睡眠，患者情绪也放松了很多。

湖南患者刘某，50多岁，确诊为肝脏恶性肿瘤，给他用了介入、靶向、中药治疗，中药做成丸剂。他的中医辨证不是很明确，因为他各方面都很正常，我是根据他的病来用药的，除了比较常规的药，比如枸杞子和菟丝子外，还重用了两个药——白花蛇舌草和半枝莲，这两个药用得比较多。年前找我复查，他的甲胎蛋白值和磁共振检查结果都是正常的，他现在能跟正常人一样做事。

还有一个腹水患者，他刚开始的治疗效果不太好，我们就加了些健脾利湿的中药，辨证基础上加了木通、茯苓皮、猪苓，慢慢地效果也好一些。

刘　奇：您会根据患者的饮食喜好方面来用药吗？

朱清静：当然也要考虑。

刘　奇：是不是肝病的患者比较喜欢吃酸的东西？

朱清静：是这样的，我平时一般限制患者不要吃太多。但是如果患者在急性期胃口不太好的时候，用酸的东西开胃还是允许的。如果肝病合并糖尿病，我们也会控制患者不要吃太多甜的东西。

刘　奇：肝病合并糖尿病临床上还是按糖尿病来治疗吗？

朱清静：要兼顾。有一部分肝病合并糖尿病的患者由肝病引起的糖尿病，称为肝源性糖尿病，肝病控制好了血糖控制得也会好一些。

刘　奇：现在查乙肝两对半、抗原这些出现阳性不需要治疗也可以吗？

朱清静：是这样的，您说的乙肝问题包括乙肝两对半阳性，乙肝病毒 DNA 阴性，但是肝功能正常患者，目前国内外大量研究证明 80% 不需要治疗，20% 需要治疗，这 20% 的患者不治疗会发展成肝硬化。通过一些指标发现有肝纤维化的患者是一定要治疗的，给予活血化瘀的治疗，虽然肝功能正常，有一些肝纤维化患者没有找专科医生看，查出来肝功能又是正常的，这类患者就很容易吃亏。一位乙肝患者，肝功能正常，但是有乙肝家族史，这种情况也要毫不犹豫用中药进行活血化瘀治疗，即使肝功能正常也要抗癌、抗病毒治疗（西医）。治疗肝病中医比西医有优势。丙型肝炎现在经过抗病毒治疗是可以临床治愈的，但是对于肝硬化，即使病毒指标转阴了，患者依然没有好转，西医没有中医有效。中医治疗肝病有优势同样体现在抗纤维化上，西医也是用中药来抗纤维化和肝硬化。以前还有一个西药叫核糖核酸，现在已经停产，那个药一用就是 3 个月，效果也不是特别理想。西药在抗病毒方面，比如说针对乙肝有两类药物：核苷类和干扰素类。干扰素类药物疗效有限而且有副作用，只能抑制病毒，不能杀死病毒。肝硬化患者是要终身吃药的，需服药治疗的乙肝患者至少也要吃 5~7 年药，如果乙肝表面抗原滴度未下降也不能停药，停药会复发，甚至出现肝衰竭，导致死亡，这种情况在临床上很多见。核苷类药物服用后抑制病毒，控制病情，肝病的发病率也在下降，这是它的一大贡献。中医讲，患者肝区疼痛、硬痛、刺痛、胀痛都比较多，但是磁共振检查没有查到任何东西，肝功能也是正常的，他有乙肝病史，用中药治疗确实有效，用养肝柔肝的药再加一些健脾药、活血药，主要就是疏肝、健脾、活血三类药。除药物治疗外还要和患者做思想上的沟通，特别是一些女性患者，我们用中药来干预，确实能改善一些症状。其实它不是器质性的问题，这就是中药对功能性问题的调理。中药除了改善自觉症状外，在其他方面也有比较好的疗效。像我们刚才说的抗纤维化，另外就是肿瘤，中药有一定的预防肿瘤作用。比如，有一些患者怀疑自己得肿瘤了，实际上没有诊断为肿瘤，但是有可能发展为肿瘤。对于这种患者，早期用中药来预防加积极的心理疏导，我认为还是有一定的好处，对于延缓病情的发展有一定疗效，这是中医药的优势之一。

刘　奇：您治疗肝病常用的方子还有哪些?

朱清静：最常用的就是柴胡疏肝散、逍遥丸、鳖甲煎丸。

刘　奇：您用柴胡桂枝干姜汤吗?

朱清静：干姜我用得并不多，柴胡和桂枝是经常用的，患者后期肾阳虚时经常用到桂枝，附子一般都用熟附子，10~15g。

刘　奇：有一些患者白天好好的，一到晚上就口渴，想起来喝水，这种患者您怎么辨证?

朱清静：这种患者要结合他的舌苔，是肝肾阴虚多一些还是脾虚多一些，肝肾阴虚主要是养肝滋阴。

刘　奇：在湖北地区湿邪是比较盛的，有没有针对湿邪的道地药材? 或者您有什么常用的化湿药?

朱清静：广藿香、佩兰、泽兰……

刘　奇：脂肪肝患者血脂水平比较高，您会常规用一些降脂药吗? 还是用中药降脂?

朱清静：甘油三酯、胆固醇高，医生大多喜欢用阿托伐他汀钙，确实有用，但是容易引起肝功能异常。这类患者我比较少用降脂药，最多是用那些既保护肝细胞又调脂的药，像水飞蓟宾葡甲胺，主要还是用中药，一般谷丙转氨酶和谷草转氨酶超过100U/L我就不会让患者吃降脂药，纯中药降脂效果也不错。我们医院有个患者甘油三酯含量>7mmol/L，总胆固醇含量>6mmol/L，最后是用中药降下来的。他坚持服药，结合饮食控制和锻炼，甘油三酯现在降到了2mmol/L左右，胆固醇水平恢复正常。

刘　奇：降脂在辨证的基础上有没有什么专用药?

朱清静：没有。

刘　奇：您用中药降血脂的周期大概多长？

朱清静：至少要 3 个月。

刘　奇：现在有一些患者就是无证可辨，或者说他的主要矛盾解决了，就是剩下一个血脂高这个问题，这种症状不明显、只有化验指标高的情况，您在临床治疗上有什么经验？

朱清静：这个要看患者的体质，还有四诊合参。

刘　奇：您是根据哪一个学说来辨别体质的呢？

朱清静：体质还是四诊合参、八纲辨证，主要还是以健脾化湿加一些活血药为主。

刘　奇：针灸您用吗？

朱清静：基本不用。

刘　奇：今天我们访谈就到这里，感谢朱老师！

后记

一、本书的编写起源

2012 年 10 月，国家中医药管理局办公室下发了《关于开展中医学术流派传承工作室建设项目申报工作的通知》（国中医药办人教函〔2012〕170 号文件）之后，全国第一批 64 家学术流派工作室应运而生。2013 年，广东省中医院也以此为契机，成立了以卢传坚副院长为学术带头人的广东省中医院补土流派工作室。补土流派工作室的定位是以补土核心理论为纽带，带动各学科开展理论传承创新；学术特点是系统整理"补土派"的学术源流，传承补土理论体系，并以补土核心理论指导临床实践，提升临床诊疗水平。"补土派"名称，虽已被纳入《中医各家学说》教材，但"补土派核心的学术思想为何？"尚未有明确的定论。随着社会的发展，人们生活环境和生活习惯发生了改变，与古代相比，补土理论体系在当今这个恣凉饮冷、生活工作节奏快、精神压力大的时代，更具有临床应用价值，必将在推进健康中国建设中发挥重要作用。

研究补土派，首先要追根溯源，其学术萌芽、体系产生于何时，有何特点，这是我们研究的首要重点内容。我们通过大量的古籍文献调研，得出了一些结论，并且发表了相关文章。

接下来，对于补土派的学术内涵，则众说纷纭，研究之初，我们曾对广东省中医院不同科室的专家、教授进行调研，发现大家对补土派之"补"，存在分歧意见，有些专家认为此补即补脾气，补气健脾；有些专家认为"补"字有失偏颇，应改为"培"或"调"，这无疑扩大了补土派的范畴；还有些专家认为攻法，亦当为"补"之一种……同样的问题还有很多，如研究补土派，绕不开湿邪，何谓湿，我们调研的专家中，也有不同观点，如有些认为湿邪范围更广，可以包含饮、浊、痰等病理因素，有些则认为湿邪为饮邪的初起状态。由于调研专家仅限于本院，且均为岭南地域，相关见解不能涵盖补土的全部内涵，因此，带着以上的问题，我们扩大调查对象范围、扩大地域范围，希望对补土的内涵有更深入全面的解读。我们开展了全国范围内的专家调研，以访谈的形式对全国 50 位名家进行访谈，了解他们眼中的补土派是什么治疗理念，他们在临床上运用补土思想的案例，从而给我们以启发。50 位专家中，他们有的是耄耋之年，有的是青年才俊，都是补土派的临床实践者。我们认真地记录了每一位访谈者的音频、视频，积累了宝贵的财富，为更好地梳理补土思想的内涵、历史变迁及发展奠定了坚实基础。

二、补土思想的内涵、历史变迁及发展

土为万物之母，无土不成世界。土在五行中代指脾胃。补与泻相对应，为中医治疗疾病的常用治则。

补土派一词并非出自古代，而是由现代人提出。在 1957 年由陈邦贤编著的《中国医学史》中，首次出现了"补土派"一词——李东垣是张洁古的门徒……著有《脾胃论》，发明补中益气及升阳益胃的方法，所以东垣成为补土派。后来补土派一词出现在《中医各家学说》的教材上，才逐渐被学术界所公认。

（一）补土派滥觞于易水学派

以张元素为代表的易水学派，主要特色为脏腑辨证和脏腑对应用药，李东垣师从张元素，继承和发扬了张元素的学术思想，并逐渐形成了自身的特色，其传承弟子王好古、罗天益又完善继承了东垣的学术体系，被后世医家尊为"补土派"代表。

（二）补土为调人体之四季

补土派即针对李东垣的脾胃学说而言。人要顺应四季，人的生理、病理状态都与四季的升浮降沉有关，人体内的气机同样符合升降浮沉的规律。李东垣的内伤学说即为人体正常的"四季"不能更替，他是用五脏来对应四季，而脾胃则作为立足点。"补"即为调顺、调畅，"补"之对象，是以四季的"不足""太过"来说明。《素问·太阴阳明论》言："脾者土也，治中央，常以四时长四脏，各十八日寄治，不得独主于时也。"

（三）补土为补脾胃中气

土不仅仅指脾，它与胃也密不可分，故当分而治之。补土就是补脾胃中气，中气生于从本气火湿的少阳太阴。临床上纯虚证并不多见，故当针对疾病的病因病机，补散兼施。

（四）补土之补，意为调整

补土之补，并非单纯温补，而是从土润万物、土生万物的角度出发，不仅仅适用于虚证之补法，实证亦可通过调整土的枢纽作用，让气机恢复开阖枢运动过程，从而把实证消除——譬如阳明三急下，通过通泄阳明，让气机恢复正常开阖枢的作用，也是属于补土的一种。补土之治疗，即针对内伤、土不足的情况而言，补土派治疗的着眼点在于恢复中土升降的功能，治疗手段未必用"补"，在恢复自身功能的同时，注重与其他脏腑之间的联系。

（五）补土思想的历史变迁

中土思想古已有之，《河图》《洛书》重中土，为中华文化的起源之一，中土思想在秦汉时期之《黄帝内经》中便有丰富的记载和论述，至《伤寒杂病论》，理法方药俱全，对太阴、阳明病有着详细的论述，及至金元时期，中医学术流派初具规模，形成了百花齐放

的局面，李东垣也被后世医家尊为补土派代表人物。金元以降，及至明清，温补学说蔚然成风，但补土思想已被众医家融入诊疗体系之中。

1. 李东垣学术思想历史背景

公元 1232 年，壬辰改元，李东垣在京师汴梁亲见战乱围困后，百姓受病情景，深感"往者不可追，来者犹可及"，是时汴梁城被围困三月之久，解围之后，城内百姓十有九病，东垣认为这些病并非伤寒所致，"大抵在围城中，饮食不节及劳役所伤，不待言而知。由其朝饥暮饱、起居不时、寒温失所……"于是他"以平生已试之效，著《内外伤辨惑论》一篇，推明前哲之余论，历举近世之变故"。故东垣从脾胃立论，治愈了很多患者，也对补土派学术思想的繁荣起到了引领作用。

而从运气学说的角度来讲，公元 1232 年为壬辰年，为寒湿年，寒水司天，湿土在泉，与东垣所处整个时代的大司天相符，再往前推三年是己丑年（1229 年），根据《黄帝内经》"三年化疫"的理论，到 1232 年化为大疫——土疫。所以李东垣所遇到的疾病多以脾胃内伤为主，故东垣理论体系与当时的运气学背景是密不可分的。

2. 明清时期补土派的断层

明清时期，中医学术思想达到了历史上的另一高峰，此时名家辈出，丰富了中医学的理论，而补土派说法则少有人提及，这是由以下原因造成的：

（1）疫病流行：明清时期，疫病的大规模流行使得诸医家不得不寻求他法治疗，明崇祯辛巳年（1641 年），疫气流行，"山东、浙省、南北两直感者尤多，至五六月益甚，或至阖门传染"。可见当时疾病的侵袭范围是非常大的，故以吴又可、叶香岩、薛生白、吴鞠通为代表的医家创新了中医的理论，促进了温病学派的产生和发展。

（2）补脾与补肾之说：明清医家不仅重视脾胃，也同样重视先天之本，最早提出"补肾"不如"补脾"之说的医家，当为宋朝孙兆，其原著已经遗失，仅记载于张锐《鸡鸣普济方》，他认为脾胃是元气之本，脾胃虚弱是产生疾病的重要原因。而"补脾"不如"补肾"之说最早出现在宋代严用和《济生方》当中，其曰："古人云，补肾不如补脾，余谓补脾不如补肾，肾气若壮，丹田火经蒸脾土，脾土温和，中焦自治，膈能开矣。"古医家已认识到先后天两本的重要性，偏重任何一个方面都是有失偏颇的，"补肾"与"补脾"是对疾病不同阶段的不同治疗策略。

（3）温补理论的盛行：明清医家多从温补两本入手论治疾病，故温补学派的形成是明清时期学术特点之一，补土派之思想已融入诸医家学术体系之中。如明代医家张景岳言："脾为五脏，灌溉四旁，是以五脏中皆有脾气，而脾胃中亦有五脏之气。"故其认为："善治脾者，能调五脏即所以治脾胃也，能治脾胃使食进胃强，即所以安脏也。"此外，叶香岩重胃阴，缪仲淳重脾阴之思想均对东垣脾胃理论做了补充，使得补土派理论思想更加完备。

（六）补土流派的特点与发展

中医之流派，洋洋洒洒，蔚为大观，各派有各派之理念，各派有各派之"绝活"，但均不离《黄帝内经》之学术体系，均不悖仲景之学术观念，只是在不同的层面上进行发挥、拓展，此由金元四大家之学术观点，便可略见一斑。

1. 无偏不成派

流派之形成及特点，当具备某一领域、理念、诊法、治疗之独到特色。学科发展到一定程度即会出现分化，这有利于更为深入、细致地研究。中医药的发展史也是中医药各家学术流派学说的发展写照。以中医四大经典为根，各家学说都是在此基础上，通过理论研究和临床实践，不断总结，从不同角度及不同方面进行研究和探索，拓展和发扬了中医理论特色，在此过程中，有些医家提出了新的观念和方法，故形成了具有清晰学术传承脉络和有影响力的学术流派。各流派学术思想均为中医发展的重要组成部分，也是中医学能够创新发展的基石，中医学术流派的发展推动了中医药的发展。

每个学术流派各自有他们的特点、适应证，每个中医学术流派都有其"偏"，"偏"是中医学术流派发展壮大的必要条件。

单一流派思想的学术局限性，形成了流派的"偏"。形成"偏"的原因，受古时地域条件影响，我们现在所处的时代和古时有很大的不同，古时人员流动性小，交通闭塞，信息传递受限，便形成了独具特色的中医流派；还有诸医家各传家技、不轻易外传的原因，古医家都是靠着一技之长，一己之力去谋生活。医家掌握了一种技艺，往往不轻易告诉别人——这是自己甚至是家族世代赖以生存的重要保障。

2. 当今流派间应相互交融发展

当今的中医学术流派研究，应海纳百川，以整体的高度来系统地学习、传承各个学派的特点及优点，最大限度地把各自优势发挥出来。从临床诊疗角度而言，更应摒弃流派壁垒，均可采取"拿来主义"。中医发展，形成流派、发展流派、融汇流派，这是研究流派的终极目的。若囿于一派之见，不利于中医的传承发展。

3. 流派研究之展望

当代中医欲求振兴，必须有重大创新和理论上的突破，固然继承传承是中医药永恒的主旨，但发展到今天已累数千部著作，数百万方剂。当代中医流派的使命，一是要揭示其理论、技术、特色的深层次的科学价值，二是要适应社会需求，以其众多重大的创新服务于社会，这就要求当代中医药学以其创新和突破向现代化的范式转换。培植研究学术流派对发展中医药科学研究、对推动科学进步和理论演进，以及实现中医药现代化的范式转换有重要意义。研究学术流派应承担这一伟大而光荣的历史使命。我们呼吁要培植中医药的研究学派。

三、本书的价值与展望

广东省中医院补土流派工作室建设的初衷和目标是治好病，理论传承的目的是服务临床。所以，我们在专家访谈过程中，紧扣临床问题，一切以临床为导向，这是本书不同于以理论调研为主的其他学术流派专著之处。关于中医学术流派的文献有很多，此书仅为茫茫学术流派书海中的一粟，但是，本书以真实、客观、贴近临床而独树一帜。相信本书的面世，能够给读者耳目一新的收获，既有传统理论传承，又有临床指导价值。希望读者能从本书中获益，在临床上有所突破、治愈更多患者。这也是我们的初衷所在！

参考文献

[1] 刘奇，陈延，李秋萍，等.补土派学术传承发展刍议［J］.时珍国医国药，2015，26（4）：953-955.

[2] 顾植山.疫病钩沉［M］.北京：中国医药科技出版社，2003.

[3] 夏永良，易杰，李德新.论补肾不如补脾与补脾不如补肾［J］.辽宁中医杂志，2003，30（6）：450.

[4] 顾植山.疫病钩沉——从运气学说论疫病的发生规律［M］.北京：中国医药科技出版社，2018.